HEINRICH SCHLIEMANN

Eine Biographie
Mit Selbstzeugnissen und Bilddokumenten

Von Leo Deuel

Carl Hanser Verlag

4,-
Ra
6
1

Aus dem Amerikanischen von Gertrud Baruch
Titel der Originalausgabe:
Memoirs of Heinrich Schliemann

ISBN 3-446-12730-5

Umschlag: Klaus Detjen
Herstellung: Donauland, Wien
Printed in Austria

Inhaltsverzeichnis

»Begabung ist nichts anderes als Energie und Ausdauer.«[1]

»Ich war immer guter Laune, und mein großer Fehler, ein Großsprecher oder Aufschneider zu sein, verschaffte mir . . . tausend Annehmlichkeiten.«[2]

»Ich darf mich rühmen, eine neue Welt für die Archäologie entdeckt zu haben.«[3]

Heinrich Schliemann

Einleitung

Das Leben Heinrich Schliemanns (1822-1890) ist eine Abenteuer- und Erfolgsgeschichte des 19. Jahrhunderts, die zwei Welten in sich vereint. Schliemanns Ruhm und der Anspruch, den er auf das Interesse der Nachwelt erheben kann, gründen sich auf die Altertumsforschungen, mit denen er - unter ziemlich ungünstigen Umständen - in mittleren Lebensjahren begann, aber nicht weniger spektakulär war seine frühe Karriere als Geschäftsmann. Was er auf beiden Gebieten erreichte, fügt sich zum großen Abenteuer seines Lebens zusammen. Niemand war sich dessen deutlicher bewußt als Schliemann selbst, den diese Erkenntnis in späteren Jahren bewog, die verschiedenen Stationen seines Lebens als Ganzes zu sehen: Seine Kindheitsträume von vergrabenen Schätzen und geheimnisumwitterten Ruinen hatten ihn trotz aller Irrwege unweigerlich nach Troja und Mykene geführt. Und das alles hatte in der ländlichen Idylle eines norddeutschen Pfarrhauses begonnen. Die Fehlschläge, die er erlitt, wurden ebenso zwangsläufig wie sein erstaunlicher Aufstieg in der internationalen Geschäftswelt zu Meilensteinen auf dem Weg zu den grandiosen Entdeckungen, die ihn zu einer überragenden Figur in der Geschichte der Erforschung prähistorischer Kulturen des Mittelmeerraumes machten. Der selbstgewobenen »Legende« zufolge, war er in frühen Jahren in die Rolle des geldgierigen Händlers geschlüpft - nur um später seinen großen, uneigennützigen Plan verwirklichen zu können.

Die meisten Biographen Schliemanns - ihre Zahl nimmt ständig zu (genau wie die der Autoren, die Romane über ihn schreiben) - tendieren dazu, sich von seinem retuschierten Selbstbildnis leiten zu lassen. Es ist zur Standardversion in Handbüchern über die Geschichte der Archäologie geworden.[1*] Unweigerlich erzählt uns ein Autor nach dem andern, Schliemann habe in jugendlichem Alter beschlossen, Geschäftsmann zu werden und ein Vermögen anzuhäufen - einzig und allein zu dem Zweck, sich eines

* Anmerkungen und Quellennachweise: S. 505 ff.

Tages der Ausgrabung des alten Troja zu widmen, an dessen Existenz er unerschütterlich glaubte. Die Homerische Welt der *Ilias* und *Odyssee* wieder zum Leben zu erwecken, sei das große Ziel gewesen, das er während der stumpfsinnigen Tätigkeit als Ladengehilfe und auch später als erfolgreicher Wertpapierhändler und millionenschwerer Import- und Exportkaufmann nie aus den Augen verloren habe. Obzwar es dem hochherzigen Idealisten zuwider gewesen sei, Geld zu scheffeln, sei auch dies nur Teil eines raffiniert ausgetüftelten Planes gewesen. Diese fromme Legende ist inzwischen so fest in den Annalen der Archäologie verankert, daß sie nicht nur von professionellen Geschichtenerzählern immer wieder ehrfurchtsvoll heraufbeschworen wird, sondern auch von neueren Archäologen, die Schliemann als einen der Größten – und der Schutzheiligen – ihres Faches verehren.

Vertreter einer anderen, etwas kritischeren Betrachtungsweise sehen in Schliemann vor allem einen Schatzsucher. Diese These liegt Emil Ludwigs ausgezeichneter, bahnbrechender Biographie zugrunde, in der erstmals Auszüge aus den in Athen hinterlegten persönlichen Aufzeichnungen Schliemanns vorgelegt wurden.[2] Zweifellos erhält diese These durch zahlreiche Aktivitäten und Äußerungen Schliemanns beträchtliches Gewicht.[3] Jedenfalls hat die auf den allgemeinen Nenner »Gold« gebrachte Version zahlreiche Schliemann-Biographen jahrelang verfolgt, und zwar sowohl jene, die nachweisen wollten, daß Schliemann, der Handelsfürst, und Schliemann, der Ausgräber, nur dem Gold nachjagte, als auch jene, die diese »materialistische« Interpretation widerlegen wollten.

Dies also sind die beiden gängigen – und unausrottbaren – Ansichten über den Menschen Schliemann: Er war der vorbestimmte, zielstrebige Erwecker der Homerischen Vergangenheit, und er war ein Schatzsucher. Jede dieser vorgefaßten Meinungen vermittelt ein simplifiziertes, verzerrtes Bild vom dramatisch bewegten Leben einer vielschichtigen, um nicht zu sagen widersprüchlichen Persönlichkeit – Diener des Mammons und Visionär –, deren Beweggründe und Ambitionen fast immer verworren waren und nicht selten miteinander im Widerstreit lagen.

Es ist an der Zeit, Schliemann für sich selbst sprechen zu lassen. Neben den Büchern, die er veröffentlichte, widmete er sich mit einem an Besessenheit grenzenden Eifer seiner Korrespondenz und seinen Tagebüchern.[4] Mir ging es darum, ohne vorgefaßte Meinung Berichte Schliemanns über seine Person und seine Laufbahn zusammenzustellen und auf diese Weise die wichtigsten Stationen seines Lebens so aufzuzeigen, wie er selbst sie sah.

Zu Lebzeiten veröffentlichte Schliemann zehn Werke (ein weiteres erschien kurz nach seinem Tod), in denen er - mit Ausnahme der ersten beiden, die Reiseschilderungen enthalten - über seine Grabungskampagnen berichtete. Diesen heute kaum mehr gelesenen und allgemein als überholt geltenden Werken mißt man fast nur noch wegen der reich illustrierten Beschreibungen von Artefakten Bedeutung bei. Sie sind jedoch, zumindest teilweise, anschaulich geschrieben und zeugen sowohl von der literarischen Ader des Autors wie auch von seinem unwiderstehlichen Drang, über sich selbst, seine Abenteuer, Kämpfe, Enttäuschungen und Augenblicke des Triumphes zu sprechen. Passagen aus diesen Publikationen, ergänzt durch Auszüge aus Tagebüchern und Briefen, werden im vorliegenden Buch so präsentiert, daß sie sich zu »Lebenserinnerungen« Schliemanns zusammenfügen, wobei allerdings betont werden muß, daß er selbst seinen Lebensbericht vermutlich anders konzipiert hätte, falls er imstande gewesen wäre, die seinem Buch *Ilios* vorangestellte Autobiographie zu vollenden. Gleichwohl ergeben die hier versammelten Selbstzeugnisse ein aufschlußreiches Porträt von beträchtlicher Spontaneität und Spannweite. Ich mußte mich natürlich auf eine Auswahl beschränken, habe mich jedoch bemüht, mittels dieser Auszüge und meiner biographischen Kommentare die Lebensgeschichte Schliemanns möglichst genau nachzuzeichnen und den Höhepunkten seiner beiden Karrieren ebenso gerecht zu werden wie den zahlreichen Facetten seines Charakters.

Schliemann war ein echter Vertreter seines Jahrhunderts, und die Geschichte seines Lebens kann sich mit jedem viktorianischen Roman messen: von Armut überschattete, an Dickens' Milieuschilderungen erinnernde Jugendjahre, durch Zielstrebigkeit und harte Arbeit errungener Aufstieg in der Geschäftswelt, Reisen rund um die Erde, wachsender Ruhm und Erfolg, Ehetragödie und schließlich Glück und Erfüllung an der Seite einer schönen, dreißig Jahre jüngeren Griechin, die seine Liebe zu Homer und zur griechischen Antike teilte.

Schliemann ist nicht nur ein Musterbeispiel für jene großen Amateurforscher des neunzehnten Jahrhunderts, die – oft ohne jede akademische Vorbildung – dazu beitrugen, die wissenschaftliche Forschung zu revolutionieren, sondern er vereint auch die ganze Skala bürgerlicher Verhaltensweisen in sich: kapitalistischen Unternehmergeist, Spekulationstrieb, Baufieber, Begeisterung für den technischen Fortschritt (er war fasziniert von Eisenbahnen, Brückenkonstruktionen und Dampfschiffen, vom Telegraphen ganz zu schweigen), Eigenreklame, moralische Laxheit um des Erfolges willen und felsenfestes Vertrauen auf die eigenen Fähigkeiten. Er glaubte, alles erreichen zu können. Wie stolz er auf seine Leistungen war, bekundete er – wie üblich mit einer Mischung aus Selbstgefälligkeit und Übertreibung – in einem Brief, den er im Juni 1870 an seinen Sohn Sergej schrieb:

> ... in jeder Lebenslage habe ich bewiesen, wieviel man mit eiserner Energie erreichen kann. Während meines Aufenthalts in Amsterdam von 1842 bis 1846 habe ich wahre Wunder vollbracht. Ich habe dort getan, was noch keiner jemals tat und niemand jemals tun wird. Als ich danach Großhändler in Petersburg wurde, war ich der tüchtigste und umsichtigste an der gesamten Börse. Später, als Reisender war ich der Reisende *par excellence.* Nie zuvor war ein Petersburger Großhändler imstande, ein wissenschaftliches Buch zu schreiben, ich jedoch schrieb eines, das in 4 Sprachen übersetzt wurde und in der ganzen Welt Bewunderung erregte. Gegenwärtig versetze ich ganz Europa und ganz Amerika in Begeisterung über meine

Entdeckung der alten Stadt Troja, jenes Trojas, nach dem Archäologen aus allen Ländern seit 2000 Jahren vergeblich gesucht haben ...[5]

Er reiste wie besessen über Meere und quer durch Kontinente - so häufig wie die Wirtschaftsbosse und Sonderbotschafter des Jet-Zeitalters. Während seiner »ersten Karriere« war er von dem gewaltigen Wirtschaftspotential des Kolosses Rußland ebenso beeindruckt wie vom Potential der sich ständig weiter nach Westen ausdehnenden Vereinigten Staaten. Letztlich aber fühlte er sich Amerika enger verbunden. In mancher Hinsicht war Schliemann tatsächlich der neue *homo americanus,* der sich, im Sinne Horatio Algers, aus deprimierender Armut hocharbeitet und mehrmals ein Vermögen erwirbt (ohne auch nur eines davon wieder zu verlieren), sich aber trotzdem einer maßvollen, sparsamen, tugendhaften Lebensweise befleißigt, an einem langen Arbeitstag festhält und Selbstdisziplin, Zielstrebigkeit und Gemeinsinn besitzt. Schliemann war kein Gentleman im englischen Sinn, sondern ein Emporkömmling, der nach seinen eigenen Spielregeln vorging - weichherzig und skrupellos zugleich, loyal bis zur Übertreibung, raffiniert bis an die Grenze der Legalität, kulturbeflissen und im Grunde doch ohne sichere Geschmackskriterien. Sein Sinn für Kunst - sowohl für die »moderne« wie auch für die der Antike - war minimal. Die Epen Homers, die ihn zeitlebens faszinierten, bewunderte er nicht so sehr als kunstvolle Dichtungen, sondern vielmehr als unvergleichliche Erzählungen von moralischer Größe. Er meinte es ernst, als er die materialistische Einstellung gewisser abenteuerlicher Kaufmannstypen in Kalifornien und anderswo beklagte, aber seine Entrüstung hatte etwas von der Scheinheiligkeit puritanischer »Raubritter« an sich.

Jahrzehntelang fühlte sich Schliemann als Bürger der Vereinigten Staaten, und sein *civis Americanus sum* verkündete er der Welt schon lange, bevor er rechtlich dazu befugt war. Gab er sich einerseits allzu amerikanisch, so fühlte er sich andrerseits als Weltbürger und war, bevor er sich in späteren Jahren mit Deutschland aussöhnte, im großen und ganzen frei von nationalistischen Gefühlen und chauvinistischen Vorurteilen. Um so erstaunlicher war seine Voreingenommenheit gegenüber nichteuropäischen Rassen (»Die Faulheit der Neger geht über alle Begriffe.« »Die Physiognomie der kalifornischen Indianer ist die dümmste und häßlichste, die ich jemals sah.«[6]), wenngleich er seine Meinung gelegentlich revidierte.

Obwohl er eine unglückliche Jugend hatte und für seinen Vater damals allem Anschein nach teils Verachtung, teils Bewunderung empfand, und trotz der katastrophalen Ehe mit einer frigiden, habgierigen Frau, stand er, wo immer er sich aufhielt, in engem Kontakt mit seiner Familie, seinen Brüdern, Stiefbrüdern, Schwestern und seinem bejahrten Vater. Ähnlich dem Oberhaupt eines korsischen Familienclans unterstützte, beriet und ermahnte er sie unentwegt. Als er seinem Vater einmal ein großzügiges Geldgeschenk machte, sandte er ihm folgendes Schreiben:

> Ich gebe mit heutiger Post Befehl, Dich für den Betrag von 500 preußischen Talern zu akkreditieren, welche Summe Du dazu verwenden willst, Dich ... so anständig einzurichten, wie es dem Vater von Heinrich Schliemann zukommt. [Er schrieb diesen Brief 1855, also bevor er als Archäologe berühmt geworden war.] Indem ich aber diese Summe zu Deiner Disposition stelle, muß ich die Bedingung machen, daß Du Dir fortan eine anständige Magd hältst, und daß vor allen Dingen Reinlichkeit fortan in Deinem Hause herrscht, daß Teller, Schüsseln, Tassen, Messer und Gabeln von Reinlichkeit glänzen, daß alle Dielen und Fußböden dreimal wöchentlich gescheuert und Speisen bei Dir gekocht werden, wie Leute Deines Standes sie essen.[7]

Er, dessen Lebensauffassung, Gebaren, Vorurteile und Tugenden etwas Viktorianisches an sich hatten, glaubte fest an Bildungswerte, an die Perfektibilität des Menschen (insbesondere des Abendländers) und schätzte Gelehrsamkeit sehr hoch ein. Der Pfarrerssohn Schliemann war zweifellos stärker als viele andere Unternehmer seiner Generation von diesen Überzeugungen motiviert, und sie gaben den eigentlichen Anstoß zu seiner zweiten Karriere. 1868 schrieb er an Sergej: »Als ich jünger war als Du es bist, schrieb jemand in mein Album [auf lateinisch]: ›Hab Freude am Lernen, was Schöneres gibt es, als viel zu lernen! Wissen bringt Reichtum und Ansehen.‹ Das habe ich zur Maxime meines Lebens gemacht, und alles, was ich geworden bin, verdanke ich diesem weisen Grundsatz.«[8]

Obwohl er auf zwei völlig verschiedenen Gebieten Furore machte, kam es in seinem Leben nie zu der scharfen Zäsur, von der die Schliemann-Legende berichtet. Seine Wesenszüge wandelten sich jedenfalls ebensowenig wie seine Idiosynkrasien. Seine Interessen mögen sich verlagert haben (allerdings nicht seine Leidenschaft für Fremdsprachen), doch die Besessenheit, mit der er sein Ziel verfolgte, blieb die gleiche. Die Hauptantriebskraft seiner beiden Karrieren war das Streben nach Anerkennung, Erfolg und Ruhm. Weder in der ersten noch in der zweiten ging es ihm in erster Linie um die Jagd nach Gold, wenngleich das schimmernde Metall symbolhaft für seine Erfolge war. Auch wenn er längst vergangenen Zeiten nachspürte, blieb er stets der rastlose Reisende in die Zukunft.

Während seiner archäologischen Laufbahn achtete er stets sorgfältig auf seine Kapitalanlagen und tätigte weiterhin Grundstücks- und Wertpapiergeschäfte. Bis zuletzt befaßte er sich mit Bauprojekten in Athen. Seine Grabungskampagnen waren, jedenfalls anfangs, von Zufälligkeiten und der Lust am Risiko bestimmt und erinnerten an gewagte Spekulationen im Effektenhandel. Bei der Organisation dieser Kampagnen und bei der Anwerbung und Ausbeutung von Arbeitskräften ging Schliemann wie ein rigoroser Industrieboß vor. Er führte genau Buch über seine archäologischen Unternehmen, einschließlich sämtlicher Ausgaben. Im Umgang mit Gegnern und Bürokraten war er kampflustig, selbstgerecht und arrogant, wenngleich er gegenüber anerkannten Fachwissenschaftlern manchmal eine erstaunliche Bescheidenheit an den Tag legte. Gekrönte Häupter flößten ihm, genau wie die Mächtigen der Bismarck-Ära, Ehrfurcht ein. Im großen und ganzen aber trat er zeitlebens mit dem forschen Selbstbewußtsein des erfolgreichen Parvenüs und Dilettanten auf, der bei aller Überheblichkeit manchmal eben doch von einem Gefühl der Unsicherheit und Unzulänglichkeit befallen wird.

Schliemann machte sich freizügig die Erfahrung anderer zunutze, bestand aber darauf, daß wesentliche Ergebnisse als sein eigenes Verdienst gewertet wurden: Letztlich war immer er selbst derjenige, der die entscheidenden Entdekkungen gemacht hatte, sei es die Stätte des antiken Troja, seien es die Megara (rechteckige Häuser) von Troja II, sei es das Deckenrelief von Orchomenos. Um seine Erfolge noch grandioser erscheinen zu lassen, spielte er den Beitrag, den andere dazu geleistet hatten, herunter und blähte die Irrtümer auf, denen sie seiner Meinung nach erlegen waren. Auf die wichtige Rolle Frank Calverts, der nicht nur eigene Grabungen in Hissarlik/Troja unternahm, sondern ihn überhaupt erst zu dieser Stätte führte, hat Schliemann niemals in aller Deutlichkeit hingewiesen. Er neigte sogar dazu, die Tatsache, daß seine zweite Frau, Sophia, sich aktiv an den Grabungen beteiligte, in den Hintergrund zu drängen beziehungsweise unerwähnt zu lassen. Und obzwar er seinem »hervorragenden Architekten« lobend auf die Schulter klopfte, verkündete er der Welt, welche Entdeckungen er, Schliemann, in Tiryns gemacht habe. Sein Verhalten bezüglich der altkretischen Palastanlage von Knossos, die bereits von einem Kreter identifiziert und teilweise freigelegt worden war, ist als typisch zu bezeichnen: Schon nach zwei kurzen Besichtigungen dieser Stätte ließ er, ohne auch nur eine einzige Grabung vorgenommen zu haben, durchblicken, daß es ihm gelungen sei, den Palast des Königs Minos zu entdecken. Sodann lancierte er einen Feldzug in eigener Sache, wobei er nur jene »Autoritäten« zitierte, nach deren Meinung die archäologische Forschung auf Kreta keine Lorbeeren ernten konnte.

Wie jeder Manager, der sein Geld wert ist, verstand es Schliemann, geeignete Helfer zu finden, die sich für seine

Sache einsetzten und ihm nicht selten geistig und fachlich überlegen waren. Der berühmte Arzt Rudolf Virchow, einer der führenden Wissenschaftler seiner Zeit, trat für Schliemanns Ideen ein. Bei der Arbeit an seinen Büchern bediente sich Schliemann der Hilfe einiger angesehener Professoren, denen er schlankweg erklärte, daß ihre Namen in der Publikation nicht erscheinen würden. Aus Berichten über seine Verhandlungen mit dem Verleger Brockhaus geht hervor, daß er sich aktiv an der Werbung für seine Bücher beteiligte, Rezensionen honorierte und - teils durch Schmeicheleien, teils durch Drohungen - die Presse zu beeinflussen suchte. Er beklagte sich zwar bitter über jede unfreundliche Kritik, hatte aber überall Verbündete und Parteigänger sitzen (allmählich wurde daraus eine Art Claque), die aufgerufen waren, ihm aus Freundschaft oder um einer greifbareren Belohnung willen zu Hilfe zu kommen und in sein Horn zu stoßen. Einige brauchten nur ihren Namen zur Verfügung zu stellen - für den Text des Zeitungsartikels sorgte er selbst.

Seine persönlichen Beziehungen, selbst die zu seinen engsten Freunden und Mitarbeitern, waren starken Schwankungen unterworfen. Früher oder später entzweite er sich mit jedem. Fast krankhaft empfindlich, fühlte er sich beim geringsten Anlaß zutiefst gekränkt. Die leiseste Kritik an seinen Büchern und Grabungsergebnissen brachte ihn in Rage. Jede Meinungsverschiedenheit betrachtete er als persönliche Beleidigung.

Als Amateur und Außenseiter mit einigen höchst unorthodoxen, um nicht zu sagen irrigen Ansichten über das Altertum und die Homerforschung war Schliemann natürlich nicht immun gegen Angriffe von seiten des akademischen Establishments. Aber statt sich darüber hinwegzusetzen, fühlte er sich als Märtyrer. In seinen Augen war jeder, der andere Ansichten vertrat, ein übler Neidhammel. Dem Engländer R. C. Jebb, einem hervorragenden Kenner des klassischen Altertums, wurde unterstellt, er platze vor Neid, weil Schliemann seine Sammlungen nicht an England übergeben hatte. Er sei ein »übler Verleumder«, warf ihm Schliemann grollend vor. Daß man ihm die Grabungserlaubnis für Olympia verweigerte – und zwar vor allem deshalb, weil er Bedingungen stellte, die mit der griechischen Verfassung unvereinbar waren –, erklärte Schliemann damit, daß »der Neid *aller* griechischen Gelehrten gegen mich keine Grenzen kennt und sie mich kreuzigen, braten und spießen könnten«.[9] Der deutsche Archäologe Alexander Conze, bei dem Schliemann liebend gern Anerkennung gefunden hätte, wurde von ihm des »giftigen Neides« beschuldigt, als er zu behaupten wagte, Schliemann habe keine schlüssigen Beweise dafür erbracht, daß er tatsächlich Troja entdeckt habe. Jenen deutschen Altphilologen, die eine wörtliche und streng historische Auslegung Homers ablehnten, warf er »abscheuliche Gehässigkeit« vor. Angesichts der Tatsache, daß Schliemann schon ziemlich bald den Beifall führender englischer Fachgelehrter und in zunehmendem Maße auch bei deutschen Akademikern, Museumsdirektoren, wissenschaftlichen Gesellschaften und gekrönten Häuptern Anerkennung fand, liegt allerdings die Vermutung nahe, daß er gar nicht so vielen Anfeindungen ausgesetzt war, wie er ständig behauptete. Die Vorstellung, von Feinden umgeben zu sein, paßte vermutlich zu der heldenhaften Rolle, in der er sich sah – der Rolle des Kreuzritters und des einsamen, angefehdeten, verhöhnten Genies, dem es gelungen war, »das größte Rätsel der Geschichte« zu lösen.

Gewiß, Schliemann begegnete in bestimmten Kreisen häufig echter Animosität. Aber man kann es Wissenschaftlern, die, an sorgfältig durchdachte, nüchterne Darlegungen gewöhnt, seine apodiktischen Erklärungen fragwürdig fanden, wohl kaum zum Vorwurf machen, daß sie Zweifel an seiner Seriosität hegten. Und es wäre auch nicht verwunderlich, wenn Schliemanns Drang, sich möglichst viel Publizität zu verschaffen, ihr Urteil über ihn und seine Glaubwürdigkeit ungünstig beeinflußt hätte. (Daß die griechische wie auch die türkische Regierung guten Grund hatte, ihm zu mißtrauen, wird dem Leser bald klarwerden.) Das heißt aber keineswegs, daß Fachwissenschaftler nicht auch Irrtümer begangen oder manche ihrer wohldurchdachten Aussagen sich nicht als mindestens ebenso weit hergeholt erwiesen hätten wie Schliemanns auf Intuition - und Wunschdenken - basierende Ideen. So vertraten zum Beispiel einige Professoren berühmter europäischer Universitäten die Meinung, die Überreste des vorgeschichtlichen Troja seien gotischen, respektive keltischen oder sogar griechischen Ursprungs. Der große deutsche Archäologe Ernst Curtius ordnete die mykenischen Schätze eine Zeitlang der byzantinischen Kultur zu und hielt die »Maske Agamemnons« für ein Christusbild.

Trotz seiner unaufhörlichen Fehden und der angeblichen Schmähungen seitens der Fachwissenschaft konnte sich Schliemann nicht über Mangel an Berühmtheit beklagen. Als er den »Schatz des Priamos« entdeckt hatte, war er sofort eine gefeierte Persönlichkeit. In allen Kulturzentren der Welt sprach man plötzlich über Troja und seinen genialen Entdecker. Der Millionär und Amateurforscher, sein abenteuerliches Leben und seine junge griechische Ehefrau waren für die Journalisten ein gefundenes Fressen. Als Schliemanns Berichte über Troja in der *Augsburger Allgemeinen Zeitung* erschienen, herrschte - wie ein deutscher Museumsdirektor (im Jahre 1896) berichtete - »bei den Gelehrten wie beim Publikum eine große Aufregung. Überall, im Hause und auch auf der Straße, im Postwagen und auf der Eisenbahn wurde von Troja geredet«.[10] Und als Schliemann die mykenischen Fürstengräber freilegte und Schätze von unerhörtem künstlerischen und enormem materiellen Wert entdeckte, geriet die Welt in einen Begeisterungstaumel.

Daß die Archäologie populär wurde, ist vor allem Schliemann zu verdanken. Kein Wunder, daß er, der durch die Verbindung seines Namens mit dem Homers unsterblichen Ruhm erlangen wollte, für viele zur Personifizierung der Archäologie geworden ist. Im Verlauf von nur zwei Jahrzehnten, von 1870 bis 1890, leuchteten die Namen Troja, Mykene, Orchomenos und Tiryns wie Fackeln vor einem dunklen Winterhimmel auf. Die Nachrichten aus diesen uralten Zitadellen und Palästen regten die Phantasie der Menschen nicht weniger an, als es viele Jahre später die Radioreportagen über die ersten Transatlantikflüge und die Fernsehsendungen über die Erforschung des Weltraums taten. Die sensationellen Aspekte jener Tagesmeldungen durchdrangen das Bewußtsein eines ganzen Zeitalters und wurden zum Kulturphänomen. So weist beispielsweise der amerikanische Literarhistoriker Hugh Kenner in seiner Studie über Ezra Pound darauf hin, daß Schliemann einen prägenden Einfluß auf das gesamte moderne Denken ausgeübt habe. Ob wir diese Meinung teilen oder nicht - das Auftreten Schliemanns ist jedenfalls als Ereignis in der europäischen Geistesgeschichte zu werten. Was W. H. Auden über Sigmund Freud schrieb, kann auch für den einstigen Krämergehilfen aus Mecklenburg gelten: »Für uns ist er keine Person mehr, / jetzt ist er ein Meinungsklima.«

Alles andere als ein bescheidener Mensch, war Schliemann von sich selbst überzeugt und glaubte fest an seinen Glücksstern. Gleichwohl äußerte er immer wieder Erstaunen über seine erfolgreiche Laufbahn. »Ich habe im Leben immer mehr Glück als Verstand gehabt«, schrieb er 1856 an einen Freund. »Aus den größten von mir gemachten Dummheiten ... entstand mein größtes Glück.«[11] Während seiner Karriere als Geschäftsmann war er offenbar immer genau zum richtigen Zeitpunkt am richtigen Ort, und selbst Krieg und Rezession machten ihn nicht ärmer, sondern reicher. Und was die Erforschung der alten ägäischen Kulturen betraf, so erschien er auch hier im entscheidenden Moment auf der Bildfläche. Dank einer glücklichen Fügung entdeckte er die Schätze Trojas und sicherte damit seiner Suche nach der Homerischen Vergangenheit das Interesse und den Respekt der Öffentlichkeit, von seinem persönlichen Triumph ganz zu schweigen. Als er die mykenischen Gräber freilegte, gab er zu: »Dieses Mal habe ich mein Glück allein nur dem Umstand zu verdanken, daß ich eine Stelle im Pausanias ... über die Lage der 5 Heldengräber ganz anders übersetzt habe als sie jemals von Gelehrten übersetzt worden ist.«[12] Was machte es angesichts der mykenischen Goldgrube schon aus, daß er mehr oder weniger zufällig auf jene Textstelle gestoßen war und sie vermutlich sogar mißverstanden hatte? Die größte Gunst, die ihm das Schicksal erwies, bestand aber wohl darin, daß er als Geschäftsmann und als Altertumsforscher immer wieder selbstlose Freunde und kenntnisreiche Helfer fand, die bereit waren, mit ihrer Arbeit zum Ruhme Heinrich Schliemanns beizutragen.

Am wenigsten Glück hatte Schliemann während eines großen Teils seines Lebens mit Frauen. Im Gegensatz zu seinem lebenslustigen Vater, der noch in fortgeschrittenem Alter ein Kind zeugte, übte er wenig Anziehungskraft auf das weibliche Geschlecht aus und fühlte sich in Gesellschaft von Frauen auch nicht sonderlich wohl. Mit seiner schmächtigen Figur und hohen, schrillen Stimme, seiner Griesgrämigkeit und Egomanie war er - schon als junger Mann - gewiß nicht der richtige Typ, um Eroberungen zu machen. Außerdem war er viel zu diszipliniert, um seine Zeit und Energie mit Schürzenjägerei zu verplempern. Er selbst hatte für seinen mangelnden Erfolg bei Frauen eine andere Erklärung: »Ich selbst bin blind«, schrieb er an eine seiner Schwestern. »Die Leidenschaft verdunkelt mir die Augen. Ich sehe immer nur die Tugenden und nie die Schwächen der Frauenzimmer.«[13] Aber dann kam ihm eines Tages wieder ein glücklicher Zufall zu Hilfe, und zwar unter höchst ungewöhnlichen Umständen: In mittleren Jahren fand er eine - gewissermaßen nach Maß bestellte - bildschöne Ehefrau, die fast noch ein Schulmädchen war und den menschlich vereinsamten Mann zweifellos glücklicher machte, als er es je gewesen war.

Aus seinen Selbstzeugnissen formt sich das Bild eines ungemein erfolgreichen, willensstarken, egozentrischen, ehrgeizigen, höchst selbstbewußten, unduldsamen und dennoch sentimentalen und empfindlichen Menschen. Er war ein rücksichtsloser Realist und zugleich ein romantischer Schwärmer, ein wißbegieriger und rechthaberischer, aber auch ein zweifelnder und naiver Mensch. Alle diese Wesenszüge spiegeln sich in seinem Prosastil wider, der bei aller sprudelnden Beredsamkeit deutliche Schwächen aufweist. Es verrät sich darin die Neigung des Autors zu Übertreibungen, Prahlereien, Klischees - und gängigen Verallgemeinerungen. Schliemanns Aufzeichnungen und Briefe strotzen von »formelhaften Wendungen« im Stil Homers und der Rhapsoden, aber ohne deren poetische Ausdruckskraft. Mit Ausnahme jener Passagen, in denen er sich sarkastisch über den »Irrglauben« seiner Gegner äußert, läßt seine Darstellungsweise die feine Ironie, die Besinnungspausen und das vielsagende Schweigen vermissen, deren sich differenziertere Denker bedienen. Bei ihm mußte alles eindeutig sein - entweder schwarz oder weiß. Als Autor rangiert er hinter zeitgenössischen Archäologen und Entdeckern wie etwa Austen Henry Layard, dem berühmten Nimrud/Ninive-Forscher, John Lloyd Stephens, dem amerikanischen Maya-Experten, und Richard Burton.[14]

Aber Schliemann war eben in erster Linie ein Mann der Tat, kein *homme de lettres* und kein Denker. In mancher Hinsicht könnte man ihn, den Homer-Enthusiasten, mit Odysseus vergleichen, der ebenfalls ein Mann der Tat war. Auch Schliemann war ständig auf der Suche, auch sein Leben war eine immer von neuem verzögerte Heimkehr. Er erlebte, beschrieb, stilisierte und dramatisierte sein Leben als eine moderne *Odyssee.* Und im listenreichen, ruhelosen Odysseus sah er seinen »Reisegefährten« und sein Alter ego. Andrerseits läßt sich natürlich ins Feld führen, daß der schmächtige Schliemann mit seinem alles andere als ansprechenden Wesen wenig Ähnlichkeit mit seinen Vorbildern aus der Welt Homers hatte. Um Matthew Arnold zu zitieren: »Homer war ungemein beweglich, ungemein natürlich und direkt und ungemein hochherzig, während Schliemann genau das Gegenteil war - ein schwerfälliger, vorsichtiger, schwieriger, unaufrichtiger Mensch, oft bombastisch und griesgrämig, und ohne jede natürliche Hochherzigkeit.«[15]

Wie dem auch sei - die Fixierung auf Homer war jedenfalls ein prägendes Element in Schliemanns Leben. Für ihn waren der Dichtersänger aus grauer Vorzeit und seine Heldenepen unanfechtbare historische Wahrheit. Da er von Anfang an mit fast religiöser Überzeugung an Homer glaubte, kamen ihm niemals Zweifel an der geschichtlichen Glaubwürdigkeit der Epen. Für die ausgeklügelten Argumente, die im Zusammenhang mit der »Homerischen Frage« vorgebracht wurden, hatte er wenig Verständnis. Während der ersten Grabungskampagne in Troja war er sich völlig unklar über den zeitlichen Abstand zwischen Homer und dem Trojanischen Krieg und neigte dazu, beide dem »Homerischen Zeitalter« (um 1200 v. Chr.) zuzurechnen - bis ihm schließlich aufging, daß Homer die Belagerung Trojas nicht miterlebt haben konnte, sondern vermutlich mindestens dreihundert Jahre später gelebt hatte. Es ist anzunehmen, daß Schliemann zu dem Zeitpunkt, als er sich der wohlbegründeten Fragen deutlich bewußt wurde, die von Altertumswissenschaftlern und Philologen bezüglich der Entstehungszeit und Urheberschaft der Epen, des Entstehungsortes, des griechischen Dialekts, der historischen Glaubwürdigkeit und vieler anderer Aspekte aufgeworfen wurden, sich bereits gegen »destruktive Kritik« abgekapselt hatte. Zwar machte er den »Kritikern« hie und da höchst widerwillig gewisse Zugeständnisse, von seiner Ausgangsposition wich er aber nie ab.

Bekanntlich gab es im neunzehnten Jahrhundert Gelehrte (die Reihe ihrer Vorgänger reicht bis ins Altertum zurück), die ernsthaft bezweifelten, daß ein Dichter namens Homer, der die *Ilias* und die *Odyssee* geschaffen haben sollte, jemals existiert hatte. Wenn ja, so sei er vermutlich ein Rhapsode - oder richtiger gesagt, ein in der Rhapsodentradition stehender Autor gewesen, der weniger aus der eigenen Phantasie geschöpft, sondern vielmehr die von seinen Vorgängern überlieferten Lieder nacherzählt, gesammelt und für seine Zwecke ausgewählt und »redigiert« habe. Aber auch in diesem Fall könnte man ihn wohl kaum mit den beiden Epen in Verbindung bringen, da die *Odyssee*, jedenfalls in der überlieferten Form, jüngeren Datums sei. (Die beiden Epen wurden im sechsten vorchristlichen Jahrhundert unter dem athenischen Tyrannen Peisistrates schriftlich fixiert.)

Auch bezüglich des Trojanischen Krieges und seiner Protagonisten vertraten die Altertumskundler des neunzehnten Jahrhunderts unterschiedliche Meinungen. Die extremste Position bezogen jene, die diesen Themenkreis der indo-europäischen Mythologie zurechneten, ihn also an die Seite des *Mahābhārata* und des *Nibelungenlieds* stellten. Auch wenn man keineswegs abstritt, daß die Homerischen Epen ein Körnchen geschichtliche Wahrheit enthalten könnten, betrachtete man sie in erster Linie als phantasievolle Volksdichtung, die nicht darauf abziele, historische Ereignisse zu dokumentieren. Was den Hauptschauplatz jenes berühmten Krieges, König Priamos' Troja oder Ilion, betraf, so bestritt zwar kaum jemand, daß dieser Ort existiert hatte (wie ja auch kein vernünftiger Mensch die Existenz Mykenes, Tiryns' oder Pylos' in Frage stellte), aber es wurde bezweifelt, daß er mit dem Trojanischen Krieg in Zusammenhang gebracht werden konnte. Wissenschaftler, wie etwa der englische Historiker und Griechenlandexperte George Grote und Ernst Curtius, der Olympia ausgrub, zogen zwar die historische Glaubwürdigkeit der in der *Ilias* geschilderten Ereignisse in Zweifel, waren aber ebenfalls der Meinung, daß in vorgeschichtlicher Zeit eine Stadt oder Königsfeste namens Troja existiert habe – es müsse allerdings dahingestellt bleiben, ob sie mit Homers Troja identisch sei. Selbst der Indologe Max Müller, ein Verfechter der Mythologie-These, hielt für möglich, daß Troja tatsächlich existiert hatte.[16] Grote hatte übrigens schon lange vor Schliemann den Hügel Hissarlik als die Stätte Trojas bezeichnet.

Heute gilt es als Binsenwahrheit, daß Schliemann über die Skeptiker triumphierte, Troja auf eigene Faust entdeckte und die Welt davon überzeugte, daß Homer eben doch recht gehabt hatte. Daraus wird gefolgert, er habe auch nachgewiesen, daß der Trojanische Krieg ein historisches Ereignis gewesen sei und Priamos und Achilles tatsächlich gelebt hätten. Aber diesen Beweis hat Schliemann keineswegs erbracht. Er förderte zwar einige *corpora delicti* zutage, die er als eindeutige Indizien für Homers historische Glaubwürdigkeit bezeichnete, doch keines davon hielt einer genauen Überprüfung stand. Der immer wieder erhobene Anspruch, seine Grabungen in Hissarlik hätten den Nachweis dafür erbracht, daß Homers Epen im wesentlichen auf tatsächlichen Ereignissen basieren, ist also zumindest anfechtbar.

Jedenfalls wird die »Homerische Frage« heute so lebhaft diskutiert wie eh und je. Wichtige Fortschritte wurden auf dem von der Textkritik gewiesenen Weg erzielt. Aber bisher konnte niemand schlüssig beweisen, daß es tatsächlich einen Trojanischen Krieg oder, richtiger gesagt, mehrere Trojanische Kriege gegeben hat. Die Stadt mit den neun Siedlungsschichten, die von Schliemann, seinen Mitarbeitern und Nachfolgern freigelegt wurde, könnte Troja geheißen haben, aber sichere Beweise gibt es auch dafür nicht: Schriftliche Zeugnisse sind bisher nicht ans Licht gekommen und zeitgenössische Aufzeichnungen wie etwa die Linear-B-Tontafeln aus Griechenland und Kreta oder die Tafeln des hethitischen Staatsarchivs von Boghazköy (Zentralanatolien) geben darüber keine verläßliche Auskunft. Es ist sogar denkbar, daß »Troja« und »Ilion« (oder »Ilios«) zwei verschiedene Orte waren, zumal ja in der *Ilias* – mit bewundernswerter dichterischer Integrationskraft – auch verschiedene Ereignisse und Lebensgeschichten miteinander »verschmolzen« wurden, zwischen denen es weder einen zeitlichen noch einen örtlichen Zusammenhang gegeben haben kann.[17]

Tatsächlich war der Name »Troja« (genauer: Troia) im ägäischen Raum ziemlich weit verbreitet, und zwar als Bezeichnung für labyrinthische Festungsanlagen (dies ist in etwa auch die Bedeutung des Ortsnamens »Hissarlik«). Es ist durchaus möglich, daß mehrere anatolisch-ägäische Zitadellen so genannt wurden, ähnlich wie es in Spanien mehrere »Alcazares« gibt. Falls jemals ein Krieg um Troja oder eine Belagerung stattgefunden hat (Homer spielt auf eine frühere Plünderung durch Herakles an), so dürfte der

Verlauf der Auseinandersetzungen wenig Ähnlichkeit mit den in der *Ilias* geschilderten Ereignissen gehabt haben - man halte sich nur vor Augen, daß auch in viel jüngeren Epen, etwa dem *Chanson de Roland* und dem *Nibelungenlied,* die tatsächlichen Geschehnisse bis zur Unkenntlichkeit verändert wurden, also von historischen Zeugnissen keine Rede sein kann.

Bezüglich der Fundstätte Hissarlik läßt sich mit Sicherheit nur sagen, daß sie in einigen (beileibe nicht in allen) topographischen Details dem in der *Ilias* beschriebenen Troja gleicht und daher die Vermutung naheliegt, daß Homer oder andere Rhapsoden diese Gegend ziemlich gut kannten und sie möglicherweise aus eigenem Antrieb als Schauplatz für das Epos wählten. In kurzen Worten: Der Archäologie ist es bisher nicht gelungen, nachzuweisen, daß Hissarlik tatsächlich die Stätte des alten Troja ist, auch wenn die später dort angesiedelten Griechen und Römer fest davon überzeugt waren.

Im vorgeschichtlichen Nordwestanatolien könnte Hissarlik als Befestigungsanlage eine strategisch wichtige Rolle gespielt haben. In der Bronzezeit gelangte es durch Handel, Pferdezucht und Herstellung von Webwaren zu Wohlstand. Einige Siedlungsschichten Hissarliks - wie auch anderer Orte in Anatolien, auf dem griechischen Festland und in benachbarten Regionen - sind zweifellos der mykenischen Kulturepoche zuzurechnen. Sie könnten eventuell mit einem Trojanischen Krieg in Zusammenhang gebracht werden, insbesondere Schicht 6, die von Wilhelm Dörpfeld als das Homerische Troja bezeichnet wurde, und Schicht 7a, die Carl W. Blegen (University of Cincinnati) mit Troja identifizierte, und möglicherweise auch Schicht 7b. Aber keine dieser Siedlungen entspricht der von Homer beschriebenen prächtigen Königsfeste. Überdies war Troja VI, das sich nicht ganz so kraß vom Troja der *Ilias* unterscheidet, offenbar durch ein Erdbeben zerstört worden, während Troja VIIa zwar ausgeplündert und in Brand gesteckt worden war, aber nur aus einigen armseligen, eingefriedeten Behausungen bestand, die (nach Blegens Ansicht) um 1260 v. Chr. von Angreifern erstürmt, also zwei Lebensalter vor dem Zeitpunkt zerstört wurden, zu dem nach der Überlieferung das Homerische Troja in Schutt und Asche sank. Andere Altertumskundler sind von Blegens Meinung abgerückt und datieren - vornehmlich auf Grund keramischer Funde - die Zerstörung von Troja VIIa erst auf die Zeit um 1190 v. Chr. Dieses Datum kommt dem angeblichen Zeitpunkt des Trojanischen Krieges zwar näher, fällt jedoch in eine Periode, in der die meisten mykenischen Kulturzentren ähnlichen Angriffen fremder Eindringlinge (Seevölker?) ausgesetzt waren, also wohl kaum eigene Angriffskriege führen konnten - von einer militärischen Expedition quer über die Ägäis und einem zehnjährigen Belagerungskrieg ganz zu schweigen.

Auch wenn die Möglichkeit besteht, daß Hissarlik früher einmal Troja hieß und diese Siedlung bei einem Angriff zerstört wurde, der in einen vagen Zusammenhang mit dem Trojanischen Krieg der *Ilias* gebracht werden kann, stellen die Homerischen Epen also keinen historischen Bericht dar, sondern sind in erster Linie ein grandioses Zeugnis dichterischer Phantasie. Ebensowenig wie es die Aufgabe der Archäologie sein kann, die historische Wahrheit der Bibel zu beweisen, um Skeptiker zu widerlegen und den religiösen Glauben zu stärken, kann man erwarten, daß der Spaten des Forschers Beweise für die historische Glaubwürdigkeit Homers ans Licht bringt.[18] Die zahlreichen Passagen der *Ilias,* in denen von den Göttern des Olymp, von übernatürlichen Ereignissen und göttlichen Interventionen berichtet wird, dürfte selbst Schliemann (der auf dieses Thema nicht näher einging) einem außerhistorischen Bereich zugeordnet haben.

Die Wissenschaft hält also nicht viel von Schliemanns Homergläubigkeit. Aber nahezu alle hervorragenden Kenner Homers und der mykenischen Kulturepoche zollen dem hochbegabten, unermüdlichen Amateurforscher Anerkennung, dem »Vater der Vorgeschichtsforschung im ägäischen Raum«, der die Grundlagen für ihre Arbeit schuf. Und zu Recht wird darauf hingewiesen, daß man von einem Pionier wie Schliemann wohl kaum schlüssige Antworten auf Fragen erwarten konnte, die noch heute der Fachwissenschaft Rätsel aufgeben. Seine kühnen Behauptungen können zwar nicht verifiziert werden, aber daß er überhaupt zu forschen begann, ist allein seiner Homergläubigkeit und seiner naiven Überzeugung, daß die griechischen Heldenepen wörtlich genommen werden müßten, zu verdanken. Er grub an Priamos' Troja und an Agamemnons Grab vorbei, aber er stieß auf zwei damals noch fast unbekannte prähistorische Epochen: die ägäische Kultur im Nordwestanatolien der frühen Bronzezeit und die mykenische Kultur auf dem griechischen Festland. In einem viel bedeutungsvolleren Sinn als ihm selbst bewußt war hatte er also recht, wenn er immer wieder - bis zum Überdruß - der Welt verkündete, daß mit ihm ein neues Kapitel in der Geschichte der Archäologie begonnen habe. Wie Saul, der ausgezogen war, um nach verirrten Eselinnen zu suchen, fand auch Schliemann auf seiner Suche ein Königreich. Er glich einem Märchenprinzen, der eine abenteuerliche Entdeckung nach der andern macht, und was er, wenn auch nicht ganz zufällig, entdeckte, war von unerwartet weitreichender Bedeutung.

Wo sich ein Fachwissenschaftler, jedenfalls für den Anfang, auch mit bescheideneren Ruinenfunden begnügt hätte, setzte sich Schliemann sofort das höchste Ziel. Neben Troja galt sein Interesse stets nur antiken Stätten, die entweder durch Homer bezeugt waren oder aber eine reiche Ausbeute an Fundobjekten und historischen Informationen versprachen. (Stätten wie etwa das phönikische Motye [Motya] vor der Küste Siziliens, wo später bedeutende archäologische Funde gemacht wurden, verließ Schliemann schon nach wenigen Tagen, weil er sie für unergiebig hielt.)

Differenzierter denkende, über gründlicheres Fachwissen verfügende Forscher hätten sich wohl kaum auf derart grandiose Projekte eingelassen. Aber der Weg zu großen Entdeckungen ist eben manchmal mit kindlichem Glauben, Intuition und blindem Selbstvertrauen - um nicht zu sagen Ignoranz - gepflastert. Diese Eigenschaften besaß Schliemann im Übermaß. Schopenhauer bemerkte einmal, die größten Taten seien stets von Dilettanten und nicht von Fachleuten vollbracht worden. Dieser Meinung schloß sich Emil Ludwig an, als er schrieb, Schliemann sei »ein großes Beispiel für unsere heute wieder umstrittene These, daß der erleuchtete Liebhaber den gründlichen Fachmann besiegt«.[19]

Über die Verdienste, die sich Schliemann als Ausgräber erwarb, ist viel geschrieben worden. Zu seinen Lebzeiten wurden sie höchst unterschiedlich bewertet. Noch etliche Jahre nach seinem Tod waren nicht wenige Kritiker der Meinung, er sei nur dem Namen nach ein Archäologe, in Wirklichkeit aber ein ungeduldiger, verantwortungsloser Schatzsucher gewesen, der auf der Jagd nach Fundobjekten weniger zur Freilegung als zur Zerstörung antiker Stätten beigetragen habe. Andere, die sich vielleicht von seinen Erfolgen blenden ließen oder seine Forschungsergebnisse mit denen Dörpfelds durcheinanderbrachten, stilisierten ihn zum brillanten Experten und bezeichneten das, was seine Kritiker für kaum mehr als Pfusch und Plünderei hielten, als wohldurchdachte Planung.

Inzwischen hat sich die Aufregung gelegt. Heute betrachtet man offenbar die Debatte über dieses Thema als beendet. Das nahezu einhellige Urteil lautet: Schliemann ist zwar bei seinen ersten Grabungskampagnen in Troja rücksichtslos vorgegangen und hat wertvolle antike Zeugnisse zerstört, aber die Fehler, die ihm unterliefen, waren kennzeichnend für sein Zeitalter. Er war nicht besser und nicht schlechter als seine etablierten Fachkollegen. Aber er lernte rasch dazu, verbesserte seine Methoden und wurde, wenn schon nicht zum Begründer, so doch zum Schrittmacher der wissenschaftlichen Altertumsforschung. Ihm vorzuwerfen, er habe es verabsäumt, seine Grabungen so zu planen und durchzuführen und seine Funde so zu konservieren und zu katalogisieren, wie es im zwanzigsten Jahrhundert üblich ist, wäre nicht weniger absurd als wenn man dem Kapitän der *Titanic* den Vorwurf machte, er habe auf der Jungfernfahrt seines Schiffes keine Radargeräte benützt. Wie Emil Ludwig und fast alle späteren Schliemann-Biographen betonen, erschien Schliemann zu einem Zeitpunkt auf der Bildfläche, als das, was wir heute Altertumswissenschaft nennen, noch gar nicht existierte.

Seine Methoden und Deutungen der Funde am heutigen Erkenntnisstand zu messen, wäre zugegebenermaßen ungerecht. Bei näherer Betrachtung stellt sich allerdings heraus, daß die archäologischen Forschungsmethoden zu Schliemanns Zeiten keineswegs so primitiv waren, wie man uns glauben machen will. Selbst Emil Ludwig räumt ein, daß Schliemanns Grabungspraktiken bei Zeitgenossen auf heftige, manchmal sogar auf vernichtende Kritik stießen. Durch Schliemanns Brille gesehen, entsteht jedoch der Eindruck, als entbehrten solche Verdammungsurteile jeder objektiven, fachlichen Begründung und als steckte nicht viel mehr dahinter als der Neid vertrockneter Akademiker auf den begabten Außenseiter, der bahnbrechende Arbeit leistete.

Der Vorwurf, Schliemann so »ungerecht« zu beurteilen, wurde am häufigsten dem an der Straßburger Universität lehrenden Archäologen Adolf Michaelis gemacht, der gemeinsam mit Alexander Conze Grabungen in Griechenland durchgeführt hatte. In seinem Buch *Ein Jahrhundert kunstarchäologischer Entdeckungen* (Leipzig 1905) befaßte er sich ziemlich ausführlich mit Schliemann, schilderte verständnisvoll dessen Lebensweg, zollte ihm Anerkennung für seinen Arbeitseifer und Enthusiasmus, warf ihm aber vor, er sei völlig unwissenschaftlich an seine Forschungen herangegangen und habe keine Ahnung gehabt, daß es bereits eine systematisch erarbeitete Grabungstechnik gab. Äußerungen wie diese stehen in krassem Gegensatz zu den Elogen, die Schliemann in späteren Jahren gemacht wurden und die man *ad infinitum* zitieren könnte.

Zu sagen, daß die Wahrheit irgendwo zwischen diesen beiden Extremen liege, wäre allzu einfach. Schließlich war Schliemann selbst eher ein Extremist als ein Mann der

Mitte. Michaelis hatte Schliemann-Bewunderern späterer Jahre voraus, daß er ihn persönlich gekannt, die Grabungsstätten besichtigt und sich ebenfalls als Ausgräber betätigt hatte. Da er sich in seinem Buch als objektiver, zuverlässiger Berichterstatter über die Entwicklung der Archäologie im Verlauf eines Jahrhunderts erweist, besteht wohl kaum Grund zu der Annahme, seine Äußerungen über Schliemann entsprängen persönlichen Vorurteilen. Überdies haben selbst Freunde und treue Anhänger Schliemanns, zum Beispiel Virchow, Dörpfeld und Carl Schuchhardt, offen zugegeben, daß er zumindest während seiner ersten Grabungskampagnen unsystematisch vorging und wertvolle Relikte zerstörte.

Wie also sieht die historische Wahrheit aus? Ist Michaelis' Vorwurf, Schliemann habe wissenschaftliche Methoden außer acht gelassen, als Anachronismus zu betrachten? Emil Ludwig und andere deutsche Autoren haben zu Recht darauf hingewiesen, daß die erste wissenschaftlich fundierte Grabungskampagne jene war, mit der das Deutsche Archäologische Institut unter Ernst Curtius' Leitung 1875 in Olympia begann - also zwei Jahre nachdem Schliemann seine erste Kampagne in Hissarlik abgeschlossen hatte und ein Jahr bevor er seine Grabungen in Mykene aufnahm. Daß die Ausgrabung Olympias dank wohlfundierter Erkenntnisse systematisch in Angriff genommen werden konnte - insbesondere hinsichtlich des Schichtungsbefunds und der Katalogisierung und Konservierung sämtlicher zutage geförderter Bauwerke und Artefakte - spricht jedoch dafür, daß diese Forschungsmethoden nicht von einem einzigen deutschen Altertumskundler entwickelt, sondern schon vorher erprobt, sorgfältig formuliert und genau erläutert worden waren. Und das war tatsächlich der Fall. Alexander Conze hatte sich von ähnlichen Prinzipien leiten lassen, als er 1873 im Auftrag der österreichischen Regierung die Grabungen auf Samothrake leitete. Und er wiederum hatte zahlreiche Vorgänger gehabt. Einer der erfahrensten war Schliemanns späterer Freund Charles T. Newton vom Britischen Museum, der bereits 1846 das antike kleinasiatische Halikarnassos mit seinem berühmten Mausoleum entdeckt und später (1858-1859) die Fundamente der Hafenstadt Knidos (im Südwesten Kleinasiens) freigelegt hatte - ein Beweis dafür, daß Schliemann keineswegs der erste Ausgräber war, der nicht nur nach Artefakten und bestimmten Bauwerken, sondern nach ganzen Siedlungsanlagen suchte. Von noch größerer Bedeutung war die Ausgrabung der antiken Stätten am Fuße des Vesuvs, die darauf abzielte, alles freizulegen, was Aufschluß über das städtische Leben im Altertum geben konnte. Insbesondere Giuseppe Fiorelli (auch er ein guter Bekannter Schliemanns), der ab 1860 die Grabungen in Pompeji leitete, trug dazu bei, daß grundlegende Vorstellungen über die Ziele und Methoden der archäologischen Forschung entwickelt wurden - noch ehe Schliemann seine eigenen Ideen verkündete und in die Tat umsetzte. Wie Glyn E. Daniel in *A Hundred Years of Archaeology* 1950 schreibt, war Fiorelli »zweifellos ein Pionier der stratigraphischen Analyse«.[20] In diesem Zusammenhang ist auch zu erwähnen, daß die Auswertung des Schichtungsbefunds in Verbindung mit sorgfältigen Grabungs- und Fundsicherungsmethoden schon vorher von Prähistorikern praktiziert und weiterentwickelt wurde, die sich auf die dänischen Moore und die Pfahlbausiedlungen in der Schweiz spezialisiert hatten.

Auch wenn noch kein Handbuch über die wissenschaftlichen Grundlagen der Archäologie zur Verfügung stand, als Schliemann mit seinen Grabungen begann, ist kaum einzusehen, warum er nicht behutsam, methodisch und verantwortungsbewußt, sondern mit der Verwegenheit eines Abenteurers an dieses relativ neue Forschungsgebiet heranging. In einem wissenschaftlich orientierten Zeitalter kann jede Forschungsarbeit, ob ihre Methoden und Ziele schon fest umrissen sind oder nicht, wissenschaftlichen Prinzipien folgen. Daß sich ein Forschungszweig noch nicht zu einer eigenständigen Wissenschaft entwickelt hat, kann wohl kaum als Alibi dafür dienen, daß man auf die Alchimie zurückgreift oder wieder Sturmböcke benützt.

Immerhin konnte die Archäologie Anleihen bei den Geologen, Paläontologen und Evolutionisten machen, um sich einigermaßen solide Arbeitsgrundlagen zu schaffen. Schliemann jedoch, impulsiv und ungeduldig wie er war, scherte sich - um mit Michaelis zu sprechen - nicht um wissenschaftliche Erkenntnisse, als er auf der Suche nach Priams Feste den Hügel Hissarlik durchwühlte. Er verhielt sich in diesem Fall, wie Emil Ludwig treffend bemerkt, nicht anders als ein Kind, das, um herauszufinden, wie eine Uhr tickt, diese auseinandernimmt und dabei den Mechanismus zerstört.

Als er sich aus dem Geschäftsleben zurückgezogen hatte und sich, wie seine Biographen berichten, in Paris mehrere Jahre lang auf seine archäologische Laufbahn vorbereitete, machte Schliemann allem Anschein nach keinen ernsthaften Versuch, sich in der Grabungstechnik auszubilden. Und offenbar kam er auch nicht auf die Idee, andere Feldarchäologen bei der Arbeit zu beobachten, bevor er mit eigenen Grabungen begann. Noch 1879 erklärte er: »... ein Forscher muß Autodidakt sein, da Ausgrabungen eine Kunst für sich sind, die man nicht an einer Hochschule lernen kann.«[21]

Es ist, gelinde gesagt, erstaunlich, wie lange es dauerte, bis Schliemann die Bedeutung der Stratigraphie des Hügels Hissarlik erkannte und endlich imstande war, die Unsicherheit und Verwirrung zu überwinden, die dazu geführt hatten, daß er zuerst die unterste, dann die zweite, später die dritte und schließlich wieder die zweite Siedlungsschicht mit dem Troja Homers identifizierte. Als er 1876 das Grabungsgelände in Olympia besuchte, wo man seiner Meinung nach mit der Arbeit nicht rasch genug vorankam, soll er geäußert haben: »Ganz verkehrt machen es die Herren. Sie heben da immer eine Schicht nach der andern ab, da werden sie unendliche Zeit und Geld verbrauchen: gleich in die Tiefe muß man gehen, dann findet man!«[22] Um ihn gegen den Vorwurf zu verteidigen, er habe, als er in Hissarlik sofort in die Tiefe graben ließ, einen beträchtlichen Teil des Hügels und auch einige Überreste der von ihm später als das Troja Homers bezeichneten Burganlage zerstört (von Zeugnissen der mykenischen Kulturepoche ganz zu schweigen), machten sich seine Anhänger das Argument Virchows zu eigen, daß es Schliemann nie gelungen wäre, auf das »echte« Troja zu stoßen und dort grandiose Entdeckungen zu machen, wenn er nicht so waghalsig vorgegangen wäre. Ein haltloses Argument, wenn man bedenkt, daß Schliemann, wie sich bald herausstellte, an den Mauerresten, nach denen er suchte, vorbeigegraben hatte. Außerdem steht dieses Argument in Widerspruch zu der von anderen Bewunderern Schliemanns vertretenen Meinung, seine überragende Leistung habe darin bestanden, daß er als erster eine aus zahlreichen Schichten bestehende kleinasiatische Siedlungsstätte systematisch ausgegraben und ihre Jahrtausende umspannende Entwicklungsgeschichte ans Licht gebracht habe. Die Behauptung, ihm, dem fanatischen Homerbewunderer, sei es um den großen geschichtlichen Zusammenhang gegangen, stellt eine Fehleinschätzung seiner Ziele und Arbeitsmethoden dar.

Tatsächlich näherte er sich wissenschaftlichen Arbeitsmethoden erst später, als er gelernt hatte, die Ratschläge von Männern wie Virchow, insbesondere aber die des hochbegabten jungen Architekten und Archäologen Dörpfeld zu beherzigen, der sich seine Sporen bei den Grabungen in Olympia verdient hatte. Ohne solche »Mitarbeiter« wäre Schliemann nicht imstande gewesen, sich an der Forschungsmethode objektiv auswertender Wissenschaftler zu orientieren. Es ist fraglich, ob er ohne Dörpfeld bei den Grabungen in Troja weitere Fortschritte gemacht hätte. Und es ist durchaus denkbar, daß der Palast der Herrscher von Tiryns, eben weil sich die Überreste dicht unter der Erdoberfläche befanden, Schliemanns Aufmerksamkeit - genau wie bei der 1876 von ihm durchgeführten Probegrabung - auch weiterhin entgangen wäre.[23]

So fragwürdig Schliemanns Fachwissen und Grabungsmethoden waren, so erstaunlich muten seine Erfolge an. Und gegen Erfolg läßt sich schlecht argumentieren. Das

Klischee hält sich: Schliemanns Schwächen waren zugleich seine Stärken; er besaß den Mut, von dem seine phantastischen Träume kündeten. Über seiner archäologischen Laufbahn könnte als Motto der Ausspruch George Bernard Shaws stehen: »Manche Leute sehen die Dinge wie sie sind und fragen: Warum? Ich träume Träume, die nie Wirklichkeit waren, und frage: Warum nicht?« Aber wenn Schliemann ein Träumer und von einer fixen Idee besessen war, so verfügte er andrerseits über genug Wirklichkeitssinn und Tatkraft, um seine Überzeugungen auf die Probe zu stellen. Trotz seines Dogmatismus und seiner absurden Theorien, trotz der krassen Irrtümer, die ihm bei der Datierung von Fundobjekten unterliefen, und trotz der Voreingenommenheit, mit der er jeden Fund in Beziehung zu den Epen Homers setzte, besaß er die Fähigkeit dazuzulernen und, obzwar widerstrebend, diese und jene seiner Ansichten zu korrigieren. Und später galt sein Interesse nicht mehr ausschließlich der Welt Homers, sondern auch der vorgeschichtlichen Vergangenheit Europas und des gesamten Mittelmeerraumes.

Als Einzelgänger mit enormer Willenskraft, leidenschaftlichem Drang nach Unabhängigkeit und unbändigem Ehrgeiz bot er der Zunft der Experten die Stirn und bekannte sich hartnäckig zu seinen höchst unorthodoxen Ideen, bis sie ihm schließlich zu einem triumphalen Sieg verhalfen. Als Manager, der gewieft an die Verwirklichung seiner Pläne ging, und als Mensch, der ebenso unermüdlich Eigenreklame betrieb wie jener andere Träumer, George Bernard Shaw, ließ sich Schliemann dennoch von einem großen Ideal leiten. Seine Hingabe an dieses Ideal und sein Enthusiasmus hatten vielleicht manchmal etwas Zwanghaftes an sich, aber gerade dies verlieh ihnen Überzeugungskraft und eine fast monumentale Größe. Ungeachtet Matthew Arnolds Urteil über Schliemann – dieser kleine, blasse, fast komisch anmutende Mann mit dem nach unten gebürsteten Schnurrbart und der hohen, gewölbten Stirn war von einem Dämon getrieben und entwickelte Eigenschaften, die denen seiner geliebten Homerischen Helden verwandt waren. Liebe, so heißt es, macht uns dem, was wir lieben, gleichwertig. Alle Eigenschaften, die man dem kritisch abwägenden, objektiven, in stiller Zurückgezogenheit arbeitenden Forscher zuschreibt, waren diesem begeisterungsfähigen, quicklebendigen, ichbezogenen Mann verhaßt, der, wenngleich er in späteren Jahren etwas von einem provinziellen deutschen Professor an sich hatte, den Elan und die Tatkraft, um nicht zu sagen die Skrupellosigkeit eines Condottiere besaß.

Ein Mensch mit so viel Enthusiasmus setzt nicht auf wissenschaftliche Erfahrung, um sich einen Namen zu machen. Und er darf auch nicht mit wissenschaftlichen Maßstäben gemessen werden. Die Überreste der mykenischen Kultur wären auch entdeckt worden, wenn Schliemann der Geniestreich, den Schachtgräberring von Mykene freizulegen, nicht gelungen wäre, und für Troja wäre es vielleicht besser gewesen, hätte es der Spaten eines anderen Ausgräbers ans Licht gebracht. Die Behauptung, vor Schliemann habe niemand vermutet, daß das Griechenland des klassischen Altertums auf eine reiche prähistorische Vergangenheit zurückblicken konnte, ist reichlich übertrieben. Das Löwentor von Mykene, die prächtigen Kuppelgräber, verschiedene Keramikfunde und andere Kostbarkeiten wiesen deutlich genug auf diese Vergangenheit. Aber von seiner Griechenlandbegeisterung angespornt, erschien Schliemann dank einer glücklichen Fügung und seiner Beharrlichkeit genau im richtigen Moment, um – ohne sich der ganzen Tragweite dieser Entdeckung bewußt zu sein – die versunkenen Jahrtausende ägäischer Kulturgeschichte ans Licht zu bringen. Wohlgemerkt – sein eigentliches Ziel erreichte er nicht, aber was er entdeckte, war von viel größerer Bedeutung. Mag man ihn mit einem Märchenprinzen auf Entdeckungsfahrt vergleichen oder ihn als den Kolumbus der archäologischen Erforschung des Mittelmeerraumes bezeichnen, fest steht jedenfalls, daß er das Wissen seiner Zeit revolutionierte. Seine Entdeckungen und die Legende, die er um seine eigene Person wob, versetzten die ganze Welt in Erregung. Er wurde zum Bildungsidol.

Seine Neigung zu Pedanterie und Unlauterkeit ist ebenso wie seine Eitelkeit im Lauf der Jahre in Vergessenheit geraten. In Deutschland hat ihn die Fachwissenschaft als »Vater der Archäologie« kanonisiert.[24] Das prächtige Grabmal, das er sich unterhalb der Akropolis am Ilissos erbauen ließ, trägt die Inschrift: »Dem Heros Schliemann«.

Man kann die Legende natürlich nicht einfach ignorieren. Wie lebendig der Schliemann-Mythos geblieben ist, zeigen zwei Erlebnisse, die ich 1973 in Griechenland hatte. Als ich den Gräberring A in Mykene besichtigte, versuchte ich vergeblich, einen griechischen Fremdenführer davon zu überzeugen, daß das sechste Schachtgrab von seinem Landsmann Panagiotes Stamatakis und *nicht* von Schliemann entdeckt worden war. Einige Tage später hörte ich, wie ein Fremdenführer im Athener Nationalmuseum einer Gruppe begeisterter ausländischer Touristen erklärte, kein anderer als der große Schliemann habe jene goldenen Vaphio-Becher ausgegraben, die in Wirklichkeit von einem der berühmtesten griechischen Archäologen, Chrestos Tsountas, bei Sparta gefunden wurden. Diese beiden Erlebnisse erinnerten mich an ein deutsches Dienstmädchen, das einfach nicht glauben wollte, daß es deutsche Gedichte gibt, die *nicht* von Goethe stammen. Mir wurde damals klar, daß Schliemann nicht zuletzt auch dadurch einen Sieg errungen hatte, daß er die Welt dazu brachte, an die Schliemann-Legende zu glauben.

Wie an allen Legenden wird auch an dieser ständig weitergewoben. Wenn es aber möglich war, daß eine Persönlichkeit des neunzehnten Jahrhunderts in so kurzer Zeit aus dem Bereich nüchterner Geschichtsschreibung in den der rhapsodisch ausgeschmückten Legende transponiert wurde, muß uns dann Schliemanns fanatischer Glaube an die historische Wahrheit der Epen Homers nicht um so fragwürdiger erscheinen? Zugegeben, die Lebensgeschichte Schliemanns liest sich wie ein Abenteuerroman. Aber ungeachtet aller Legenden, die von anderen und von ihm selbst um seine Person gewoben wurden, war Schliemann kein Mythos, sondern ein Mensch.

I

Homerische Stimmen
1822–1841

Heinrich Schliemann war fast sechzig, als er - in englischer Sprache - seine sogenannte Autobiographie schrieb, als Einleitung zu seinem 1880 in London erschienenen Buch *Ilios: The City and Country of the Trojans* (deutsche Ausgabe: *Ilios. Stadt und Land der Trojaner*, 1881).[1] Damals stand er auf dem Höhepunkt seines Ruhms. Er hatte die Schätze Trojas und Mykenes ausgegraben und die Welt in atemloses Staunen versetzt. Eine Flut von Artikeln über ihn und seine Arbeit war in populären Zeitschriften erschienen. Sein Name war in aller Munde. Mit *Ilios*, einem Band von fast neunhundert Seiten, wollte Schliemann den endgültigen Bericht über seine Forschungen in Troja (Hissarlik) vorlegen. Er war überzeugt, alle Rätsel des Homerischen Troja gelöst zu haben, und erklärte, die Ausgrabung dieser Fundstätte sei »für immer« abgeschlossen.

In seiner thematisch gegliederten Form unterscheidet sich *Ilios* von Schliemanns früheren Grabungsberichten: Diese bestehen aus einer Aneinanderreihung von Aufzeichnungen, die er während der Grabungskampagnen gemacht hatte, in deren Verlauf es häufig vorkam, daß er ganz plötzlich seine Meinung änderte. Da es ihm auch als Autor zeitlebens schwer fiel, die eigene Person zurücktreten zu lassen, stellte er *Ilios* ein ziemlich ausführliches autobiographisches Kapitel voran, in dem er einen Überblick über seine Ausgrabungen und sein bewegtes Leben, insbesondere in den Jahrzehnten vor Beginn seiner archäologischen Laufbahn, gab. Auch wenn dieser Bericht als Bestandsaufnahme gedacht war, besagte er, wie stolz Schliemann darauf war, daß er es trotz aller Wechselfälle des Lebens geschafft hatte, seinen großen Traum zu verwirklichen. Nicht zu Unrecht war er überzeugt, daß das große Publikum, das sich für seine Entdeckungen begeisterte, von ihm selbst erfahren wollte, was ihn, einen Mann von bescheidener Herkunft, dazu gebracht hatte, ein heroisches Zeitalter zum Leben zu erwecken. Obwohl einige seiner Freunde ihm davon abrieten, diese romantisch verbrämte Lebensgeschichte in einem seriösen Forschungsbericht zu veröffentlichen, ließ sich Schliemann nicht davon abhalten.

Er erklärte sich allerdings bereit, einige heikle Passagen zu streichen beziehungsweise abzuschwächen, zum Beispiel einen Exkurs über seine Ehescheidung, der als ungeeignet für englische Leser betrachtet wurde.[2]

Warum Schliemann diese Selbstbiographie veröffentlichte, geht deutlich aus dem ersten Absatz hervor. »Nicht Eitelkeit«, so erklärt er, habe ihn dazu veranlaßt, »wohl aber der Wunsch, klar darzulegen, daß die ganze Arbeit meines späteren Lebens durch die Eindrücke meiner frühesten Kindheit bestimmt waren, ja, daß sie die notwendige Folge derselben gewesen ist, wurden doch, sozusagen, Hacke und Schaufel für die Ausgrabung Trojas und der Königsgräber von Mykene schon in dem kleinen deutschen Dorf geschmiedet und geschärft, in dem ich acht Jahre meiner ersten Jugend verbrachte.«[3] Des weiteren äußert er die Hoffnung, daß es ihm gelingen möge, mit der Geschichte seines Lebens »die Freude an jenen großen und schönen Bestrebungen zu verbreiten, die, wie sie mich während so mancher harter Prüfungen aufrecht erhalten haben, mir auch den Rest meiner Tage erheitern sollen«.[4]

Wie nicht anders zu erwarten, verlor er dieses Motiv nicht aus den Augen. Gleichwohl ist dieser Bericht ein ungemein reizvolles Dokument, das zu den wichtigsten Quellen zählt, die wir über Schliemanns frühe Jahre haben. Und der Absicht des Verfassers entsprechend, ist dieses Selbstporträt zur »offiziellen« Version geworden und prägte das Bild, das sich spätere Generationen von Schliemann machten. Auf Wunsch des Verlages Brockhaus beauftragte die Witwe Schliemanns kurz nach dessen Tod einen seiner Mitarbeiter mit der Ergänzung des Lebensberichtes.[5] Die Schrift erschien 1892 unter dem irreführenden Titel *Heinrich Schliemanns Selbstbiographie, bis zu seinem Tode vervollständigt*, herausgegeben von Sophia Schliemann. Aus unerfindlichen Gründen enthielt sie nur einen Teil des in *Ilios* veröffentlichten autobiographischen Materials und befaßte sich – im Anschluß an Schliemanns eigenen Bericht – fast nur mit seinen Ausgrabungen, die ziemlich summarisch abgehandelt werden. In Deutschland, wo sie sich nach wie vor großer Beliebtheit erfreut, wurde sie mehrfach aufgelegt.[6]

Tatsächlich ist der in *Ilios* enthaltene Lebensbericht Schliemanns nur die letzte einer Reihe von autobiographischen Schriften, die sich nicht nur nach Umfang und Stil, sondern auch hinsichtlich der Betonung bestimmter Ereignisse und der Vermittlung faktischer Informationen beträchtlich voneinander unterscheiden. Den Tagebuchaufzeichnungen über seine erste Amerikareise (1850–1852) stellte Schliemann eine kurze Selbstbiographie voran, in der er vor allem von seinen geschäftlichen Erfolgen berichtete. Die Gespenstergeschichten, die ihn in seiner Kindheit so faszinierten, werden darin ebensowenig erwähnt wie die Geschichten vom brennenden Troja und vom Untergang Pompejis, die ihm sein Vater erzählte. Rund fünfzehn Jahre später schrieb er eine Einleitung zu seinem Buch *Ithâque, le Péloponnèse, et Troie* (1869, deutsche Ausgabe: *Ithaka, der Peloponnes und Troja,* 1869), in die er einiges aus der oben erwähnten autobiographischen Skizze übernahm, das Hauptgewicht aber auf sein leidenschaftliches Interesse an verborgenen Schätzen, an der griechischen Antike und insbesondere an Homer legte. In nur geringfügig veränderter Form stellte er diese Selbstbiographie auch seinem Buch *Trojanische Alterthümer* (1874) voran.

In *Ilios* wie auch in verschiedenen Briefen aus dieser Periode ist diese »Transformation« so gut wie vollendet. Über die Schwierigkeiten zu Beginn seiner Laufbahn als Geschäftsmann berichtet Schliemann jetzt relativ selten und auch seinen ersten langen Aufenthalt in Amerika erwähnt er nur noch am Rande. Von den Eskapaden seines Vaters ist kaum mehr die Rede, wenngleich sie der Grund dafür waren, daß der junge Schliemann seine Jugendliebe aufgeben mußte, und obwohl sie sein Leben entscheidend veränderten.

Dennoch ist kaum zu bezweifeln, daß Schliemann die wichtigen Ereignisse seines Lebens wahrheitsgetreu geschildert hat. Daß er gewisse »poetische« Nuancen hinzufügte, gab er in Briefen an Freunde zu. Um seiner Autobiographie ein romantisches Flair zu verleihen, befaßte er sich eingehend mit den Volkssagen seines mecklenburgischen Heimatdorfes Ankershagen und spürte der Vergangenheit nach, von der die verfallenen Schlösser und Burgen dieser Region zeugten. Anläßlich der Veröffentlichung von *Ilios* hielt er es für angebracht, sich bei seiner Jugendliebe Minna dafür zu entschuldigen, daß er diese Romanze in seinem Lebensbericht ausgeschmückt hatte.[7] In späteren autobiographischen Aufzeichnungen nahm er sich allem Anschein nach noch mehr dichterische Freiheiten heraus (einige seiner darob peinlich berührten Biographen billigen ihm, nicht gerade einleuchtend, »Gedächtnislücken« zu). Für seinen großzügigen Umgang mit der Wahrheit zeugen auch jene Passagen, in denen er seine Schulbildung herunterspielt, um den Eindruck zu erwecken, er sei in jeder Hinsicht Autodidakt. In Wirklichkeit lernte er in der Schule Französisch, Englisch und Latein und nahm, bevor er seine Heimat verließ, Privatunterricht in Englisch.[8]

Aber auch wenn Schliemann die Tatsachen gelegentlich verfälscht oder beschönigt hat, ist dieses Dokument ein höchst aufschlußreiches Selbstporträt: Es zeigt den Geschäftsmann, Abenteurer und Forscher, der, an der Schwelle zum Alter, sein arbeitsreiches, mühseliges und schließlich von Triumph gekröntes Leben zu einer Geschichte zusammenfließen sieht, die eine Einheit bildet und exemplarisch ist. So mancher Leser wird unter »Autobiographie« etwas anderes verstehen, aber sie ist – wie bei Goethe – im Grund immer ein Teil Dichtung und ein Teil Wahrheit. Sie legt Zeugnis ab vom inneren und vom äußeren Leben.

Kindheit in Mecklenburg

Aus *Ilios* und
Schliemann's First Visit to America

Ich wurde am 6. Januar 1822 in dem Städtchen Neu-Buckow in Mecklenburg-Schwerin geboren, wo mein Vater, Ernst Schliemann, protestantischer Prediger war und von wo er im Jahre 1823 in derselben Eigenschaft an die Pfarre von Ankershagen, einem in demselben Großherzogtum zwischen Waren und Penzlin gelegenen Dorfe, berufen wurde.[1] In diesem Dorfe verbrachte ich die acht folgenden Jahre meines Lebens, und die in meiner Natur begründete Neigung für alles Geheimnisvolle und Wunderbare wurde durch die Wunder, welche jener Ort enthielt, zu einer wahren Leidenschaft entflammt. In unserm Gartenhause sollte der Geist von meines Vaters Vorgänger, dem Pastor von Rußdorf, »umgehen«; und dicht hinter unserm Garten befand sich ein kleiner Teich, das sogenannte »Silberschälchen«, dem um Mitternacht eine gespenstische Jungfrau, die eine silberne Schale trug, entsteigen sollte. Außerdem hatte das Dorf einen kleinen, von einem Graben umzogenen Hügel aufzuweisen, wahrscheinlich ein Grab aus heidnischer Vorzeit, ein sogenanntes Hünengrab, in dem der Sage nach ein alter Raubritter sein Lieblingskind in einer goldenen Wiege begraben hatte. Ungeheure Schätze aber sollten neben den Ruinen eines alten runden Turmes in dem Garten des Gutseigentümers verborgen liegen; mein Glaube an das Vorhandensein aller dieser Schätze war so fest, daß ich jedesmal, wenn ich meinen Vater über seine Geldverlegenheiten klagen hörte, verwundert fragte, weshalb er denn nicht die silberne Schale oder die goldene Wiege ausgraben und sich dadurch reich machen wollte? Auch ein altes mittelalterliches Schloß befand sich in Ankershagen, mit geheimen Gängen in seinen sechs Fuß starken Mauern und einem unterirdischen Wege, der eine starke deutsche Meile lang sein und unter dem tiefen See bei Speck durchführen sollte; es hieß, furchtbare Gespenster gingen da um, und alle Dorfleute sprachen nur mit Zittern von diesen Schrecknissen.[2] Einer alten Sage nach war das Schloß einst von einem Raubritter, namens Henning von Holstein, bewohnt worden, der, im Volke »Henning Bradenkirl« genannt, weit und breit im Lande gefürchtet wurde, da er, wo er nur konnte, zu rauben und zu plündern pflegte. So verdroß es ihn denn auch nicht wenig, daß der Herzog von Mecklenburg manchen Kaufmann, der an seinem Schloß vorbeiziehen mußte, durch einen Geleitsbrief gegen seine Vergewaltigungen schützte, und um dafür an dem Herzog Rache nehmen zu können, lud er ihn einst mit heuchlerischer Demut auf sein Schloß zu Gaste. Der Herzog nahm die Einladung an und machte sich an dem bestimmten Tage mit einem großen Gefolge auf den Weg. Des Ritters Kuhhirte jedoch, der von seines Herrn Absicht, den Gast zu ermorden, Kunde erlangt hatte, verbarg sich in dem Gebüsch am Wege, erwartete hier hinter einem, etwa eine Viertelmeile von unserm Hause gelegenen Hügel, den Herzog und verriet demselben Hennings verbrecherischen Plan. Der Herzog kehrte augenblicklich um. Von diesem Ereignis sollte der Hügel seinen jetzigen Namen »der Wartensberg« erhalten haben. Als aber der Ritter entdeckte, daß der Kuhhirte seine Pläne durchkreuzt hatte, ließ er den Mann bei lebendigem Leibe langsam in einer großen eisernen Pfanne braten und gab dem Unglücklichen, erzählt die Sage weiter, als er in Todesqualen sich wand, noch einen letzten grausamen Stoß mit dem linken Fuße. Bald danach kam der Herzog mit einem Regiment Soldaten, belagerte und stürmte das Schloß, und als Ritter Henning sah, daß an kein Entkommen mehr für ihn zu denken sei, packte er alle seine Schätze in einen großen Kasten und vergrub denselben dicht neben dem runden Turme in seinem Garten, dessen Ruinen heute noch zu sehen sind. Dann gab er sich selbst den Tod. Eine lange Reihe flacher Steine auf unserm Kirchhofe sollte des Missetäters Grab bezeichnen, aus dem jahrhundertelang sein linkes, mit einem schwarzen Seidenstrumpfe bekleidetes Bein immer wieder herausgewachsen war.[3] Sowohl der Küster Prange als auch der Totengräber Wöllert beschworen hoch und teuer, daß sie als Knaben selbst das Bein abgeschnitten und mit dem Knochen Birnen von den Bäumen abgeschlagen hätten, daß aber im Anfange dieses Jahrhunderts das Bein plötzlich zu wachsen aufgehört habe. Natürlich glaubte ich auch all dies in kindischer Einfalt, ja bat sogar oft genug meinen Vater, daß er das Grab selber öffnen oder auch mir nur erlauben möge, dies zu tun, um endlich sehen zu können, warum das Bein nicht mehr herauswachsen wolle.

Einen ungemein tiefen Eindruck auf mein empfängliches Gemüt machte auch ein Tonrelief an einer der Hintermauern des Schlosses, das einen Mann darstellte und nach dem Volksglauben das Bildnis des Henning Bradenkirl war. Keine Farbe wollte auf demselben haften, und so hieß es denn, daß es mit dem Blute des Kuhhirten bedeckt sei, das nicht weggetilgt werden könne. Ein vermauerter Kamin im Saale wurde als die Stelle bezeichnet, wo der Kuhhirte in der eisernen Pfanne gebraten worden war. Trotz aller Bemühungen, die Fugen dieses schrecklichen Kamins verschwinden zu machen, sollten dieselben stets sichtbar geblieben sein – und auch hierin wurde ein Zeichen des Himmels gesehen, daß die teuflische Tat niemals vergessen werden sollte. Noch einem andern Märchen schenkte ich damals unbedenklich Glauben, wonach Herr von Gundlach, der Besitzer des benachbarten Gutes Rumshagen, einen Hügel neben der Dorfkirche aufgegraben und darin große hölzerne Fässer, die sehr starkes altrömisches Bier enthielten, vorgefunden hatte.

Obgleich mein Vater weder Philologe noch Archäologe war, hatte er ein leidenschaftliches Interesse für die Geschichte des Altertums; oft erzählte er mir mit warmer Begeisterung von dem tragischen Untergange von Herculanum und Pompeji, und schien denjenigen für den glücklichsten Menschen zu halten, der Mittel und Zeit genug hätte, die Ausgrabungen, die dort vorgenommen wurden, zu besuchen. Oft auch erzählte er mir bewundernd die Taten der Homerischen Helden und die Ereignisse des Trojanischen Krieges, und stets fand er dann in mir einen eifrigen Verfechter der Sache Trojas. Mit Betrübnis vernahm ich von ihm, daß Troja so gänzlich zerstört worden, daß es, ohne eine Spur zu hinterlassen, vom Erdboden verschwunden sei. Aber als er mir, dem damals beinahe achtjährigen Knaben, zum Weihnachtsfeste 1829 Dr. Georg Ludwig Jerrers *Weltgeschichte für Kinder* schenkte und ich in dem Buche eine Abbildung des brennenden Troja fand, mit seinen ungeheuren Mauern und dem Skaiischen Tore, dem fliehenden Aineias, der den Vater Anchises auf dem Rücken trägt und den kleinen Askanios an der Hand führt, da rief ich voller Freude: »Vater, du hast dich geirrt! Jerrer muß Troja gesehen haben, er hätte es ja sonst hier nicht abbilden können.« – »Mein Sohn«, antwortete er, »das ist nur ein erfundenes Bild.« Aber auf meine Frage, ob denn das alte Troja einst wirklich so starke Mauern gehabt habe, wie sie auf jenem Bilde dargestellt waren, bejahte er dies. »Vater«, sagte ich darauf, »wenn solche Mauern einmal dagewesen sind, so können sie nicht ganz vernichtet sein, sondern sind wohl unter dem Staub und Schutt von Jahrhunderten verborgen.« Nun behauptete er wohl das Gegenteil, aber ich blieb fest bei meiner Ansicht, und endlich kamen wir überein, daß ich dereinst Troja ausgraben sollte.

Wem das Herz voll ist, sei es nun Freude oder Schmerz, dem gehet der Mund über, und eines Kindes Mund vorzugsweise: so geschah es denn, daß ich meinen Spielkameraden bald von nichts anderem mehr erzählte als von Troja und den geheimnisvollen wunderbaren Dingen, deren es in unserem Dorf eine solche Fülle gab. Sie verlachten mich alle miteinander, bis auf zwei junge Mädchen, Luise und Minna Meincke, die Töchter eines Gutspächters in Zahren, einem etwa eine Viertelmeile von Ankershagen entfernten Dorfe; die erstere war sechs Jahre älter, die zweite aber ebenso alt wie ich. Sie dachten nicht daran, mich zu verspotten: im Gegenteil! Stets lauschten sie mit gespannter Aufmerksamkeit meinen wunderbaren Erzählungen. Minna war es vorzugsweise, die das größte Verständnis für mich zeigte und die bereitwillig und eifrig auf alle meine gewaltigen Zukunftspläne einging. So wuchs eine warme Zuneigung zwischen uns auf, und in kindlicher Einfalt gelobten wir uns bald ewige Liebe und Treue. Im Winter 1829-30 vereinte uns ein gemeinsamer Tanzunterricht abwechselnd in dem Hause meiner kleinen Braut, in unserer Pfarrwohnung oder in dem alten Spukschloß, das damals von dem Gutspächter Heldt bewohnt wurde, und in dem wir mit lebhaftem Interesse Hennings blutiges Steinbildnis, die verhängnisvollen Fugen des schrecklichen Kamins, die geheimen Gänge in den Mauern und den Zugang zu dem unterirdischen Wege betrachteten. Fand die Tanzstunde in unserem Hause statt, so gingen wir wohl auf den Kirchhof vor unserer Tür, um zu sehen, ob noch immer Hennings Fuß nicht wieder aus der Erde wüchse, oder wir staunten mit ehrfürchtiger Bewunderung die alten Kirchenbücher an, die von der Hand Johann Christians und Gottfriederich Heinrichs von Schröder (Vater und Sohn) geschrieben worden waren, die vom Jahre 1709-99 als meines Vaters Amtsvorgänger gewirkt hatten; die ältesten Geburts-, Ehe- und Totenlisten hatten für uns einen ganz besonderen Reiz. Manchmal auch besuchten wir des jüngeren Pastors von Schröder Tochter, die, damals vierundachtzig Jahre alt, dicht neben unserm Hause wohnte, um sie über die Vergangenheit des Dorfes zu befragen oder die Portraits ihrer Vorfahren zu betrachten, von denen dasjenige ihrer Mutter, der im Jahre 1795 verstorbenen Olgartha Christine von Schröder, uns vor allen andern anzog: einmal, weil es uns als ein Meisterwerk der Kunst erschien, dann aber auch, weil es eine gewisse Ähnlichkeit mit Minna zeigte ...

Von dem Tanzunterricht hatten weder Minna noch ich den geringsten Nutzen, wir lernten beide nichts; sei es nun, daß uns die natürliche Anlage für diese Kunst fehlte oder daß wir durch unsere wichtigen archäologischen Studien und unsere Zukunftspläne zu sehr in Anspruch genommen wurden.

Es stand zwischen uns schon fest, daß wir, sobald wir erwachsen wären, uns heiraten würden und daß wir dann unverzüglich alle Geheimnisse von Ankershagen erforschen, die goldene Wiege, die silberne Schale, Hennings ungeheure Schätze und sein Grab, zuletzt aber die Stadt Troja ausgraben wollten; nichts Schöneres konnten wir uns vorstellen, als so unser ganzes Leben mit dem Suchen nach den Resten der Vergangenheit zuzubringen.

Gott sei es gedankt, daß mich der feste Glaube an das Vorhandensein jenes Troja in allen Wechselfällen meiner ereignisreichen Laufbahn nie verlassen hat! - Aber erst im Herbste meines Lebens und dann auch ohne Minna - und weit, weit von ihr entfernt - sollte ich unsere Kinderträume von vor fünfzig Jahren ausführen dürfen.

Mein Vater konnte nicht Griechisch, aber er war im Lateinischen gut bewandert und benutzte jeden freien Augenblick, auch mich darin zu unterrichten.[4] Als ich kaum neun Jahre alt war, starb meine geliebte Mutter [1831]: es war dies ein unersetzlicher Verlust und wohl das größte Unglück, das mich und meine sechs Geschwister treffen konnte.

Meiner Mutter Tod fiel noch mit einem anderen schweren Mißgeschick zusammen, infolgedessen alle unsere Bekannten uns plötzlich den Rücken wandten und den Verkehr mit uns aufgaben. Ich grämte mich nicht sehr um die übrigen: aber, daß ich die Familie Meincke nicht mehr sehen, daß ich mich ganz von Minna trennen, sie nie wiedersehen sollte - das war mir tausendmal schmerzlicher als meiner Mutter Tod, den ich dann auch bald in dem überwältigenden Kummer um Minnas Verlust vergaß. In meinem späteren Leben habe ich in verschiedenen Teilen der Welt noch mannigfache und große Trübsal zu bestehen gehabt, aber nie wieder hat mir ein schweres Geschick auch nur den tausendsten Teil jenes tiefen Schmerzes verursacht, den ich im zarten Alter von neun Jahren bei der Trennung von meiner kleinen Braut empfunden habe. In Tränen gebadet stand ich täglich stundenlang allein vor dem Bilde Olgarthas von Schröder und gedachte voll Trauer der glücklichen Tage, die ich in Minnas Gesellschaft verlebt hatte. Die ganze Zukunft erschien mir finster und trübe, alle geheimnisvollen Wunder von Ankershagen, ja Troja selbst hatten eine Zeitlang keinen Reiz mehr für mich. Mein Vater, dem meine tiefe Niedergeschlagenheit nicht entging, schickte mich nun auf zwei Jahre zu seinem Bruder, dem Prediger Friedrich Schliemann, der die Pfarre des Dorfes Kalkhorst in Mecklenburg innehatte.[5] Hier wurde mir ein Jahr lang das Glück zuteil, den Kandidaten Carl Andres aus Neu-Strelitz zum Lehrer zu haben; unter der Leitung dieses vortrefflichen Philologen machte ich so bedeutende Fortschritte, daß ich schon zu Weihnachten 1832 meinem Vater einen, wenn auch nicht korrekten, lateinischen Aufsatz über die Hauptereignisse des Trojanischen Krieges und die Abenteuer des Odysseus und Agamemnon als Geschenk überreichen konnte. Im Alter von elf Jahren kam ich auf das Gymnasium von Neu-Strelitz, wo ich nach Tertia gesetzt wurde. Aber gerade zu jener Zeit traf unsere Familie ein sehr schweres Unglück, und da ich fürchtete, daß meines Vaters Mittel nicht ausreichen würden, um mich noch eine Reihe von Jahren auf dem Gymnasium und dann auf der Universität zu unterhalten, verließ ich ersteres nach drei Monaten schon wieder, um in die Realschule der Stadt überzugehen, wo ich sogleich in die zweite Klasse aufgenommen wurde. Zu Ostern 1835 in die erste Klasse versetzt, verließ ich im Frühjahr 1836, im Alter von 14 Jahren die Anstalt, um in dem Städtchen Fürstenberg in Mecklenburg-Strelitz als Lehrling in den kleinen Krämerläden von Ernst Ludwig Holtz einzutreten.

Einige Tage vor meiner Abreise von Neu-Strelitz, am Karfreitag 1836, traf ich in dem Hause des Hofmusikus C. E. Laue zufällig mit Minna Meincke zusammen, die ich seit mehr denn fünf Jahren nicht gesehen hatte. Nie werde ich dieses, das letzte Zusammentreffen, das uns überhaupt werden sollte, je vergessen! Sie war jetzt vierzehn Jahre alt und, seitdem ich sie zuletzt gesehen, sehr gewachsen. Sie war einfach schwarz gekleidet, und gerade diese Einfachheit ihrer Kleidung schien ihre bestrickende Schönheit noch zu erhöhen. Als wir einander in die Augen sahen, brachen wir beide in einen Strom von Tränen aus und fielen, keines Wortes mächtig, einander in die Arme. Mehrmals versuchten wir zu sprechen, aber unsere Aufregung war zu groß, wir konnten kein Wort hervorbringen. Bald jedoch traten Minnas Eltern in das Zimmer, und so mußten wir uns trennen – aber es währte eine geraume Zeit, ehe ich mich von meiner Aufregung wieder erholt hatte. Jetzt war ich sicher, daß Minna mich noch liebte, und dieser Gedanke feuerte meinen Ehrgeiz an: von jenem Augenblick an fühlte ich eine grenzenlose Energie und das feste Vertrauen in mir, daß ich durch unermüdlichen Eifer in der Welt vorwärtskommen und mich Minnas würdig zeigen werde. Das einzige, was ich damals von Gott erflehte, war, daß sie nicht heiraten möchte, bevor ich mir eine unabhängige Stellung errungen haben würde.

Fünf und ein halbes Jahr diente ich in dem kleinen Krämerladen in Fürstenberg: das erste Jahr bei Herrn Holtz und später bei seinem Nachfolger, dem trefflichen Herrn Theodor Hückstädt.[6] Meine Tätigkeit bestand in dem Einzelverkauf von Heringen, Butter, Kartoffelbranntwein, Milch, Salz, Kaffee, Zucker, Öl, Talglichtern usw., in dem Mahlen der Kartoffeln für die Brennerei, in dem Ausfegen des Ladens und ähnlichen Dingen. Unser Geschäft war so unbedeutend, daß unser ganzer Absatz jährlich kaum 3000 Taler betrug; hielten wir es doch für ein ganz besonderes Glück, wenn wir einmal im Laufe eines Tages für zehn bis fünfzehn Taler Materialwaren verkauften. Natürlich kam ich hierbei nur mit den untersten Schichten der Gesellschaft in Berührung. Von fünf Uhr morgens bis elf Uhr abends war ich in dieser Weise beschäftigt, und mir blieb kein freier Augenblick zum Studieren. Überdies vergaß ich das wenige, was ich in meiner Kindheit gelernt hatte, nur zu schnell, aber die Liebe zur Wissenschaft verlor ich trotzdem nicht – verlor ich sie doch niemals –, und so wird mir auch, so lange ich lebe, jener Abend unvergeßlich bleiben, an dem ein betrunkener Müller, Hermann Niederhöffer, in unsern Laden kam.[7] Er war der Sohn eines protestantischen Predigers in Röbel (Mecklenburg) und hatte seine Studien auf dem Gymnasium von Neu-Ruppin beinahe vollendet, als er wegen schlechten Betragens aus der Anstalt verwiesen wurde. Sein Vater, der nicht gewußt, was mit ihm anfangen, hatte ihn darauf bei dem Pächter Langermann im Dorfe Dambeck in die Lehre gegeben; und da auch hier sein Betragen manches zu wünschen übrig ließ, übergab er ihn dem Müller Dettmann in Güstrow als Lehrling; hier blieb er zwei Jahre und wanderte danach als Müllergesell. Mit seinem Schicksal unzufrieden, hatte der junge Mann leider schon bald sich dem Trunke ergeben, dabei jedoch seinen Homer nicht vergessen; denn an dem oben erwähnten Abend rezitierte er uns nicht weniger als hundert Verse dieses Dichters und skandierte sie mit vollem Pathos.[8] Obgleich ich kein Wort davon verstand, machte doch die melodische Sprache den tiefsten Eindruck auf mich, und heiße Tränen entlockte sie mir über mein unglückliches Geschick. Dreimal mußte er mir die göttlichen Verse wiederholen, und ich bezahlte ihn dafür mit drei Gläsern Branntwein, für die ich die wenigen Pfennige, die gerade mein ganzes Vermögen ausmachten, gern hingab. Von jenem Augenblick an hörte ich nicht auf, Gott zu bitten, daß er in seiner Gnade mir das Glück gewähren möge, einmal Griechisch lernen zu dürfen.

Doch schien sich mir nirgends ein Ausweg der traurigen und niedrigen Stellung eröffnen zu wollen, bis ich plötzlich wie durch ein Wunder aus derselben befreit wurde. Durch Aufheben eines zu schweren Fasses zog ich mir eine Verletzung der Brust zu - ich warf Blut aus und war nicht mehr imstande, meine Arbeit zu verrichten. Mein Prinzipal sah, daß ich ihm in diesem schlechten Gesundheitszustand nicht mehr von Nutzen sein konnte, stellte einen anderen Lehrling ein und entließ mich. Trotz meiner schmalen Einkünfte hatte ich ca. 30 preußische Taler gespart, die neben einigen alten Kleidungsstücken der einzige Besitz waren, dessen ich mich auf Erden rühmen konnte.

II

Selfmademan
1841–1850

Der Tod von Schliemanns Mutter im Jahre 1831 war für die große Familie ein Schicksalsschlag. Er fiel - wie Schliemann ohne nähere Erklärung schreibt - mit »einem anderen schweren Mißgeschick« zusammen. Gemeint ist die Liebesaffäre seines Vaters mit einer Dienstmagd, die er mit teuren Geschenken überhäufte. Diese Affäre, die wahrscheinlich schon vor dem Tod seiner Frau begonnen hatte, war in aller Munde und brachte dem Pastor eine offizielle Rüge ein. Zu alledem wurde er dann auch noch der Unterschlagung von Kirchengeldern bezichtigt, was seine vorläufige Amtsenthebung und schließlich seinen »freiwilligen« Rücktritt zur Folge hatte. 1834 wurde er in einem Gerichtsverfahren rehabilitiert und erhielt eine Entschädigungszahlung. Inzwischen aber hatten die Mitbürger jeden Verkehr mit der Familie Schliemann abgebrochen. Die Kinder mußten ihr Zuhause verlassen. Die Geschwister wurden getrennt. Die behütete Kindheit des jungen Heinrich hatte ein jähes Ende gefunden.

Er war erst zehn Jahre alt, als seine Wanderschaft begann. Sie schien allerdings schon wenig später beendet, als er für kurze Zeit zu seinem Vater zurückkehrte und sich dann fünfeinhalb Jahre lang (1836-1841) als Krämergehilfe abrackern mußte. Aber diese tristen Dienstjahre, die für willensschwächere Jugendliche leicht in einer Sackgasse hätten enden können, öffneten ihm ein Fenster zu einer anderen Welt. Sei es, daß ein neuer Schicksalsschlag (möglicherweise die ersten Anzeichen einer Tuberkulose) ihn dazu bewog, sei es, daß er diesen Plan schon lange gehegt hatte, jedenfalls war der inzwischen Achtzehnjährige fest entschlossen, sein Glück anderswo zu versuchen. Und er war auch entschlossen, seine lückenhafte Schulbildung zu vervollkommnen und keine Mühe zu scheuen, um in der Geschäftswelt Fuß zu fassen und Geld zu verdienen. Seine Heimat Mecklenburg war ihm zu eng geworden. Zunächst dachte er daran, nach Amerika auszuwandern. Daß dieser Plan fehlschlug, entmutigte ihn keineswegs. Im Gegenteil: Jetzt kam seine wahre Natur erst richtig zum Durchbruch. Der schmächtige, kränklich wirkende junge Mann, halbgebildet, linkisch und anscheinend ohne jede besondere Begabung, entwickelte eine ungeheure Energie. Und von nun an bestand sein Leben aus einer unaufhörlichen Folge von fast pikaresken Episoden.

Seiner »Autobiographie« zufolge machte sich Schliemann sofort, nachdem er seine bescheidene Stellung in dem Fürstenberger »Materialwarengeschäft« verloren hatte, auf den Weg nach Hamburg. Was sich zwischen diesem Zeitpunkt und dem Beginn seiner Arbeit in dem großen Amsterdamer Handelskontor ereignete, die der Ausgangspunkt für seinen raschen Aufstieg in der internationalen Geschäftswelt war, erwähnt er nur am Rande oder überhaupt nicht. Glücklicherweise gibt ein Brief darüber Auskunft, einer der längsten, den er je geschrieben hat. Am 20. Februar 1842, kurz nach der Ankunft in Amsterdam, sandte Schliemann diesen Brief an seine Schwestern Wilhelmine und Doris (Dorothea).[1] Fünfundzwanzig Jahre vor der »Autobiographie« verfaßt, ist dieses Schreiben ein interessantes Selbstzeugnis des jungen - damals zwanzigjährigen - Schliemann. Die Abweichungen von den in späteren Quellen enthaltenen Informationen sind in einigen Fällen beträchtlich. Da die in diesem Brief geschilderten Ereignisse erst kurze Zeit zurücklagen, ist anzunehmen, daß sie wahrheitsgetreu dargestellt sind, wenngleich auch hier Schliemanns Hang zur Selbstdramatisierung nicht zu übersehen ist. Offenbar war er schon damals in seiner eigenen Familie dafür bekannt, daß er gern Geschichten erzählte, die nicht ganz glaubwürdig waren, denn in diesem Brief versichert er seinen Schwestern, was er hier berichte, sei die »reinste Wahrheit«, und im Postskriptum schreibt er, daß er eine »Quittung vom Krankenhaus« und eine »Bescheinigung vom Konsul« beifüge, »damit Ihr sehet, daß ich Euch nichts vorlüge«.[2]

Der Brief, der hier in Auszügen wiedergegeben wird, macht dem Erzähltalent und dem anschaulichen Stil des jungen Mannes alle Ehre. Obwohl er zu den frühesten Selbstzeugnissen Schliemanns zählt, verrät sich darin schon viel von dessen Persönlichkeit wie auch von den Eigenheiten und vorgefaßten Meinungen, die zeitlebens kennzeichnend für ihn waren. Häufig wiederkehrende Themen sind sein unerschütterlicher Glaube an seine Bestimmung - der ihn befähigte, jedem Fehlschlag auch gute Seiten abzugewinnen -, seine unbezähmbare Reiselust und sein unbändiger Überlebenswille. Wir erfahren von Schachzügen, wie er sie auch später praktizierte, um sein Ziel zu erreichen, von seinem großen Interesse an Fremdsprachen, seinen religiösen Zweifeln, seiner Überzeugung, daß Baden in kalten Gewässern ein Allheilmittel sei, von seiner Manie, sich alle möglichen unwichtigen Dinge einzuprägen (Namen von Hotels, Zimmernummern, Preise usw.) und von seinen höchst undifferenzierten Ansichten über andere Rassen und fremde Länder. Seine Neigung zu Superlativen und Übertreibungen ist unverkennbar. Bemerkenswert anschaulich ist die Schilderung eines Sturmes und eines Schiffbruchs auf der Nordsee, zumal sie aus der Feder eines ungeschulten jungen Mannes stammt, der vorher noch nie auf See gewesen war.

Seine erste Seereise führte nicht weiter als von Hamburg nach Amsterdam. Dort nahm er, nachdem er sich kurze Zeit mit einer anderen Arbeit durchgeschlagen hatte, eine Stellung als Bürobote an, die stumpfsinnig und obendrein schlecht bezahlt war, ihm aber genug Zeit für seine privaten Interessen ließ. Als Schliemann Jahrzehnte später in der Einleitung zu *Ilios* über seine ersten Erfahrungen in Amsterdam berichtete, wies er nachdrücklich auf den zweiten Faktor hin, dem er entscheidende Bedeutung für seine Laufbahn beimaß: Ein Glücksfall mochte ihn nach Amsterdam gebracht haben, aber seinen geschäftlichen Aufstieg habe er allein seiner Selbstdisziplin, Enthaltsamkeit und harten Arbeit zu verdanken. Obwohl er von der anregenden internationalen Atmosphäre Amsterdams fasziniert und gegenüber weiblichen Reizen keineswegs immun war, entschied er sich für die Rolle des Zuschauers. Lohnendere Aufgaben erforderten seine ganze Energie. In der festen Überzeugung, daß Wissen Macht sei, beschloß er, sich weiterzubilden. Er sah darin die einzige Chance, in der Welt voranzukommen. Das mag eine nüchterne Kalkulation gewesen sein, aber für den jungen Schliemann mit seiner zwanghaften Zielstrebigkeit und seinem eingefleischten Bildungsglauben wurde das Lernen - insbesondere das Fremdsprachenstudium - bald zur Leidenschaft.

Kurz nachdem er seine Tätigkeit in Amsterdam aufgenommen hatte, begann er sich für Fremdsprachen zu begeistern. Schon bald stellte er fest, wie leicht es ihm fiel, andere Sprachen zu erlernen. Er schrieb das nicht einer angeborenen Sprachbegabung, sondern der von ihm selbst entwickelten Lernmethode zu. Er behielt diese Methode zeitlebens bei und beherrschte schließlich achtzehn alte und neue Sprachen.

1869 übermittelte er der in Poughkeepsie, N. Y., stattfindenden Jahresversammlung des amerikanischen Philologenverbandes einen ziemlich umfangreichen Diskussionsbeitrag (in nicht ganz fehlerfreiem Englisch). Rührige Verleger baten ihn, seinen Namen für eine Reihe fremdsprachlicher Lehrbücher verwenden zu dürfen, die auf seiner Methode basierten. Philologen neigen allerdings zu der Meinung, es sei weniger seiner »einzigartigen« Methode als seinem Eifer und seiner Begeisterung - und später natürlich auch der jahrelangen Schulung seines Gedächtnisses - zuzuschreiben, daß er über ein so erstaunliches Repertoire an Fremdsprachen verfügte. In diesem Zusammenhang sei erwähnt, daß er in seinem Schulabgangszeugnis keine besonders guten Noten in den fremdsprachlichen Fächern hatte, wie übrigens auch die deutschen Aufsätze des jungen Schliemann als »fleißig gearbeitet«, aber oft »ohne Klarheit in den Gedanken« beurteilt wurden.[3]

Seiner Leidenschaft für Sprachen frönte Schliemann von nun an während eines großen Teils seiner Freizeit. In seinen Briefen und Aufzeichnungen kam er immer wieder darauf zu sprechen. Begegnungen mit anderen Sprachkundigen zählten stets zu den Höhepunkten seiner Reisen, ganz gleich, ob sie sich in einer entlegenen kalifornischen Ortschaft oder in einer chinesischen Provinzstadt abspielten. Auch wenn er bis über die Ohren in geschäftlichen Transaktionen steckte oder sich auf einer seiner zahlreichen Reisen befand, ja sogar an Sonntagen und spät nachts widmete er sich, wann immer er ein paar Minuten erübrigen konnte, seinen Sprachstudien – mit dem gleichen Eifer wie er es als Bürobote auf dem Weg zum Amsterdamer Postamt und beim Schlangestehen vor dem Schalter getan hatte.

Dieser Eifer kostete den jungen Schliemann seine Stellung, die ihm jetzt ohnehin nicht mehr von Nutzen sein konnte. Am 1. März 1844 trat er eine neue im Handelskontor B. H. Schröder & Co. an. Und da er voraussah, daß die Kenntnis des Russischen seiner Karriere in dieser Firma förderlich sein würde, begann er auch diese Sprache zu erlernen.

Gegen Schluß des Briefes, den er zwei Monate nach seiner Ankunft in Amsterdam an seine Schwestern schrieb, erklärte Schliemann geradezu prophetisch, er werde sechs Jahre in den Niederlanden bleiben, sich gründliche Geschäftserfahrung aneignen und dann »über Batavia nach Japan gehen, um da mein Glück zu machen, denn der Instinkt sagt mir gleichsam: Du sollst nicht in Europa bleiben, Dein Glück liegt weit von hier«.[4]

Tatsächlich führte ihn sein Weg später auch nach Japan. Den größten Teil seines Lebens als Geschäftsmann verbrachte er jedoch in Rußland, wo er sich, jedenfalls eine Zeitlang, als russischer Patriot fühlte und sich begeistert zum Zarentum bekannte. Dort heiratete er eine Russin, gründete eine Familie und spielte zuweilen mit dem Gedanken, ein großes Gut zu erwerben und in Zukunft das Leben eines Landjunkers zu führen.

Für Rußland entschied er sich, weil er eine Chance witterte, dort gute Geschäfte zu machen – Geschäfte mit Indigo. Seine Tätigkeit in der Amsterdamer Importfirma hatte ihm rasch die Augen für die fast unbegrenzten Möglichkeiten geöffnet, die der Rohstoffhandel mit Rußland zu bieten hatte. Als seine Firma eine Agentur in Petersburg einrichten wollte, hatte sich Schliemann nicht nur in sprachlicher Hinsicht bereits so gute Kenntnisse angeeignet, daß die Wahl auf ihn fiel. Die Voraussetzungen für diesen raschen Aufstieg waren ein – für das neunzehnte Jahrhundert kennzeichnendes – Arbeitsethos und Schliemanns Zielstrebigkeit.

Hamburg – Amsterdam – St. Petersburg

Aus *Heinrich Schliemann, Briefwechsel,* Bd. 1,
und *Ilios*

Wie ich Euch von Fürstenberg aus schrieb, hatte ich mit Hr. Amtmann Türke auf Türkshof bei Lychen kontrahiert, mit ihm und seinem Sohne, meinem alten Schulfreunde, am 25. July [1841] mit dem Hamburger Paket-Schiff Howard die Reise nach New York in Nordamerika anzutreten, woraus jedoch nichts wurde, weil Vater durchaus nicht seine Einwilligung geben wollte. Da ich mich jedoch infolge dieses Projektes um kein anderes Unterkommen beworben, ja! mehrere mir angebotene Stellen verweigert hatte, so sahe ich mich auf Johannis ohne Engagement und ging daher nach Rostock, um dort zur Erweiterung meiner merkantilischen Kenntnisse die dopp.ital. Buchführung zu erlernen und dann aufs Geradewohl nach Hamburg zu gehen.

Den schönen Sommer mußte ich auf jämmerliche Weise hinbringen; da ich zu Hause nicht sein konnte, wenn ich mich nicht hätte tot ärgern wollen, mietete ich mir ein Kämmerchen bei einem Freund meines früheren Prinzipals, um in Ruhe mein Studium desto eher vollenden und demselben desto mehr Sorgfalt widmen zu können.[1]

Mit dem regsten Eifer begann ich das ungeheure Werk der Schwanbeckschen Buchführung, arbeitete vom frühen Morgen bis zum späten Abend und sah mich zum Erstaunen der Lehrer und Mitschüler, obgleich ich sämtliche 9 Bücher selbst linierte, schon am 10. September am Ende meines Werks, worauf Andere 1-1½ Jahre arbeiten.

Nicht ohne Bedauern erblickte ich das ruchlose Leben und Treiben im elterlichen Hause in Gehlsdorf. Kaum grauet der Tag, so beginnen zwischen dem unglücklichen Ehepaar die gemeinsten Beschimpfungen, die selbst der entartetste Pöbel sich auszusprechen schämt, gegenseitige Verfluchungen und Verdammungen bis in den Abgrund des Tartarus, dauernd vom frühen Morgen bis zum späten Abend; einen Augenblick küssen sie sich und im andern halten sie sich des einander Anspuckens nicht wert. Ihr habt gar keinen Begriff von den schauderhaften Szenen, die da mitunter vorfallen. Von dem Auftritt im Frühling, wie die Sophie, nachdem sie lange Zeit in den Holzstall gesperrt zubringen mußte, darauf, um sich, wie sie sagt, nicht totschlagen zu lassen, sich in Rostock bei Gastwirt Krüger einmietete, wie die Sache vor Gericht kam und Vater ihr vor der ganzen Versammlung bessere Behandlung angeloben mußte, widrigenfalls ihr jährlich 300 Reichsthaler zu zahlen sich verpflichten sollte, werdet Ihr erfahren haben; ähnliche Vorfälle geschahen diesen Sommer.

Ihr werdet leicht einsehen, daß ich unter diesen Umständen nicht zu Hause leben konnte, und mietete ich mich daher in Rostock ein, bekräftige es Euch jedoch mit dem heiligsten Eide, daß ich dort nur den solidesten Lebenswandel geführt, und nicht, wie Vater mich überall verschrieen, ein Vagabund und Studentenherumtreiber gewesen bin.

Als ich am 10. September mit meiner Buchführung zu Ende war, zahlte mir Vater nach Abzug meiner Rostocker Ausgaben von 88.32 Rt. [Reichstaler] mein Mütterliches mit 29 Rt., womit ich noch an demselben Tage abends mit der Extrapost nach Neu-Buckow abreiste. Dort stieg ich »Zur goldenen Trompete« am Markt ab, vom Wirte mit Ohrwurmfreundlichkeit und wahrer Herzzerinnigkeit bewillkommt. Der Diskurs zwischen mir und dem Wirte wurde nur von Staats- und gelehrten Sachen geführt, und wie ich ihm erzählte, daß ich ein Neu-Buckower und Sohn des früheren dortigen Predigers sei, behauptete er, mich von damals her noch wiederzuerkennen, nur deuchte ihm, daß ich in den 19 Jahren etwas gewachsen bin. Trotz so mancher angenehmer Unterhaltung ließ sich der gemeine Mann für eine Portion garstiges Rührei, was nicht halb gar war, 6 s [Schilling] bezahlen.

Nachdem ich auch des kleinen Heinrichs Grab[2] besehen, setzte ich die Reise, ohne etwas anzutreffen, das der Notierung ins Tagebuch wert gewesen wäre, nach dem dreitürmigen Wismar fort ... Auch Cousinchen Sophie hatte ich [dort] das Vergnügen zu sehen.[3] Gott! Wie hat die Natur dies Mädchen in acht Jahren umgestaltet! Ihr Gestalt so schlank und grazienhaft, die angeborene kunstlose Anmut ihrer Bewegungen, die Zartheit und Schönheit ihrer Gesichtszüge und der Blick, den ihre schönen, glänzenden Augen auf mich senkten, bezauberten mich fast, und ich möchte behaupten, daß die beglückteste Phantasie eines Dichters in den Schöpferstunden seiner Muse kein solch Ideal edler Schönheit sah, als hier in so unendlicher Anmut vor mir stand. Auch sie schien sehr betroffen, denn ich sah, wie ihre schönen Wangen bald erröteten, bald erblaßten. Ich mußte meine ganze Lebensgeschichte erzählen.

Obgleich es schon 2 Uhr nachmittags war und die Familie bereits gespeist hatte, so wurde dennoch für den hinzugekommenen Gast von neuem zubereitet, und ließ es sich Cousinchen besonders angelegen sein, das Mahl so herrlich wie möglich zu machen. Der Gast wandte zwar alle seine Ciceronischen Talente an, um die Sache zu hintertreiben, indem er versicherte, soeben »Zum Erbgroßherzog« an table d'hôte gespeiset zu haben, sah aber doch mit gieriger Erwartung und einiger Ungeduld den dampfenden Gerichten entgegen, denn er hatte außer dem garstigen Rührei seit dem vorigen Mittage nichts gegessen ... Nach aufgehobener Tafel entschuldigte ich mich, daß ich keine Zeit länger habe, und wurde daher von allen zu dem meiner harrenden Wagen begleitet. Ich drückte ein paar glühende Küsse auf Cousinchens Mund, stieg in den Wagen, der Fuhrknecht knallte die Pferde an, und fort ging es durch's Schweriner Tor ...

Wir gelangten am Abend nach dem Heydkrug, 2 Meilen

von Hamburg, wo wir die Nacht blieben. Wie ich am anderen Morgen erwachte und aus dem Fenster blickte, sahe ich schon die fünf höchsten hamburger Türme, deren große Entfernung voneinander die Größe der Stadt anzeigte. Große, ahnungsvolle, unbeschreibliche Gefühle bemächtigten sich meiner bei diesem Anblicke; jetzt endlich sah ich das große Ziel vor Augen, nach dem meine Sehnsucht schon so lange stand und das mir so manchen Schlaf geraubt, jetzt sah ich die Stadt vor Augen, die in der merkantilischen Welt von allen obenan steht. Über eine Stunde stand ich nackend da, ohne zu wissen, daß ich nackend sei, Hamburgs Anblick hatte mich gleichsam in den dritten Himmel erhoben, bei Hamburgs Anblick war ich zum Träumer geworden ...

Endlich um 11 Uhr vormittags passierten wir das prachtvolle Steintor und rückten ins vielgepriesene Hamburg, wo wir in der Breiten-Straße, nahe dem Pferdemarkt, im »Weißen Roß« abstiegen.

Oh! welch ein Gewühl von Menschen, welch ein Auflauf ... Alles läuft, Alles rennt, Alles drängt sich durcheinander, und das Ganze ist gleichsam ein ungeheures Chaos. Das unaufhörliche Geschrei der Verkäufer, die ihre Waren feil schreien, indem sie dieselbe auf dem Kopf tragend, im Trabe die Straßen durcheilen, das fortwährende Gerassel der Wagen, die in einer fast ununterbrochenen Reihe die Straßen durchjagen, das Schlagen der Uhren und das liebliche Schallen der Glockenspiele von allen Türmen vertäuben auf eine so energische Weise das Ohr des Fremden, daß er sein eigenes Wort nicht zu verstehen vermag ...

Nachdem ich ein frugales Mittagessen eingenommen, ging ich aus, um einige Empfehlungsbriefe zu verabreichen. Da man mir versicherte, daß ich die Adressaten am besten an der alten Börse sprechen würde, deren Zeit um 1 Uhr beginne, so durfte ich nicht säumen, sondern begab mich eilends dahin und kam auch noch vor dem Schlusse an (denn Puncto 1 Uhr werden die Börsentüren geschlossen und jeder zu spät Kommende muß 4 s bezahlen).

Die alte Börse ist ein altertümliches, auf 100 erhabenen

Säulen ruhendes und von ungeheuren eisernen Gittern umgebenes Gebäude, das bereits vier Jahrhunderten getrotzt hat. Fast hätte ich vorher nicht geglaubt, daß soviel Menschen in ganz Hamburg wären, als sich hier unter einem Dache herumdrängten und mit ängstlich forschendem Blick am Geschäftsbarometer die wankelnde Konjunktur beobachteten.

Ich erfragte mir nacheinander die Kaufleute, an die ich Empfehlungsbriefe hatte ... Alle versprachen mir freundlich, mir nach Kräften zur Erreichung meines vorgestreckten Zieles behilflich zu sein, und möchte ich nur mehrere Handschriften am folgenden Tag in die Börse bringen; ich empfahl mich daher und ging, um mir Hamburg weiter zu besehen.

Neben der alten Börse ist die prächtig verzierte Börsenhalle, worin über 100 Zeitungen in 13 verschiedenen Sprachen zur Disposition des merkantilischen Publikums liegen; unweit derselben die große hamb. Bank, nebst der Giro-, Zettel- und Leihbank und dem palastartigen Rathause.

Darauf besah ich die am Adolphs-Platz gelegene neue Börse, die an Größe die alte bei weitem übertrifft, und an Glanz, Pracht und herrlicher Einrichtung alle Gebäude Hamburgs hinter sich läßt und ist unter dem Geläute aller Glocken und einem großen Feste am 5. Dezember eingeweihet und an die Stelle der alten getreten; eine Feierlichkeit, die vielleicht in Jahrtausenden nicht wiederkehrt.

Dann wandte ich mich zum neuen Hafen, besahe die unzähligen hier von allen Weltteilen zusammenströmenden Schiffe, stieg zum sogenannten »Stintfang« in die Höhe, der eine schöne Aussicht über den Hafen gewährt, erstieg darauf den Turm der Michaelis-Kirche, der sich 480 Fuß von der niederen Erde bis ins hohe Ätherblau erhebt und eine erhabene Aussicht viele Meilen in die Runde darbietet.

Oh! Ihr habt keinen Begriff von den schönen Umgebungen Hamburgs und Altonas, kein Pinsel vermag die Landschaften so schön zu malen, als man sie von den

Wolken herab in so unendlicher Fülle erblickt. Mehrere Stunden stand ich in der äußersten Spitze und betrachtete mit dem Fernrohre des mit mir hinauf gestiegenen Turmwächters was das Auge nicht entdecken konnte ... Darauf ließ ich mir auch die prächtige Michaelis-Kirche zeigen, deren ungeheures Schiff von 291 Fuß das Erstaunen des Fremdlings auf sich zieht.

Ermüdet kehrte ich sodann nachhause zurück und ließ mir etwas zu essen geben ... Um 5 Uhr [am nächsten Morgen] stand ich auf, fertigte circa 14 aus kaufmännischen Briefen in 3 Sprachen bestehende Handschriften an und begab mich sodann, nachdem ich mich restauriert, nach Altona hinaus, um auch diese Stadt kennen zu lernen, teils weil ich hörte, daß dort Markt sei, teils um Köppens mein Kompliment zu machen.[4]

Der Weg führte mich durch die Vorstadt St. Pauli, kaum konnte ich durch das Altonaer Tor in Hamburg kommen, solche Menge Menschen drängte sich gleich einer Lawine hinaus. Da in Hamburg selbst kein Markt ist, weil da alle Tage mehr als Markt ist, so hält St. Pauli die Märkte immer mit Altona zusammen, und war daher auch hier Alles in der regsten Tätigkeit ...

Nachdem ich mich so gut ich konnte orientiert hatte, eilte ich Altona zu; auch hier war Alles so lebendig wie auf St. Pauli, und Käufer und Verkäufer drängten sich in buntem Gewimmel. Obgleich Altona ein frequenter Ort ist, so ist er doch ganz tot im Vergleich gegen Hamburg. Die Straßen sind zwar reinlicher und breiter, die Häuser jedoch bei Weitem nicht so hoch und schön gebaut ...

Am folgenden Tage ging ich wieder zur Börse. Die Makler hatten sich für mich bemüht, und einer derselben, W. Wollmer, schon eine Stelle für mich bei S. H. Lindemann jun. in Altona ausgekundschaftet. Ich ging daher zu ihm und wurde, nachdem ich meine Atteste vorgewiesen, ohne Bedenken engagiert und trat denselben Tag noch ein ...

Lindemanns Wohngebäude hat die schönste Lage von Altona, es liegt am Fischmarkt und gewährt eine herrliche

Aussicht über die Elbe, jedes Schiff welches aus dem hamburger Hafen geht, muß bei seiner Tür vorbei. Hieran war mir jedoch wenig gelegen, die Hauptsache war das Geschäft, und dies gefiel mir keineswegs. Es war ein Kolonialwarengeschäft en groß & en détail.

Das détail-Geschäft, worin wenig Frequenz war, besorgte ein Lehrling, dem Comptoir, worauf ich gehofft, stand er allein vor, und mußte ich daher die Expedition auf dem Speicher wahrnehmen. Dies war jedoch für meine körperlichen Kräfte viel zu schwer; ich mußte den ganzen Tag mit den Arbeitsleuten an der Winde stehen oder auf- und abladen helfen und mußte daher befürchten, einen Rückfall meiner früheren Brustkrankheit zu bekommen. Schon am dritten Morgen bat ich daher um Entlassung, indem ich diesen wichtigen Grund vorschützte, Lindemann willigte ein, und ich ging wieder ab.

Da ich den Beschluß gefaßt hatte, ferner nicht mehr auf dergleichen Stellen zu reflektieren, sondern mich nur am Comptoir nützlich zu machen, so mietete ich mir ein Stübchen im Hopfenmarkt in Hamburg, wo ich noch denselben Tag einzog. Ich bemühete mich nun eifrig um ein anderes Unterkommen, frequentierte täglich die Börse und schon nach wenigen Tagen gelang es mir, eine zweite Stelle bei E. L. Deycke jun. an der Ecke der Mühren- und Mattentwiete zu bekommen. Leider war die Stelle jedoch ganz ohne Salair, und nahm ich sie daher auf ungewisse Zeit an. Das Geschäft, welches in einer bedeutenden Kolonialwaren-Handlung en gros & en détail besteht, worin ich aber nur im Comptoir war, gefiel mir sehr gut, nur stand es mir nicht an, daß der Geizhals kein Salair geben wollte.

Mein Geld war mittlerweile nach Abzug der Maklerprovision auf 17 Rt. geschmolzen, und sahe ich daher im Voraus, daß dies nicht lange gehen könne, da es alle Tage, so sehr ich mich auch einschränkte, viel Geld kostete. Ich gab mir daher alle mögliche Mühe um ein anderes Unterkommen, bat alle Freunde, mir behilflich zu sein, las alle Blätter und gab meine Adresse ein, wenn sie was erhielten. Jedoch nein, Fortuna wollte mir ferner ungünstig sein.

Endlich nach Verlauf von 8 Wochen ... war mein Geld rein alle geworden und war ich, obgleich ich mich fortwährend kärglich behalf, meinem Wirte einige Rt. schuldig. Zu schwach, um mir allein zu helfen, schrieb ich an Onkel in Vipperow,[5] stellte ihm meine Not vor und bat ihn, mir bis Weihnachten 10 Rt. zu leihen, worauf er mir umgehend das Begehrte schickte, mir jedoch durch Elise [seine Tochter] solchen impertinenten gemeinen Brief schreiben ließ, daß ich ihm sein elendes Geld ohne Bedenken augenblicklich retour geschickt haben würde, wenn ich nicht in so großer Verlegenheit gewesen wäre. Ich legte also ein heiliges Gelübde ab, nie, in welche schreckliche Lage ich auch kommen würde, um die Hilfe eines Verwandten zu bitten und lieber den furchtbarsten Hungertod zu sterben, als einen solchen Menschen zu bitten, mir ein Brotkrümel zu leihen ...

Drei Tage vorher, ehe ich in Stade zugehen sollte, und wie immer mit meinem Patron an der Börse war, kam ein Makler zu mir und fragte, ob ich schon placiert wäre, ich bejahte. Er bedauerte, daß er zu spät käme, er hätte mir sonst zu einer brillanten Stelle in La-Guayra in Columbien [Venezuela] behilflich sein können. Bei diesen Worten verjüngten sich bei mir alle die Hirngespinste aus der Jugend, alle die alten Schiffs- und Reise-Phantasien traten mir, nachdem sie nun fast vier Jahre im Schlummer gelegen, mit einemmale bei dem Worte Columbien vor die Seele, und antwortete ich daher, daß ich zwar eine Stelle angenommen, wenn ich jedoch diese bekommen könnte, die andere sogleich abschreiben würde. Der erfreute Makler sagte mir darauf, daß ich sogleich mit Herren Krogmann & Wachsmuth hierüber sprechen müsse, indem diese die Stelle zu vergeben hätten.

Ich ging daher gleich an der Börse zu ihnen und sagte, daß ich entschlossen sei, die Stelle in La-Guayra anzunehmen. Diese sehr vernünftigen Leute wollten es mir scheinbar leid machen ... und sagten, daß sie schon seit 4 Wochen wohl 20 Makler Auftrag gegeben, ihnen einen jungen Mann für die Herren Declisur & Böving in La-

Guayra anzuschaffen, von den 600 jungen Leuten jedoch, die jetzt in Hamburg dresch lägen, sich wegen der schrecklichen Jahreszeit keiner dazu entschließen wollte. Stellten mir alle Unbequemlichkeiten und Gefahren vor, die mit einer so langen Reise von mehr denn 2000 Meilen verbunden seien, das fortwährend dort herrschende gelbe Fieber usw. Da ich jedoch immer stärker auf meinem Entschluß beharrte, waren sie geneigt, mir die Stelle zu übertragen, im Fall ich mich dazu qualifizierte. Sie stellten darauf eine kurze Prüfung mit mir an, ich mußte mehrere Briefe in deutscher, französischer und englischer Sprache schreiben, und als diese gefielen, sagten sie: ich sollte mich nur rüsten, ihr Schiff »Dorothea« Cptn. Siemonsen liege segelfertig, und könnte ich an Bord gehen, wenn ich wolle; ich hätte ganz freie Passage, nur hinsichtlich des Salairs könnten sie nichts bestimmen, indem ihnen die Freunde geschrieben, sie würden nach Leistungen lohnen.

Meine Freude war groß, am folgenden Tage erhielt ich ein Empfehlungsschreiben von den Reedern (Krogmann & Wachsmuth) an meine künftigen Patronen, packte meine Sachen ein, kaufte mir eine Seegrasmatratze, zwei wollene Decken, und mein Bett war fertig. Ich schickte Alles an Bord und bemühete mich inzwischen noch um mehr Empfehlungsbriefe, im Falle es mir bei Declisur & Böving nicht gefiele. Und siehe da, mein Freund Wendt verschaffte mir eine Menge, teils nach La-Guayra, teils nach Curaçao . . .[6]

Am 23. November nahm ich von allen rührenden Abschied, sagte Köppens Adieu und ging an Bord. Auch die Mannschaft war schon vollzählig und man erwartete nur günstigen Wind.

Es war ein ganz neues, vor einigen Wochen erst von Stapel gelaufenes, dreimastiges, kupferfestes und kupferbodenes, eigens zum Schnellsegeln gebautes Schiff und übertraf nach Cptn. Jürg Siemonsen's Versicherung an Schönheit alle hamburger Schiffe. Den Namen »Dorothea« führte es nach Wachsmuths Schwester, der Frau von Krogmann. Die Kajüte war ganz rund und die Wände sowie der Fußboden und die Mobilien derselben ganz Mahagoni-Holz.

Die Mannschaft bestand aus 18 Mann Schiffsvolk und 3 Passagieren, worunter ein hamburger Tischler Albrecht, sein Sohn und ich. Wir Passagiere hatten unsere Hütten (Koi) in der Kajüte, sowie auch der Cptn. und die beiden Steuerleute.

Der Wind war fortwährend ungünstig, und konnten wir nicht von der Stelle, bis er sich endlich am 27. umwarf und der 28. zur Abreise bestimmt wurde. Schon morgens 4 Uhr kamen 2 Lotsen an Bord, das Schiff wurde losgemacht und durch die Menge der davorliegenden Schiffe gebracht, die Kanonen donnerten im Hafen das Lebewohl, unsere Batterien erwiderten den Scheidegruß, und das Schiff schwebte, da der Wind die Segel heftig anschwoll, wie geflügelt über die dunkel spielenden Wellen der Elbe dahin, und das schöne Hamburg wich in der Morgendämmerung bald unseren Blicken.

Schon um 10 Uhr waren wir kurz vor Glückstadt, mußten jedoch hier auf den Rat der Lotsen Anker werfen, indem wir wegen der schon zu nahen Ebbe nicht mehr über die Dünen kommen konnten.

Am Abend bekamen wir konträren Wind, der auch noch am 29. anhielt und sich erst am 30. wieder zu unseren Gunsten wandte. Morgens 8 Uhr wurden die Anker gelichtet, die Segel gespannt, ein guter Ostwind blies dahinter und pfeilschnell schoß das Schiff dahin. Schon um $10^3/_4$ Uhr waren wir neben dem freundlichen Flecken Cuxhaven mit seinem hohen und schönen Leuchtturm und um $11^1/_2$ Uhr schon das Eiland Neuwerder passiert. Das Wetter war wunderschön, der Himmel so klar und rein, die Sonne glänzte unaufhörlich, und Alles schien die glücklichste Reise zu versprechen ...

Der Wind wurde heftiger, das Schiff flog immer schneller und machte $10^3/_4$ bis 11 Meilen in 4 Stunden. Bald entfloh uns auch Neuwerk, und wir sahen keinen festen Punkt mehr, um 12 Uhr setzten wir bei einem Feuerschiff die Lotsen ab, um $2^3/_4$ Uhr bekamen wir Helgoland in Sicht und behielten es über 2 Stunden darin. Wir kamen nur 2 Meilen daran vorbei und konnten es genau beobachten:

es ist ein einzelner Felsen, auf dem einige Häuser stehen. Auf der einen Seite der Insel ist eine große Durchfahrt.

Der Wind blieb in der Nacht fortwährend gut, von Seekrankheit merkte ich noch nichts, ein bißchen Schwindel ausgenommen. Desto mehr und stärker kam sie jedoch am 2. Tage, wo der Wind sich wandte und heftig aus N.N.W. pfiff, wir daher lavierten und das Schiff bald auf der einen, bald auf der anderen Seite lag. Die Seekrankheit ist eine unbeschreiblich unangenehme Krankheit, die in fortwährendem Erbrechen bestehet, und will der Magen nicht mehr hergeben, so wirft die Galle aus.

Der Wind wurde heftiger mit jeder Stunde, und schon gegen Abend brach ein Sturmwind aus, die Wellen gingen Häuser hoch. Ich war immer auf Deck gewesen, wurde jedoch immer kränker, nahm mir daher einen Eimer und ging dann in meine Hütte. Der Sturm wütete 8 Tage, bald aus N., bald aus W., und mit ihm meine Seekrankheit. Schon in 8 Tagen hatte ich keinen Bissen gegessen und nur um meine Bedürfnisse zu verrichten meine Hütte verlassen. Den anderen Passagieren ging es ebenso, auch sie wimmerten wie ich. Da endlich trat Windstille ein, und das Schiff schwankte weniger. Auch meine Seekrankheit schien sich dadurch zu verlieren, ich genoß wieder etwas und konnte den ganzen Tag auf dem Vordecke sein. Es war der 7. Dezember, die Luft war eisig kalt, doch klar und heiter, und das Meer war beschäftigt sich auszugleichen ...

Wir waren über 100 Meilen von Cuxhaven und 80 von Hull. Gegen Abend trat guter Ostwind ein, alle Segel wurden gespannt, und unter dem lauten Jauchsen des Schiffsvolks flog das Fahrzeug fort. Mit Sehnsucht erwartete jeder, daß wir nur erst den Kanal passiert sein möchten, denn alsdann hatten wir keine Gefahr mehr. Bei gutem Wind kann man ihn von Hamburg in 3 Tagen erreichen, wir waren nun schon solange fort und dennoch näher an Hamburg als am Kanal. Der Cptn. ließ daher in der zuversichtlichen Hoffnung, daß dieser Wind von Dauer sein würde, S.W. steuern. Leider aber bekamen wir am andern Abend Sturm aus N., alle Segel bis auf das

Bramm G. wurden eingezogen, und wir mußten, da wir nicht zurücksteuern konnten, so hoch N.W. halten wie wir konnten.

Am 9. [Dezember] wurde der Sturm immer heftiger, die Wellen schlugen fortwährend übers Deck, das Schiff zog viel Wasser und mußten die Pumpen fortwährend in Bewegung sein. Unsere Seekrankheit hatte nachgelassen, und an deren Statt war ein grenzenloser Hunger getreten, den wir mit hartem Schiffszwieback befriedigten. Ich saß den ganzen Tag in einer Ecke der Kajüte, wo ich mir einen Sessel festgebunden, und lernte spanische Briefe, hatte jedoch sehr oft das Malheur, die Balance zu verlieren und erbärmlich hinzufallen. Die anderen Passagiere lagen der Bequemlichkeit halber in den Hütten.

Am 10. tobte der Sturm immer fortwährend noch aus Norden, wir hielten immer N.W., da wir jedoch nur das Brammsegel G. spannen konnten, so kamen wir nur sehr wenig vorwärts und wurden vom Sturm immer mehr von der Seite nach S. getrieben. So dauerte es fort bis zum 11. mittags. Seemöven umflogen uns heute in ungewöhnlicher Anzahl, was jeder für ein böses Zeichen hielt, auch Seekatzen ließen sich viele sehen. Das Wetter war schlecht, die Luft eisig und 6° Kälte, Schnee traf fortwährend auf uns, die Pumpen waren Tag und Nacht in Bewegung, die See tobte fürchterlich.

Gegen Mittag wurde der Sturm immer heftiger und brach gegen 5 Uhr in den schrecklichsten Orkan aus. Die Wellen gingen Turm hoch, bald wurden wir wie ein Federball hunderte von Füßen in die Höhe geworfen, bald lagen wir in dem schrecklichen Abgrund. Um 6 Uhr riß das Brammsegel G., und mit banger Erwartung sah jeder der Nacht entgegen, denn das Schiff wurde immer mehr von der Seite weggeworfen. Es wurde Gittau H&B [gemeint ist: Geitau zum Zusammenholen der Segel unter der Rahe] aufgespannt, doch zerrissen sie, ehe sie noch Wirkung taten, und wir mußten uns daher dem Schicksal preisgeben. Die anderen Passagiere so wie ich lagen in den Hütten und wußten nichts davon, was oben vorging, ja, ich ahnte keine Gefahr ... Um 7 Uhr brachte uns der Junge wie immer Tee und Zwieback, indem er bitterlich weinte und sagte, daß die das Letzte wäre, was er uns brächte; ich lachte ihm derb was aus.

Um 10 Uhr kam der Cptn. mit dem Untersteuermann zur Kajüte, kriegte die Charten hervor und zeigte ihm, wo wir seiner Meinung nach seien. Seine ängstliche Miene ließ bange Besorgnis verraten. Plötzlich kam der Obersteuermann und sagte zum Cptn., er sähe in der Ferne zwei Lichter. Cptn. eilte erschreckt nach oben und ließ die beiden Anker werfen, deren Ketten jedoch in wenigen Sekunden wie Zwirnsfäden zerrissen, und das Schiff flog pfeilschnell fort. Noch nie hatte ich so sanft und ruhig geschlafen; ich träumte von den schönen Columbianischen Gefilden und ahnte nichts von der drohenden Gefahr.

Es mochte gegen Mitternacht sein, wie der Cptn. plötzlich die Kajütentür öffnete und rief: »Passagiere, kommen Sie schnell nach oben, denn es ist die größte Gefahr!« Kaum hatte er ausgesprochen, als uns ein furchtbarer Stoß es auch schon anzeigte. Alle Fenster der Kajüte sprangen entzwei. Ich sprang so schnell ich konnte aus der Hütte und wollte mich ankleiden, als das Wasser auch schon von allen Seiten eindrang und ich nur noch mit Lebensgefahr nackend das Verdeck erreichte. Das erste, was mich da empfing, war eine ungeheure Welle, die über mich wegschlug und mich von Steuerbord- bis Backbordseite fortriß, wo ich jämmerlich gequetscht wurde, mich jedoch festhielt, wieder nach Steuerbordseite hinkletterte und mich da festband.

Ein gleiches Schicksal widerfuhr den übrigen Passagieren, die jedoch so vernünftig gewesen waren, ihre Kleider gar nicht auszuziehen. Auch sie banden sich an den herabhängenden Tauen neben mir fest. Der Cptn. war mit dem Volke eifrig beschäftigt, die beiden in der Mitte auf dem Schiffe liegenden großen Boote flott zu machen. Die Verwirrung und Angst war jedoch so groß, daß man selbst kaum wußte, was man tat und tun sollte. Das erste Boot wurde unsinniger Weise auf Steuerbordseite, worauf der Sturm stand, hinabgelassen, war daher längst voller Wasser, ehe es auf dem Wasser war und mußte gekappt werden. Das zweite bei weitem größere wurde an Backbordseite hinuntergelassen, kam zwar glücklich hinunter, war jedoch in wenigen Augenblicken voller Wasser.

Jetzt war jede Hoffnung auf Rettung verloren, weil uns die Mittel dazu fehlten.

Ich war erstlich in einer verzweiflungsvollen Angst und ganz außer mir vor Betrübnis. Ach! wie oft hatte ich mir früher den Tod gewünscht, wenn es mir nicht wohl ging, aber ich Narr! ich wußte nicht, wie süß das Leben ist, wenn der Tod wirklich kommt. Ja! hätte mir einer in diesen Augenblicken des Schreckens das Anerbieten gemacht, entweder zu sterben oder mich zeitlebens kreuzweise in Ketten schmieden zu lassen und im Gefängnisse meine Tage zu verleben, wie gerne würde ich das Letztere vorgezogen haben ... In Gedanken nahm ich von Euch Allen Abschied, betete zu Gott, empfahl ihm meine Seele zur Übersendung in das mir zweifelhafte Jenseits, übergab den Haifischen meinen Leib, und mein Testament war gemacht.

Wohl mochte ich in der furchtbaren Lage, wo die Wellen mir fortwährend über den Kopf schlugen, mit so peinlichen Gedanken eine Stunde hingebracht haben, als zu meinem Glück meine Entschlossenheit vollends wiederkehrte, die trüben Gedanken wichen von meiner Seele, und statt dessen trat eine nie gefühlte Todestollkühnheit ein, und beschloß ich, mich dem Tod getrost in die Arme zu werfen. Der Tischler, ein Katholik, war noch viel zaghafter wie ich, er schrie fortwährend und rief Maria und alle Heiligen an, ihm zu helfen. Jedoch da erschien weder Maria noch ihr Sohn, und die Gefahr Aller wuchs mit jeder Sekunde.

Das Volk hatte sich bisher noch ruhig verhalten und die Befehle des Kapitäns befolgt, wie es jedoch gar keine Rettung mehr sah, brach es in das gräulichste Fluchen aus, nur einige schrien und bejammerten ihre Angehörigen. Das Krachen des Schiffes war furchtbar, und wahrscheinlich wurde dadurch die Schiffsglocke in Bewegung gesetzt, denn sie läutete, wie von unsichtbarer Hand gezogen, ohne Aufhören.

Die Nacht war kalt und eisig, mindestens 7–8° Kälte, der Himmel erschien wie eine schwarze Wolke, aus der Schnee in feinen Flocken auf uns fiel. Das Schiff sank immer mehr, und mit jeder über uns weg schlagenden Welle erwartete ich den Tod. Das Volk glaubte sich sicherer in den Masten und flüchtete sich in dieselben, um den Morgen abzuwarten. Auch ich glaubte mich da sicherer und wollte auch hinauf, als mit einem schrecklichen Gekrach das Wrack über Backbord zusammensank und auch ich mit in den Abgrund gerissen wurde. Ich kam jedoch bald wieder oben und kriegte eine schwimmende leere Tonne zu fassen, der ich krampfhaft in die Kimmung griff und mit der ich fortgeschlagen wurde. Bald hundert Fuß in die Höhe gehoben, bald in den schrecklichen Abgrund gestürzt, mochte ich vier Stunden besinnungslos fortgetrieben sein, als ich auf eine Sandbank – solcher Sandbänke gibt es längst der ganzen holländischen Küste, sie sind bei Ebbe ganz trocken und nur bei Flut bedeckt – getrieben wurde, deren ganz niedrige Wellen und seichter Wasserstand Nähe des Landes andeutete.

Am ganzen Körper verklammt und halb tot vor Ermattung beschloß ich hier den Tod oder Rettung abzuwarten, jedoch beides kam nicht. Endlich, endlich wurde es Morgen, und zu meiner Freude sah ich vor mir – Land. Ich wollte es gehend zu erreichen suchen, konnte jedoch nicht, wollte rufen, war aber vor Ermattung nicht im Stande. Endlich bemerkte man mich, und eine Menge Gaffer sammelte sich am Strande, und dauerte es auch nicht lange, so erschienen mehrere Kerle mit einem Boote. Sie konnten nicht ganz nach mir herankommen, und stieg man daher aus und trug mich hin.

Man fragte mich, ich verstand jedoch die Sprache nicht, konnte auch nicht antworten. Viele schon herangetriebene Bretter und Tonnen sagten ihnen schon, was geschehen. Ich wurde nach Eilandshuis (Inselhaus) gebracht, man zog mir mein Hemd und wollene Unterjacke, meine einzige Bekleidung, aus und legte mich zu Bette, man reichte mir Kaffee, und ich verfiel in Schlaf. Nachmittags vier erwachte ich. Der Schlaf hatte mich ein wenig erquickt, jedoch die entsetzlichsten Schmerzen folterten mich, und ich brüllte laut, denn die beiden Vorderzähne waren abgebrochen, und ich hatte sowohl am Gesicht als am Körper tiefe Wunden. Alles war wie gelähmt, die Füße dick angeschwollen. Der Wirt kam herbei, und fragte ich ihn auf englisch, wo ich wäre, und ob von den Übrigen keiner geborgen wäre. Zum Glück verstand er diese Sprache und sagte mir, daß wir auf Eilandsgrund, einer 3 Meilen von hier entfernten Klippe gescheitert wären, ich mich jetzt in Eilandshuis auf Eiland Texel befinde und auch der Cptn. und ein Matrose sich auf Balken gerettet hätten, mit denen sie unfern von hier ans Land getrieben seien, und jetzt sich hier in seinem Hause befänden; von den Schiffsgütern könne nichts geborgen werden, indem der Wind sich bereits gegen Nachmittag gedrehet und daher jetzt Alles in die hohe See triebe.[7]

Ich zeigte ihm meine Wunden und bat ihn um ein wenig Verband; er brachte warmes Wasser, wusch mir die Wunden, verband sie mir, gab mir abermals Kaffee, und ich verfiel aufs Neue in Schlaf, aus dem ich nicht eher als gegen Morgen erwachte. Die Ruhe hatte wohltätig gewirkt, aber die Schmerzen waren entsetzlich. Der Wirt kam abermals herbei, brachte warmen Rum und Seife, waschte mir die angeschwollenen Füße und verband mir aufs Neue die Wunden. Auch reichte er mir auf mein Verlangen ein wenig zu essen, was ich gierig verschlang, denn ich hatte in mehreren Tagen nichts mehr genossen. Während dessen kam auch der Cptn. herein, es war aber nicht mehr der stolze, grobe Cptn., der er auf dem Schiff war, sondern er kam zu mir, reichte mir die Hand, freuete sich meiner wunderbaren Rettung, die ich ihm erzählen mußte, und erzählte auch er mir, wie glücklich er und ein Matrose sich auf einem Balken gerettet hätten.

Er sagte mir darauf, er würde den Reedern Krogmann &

Wachsmuth das Geschehene mitteilen und würde auch gern für mich schreiben, wenn ich es wünschte. Ich nahm es mit Dank an und diktierte ihm einen Brief an meinen Freund Wendt in Hamburg, worin ich diesen bat, mit Krogmann & Wachsmuth zu sprechen, ob sie mir nicht wenigstens 2 St. Louisdor von meinem vielen Verlust ersetzen wollten, und mir, falls diese Herren es täten, das Geld an meine jetzige Adresse, nämlich H. Schliemann, Adr. H. Johannes Branes in Eilandshuis auf dem holländischen Eilande Texel zu senden.

Aus diversen Gründen ließ der Wirt sich meine baldige Genesung sehr angelegen sein. Da er das Schwitzen für zuträglich hielt, bepackte er mich mit Betten, reichte mir Glühwein usw., und ich kam in einen starken Schweiß, worin ich den ganzen Tag zubrachte, und siehe da! dies tat, vereint mit der wohltätigen Ruhe, segensreiche Wirkung. Der Schwulst der Füße hatte sich bedeutend gemindert, die Lähmung der Glieder schwand immer mehr, und auch die folternden Schmerzen der vielen Wunden sowie der Zähne schienen einen anderen Charakter annehmen zu wollen.

Das Schwitzen wurde mit gutem Erfolge auch den folgenden Tag fortgesetzt, und schon am vierten vermochte ich in der Stube umher zu gehen. Da zeigte mir der Wirt nun aber auch an, daß meines Bleibens hier nicht länger wäre, denn er habe nur vom Texelschen Konsulate Auftrag, mich so lange zu behalten, bis ich wieder besser sei, sodann aber unverzüglich zum Konsulate auf der Burg Texel fahren zu lassen, wo ich über mein Ferneres disponieren könne, und würde am folgenden Morgen die Reise vor sich gehen. Da ich keine Kleider außer einem Hemde und einer Unterjacke hatte, so erbarmte sich der Wirt auf vieles Bitten, mir eine alte Unterhose, eine zerrissene Jacke und ein paar Klumpschuhe (dies sind ganz aus Holz bestehende Schuhe) zu reichen, und obwohl ich lieber wünschte, daß sich der Anzug in einen Pelz verwandelt hätte, nahm ich es doch mit Freude an. Am anderen Morgen sieben Uhr wurde ich auf einen Leiterwagen gesetzt, und die Reise ging in Gesellschaft des Matrosen vor sich. Der Cptn. blieb noch da, um erst Nachricht aus Hamburg abzuwarten. Dem Wirte ließ ich Bescheid, mir, falls ein Brief für mich ankäme, denselben an den Konsul von Mecklenburg in Amsterdam zu senden, an den ich beschlossen hatte, mich zu wenden.

Am Mittag kamen wir in der Burg Texel an. Ich begab mich sogleich zum Konsulate Sonderburg & Ramm, die schon Alles wußten.[8] Sie wollten mich nach Hartingen schicken, um von dort über Hamburg nach Mecklenburg zurückzukehren. Ich bedeutete ihnen aber, daß ich dort ebensowenig und ebensoviel als in Amsterdam zu erwarten hätte und zöge daher letzteren Ort vor[9] und bäte nur um einen Empfehlungsbrief an den Konsul von Mecklenburg daselbst, der mir auch neben einer Bescheinigung über das Unglück wurde. Herr Ramm, ein gebildeter Mann, sprach sehr fertig französisch, und konnte ich daher sehr gut mit ihm fertig werden.

Die Nacht mußte ich im Logement in der Burg bleiben und trat am anderen Morgen die Reise über den Zuyder-See nach der Hauptstadt an.

Leider hatten wir konträren Wind aus S.W. und mußten daher auf der Reise von 12 Meilen, die man bei gutem Wind in 12 Stunden macht, unter beständigem Lavieren 3 volle Tage zubringen und kamen erst am 20. 8 Uhr morgens an. Unterwegs mußte ich fürchterlich aushalten, denn der Schiffer (Beurtschiffer) hatte keine Betten für mich, und mußte ich daher bei der schrecklichen Kälte, so krank ich war, und obwohl die Wunden noch lange nicht heil waren, beständig auf der Bank liegen. Jedoch Hoffnung auf ein baldiges besseres Los linderte die Schmerzen, denn gewiß überzeugt, daß das Schicksal, was mich so wunderbar gerettet und nach Holland geführt, mir auch hier mein gutes Fortkommen schenken würde, ertrug ich Alles mit Geduld.

Kaum hatten wir an der Brücke der Texelschen Cajen hier angelegt, so verließ ich das Beurtschiff und überschritt die Brücke. Mehrere auf derselben stehende Stiefelputzer (von diesen gibt es hier eine ungeheure Masse, die außer dem Stiefelputzen zu gleichen Geschäften gebraucht werden wie die Eckensteher in Berlin, auf gleiche Weise wie diese in Spott stehen und sich auf den hiesigen vielen Brücken aufhalten und jeden Vorübergehenden anschreien: Mijn heer schoe maken?) glaubten wegen meiner komischen Tracht in mir einen künftigen Kollegen und sprachen von Konkurrenz.

Ich ging in ein gemeines Logement in der Ramskoy, welches mir der Schiffer bezeichnet hatte, erzählte dem Wirte meine Lage und bat ihn um Schreibmaterialien. Er reichte mir Papier und Feder, und ich schrieb einen französischen Brief an den Konsul von Mecklenburg, schilderte ihm meine von Gott und Menschen verlassene Lage, bat ihn um Hilfe und Beistand, hier auf eine rechtliche Weise mein Fortkommen zu erlangen, legte das Attest und Introduktionsschreiben von Sonderburg & Ramm ein und ging selbst zu ihm.

Er bewohnt ein pallastartiges Gebäude an der Amstel; dessenungeachtet zögerte ich nicht, näher zu treten und überreichte ihm, ohne Mehres zu sagen, die Briefe. Er las, bedauerte mich, reichte mir 10 Gulden, wies mir ein Logement an und versprach, auch ferner für mich zu sorgen, und möchte ich nur dieserhalb immer zur Börse kommen, wo er auf Nr. 34 stehe.

Ich ging darauf zum Trödler und equipierte mich, kaufte mir einen alten Rock, Beinkleid, Weste, Schuhe, Hut, Strümpfe, und ich war komplett angekleidet. Ging alsdann in das mir angewiesene Logement und erquickte mich. Allein ich war zu sehr angegriffen, mußte bald zu Bett gehen und verfiel in ein heftiges Wundfieber, wozu sich unerträgliche Zahnschmerzen gesellten. Als ich am zweiten und dritten Tage das Bett noch nicht verlassen konnte, glaubte die besorgte Wirtin, die Krankheit würde langwierig und erklärte mir daher, sie könne mich nicht behalten; ich müßte ins Krankenhaus (Gasthuis oder Siekenhuis), wozu ich einer Bescheinigung vom Konsul bedürfe. Sie schickte daher auf meine Bitte zu ihm; derselbe befriedigte meinen Wunsch, schrieb mir einige sehr freundliche

Zeilen und sandte mir abermals 10 Gulden. Ich bezahlte darauf dem Wirte und wurde in einem Schlitten zum Krankenhaus gefahren, wo ich das schöne Weihnachtsfest unter den heftigsten Schmerzen zubrachte. Am Heiligabend wurden mir die Wurzeln der beiden abgebrochenen Vorderzähne ausgegraben. Die Schmerzen waren bei der Exekution so furchtbar, daß ich brüllte.

Am ersten Weihnachtstage kam Herr Konsul Ed. Quack selbst zu mir und überreichte mir ein ihm gewordenes an mich adressiertes Schreiben. Ich erbrach es, es war von Herrn Wendt, derselbe hatte mein Schreiben von Texel erhalten und in Folge desselben mit Herren Krogmann & Wachsmuth gesprochen und diese gebeten, mir vorläufig für seine Rechnung durch ihren Agenten auf Texel 30 holl. Gulden auszahlen zu lassen, wozu sie sich auch bereit erklärt und weswegen sie schon an ihren Cptn. geschrieben hätten. Er habe ferner eine Messive [gemeint ist: Missive, also ein Rundschreiben] für mich in Zirkulation gebracht und hoffe, mir mit Hilfe einiger Menschenfreunde auf diese Weise einige hundert Gulden zusammenzubringen, und möge ich ihm nur schreiben, was ich ferner anzufangen gedenke; fürs Beste hielte er's, wenn ich auf Amsterdam gehe. Wer war froher als ich, denn nun hatte ich schon zuversichtliche Hoffnung auf eine bessere Zukunft.

War es die fröhliche Stimmung, in die mich der Brief des Herrn Wendt versetzt, oder war es die Natur, die sich kraft der Medikamente half, genug, schon an demselben Tage kam ich in einige Besserung und konnte schon am Tage nach Weihnachten aufstehen und umhergehen im Krankenzimmer, worin mit mir 102 Kranke waren, dennoch aber die größte Reinlichkeit herrschte. Kein Tag verging, wo nicht 3-4 Leichen hinausgetragen wurden.

Am zweiten Tag nach Weihnachten erhielt ich aufs Neue ein Schreiben vom Konsul, welches ihm von den hiesigen Herren L. Hoyack & Co., meinen jetzigen Patronen, zugesandt war. Es war ein Schreiben der Herren Kleinwort Gebrüder in Hamburg, als Antwortschreiben auf einen Brief, den ich kurz nach meiner Ankunft allhier an Herrn

Wendt schrieb. Diese Herren hatten mich bei Herren Hoyack & Co. vorläufig mit fl. 100 akkreditiert, worüber ich disponieren könne, indem sie mir den solidesten Gebrauch anempfahlen. Dies verursachte mir aufs Neue große Freude, denn nun hatte ich schon einen sicheren Stützpunkt, indem ich von der Solidität dieses in der merkantilischen Welt so hoch stehenden Hauses viel gehört hatte. Auf anderen Morgen fühlte ich mich schon stark genug, das Krankenhaus, worin ich nun 5 Tage verlebt hatte, verlassen zu können, bezahlte meine Schuld mit fl. 2.50 und ging zu Hoyack. Mein durch mehrere Pflaster entstelltes Gesicht sagte ihnen schon, wer ich sei, und redeten mich die Patrone gleich bei meinem Namen an. Ich mußte ihnen meine Geschichte von A bis Z erzählen, sie bedauerten mich und sagten, daß Gott mich noch einmal *zu großen Dingen auserkoren* haben müsse, und ständen sie mir gewiß dafür, daß aus diesem Unglück mein Glück entstände. Die Herren Kleinwort Gebrüder hätten mich ihnen dringend empfohlen, und würden sie nach Kräften für mich sorgen . . .

Das Leben ist hier ungeheuer teuer, und kostet es viel Geld, so sehr man sich auch einschränkt. Für eine kleine möblierte Kammer, ohne Ofen, im 5. Stock, muß ich 8 Gulden per Monat Miete zahlen. Einen kleinen eisernen Ofen habe ich vom Schmied gemietet und muß dafür 5 Gulden für den Winter geben. Das hiesige Brennmaterial besteht in Steinkohlen, die auch enorm kostspielig sind . . .

Vergnügungen werden hier mit Geld aufgewogen, und ich denke daher nicht daran, irgend etwas mitzumachen. Schauspiele werden hier auf prächtigen Schaubühnen alle Abend in fünf Sprachen gespielt, Konzerte, Bälle und Maskenbälle reißen garnicht ab, aber überall ist das Entree nicht unter 3 Gulden. Freunde kann man sich hier nur in Kaffeehäusern erwerben, und da ich dergleichen noch nicht besuchte, so habe ich nicht einen und lebe ganz isoliert. Mit meinen Kollegen halte ich keine Bekanntschaft, indem Hepner & Hoyack es nicht gern zu sehen scheinen.

Mein einziges Amusement ist, daß ich des Abends nach

Comptoirschluß in der Stadt spaziere und die herrliche Erleuchtung der Straßen und Häuser besehe, denn jede Straßenlaterne und jedes einzige Geschäftshaus bis auf das des Eierhändlers ist mit schönem Gase erleuchtet; oder ich gehe vors Harlemertor und sehe, wie die vielen Dampfwagen auf der Amsterdamer-Harlemer Eisenbahn abfahren. Alles ist hier sehr großstädtisch, jeder Friseur hat 4–6 wunderschöne weibliche Automaten mit den schönsten Frisuren vorm Fenster, die sich den ganzen Tag fortwährend drehen ...

Das gehabte Unglück scheint in allem zu meinem Glücke und Vorteil vom Schicksal veranstaltet zu sein, denn was habe ich jetzt für eine kräftige, herrliche Gesundheit, ja! ich bin wie von Neuem geboren. Wenn ich noch an vergangenen Winter zurückdenke, wie ich stets 2 Unterhosen, Katzenfell, 2 wollene Unterjacken usw. trug und dennoch immer Blut spuckte und schon glaubte, die Schwindsucht zu haben, wenn ich ein wenig Husten hatte, so bin ich mir jetzt selbst ein Problem; jedoch soviel ist gewiß, daß die Wasserkur, die ich in Rostock gebrauchte, sowie das kalte Baden, welches ich in Hamburg bis zum 24. November fortsetzte, mich sehr abgehärtet haben, und ich vielleicht die schrecklichsten Strapazen sonst nicht ausgehalten haben würde ...

In meiner neuen [zweiten] Stellung war meine Beschäftigung, Wechsel stempeln zu lassen und sie in der Stadt einzukassieren, Briefe nach der Post zu tragen und von dort zu holen. Diese mechanische Beschäftigung war mir sehr genehm, da sie mir ausreichende Zeit ließ, an meine vernachlässigte Bildung zu denken.

Zunächst bemühte ich mich, mir eine leserliche Handschrift anzueignen, und in 20 Stunden, die ich bei dem berühmten Brüsseler Kalligraphen Magnée nahm, glückte mir dies auch vollständig; darauf ging ich, um meine Stellung zu verbessern, eifrig an das Studium der modernen Sprachen. Mein Jahresgehalt betrug nur 800 Francs, wovon ich die Hälfte für meine Studien ausgab – mit der andern

Hälfte bestritt ich meinen Lebensunterhalt, und zwar kümmerlich genug. Meine Wohnung, für die ich monatlich 8 Francs bezahlte, war eine elende unheizbare Dachstube, in der ich im Winter vor Frost zitterte, im Sommer aber unter der glühendsten Hitze zu leiden hatte. Mein Frühstück bestand aus Roggenmehlbrei, das Mittagessen kostete mich nie mehr als 16 Pfennig. Aber nichts spornt mehr zum Studieren an als das Elend und die gewisse Aussicht, sich durch angestrengte Arbeit daraus befreien zu können. Dazu kam für mich noch der Wunsch, mich Minnas würdig zu zeigen, der einen unbesiegbaren Mut in mir erweckte und entwickelte.

So warf ich mich denn mit besonderem Fleiße auf das Studium des Englischen und hierbei ließ mich die Not eine Methode ausfindig machen, welche die Erlernung jeder Sprache bedeutend erleichtert. Diese einfache Methode besteht zunächst darin, daß man sehr viel laut liest, keine Übersetzungen macht, täglich eine Stunde nimmt, immer Ausarbeitungen über uns interessierende Gegenstände niederschreibt, diese unter der Aufsicht des Lehrers verbessert, auswendig lernt und in der nächsten Stunde aufsagt, was man am Tage vorher korrigiert hat. Mein Gedächtnis war, da ich es seit der Kindheit gar nicht geübt hatte, schwach, doch benutzte ich jeden Augenblick und stahl sogar Zeit zum Lernen. Um mir sobald als möglich eine gute Aussprache anzueignen, besuchte ich Sonntags regelmäßig zweimal den Gottesdienst in der englischen Kirche und sprach bei dem Anhören der Predigt jedes Wort derselben leise für mich nach. Bei allen meinen Botengängen trug ich, selbst wenn es regnete, ein Buch in der Hand, aus dem ich etwas auswendig lernte; auf dem Postamte wartete ich nie, ohne zu lesen. So stärkte ich allmählich mein Gedächtnis und konnte schon nach drei Monaten meinen Lehrern, Mr. Taylor und Mr. Thompson, mit Leichtigkeit alle Tage in jeder Unterrichtsstunde zwanzig gedruckte Seiten englischer Prosa wörtlich hersagen, wenn ich dieselben vorher dreimal aufmerksam durchgelesen hatte. Auf diese Weise lernte ich den ganzen *Vicar of Wakefield* von Goldsmith und Walter Scotts *Ivanhoe* auswendig. Vor übergroßer Aufregung schlief ich nur wenig und brachte alle meine wachen Stunden der Nacht damit zu, das am Abend Gelesene noch einmal in Gedanken zu wiederholen. *Da das Gedächtnis bei Nacht viel konzentrierter ist als bei Tage, fand ich auch diese nächtlichen Wiederholungen von größtem Nutzen; ich empfehle dies Verfahren jedermann.* So gelang es mir, in der Zeit von einem halben Jahre mir eine gründliche Kenntnis der englischen Sprache anzueignen.

Dieselbe Methode wendete ich danach bei dem Studium der französischen Sprache an, die ich in den folgenden sechs Monaten bemeisterte. Von französischen Werken lernte ich Fénelons *Aventures de Télémaque* und *Paul et Virginie* von Bernardin de Saint-Pierre auswendig. Durch diese anhaltenden übermäßigen Studien stärkte sich mein Gedächtnis im Laufe eines Jahres dermaßen, daß mir die Erlernung des Holländischen, Spanischen, Italienischen und Portugiesischen äußerst leicht wurde und ich nicht mehr als sechs Wochen gebrauchte, um jede dieser Sprachen fließend sprechen und schreiben zu können.

Hatte ich es nun dem vielen Lesen mit lauter Stimme zu danken oder dem wohltätigen Einflusse der feuchten Luft Hollands, ich weiß es nicht: genug, mein Brustleiden verlor sich schon im ersten Jahre meines Aufenthaltes in Amsterdam und ist auch später nicht wiedergekommen. Aber meine Leidenschaft für das Studium ließ mich meine mechanische Beschäftigung als Bürodiener bei F. C. Quien vernachlässigen, besonders als ich anfing, sie als meiner unwürdig anzusehen. Meine Vorgesetzten wollten mich indes nicht befördern; dachten sie doch wahrscheinlich, daß jemand, der sich im Amte eines Kontordieners untauglich erwies, für igendeinen höhern Posten ganz unbrauchbar sein müsse.

Endlich, am 1. März 1844, glückte es mir, durch die Verwendung meiner Freunde Louis Stoll in Mannheim und J. H. Ballauf in Bremen, eine Stellung als Korrespondent und Buchhalter in dem Kontor der Herren B. H. Schröder & Co. in Amsterdam zu erhalten; hier wurde ich zuerst mit einem Gehalt von 1200 Francs engagiert, als aber meine Prinzipale meinen Eifer sahen, gewährten sie mir noch eine jährliche Zulage von 800 Francs als weitere Aufmunterung. Diese Freigebigkeit, für welche ich ihnen stets dankbar bleiben werde, sollte denn in der Tat auch mein Glück begründen; denn da ich glaubte, durch die Kenntnis des Russischen mich noch nützlicher machen zu können, fing ich an, auch diese Sprache zu studieren. Die einzigen russischen Bücher, die ich mir verschaffen konnte, waren eine alte Grammatik, ein Lexikon und eine schlechte Übersetzung der *Aventures de Télémaque*. Trotz aller meiner Bemühungen aber wollte es mir nicht gelingen, einen Lehrer des Russischen aufzufinden; denn außer dem russischen Vizekonsul, Herrn Tannenberg, der mir keinen Unterricht geben wollte, befand sich damals niemand in Amsterdam, der ein Wort von dieser Sprache verstanden hätte. So fing ich denn mein neues Studium ohne Lehrer an und hatte auch in wenigen Tagen, mit Hilfe der Grammatik, mir schon die russischen Buchstaben und ihre Aussprache eingeprägt. Dann nahm ich meine alte Methode wieder auf, verfaßte kurze Aufsätze und Geschichten und lernte dieselben auswendig. Da ich niemand hatte, der meine Arbeit verbesserte, waren sie ohne Zweifel herzlich schlecht; doch bemühte ich mich, meine Fehler durch praktische Übungen vermeiden zu lernen, indem ich die russische Übersetzung der *Aventures de Télémaque* auswendig lernte. Es kam mir vor, als ob ich schnellere Fortschritte machen würde, wenn ich jemand bei mir hätte, dem ich die Abenteuer Telemachs erzählen könnte: so engagierte ich einen armen Juden, der für vier Francs pro Woche allabendlich zwei Stunden zu mir kommen und meine russischen Deklamationen anhören mußte, von denen er keine Silbe verstand.

Da die Zimmerdecken in den gewöhnlichen holländischen Häusern meist nur aus einfachen Brettern bestehen, so kann man im Erdgeschoß oft alles vernehmen, was im dritten Stock gesprochen wird. Mein lautes Rezitieren wurde deshalb bald den andern Mietern lästig, sie beklagten sich bei dem Hauswirt, und so kam es, daß ich in der Zeit meiner russischen Studien zweimal die Wohnung wechseln mußte. Aber alle diese Unbequemlichkeiten vermochten meinen Eifer nicht zu vermindern, und nach sechs Wochen schon konnte ich meinen ersten russischen Brief an Wassili Plotnikow schreiben, den Londoner Agenten der großen Indigohändler Gebrüder M. P. N. Malutin in Moskau; auch war ich imstande, mich mit ihm und den russischen Kaufleuten Matwejew und Frolow, die zu den Indigoauktionen nach Amsterdam kamen, fließend in ihrer Muttersprache zu unterhalten. Als ich mein Studium des Russischen vollendet hatte, begann ich mich ernstlich mit der Literatur der von mir erlernten Sprachen zu beschäftigen.

Im Januar 1846 schickten mich meine vortrefflichen Prinzipale als ihren Agenten nach St. Petersburg, und hier sowohl als auch in Moskau wurden schon in den ersten Monaten meine Bemühungen von einem Erfolg gekrönt, der meiner Chefs und meine eigenen größten Hoffnungen noch weit übertraf.

Kaum hatte ich in dieser meiner neuen Stellung mich dem Hause B. H. Schröder & Co. unentbehrlich gemacht und mir dadurch eine ganz unabhängige Lage geschaffen, als ich unverzüglich an den oben erwähnten Freund der Familie Meincke, C. E. Laue in Neu-Strelitz, schrieb, ihm alle meine Erlebnisse schilderte und ihn bat, sogleich in meinem Namen um Minnas Hand anzuhalten. Wie groß war aber mein Entsetzen, als ich nach einem Monat die betrübende Antwort erhielt, daß sie vor wenigen Tagen eine andere Ehe geschlossen habe.[10] Diese Enttäuschung erschien mir damals als das schwerste Schicksal, das mich überhaupt treffen konnte; ich fühlte mich vollständig unfähig zu irgendwelcher Beschäftigung und lag krank darnieder. Unaufhörlich rief ich mir alles, was sich zwischen Minna und mir in unserer ersten Kindheit begeben hatte, ins Gedächtnis zurück, alle unsere süßen Träume und großartigen Pläne, zu deren Ausführung ich jetzt eine so glänzende Möglichkeit vor mir sah; aber wie sollte ich nun daran denken, sie ohne Minnas Teilnahme auszuführen? Dann machte ich mir auch wohl die bittersten Vorwürfe, daß ich nicht schon, ehe ich mich nach Petersburg begab, um ihre Hand angehalten hatte – aber immer wieder mußte ich mir selber sagen, daß ich mich dadurch nur lächerlich gemacht haben würde; war ich doch in Amsterdam nur Commis, in einer durchaus unselbständigen und von der Laune meiner Prinzipale abhängigen Stellung gewesen, und hatte ich doch überdies keinerlei Gewähr gehabt, daß es mir in Petersburg glücken würde, wo statt des Erfolges ja auch gänzliches Mißlingen meiner warten konnte. Es schien mir ebenso unmöglich, daß Minna an der Seite eines anderen Mannes glücklich werden, wie daß ich jemals eine andere Gattin heimführen würde. Warum mußte das grausame Schicksal sie mir gerade jetzt entreißen, wo ich, nachdem ich sechzehn Jahre lang nach ihrem Besitze gestrebt, endlich geglaubt hatte, sie errungen zu haben? Es war uns beiden in Wahrheit so ergangen, wie es uns sooft im Traume zu ergehen pflegt: wir wähnen jemand rastlos zu verfolgen, und sobald wir glauben, ihn erreicht zu haben, entschlüpft er uns immer von neuem. Wohl dachte ich damals, daß ich den Schmerz über Minnas Verlust nie würde verwinden können; aber die Zeit, die alle Wunden heilt, übte endlich ihren wohltätigen Einfluß auch auf mein Gemüt, und wenn ich auch jahrelang noch um die Verlorene trauerte, konnte ich doch allmählich meiner kaufmännischen Tätigkeit wieder ohne Unterbrechung obliegen.

Schon im ersten Jahre meines Aufenthalts in Petersburg war ich bei meinen Geschäften so vom Glück begünstigt gewesen, daß ich bereits zu Anfang des Jahres 1847 in die Gilde als Großhändler mich einschreiben ließ. Neben dieser meiner neuen Tätigkeit blieb ich in unveränderter Beziehung zu den Herren B. H. Schröder & Co. in Amsterdam, deren Agentur ich fast elf Jahre lang behielt. Da ich in Amsterdam eine gründliche Kenntnis von Indigo erlangt hatte, beschränkte ich meinen Handel fast ausschließlich auf diesen Artikel, und so lange mein Vermögen noch nicht 200000 Francs erreichte, gab ich nur Firmen von bewährtestem Rufe überhaupt Kredit. So mußte ich mich freilich zuerst mit kleinem Gewinn begnügen, riskierte aber auch nichts.

III

Amerikanisches Zwischenspiel
1850–1852

Am 30. Januar 1846 traf Schliemann in Rußland ein und entwickelte sofort kaufmännischen Unternehmungsgeist. Nichts an ihm deutete mehr darauf hin, daß er noch vor wenigen Monaten ein kleiner Büroangestellter gewesen war. Er wickelte seine Geschäfte zügig, zugleich aber mit deutscher Gründlichkeit ab und galt bald als der kommende Mann im Petersburger Importhandel. Bereits 1847 wurde er als Großhändler in die Kaufmannsgilde aufgenommen und gewann dadurch weiter an Ansehen und Kreditwürdigkeit. Die russischen Kaufleute betrachteten ihn als ihresgleichen. Sie konnten sich mit ihm in ihrer Muttersprache unterhalten, schätzten seine Aufgeschlossenheit, seine guten Einfälle und den Elan, mit dem er seine Geschäfte tätigte. Millionäre luden ihn in ihre Stadthäuser und auf ihre Landsitze ein und machten ihn mit ihren Töchtern und Nichten bekannt. Mehrfach bemühte man sich darum, ihn als Geschäftspartner zu gewinnen. Und indessen plante Schliemann immer größere Projekte.

Obwohl er nach wie vor als Vertreter der Firma Schröder, Amsterdam, und deren Filialen in Hamburg, London und anderen Handelszentren fungierte (und 0,5 Prozent Provision erhielt), baute er seine - zum Teil schon vor der Übersiedlung nach Petersburg angebahnten - Geschäftsbeziehungen zu anderen Firmen systematisch aus und beschränkte sich bald nicht mehr auf den Handel mit Indigo. Innerhalb weniger Monate tätigte er den Abschluß für eine große Salpeterlieferung aus Chile und außerdem begann er, mehr oder weniger erfolgreich, mit Rheinwein, Edelsteinen, Zucker, Tee, Kaffee und Färbeholz zu handeln. Bereits eine Woche nach der Ankunft in Petersburg war er ungeachtet der subarktischen Kälte im offenen Schlitten nach Moskau gefahren, das er im selben Jahr noch dreimal besuchte.

Am 1. Oktober 1846 trat er eine jener langen Geschäftsreisen an, die er künftig so oft unternehmen sollte. Sie führte ihn über Lübeck und Hamburg nach Amsterdam und dann auf die Britischen Inseln. In England, der damals führenden Industrienation, war er tief beeindruckt von

Maschinenhallen, Eisenwerken und Stahlbrücken, desgleichen vom Lokomotiv- und Schiffsbau. In seinem Tagebuch (das er damals zu führen begann) gab er, überwältigt von so viel technischem Erfindungsgeist, seinem Fortschrittsglauben Ausdruck. Er war überzeugt, daß die Technik in wenigen Jahrzehnten das Leben der ganzen Menschheit verändern würde.

In London, wo er sich sofort zu Hause fühlte, kehrte er seinen Geschäften und den geräuschvollen Vorboten der Industrialisierung eine Weile den Rücken, um die Schätze des Britischen Museums zu besichtigen. Fasziniert war er vor allem von den »ägyptischen Dingen« – den Mumien in ihren Sarkophagen – und von den formschönen Töpferwaren aus dem klassischen Altertum. Sein neu erwachtes Interesse an der Antike wurde weiter angefacht, als er in Paris den Louvre besuchte.

Auf der Rückreise nahm er die Gelegenheit, seine deutsche Heimat wiederzusehen, nicht wahr. Als er vom Schiff aus die mecklenburgische Küste erblickte, mußte er sich betroffen eingestehen, »daß ich mein Land mit der größten Gleichgültigkeit wiedersah«.[1]

Während des ersten Jahres, das er in Petersburg verbrachte, war Schliemann offenbar von unbändigem Optimismus erfüllt. Aber es gab auch Rückschläge. Nicht alle Pläne, die er ausgeheckt hatte, glückten. Kein Wunder, daß die Firma Schröder beunruhigt war. Der Seniorchef schrieb Schliemann im Juni 1846 unverblümt: »Unsere Befürchtungen haben sich leider realisiert, indem Sie in Ihrer Korrespondenz einen Ton annehmen, wie er durchaus keinem Geschäftsmann eigen ist ... Wir wissen selbst, was wir zu tun und zu lassen haben ... Ferner messen Sie sich einen Einfluß und Macht bei, die wir durchaus nicht teilen ...«[2]

Und wenig später las ihm J. W. Schröder aus Hamburg, der vom Fehlschlag eines Schliemannschen Projektes erfahren hatte, die Leviten: »... wundern tut es mich nicht im entferntesten, vielmehr habe ich es längst erwartet ... Sie haben durchaus keine Kenntnis von Menschen und Welt, schwatzen und versprechen viel zu viel, schwärmen immerfort für Hirngespinste ... Wenn Sie Ihr Ziel erreicht glauben, werden Sie grob und arrogant gegen Freunde ... Befleißigen Sie sich, ein praktischer Mensch zu werden und angenehme bescheidene Manieren zu erwerben, träumen nicht von spanischen Schlössern etc. etc. ... Ich habe indessen das Vertrauen, daß Sie sich heranbilden werden und will es wie gesagt nochmals versuchen, hoffend, daß meine Associés ebenso darüber denken ...«[3]

Doch Schliemann war, wie er später auch bei seinen archäologischen Unternehmungen bewies, nicht der Typ, der sich von Fehlschlägen unterkriegen läßt. Und er war auch nicht bereit, seine eigenen Unzulänglichkeiten zuzugeben. Aber obzwar er nie aufhörte, an seinen guten Stern zu glauben, wechselten in seinen beiden Karrieren Zeiten der Hochstimmung rasch mit Momenten tiefer Niedergeschlagenheit. Und so fühlte sich die Firma Schröder bald bemüßigt, ihrem Petersburger Vertreter Mut zuzusprechen: »Die Welt kann nicht untergehen. Wir werden Sie übrigens auch nicht im Stiche lassen und ... wenn Sie ein schlechtes Jahr bei uns haben, Ihnen mit dem Nötigsten an die Hand gehen.«[4]

Schliemann hielt die guten Beziehungen zur Firma Schröder aufrecht und vertrat viele Jahre lang ihre Interessen. Nachdem er sich aus dem Geschäftsleben zurückgezogen hatte, stand er mit den Nachkommen dieser berühmten Kaufmannsfamilie noch lange Zeit in freundschaftlichem Kontakt. Er wahrte ihnen gegenüber zwar die gebotene Höflichkeit, stellte sich aber allmählich auf eine Stufe mit den Handelsherren und sah in ihnen nicht mehr Vorgesetzte, sondern »Geschäftspartner« und »Freunde«. Als er es für angebracht hielt, sie um die Erhöhung seiner Provision auf 1 Prozent zu ersuchen, wurde ihm das sofort bewilligt. Seine eigenen Geschäfte florierten, obzwar ihm auch Aufregungen nicht erspart blieben, etwa wenn eine Warenlieferung nicht rechtzeitig eintraf oder die Weltmarktpreise fielen. Im Februar 1848 schrieb er mit einer gehörigen Portion Zynismus an seinen Vater: »Vom frühen Morgen bis zum späten Abend an meinem Comptoirtisch stehend, und in ewigem Nachdenken vertieft, wie ich am bequemsten durch vorteilhafte Spekulation, gleichviel ob zum Benefice oder zum Schaden meines Kommittenten oder Konkurrenten meinen Geldbeutel schwerer machen kann . . .«[5]

Mit seinem Vater, seinen Schwestern und Brüdern sowie mit zahlreichen anderen Verwandten stand er in regem Briefwechsel. Obwohl er sich schon in jungen Jahren allein durchschlagen mußte, fühlte er sich seiner Familie eng verbunden. Seinem Vater, dem er wenig Dank schuldete, erstattete er getreulich Bericht (wobei er allerdings manchmal einen Ton anschlug, als spräche ein Vater mit seinem ungeratenen Sohn), sandte ihm Geschenke und unterstützte ihn. Und auch über das Befinden seines (1831 geborenen) jüngsten Bruders Paul, den er in seinem Petersburger Kontor beschäftigte, hielt er den Vater auf dem laufenden.[6]

Sein ebenfalls jüngerer Bruder Louis (Ludwig), ihm in mancher Hinsicht ähnlich, aber labiler veranlagt und ein unsteter Mensch, war seinem Beispiel gefolgt und in die Niederlande ausgewandert. Eine Zeitlang arbeitete auch er für Schröder & Co. und übermittelte seinem Bruder Heinrich allerlei geschäftliche Informationen. Als dieser sich weigerte, ihn in seine russische Firma zu übernehmen, drohte Louis, er werde Selbstmord begehen, überlegte es sich dann aber anders und schiffte sich im Juni 1848 nach Amerika ein – »welches ich wenn irgend möglich nie wieder verlassen werde . . . Der Mensch gilt hier nur als Mensch etwas, nur *Tätigkeit* macht Ehre, und da, wo die ist, ist echter *Menschenadel!*«[7]

Nachdem er vergeblich versucht hatte, in New York Fuß zu fassen, reiste Louis via Kap Horn nach Kalifornien. Ihn hatte das Goldfieber gepackt. Bald konnte er seinem Bruder melden, daß er es geschafft hatte. »Wer in dieses Land kommt, sollte jeden Pfennig mitbringen statt ihn zu Hause zu lassen. Riesige Vermögen sind hier in wenigen Monaten erworben worden, und das wird noch ein halbes Jahrhundert so weitergehen . . . Gold gibt es überall in diesem

Lande, sogar in den Bergen um San Francisco ...«[8] Mit dem Ertrag seines Goldes eröffnete Louis ein Gasthaus, das offenbar florierte. Wenige Monate später erklärte er sich bereit, seinen Angehörigen in Mecklenburg Geld zu schicken und für den Lebensunterhalt seiner unverheirateten Schwestern zu sorgen.

Möglicherweise wurmte es Schliemann, daß ein Tunichtgut wie Louis rascher zu Reichtum gelangt war als er selbst. Vielleicht nahm er sich schon zu diesem Zeitpunkt vor, ebenfalls nach Kalifornien zu reisen. Doch dann erhielt er eine Hiobsbotschaft: Im Alter von siebenundzwanzig Jahren war Louis am 21. Mai 1850 in Sacramento gestorben - angeblich an Typhus. (Die wahre Todesursache war eine vom Arzt verabreichte Überdosis eines Quecksilberpräparats.)

Daraufhin beschloß Schliemann, nach Amerika zu reisen. In seiner »Autobiographie«, in der er seinem ersten Amerikaaufenthalt ganze sechs Zeilen widmete, berichtete er: »Da ich lange nichts von meinem Bruder Louis Schliemann gehört hatte, der im Beginn des Jahres 1849 nach Kalifornien ausgewandert war, so begab ich mich im Frühjahr 1850 dorthin und erfuhr, daß er verstorben war.«[9] Das entspricht zum größten Teil nicht den Tatsachen. Schliemann, den die Todesnachricht offenbar tief erschüttert hatte, blieb danach noch mehrere Monate in Petersburg und reiste erst im Dezember 1850 nach Amerika, um den Nachlaß seines Bruders zu regeln, sich um das Grab zu kümmern und seinen Schwestern soviel wie möglich von Louis' Hinterlassenschaft zu sichern.[10] Vor Antritt der Reise wickelte er seine eigenen Angelegenheiten ab, wechselte sein Kapital (rund 50000 Taler) in Devisen um und zog Erkundigungen über die geschäftlichen Aussichten ein, die sich ihm in Amerika bieten würden, wobei er durchblicken ließ, daß er nicht vorhabe, nach Petersburg zurückzukehren. Trotz der guten Geschäfte, die er in Rußland machte, war er allem Anschein nach fest entschlossen, sich im Eldorado an der Pazifikküste eine neue Existenz aufzubauen.

Seine Reise nach Amerika war kaum weniger aufregend

als sein erster Versuch, den Atlantik zu überqueren. Nach kurzen Aufenthalten in Amsterdam, wo er geschäftliche Dinge regelte, und in London, wo er den Kristallpalast bewunderte - »dieses grandiose Meisterwerk der modernen Kunst« -, schiffte er sich in Liverpool auf dem Luxusdampfer *Atlantic* ein. Auf hoher See geriet das Schiff in einen Orkan und drohte, da beide Maschinen ausfielen, zu kentern. Notsegel wurden gesetzt, und der starke Westwind trieb das Schiff auf die irische Küste zu. Schliemann und die anderen Passagiere gingen in Queenstown von Bord und fuhren nach Dublin. Rund eine Woche später setzten sie die Reise an Bord des Dampfers *Africa* fort. Schliemann monierte zwar, daß er auf diesem Schiff längst nicht so komfortabel untergebracht sei wie auf der *Atlantic*, aber jedenfalls traf er nach einer relativ ruhigen Überfahrt wohlbehalten in New York ein.

Wie auf viele Deutsche seiner und so mancher späterer Generation übte Amerika auf Schliemann große Anziehungskraft aus. Nur die Unnachgiebigkeit seines Vaters hatte ihn daran gehindert, schon in jungen Jahren in die Neue Welt auszuwandern. Als er später über die nötigen Mittel verfügte, unternahm er immer wieder ausgedehnte Amerikareisen. Und seine amerikanische Staatsbürgerschaft behielt er bis zu seinem Tod bei, während er seine russische aufgab. Auf dem Titelblatt der amerikanischen Ausgabe von *Mykenae*, einer seiner wichtigsten Publikationen, steht unter dem Namen des Autors: »Citizen of the United States of America«. Wenn er sich in den Vereinigten Staaten aufhielt, fühlte er sich offenbar völlig als Amerikaner. Der Ausdruck »wir Amerikaner« ging ihm leicht von den Lippen, und Kalifornien nannte er gern »unseren Staat«. Auch nachdem er sich ganz der Archäologie verschrieben hatte, konzentrierten sich viele seiner geschäftlichen Interessen (und seiner Investitionen) auf Amerika. In New York zu wohnen, in den Präriestaaten Landwirtschaft zu betreiben, in Indianapolis eine Fabrik oder Wohnhäuser zu erwerben - das waren Pläne, mit denen er sich früher oder später ernsthaft beschäftigte.

Auf allen Amerikareisen machte Schliemann ausführliche Tagebuchaufzeichnungen, die bedauerlicherweise zum größten Teil noch unveröffentlicht sind. Eine Ausnahme bildet das Reisejournal, das er 1851/52 während seines ersten Aufenthalts in den USA führte.[11] Dieser achtzigseitige Bericht - in englischer Sprache geschrieben und hie und da mit spanischen Vokabeln durchsetzt - vermittelt nicht nur ein faszinierendes Bild von dieser stürmischen Periode der amerikanischen Geschichte, sondern zeigt auch, wie erstaunlich schnell Schliemann sich, auch in Wort und Schrift, jeder neuen Umgebung anpassen konnte. Es ist allerdings anzunehmen, daß er sein amerikanisches Tagebuch »redigierte«, als er nach Rußland zurückgekehrt war. Die häufigen Hinweise auf das schöne, friedliche Petersburg, die weise Regierung »unseres« Zaren sowie auf seine, Schliemanns, feste Absicht, in dieses gesegnete Land zurückzukehren, wurden zweifellos erst später eingefügt.

In Wirklichkeit hielt sich Schliemann nicht - wie er später in *Ilios* schrieb - zu dem Zeitpunkt in Kalifornien auf, als dieses Territorium zum Staat erhoben wurde (1850). Er kam erst im Jahre 1851 nach Kalifornien, wurde also nicht, wie er behauptete, automatisch Bürger der Vereinigten Staaten. (Er wurde erst 1869 in New York eingebürgert.)

Das Bild, das er von Kalifornien zeichnet, reicht vom Idyllischen bis zum Abstoßenden und macht deutlich, daß ihm schließlich alle Illusionen, die er sich über dieses »Goldland« gemacht hatte, vergangen waren. Er hatte genug von amerikanischen Geldraffern und Hochstaplern, auch wenn er sich, wie er stolz berichtete, niemals von ihnen übertölpeln ließ. Obwohl es ihm gelang, sein Vermögen zu verdoppeln, war ihm das Leben in diesem Land nicht geheuer. Er verabscheute das Klima, die Unsicherheit auf den Straßen und die laxe Moral und sehnte sich nach der Ruhe und Ordnung in Petersburg zurück. Und er gelangte zu der - wie sich herausstellte irrigen - Überzeugung, daß die unvermeidliche Übersättigung des Goldmarktes zu einem wirtschaftlichen Rückschlag mit verheerenden Folgen für die Prosperität des Pazifikstaates und für seine eigenen Geschäfte führen würde. Vermutlich trug diese Überzeugung entscheidend zu seinem Entschluß bei, in die Alte Welt zurückzukehren.

Nachdem er auf der ersten Etappe der Rückreise bei der Überquerung der Landenge von Panama wieder einmal in eine gefährliche Situation geraten war, verlief die Weiterreise weniger abenteuerlich. Schliemann besuchte Kuba, genoß einen kurzen Aufenthalt in New York und machte Station in England und Frankreich. In England freundete er sich mit dem Arzt G. F. Collier an, dem er eine Rede des ungarischen Freiheitskämpfers Kossuth, die er in Washington gehört hatte, wortwörtlich aufsagte, was Dr. Collier, so sehr ihn diese Gedächtnisleistung beeindruckte, für eine sinnlose geistige Anstrengung hielt. Schliemann, so meinte er, sollte seine geistigen Fähigkeiten besser nützen. Ob er sich nicht lieber als Autor versuchen wolle?

Reise nach Kalifornien

Aus *Schliemann's First Visit to America*

Am 15. [Februar 1851] um 4 Uhr nachmittags erblickten wir Zandy-hock [Sandy Hook] und liefen in die Bucht von New York ein ... Rund 3 Meilen vor New York City begannen wir Böllerschüsse abzufeuern und Raketen steigen zu lassen, um den Einwohnern zu melden, daß wir höchst erfreuliche Nachrichten mitbrachten. Gegen neun Uhr abends erreichten wir den Ankerplatz bei New Jersey-City [Jersey City] ...

Ich stieg im Astor House ab, dem prächtigsten und gigantischsten Hotel, das ich je gesehen habe; es verfügt über mehr als 300 Schlafzimmer sowie viele große Salons, Rauchzimmer und Privaträume. In dem großen Lesezimmer, das ausschließlich von Hotelgästen benützt werden darf, liegen Zeitungen aus allen Staaten der Union auf. Aus Patriotismus verzichtet man hier auf ausländische Zeitungen. Jeder Hotelgast zahlt 2½ Dollar pro Tag für Übernachtung und Bedienung, Frühstück, Mittagessen, Tee und Abendessen. Wein muß extra bezahlt werden. Ich finde die amerikanische Küche äußerst angenehm und wohlschmeckend; morgens bestelle ich meist Schinken und Eier, Buchweizenkuchen, gerösteten Maisbrei und heiße Schokolade. Mittags Austernpastete, Suppe, Roastbeef, gebratenen Truthahn, Wild und Pudding. Um 6 Uhr abends schwachen Tee, und um 11 Uhr nachts kalten Truthahn und Schinken.

Der 16. Februar war ein Sonntag, und ich ging zur Kirche ... Danach besuchte ich C. D. Behrens, 335 Houston Street, den früheren Geschäftspartner meines bedauernswerten Bruders; er war über meinen Besuch sehr überrascht. Ich lud ihm zum Dinner ins Astor House ein ...

New York ist eine sehr regelmäßig gebaute, nette, saubere Stadt und hat viele, viele elegante Häuser und auch Kolossalbauten; aber da es eine neue Stadt ist, hält es in architektonischer Hinsicht keinen Vergleich mit den prächtigen europäischen Hauptstädten aus. Die Häuser sind zumeist aus Backstein, ohne Verputz. Die Straßen sind alle sehr gerade und gut gepflastert; die breiteste und eleganteste ist der Broadway, der rund 3½ Meilen lang ist und sich durch die ganze Stadt zieht. Es gibt hier vier Theater, die alle klein, schlecht ausgestattet und schlecht besucht sind, weil es nicht in der geschäftigen Natur der Amerikaner liegt, an Theater zu denken. Die Vergnügungsstätte, welche die meisten Besucher hat, ist Barnum's Museum, wo albernster Humbug jeder Art geboten wird. Gut besucht sind auch Fellow's Minstrel-Konzerte; dort sind alle Musiker Neger, die das Publikum mit ihrer Musik, ihren Liedern und allerlei burleskem Unsinn ergötzen. Ich kann nicht behaupten, daß mir diese amerikanischen Lustbarkeiten, an denen die Yankees so viel Spaß finden, zusagen. Am Montag, dem 17. Februar, besuchte ich die verschiedenen Firmen, für die man mir Empfehlungsschreiben mitgegeben hatte. Am 18. war ich zu einem großen Ball eingeladen, den die Leichte Garde im Astor House gab und der bis 5 Uhr morgens dauerte.

Dort hatten sich viele Yankee-Damen versammelt. Sei es, daß die amerikanischen Schönheiten sich nicht genug in der frischen Luft bewegen, sei es, daß der rasche Temperaturwechsel daran schuld ist – jedenfalls welkt hier das schöne Geschlecht auffallend schnell; in der Regel sehen die Damen mit 22 schon alt und verbraucht aus, während sie mit 16 und 18 schön und ebenmäßig sind. Die Männer haben mit wenigen Ausnahmen eine gute Konstitution, sind aber im Vergleich mit den Engländern dürr und schmächtig. Wenn man sich ihnen gegenüber entsprechend verhält, sind sie sehr offen und gesprächig, und was Fleiß und Emsigkeit betrifft, so werden sie von kaum einem anderen Volk dieser Erde übertroffen. Das schöne Geschlecht ist hier zwar etwas solider als in Frankreich, aber viel leichtlebiger als die Töchter des schönen England. Allzu große Lebhaftigkeit und ein starker Hang zum Frivolen und Amüsanten sind die Haupteigenschaften der Yankee-Töchter.

Nachdem ich genaue Erkundigungen eingezogen und mich vergewissert hatte, daß man sein Kapital für die Ausfuhr nach Kalifornien am besten in Goldwährung anlegt, deponierte ich mein gesamtes Kapital bei den Herren James King & Son und erteilte ihnen die nötigen Instruktionen zur Wahrnehmung meiner Interessen. Am 20. Februar um 9 Uhr morgens reiste ich per Eisenbahn nach Süden. Um halb zwei erreichten wir Philadelphia und um halb acht Baltimore, wo ich in Barnum's Hotel übernachtete. Die amerikanischen Eisenbahnen sind nur aufs Geldverdienen aus, und man hält es nicht für nötig, den Passagieren irgendwelche Annehmlichkeiten zu bieten. Weder Stationsgebäude noch Bahnwärter sind zu sehen, und überall gibt es nur eingleisige Strecken. Leider! Denn allzu häufig führt dies zu schrecklichen Unfällen ...

Die Waggons sind sehr lang und haben vorn und hinten Türen. In der Mitte jedes Waggons steht ein kleiner eiserner Ofen. Es herrscht wenig, oft überhaupt keine Ordnung, was sich als um so unangenehmer - oft sogar als lebensgefährlich - erweist, als zahlreiche breite Flüsse zu überqueren sind, wo der Zug hält und die Passagiere auf Dampfschiffen übergesetzt werden. Da gibt es jedesmal ein fürchterliches Gedränge, und die Passagiere stürmen, als müßten sie ein Wettrennen gewinnen, wie von Furien gehetzt aus den Waggons und auf die Dampfschiffe und später wieder in die Waggons zurück. Diese sind primitiv gebaut ... jeder hat einen langen Gang, so daß man ohne Unterbrechung durch zehn oder zwölf Waggons laufen kann. Die Sitze befinden sich zu beiden Seiten des Ganges, und auf jeder Bank haben zwei Personen Platz. Die Lehnen sind verstellbar, so daß vier Personen beieinander sitzen können. Jeder Zug hat einen Waggon für Raucher.

In Baltimore labte ich mich beim Abendessen und beim Frühstück an Austern, und am 21. Februar um 9 Uhr morgens bestieg ich den Zug nach Washington.

Sofort nach der Ankunft in Washington begab ich mich ins Kapitol - ein herrliches Gebäude auf einem Hügel - zur Sitzung des Kongresses. Mit lebhaftestem Interesse und aufrichtiger Freude hörte ich dort die eindrucksvollen Reden von Henry Clay, dem Senator von Kentucky, von [John Parker] Hale aus New Hampshire, [James Murray] Mason aus Virginia, [Stephen A.] Douglas aus Illinois, [John] Davis aus Massachusetts und anderen. Hauptthema der Diskussion war der Negeraufruhr, zu dem es jüngst in Boston gekommen war ... Um sieben Uhr abends fuhr ich zum Präsidenten der Vereinigten Staaten, bei dem ich mich mit der Erklärung einführte, daß mich der dringende Wunsch, dieses schöne Land des Westens und die großen Männer, die es regieren, kennenzulernen, aus Rußland hierher geführt habe; und daß ich es für meine erste und angenehmste Pflicht hielte, dem Präsidenten meine Aufwartung zu machen. Er begrüßte mich ungemein freundlich, stellte mich seiner Gattin, seiner Tochter und seinem Vater vor, und sie alle unterhielten sich $1\frac{1}{2}$ Stunden lang mit mir.

Der Präsident macht einen sehr schlichten, freundlichen Eindruck und ist um die fünfzig. Er heißt Fillmore. Seine Gattin dürfte um die sechsundvierzig sein – eine sehr würdevolle und liebenswürdige Dame. Seine Tochter ist um die siebzehn und sieht recht bläßlich aus. Um halb neun begann der Empfang beim Präsidenten, zu dem mehr als 800 Gäste aus allen Staaten der Union erschienen, die samt und sonders erpicht darauf waren, persönlich mit dem Präsidenten zu sprechen. Dieser machte mich mit Mr. Webster, dem Außenminister, Mr. Clay, dem Senator von Kentucky, und einigen anderen Persönlichkeiten bekannt. Das Präsidentenpalais ist ein prächtiger Wohnsitz. Hier stehen keine Wachtposten vor den Türen, und es gibt auch kein Zeremoniell, dem sich fremde Besucher unterwerfen müssen, um dem Staatsoberhaupt vorgestellt zu werden. Ich blieb bis 11 Uhr.

Am Samstag, dem 22. Februar, besuchte ich das berühmte Patentamt, wo Muster aller Erfindungen ausgestellt sind, die von der Regierung der Vereinigten Staaten patentiert wurden. Um 10 Uhr vormittags fuhr ich per Droschke vom Kapitol zum Potomac River, wo ich an Bord eines Dampfschiffes ging, um nach Mount Vernon zu fahren. Da an diesem Tag Washingtons Geburtstag gefeiert wurde, waren zahlreiche Passagiere an Bord. Wir trafen um 12 Uhr in Mount Vernon ein, wo wir uns $1^1/_2$ Stunden aufhielten. Washingtons Wohnsitz ist ein schlichtes, zweistöckiges Gebäude, errichtet auf seiner »Mount Vernon« genannten Plantage. Die Grabstätten Washingtons und seiner Gattin liegen nahe beim Haus. Er starb 1799. Das Haus wird von einer Negerfamilie, Sklaven von W., bewohnt und bewacht. In den Gartenanlagen bieten Negerjungen Zitronen und kleine Zweige feil, welche angeblich von Bäumen gepflückt oder abgeschnitten wurden, die der große Washington persönlich gepflanzt hat. Meine Mitpassagiere kauften diese Souvenirs mit Begeisterung und bemühten sich eifrig, aus der Mauer, die man um Washingtons Grab errichtet hat, kleine Steine herauszubrechen, die sie ... wie Reliquien aufbewahren wollten. Dann besuchten wir Fort Washington, eine kleine Festung am Potomac, und um halb vier kehrten wir in die Stadt zurück. Nach dem Abendessen ging ich ins Nationaltheater, das erst vor kurzem für die Konzerte von Jenny Lind errichtet wurde - ein primitives Gebäude mit schlechter Ausstattung. Das Haus war überfüllt, weil die gefeierte Schauspielerin Davenport auftrat. Die Schauspieler hatten ihre Rollen sehr gut auswendig gelernt, und ich muß zugeben, daß ich mich noch nie so gut amüsiert habe. In den amerikanischen Theatern gibt es keinen Souffleur.

Am Sonntag, dem 23. Februar, ging ich zweimal zur Kirche, außerdem besichtigte ich das grandiose Marmormonument, das gerade zur Erinnerung an den großen Washington errichtet wird - finanziert durch freiwillige Spenden. Da sich die notwendigen Geldmittel nur sehr langsam ansammeln ... wird es noch gut 21 Jahre dauern, bis das Denkmal fertig ist. Jeder Staat der Union hat einen großen Marmorblock gestiftet, auf dem der Name des Staates steht. Das fertige Denkmal wird 576 Fuß hoch sein und Ähnlichkeit mit einer riesigen Pyramide haben ...

[Zurück in New York] am 26. Februar. Ich nahm wieder an verschiedenen Gesellschaften teil, zu denen mir Empfehlungsbriefe aus Europa Zutritt verschafften, besorgte mir überall Referenzen für San Francisco, regelte meine Geldangelegenheiten ... und schiffte mich am 28. Februar um drei Uhr nachmittags auf der *Crescent City* nach Chagres [Panama] ein. Tausende hatten sich am Pier eingefunden - viele, um sich von Freunden zu verabschieden, viele nur aus Neugier. Es herrschte ein solches Gedränge, daß man nur mit größter Mühe an Bord gelangen konnte ... [Die Reise nach Kalifornien, zu der ein Fußmarsch über die Cordilleras de los Andes an der Landenge von Panama gehörte und auf der die Reisenden vielen Unannehmlichkeiten und Gefahren ausgesetzt waren, dauerte über einen Monat.]

Montag, 31. März. Heute vormittag um halb elf fuhren wir in den Hafen von San Diego, einer kleinen, jämmerlichen Ortschaft, ein. Sie besteht aus drei Teilen: einige

Holzhäuser stehen am Hafendamm, einige etwas oberhalb der Küste, und die eigentliche Ortschaft liegt etwa 4 Meilen vom Ankerplatz der Schiffe entfernt. Der Hafen ist klein, aber 30 bis 50 Fuß tief und von riesigen Felsen umgeben. Der Wasserspiegel ist mit einer Art langem, gelbem Seetang bedeckt, der »kelp« genannt wird und manchmal eine Länge von hundert Fuß erreicht. Da nur ein Passagier und die Post an Land gebracht werden mußten, gingen wir nicht vor Anker; nach eineinhalbstündigem Aufenthalt setzten wir die Reise fort . . .

Dienstag, 1. April. Heute morgen um 5 Uhr passierten wir die schöne Insel Santa Barbara, die aus 7 riesigen Felsen besteht und einen herrlichen, malerischen Anblick bietet. Zuerst kommt ein hoher viereckiger Felsen, der einen großen Bogen oder Durchgang bildet, so hoch und breit, daß jedes Kriegsschiff hindurchfahren kann; dann ein Felsen in Form eines riesigen Kegels, dann ein Berg, dann wieder ein Kegel, nochmals ein Berg und ein Kegel und zum Schluß wieder ein Berg. Wenig später erblickten wir die Insel Santa Cruz, dann San Miguel und Santa Rosa, die alle aus hohen Felsen bestehen . . .

Mittwoch, 5. April. Heute vormittag sehen wir die kalifornische Küste in dichten Nebel gehüllt, was für die Umgebung von S. F. [San Francisco] charakteristisch sein soll.

Nachmittags um halb drei erreichten wir das Golden Gate (zwei riesige Felsen, die eine Art Tor bilden) und näherten uns mit großer Geschwindigkeit dem Hafen von San Francisco, der ringsum von hohen Bergen abgeschirmt wird und so groß ist, daß dort alle Flotten der Welt vor Anker gehen könnten. Bald sahen wir die Außenbezirke von S. F. und kurz darauf die Stadt selbst. Mehr als 800 große Dreimaster jeder Nationalität lagen nahe der Stadt vor Anker und boten einen grandiosen Anblick. Wegen der unzähligen Mastbäume konnten wir nur wenig von der Stadt sehen, bevor wir in einem Boot an Land gebracht wurden.

Das Gedränge beim Aussteigen war so groß, daß ich mich nur mit Mühe und nicht ohne Gefahr an Land begeben konnte ... Die Landegebühr betrug einen Dollar fünfzig, für den Transport meines Gepäcks ins Hotel mußte ich zwei Dollar fünfzig bezahlen. Ich wohne im Union Hotel, welches das beste in der Stadt ist. Für ein kleines Schlafzimmer im 4. Stock, das 6 Fuß lang und 5 Fuß breit ist, muß ich 7 Dollar pro Tag zahlen, Mahlzeiten inbegriffen. Die Straßen sind mit Planken belegt; die Häuser bestehen meist aus Holz. Der Neuankömmling ist erstaunt, wenn er das geschäftige Treiben in dieser Stadt von 40000 Einwohnern sieht und daran denkt, daß sie erst seit 18 Monaten existiert; vorher standen hier nur einige Holzhäuser.

Goldrausch

Aus *Schliemann's First Visit to America*

Sacramento City, 26. April [1851]. Vier Wochen sind [seit meiner Ankunft in Kalifornien] vergangen, und inzwischen sind große Veränderungen eingetreten ... Nachdem ich mich hier umgesehen hatte und zu der Überzeugung gelangt war, daß ich mehrere Wochen brauchen würde, um mich mit dieser Gegend und den hiesigen Geschäftsmethoden vertraut zu machen, beschloß ich, erst einmal für einige Tage nach Sacramento zu reisen und mich um die Angelegenheiten meines unglücklichen Bruders zu kümmern, der dort am 21. Mai vergangenen Jahres gestorben ist. Ich fuhr also wieder per Dampfschiff durch die Bucht und dann den Sacramento River aufwärts ... Nach vielen Schwierigkeiten fand ich das Grab meines Bruders und gab dem Leichenbestatter 50 Dollar für einen schönen Marmorgrabstein mit Inschrift, der inzwischen in San Francisco angefertigt wurde und jetzt auf dem Grab steht.

Nachdem ich mich über die geschäftliche Situation informiert und festgestellt hatte, daß es für mich günstiger ist, mein Kapital hier statt in San Francisco anzulegen, beschloß ich, mich hier niederzulassen. Um mein Gepäck zu holen, reiste ich am 7. April wieder nach S. F., und kehrte am 9. nach Sacramento zurück, wo ich mich seither aufgehalten habe. Ich muß sagen, daß mir das hiesige Klima ausgezeichnet bekommt – die Tage sind heiß, die Nächte kühl und erfrischend, und es gefällt mir hier viel besser als in S. F., wo ständig eine steife Brise weht.

Sacramento liegt mitten im Sacramento Valley, das eine Ausdehnung von ca. 360 Quadratmeilen hat und einem riesigen Garten gleicht, der mit herrlichen Bäumen und zu allen Jahreszeiten mit grünem Gesträuch bewachsen ist. Mit großem Kostenaufwand wurde ein gewaltiger Uferdamm oder Deich errichtet, um die Stadt vor Überschwemmungen zu schützen, denen sie andernfalls fast jedes Jahr ausgesetzt wäre, da die Schneeschmelze in den Bergen die Flüsse stark anschwellen läßt. Obwohl diese Stadt noch in den Kinderschuhen steckt, hat sie bereits rund 10000 Einwohner, deren Zahl sich täglich erhöht. Die Straßen sind breit und sehr geradlinig angelegt, aber natürlich nicht gepflastert; die Häuser sind mit wenigen Ausnahmen aus Holz. Die Amerikaner gehen bei der Planung neuer Städte äußerst geschickt vor. Hier haben sie 55 große Straßen vorgesehen, deren nördlichste mit dem Buchstaben A und deren südlichste mit Y bezeichnet wird, während die übrigen, von Westen nach Osten gezählt, die Nummern 1 bis 31 tragen. Wie nicht anders zu erwarten, ist das Gelände unserer Stadt zum großen Teil mit Wiesen, Bäumen und Gestrüpp bedeckt und bietet dem Weidmann einen schier unerschöpflichen Bestand an Hasen, Kojoten und Wachteln. Die größte Plage sind die Ratten, von denen es hier Millionen gibt.

Ich hatte erwartet, hier großen Reichtum vorzufinden, aber das war ein Irrtum. Die wilden Spekulationen mit den verschiedensten Objekten, insbesondere aber die mit Grundstücken, haben fast jedermann ruiniert; Leute, die noch vor einem Jahr Hunderttausende besaßen, haben jetzt nichts mehr ... In keinem anderen Land habe ich so viel Selbstsucht und schrankenlose Geldgier angetroffen wie in diesem Eldorado. Dem Amerikaner ist Geld wichtiger als alles andere, und seine unerhörte Energie erklärt sich daraus, daß er möglichst schnell reich werden will. Sein allzu stürmischer Unternehmungsgeist läßt ihm keine Zeit für reifliche Überlegung. Aber mag er sich noch so oft verkalkuliert haben - er versucht immer wieder voranzukommen. Ein Amerikaner läßt sich nie entmutigen . . .

Der Ausländer, der in dieses Land kommt, empfindet Bewunderung und Respekt für das amerikanische Volk, wenn er die erstaunlichen Dinge sieht, die hier in weniger als zwei Jahren geschaffen wurden. Doch mit der Bewunderung ist es vorbei, sobald der Neuankömmling den Charakter der kalifornischen Yankees genauer kennengelernt hat: wenn er sich von einer Gaunerbande umgeben sieht und feststellt, daß hier alles auf Schwindel beruht, daß alles abscheulicher Betrug und Humbug ist, daß jeder nur darauf aus ist, andere zu prellen - »to shave«, um es echt kalifornisch auszudrücken.

2. Mai. Täglich erhalte ich weitere schlagende Beweise für die Gerissenheit und Hinterlist der Leute, in deren Mitte zu leben ich verdammt bin. Zuerst überschütten sie mich mit Höflichkeit und Gefälligkeiten, aber sobald sie glauben, sie hätten mein volles Vertrauen gewonnen, versuchen sie mich zu betrügen. Da ich mich inzwischen daran gewöhnt habe, jeden hier für einen Halunken zu halten und ständig auf der Hut zu sein, scheitern solche Versuche. Aber keineswegs entmutigt, versuchen die Leute von neuem, mich zu übertölpeln. Erst wenn ihnen das zum zweitenmal mißlingt, lassen sie mich in Ruhe . . .

14. Mai. Nachdem ich beschlossen hatte, mich auf Dauer in Sacramento City niederzulassen, hielt ich es für dringend geboten, das Land zu bereisen, die Städte und Dörfer in den Minendistrikten zu besuchen, mich über die verschiedenen Methoden, Gold zu gewinnen, zu informieren, mir auf diese Weise einen ersten Eindruck vom Reichtum dieses Landes zu verschaffen und festzustellen, welche geschäftlichen Möglichkeiten Sacramento City zu bieten hat. So fuhr ich denn am 14. Mai um halb zehn Uhr vormittags mit dem Dampfschiff *Dana* nach Marysville.

Es war ein schöner, aber sehr kalter Tag, und ich fror, obwohl ich mich in 2 Decken gehüllt hatte. Zunächst fuhren wir den Sacramento River 30 Meilen flußaufwärts, wobei der American River rechts von uns verlief, dann ließen wir den Sacramento links liegen und fuhren den Feather River aufwärts. Nach zwanzig Meilen erreichten wir den Yuba, auf dem wir eine halbe Meile zurücklegen mußten, bevor wir in Marysville anlegten. Die Fahrt kostete 5 Dollar. Sie führte an den Ortschaften Nicolaus, Plumas und Suttersville vorbei, in die man vor einem Jahr große Hoffnungen setzte, die es aber zu nichts gebracht haben und nie zu etwas bringen werden. In Suttersville sah ich zahlreiche Indianer, die halbnackt oder völlig unbekleidet vor ihren Behausungen herumliefen, welche aus Erdhaufen bestanden ...

Da ich mir das schöne Sonoma Valley ansehen wollte, über das ich schon so viel gehört hatte, reiste ich am Montag, dem 26. Mai, um 2 Uhr nachmittags nach San Francisco, wo ich im Hotel Rassette-House [Russ House?] logierte ... Da die Zeitungen gemeldet hatten, daß der Dampfer am 27. um sechs Uhr morgens abfahren werde, fand ich mich rechtzeitig am Pier ein, aber es war kein Dampfer da. Man erklärte mir, ich sei einen Tag zu früh gekommen. Ich war also gezwungen, einen vollen Tag in San Francisco zu warten. Da ich nichts zu tun hatte, langweilte ich mich sehr. Am 28. Mai um 9 Uhr morgens fuhren wir endlich ab. Wegen des starken Gegenwindes kamen wir nur sehr langsam voran, und ich hätte mich tödlich gelangweilt, wenn ich an Bord nicht Prof. F. G. Reeger aus Sonoma kennengelernt hätte, einen sehr interessanten Mann, der schon viel von der Welt gesehen hat. Ich glaube nicht, daß ich jemals einem sympathischeren, umgänglicheren und klügeren Menschen begegnet bin. Er spricht fließend Englisch, Französisch, Deutsch, Italienisch, Portugiesisch, Spanisch und Holländisch und ist zweifellos gleichermaßen vertraut mit dem Griechischen und Lateinischen. Es bereitete mir großes Vergnügen, mich mit Mr. Reeger in verschiedenen Sprachen zu unterhalten, und auf diese Weise verging die Zeit sehr rasch. Wir legten um fünf Uhr nachmittags an und fuhren per Kutsche nach Sonoma, einem Dorf mit vier- oder fünfhundert Einwohnern.

Ich war entzückt von dem schönen Sonoma Valley mit seinen Millionen von Blumen und der frischen, gesunden Luft. Der Boden ist sehr fruchtbar: Señor Vallejo baut in seinem kleinen Garten Wein im Wert von über fünfzehntausend Pesos an. Wäre hier kein Gold entdeckt worden, könnte man den Grund und Boden bestimmt für einen hohen Preis verkaufen; aber da Arbeitskräfte jetzt sehr teuer sind, denkt niemand an landwirtschaftliche Nutzung, und Bodenpreise gibt es hier überhaupt nicht. Ich für mein Teil möchte nicht in Sonoma leben, aber manch einer zieht die ländliche Stille der Betriebsamkeit großer Städte vor.

Am Sonnabend, dem 31. Mai, fuhr ich per Postkutsche von Sonoma nach Napa, wo wir den Lunch einnahmen. Nachmittags um fünf trafen wir in Benicia ein, das ich um halb sieben an Bord des Dampfers *Senator* verließ, welcher um halb zwei Uhr nachts in Sacramento anlegte.

Hier besteht meine einzige Beschäftigung darin, auf Grundstücke und Häuser Geld auf Hypothek zu verleihen ... und da ich von Jugend an gewohnt bin, vom Morgen bis spät in die Nacht zu arbeiten, kann ich kaum beschreiben, wie sehr mir Ungeduld und Langeweile zusetzen. Obendrein ist die Hitze tagsüber unerträglich und macht mir schwer zu schaffen, weil mein Blut rasch in Wallung gerät. Die hiesige Bevölkerung besteht aus Abenteurern, die nur danach trachten, auf anderer Leute Kosten reich zu werden. Ich finde hier keinen Umgang nach meinem Geschmack, keine Möglichkeit, mich zu vergnügen, und ich wünsche mir sehnlich, möglichst bald nach Europa zurückzukehren. Aber da die Reise von Petersburg hierher und der Transfer meines Kapitals mich so teuer zu stehen kamen, möchte ich die hohen Ausgaben wieder hereinholen und dann über China zurückreisen ...

San Francisco, 4. Juni 1851. Eine furchtbare Katastrophe ist über diese Stadt hereingebrochen! Eine Feuersbrunst, größer als jeder frühere Brand, hat fast die ganze Stadt in Schutt und Asche gelegt.

Ich traf gestern abend um halb elf hier ein und stieg im Union Hotel an der Plaza ab. Als ich etwa eine Viertelstunde geschlafen hatte, wurde ich von lauten Rufen auf der Straße - »Feuer! Feuer!« - und vom heftigen Läuten der Alarmglocke geweckt. Ich sprang aus dem Bett, spähte aus dem Fenster und sah ein nur 20 oder 30 Schritt vom Union Hotel entferntes Holzhaus in Flammen stehen. Ich zog mich sofort an und rannte ins Freie. Kaum war ich am Ende der Clay Street angelangt, da sah ich, daß auch das Hotel, aus dem ich soeben geflohen war, lichterloh brannte. Von einem heftigen Sturm angefacht, breitete sich das Feuer entsetzlich schnell aus und vernichtete in wenigen Minuten ganze Straßenzüge. Auch die Eisenblech- und Backsteinhäuser (die als einigermaßen feuersicher gegolten hatten) hielten dem wütenden Element nicht stand. Letztere stürzten unglaublich rasch in sich zusammen, während die ersteren rot, dann weiß glühten und wie Kartenhäuser einfielen. In diesen Häusern fühlten sich die Bewohner besonders sicher und verließen sie bis zum letzten Augenblick nicht. Erst als die Wände zu glühen und die Möbel zu brennen begannen, versuchten die Leute zu entkommen, aber meist war es schon zu spät, denn da die Türschlösser und -angeln sich in der Hitze ausgedehnt hatten und teilweise bereits geschmolzen waren, ließen sich die Türen nicht mehr öffnen. Bei dem Versuch, sie aufzustoßen, verbrannten sich viele Bewohner die Hände und Arme, und wenn es ihnen doch noch gelang, ins Freie zu fliehen, begannen sie schon nach wenigen Schritten in diesem Flammenmeer zu schwanken, sanken zu Boden, richteten sich mühsam auf und stürzten wieder zu Boden, um nie mehr aufzustehen. Man versuchte vergeblich, die Feuersbrunst durch Sprengungen von Häusern einzudämmen.

Um mich in Sicherheit zu bringen, lief ich die Montgomery Street entlang und hinauf zum Telegraph Hill, einem am Stadtrand gelegenen, ca. 300 Fuß hohen Hügel. Es war ein schrecklicher und zugleich erhabener Anblick – das großartigste Schauspiel, das ich je erlebt habe. Das Feuer breitete sich noch immer in alle Richtungen aus und zerstörte zahlreiche Straßen, darunter auch die Washington, Kearny, Montgomery, California und Sansome Street. Abgesehen von einigen Häusern in der Battery Street, der Bush Street und in Hillside brannte diese schöne Stadt fast völlig nieder. Das Heulen des Sturms, das Krachen des Sprengstoffs und der einstürzenden Mauern, die Schreie der Menschen und der unerhörte Anblick einer mitten in der Nacht lichterloh brennenden großen Stadt – es war eine Katastrophe, wie man sie sich entsetzlicher nicht vorstellen kann.

Da sich das Gerücht verbreitete, das Feuer sei von französischen Brandstiftern gelegt worden, ließ die empörte Bevölkerung ihre Wut an den Franzosen aus; so mancher Franzmann wurde kopfüber in die Flammen geworfen und verbrannte.

Ich verbrachte den Rest der Nacht im Restaurant auf dem Telegraph Hill und ging um 6 Uhr früh in die Stadt hinunter. Die schwelenden Aschenhaufen und Ruinen dieser tags zuvor noch blühenden Stadt waren ein entsetzlicher Anblick. Ich sah viele Deutsche, Franzosen, Briten und andere Ausländer verzweifelt und schluchzend in der Asche ihres verbrannten Eigentums sitzen, während die Amerikaner, unverzagt und zu Scherzen aufgelegt wie stets, sich mutig und als sei nichts geschehen daran machten, neue Häuser zu errichten. Ich beobachtete, daß viele von ihnen um 6 Uhr morgens in der noch warmen Asche ihrer zerstörten Häuser das Fundament für neue legten. In San Francisco ist es zwischen 6 und 10 Uhr morgens sehr heiß, dann kommt eine steife Brise auf, und bis 3 Uhr nachts wird es ständig kälter, so daß man tagsüber ab 10 Uhr und in der Nacht nicht ohne einen warmen Mantel herumlaufen kann.

31. Juli. Seit meiner letzten Eintragung hat sich meine geschäftliche Situation auf höchst bemerkenswerte Weise verändert – zu meinem Vorteil.

Nachdem ich mich auf meinen Exkursionen in den Goldminendistrikten vom ungeheuren Reichtum dieses Landes und den enormen Verdienstmöglichkeiten in Sacramento City überzeugt hatte, gründete ich hier bereits Anfang Juni ein Bankgeschäft für den Ankauf von Goldstaub und den Verkauf von Valuta für die Vereinigten Staaten und Europa. Ich habe zwei Angestellte - der eine, A. K. Grim, ist Amerikaner und stammt aus Cleveland, Ohio, der andere ist ein Spanier namens Miguel de Satrustegui aus San Sebastian am Golf von Biskaya. Jeder erhält ein Monatsgehalt von 250 Dollar (ca. 360 Silberrubel). Meine Geschäftsräume befinden sich an der Ecke Front Street und J-Street, in einem Haus, das ganz aus Stein und Eisen erbaut ist und daher als absolut feuersicher gilt.

Goldstaub wird in großen Mengen geliefert, und ich kaufe durchschnittlich 5 Pud [rund 150 Pfund] pro Tag. Den größten Teil setze ich an das Bankhaus Rothschild in London ab, dessen Filiale in San Francisco mir mit dem allabendlich hier eintreffenden Dampfschiff die nötige Valuta schickt.

Die ständige Hitze - zwischen 100 und 125 Grad Fahrenheit -, die den Verfall tierischer und menschlicher Materie beschleunigt, und die Dünste, welche die zahlreichen Sümpfe und stehenden Gewässer ausströmen, von denen die Stadt umgeben ist, verseuchen die Luft und verursachen viele Krankheiten. Wechselfieber, Gelbfieber, Diarrhöe, Ruhr, Wundrose etc. raffen Hunderte hoffnungsvoller Menschen dahin und füllen unsere Friedhöfe; die Zahl der Gräber übersteigt die Einwohnerzahl unserer Stadt bei weitem, obwohl diese erst vor gut 3 Jahren gegründet wurde.

Die Diebe in diesem Land haben das Schießen aus der Hüfte erfunden, das ihrer kriminellen Aktivität zu noch mehr Erfolg verhilft. Deshalb ist große Vorsicht geboten. Meine beiden Angestellten und ich sind Tag und Nacht mit Colt-Revolvern (mit denen man in 5 Sekunden 5 Personen erschießen kann) und mit langen Bowiemessern bewaffnet. Ich stehe jeden Morgen um 5 Uhr auf, frühstücke um halb sechs im Hotel Orleans, öffne mein Kontor um sechs und schließe um 10 Uhr abends. Während des ganzen Tages herrscht so reger Geschäftsverkehr, daß ich selten vor 8 Uhr dazu komme, mein Abendessen einzunehmen.

1. September ... Mein Geschäft hat einen großen Aufschwung genommen und wirft hohe Gewinne ab. Früher hätte ich mich bei dem Gedanken, daß ich eines Tages auch nur ein Viertel von dem verdienen würde, was ich heute verdiene, für den glücklichsten Menschen der Welt gehalten, aber jetzt fühle ich mich sehr unglücklich, weil ich 18000 Werst [rund 11000 Meilen] von Petersburg entfernt bin, auf das sich alle meine Hoffnungen, alle meine Wünsche konzentrieren. Inmitten der Wirbelstürme auf dem tobenden Meer, inmitten von Gefahren, Mühsal, Plackerei und Schwierigkeiten, im Strudel des Vergnügens und im Getriebe des Geschäftslebens - immer sehe ich mein bezauberndes Petersburg vor mir. Hier in Sacramento muß ich ständig damit rechnen, ermordet oder ausgeraubt zu werden, in Rußland dagegen kann ich nachts ruhig schlafen, ohne um mein Leben und Eigentum fürchten zu müssen, denn dort wacht das Gesetz mit tausend Augen über den friedlichen Bürger. Während fast ganz Westeuropa ständig von Unruhen bedroht ist, leuchtet Rußland (das mächtigste und größte aller Imperien, die je existiert haben und jemals existieren werden) im hellen Lichte des ewigen Friedens - dank seines weisen und ruhmreichen Zaren Nikolaus. Es erfüllt mich mit tiefer Genugtuung und unbändigem Stolz, wenn ich höre, mit welcher Bewunderung und Ehrfurcht die Amerikaner von unserem großen Monarchen sprechen.

Meine Bank ist ständig gerammelt voll von Menschen aller Nationalitäten, und ich muß mich den ganzen Tag in 8 Sprachen verständlich machen. Aber auch wenn ich hundert Sprachen beherrschte, würde es nicht ausreichen, um mich mit jedem Kunden in seiner Muttersprache zu unterhalten. Am häufigsten habe ich mit Amerikanern, Mexikanern und Chinesen zu tun - letztere haben allerdings nur wenig Gold anzubieten, und bisher konnte ich keinem Chinesen mehr als 5 Unzen auf einmal abkaufen. Die Chinesen, die in dieses Land kommen, sind sehr gutmütige, ehrliche und fleißige Leute, und mir ist noch nie zu Ohren gekommen, daß einer von ihnen sich des Betrugs schuldig gemacht hätte ...

Die Mexikaner sind ein fauler und falscher Menschenschlag ohne die geringste Schulbildung; ich bin noch keinem begegnet, der fähig gewesen wäre, seinen Namen zu schreiben. Die Angehörigen der unteren und mittleren Schicht tragen weder Rock noch Weste, sondern hüllen sich in grellfarbige, bestickte Decken, die »sarapes« genannt werden – eine Kleidung, die, allerdings in unterschiedlichen Farben, für alle spanischen Völker Südamerikas kennzeichnend ist ... Auch aus Neugranada[1], Peru und Chile sind viele Tausende nach Kalifornien gekommen. Die Neugranadier haben die gleichen Charaktereigenschaften und Gewohnheiten wie die Mexikaner, während die Peruaner und Chilenen ein gutherziger, sehr fleißiger Menschenschlag sind, insbesondere die Chilenen, die für ihre große Emsigkeit und Ausdauer ebenso bekannt sind wie für ihre feine Lebensart. Die Chilenen sind – leider! – die einzige Nation, denen die Unabhängigkeit von Spanien große Vorteile gebracht hat.

Die Kanaken – Bewohner der Sandwich-Inseln –, die ebenfalls zu Tausenden in diesem Land Asyl gefunden haben, sind braunhäutig. Da sie ungemein faul und beschränkt sind, taugen sie zu keiner Arbeit, sondern leben vom Stehlen und Plündern. Aber die primitivsten und widerlichsten Menschen, denen ich je begegnet bin, sind die kalifornischen Indianer, die eine kupferrote Hautfarbe haben und fast auf gleicher Stufe mit den Tieren stehen, deren Gewohnheiten auch die ihren sind. Sie sind kleinwüchsig und haben mißgebildete Gesichtszüge und dichte schwarze Haare, von denen selbst die Stirn bis zu den Augen bedeckt ist. Sie sind entsetzlich schmutzig und leben wie die Ameisen in Erdhaufen, in denen sie sich im wahren Sinne des Wortes schmoren lassen: Das Feuer wird in der Mitte der Behausungen angefacht, und der

Rauch kann nur durch eine kleine Öffnung in der Decke abziehen. Sie sind ständig mit Bogen und Köchern voller Pfeile ausgerüstet und sind eine diebische, abscheuliche Rasse. Sie werden samt und sonders von Geschlechtskrankheiten befallen, die sich durch die Muttermilch auf den Säugling oder - wie Mediziner bestätigen - bereits im Mutterleib auf das Kind übertragen.

1. November. Ich bin soeben von einem heftigen Fieber genesen, das mich 3 Wochen ans Bett gefesselt hat. Es begann am 4. Oktober mit häufigem Erbrechen und Anfällen von Schüttelfrost, die mit Fieberattacken abwechselten. Am 5. war mein ganzer Körper mit gelben Flecken bedeckt, und vom 6. bis zum 20. lag ich im Delirium. Unterbringung und Pflege waren miserabel; mein Bett stand im Kontor, dessen vordere und hintere Tür ständig geöffnet wurde. Meine Ärzte verabreichten mir nichts anderes als Chinin und Kalomel, aber trotz dieser ekelhaften Medizin siegte schließlich meine kräftige Konstitution, und jetzt fühle ich mich wieder recht munter. Mein Bruder starb hier vor 1½ Jahren an genau der gleichen Krankheit, und wie mir der Arzt erklärt hat, besteht, falls mich dieses Fieber nochmals befällt, keine Hoffnung auf Genesung ...

Sacramento, 17. Februar. Vor vierzehn Tagen hat ein heftiger Regen eingesetzt und bis heute nicht aufgehört - folglich haben die Goldgräber in den trockenen Schürfgebieten jetzt Wasser im Überfluß und machen reiche Ausbeute. Der American River und der Sacramento schwellen immer heftiger an, und falls der Regen noch ein paar Tage anhält, werden die künstlichen Uferdämme rund um die Stadt eine harte Bewährungsprobe zu bestehen haben.

Ich glaube, daß nirgendwo in der Welt das Glücksspiel in einem so beängstigenden Ausmaß betrieben wird wie in dieser Stadt. Es gibt hier ein Dutzend Etablissements, in denen hasardiert wird und die Tag und Nacht überfüllt sind. Sie werden hauptsächlich von Goldgräbern frequentiert, die hier in wenigen Minuten alles verlieren, was sie in Jahren voller harter Arbeit und Entbehrungen zusammengekratzt haben. Wie groß die Zahl derer ist, die das

Glücksspiel zu ihrem Beruf machen, geht daraus hervor, daß bei meiner Ankunft in dieser Stadt die *monatliche* Miete für einen einzigen Spieltisch im »Eldorado Saloon« 8000 Dollar betrug ...

Sacramento, 18. März. Seit ich obiges geschrieben habe, sind die Flüsse durch den unaufhörlichen Regen so stark angeschwollen, daß der Wasserstand letzte Nacht an mehreren Stellen die Höhe des Uferdammes erreicht hat. Um halb eins wurden wir durch das Läuten der Alarmglocke geweckt ... Der Damm am Sacramento war an einer Stelle beschädigt, und das Loch wurde von Minute zu Minute größer. Ich eilte zum Ort des Unglücks und half bei den Abdichtungsarbeiten, aber alle Bemühungen waren vergebens: Das Loch wurde größer und größer, und das Wasser brach sich unaufhaltsam Bahn. Plötzlich lockerte sich zu unseren Füßen ein großes Stück der Böschung und wurde mit entsetzlichem Getöse weggespült. Zusammen mit einigen anderen fiel ich ins Wasser und wurde von der Strömung ziemlich weit abgetrieben. Es kostete große Anstrengung, bis wir uns nach diesem unangenehmen Bad im schlammigen Wasser ans Ufer retten konnten – nicht ohne einige Prellungen und Quetschungen davongetragen zu haben. Die Straßen der Stadt waren rasch überflutet; stellenweise war das Wasser dort 10 bis 12 Fuß tief, so daß die Leute sich in die oberen Stockwerke retten mußten. Der Sachschaden ... war enorm. Da das Haus, in dem ich wohne, auf einer kleinen Anhöhe steht, blieb mein Bankkontor verschont, denn das Wasser stieg nur bis zum Erdgeschoß.

Sobald die Leute den ersten Schrecken ... überwunden hatten, versuchten sie, sich abzulenken und der Sache die beste Seite abzugewinnen. Aus Planken wurden in aller Eile kleine flache Boote gezimmert und Flöße gebaut, und bald herrschte überall wieder reger Verkehr. Die Straßen boten einen grotesken Anblick: Hier wurde ein Floß von einem Pferd gezogen, dort ruderte ein Mann in einem Faß, dort kenterten einige Boote ... Dem Vernehmen nach haben mehrere Leute an einem einzigen Tag hundert

Dollar verdient, nur weil sie andere über die Straße beförderten . . .

San José, 30. März. Das Schicksal wollte es, daß ich am 17. dieses Monats erneut vom Fieber befallen wurde. Nachdem ich einige Tage unter Schüttelfrost und Erbrechen gelitten hatte, mein Körper mit gelben Flecken bedeckt war und ich das Bett nicht mehr verlassen konnte, befand ich mich in einem Zustand völliger Erschöpfung und phantasierte ständig. Den Anweisungen entsprechend, die ich für einen solchen Fall gegeben hatte, hüllten mich meine Angestellten in Decken und brachten mich in bewußtlosem Zustand und in der Obhut eines Dienstboten auf den Dampfer nach San Francisco, von wo aus ich per Kutsche nach San José transportiert wurde. Bis zum 20. dieses Monats befand ich mich in einem sehr kritischen Zustand und war fast ständig im Delirium, aber schließlich trug meine kräftige Konstitution den Sieg davon, und heute konnte ich bereits für zwei Stunden aufstehen. Falls meine Genesung Fortschritte macht, reise ich wahrscheinlich schon übermorgen nach Sacramento zurück, übergebe meine Firma Mr. B. Davidson, dem Rothschild-Agenten in San Francisco, und kehre sobald wie möglich in mein geliebtes Rußland zurück, denn ich glaube nicht, daß ich einen dritten Fieberanfall überleben würde.

Sacramento, 7. April. Auf der Durchreise teilte ich Mr. Davidson am 2. dieses Monats in San Francisco mit, daß es mir unmöglich sei, noch länger in diesem verpesteten Klima zu leben, und ersuchte ihn, meine Firma in eigener Verantwortung weiterzuführen. Er erklärte sich einverstanden und kam gestern hierher, um alles Nötige mit mir zu arrangieren. Da jetzt alles geregelt ist, werde ich morgen gemeinsam mit ihm nach San Francisco fahren, um mich dort auf dem Dampfschiff *Golden Gate* nach Panama einzuschiffen . . .

Panama, 24. April. Als wir heute um 6 Uhr abends in der Bucht von Panama, ca. 2 Meilen von der Stadt entfernt, vor Anker gingen, waren wir sofort von zahlreichen Booten umringt, die uns übersetzen wollten. Wir konnten das Schiff jedoch nicht verlassen, bevor der Hafenmeister an Bord gekommen war, auf den wir bis halb acht warten mußten. Um 8 Uhr konnte ich endlich von Bord gehen und zusammen mit sechs anderen Passagieren ein Boot besteigen. Als wir noch rund 200 Schritt vom Strand entfernt waren, sprangen dort etwa 20 nackte Eingeborene ins Wasser, schwammen auf uns zu und erboten sich, unser Gepäck ins Hotel zu transportieren. Als wir uns weigerten, ihnen die Sachen auszuhändigen bevor wir angelegt hatten, stürzten sie sich darauf. Der eine riß einen Koffer an sich, der andere eine Reisetasche, der nächste eine Hutschachtel. Dann schwammen sie mit den Gepäckstücken ans Land, rannten davon und verschwanden in der Dunkelheit. Auf diese Weise wurden einige meiner Mitreisenden des gesamten Besitzes beraubt, den sie in Kalifornien erworben hatten. Was mich betraf, so war ich auf dergleichen üble Tricks vorbereitet. Ich saß auf meinem Gepäck, in der einen Hand einen Revolver, in der andern einen Dolch und drohte, jeden sofort zu erschießen oder zu erstechen, der versuchen würde, eines meiner Gepäckstücke aus dem Boot zu zerren. An Land beauftragte ich zwei Männer, für je einen Dollar meine Koffer ins Hotel zu schaffen, wobei ich sie scharf bewachte und ihnen zu verstehen gab, daß ich ihnen, falls sie sich davonmachen wollten, sofort eine Kugel in den Kopf jagen würde. Schließlich traf ich wohlbehalten im »American Hotel« ein, wo ich ein sehr schlechtes Zimmer und übelriechendes Essen bekam.

Da ich mich auf der atlantischen Seite einschiffen wollte und befürchtete, daß die Regenzeit die gefährlichen Wege übers Gebirge bald unpassierbar machen würde, brach ich gemeinsam mit Mr. Livingston [einem Mitreisenden aus Kalifornien] und Hunderten anderer Reisender auf. Ich hatte 3 Maultiere, für die ich vierzig Dollar gezahlt hatte. Es goß in Strömen, und bald hatten wir keinen trockenen Fetzen mehr am Leib. Die kleinen Wasserläufe und Gebirgsbäche hatten sich in reißende Flüsse verwandelt, und der schmale Saumpfad war entsetzlich glitschig, vor allem an den Abhängen. Maulesel sind erstaunlich kluge Tiere. Wenn wir an einen Wasserlauf oder Bach kamen, der von großen, schlüpfrigen Steinen gesäumt war, blickten unsere Reittiere einige Sekunden lang aufmerksam ins Wasser, stellten dann die vier Beine dicht nebeneinander, rutschten den Stein hinab, setzten einen Fuß auf eine Spalte oder eine andere unebene Stelle des gegenüberliegenden Steines, sprangen hinauf und halfen sich so mit großer Beweglichkeit aus der Klemme. Manchmal riß mein Zügel, dann fühlte sich das Maultier frei und ungebunden und rannte sofort ins Dickicht, um irgendwelche Blätter zu fressen. Ich mußte mich dann jedesmal rasch hinter dem Tier zu Boden gleiten lassen ... sonst hätte ich mich in dem dichten Geäst und dem Efeugeflecht im wahren Sinne des Wortes erhängt.

Völlig erschöpft trafen wir endlich um halb sieben Uhr abends in Gorgona ein; dort ging ich mit vielen anderen ins »Railroad Hotel«, wo ich auf meinen Koffern schlief. Am nächsten Morgen (26. April) weckten uns die Schreie eines Iren, der am Abend etwas zu viel getrunken hatte und dem die Hose samt einer Geldbörse mit 500 Dollar gestohlen worden war. Man holte die Polizei, aber alle Nachforschungen waren vergebens ... Gegen 8 Uhr mietete ich zusammen mit 7 anderen Reisenden für 2 Dollar pro Person ein Boot, das aus einem ausgehöhlten Baumstamm gefertigt war, und fuhr den Chagres abwärts nach Frijol, von wo aus wir per Eisenbahn weiterreisten bis zu einem Ort namens Aspinwall an der Navy Bay, welche am Karabischen [Karibischen] Meer liegt ...

Wir hatten fest damit gerechnet, dort einen Dampfer vorzufinden, aber zu unserer großen Enttäuschung war keiner da: Die *Crescent City* war am Morgen ausgelaufen. Wir befanden uns in einer Situation, wie man sie sich schlimmer nicht vorstellen kann, denn es regnete in Strömen und nirgends war ein Haus, in dem wir Obdach hätten finden können. Das einzige Haus, das dort stand, war für den amerikanischen Konsul errichtet worden. So mußten wir uns damit abfinden, unter Palmen zu kampieren. Ich breitete meine Decken über meine Koffer und schlief darauf – trotz des unaufhörlichen Regens.

Am nächsten Morgen war unsere erste Sorge, wie wir uns etwas zu essen beschaffen könnten; da wir seit der Abreise aus Gorgona nichts mehr zu uns genommen hatten, waren wir alle entsetzlich hungrig. Aber unglücklicherweise war nirgends etwas aufzutreiben, so daß wir aus Verzweiflung eine riesige Eidechse töteten, die wir roh verspeisten – mit dem gleichen Heißhunger, als hätte man uns gebratenen Truthahn vorgesetzt ... Am 27. bauten wir aus Palmblättern und Ästen einige Hütten oder richtiger gesagt Unterstände, durch die jedoch ständig der Regen sickerte. Am selben Tag trafen um 6 Uhr abends die übrigen Passagiere der *Golden Gate* per Eisenbahn bei uns ein, und nun waren hier rund 1300 Personen versammelt. Und diese Zahl erhöhte sich, als am 28. und 29. April die Passagiere zweier anderer in Panama eingetroffener Dampfer zu uns stießen. Am 30. belief sich die Zahl auf rund 2600 Personen.

Wegen des ständigen Regens war es uns unmöglich, Feuer zu machen, und da wir keinerlei Lebensmittel beschaffen konnten, aßen wir das rohe Fleisch von Eidechsen, Affen, Schildkröten, Maultieren und Krokodilen. Bei den Eingeborenen dieses Landes gilt Krokodilfleisch, vor allem der Schwanz, als große Delikatesse.

Es war eine entsetzliche Situation, die uns von Minute zu Minute größere Qualen bereitete. Seit wir Panama verlassen hatten, trug keiner von uns ein trockenes Kleidungsstück am Leib, und wir hatten keine Möglichkeit, uns vor dem unaufhörlich niederprasselnden Regen zu schützen. Hunderte erkrankten an Sumpffieber, Diarrhöe, Ruhr und Wechselfieber und starben nach ein, zwei Tagen unter entsetzlichen Qualen. Die Toten lagen herum, denn keiner von uns konnte oder wollte sie begraben. Der widerliche Geruch, den die rasch verwesenden Leichen und Tierkadaver verbreiteten, machte unsere Situation noch unerträglicher. Aber schlimmer als alle diese Leiden waren die gräßlichen Qualen, welche uns die Myriaden von Moskitos bereiteten, die Tag und Nacht herumschwirrten und uns mit ihren grausamen Stichen unaufhörlich folterten.

Wie ein Irrer habe ich mich immer wieder im Schlamm gewälzt, aber es gelang mir nicht, mich von dieser schrecklichsten aller Plagen zu befreien. Viele meiner Reisegefährten rieben sich am ganzen Körper mit Quecksilbersalbe ein, um die Moskitos zu verscheuchen, aber es half nichts. Schon Ende Januar war infolge der vielen Quecksilbermedikamente, die mir die kalifornischen Ärzte verabreicht hatten, an meinem linken Bein eine kleine Wunde aufgebrochen, der ich, da sie nicht schmerzte, keine Beachtung geschenkt hatte. Noch bei meiner Abreise aus Kalifornien war diese Wunde nicht der Rede wert, aber sobald wir Cape Lucas am Pazifischen Ozean passiert und die Tropen erreicht hatten, wurde sie schlimmer und von Tag zu Tag gefährlicher. Bei der Ankunft an der Landenge von Panama verursachte sie mir schreckliche Schmerzen, die ich mit Quecksilbersalbe zu lindern versuchte. Doch die Wunde wurde täglich größer, dann fiel ein Stück Fleisch ab und der Knochen wurde sichtbar.

Viele meiner Reisegefährten starben an den Stichen von Skorpionen und den Bissen von Schlangen (hauptsächlich Klapperschlangen), von welchen es in dieser Gegend nur so wimmelt.

Volle 14 Tage brachte ich in nassen Kleidern zu, und 12 Tage (vom 26. April bis zum 8. Mai) kampierte ich im Sumpf... Ständig fürchtete ich, entweder an der Gangräne, von der die Wunde an meinem Bein befallen schien, oder an einer der unzähligen Krankheiten sterben zu müssen, denen meine Reisegefährten zum Opfer fielen, oder an einem Skorpionstich oder einem Schlangenbiß... Tausende von Meilen entfernt von meinem geliebten Petersburg, Tausende von Meilen getrennt von den Menschen, die mir nahestehen. Mehr tot als lebendig lag ich da – bewegungsunfähig wegen der Wunde am Bein. In dieser furchtbaren Situation verloren wir jede menschliche Empfindung und sanken unter die Stufe der wilden Tiere. Der

Tod wurde uns so vertraut, daß er seine Schrecken verlor, daß wir begannen, ihn als Erlösung von unseren Leiden willkommen zu heißen. So kam es, daß wir uns über die qualvollen Zuckungen der Sterbenden lustig machten und daß einige von uns Verbrechen begingen – so *entsetzliche Verbrechen,* daß ich nur mit Schaudern daran zurückdenken kann ...

Am 8. Mai gegen 4 Uhr morgens hörten wir endlich einen Böllerschuß, der die Ankunft eines Dampfers ankündigte. Wir waren außer uns vor Freude und Begeisterung. Es war das U.S.-Dampfschiff *Sierra Nevada* ... Einige Matrosen führten mich an Bord ... wo ich eine Zweibettkabine auf dem oberen Deck erhielt, die ich allein bewohnte und für die ich 130 Dollar zahlen mußte. Die völlig durchnäßte Kleidung, die ich am Körper und im Gepäck hatte, gab ich dem Personal zum Trocknen, und nachdem der Schiffsarzt meine Wunde verbunden und ich ein wenig Bouillon und Wein zu mir genommen hatte, schlief ich zum erstenmal seit dem 24. April in trockener Bettwäsche. Noch am selben Abend nahm das Schiff Kurs auf Kingston, die Hauptstadt der britischen Insel Jamaika, wo wir am Morgen des 11. November eintrafen ...

Nach einer Schiffsreise von nur $6^1/_2$ Tagen kamen wir am 18. um 4 Uhr morgens in New York an, wo ich im »Hotel New York« am Broadway abstieg. Für jemandem, der aus Kalifornien kommt, ist New York ein Paradies, und so rief ich denn voller Begeisterung: »O New York! New York!« ...

Ich schiffte mich [tags darauf] auf dem Dampfer *Europa* nach Liverpool ein ...

Die meisten Passagiere waren angenehme Menschen, und noch nie habe ich mich auf einem Schiff in so guter Gesellschaft befunden. Hätte mir die Wunde am Bein nicht so viel Schmerzen verursacht, so hätte ich diese Überfahrt sehr genossen ...

[Nach der Ankunft in Liverpool – am Abend des 30. Mai – übernachtete Schliemann im Hotel Adelphi, und am nächsten Morgen fuhr er mit dem Postzug nach London.]

Nachdem ich das Kapital, das ich in Form von Goldstaub und Banknoten aus Kalifornien mitbrachte, bei Baring Brothers & Co. deponiert hatte, konsultierte ich Dr. G. F. Collier, Spring Gardens, London, der meine Wunde mit *lapis infernalis* ausbrannte, einen Verband anlegte, mir Ruhe verordnete und mich anwies, das Bein hochzulegen ... Auf den Rat des Arztes zog ich in ein Privatlogis direkt gegenüber seinem Landhaus in Chiswick. Aber da ich an ein tätiges Leben gewöhnt bin, brachten mich die Untätigkeit und vor allem die Einsamkeit fast zur Verzweiflung. Daher ging ich bereits nach 7 Tagen an Bord eines Dampfers, um via Boulogne nach Paris zu reisen ...

[Im Juli 1852 reiste Schliemann über Hamburg nach Mecklenburg.] Ich traf zwei meiner Schwestern; die eine, die vor zwei Jahren bei mir in Petersburg gewesen war, erkannte ich sofort wieder, die andere dagegen, die ich seit mehr als zwanzig Jahren nicht gesehen hatte, war mir völlig fremd geworden. Meine beiden Schwestern reisten zur Erholung auf die Insel Rügen ... während ich über Wismar und Grevismulen nach Kalkhorst fuhr, um meinen Onkel, Pastor F. Schliemann, zu besuchen ... Danach fuhr ich über Boltenhagen und Wismar weiter nach Ankershagen, dem kleinen Dorf, in dem ich geboren wurde und aufwuchs.[2]

Es ist mir unmöglich, zu beschreiben, was ich beim Anblick jenes Ortes empfand, in dem ich die glücklichen Jahre meiner frühen Kindheit verbrachte, und wo jedes Haus, jeder Baum, jeder Stein und jeder Strauch tausend schöne Erinnerungen an längst vergangene Tage in mir weckten. Offenbar erscheinen einem als Kind alle Dinge viel größer als sie tatsächlich sind: Der Kirchturm, der mir früher ungeheuer hoch vorkam, die Linde inmitten des Obstgartens, die damals bis zu den Wolken zu reichen schien, und auch alles andere wirkte jetzt so klein – ausgenommen die Pappeln und Kirschbäume vor der Haustür, die beträchtlich gewachsen sein mußten, da sie mir jetzt ebenso groß erschienen wie vor 21 Jahren. Ich fand meine Initialen H. S. hundertmal auf den Fensterscheiben unseres früheren Wohnhauses eingeritzt, desgleichen auf den Baumstämmen im Garten und im Hof ... und auch auf dem Stamm der großen Linde, wo ich die beiden Buchstaben - jeden zwei Fuß hoch - mit einem Beil eingekerbt hatte; sie sahen so frisch aus, als wären sie erst vor einem Monat in den Stamm geschnitzt worden. Auf der Tür des Gartenhauses entdeckte ich eine Inschrift, die mein Vater mit Bleistift dort angebracht hatte und die das Datum 7. Mai 1827 trug. Der jetzige Pfarrer, Conradi, war äußerst zuvorkommend und begleitete mich in die Kirche und zum Grab meiner Mutter, dessen Einfassung schon sehr verfallen war. Nachdem ich meine Neugier - so weit das in ein paar Stunden möglich war - befriedigt hatte, mietete ich beim Gastwirt einen Zweispänner und fuhr in das Dorf Viperow am Muritzsee, um meine andere Schwester zu besuchen, die dort bei der Familie meines Onkels Wachenhusen lebt ... Am nächsten Morgen schiffte ich mich auf der *Erzgroßherzog Friederich Franz* ein, um über Kronstadt nach Petersburg zurückzukehren.

24. Juli 1852. Heute war ich in der Börse, wo mich meine alten Freunde begeistert begrüßten. Außerdem besuchte ich Miß Catherine Lyschin [Ekaterina (Petrowna) Lyschin], um deren Gunst ich mich früher vergebens bemüht hatte, die mich heute aber äußerst freundlich empfing, so daß sich jetzt alles vielversprechend zu entwickeln scheint.

31. Dezember 1852 ... Ich bin weit herumgekommen und habe schon viel von der Welt gesehen, aber kein Land hat mir so zugesagt wie mein inniggeliebtes Rußland, keine Stadt hat mir auch nur ein Tausendstel so gut gefallen wie mein bezauberndes Petersburg, und für kein Volk habe ich auch nur ein Tausendstel der Sympathie und Liebe empfunden, die ich den Menschen meiner Wahlheimat Rußland entgegenbringe. Deshalb werde ich für den Rest meines Lebens in Petersburg ansässig bleiben und nie mehr daran denken, von hier fortzugehen.

IV

Segen und Fluch des Reichtums 1852–1864

Während der Überfahrt von Amerika nach Europa schrieb Schliemann seinen Schwestern, er habe New York »tausendmal schöner« gefunden als bei seinem ersten Besuch. Nicht nur die erstaunlich großen und schönen Gebäude hätten ihn beeindruckt, sondern auch die Tatsache, daß die Gesichter der Menschen von »Freiheit und Unabhängigkeit« geprägt seien. Der in französischer Sprache geschriebene Brief schloß mit den Worten: »Tatsächlich bin ich so begeistert von New York, daß ich am liebsten hierbleiben würde, und sobald ich meine Europareise abgeschlossen habe, beabsichtige ich, mich hier niederzulassen.«[1]

Doch nach der Rückkehr in die Alte Welt kam sein Entschluß offenbar ins Wanken. Als Schliemann nach mehr als einem Jahrzehnt sein heimatliches Mecklenburg wiedersah, nahm er sich vor, dort eines Tages das Leben eines Gutsbesitzers zu führen. Und als er in den folgenden Jahren seine Karriere als Geschäftsmann fortsetzte, spielte er selbst in Zeiten hektischer Betriebsamkeit immer wieder mit dem Gedanken, in seiner Heimat Grund und Boden zu erwerben. Er beauftragte Freunde und Grundstücksmakler, nach geeigneten Objekten Ausschau zu halten und führte darüber einen ausgedehnten Briefwechsel. Neben Mecklenburg zog er auch das Rheinland in Betracht, außerdem verschiedene Mittelmeerländer sowie Rußland. (Wie er seinen Beauftragten versicherte, spiele das Sprachenproblem keine Rolle, da er, wo immer er sich niederlassen werde, die betreffende Fremdsprache im Handumdrehen erlernen könnte, falls er sie nicht ohnehin bereits beherrsche.) Zwischendurch liebäugelte er sogar mit Südbrasilien und natürlich auch mit den USA; so dachte er zum Beispiel eine Zeitlang daran, eine Baumwollplantage in Louisiana zu erwerben. Obzwar er das amerikanische Geschäftsgebaren für unmoralisch und die Justiz für korrupt hielt, betrachtete er die Vereinigten Staaten stets als letzten Zufluchtsort – zumal wenn er anderswo in die Klemme geriet.[2] Es war kennzeichnend für seine rastlose Natur, daß er sich in Amerika nach Rußland sehnte und, als er dorthin zurückgekehrt war, ständig an Amerika dachte. Er blieb in Verbindung mit Freunden in Sacramento und San Francisco und war stets auf Nachrichten aus »unserem Staat« erpicht.

Nachdem er in Kalifornien sein Kapital in wenigen Monaten verdoppelt hatte, kehrte er im August 1852 als vermögender Mann nach Petersburg zurück. Seine früheren Geschäftspartner und -freunde empfingen ihn mit offenen Armen. Es dauerte nicht lange, bis sich das Räderwerk des Importhandels für Heinrich Schliemann, Mitglied der Großhändlergilde, zu drehen begann. Er nahm seine Geschäftsverbindung mit der Firma Schröder wieder auf, etablierte sich aber gleichzeitig als selbständiger Kaufmann und gründete eine Filiale in Moskau. Sein Vermögen und sein Ansehen wuchsen ständig. Voller Stolz konnte er seinem Vater berichten: »Ich gelte hier [in Petersburg] und in Moskau als der schlaueste, durchtriebenste und fähigste Kaufmann.«[3] Im Juni 1855, so schrieb er, habe er eines Nachts plötzlich das sichere Gefühl gehabt, daß der Preis für Salpeter steigen werde. Er sei sofort aufgestanden und habe seinen Agenten in Hamburg, Berlin und Königsberg telegrafische Anweisung erteilt, alle verfügbaren Lagerbestände aufzukaufen. Diese Transaktion brachte ihm einen Gewinn von rund 40000 Talern ein. 1856 konstatierte er, daß ein Drittel der russischen Indigoeinfuhr von seiner Firma getätigt werde. Als er von dem Plan der russischen Regierung erfuhr, ein neues Gesetzbuch drucken zu lassen, kaufte er in der Voraussicht, daß dafür besonders gutes Papier benötigt würde, einen entsprechenden Vorrat auf. Und wie nicht anders zu erwarten, bewog er die Behörden dazu, sein Angebot zu akzeptieren.

Wieder einmal nützte Schliemann jede Gelegenheit, Geschäfte zu machen. Aber so erfolgreich er sich auf diesem Gebiet erwies, so wenig Glück hatte er bei der Wahl seiner Frau. Schon vor seiner Abreise nach Amerika hatte er einigen Russinnen den Hof gemacht, und in zwei Fällen war es fast zur Heirat gekommen. In eine junge Russin namens Sophia hatte er sich allem Anschein nach Hals über Kopf verliebt. Jedenfalls präsentierte er sich seiner Familie brieflich als Bräutigam des »anbetungswürdigsten Geschöpfes, das man sich vorstellen kann ... Ich befinde mich auf dem Gipfel des Glückes. Welch süße Entschädigung nach so vielen Leiden! ... Sie spielt meisterhaft Klavier und spricht drei europäische Sprachen fließend ... Sophie ist sehr sparsam und so können wir reich werden.«[4] Aber seine Gefühle für sie kühlten sofort ab, als seine Zukünftige auf einer Gesellschaft ungeniert mit einem schneidigen Offizier flirtete. Er tröstete sich mit dem Gedanken, daß ein Mann in seiner Position unweigerlich zu den begehrtesten Junggesellen Petersburgs zählte und daß es hier genug »anbetungswürdige Geschöpfe« gab, die nur darauf warteten, von ihm umworben zu werden.

Da war noch eine andere junge Dame, die er schon vor Sophia kennengelernt hatte, »eine hübsche, sehr kluge Russin«, die »wenig oder kein Vermögen« besaß.[5] Er gab sogar zu, daß er mit »bedauerlicher« Ungeduld danach trachte, sich zu verheiraten. Aber auch diesmal wurde nichts daraus. Eine weitere Kandidatin, ein »Engel an Tugend und Schönheit«, war die sechzehnjährige Nichte seines alten Freundes Schiwago gewesen, den er bereits in Holland kennengelernt hatte. Doch auch sie war dann aus unerfindlichen Gründen von der Bildfläche verschwunden. Daß der Abbruch dieser Beziehung in die Zeit kurz vor Schliemanns Abreise nach Amerika fiel, hat möglicherweise bei seinem Entschluß, Rußland zu verlassen, eine Rolle gespielt.

Wie er am Schluß seines amerikanischen Reisejournals vermerkte, hielt Schliemann sofort nach der Rückkehr nach Petersburg Ausschau nach einer geeigneten Lebensgefährtin. Diesmal wandte er sich Ekaterina Petrowna Lyschin zu, einem »sehr guten, schlichten, klugen und vernünftigen Mädchen«, das er während seines ersten Aufenthalts in Petersburg kennengelernt hatte. Ekaterina war mit einem seiner Geschäftsfreunde verwandt, hatte aber kein eigenes Vermögen und war nicht gerade als Schönheit zu bezeichnen. Außerdem hatte sie ihn schon einmal abgewiesen. (Möglicherweise war sie jenes Mädchen, dem er nach dem Bruch mit Sophia den Hof gemacht hatte.) Doch als er zwei Jahre später - reicher, selbstsicherer und etwas stutzerhafter als früher - wieder bei ihr anklopfte, war er ihr willkommen.

Im Oktober 1852, ganze zwei Monate nach seiner Rückkehr, berichtete Schliemann seinem Vater und seinen Schwestern von seiner Heirat. Es dauerte allerdings nicht lange, bis er diesen raschen Entschluß bereute. Ekaterina war offenbar ein sehr selbstsüchtiges Geschöpf. Für ihren Ehemann brachte sie jedenfalls keinerlei Verständnis auf. Schon bald wurde Schliemann klar, daß sie ihn nicht liebte. Die beiden hatten keine gemeinsamen Interessen. Mit der Zeit fand Ekaterina alles an ihm hassenswert: seine Eigenheiten, sein Naturell, seine Sparsamkeit, seine Leidenschaft für Fremdsprachen. Über sein Interesse an der Antike machten sie und ihr Bruder sich eines Tages in Schliemanns Gegenwart lustig. Bald mußte er die Hoffnung, Freud und Leid mit einer verständnisvollen Gefährtin teilen zu dürfen, endgültig begraben.

Mit ihrer Gefühlskälte trieb sie Schliemann (der sich für einen sinnlichen Menschen hielt) an den Rand der Verzweiflung. Die Geburt ihres - vom Vater zärtlich geliebten - Sohnes Sergej im Jahre 1855 brachte die beiden einander wieder etwas näher, aber der häusliche Frieden dauerte nicht lange. Die später geborenen Kinder, zwei Mädchen, mußte Schliemann nach eigener Aussage seiner Frau »stehlen«.[6] Aus der Hölle dieser Ehe, die sich fünfzehn Jahre hinschleppte, flüchtete er sich in seine Arbeit und in ausgedehnte Reisen. Dennoch gab er lange Zeit die Hoffnung auf Aussöhnung nicht auf. Offenbar war er dieser Frau völlig verfallen. Die Briefe, die er im Lauf der Jahre an sie schrieb, Briefe voller flehentlicher Bitten, voller Vorwürfe, Überredungsversuche und Versprechungen, lesen sich wie eine Fallstudie menschlicher Hörigkeit.

War ihm in der Liebe kein Glück beschieden, so konnte er im Geschäftsleben größere Erfolge denn je verbuchen. Jetzt träumte er nicht mehr davon, sich in einem anderen Land niederzulassen. Während des Krimkrieges

(1853–1856) galt, wie er selbst zugab, sein einziges Interesse dem Geldverdienen. Einem Freund in Deutschland, der sich noch immer nach einem geeigneten Landsitz für ihn umtat, gestand er: »... solange der Krieg dauert, ist wohl keine Möglichkeit, mich vom Mammon loszureißen«.[7] Sein Vater, ja sogar eine alte Tante, profitierte von seinem ständig wachsenden Einkommen. Von Zeit zu Zeit berichtete er, sein Vermögen habe sich verdoppelt (das war bereits ein Jahr nach seiner Rückkehr aus Amerika der Fall) oder verdreifacht oder sogar vervierfacht. Von einer lukrativen Geschäftsreise aus Nischnij Nowgorod zurückgekehrt, teilte er dem bereits erwähnten Freund in Deutschland mit: »Das gegen alles Erwarten günstige Resultat des Jahrmarktes hat nun mit einem Male alle meine Pläne wieder zunichte gemacht und mich zu dem festen Entschluß gebracht, Rußland nie wieder zu verlassen.«[8]

Seinen autobiographischen Aufzeichnungen (insbesondere aber seinen Briefen) ist viel über seine geschäftlichen Transaktionen während des Krimkrieges und auch während des amerikanischen Bürgerkrieges zu entnehmen. Kriege waren für Schliemann wenig mehr als günstige Gelegenheiten, gute Geschäfte zu machen. Die politischen und moralischen Probleme, die ein Krieg aufwirft, kümmerten ihn nicht im geringsten. Während des Krimkrieges spezialisierte er sich auf den Handel mit kriegswichtigen Waren, die zum Teil einem Einfuhr- und Ausfuhrverbot unterlagen, und machte sich kein Gewissen daraus, die Blockade zu brechen. Am amerikanischen Bürgerkrieg profitierte er durch den Aufkauf von Baumwolle, die auf dem Weltmarkt immer knapper wurde. Desgleichen gelang es ihm, aus schlechten Zuckerrohrernten wie auch aus der Indigo- und Olivenölverknappung Profit zu ziehen. Selbstzufrieden betrachtete er seine Kriegsgewinne als eine Gunst des Schicksals. Daß eine solche Einstellung moralisch anfechtbar war, wurde ihm anscheinend nie bewußt. Dagegen war er mit bitteren Klagen über geschäftliche Sorgen und finanzielle Verluste rasch bei der Hand. Nichts deutet darauf, daß er sich auf Grund der kriegerischen

Auseinandersetzungen von Rußlands Gegnern, England und Frankreich, abgeschnitten fühlte oder seine Geschäftsbeziehungen zur Londoner Filiale der Firma Schröder abbrechen mußte.

Aber trotz seines Wohlstands begann ihn der Gedanke an mögliche Fehlschläge, wenn nicht sogar an völligen Ruin zu verfolgen. Konnte er darauf bauen, daß ihm Fortuna auch in Zukunft hold sein würde? Wieder einmal schwankte seine Stimmung zwischen Euphorie und Niedergeschlagenheit, zwischen Überheblichkeit und Resignation. Sein ständig wachsender Reichtum barg den Keim des Unbehagens in sich und machte es erforderlich, auf der Hut zu sein. Schliemann war sich klar darüber, daß der Krimkrieg einschneidende finanzielle Folgen haben, vielleicht sogar eine ernste Wirtschaftskrise heraufbeschwören würde. Um Vorsorge zu treffen, zog er den größten Teil seines Kapitals aus dem Markt und legte es in gewinnbringenden Aktien an. Zielstrebig machte er sich an die schwierige Aufgabe, sich aus einem Unternehmer und Spekulanten in einen umsichtigen Kapitalanleger mit festem Einkommen aus relativ sicheren Wertpapieren zu verwandeln.

Die unsichere Finanzlage in der Zeit nach dem Krimkrieg, insbesondere die Krise im Jahr 1857, trugen entscheidend zu Schliemanns Entschluß bei, sich aus dem Geschäftsleben zurückzuziehen. Er war überzeugt, mehr Geld verdienen zu können, wenn er sich nicht mehr auf riskante Projekte einließ, sondern sich auf Reisen begab und seine Dividenden einstrich. Schon früher hatte er mit dem Gedanken gespielt, seine Firma zu liquidieren. Jetzt, im Jahre 1858, stand sein Entschluß fest. Er hatte genug verdient, um weiterhin im Wohlstand leben zu können. Seiner Schätzung nach betrug sein Vermögen jetzt das Sechsfache des Kapitals, über das er bei der Rückkehr aus Kalifornien verfügt hatte.

Seit er wieder in Petersburg ansässig war, hatte er, wann immer ihm seine Geschäfte dazu Zeit ließen, von neuem seiner Leidenschaft für Fremdsprachen gefrönt. Aus seinen autobiographischen Aufzeichnungen geht hervor, daß ihm das Studium des Neugriechischen und des Altgriechischen (in dieser Reihenfolge!) besondere Freude machte. Und je vertrauter er mit der Sprache und Literatur des klassischen Altertums wurde, desto sehnlicher wünschte er sich, jene Mittelmeerländer kennenzulernen, von denen sein »Liebling Homer« gekündet hatte. Wie er seinem Vater 1856 schrieb, wollte er sie unbedingt besuchen, bevor er einen Landsitz erwarb.

Nachdem er beschlossen hatte, sich aus dem Geschäftsleben zurückzuziehen, trat er im November 1858 eine Reise an, die bis Juli 1859 dauerte. Sie führte ihn unter anderem nach Jerusalem, wo er nach eigener Aussage alle im Alten und Neuen Testament erwähnten Stätten besichtigte, nach Damaskus, wo ihn lediglich die »spröden, schönen Jüdinnen« beeindruckten, auf die ägäischen Inseln (namentlich auf die Insel Syros) und schließlich nach Athen. Einen kurzen Bericht über seine Reiseerlebnisse im biblischen Land sandte er an die Londoner *Times*, die ihn am 27. Mai 1859 veröffentlichte. Als Schliemann nach Ithaka, der Heimat des Odysseus, aufbrechen wollte, wurde er plötzlich krank. Gleichzeitig erhielt er schlechte geschäftliche Nachrichten aus Rußland, die seine unverzügliche Rückkehr erforderlich machten.

Sein »Ruhestand« war also nur von kurzer Dauer. Schliemann nahm seine geschäftliche Tätigkeit wieder auf und gelangte in der Folgezeit zu noch größerem Reichtum. Möglich, daß er des müßigen Lebens und scheinbar ziellosen Herumreisens überdrüssig geworden war - ganz sicher aber hatte er sich nach seinen Kindern gesehnt. Obzwar er in seinen Briefen aus dieser Zeit seine eingefleischte Gewinnsucht beklagte und immer wieder betonte, daß ihm die kaufmännische Tätigkeit keine Befriedigung mehr verschaffe, glaubte er, sich damit abfinden zu müssen, daß er »von Natur zum Handel bestimmt« sei.[9]

Trotzdem äußerte er, wie schon in früheren Jahren, in seinen Briefen häufig den Wunsch, sich ins Privatleben zurückzuziehen. Den Plan, sich eines Tages auf einem komfortablen Landsitz niederzulassen, hatte er keineswegs aufgegeben, und manchmal spielte er auch mit dem Gedanken, in die Nähe einer Universitätsstadt wie Bonn oder Rostock zu ziehen. Aber immer wieder befielen ihn Zweifel, ob ein so aktiver, an den Trubel der großen Handelszentren gewöhnter Mensch wie er imstande sein würde, sich einem ländlichen Milieu anzupassen. Aber was blieb ihm anderes übrig? Wäre er jünger gewesen, hätte er eine akademische Laufbahn eingeschlagen.

In einer melancholischen Anwandlung beurteilte er sogar sein leidenschaftliches Interesse an Fremdsprachen negativ. Plötzlich erschienen ihm seine Sprachstudien unergiebig. Jahre später äußerte er die Meinung: »Sprachen tragen zur Bildung bei, machen aber nie eine Bildung aus.«[10] Vielleicht erinnerte er sich dabei an Dr. Colliers Ermahnung, brillante Gedächtnisleistungen nicht mit echter Geistesbildung zu verwechseln.

Wenn er schon auf eine wissenschaftliche Laufbahn verzichten mußte, konnte er sich dann nicht vielleicht als Schriftsteller einen Namen machen? Aber worüber sollte er schreiben? Und war er dafür wirklich begabt genug? Schliemanns umfangreiche Tagebücher wie auch seine Korrespondenz legen die Vermutung nahe, daß er schon lange den heimlichen Wunsch hatte, sich schriftstellerisch zu betätigen und daß er sich bemühte, seinen Prosastil auszufeilen. Später suchte er sich Vorbilder, etwa Ernest Renan, um den er sich in Paris sehr bemühte. Vorläufig aber nahm er seine literarischen Versuche nicht ernst. Was er in diesem Zusammenhang 1856 an eine alte Tante in Kalkhorst schrieb, bei der er als Kind eine Zeitlang gewohnt hatte (1832), ist sehr aufschlußreich: »Oft versuchte ich zu schreiben und verfassen, aber kaum habe ich einige Bogen geschrieben, so zerreiße ich es voll Unwillen gegen meine Dummheit mit dem Entschlusse, nie mehr zu probieren, denn wie ein Haus ohne Fundamente, so fallen auch meine Kritzeleien in sich selbst zusammen.«[11] Er mußte erst noch lernen, daß – um mit Thomas Mann zu sprechen – ein Schriftsteller jemand ist, dem das Schreiben nicht leichtfällt. Leider gab sich Schliemann nicht genug Mühe damit, als er später seine archäologischen Werke verfaßte.

Ende 1863 rang er sich endlich dazu durch, seine Firma zu liquidieren. Der russische Außenhandel war wieder einmal stark zurückgegangen, und Schliemann hatte bereits begonnen, Kapital in kubanischen und nordamerikanischen Eisenbahnanleihen zu investieren und Immobilien in Paris zu erwerben. Seinen Geschäftsfreunden Schröder & Co. teilte er mit, er habe sich endgültig zur Aufgabe seiner Petersburger Firma entschlossen, »denn die leidlichen Ursachen, die mir hier den Aufenthalt unmöglich machen, bestehen fort«.[12] Mit dieser Bemerkung spielte er wahrscheinlich auf die Wirtschaftslage oder auf seine zerrüttete Ehe an - vielleicht auch auf beides. Bei Schröder, London, hinterlegte er sein Testament, mit der Anweisung, es zu öffnen, falls sechs Monate lang keine Nachricht von ihm einträfe. In Petersburg betraute er zwei Bankiers mit der Abwicklung seiner Geschäfte. Mit zweiundvierzig Jahren stand er an einem Wendepunkt seines Lebens. Welchen Weg er einschlagen würde, war ihm auch jetzt noch nicht klar. Würde er auf einer Weltreise mit sich ins reine kommen und die richtige Entscheidung treffen? Wie Hermann Keyserling einmal bemerkte, kann man auf Reisen vielleicht am schnellsten zu sich selbst finden.

Geld macht nicht glücklich

Aus *Ilios*

Gegen Ende des Jahres 1852 etablierte ich in Moskau eine Filiale für den Engrosverkauf von Indigo zuerst unter der Leitung meines vortrefflichen Agenten Alexei Matwejew, nach dessen Tode aber unter der seines Dieners Jutschenko, den ich zum Range eines Kaufmanns der zweiten Gilde erhob; denn aus einem geschickten Diener kann ja leicht ein guter Direktor werden, wenn auch aus einem Direktor nie ein brauchbarer Diener wird.

Da ich in Petersburg immer mit Arbeit überhäuft war, konnte ich meine Sprachstudien nicht weiter betreiben, und so fand ich erst im Jahre 1854 ausreichende Zeit, mir die schwedische und polnische Sprache anzueignen.

Die göttliche Vorsehung beschützte mich oft in der wunderbarsten Weise, und mehr als einmal wurde ich nur durch einen Zufall vom gewissen Untergange gerettet. Mein ganzes Leben lang wird mir der Morgen des 4. Oktober 1854 in der Erinnerung bleiben. Es war in der Zeit des Krimkrieges. Da die russischen Häfen blockiert waren, mußten alle für Petersburg bestimmten Waren nach den preußischen Häfen von Königsberg und Memel verschifft und von dort zu Lande weiterbefördert werden. So waren denn auch mehrere hundert Kisten Indigo und eine große Partie anderer Waren von den Herren J. Henry Schröder & Co. in London und B. H. Schröder & Co. in Amsterdam für meine Rechnung auf zwei Dampfern an meine Agenten, die Herren Meyer & Co., in Memel abgesandt worden, um von dort zu Lande nach Petersburg transportiert zu werden. Ich hatte den Indigoauktionen in Amsterdam beigewohnt und befand mich nun auf dem Wege nach Memel, um dort nach der Expedition meiner Waren zu sehen. Spät am Abend des 3. Oktober im Hôtel de Prusse in Königsberg angekommen, sah ich am folgenden Morgen, bei einem zufälligen Blick aus dem Fenster meines Schlafzimmers, auf dem Turme des nahen »Grünen Tores« folgende ominöse Inschrift in großen vergoldeten Lettern mir entgegenleuchten:

Vultus fortunae variatur imagine lunae:
Crescit, decrescit, constans persistere nescit.
(Fortunas Antlitz wechselt wie der Mond:
Nimmt zu, nimmt ab, kennt kein Verharren.)

Ich war nicht abergläubisch, aber doch machte diese Inschrift einen tiefen Eindruck auf mich, und eine zitternde

Furcht, wie vor einem nahen unbekannten Mißgeschick bemächtigte sich meiner. Als ich meine Reise mit der Post fortsetzte, vernahm ich auf der ersten Station hinter Tilsit zu meinem Entsetzen, daß die Stadt Memel am vorhergegangenen Tage von einer furchtbaren Feuersbrunst eingeäschert worden sei, und vor der Stadt angekommen, sah ich die Nachricht in der traurigsten Weise bestätigt. Wie ein ungeheurer Kirchhof, auf dem die rauchgeschwärzten Mauern und Schornsteine wie große Grabsteine, wie finstere Wahrzeichen der Vergänglichkeit alles Irdischen sich erhoben, lag die Stadt vor unsern Blicken. Halbverzweifelt suchte ich zwischen den rauchenden Trümmerhaufen nach Herrn Meyer. Endlich gelang es mir, ihn aufzufinden - aber auf meine Frage, ob meine Güter gerettet wären, wies er statt aller Antwort auf seine noch glimmenden Speicher und sagte: »Dort liegen sie begraben.«

Der Schlag war sehr hart: durch die angestrengte Arbeit von acht und einem halben Jahre hatte ich mir in Petersburg ein Vermögen von 150000 Talern erworben - und nun sollte dies ganz verloren sein. Es währte indessen nicht lange, so hatte ich mich auch mit diesem Gedanken vertraut gemacht, und gerade die Gewißheit meines Ruins gab mir meine Geistesgegenwart wieder.

Das Bewußtsein, niemandem etwas schuldig zu sein, war mir eine große Beruhigung; der Krimkrieg hatte nämlich erst vor kurzem begonnen, die Handelsverhältnisse waren noch sehr unsicher, und ich hatte infolgedessen nur gegen bar gekauft. Ich durfte wohl erwarten, daß die Herren Schröder in London und Amsterdam mir Kredit gewähren würden, und so hatte ich die beste Zuversicht, daß es mir mit der Zeit gelingen werde, das Verlorene wieder zu ersetzen. Es war noch am Abend des nämlichen Tages: ich stand im Begriffe, meine Weiterreise nach Petersburg mit der Post anzutreten, und erzählte eben den übrigen Passagieren von meinem Mißgeschick, da fragte plötzlich einer der Umstehenden nach meinem Namen, und rief, als er denselben vernommen hatte, aus: Schliemann ist ja der einzige, der nichts verloren hat! Ich bin der erste Commis bei Meyer & Co. Unser Speicher war schon übervoll, als die Dampfer mit Schliemanns Waren anlangten, und so mußten wir dicht daneben noch einen hölzernen Schuppen bauen, in dem sein ganzes Eigentum unversehrt geblieben ist.«

Der plötzliche Übergang von schwerem Kummer zu großer Freude ist nicht leicht ohne Tränen zu ertragen: ich stand einige Minuten sprachlos; schien es mir doch wie ein Traum, wie ganz unglaublich, daß ich allein aus dem allgemeinen Ruin unbeschädigt hervorgegangen sein sollte! Und doch war dem so; und das wunderbarste dabei, daß das Feuer in dem massiven Speicher von Meyer & Co. auf der nördlichen Seite der Stadt ausgekommen war, von wo es bei einem heftigen, orkanartigen Nordwind sich schnell über die ganze Stadt verbreitet hatte; dieser Sturm war denn auch die Rettung für den hölzernen Schuppen gewesen, der, nur ein paar Schritt nördlich von dem Speicher gelegen, ganz unversehrt geblieben war.

Meine glücklich verschont gebliebenen Waren verkaufte ich nun äußerst vorteilhaft, ließ dann den Ertrag wieder und immer wieder arbeiten, machte große Geschäfte mit Indigo, Farbhölzern und Kriegsmaterialien (Salpeter, Schwefel und Blei), und konnte so, da die Kapitalisten Scheu trugen, sich während des Krimkrieges auf größere Unternehmungen einzulassen, beträchtliche Gewinne erzielen und im Laufe eines Jahres mein Vermögen mehr als verdoppeln ...

Ich hatte immer sehnlichst gewünscht, Griechisch lernen zu können; vor dem Krimkriege aber war es mir nicht ratsam erschienen, mich auf dieses Studium einzulassen; denn ich mußte fürchten, daß der mächtige Zauber der herrlichen Sprache mich zu sehr in Anspruch nehmen und meinen kaufmännischen Interessen entfremden möchte. Während des Krieges aber war ich mit Geschäften dermaßen überbürdet, daß ich nicht einmal dazu kommen konnte, eine Zeitung, geschweige denn ein Buch zu lesen. Als aber im Januar 1856 die ersten Friedensnachrichten in

Petersburg eintrafen, vermochte ich meinen Wunsch nicht länger zu unterdrücken und begab mich unverzüglich mit größtem Eifer an das neue Studium; mein erster Lehrer war Herr Nikolaos Pappadakes, der zweite Herr Theokletos Vimpos, beide aus Athen, wo der letztere heute Erzbischof ist. Wieder befolgte ich getreulich meine alte Methode, und um mir in kurzer Zeit den Wortschatz anzueignen, was mir noch schwieriger vorkam als bei der russischen Sprache, verschaffte ich mir eine neugriechische Übersetzung von *Paul et Virginie* und las dieselbe durch, wobei ich dann aufmerksam jedes Wort mit dem gleichbedeutenden des französischen Originals verglich. Nach einmaligem Durchlesen hatte ich wenigstens die Hälfte der in dem Buche vorkommenden Wörter inne, und nach einer Wiederholung dieses Verfahrens hatte ich sie beinahe alle gelernt, ohne dabei auch nur eine Minute mit Nachschlagen in einem Wörterbuch verloren zu haben. So gelang es mir in der kurzen Zeit von sechs Wochen die Schwierigkeiten des Neugriechischen zu bemeistern; danach aber nahm ich das Studium der alten Sprache vor, von der ich in drei Monaten eine genügende Kenntnis erlangte, um einige der alten Schriftsteller und besonders den Homer verstehen zu können, den ich mit größter Begeisterung immer und immer wieder las.

Nun beschäftigte ich mich zwei Jahre lang ausschließlich mit der altgriechischen Literatur, und zwar las ich während dieser Zeit beinahe alle alten Klassiker kursorisch durch, die *Ilias* und *Odyssee* aber mehrmals. Von griechischer Grammatik lernte ich nur die Deklinationen und die regelmäßigen und unregelmäßigen Verben, mit dem Studium der grammatischen Regeln aber verlor ich auch keinen Augenblick meiner kostbaren Zeit. Denn da ich sah, daß kein einziger von all den Knaben, die in den Gymnasien acht Jahre hindurch, ja oft noch länger, mit langweiligen grammatischen Regeln gequält und geplagt werden, später imstande ist, einen griechischen Brief zu schreiben, ohne darin Hunderte der gröbsten Fehler zu machen, mußte ich wohl annehmen, daß die in den Schulen befolgte

Methode eine durchaus falsche war; meiner Meinung nach kann man sich eine gründliche Kenntnis der griechischen Grammatik nur durch die Praxis aneignen, d. h. durch aufmerksames Lesen klassischer Prosa und durch Auswendiglernen von Musterstücken aus derselben. Indem ich diese höchst einfache Methode befolgte, lernte ich das Altgriechische wie eine lebende Sprache. So schreibe ich es denn auch vollständig fließend und drücke mich ohne Schwierigkeit darin über jeden beliebigen Gegenstand aus, ohne die Sprache je zu vergessen. Mit allen Regeln der Grammatik bin ich vollkommen vertraut, wenn ich auch nicht weiß, ob sie in den Grammatiken verzeichnet stehen oder nicht. Und kommt es vor, daß jemand in meinen griechischen Schriften Fehler entdecken will, so kann ich jedesmal den Beweis für die Richtigkeit meiner Ausdrucksweise dadurch erbringen, daß ich ihm diejenigen Stellen aus den Klassikern rezitiere, in denen die von mir gebrauchten Wendungen vorkommen.

Unterdessen nahmen meine kaufmännischen Geschäfte in Petersburg und Moskau einen stets günstigen Fortgang. Ich war als Kaufmann ungemein vorsichtig; und obgleich ich bei dem schrecklichen Krach der furchtbaren Handelskrise des Jahres 1857 auch von einigen harten Schlägen betroffen wurde, so taten mir dieselben doch keinen erheblichen Schaden, und selbst jenes unglückliche Jahr brachte mir schließlich noch einigen Gewinn.

Im Sommer 1858 nahm ich mit meinem verehrten Freunde Professor Ludwig von Muralt[1] in Petersburg meine Studien der lateinischen Sprache wieder auf, die fast 25 Jahre lang geruht hatten. Jetzt, wo ich Neu- und Altgriechisch konnte, machte mir das Lateinische wenig Mühe, und ich hatte es mir bald angeeignet.

So möchte ich denn für Gegenwart und Zukunft allen Direktoren von Gymnasien dringend empfehlen, die von mir befolgte Methode in ihren Anstalten einzuführen, die Kinder zuerst von Lehrern, die geborene Griechen sind, im Neugriechischen unterrichten und sie Altgriechisch erst anfangen zu lassen, wenn sie die moderne Sprache geläufig sprechen und schreiben können, was in ungefähr sechs Monaten erreichbar sein wird. Dieselben Lehrer können dann auch den Unterricht in der alten Sprache erteilen; wenn sie meine Methode befolgen, werden sie intelligente Knaben schon in einem Jahr dahin bringen, alle Schwierigkeiten bewältigt, das Altgriechische wie eine lebende Sprache erlernt zu haben, alle Klassiker verstehen und sich mit Leichtigkeit schriftlich über jedes in ihrem Bereich liegende Thema ausdrücken zu können.

Ich verfechte hier nicht leere Theorien, sondern verteidige unwiderlegliche Tatsachen; und deshalb verdiene ich wohl, gehört zu werden. Für ein schreiendes Unrecht erkläre ich es, daß man heute noch Knaben acht lange Jahre hindurch mit dem Studium einer Sprache plagt, von der sie beim Verlassen der Schule im allgemeinen kaum mehr wissen als am Anfang. Was speziell die englischen Anstalten betrifft, so ist bei ihnen der Hauptgrund des Übels zunächst in der willkürlich angenommenen abscheulichen englischen Aussprache des Griechischen zu suchen[2]; dann aber in der grundfalschen Methode, nach welcher die Schüler alle Akzente als ganz überflüssig, ja als bloßes Hindernis zu betrachten lernen, während dieselben doch gerade eins der wesentlichsten Hilfsmittel bei der Erlernung der Sprache darbieten. Man denke, von wie vorteilhaftem Einfluß auf die allgemeine Bildung, wie fördernd für alles wissenschaftliche Streben es sein müßte, wenn fähige Knaben in 18 Monaten sich eine gründliche Kenntnis der neugriechischen sowohl als auch der von Homer und Platon gesprochenen schönen, göttlichen, wohlklingenden altgriechischen Sprache aneignen könnten, die sie wie eine lebende Sprache erlernen und somit nicht wieder vergessen würden! Und wie leicht und mit wie geringen Kosten würde eine dahin zielende Umänderung der Schulanstalten sich bewerkstelligen lassen! Gibt es doch in Griechenland einen Überfluß an hochgebildeten, studierten Männern, die außer ihrer Muttersprache auch der Sprache ihrer Vorfahren vollkommen mächtig, daneben mit der ganzen klassischen Literatur wohl vertraut sind, und die gern und unter mäßigen Bedingungen derartige Stellungen im Auslande annehmen würden. Wie sehr die Kenntnis des Neugriechischen dem Schüler das Erlernen der alten Sprache erleichtert, wird wohl am besten durch eine Tatsache bewiesen, die ich selber mehr als einmal in Athen zu beobachten Gelegenheit gehabt habe; daß nämlich Handlungsgehilfen, die, des Kaufmannsstandes überdrüssig, den Laden mit der Studierstube vertauscht hatten, schon in vier Monaten imstande waren, den Homer und selbst den Thukydides zu lesen.

Was die lateinische Sprache anbetrifft, so sollte sie meiner Meinung nach nicht *vor*, sondern erst *nach* der griechischen gelehrt werden.

Im Jahre 1858 schien mir mein erworbenes Vermögen groß genug, und ich wünschte mich deshalb gänzlich vom Geschäft zurückzuziehen. Ich reiste zunächst nach Schweden, Dänemark, Deutschland, Italien und Ägypten, wo ich den Nil bis zu den zweiten Katarakten in Nubien hinauffuhr. Hierbei benutzte ich die günstige Gelegenheit, Arabisch zu lernen, und reiste dann durch die Wüste von Kairo nach Jerusalem. Darauf besuchte ich Petra, durchstreifte ganz Syrien und hatte so fortdauernd Gelegenheit, eine praktische Kenntnis des Arabischen zu erwerben; ein eingehendes Studium der Sprache nahm ich erst später in Petersburg vor. Nach der Rückkehr aus Syrien besuchte ich im Sommer 1859 Smyrna, die Kykladen und Athen und war eben im Begriff, nach der Insel Ithaka aufzubrechen, als ich vom Fieber befallen wurde. Zugleich kam mir auch die Nachricht aus Petersburg zu, daß der Kaufmann Stepan Solovieff, der falliert hatte und nach einer zwischen uns getroffenen Vereinbarung die bedeutenden Summen, die er mir schuldete, innerhalb vier Jahren, und zwar in jährlichen Raten zurückzahlen sollte, nicht nur den ersten Termin nicht eingehalten, sondern überdies bei dem Handelsgerichte einen Prozeß gegen mich angestrengt hatte. Unverzüglich kehrte ich nach Petersburg zurück, die Luftveränderung kurierte mich vom Fieber, und in kürzester

Zeit gewann ich auch den Prozeß. Nun aber appellierte mein Gegner bei dem Senat, wo kein Prozeß in weniger als drei bis vier Jahren zur Entscheidung gelangen kann, und da meine persönliche Gegenwart unumgänglich notwendig war, nahm ich meine Handelsgeschäfte, sehr wider Willen, von neuem auf, und zwar diesmal in weit größerem Maßstabe als je zuvor.

Vom Mai bis Oktober 1860 belief sich der Wert der von mir importierten Waren auf nicht weniger als 10 Millionen Mark. Außer in Indigo und Olivenöl machte ich in den Jahren 1860 und 1861 auch in Baumwolle sehr bedeutende Geschäfte, die durch den amerikanischen Bürgerkrieg und die Blockade der südstaatlichen Häfen begünstigt wurden und großen Gewinn gaben. Als die Baumwolle aber zu teuer wurde, gab ich sie auf und machte Geschäfte in Tee, dessen Einfuhr auf dem Seewege vom Mai 1862 an gestattet wurde ... Als aber im Winter von 1862 auf 1863 die Revolution in Polen ausbrach und die Juden die dort herrschende Unordnung benutzten, um riesige Quantitäten Tee nach Rußland einzuschmuggeln, konnte ich, der ich immer den hohen Einfuhrzoll bezahlen mußte, nicht die Konkurrenz dieser Leute aushalten und zog mich daher wieder vom Teehandel zurück. Ich hatte noch 6000 Kisten auf Lager, die ich nur mit geringem Gewinn loswurde ... Meine Hauptstapelware aber blieb der Indigo; denn da ich eine gründliche Kenntnis dieses Artikels besaß und von den Herren J. Henry Schröder in London immer mit auserlesener und billiger Ware versehen wurde, dazu auch selbst große Quantitäten direkt von Kalkutta importierte und nie, wie die übrigen Indigohändler in Petersburg, den Verkauf des Indigo meinen Commis oder Dienern überließ, sondern stets selbst im Speicher stand, um den Händlern die Ware zu zeigen und die Engrosverkäufe abzuschließen, so hatte ich keine Konkurrenz zu fürchten und durchschnittlich einen jährlichen Reingewinn von 200000 M. an Indigo und außerdem 6% Zins vom Kapital.

Da der Himmel fortfuhr, allen meinen kaufmännischen Unternehmungen ein wunderbares Gelingen zu schenken, befand ich mich schon gegen Ende des Jahres 1863 im Besitze eines Vermögens, das an Größe alles übertraf, was ich in meinen kühnsten Träumen je zu erstreben gewagt hatte. Inmitten allen Gewühls des geschäftlichen Lebens aber hatte ich nie aufgehört, an Troja zu denken und an die 1830 mit meinem Vater und Minna getroffene Übereinkunft, es dereinst auszugraben. Wohl hing mein Herz jetzt am Gelde, aber nur, weil ich dasselbe als Mittel zur Erreichung dieses meines großen Lebenszweckes betrachtete. Außerdem hatte ich nur mit Widerwillen und weil ich für die Zeit des langwierigen Prozesses mit Solovieff eine Beschäftigung und Zerstreuung brauchte, meine kaufmännische Tätigkeit wieder aufgenommen. Als daher der Senat die Appellation meines Gegners abgewiesen und dieser mir im Dezember 1863 die letzte Zahlung geleistet hatte, fing ich sofort an, mein Geschäft zu liquidieren. Bevor ich mich jedoch gänzlich der Archäologie widmete und an die Verwirklichung des Traumes meines Lebens ging, wollte ich noch etwas mehr von der Welt sehen . . .[3]

V

In zwei Jahren um die Welt
1864–1866

Reisen, in Werbeprospekten oft als das ideale Vergnügen und die beste Erholung angepriesen, bedeutet für viele Menschen etwas ganz anderes. Eine Anstrengung zum Beispiel, aber auch ein Betäubungsmittel oder eine Flucht. Gewiß, Reisen kann bilden. Aber für jene, die es, ähnlich dem Fliegenden Holländer, von einem Land zum andern treibt, ist das Reisen vor allem ein Gemütszustand. Für Schliemann, den Mittvierziger, war es das alles - und nicht zuletzt auch Ausdruck seiner Verzweiflung. Wie stets waren seine Beweggründe höchst unterschiedlicher Natur.

Obzwar es in seiner »Autobiographie« anders zu lesen ist, hatte er sich im Jahre 1863 noch nicht endgültig für die archäologische Laufbahn entschlossen. Wie in den vorausgegangenen Jahren erlebte er auch jetzt Phasen der Unentschlossenheit und des Zweifels an sich selbst, Phasen, in denen er plante, sich ins Privatleben zurückzuziehen, und solche, in denen er neue - darunter auch kaufmännische - Projekte ins Auge faßte. Aus Aachen, wo er im Frühjahr 1864 zur Kur weilte, schrieb er an J. W. Schröder in Hamburg: »Da jetzt der Handel in St. Petersburg ganz darniederliegt und ich nicht imstande bin, meine Wißbegier zu zähmen, so beabsichtige ich ... am 25. d. Mts. [Mai 1864] über Genua nach Tunis abzureisen [und von dort aus] über Ägypten, Ostindien, China, Japan, Californien und Mexiko nach Cuba und Südamerika zu reisen und darauf nach Petersburg zurückzukehren, um das Geschäft wieder zu erneuern, falls inzwischen die Umstände besser geworden sind.«[1] Er hatte sich also noch nicht festgelegt.

Seine zweijährige Weltreise bedeutete demnach einen Aufschub. Nahezu ständig unterwegs zu sein, war für ihn nicht nur eine willkommene Gelegenheit, seine Allgemeinbildung zu vertiefen, sondern ermöglichte ihm auch, den Weg des geringsten Widerstandes zu gehen und eine wichtige Entscheidung hinauszuzögern.

Hätte Schliemanns Interesse - wie einige seiner Biographen uns glauben machen wollen - sich schon damals ganz auf Griechenland und Troja konzentriert, so hätte er bestimmt nichts Eiligeres zu tun gehabt, als jene Reise fortzusetzen, die 1858 ein so jähes Ende gefunden hatte. Statt dessen wollte er Europa möglichst lange hinter sich lassen und, weit entfernt von seinem Zuhause und seiner zänkischen Frau, in der Welt herumreisen. Noch hatte die Leidenschaft für die Antike nicht völlig Besitz von ihm ergriffen. Nach wie vor war Schliemann, der amerikanische Staatsbürger, ein europamüder Abenteurer, den es in die Ferne trieb.

Dennoch war er kein echter »Weltenbummler«. Dafür war er viel zu nörglerisch: Ständig beschwerte er sich über seine Hotelzimmer, zankte sich mit dem Personal, mit Gastwirten und Ladenbesitzern und beklagte sich über Unsauberkeit. Er war anfällig für alle möglichen Touristenkrankheiten und mußte oft wochenlang unter denkbar ungünstigen Umständen das Bett hüten. Er war zu voreingenommen, um fremde Völker schätzenzulernen, brachte wenig Interesse für Kunst und landschaftliche Besonderheiten auf (nur für Gebirgspanoramen konnte er sich immer wieder begeistern)[2], schenkte den politischen und sozialen Umwälzungen, die sich damals in vielen Ländern vollzogen, herzlich wenig Beachtung und war ausschließlich an Sehenswürdigkeiten interessiert, die in der gängigen Reiseliteratur erwähnt wurden.[3] Ohne seine Pausanias- und Homertexte, die ihn später zu eigenen und oft höchst unorthodoxen Betrachtungen anregten, war er ziemlich hilflos. Weder Ägypten noch der Nahe und der Ferne Osten reizten ihn - ganz im Gegensatz zu einigen berühmten viktorianischen Zeitgenossen - zu abenteuerlichen Beutezügen.

Doch er war von Natur aus wißbegierig. Ruinenstätten, vornehmlich in Kleinasien und Nordindien, erregten seine Aufmerksamkeit und bewogen ihn zu wohldurchdachten Kommentaren, die auf seine späteren archäologischen Interessen vorausdeuteten. In seinen umfangreichen Reisetagebüchern stößt man gelegentlich auf erstaunlich scharfsichtige und lebhafte Schilderungen. Vom japanischen und chinesischen Theater war er begeistert und versäumte keine Gelegenheit, eine Aufführung zu besuchen. Mit der

Nüchternheit eines Sozialwissenschaftlers informierte er sich in China über den uralten Brauch, die Füße der Mädchen durch ständiges Bandagieren zu verkrüppeln, und in Japan über die von Männern und Frauen gemeinsam benützten Badehäuser und über die institutionalisierte Prostitution. Dem etwas makabren Interesse, das er zeitlebens an Friedhöfen fand, frönte er offenbar auch auf dieser Reise: Sofort nach der Ankunft in einer indischen Provinzstadt besuchte er die Grabstätten der Opfer des noch nicht lange zurückliegenden Sepoy-Aufstandes.

China und Japan, die zu bereisen er sich schon lange gewünscht hatte, beeindruckten ihn so nachhaltig, daß er ein Buch - sein erstes - darüber schrieb: *La Chine et le Japon au temps présent.* Er verfaßte es in französischer Sprache während der fünfzig Tage dauernden Reise über den Pazifik nach Kalifornien. 1867 erschien es in einer kleinen Auflage in einem obskuren Pariser Verlag. Es wurde zwar in keine andere Sprache übersetzt, aber immerhin hatte Schliemann damit sein Debüt als Autor gegeben.

Daß es ihm gelungen war, seine Tagebuchaufzeichnungen zu einem Buch zu verarbeiten, daß es gedruckt und sogar rezensiert wurde, bewog ihn von neuem, an eine schriftstellerische Karriere zu denken. Als Autor hervorgetreten zu sein, hob jedenfalls sein Selbstgefühl und war ein Sprungbrett zu noch ehrgeizigeren Plänen.

In *La Chine et le Japon* schildert er nur einen Teil der Weltreise, die er Mitte April 1864 in Aachen angetreten hatte. Zunächst reiste er in aller Gemächlichkeit via Paris und Genua nach Tunis, wo er geschäftliche Informationen für die Firma Schröder sammelte. Er besichtigte die Ruinen von Karthago und machte einen kurzen Abstecher nach Malta, wo er ausnahmsweise einmal nicht imstande war, sich in der Umgangssprache zu unterhalten. In Ägypten, der nächsten Station seiner Reise, litt er unter der Sommerhitze, die ihn, wie er seinen Schwestern schrieb, Tag für Tag dazu zwang, sage und schreibe mehrere Eimer Nilwasser zu trinken. Kein Wunder, daß er krank wurde und wegen eines Hautausschlags wochenlang das Bett hüten mußte. Schließlich kehrte er nach Italien zurück, um sich in Porretta (Terme) bei Bologna einer Kur zu unterziehen.

Völlig wiederhergestellt, reiste er nach Florenz und weiter nach Neapel, von wo aus er Capri, Paestum und Pompeji besuchte. Seinem geradezu fanatischen Glauben an die heilende Wirkung des Badens im Meer – einer Überzeugung, zu der er bereits in jungen Jahren während seiner Aufenthalte in Rostock und Hamburg gelangt war und der er trotz ärztlicher Warnungen zeitlebens anhing – ist es vermutlich zuzuschreiben, daß er von einem Ohrenleiden befallen wurde, das letztlich zu seinem Tod führte. Erneut von Schmerzen gemartert, konsultierte er in Neapel einen Arzt (in derselben Stadt also, in der er 1890 mitten auf der Straße zusammenbrach und zwei Tage später starb). Als die Schmerzen nicht nachließen, reiste er auf dem schnellsten Weg nach Paris und von hier aus zu einem Spezialisten nach Würzburg, den ihm die Schröders empfohlen hatten. Drei Wochen später konnte er die Rückreise nach Ägypten antreten, auf der er in Wien, Triest und Korfu Station machte. Von Ägypten aus setzte er auf einem englischen Schiff seine Reise fort, die ihn durch das Rote Meer nach Indien führte. Nach wie vor zeichnete er alle Erlebnisse in seinem Tagebuch auf (es umfaßte über fünfhundert Seiten), wobei er sich, wie gewohnt, mehrerer Sprachen bediente – vorwiegend der englischen, daneben aber auch der deutschen, französischen, italienischen, neugriechischen, russischen, spanischen, holländischen und sogar der arabischen. (Auf der Reise nach Indien befaßte er sich mit dem Studium des Hindostani.)

Kurz nachdem er am 13. Dezember 1864 in Kalkutta eingetroffen war, besuchte er eine Indigo-Auktion: Der Handel mit diesem pflanzlichen Farbstoff hatte ihm ein Vermögen eingebracht. Es folgte eine Tausend-Meilen-Bahnfahrt nach Delhi. Dort bewunderte er die Moscheen und die Paläste der Großmoguln und war entsetzt über das Ausmaß der Zerstörung, die während des Aufstandes von 1857 angerichtet worden war. Auf der Reise zu den Ausläufern des Himalaja war er beeindruckt von den verschiedenen Vegetationszonen und den einträglichen Landbauprodukten (Tee, Zuckerrohr, Baumwolle). Er unternahm eine Bergtour in das rund siebentausend Fuß hoch gelegene Dorf Landur, und das Gebirgspanorama inspirierte ihn zu einer seiner obligaten Hymnen auf die majestätische Bergwelt.

Auf seinem Reiseprogramm standen auch Lucknow – wegen ihrer Sauberkeit die von ihm am meisten gelobte indische Stadt –, Agra mit dem Tadsch Mahal und dem Grabmal des Großmoguls Akbar sowie Benares, wo er das Gewimmel der zum Ganges pilgernden Gläubigen bestaunte.

Nach Kalkutta zurückgekehrt, fuhr Schliemann auf einem englischen Dampfer weiter nach Penang (Malaya) und Singapur und traf am 19. Februar 1865 in Batavia (Djakarta), der wichtigsten javanischen Hafenstadt, ein. Auf Java unternahm er Streifzüge durch die üppige Tropenlandschaft, besuchte den unvergleichlich schönen botanischen Garten in Buitenzorg (Bogor) und ritt auf einen fast zehntausend Fuß hohen Vulkan, um das »einzigartige« Panorama zu bewundern. Abgesehen von den Verdauungsstörungen, die ihm hier zu schaffen machten, litt er von neuem unter starken Ohrenschmerzen und mußte sich in Batavia die inneren Verknorpelungen operativ entfernen lassen. Nach einem kurzen Aufenthalt in Saigon, wo er sich zu kritischen Bemerkungen über die erst seit wenigen Jahren etablierte französische Herrschaft und zu noch kritischeren über die Einwohner veranlaßt fühlte, traf er am 1. April 1865 in Hongkong ein. Erstaunlicherweise nötigten ihm die Chinesen, die ihm bei seinem Aufenthalt in Singapur und auf Java (ja sogar in Kalifornien) beinahe als eine »Herrenrasse« erschienen waren, in ihrem eigenen Land wenig Respekt ab. Hier fand er sie zumeist dekadent, heruntergekommen und schmutzig. Diese Degenerationserscheinungen schrieb er vor allem dem Opiumgenuß zu.

In China hielt sich Schliemann zwei Monate auf. Von Hongkong aus (wo er ebenfalls das »herrliche Panorama« bewunderte) reiste er nach Norden, um Handelszentren wie Kanton, Amoy, Futschou, Schanghai, Tientsin und Peking zu besuchen.[4] Von keiner dieser Städte war er sonderlich beeindruckt. Peking, von dem er sich viel versprochen hatte, enttäuschte ihn zutiefst. Seine von Vorurteilen getrübte Kritik ist vermutlich darauf zurückzuführen, daß er sich in diesem von inneren Streitigkeiten zerrissenen Land nicht wohl fühlte und für die politischen Probleme kein Verständnis aufbrachte. Grünen Tee zu trinken, noch dazu ohne Zucker und Milch, fand er barbarisch. Wie Robert Payne, ein guter Kenner Chinas, in seinem Buch über Schliemann schreibt, »waren fast alle Schlüsse, die er zog, falsch«. Schliemanns Bemerkungen über den verwahrlosten Zustand Pekings sind völlig nebulos und werden von keinem zeitgenössischen Chinareisenden bestätigt. Statt sich gründlich zu informieren, erging er sich, wie Payne es formuliert, in »wahrhaft erstaunlichen Improvisationen über das Thema: Verfallene Stadt versinkt langsam im Morast ... Wenn die schimmernden Paläste der verbotenen Stadt hinter einem grünen Meer von Sommerlaub kaum sichtbar waren, hielt er sie für verfallen«.[5] Und gepflasterte Straßen, ausgemauerte Abwasserkanäle, Gesimse und Granitbrücken (deren verwahrlosten Zustand Schliemann schildert) gab es dort überhaupt nicht.

Für diese Enttäuschungen wurde er allerdings entschädigt, als er die Chinesische Mauer besichtigte. Der Anblick dieses grandiosen Bauwerks (über dessen Erneuerung und Ausbau im vierzehnten Jahrhundert unter der Ming-Dynastie er anscheinend nicht informiert war) überwältigte ihn. Dazu kam, daß ihm die Landschaft ringsum sehr zusagte.

Japan, das damals an der Schwelle der Meiji-Ära und kurz vor der Entmachtung des Schogun (von Schliemann als »weltlicher Kaiser« bezeichnet) stand und das erst zwölf Jahre zuvor von dem amerikanischen Commodore Perry mit einem Schlag für den Westhandel geöffnet worden war, zog Schliemann völlig in Bann und inspirierte ihn zu seinen interessantesten Kommentaren. Er verschloß zwar keineswegs die Augen vor der dort weitverbreiteten Fremdenfeindlichkeit, die er vor allem dem

Einfluß der Daimyos (erbliche Lehensfürsten) zuschrieb, schilderte aber die Tugenden der Japaner mit ebensoviel Einfühlung wie seine Eindrücke vom Land selbst. Er hatte ja zeitlebens eine Vorliebe für Menschen und Volksgruppen, die sich durch Sauberkeit auszeichneten, ob es sich nun um die Inder in Lucknow, die Nordchinesen in den mandschurischen Grenzgebieten oder die Nubier am oberen Nil handelte.

Im Juli 1865 schiffte er sich auf der *Queen of Avon*, einem Segelschiff, für die lange Reise nach San Francisco ein. In Kalifornien, das er vor vierzehn Jahren verlassen hatte, besuchte er altvertraute Stätten und informierte sich über die Entwicklung des Staates. Als er das Grab seines Bruders besuchen wollte, stellte er entsetzt fest, daß der Friedhof eingeebnet worden war und von dem Grabstein, den er damals hatte anfertigen lassen, nur noch einige Trümmer herumlagen. Und zu alledem stellte sich auch noch heraus, daß die Leiche, die er nach Deutschland überführen lassen wollte, gar nicht die seines Bruders war. Die Verhältnisse in Kalifornien, wo das Goldfieber inzwischen nachgelassen hatte, erschienen ihm jetzt solider und gedeihlicher. Wie reizvoll dieses Land war, kam ihm erst jetzt richtig zu Bewußtsein. »Dieses schöne Land«, schrieb er in sein Tagebuch, »hat das Klima von Italien, die Erde von Ägypten, das Silber von Peru . . . und eine Bevölkerung mit der gleichen Energie wie die von Neuengland.«[6] Diesmal besuchte er auch das Yosemite Valley und war von der grandiosen Landschaft begeistert.

Um in Panama nicht wieder ein Fiasko zu erleben, reiste er auf dem Seeweg von Kalifornien nach Nicaragua, dann auf dem Landweg zur Atlantikküste, wo er sich nach New York einschiffte. Allmählich verlor er die Lust am Reisen. Die herrliche Tropenlandschaft Nicaraguas ließ ihn kalt. Und selbst New York faszinierte ihn nicht mehr. Dort konnte er wegen eines Malariaanfalls das Bett nicht verlassen, bis ihm ein deutscher Arzt mit einer starken Dosis Chinin und viel Kaffee wieder auf die Beine half. In seinen Tagebuchaufzeichnungen verriet er jetzt einen stärkeren

Hang zur Selbstbeobachtung und -kritik. Von dem Gefühl beschlichen, daß Reisen keine wirklich sinnvolle Beschäftigung sei, verwünschte er seine eigene Rastlosigkeit. Wieder einmal sah er der Zukunft besorgt - und unentschlossen - entgegen.

Gleichwohl hinderten ihn derlei Bedenken nicht daran, sein Reiseprogramm zu erweitern: Er besuchte die Niagarafälle und Kanada, dann fuhr er in den Süden - nach New Orleans und weiter nach Mexiko. Aber nichts begeisterte ihn.

Seine letzten Reisestationen in der Neuen Welt waren Kuba, wo er einiges Kapital investierte, und die kleineren karibischen Inseln, einschließlich St. Thomas, wo er den früheren mexikanischen Staatspräsidenten, General Antonio López de Santa Ana, kennenlernte. Inzwischen hatte er wieder Vergnügen an diesem Nomadenleben gefunden. »Ich reise gern«, schrieb er an seinen alten Freund Hepner, »denn überall finde ich interessante, gebildete Reisegefährten, von denen ich nützliche Kenntnisse sammeln kann.«[7]

Anfang 1866 kehrte er nach Europa zurück. Nach der Ankunft in England besuchte er im Londoner Kristallpalast eine Ausstellung prähistorischer Höhlenkunst aus der Dordogne. Einige Tage später reiste er nach Paris, wo er von nun an leben wollte.

Die Chinesische Mauer

Aus *La Chine et le Japon au temps présent*

[Nach der Ankunft in Peking] war ich von dem Wunsch, die Große Mauer zu besichtigen, ebenso erfüllt wie von Bedenken wegen des beschwerlichen Weges. Daher beschloß ich, sofort aufzubrechen und nach der Rückkehr noch acht Tage in Peking zu bleiben. Noch am selben Abend beauftragte ich At-shon [Schliemanns Diener], zwei Pferdekarren und ein Reitpferd für die Reise nach Ku-pa-ku (Chou-pei-k'ou) und zurück zu mieten. Tags darauf brach ich um 4 Uhr morgens ... nach Norden auf.

At-shon, der auf dem Gepäckkarren saß, dachte nicht daran, die Mauern von Peking und die Landschaft zu bewundern, sondern schlief statt dessen. Ich ritt vor dem anderen Karren her, damit ich mich sofort daraufsetzen konnte, falls mein Pferd den Dienst versagte – was tatsächlich am nächsten Tag um die Mittagszeit geschah. Das Pferd begann vor Erschöpfung zu lahmen, und ich mußte es an den Karren binden und mich an die Deichsel setzen. Die Sonne brannte erbarmungslos. Ich litt sehr, obwohl ich einen großen arabischen Turban trug.

Um sechs Uhr abends trafen wir endlich in der großen Ortschaft Ku-pa-ku ein, die als eine der saubersten in ganz China gilt. Sie liegt direkt an der mandschurischen Grenze, in einem von hohen Bergen flankierten Tal. Die Ankunft eines Fremden ist dort ein seltenes Ereignis. Ginge ein kostümierter Orang-Utan plötzlich auf den Pariser Boulevards spazieren, dann würde er dort ebenso großes Aufsehen erregen wie ich inmitten dieser Gebirgsbewohner. Kaum hatte ich das Stadttor passiert, als ich auch schon von einer riesigen Menschenmenge umgeben war, die mir bis zur Herberge folgte. Da dort natürlich nicht für alle Leute Platz war, kletterten einige an der Außenseite zu meinem Fenster herauf und zerrissen die Papierblende, um mich genau zu betrachten. Niemand konnte begreifen, warum ich nicht in chinesischem Stil gekleidet war und warum ich keinen langen Zopf, sondern kurze Haare hatte. Dieses Zeichen schlechten Geschmacks hätte man mir vielleicht verziehen, aber mich von links nach rechts schreiben zu sehen, in unbekannten Buchstaben und mit einem Bleistift oder einer Stahlfeder (Schreibgeräte, die in China völlig unbekannt sind), statt mit einem Pinsel chinesische Hieroglyphen von oben nach unten und von rechts nach links zu malen – das war ein so unerhörtes Ereignis, daß die Leute ihren Augen nicht trauten, als ich dieses Wunder vollbrachte.

Ich fand die Neugier der Leute ziemlich lästig, wußte aber nicht, was ich dagegen tun sollte. Fünf oder sechs Personen jagte ich weg, indem ich sie mit meiner ungeladenen Pistole bedrohte, aber ich wagte nicht, diesen Trick bei sechzig oder siebzig Personen anzuwenden, die dann vielleicht auf mich losgegangen wären. Als man nach dem Zweck meiner Reise fragte, erzählte At-shon den Leuten bedauerlicherweise, daß ich die Große Mauer besichtigen wolle. Daraufhin brachen alle in schallendes Gelächter aus, weil niemand verstehen konnte, warum ich so verrückt war, eine lange und beschwerliche Reise zu unternehmen, nur um mir Steine anzusehen. In diesem Zusammenhang muß erwähnt werden, daß es dem chinesischen Charakter widerspricht, sich – wenn es nicht absolut notwendig ist – auch nur der geringsten Anstrengung auszusetzen . . .

Nachdem ich gefrühstückt hatte, brach ich mit meinem Führer auf, um zur Mauer hinaufzusteigen. Kaum hatte ich die Straße betreten, da war ich schon wieder von einer großen Menge Neugieriger umringt, die bis zur Mauer hinter mir herlief. Als wir den ersten steilen Abhang erreichten, siegte ihre Furcht vor allzu großer Anstrengung über ihre Neugier, und alle blieben zurück, ausgenommen At-shon, der mich tapfer bis hinauf zu der gefährlichen Stelle begleitete, wo die Mauer auf beiden Seiten steil nach unten in einen Abgrund führt. Hier war die Rampe so stark abgebröckelt, daß sie nur noch rund vierunddreißig Zentimeter breit war, also so schmal, daß man sich, um nicht hinunterzustürzen, auf allen vieren vorwärts bewegen mußte. At-shon verlor den Mut und blieb zurück, nun setzte ich das Unternehmen ganz allein fort.

Ich sah, daß in etwa acht Kilometer Entfernung die Mauer über eine steile Anhöhe führte, die ich um jeden Preis erklimmen wollte. Das war allerdings kein leichtes Unterfangen, denn auf dem Weg dorthin waren offenbar fünf abschüssige Felshänge zu überwinden, bei welchen die Mauer eine Steigung von fünfzig, vierundfünfzig und sechzig Grad hatte . . . Beim Erklimmen der Steilhänge blieb ich immer dicht an der Brüstung und blickte nicht zurück. Danach überquerte ich mit geschlossenen Augen und auf allen vieren einen gefährlichen Grat.

Dank meiner Ausdauer erreichte ich endlich das Ziel meiner Wünsche, aber wie groß war mein Schrecken, als ich feststellen mußte, daß die Mauer nach weniger als zwei Kilometern wieder über einen Berg verlief, der mindestens zweihundert Meter höher war und die Aussicht nach Westen versperrte. Aber da ich unbedingt dorthin wollte, machte ich mich beherzt auf den Weg. Nachdem ich mehrere kleine Anhöhen erklommen hatte, kam ich schließlich zu dem großen Steilhang, der schätzungsweise 130 Meter hoch war und eine Steigung von sechzig Grad hatte. Die Mauerstufen waren hier nur knapp drei Zoll breit und mit Schutt bedeckt, so daß dieser Aufstieg schwieriger war als alle anderen zusammengenommen. Aber allmählich gelangte ich zum höchsten Punkt, und dort stieg ich auf die Plattform eines zinnenbewehrten Wachturmes. Inzwischen war es Mittag geworden - ich war seit fünfeinhalb Stunden unterwegs. Aber die Aussicht, die sich mir hier oben bot, entschädigte mich für alle Anstrengungen ...

Wandte ich den Blick nach Norden, so sah ich jenseits der Berge die mandschurische Hochebene. Neunhundert Meter unter mir lag ein langgestrecktes Tal. Ein Fluß durchzieht es von Norden nach Süden, bewässert die Reisfelder und fließt nach mehreren Windungen durch die schöne Stadt Ku-pa-ku, so daß der eine Ortsteil auf einer Halbinsel liegt. Ein Nebenarm dieses klaren Gewässers zweigt nach Osten in ein Tal ab. Durch mein Fernrohr konnte ich das Gewimmel auf den Straßen der Stadt sehen, und ich erkannte At-shon, der vor meinem Gasthaus saß. Die Stadt war von schönen Gärten umgeben, alles war in frisches Frühlingsgrün gehüllt, nur die Obstbäume sproßten noch nicht. Nahe der Stadt exerzierte ein Bataillon Soldaten mit Gewehren. Wenn sie feuerten, vernahm ich ein dreifaches Echo ...

Ich habe auf den Gipfeln der Vulkane Javas, den Bergkämmen der Sierra Nevada in Kalifornien, den Himalajagipfeln in Indien und den Hochplateaus der südamerikanischen Kordilleren[1] die herrliche Aussicht genossen, aber etwas Großartigeres als das Panorama, das sich mir hier bot, habe ich noch nie gesehen ... Die Chinesische Mauer, von der ich seit meiner Kindheit die Leute immer nur voller Neugier sprechen hörte – jetzt sah ich sie vor mir – hundertmal grandioser, als ich sie mir vorgestellt hatte. Und je länger ich diesen gewaltigen Schutzwall mit seinen imposanten, zinnenbewehrten, stets auf den höchsten Bergen erbauten Wachtürmen betrachtete, desto mehr erschien er mir wie das legendäre Bauwerk einer vorsintflutlichen Rasse. Aber ich wußte ja aus der Geschichte, daß diese Mauer rund 220 Jahre vor unserer Zeitrechnung gebaut worden war. Trotzdem konnte ich mir nicht vorstellen, daß Menschenhände sie errichtet hatten: Wie war es ihnen gelungen, das Baumaterial auf diese hohen, steilen Felshänge zu transportieren und zusammenzufügen – alle diese Granitblöcke und die Billionen von Ziegeln, die unten in den Tälern hergestellt werden mußten? Ich kam zu dem Schluß, daß man in den Tälern mit der Errichtung der Mauer begonnen und sie dann zum Transport des für den jeweils nächsten Bauabschnitt benötigten Materials benützt hatte ...

Aber hatte, so fragte ich mich, die Generation jener Hünen, die imstande war, inmitten einer zerklüfteten Berglandschaft einen so gewaltigen Wall zu errichten, dieses Bollwerk überhaupt nötig? Waren nicht die kraftstrotzenden Körper dieser herkulischen Rasse der beste Schutz gegen eine feindliche Invasion aus dem Norden?

Wenn aber eine solche Mauer tatsächlich erforderlich war, woher nahm man dann die Millionen von Arbeitern, die für die Herstellung von Ziegeln und Zement, für das Behauen des Granits und den Transport des Materials auf derart steile Anhöhen gebraucht wurden? Und wie war es möglich, genug Soldaten zu rekrutieren, um die zwanzigtausend Wachtürme der Mauer ausreichend zu bemannen – dieser Mauer, die, alle Windungen eingerechnet, nicht weniger als dreitausendzweihundert Kilometer lang ist? ...

Schon seit Jahrhunderten befindet sich die Chinesische Mauer in einem verwahrlosten Zustand. Statt von Kriegern bemannt zu sein, beherbergen die Wachtürme jetzt friedliche Tauben, die hier nisten, während die Mauer selbst von harmlosen Eidechsen nur so wimmelt und von gelben Blumen und Veilchen überwuchert ist, welche die Ankunft des Frühlings verkünden. Zweifellos ist sie das größte Bauwerk, das jemals von Menschen geschaffen wurde. Ein Grabmal vergangener Größe, Schluchten durchziehend und in die Wolken ragend, protestiert sie schweigend gegen die Korruption und Dekadenz, die das chinesische Kaiserreich befallen haben.

Ich wäre gern bis zum Abend auf dem Turm geblieben, weil ich mich an diesem herrlichen Panorama einfach nicht satt sehen konnte, aber die Sonne brannte hernieder und der schreckliche Durst zwang mich, diese unwirtliche Gegend zu verlassen. Den sechsten und den fünften Abhang kletterte ich rückwärts hinunter, gestützt auf meine Hände. Dann gelangte ich auf einem schmalen, gewundenen Pfad zum Fuß des Berges. An vielen Stellen war er so steil, daß ich bäuchlings hinunterrutschen mußte. Dennoch gelang es mir, außer meinem Fernrohr auch einen siebenundachtzig Zentimeter langen Ziegelstein bei mir zu tragen: Beide Gegenstände hatte ich mir auf den Rücken gebunden.

Unten angelangt, schob ich das Fernrohr unter meinen Gürtel, und den Ziegelstein trug ich vor mir her. Sobald ich in die Stadt zurückgekehrt war, scharten sich wieder zahlreiche Männer, Frauen und Kinder um mich, die mit lautem Geschrei auf den Ziegel deuteten und mir deutlich zu verstehen gaben, daß sie es für verrückt hielten, einen fünfzig Pfund schweren, wertlosen Stein herumzuschleppen. Ich stieß das Wort *schuaiat* (Wasser) hervor und erklärte mit Hilfe der Zeichensprache, ich sei entsetzlich durstig. In einem Korb brachten mir die Leute eiligst frisches Wasser, wofür sie kein Geld annehmen wollten. Soviel Uneigennützigkeit war ich in China noch nie begegnet ...

Hier sei auch erwähnt, daß die Einwohner dieser Stadt für ihre Gutherzigkeit ebenso bekannt sind wie dafür, daß ihre Neugier die aller anderen Chinesen übertrifft. Diese Gebirgsbewohner machen einen recht zufriedenen Eindruck, und man sieht, so merkwürdig es klingen mag, in dieser Stadt keinen einzigen Bettler. Ku-pa-ku steht sicher zu Recht im Ruf, die sauberste Stadt Chinas zu sein. Der reinlichen Kleidung dieser Leute mangelt es, obzwar sehr schlichtes Material dafür verwandt wird, nicht an einer gewissen Eleganz. Wie überall in China sind auch die Frauen von Ku-pa-ku nicht sonderlich kokett, abgesehen davon, daß sie auf ihre kleinen, verkrüppelten Füße stolz sind. Der moralische Niedergang hat bei diesen Gebirgsbewohnern noch nicht begonnen. Die Männer, Frauen und Kinder sind durchweg kräftig gebaut und widerstandsfähig, und ihre frische Gesichtsfarbe bezeugt, daß sie in einem gesunden Klima leben und sich des Opiumgenusses enthalten. Die Vorliebe für dieses Gift ist in den südlichen Provinzen weitverbreitet: Man sieht dort überall Menschen mit fahlen und völlig ausdruckslosen Gesichtern. In Tientsin und Peking dagegen stellt man die zerstörerische Wirkung dieser Droge nur bei einem kleinen Teil der Bevölkerung fest . . .

Japan

Aus *La Chine et le Japon au temps présent*

In Schanghai buchte ich die Überfahrt nach Yokohama (Japan) auf dem Dampfschiff *Peking*, das der »Peninsular and Oriental Company« gehört. Ich mußte für die Überfahrt, die ein guter Dampfer leicht in drei Tagen schafft, 100 *taels* (900 Francs) zahlen.

Nach einer sehr angenehmen Seereise erblickten wir am 1. Juni [1865] gegen sechs Uhr morgens die erste kleine Felseninsel Japans. Ich begrüßte sie freudig, denn alle Passagiere hatten mir so begeistert von diesem Land erzählt, daß ich darauf brannte, es kennenzulernen ...

Am 3. Juni gegen zehn Uhr vormittags sahen wir in einer Entfernung von etwa 150 englischen Meilen den berühmten Vulkan Fudschijama, der 4725 Meter hoch ist und dessen von ewigem Schnee bedeckter Gipfel über den Wolken aufragte ... Am Nachmittag liefen wir in die große Bucht von Yedo ein, und um zehn Uhr abends gingen wir nahe der Stadt Yokohama vor Anker.

Am nächsten Morgen stand ich frühzeitig auf, um von Bord zu gehen. Schon auf der Landungsbrücke konnte ich mich mit eigenen Augen davon überzeugen, daß ich nicht mehr in China war: Statt der schmutzigen Landungsboote, die - mit einem aufgemalten Auge an beiden Seiten des Buges - in China sofort um jedes neu angekommene Schiff herumwimmeln und fast immer von zwei Frauen mit kleinen Kindern auf dem Rücken gerudert werden ... war hier nur ein einziges Boot zu sehen. Es wurde von zwei stämmigen Japanern gerudert, die nichts als einen sehr schmalen Gürtel trugen, was man nur als kümmerlichen Versuch, bekleidet zu erscheinen, betrachten konnte. Dafür waren ihre Körper vom Hals bis zu den Knien mit roten und blauen Tätowierungen bedeckt, die Drachen, Löwen, Tiger sowie männliche und weibliche Gottheiten darstellten. Für diese Männer galt also das gleiche, was Julius Cäsar über die alten Britannier sagte: »Wenn sie auch nicht bekleidet sind, so sind sie wenigstens gut bemalt.« Ihre Haartracht unterschied sich ebenfalls von der ihrer Nachbarn im »Reich des Himmels«: Ihre Köpfe waren von der Stirn bis ganz oben glattrasiert ...

Sobald ich an Land gegangen war, schickten sich zwei Träger an, mein Gepäck auf zwei Bambusstangen zu stellen, die sie zum Tragen benutzten. Aber als ich mir die beiden genauer ansah, stellte ich fest, daß ihre Haut mit Ausschlag bedeckt war ... und nachdem ich eine halbe Stunde gewartet hatte, trug ich zwei gesunden Männern auf, mein Gepäck zum Zoll zu tragen. Zwei Zollbeamte erschienen. Lächelnd begrüßten sie mich mit *»ohayo«* [Guten

Tag], verneigten sich fast bis zum Boden und verharrten eine halbe Minute in dieser Stellung. Dann bedeuteten sie mir, meine Koffer zu öffnen. Da die Gepäckkontrolle eine ziemlich langwierige Prozedur ist, offerierte ich jedem der beiden einen *itzebu* ($2^1/_2$ Francs), falls sie auf die Kontrolle verzichten würden. Aber zu meiner Überraschung weigerten sie sich, das Geld anzunehmen, klopften sich auf die Brust und sagten: *»Nippon musko«*, was bedeutet, daß ein Japaner es unter seiner Würde erachtet, seine Pflicht gegen ein Entgelt zu vernachlässigen. Ich öffnete also meine Koffer. Aber weit davon entfernt, mich zu schikanieren, begnügten sich die Beamten mit einer oberflächlichen Kontrolle. Kurzum – sie verhielten sich sehr zuvorkommend. Dann sagten sie, wieder mit einer tiefen Verbeugung: *»Sayonara«* [auf Wiedersehen!].

Sodann begab ich mich mit den beiden Kulis, die mein Gepäck trugen, ins »Colonial Hotel«. Es lag inmitten eines Gartens voller blühender Kameliensträucher ...

Sobald ich mich mit meinem neuen Domizil vertraut gemacht hatte, begann ich mit der Besichtigung Yokohamas, das 1859 noch ein Dorf war, heute [1865] aber bereits vierzehntausend Einwohner hat. Alle Straßen sind geschottert, zehn bis zwölf Meter breit und von zweistöckigen Holzhäusern mit bläulichen Ziegeldächern gesäumt. Die Räume im Parterre sind den ganzen Tag über zur Straßenseite hin offen, während sie nachts mit großen Brettern verschlossen werden ...

Die Japaner sind ganz gewiß das sauberste Volk der Welt. Keiner von ihnen, mag er noch so arm sein, versäumt es, mindestens einmal täglich eines der Badehäuser aufzusuchen, von denen es in jeder Stadt genug gibt ...

Die öffentlichen Bäder bestehen aus einer Halle, an deren Wänden sich Nischen für die Aufbewahrung der Garderobe befinden. In der einen Ecke steht ein großer Bottich mit heißem Wasser, das aus einer Küche durch Rohre in den Behälter geleitet wird. Auf der Straßenseite ist die Halle offen. Das tägliche Leben ist hier durch den Verzicht auf die Trennung der Geschlechter gekennzeichnet, der auch für die japanische Sprache charakteristisch ist, die den Unterschied zwischen männlich, weiblich und sächlich nicht zum Ausdruck bringt. Von morgens bis abends herrscht in den öffentlichen Bädern ein heilloses Durcheinander von Besuchern beiderlei Geschlechts und jeder Altersstufe, welche sich völlig auf jenes Kostüm beschränken, das unsere allerersten Vorfahren vor jenem fatalen Biß in den Apfel trugen. Jeder Besucher holt sich einen Eimervoll heißes Wasser, wäscht sich sorgfältig von Kopf bis Fuß, zieht sich wieder an und geht.

»O sancta simplicitas!« rief ich aus, als ich zum erstenmal an einem dieser Badehäuser vorbeiging, und sofort dreißig bis vierzig völlig nackte Männer und Frauen herausgestürzt kamen, um ein bizarr geformtes Korallenstück, das ich an der Uhrkette trage, aus der Nähe zu betrachten. O heilige Einfalt, die den Hohn der Welt nicht fürchtet und sich, von Schicklichkeitsregeln unbelastet, des unbekleideten Zustands nicht schämt! ...

Was die Freudenhäuser betrifft, so befinden sie sich stets dicht beieinander in einem abgelegenen Stadtviertel. In Yedo [Tokio] gibt es so viele, daß sie eine Stadt für sich bilden, die Yoschiwara heißt und von der Hauptstadt durch Mauern und Erdwälle getrennt ist. Man kann in diese Stadt nur durch ein einziges Tor gelangen, das Tag und Nacht von zahlreichen Polizisten bewacht wird. Yoschiwara hat einen Umkreis von mindestens zwei englischen Meilen und ist in Form eines Parallelogrammes gebaut ... Dort leben über hunderttausend Kurtisanen, die Yoschiwara nur mit einem Passierschein verlassen dürfen, für den eine ziemlich hohe Gebühr zu bezahlen ist. In jeder japanischen Stadt wird das Prostitutionsgewerbe für eine bestimmte Anzahl von Jahren an den meistbietenden Interessenten verpachtet, wodurch ein enormes Steueraufkommen gewährleistet ist, das zu den Haupteinnahmen des japanischen Schatzamtes zählt.

Am 7. und 8. Juni gab die Regierung in den ausländischen Zeitungen Yokohamas und auf zahlreichen Straßenplakaten bekannt, daß der Schogun (der weltliche Kaiser)

Yedo am 10. des Monats mit großem Gefolge verlassen werde, um auf dem Tokaido, der wichtigsten Überlandstraße, nach Osaka zu reisen, wo er dem Mikado (dem geistigen Oberhaupt des Landes), dessen Schwester er geheiratet hatte, einen Besuch abstatten wolle. Die Japaner wurden angewiesen, alle Läden am Tokaido geschlossen zu halten und in ihren Häusern zu bleiben, bis der Troß vorbeigezogen war. Am 9. Juni gab der englische Konsul in Yokohama bekannt, daß man auf sein Ersuchen allen Ausländern gestattet habe, sich das Spektakel von einem Hain aus anzusehen, der vier Meilen außerhalb der Stadt lag und nur wenige Schritte vom Tokaido entfernt war.

Ich ging zu Fuß dorthin, weil ich mir die Landschaft genauer ansehen wollte. Der Weg führte fast ständig über kleine Deiche durch die Reisfelder. Die vorzügliche schwarze Erde dieser Felder ist vermutlich aus Lava oder Eruptivgestein entstanden. Zudem wird sie seit Jahrhunderten mit Jauche gedüngt. Das wichtigste Anbauprodukt in Japan ist natürlich der Reis, der das dort unbekannte Brot ersetzt.

Zu beiden Seiten des Weges sah ich viele Blumen – vorwiegend Rosen ohne Dornen. (Ich habe in diesem Land keine einzige Blume entdeckt, die auch nur ein bißchen geduftet hätte, und auch keine Frucht mit spezifischem Geschmack.) In jedem der sorgfältig angelegten Haine stößt man hier unweigerlich auf ein bis zwei kleine Holztempel mit schönen Skulpturen.

Nach einem Fußmarsch von eineinhalb Stunden kam ich zu dem für die ausländischen Zuschauer ... reservierten Hain. Hier hatten sich über hundert Ausländer eingefunden, dazu dreißig Polizisten, die für Ordnung sorgten. Nach einer Wartezeit von nochmals eineinhalb Stunden zog der Reisetroß an uns vorbei. Zuerst zahlreiche Kulis, die auf Bambusstangen Gepäckstücke schleppten; dann ein Bataillon Soldaten in langen weißen oder blauen Blusen, schwarzen oder dunkelblauen Hosen, die an den Knöcheln zusammengebunden waren, blauen Strümpfen, Strohsandalen und lackierten Bambushüten – beladen mit Rucksäcken und bewaffnet mit Bogen und Pfeilen oder mit Gewehren und Schwertern. Die Offiziere waren in schönen gelben Kattun gekleidet, darüber trugen sie bis zu den Knien herabwallende himmelblaue oder weiße Roben, und zum Zeichen ihrer Vornehmheit waren sie mit kleinen weißen Abzeichen geschmückt ... Jeder hatte am Gürtel zwei Schwerter und einen Fächer hängen. Ihre Pferde hatten keine Hufeisen, sondern waren mit Stroh beschuht.

Dann kamen weitere Kulis mit Gepäckstücken, dann höhere Offiziere zu Pferde, in langen weißen Gewändern mit roten Hieroglyphen auf dem Rücken. Hinter ihnen marschierten zwei Bataillone Lanzenträger, dann folgten zwei Kanonen, zwei Bataillone Fußsoldaten, vier Stallknechte, die vier Reitpferde mit schwarzen Schabracken führten, danach kamen vier prächtige, schwarzlackierte *norimons* (Sänften, die wie Kutschen ohne Räder aussehen), und dahinter ein Herold mit einer Wappenstandarte aus vergoldetem Metall. Und dann kam der Schogun auf einem schönen braunen Pferd, das ebenfalls mit Stroh beschuht war. Ich schätzte Seine Majestät auf ungefähr zwanzig Jahre. Seine Haltung war königlich, sein Gesicht ziemlich dunkelhäutig. Der Herrscher trug ein weißes, goldgesticktes Gewand und eine vergoldete, lackierte Kopfbedekkung. An seinem Gürtel hingen zwei Schwerter. Gut zwanzig Würdenträger, ebenfalls in weißen Roben, bildeten sein Gefolge und den Abschluß des Zuges.

Als ich am nächsten Morgen den Tokaido entlangritt, sah ich nahe der Stelle, von der aus wir den Reisetroß beobachtet hatten, mitten auf der Straße drei Tote liegen, die so furchtbar zugerichtet waren, daß man an ihrer Kleidung nicht mehr erkennen konnte, welcher Gesellschaftsschicht sie angehört hatten. Ich stellte in Yokohama Erkundigungen an und erfuhr, daß ein Bauer, der wahrscheinlich nichts von der Durchreise des Schogun gewußt hatte, kurz vor dem ersten Bataillon Soldaten über die Straße gegangen war. Das brachte einen Offizier derart in Rage, daß er einem seiner Soldaten befahl, den Bauern zur Strafe für seine Dreistigkeit niederzumetzeln. Doch der Soldat verweigerte den Gehorsam, woraufhin ihm der wütende Offizier mit einem Schwertstreich den Schädel spaltete. Dann tötete er den Bauern. In diesem Moment griff ein höherer Offizier ein. Als er hörte, was vorgefallen war, glaubte er, der verantwortliche Offizier sei tobsüchtig geworden und befahl einem Soldaten, ihn mit dem Bajonett zu töten. Dieser Befehl wurde sofort ausgeführt. Die drei Leichen ließ man auf der Landstraße liegen, und der gesamte Reisetroß, der schätzungsweise aus 1700 Personen bestand, zog weiter, ohne sich um die Toten zu kümmern oder auch nur Notiz von ihnen zu nehmen . . .

Ich hatte solche Wunderdinge über Yedo gehört, daß ich darauf brannte, diese Stadt kennenzulernen. Gemäß den Verträgen von 1858 hätte die Hauptstadt eigentlich im Jahre 1862 für den Außenhandel geöffnet werden müssen, aber die Regierungen der westlichen Länder hatten dem Ersuchen des Schogun stattgegeben, die Öffnung dieses Hafens auf einen unbestimmten Zeitpunkt zu verschieben. Daher war es keinem Ausländer außer den Gesandten der Großmächte und ihren Gästen gestattet, sich in Yedo aufzuhalten. Vor einiger Zeit hatten sich diese Gesandten jedoch wegen der zahlreichen Anschläge auf ihr Leben und das ihres Personals aus Yedo zurückgezogen. Nur der Geschäftsträger der Vereinigten Staaten, Mr. Pryune [Robert H. Pryun] amtierte noch dort, wenngleich er schon seit einigen Monaten abwesend war und von Mr. Portman vertreten wurde. Um Yedo zu besuchen, mußte ich eine Einladung von Mr. Portman vorweisen – eine andere Möglichkeit gab es nicht. In Japan – wie auch anderswo – ist es für einen Ausländer sehr schwierig, eine Einladung vom Geschäftsträger einer Großmacht zu erhalten, zumal wenn er diesen noch nicht persönlich kennengelernt hat. Aber dank der gütigen Vermittlung meiner hochgeschätzten Freunde, der Herren W. Grauert & Co. in Yokohama, wurde mir schließlich am 24. Juni die Einladung übermittelt. Der Generalkonsul sandte die auf meinen Namen ausgestellte Einreisegenehmigung unverzüglich an das Polizeipräsidium in Yokohama – mit dem Ersuchen, mir am nächsten

Morgen um acht Uhr eine Eskorte von fünf *yakunins* (berittene Polizeibeamte) zur Verfügung zu stellen.

Mit Hilfe des amerikanischen Konsulats sandte ich noch am selben Abend mein Gepäck nach Yedo voraus ... und mietete von Mr. Clark für die Dauer meiner Reise ein Pferd - für eine Tagesgebühr von 6 mexikanischen Piastern (36 Francs). Mr. Clark, ein Neger aus Jamaika, hatte zuerst als Zimmermann gearbeitet, war dann Matrose geworden, dann Hoteldiener, dann Bäcker und schließlich Besitzer eines Mietstalles mit neun Pferden. Sobald sein neues Haus fertig war, wollte er wieder das Bäckerhandwerk ausüben.

Seit meiner Ankunft in Japan hatte es fast unaufhörlich geregnet, und am Sonntag, dem 25. Juni, schienen sich alle Schleusen des Himmels geöffnet zu haben. In einen Mantel gehüllt und eine jener wasserdichten Kappen auf dem Kopf, welche die Japaner aus kräftiger Baumrinde anfertigen, die sie nur mit Mühe zusammennähen können, trat ich um 8 Uhr 45 die Reise an, gemeinsam mit den fünf *yakunins*, die mich in diesem wolkenbruchartigen Regen eskortieren mußten, ohne dafür das geringste Entgelt annehmen zu dürfen. Aber sie fügten sich in ihr Schicksal – mit dem stoischen Gleichmut, der uns die mißlichsten Situationen nur halb so schlimm erscheinen läßt ...

Vor mir ritten die beiden höheren Polizeibeamten, hinter mir die drei anderen. Sechs *bettos* (Stallburschen), völlig nackt, wenn auch vom Hals bis zu den Fußgelenken mit kunstvollen Darstellungen von Vögeln, Elefanten, Drachen und verschiedenen Landschaften tätowiert, begleiteten uns zu Fuß und konnten es an Geschwindigkeit mit den Pferden aufnehmen. Einer von ihnen hatte auf Rücken und Brust eine Tätowierung, die den heiligen Vulkan Fudschijama während einer Eruption zeigte ...

Gegen Mittag erreichten wir den Hafen von Yedo, zu dessen Verteidigung sechs riesige Festungen zwei Meilen vor der Küste errichtet wurden. Aber noch besser als durch diese Forts wird Yedo durch das seichte Wasser der Bucht vor Angriffen geschützt: Nicht einmal die kleinsten Boote können sich bei Ebbe der Küste nähern ...

Gegen zwei Uhr gelangten wir zur amerikanischen Gesandtschaft, die sich neben dem berühmten Dsen-fu-si-Tempel (das bedeutet »ewige Glückseligkeit«) befindet. Man passiert zuerst ein gewaltiges Tor aus Granit, dann führt ein gepflasterter Weg über einen großen Innenhof zum Tempel. Zur Linken befindet sich ein zweiter, viel kleinerer Tempel sowie ein weitläufiges Gebäude, das von den vierzig Priestern dieser heiligen Stätte bewohnt wird ... Die amerikanische Gesandtschaft ist in einem ähnlichen, auf der rechten Seite gelegenen Gebäude untergebracht. Hier genoß ich drei Tage lang die Gastfreundschaft Mr. Portmans, ... der mich mit Aufmerksamkeiten überhäufte ...

Zunächst führte mich Mr. Portman um die beiden Tempel und zu den angrenzenden Bastionen, um mir, wie er es ausdrückte, seine »Festungsanlagen« zu zeigen. Sie bestehen aus zwei Bambuspalisaden und zahlreichen Wach- und Schilderhäusern, in denen tagsüber rund zweihundert und nachts dreihundert mit Schwertern, Bogen, Gewehren und Dolchen bewaffnete *yakunins* Wache halten. Abend für Abend wird eine neue Parole ausgegeben, und jeder, der den Tempelbezirk betreten will, ohne das Losungswort zu sagen, wird sofort niedergemetzelt.

Der heftige Regen ließ nicht nach, aber ich war so begierig darauf, Yedo zu besichtigen, daß mich nichts davon abhalten konnte. Nachdem ich ein erfrischendes Bad genommen hatte, machte ich mich auf den Weg – wieder zu Pferde und in Begleitung der fünf Polizeibeamten. Auch jetzt ritten wir einer hinter dem anderen. Wir kamen durch einige der zahlreichen Wohnviertel der Daimyos. Ihre Paläste liegen stets in der Mitte eines ausgedehnten, viereckigen Areals von drei- bis vierhundert Meter Länge und sind von großen zweistöckigen Bollwerken aus Holz umgeben, die den Lehnsleuten der Daimyos und ihren Familien als Behausung dienen.

Die Daimyos sind gesetzlich verpflichtet, sich jährlich sechs Monate in ihren Palästen in Yedo aufzuhalten und während ihrer Abwesenheit ihre Familienangehörigen als

Geiseln zurückzulassen. Halten sie sich außerhalb Yedos auf, so werden sie stets von einem großen Troß begleitet, wobei die Zahl ihrer Lehnsleute dem Wert ihrer Besitztümer entspricht. Die Reichsten unter ihnen werden von mehr als fünfzehntausend Mann begleitet ...

In Yedo entdeckte ich nirgends Läden, in denen Fleischwaren, Molkereiprodukte oder Möbel verkauft wurden ... Erstaunt war ich vor allem über die große Zahl von Geschäften, in denen man Gegenstände aus lackiertem Holz erstehen kann. Jedes dieser Geschäfte hat über hundert Angestellte beiderlei Geschlechts und kann es mit den elegantesten und opulentesten Pariser Warenhäusern aufnehmen ... In mehreren Buchläden werden Lehrbücher und die heiligen Schriften von Konfuzius und Menzius zu einem so niedrigen Preis verkauft, daß sie selbst für die Ärmsten erschwinglich sind.[1] Auch die zahlreichen Spielzeugläden fielen mir auf. Die Japaner stellen Spielzeug so billig, so vorzüglich und oft mit einem eingebauten Mechanismus von solcher Raffinesse her, daß sie die Nürnberger und Pariser Spielzeugmacher übertreffen ... Das Spielzeug, auf dessen Herstellung sich die Japaner besonders gut verstehen, ist der Kreisel, der mit einer Peitsche getrieben wird. Davon gibt es hier hundert verschiedene Arten, eine immer seltsamer als die andere ...

Im großen Innenhof des Asakusa-Kannon-Tempels werden Figuren zur Schau gestellt, die Ähnlichkeit mit denen der Madame Tussaud in der Londoner Baker Street haben. Auf diesem Areal befinden sich auch Gartenrestaurants, Läden, zehn Schießstände, auf denen man sich in der Kunst des Bogenschießens üben kann, sowie mehrere Theater. Auch Vorführungen von Jongleuren und ähnliches kann man hier sehen. Ich glaube allerdings nicht, daß sich diese bunte Mischung mit echter religiöser Überzeugung vereinbaren läßt ...

Später besuchte ich das berühmte Theater – auf japanisch »Taisibaya« –, obwohl meine fünf *yakunins* alles versuchten, um mich davon abzuhalten. Das Programm umfaßte ein Drama sowie einige kurze Burlesken. Es wurde so hervorragend gespielt, daß man auch ohne Kenntnis der japanischen Sprache jede Szene verstehen konnte . . .

Ich muß gestehen, daß ich mir nicht vorstellen kann, wie das Gefühl für Reinheit und Frömmigkeit im Leben eines Volkes existieren soll, wenn nicht nur beide Geschlechter dieselben öffentlichen Bäder benützen, sondern auch Frauen jeder Altersstufe größtes Vergnügen an obszönen Theateraufführungen finden.

VI

Pilgerfahrt nach Hellas
1868

Am 1. Februar 1866 immatrikulierte sich Schliemann, inzwischen vierundvierzig Jahre alt, für ein Teilzeitstudium an der Sorbonne. Um an dieser ehrwürdigen Universität zugelassen zu werden, hatte er sich vom französischen Erziehungsminister eine Sondergenehmigung erteilen lassen. Unter seinen jungen Kommilitonen dürfte sich der bereits leicht ergraute Millionär recht seltsam ausgenommen haben. Er hörte Vorlesungen über moderne französische Sprache und Literatur, französische Dichtung des sechzehnten Jahrhunderts, Petrarca und seine Reisen, vergleichende Sprachwissenschaft, arabische Sprache und Literatur, griechische Philosophie, griechische Literatur sowie über Ägyptologie. Dieses umfangreiche Studienprogramm kam zwar seinen philologischen und literarischen Interessen entgegen, ließ aber noch keine besondere Vorliebe Schliemanns für die Archäologie erkennen. Noch deutete nichts darauf, daß er sich auf die Altertumskunde spezialisieren oder sich auf Grabungen vorbereiten wollte. Statt dessen bemühte er sich, seine Bildungslücken zu schließen. Vermutlich hatte er eine Laufbahn als Schriftsteller im Auge, dessen Werke - wie er es sich bereits von seinem auf französisch verfaßten Buch über seine fernöstlichen Reisen erhoffte - Zeugnis von seiner Bildung und Weltläufigkeit ablegen sollten. Den Ehrgeiz, bahnbrechende Forschungsarbeit zu leisten, scheint er damals noch nicht gehabt zu haben.

Eine Zeitlang konzentrierte er sich ganz auf sein Studium. Nachdem er zehn Tage lang Vorlesungen besucht hatte, schrieb er an seine Schwester Doris: »Paris mit allen Herrlichkeiten hat keinen Reiz für den Reisenden, der die Welt umschifft und die Wunder Indiens, der Sundainseln, Conchinchinas, Chinas, Japans, Mexikos usw. gesehen hat. Was mich hier interessiert und zurückhält sind die Vorlesungen der großen Professoren in der Universität und außerdem die Museen und Theater, denn nichts so Erhabenes findet man anderswo in der Welt.«[1] Durch seinen Lerneifer erregte er die Aufmerksamkeit der Professoren, denen er große Ehrerbietung entgegenbrachte. Allmählich fand er

Zugang zu Pariser Intellektuellenkreisen. Ernest Renan, der renommierte Religionswissenschaftler und Schriftsteller, zählte zu den Pariser Freunden, die er am meisten bewunderte.

Das Leben in Paris hatte Schliemann zweifellos viele Annehmlichkeiten und Anregungen zu bieten. Ungezwungen bewegte er sich zwischen seiner Wohnung an der Place Saint-Michel und der Sorbonne hin und her, ging zu Pferderennen, dinierte in eleganten Restaurants, besuchte Veranstaltungen wissenschaftlicher Gesellschaften, Opernaufführungen und Soireen, bei denen berühmte Leute zu Gast waren. Hatte er endgültig mit der Vergangenheit gebrochen? Mag sein, daß er tatsächlich dieser Meinung war.

Aber so viel Abwechslung ihm dieses neue Leben auch bot – er fühlte sich einsam und keineswegs befriedigt. Vielleicht um sich noch mehr Ablenkung zu verschaffen, begann er, nebenbei auch noch Persisch zu lernen. Nach wie vor hatte er die Hoffnung nicht aufgegeben, seine ihm völlig entfremdete Frau bewegen zu können, zu ihm nach Paris zu kommen: Er versuchte es mit flehentlichen Bitten und allen möglichen Versprechungen, aber auch mit der Drohung, andernfalls nicht mehr für ihren finanziellen Unterhalt zu sorgen. Wie kaum anders zu erwarten, konnte er es auch jetzt nicht lassen, ans Geldverdienen zu denken, obzwar er einem befreundeten Petersburger Bankier schrieb: »Ich fühle mich, *ferne* von Börse und Handel, im eifrigen Bestreben, mich in den Wissenschaften zu vervollkommnen, so überaus glücklich, daß ich nicht im entferntesten daran denke, jemals wieder Kaufmann zu werden.«[2]

Gewiß, mit einem Fuß stand er bereits in einer anderen Welt – der Welt der Gelehrsamkeit, die ihn unwiderstehlich anzog und als deren Mittelpunkt ihm Paris erschien. Aber noch war er über die ersten Gehversuche in diesem Bereich nicht hinausgekommen, und wohin ihn der eingeschlagene Weg führen würde, war ihm noch keineswegs klar. Mit seiner kaufmännischen Tätigkeit hatte er Schluß gemacht, aber sein Vermögen mußte richtig verwaltet werden. Jetzt bestätigte sich für ihn die Binsenwahrheit, daß es mindestens ebenso schwierig ist, ein Millionenvermögen zusammenzuhalten wie es zu verdienen - und daß diese Aufgabe nicht weniger zeitraubend ist. Da ihm dies als einigermaßen sichere Kapitalanlage erschien, begann er in Paris wertvolle Immobilien zu erwerben. Und schon bald war er eifrig damit beschäftigt, sich mit Handwerkern zu zanken, Rohrleitungen zu inspizieren, über den hohen Gasverbrauch seiner Mieter zu klagen und seine neuen Liegenschaften renovieren oder umbauen zu lassen. Gleichzeitig hielt er sich über die Londoner, Pariser und New Yorker Aktienkurse auf dem laufenden. Gelegentlich spielte er sogar mit dem Gedanken, seine frühere Tätigkeit in Petersburg wiederaufzunehmen. Und auch die USA und Kuba, wo er viel Kapital investiert hatte, lockten ihn.

Im Sommer 1866, sofort nach Beginn der Universitätsferien, reiste Schliemann nach Petersburg und, nach kurzem Aufenthalt, weiter nach Moskau und Nischnij Nowgorod. Hier ging er an Bord eines Wolgadampfers, der zum Kaspischen Meer fuhr. In Samara unterbrach er die Reise, um sich in einem Sanatorium einer vierwöchigen Kur zu unterziehen (die Namen der Heilbäder und Sanatorien, die er im Lauf seines Lebens aufsuchte, ergäben eine lange Liste), doch der Kumyß, ein aus gegorener Stuten- oder Kamelmilch hergestelltes asiatisches Getränk, das er in großen Mengen zu sich nahm, bekam ihm so schlecht, daß er die geplante Reise in den Kaukasus und nach Persien aufgeben mußte. Statt dessen durchstreifte er die Krim, wo er neue Beweise menschlicher Zerstörungswut zu sehen bekam, zum Beispiel das im Krimkrieg schwer beschädigte Sewastopol. Schließlich reiste er zu Schiff über das Schwarze Meer und donauaufwärts nach Mitteleuropa. Er stattete Dresden, das er bereits kannte und wo er Grundbesitz erworben hatte, einen Besuch ab, besichtigte eine moderne Erziehungsanstalt und gelangte zu der Überzeugung, hier die fortschrittliche Schule gefunden zu haben, in die er seine Kinder schicken wollte. Aus diesem Grund war er sogar bereit, seinen Wohnsitz von Paris in die sächsische

Hauptstadt zu verlegen. Er bat seine Frau inständig, mit den Kindern in die große Villa zu ziehen, die er dort gekauft hatte, aber Ekaterina erteilte ihm eine barsche Abfuhr. Sie bestand darauf, daß die Kinder in Rußland aufwachsen und im russisch-orthodoxen Glauben erzogen werden sollten. Und sie dachte gar nicht daran, mit ihrem Ehemann, den sie verabscheute, zusammenzuleben. Obwohl Schliemann inzwischen eingesehen haben mußte, daß er vergeblich auf die Wiedervereinigung mit seiner Familie hoffte, versuchte er nun, Ekaterina zu bewegen, mit ihm und den Kindern in Amerika ein neues Leben zu beginnen.[3]

Ein Jahr später, im Oktober 1867, traf er - allein - in den Vereinigten Staaten ein, von wo aus er auch Kuba besuchte. Zu seinen persönlichen Problemen waren jetzt auch Sorgen wegen gewisser alarmierender Entwicklungen auf dem internationalen Geldmarkt gekommen. In der Londoner *Times* hatte er gelesen, daß bestimmte amerikanische Staatspapiere möglicherweise in Papiergeld ausgelöst werden sollten, was aller Voraussicht nach einer Nichtanerkennung gleichkommen und ein rasches Ansteigen des Goldpreises zur Folge haben würde. Da ein beträchtlicher Teil seines Vermögens auf dem Spiel stand, wollte er sich persönlich über die Lage informieren. Außerdem wollte er feststellen, wie sich die amerikanischen Eisenbahngesellschaften entwickelten, in die er ebenfalls viel Geld investiert hatte. Bei seinem dritten Aufenthalt in den Vereinigten Staaten ging es ihm also vor allem darum, sich einen Überblick über die Wirtschaftslage zu verschaffen. Unter anderem beabsichtigte er, »möglichst genaue Informationen hinsichtlich der vorliegenden Chance für die Rekonstruktion der Südstaaten und Arbeitskräfte, Kultur von Zucker, Reis und Baumwolle einzuziehen«.[4]

Aber zu seiner Bestürzung befand sich der Süden in einem desolaten Zustand. Schliemann war entsetzt über die große Zahl derer, die verkrüppelt aus dem Bürgerkrieg heimgekehrt waren, und über die vielen Soldatenfriedhöfe. Er versäumte keine Gelegenheit, diese Friedhöfe zu besuchen und interessierte sich besonders für Herkunft und Rasse der dort bestatteten Soldaten.

Sein Reiseprogramm umfaßte einen großen Teil der Staaten östlich des Mississippi. Zu den Höhepunkten dieser Reise zählte ein Vortragsabend Charles Dickens'. Von New York aus fuhr Schliemann auch diesmal zu den Niagarafällen und reiste danach in den Mittelwesten. Unentwegt sammelte er Informationen über die Eisenbahngesellschaften. Für die Fahrt nach Chicago – über Buffalo, Cleveland, Toledo, Detroit – und für die Rückreise benützte er Züge sechs verschiedener Gesellschaften, deren Aktionär er war, u. a. der New York-Central, Michigan-Central und Illinois-Central. Voller Genugtuung schrieb er nach Europa: »Ich bin mit allen diesen Bahnen äußerst zufrieden, sie geben alle 10% Dividende.«[5]

New York konnte ihn jetzt nicht mehr reizen. Die Straßen, so äußerte er enttäuscht, seien ungepflegt, eng und schlecht beleuchtet. (Den Vergleich mit dem Paris Napoleons III., dessen Stadtbild Haussmann so großzügig gestaltet hatte, konnte New York natürlich nicht aushalten.) Um so begeisterter war er von Chicago, dessen Einwohnerzahl sprunghaft gestiegen war – von 3500 im Jahre 1838 auf 250000. In einem Brief an seinen Sohn erklärte er: *»La ville la plus merveilleuse que j'ai visité dans le voyage, c'était la fameuse Chicago.«*[6] Andere Briefe enthalten genaue Angaben über Chicagos enormen Export an Getreide, Schlachtschweinen, Schweinefett und Speck. »So viele andere wunderbare Sachen« seien in dieser Stadt zu sehen, »daß man ... 10 Bücher darüber schreiben könnte.«[7] Chicago war für ihn beides – die Stadt der Großschlächtereien und ein neues Athen. Auch dem regen Interesse an Schulen, das er seit seinem Aufenthalt in Dresden an den Tag legte, kam Chicago entgegen. Besonders beeindruckt war er vom koedukativen Unterricht (wofür er fälschlicherweise die englische Vokabel *promiscuous* benützte). In diesen Schulen, so schrieb er, »[sitzen] die Knaben und Mädchen pêle-mêle zusammen. Dies fortwährende Beisammensein der Kinder beiderlei Geschlechts hat ... einen höchst segensreichen

Einfluß auf sie.« Und als leuchtendes Beispiel führte er an, daß »Mädchen und Knaben von 12 und 13 Jahren den Horaz aus dem Lateinischen und Homer und Sophokles aus dem Griechischen ins Englische und Deutsche [!] übersetzten«.[9]

Während seines Aufenthalts in Washington besuchte Schliemann zunächst das Finanzministerium, wo er bis zum Minister vordrang, und machte dann dem Nachfolger Lincolns, Präsident Andrew Johnson, seine Aufwartung. »Er ist ein recht schlichter Mann um die 55. Ich sagte ihm ... daß mir seine jüngste Botschaft an den Kongreß sehr gut gefallen habe ... und er sagte: ›Ja, Kuba neigt den Vereinigten Staaten zu und wird eines Tages darin aufgehen.‹«[10] Da sich das Staatsoberhaupt gegenüber einem fremden Besucher wohl kaum zu einer so undiplomatischen Äußerung über Kuba hinreißen ließ, dürfte sie eher dem Wunschdenken Schliemanns entsprungen sein.

Neben dem Präsidenten und einigen Kabinettsmitgliedern besuchte er auch den »berühmten General Grant«. Sie alle, so berichtete er, hätten ihm »die beruhigendsten Mitteilungen über die Lage und Aussichten des Landes« gemacht.[11] Die Regierung beabsichtige nicht, die Golddekkung der Staatsanleihen aufzuheben. Gleichwohl war Schliemann über den enormen Goldabfluß und den übermäßigen Import europäischer Waren (also über eine ökonomische Situation, die wir heute als »Dollarlücke« bezeichnen würden) so beunruhigt, daß er seinen Londoner Börsenmakler mit dem Verkauf von zwei Dritteln seiner amerikanischen Staatsanleihen beauftragte. Den Erlös investierte er zum Teil in Aktien der Eisenbahngesellschaften Illinois-Central und Jersey-Central, zum Teil in Pariser Immobilien. Da er einen guten Eindruck von der Amtsführung Andrew Johnsons hatte, bedauerte er, daß man die Amtsenthebung des Präsidenten in Betracht zog. In seinen Augen hatte der Wunsch der breiten Öffentlichkeit, General Grant (der nach Schliemanns Ansicht Johnson nicht das Wasser reichen konnte) zum Präsidenten zu machen, manches mit der Glorifizierung alles Militärischen in einer

Autokratie wie Rußland gemeinsam. Der amerikanischen Demokratie sei eine solche Einstellung nicht würdig.

Die Reise führte Schliemann diesmal auch durch die Staaten Virginia, West-Virginia, Tennessee, Alabama, Mississippi und Louisiana bis hinunter nach New Orleans. Sie diente dem Zweck, Informationen zu sammeln, über die er den Schröders ausführlich Bericht erstattete. In diesen Briefen spricht er von den verheerenden Folgen des Bürgerkriegs, den Übergriffen einer despotischen Militärregierung, den Zukunftsaussichten der Land- und Viehwirtschaft, der Bodenbeschaffenheit, dem Arbeitsmarkt und der Notwendigkeit, mit Hilfe von Einwanderern (vorzugsweise deutscher Herkunft) die wirtschaftliche Entwicklung zu beschleunigen.

Ein in seinen Briefen häufig auftauchendes Thema ist das Negerproblem. Es gereicht ihm zur Ehre, daß er seine Ansichten darüber revidierte, sobald er es aus eigener Anschauung kannte. »Alle Klagen, die man hier [im Süden] und in den Nordstaaten über die Faulheit der einstigen Sklaven und jetzigen Freigelassenen zu hören bekommt, sind *glatte Lügen*«, konstatierte er in einem auf englisch geschriebenen Brief an Schröder in Hamburg. »Seit ich Washington verließ . . . habe ich diese Menschen auf den Plantagen und Eisenbahnen arbeiten gesehen . . . und ich kann Ihnen versichern, daß sie ebenso arbeitswillig und eifrig sind und ihre Tätigkeit mit der gleichen Energie und Ausdauer verrichten wie jeder andere Arbeiter, dem ich je begegnet bin; und daß sie in moralischer und geistiger Hinsicht viel höher stehen als ihre einstigen Tyrannen und heutigen Verleumder! Als ich kürzlich in Jackson [Mississippi] und jetzt hier in New Orleans sehen konnte, wie Negerabgeordnete, die noch vor $2^1/_2$ Jahren unwissende, elende Sklaven waren, im Staatsparlament mit eleganter Gestik vortreffliche Reden über den Entwurf einer Staatsverfassung hielten, konnte ich tatsächlich nicht umhin, zu bedauern, daß ich nicht selbst ein Neger bin, um so reden zu können wie sie.«[12]

Auch an der Musik der Neger fand er Gefallen. Wenngleich er sich, wie so oft, in hochtönenden Phrasen erging – seine Sympathie für die Neger war zweifellos echt und durch viele persönliche Kontakte gefestigt.

In New Orleans war er zwar von der Schönheit der Stadt beeindruckt, glaubte aber, daß sie infolge des Bürgerkriegs ihre Lebenskraft verloren habe und immer mehr verarmen werde.

Das russische Weihnachtsfest, das auf den Tag vor seinem siebenundvierzigsten Geburtstag fiel, verbrachte er allein in seinem Hotelzimmer. »Ich bin mit Herz und Gedanken dauernd bei meinen kleinen Lieblingen, Sergej, Natalie und Nadja«, schrieb er in sein Tagebuch. »Ich sehe, wie sie sich über den Weihnachtsbaum freuen. Ich weine bittere Tränen, daß ich ihre Freude nicht mitgenießen und ihr Glück durch meine Geschenke nicht steigern kann. 100000 Dollar würde ich darum geben, könnte ich diesen Abend mit ihnen verbringen. Wahrlich, es bedarf noch viel mehr Kraft und Philosophie, als ich habe, um diesen Tag ohne Tränen zu verbringen.«[13] Seine Odyssee hatte ihn weiter denn je von den Seinen getrennt.

In Kuba informierte er sich ebenfalls über die Wirtschaftslage, und auch hier galt sein besonderes Interesse den Eisenbahnen – aber auch dem Arbeitsmarkt. Wie stets war er von der tropischen Insel entzückt und lobte begeistert das Mittwinterklima. Er beteuerte, daß er im Verlauf seiner vielen Reisen noch keinen Aufenthalt so genossen habe wie den auf Kuba und daß es ihm schwerfalle, sich von der karibischen Insel loszureißen. (Fast wörtlich das gleiche schrieb er, als er 1885/86 seine letzte transatlantische Reise unternahm.)

Etwas jedoch warf einen Schatten auf diese genußreichen Tage in Kuba: die elenden Lebensbedingungen des farbigen Bevölkerungsteils, insbesondere der Neger (die zum Teil noch Sklaven waren) und der Chinesen, die massenweise ins Land geholt wurden, um an Stelle der Neger auf den Zuckerrohrplantagen zu arbeiten. Nach Schliemanns Schätzung hatten mindestens zehntausend Chinesen Selbstmord begangen, während eine noch größere

Zahl an Seuchen gestorben war. Er befaßte sich mit dem Plan, »Hindus von der Malakka-Küste« nach Kuba zu bringen, da sie seiner Meinung nach den dortigen Lebensbedingungen besser gewachsen waren.[14] Wie jene spanischen Missionare, die aus Mitleid mit den Indios die Einfuhr schwarzer Sklaven befürwortet hatten, war auch Schliemann überzeugt, daß er sich ausschließlich von selbstlosen, humanitären Motiven leiten ließ. Mit missionarischem Eifer setzte er sich für seine Idee ein und erbot sich sogar, nach Indien zu reisen, um die Einschiffung der Arbeitskräfte vorzubereiten. Aber dann wurde er von seinem alten Amsterdamer Freund und Mentor Hepner unmißverständlich zurechtgewiesen: »... gehen Sie nicht nach Bombay, um in Menschenfleisch zu handeln, machen Sie lieber Menschen glücklich, die Ihnen naturgemäß angehören.«[15]

Schliemann ging es - auch wenn er sich allem Anschein nach weder dieses Zusammenhanges noch der moralischen Implikationen bewußt war - in erster Linie um die beiden kubanischen Eisenbahngesellschaften, in die er und die Schröders viel Kapital investiert hatten und deren finanzieller Erfolg von der günstigen Entwicklung der Zuckerrohrplantagen abhing, die wiederum nur durch billige und tüchtige Arbeitskräfte gewährleistet werden konnte.

Anfang 1868 kehrte Schliemann nach Paris zurück - zu seinen Studien an der Sorbonne, seinen Büchern, seinen Mietshäusern und in das gesellschaftliche und kulturelle Leben der Hauptstadt des Zweiten Kaiserreiches, das einem raschen Untergang entgegentaumelte. Aber schon wieder machte er Reisepläne.

Im Frühling wollte er nach Süditalien und Sizilien fahren, dann endlich die Stätten besuchen, von denen die großen Epen Homers berichten - und sich schließlich auf die Suche nach Troja, der von den Helden der griechischen Frühzeit umkämpften Feste, begeben. Im Gegensatz zu seinen bisherigen Reisen sollten seine Streifzüge durch alte Ruinenstätten des Mittelmeerraums vor allem dem Studium der Antike gewidmet sein. Und diese Streifzüge wurden zum Auftakt seiner archäologischen Arbeit. Seine Leidenschaft für Homer, die ihren Ursprung in den sporadischen Begegnungen mit der griechischen Mythologie während seiner Kindheit hatte, war wieder aufgeflammt – heftiger denn je.

Der bejahrte Sorbonne-Student entschied sich weder mit Vorbedacht für einen neuen Beruf noch trat er in die Fußstapfen seiner der systematischen wissenschaftlichen Forschung verschriebenen Professoren. Auch in späteren Jahren, als er sich des bewährten Instrumentariums des Forschers besser zu bedienen wußte, Grabungstechniken erprobte und die Altertumskunde bereicherte, war es vor allem anderen sein Enthusiasmus, der ihn dazu trieb. Sein geliebter Homer war für ihn die Sonne, die nie unterging; nüchterne, kritische Textanalysen konnten diese Sonne weder verdunkeln noch zum Sinken bringen. In diesem Sinne ist Schliemanns Hellasreise im Jahre 1868 als die Pilgerfahrt eines zutiefst gläubigen Menschen zu verstehen. Vergleichbar denen, die an eine streng wörtliche Auslegung der Bibel glauben, betrachtete er die Homerischen Epen von vornherein als Heilige Schrift. Jetzt bedurfte es nur noch eines Menschen, der den Beweis für ihre Wahrheit erbrachte, um ungläubige Kritiker zu widerlegen.[16] Schliemann, in der Mitte seines Lebens an einen Kreuzweg geraten, ließ sich von Homer führen. Sein Dasein bekam einen neuen Sinn. Von nun an waren seine romantische Sehnsucht und sein nüchterner Tätigkeitsdrang auf ein einziges Ziel gerichtet: in den Landschaften der Antike auf die Suche zu gehen. Endlich hatte er eine Aufgabe gefunden, der er sich mit aller Energie und Begeisterung widmen konnte.

In der Vorrede zu seinem Buch *Ithâque, le Péleponnèse, et Troie (Ithaka, der Peleponnes und Troja),* das er sofort nach seiner Rückkehr von den Homerischen Stätten schrieb, erklärte Schliemann, er habe es vor allem seinem Vater zu verdanken, daß er diesen Weg gegangen sei.[17] »Doch ich hatte keineswegs den Ehrgeiz, eine Studie über diesen Gegenstand zu veröffentlichen; ich entschloß mich erst dazu, als ich fand, welche Irrtümer fast alle Archäologen über die einst von der Homerischen Hauptstadt Ithaka's eingenommene Stelle, über die Ställe des Eumäus ... das alte Troja ... usw. verbreitet haben.«[18] Der kritische Ton, den er hier als Anfänger gegenüber erfahrenen Wissenschaftlern anschlug, wurde in der Folgezeit kennzeichnend für ihn. Ganz gleich, wie lange die Kontroverse bereits im Gange und wie anfechtbar sein eigener Standpunkt war - wenn es um die Glaubwürdigkeit Homers ging, erkühnte sich Schliemann, allen Kapazitäten zu widersprechen. In dieser Hinsicht weist *Ithaka* auf alle seine späteren Veröffentlichungen voraus. Er beschrieb in seinem ersten »archäologischen« Buch nicht nur die drei antiken Stätten - Mykene, Tiryns, Troja -, wo er später seine größten Triumphe feierte, sondern äußerte auch bereits die eigenwilligen Ideen, auf denen dann seine epochemachenden Forschungen basierten. Man mag bezweifeln, daß er dieses Buch als eine Art Auftakt zu bereits von ihm geplanten Grabungskampagnen verfaßte, aber zweifellos spricht daraus das Selbstvertrauen dessen, der überzeugt ist, ein vielversprechendes, die Grenzen der üblichen redseligen Reisebeschreibungen sprengendes Thema gefunden zu haben.

Tatsächlich ist *Ithaka* - Schliemanns zweites und ebenfalls in französischer Sprache geschriebenes Buch, das gleichzeitig in deutscher Übersetzung erschien - eine merkwürdige Mischung aus Reisebeschreibung, Ich-Erzählung, klischeehafter Touristeninformation, unterhaltsamen Anekdoten und abstrusen Hypothesen.[19] Angesichts der kindlichen Homerschwärmerei des Verfassers könnte man das Buch »Schliemanns empfindsame Reise in das Land Homers« nennen. Obzwar er sich später etwas mehr Beschränkung auferlegte, blieb die naive Begeisterung, von der *Ithaka* geprägt ist, ein Charakteristikum seiner Publikationen.

Sobald er im Juli 1868 in Ithaka an Land gegangen war, fühlte er sich wie auf einer verzauberten Insel. Homer war allgegenwärtig. Schliemann glaubte sogar, daß nirgendwo sonst in Griechenland Spuren des heroischen Zeitalters in solcher Fülle erhalten geblieben seien. Für ihn waren die freundlichen Inselbewohner unzweifelhaft Nachfahren des Odysseus. Und ebensowenig bezweifelte er, daß er nach der Besteigung des Berges Aëtos genau dort stand, wo sich der Palast des Odysseus befunden hatte. Es bedurfte nur weniger landschaftlicher Merkmale, und schon war er überzeugt, die Stelle entdeckt zu haben, wo die Phäaken den schlafenden Odysseus niederlegten; oder jene Stelle, wo der treue Hund Argos starb, nachdem er seinen Herrn erkannt hatte; oder jene, wo sich einst das Feld des Laertes und die Schweineställe des Eumaios befanden. Als er bei der ersten Probegrabung Vasen zutage förderte, die seiner Meinung nach menschliche Asche enthielten, erschien es ihm durchaus möglich, daß er die Überreste Odysseus' und Penelopes oder – wie er vorsichtig hinzufügte – »ihrer Nachkommen« gefunden hatte.[20]

Ithaka zeugt also – bei aller liebenswerten Naivität – von der romantischen Schwärmerei, dem Dilettantismus und der Selbstgefälligkeit Schliemanns. Er selbst nannte in einem Brief an seine Schwestern dieses Buch »weniger Reisebeschreibung als Kritik der über Ithaka und besonders über Troja geschriebenen Werke«.[21] Einigermaßen kritisches Urteilsvermögen bewies er tatsächlich bei den Auseinandersetzungen, die er mit Wissenschaftlern bezüglich der Stätte des alten Troja sowie über die Frage führte, ob die Königsgräber von Mykene innerhalb oder außerhalb der »Akropolis« lagen. Ansonsten aber übte er ganz einfach Kritik an jedem, der es wagte, das Homerische »Evangelium« anzufechten – angefangen bei Strabo und den alexandrinischen Skeptikern. Man mag diese Haltung kritisch oder naiv dogmatisch nennen, unbestritten ist jedenfalls, daß Schliemanns wörtliche Auslegung der Epen Homers Früchte trug.

Von Ithaka aus fuhr er auf den Peloponnes nach Korinth. Hier besichtigte er die Ruinen des alten Korinth und die auf einem Felsmassiv aufragenden Überreste von Akrokorinth, wo er den einzigartigen Ausblick auf die Ebene von Argolis und den Golf genoß. Dann besuchte er Burg-

und Siedlungsanlagen der mykenischen Zeit, insbesondere Mykene und Tiryns. Von Nauplia aus unternahm er Abstecher zu den Inseln Hydra, Poros und Ägina, wo er zu dem guterhaltenen Aphaia-Tempel hinaufstieg. Anschließend verbrachte er einige Tage in Athen bei seinem einstigen Lehrer Theokletos Vimpos, der inzwischen Erzbischof und Professor an der Athener Universität geworden war. Im August trat er die Seereise nach Konstantinopel an und fuhr von dort aus durch die Dardanellen zurück nach Çanakkale, dem Ausgangspunkt seiner ersten Begegnung mit der Troas.

Was er dort erlebte, war nicht weniger aufregend als seine Streifzüge durch Ithaka und den Peloponnes. Daß er die These, Bunarbaschi (der Hügelzug Bali Dagh) sei die Stätte des Homerischen Troja, sofort verwarf (eine These, die viele Anhänger hatte und - wahrscheinlich erstmals - 1781 von dem französischen Forscher Jean-Baptiste Lechevalier [Le Chevalier] aufgestellt worden war), trug zweifellos viel zu seinem Renommee bei. Es ist jedoch so gut wie sicher, daß er den ersten Hinweis auf Hissarlik als die vermutliche Stätte Trojas von Frank Calvert erhielt, einem gebürtigen Engländer, der damals amerikanischer Vizekonsul (später Konsul) für die Dardanellen war.

Die Homerforschung hatte Hissarlik allerdings keineswegs so völlig außer acht gelassen, wie Schliemann es darstellte. Bereits 1822 hatte der schottische Altertumskundler und Forscher Charles Maclaren in seiner *Dissertation on the Topography of the Plain of Troy* die Meinung vertreten, Hissarlik sei die Stätte des alten Troja. Zu der gleichen Ansicht waren der englische Historiker George Grote sowie einige andere Kapazitäten in England und auf dem Kontinent gelangt. Daß der Hügel Hissarlik und seine Umgebung die Stätte war, wo sich das Novum Ilium der hellenistischen und der römischen Zeit befunden hatte, war nie bestritten worden. Und es gab wohl auch keinen Grund zu der Annahme, daß so begeisterte Bewunderer des ruhmreichen Troja wie Xerxes, Alexander der Große und Julius Cäsar den »falschen« Ort dazu ausersehen hatten, Ilion ihre Reverenz zu erweisen und es neu zu erbauen. Überdies waren wichtige Ereignisse des Trojanischen Krieges, wie sie in der *Ilias* geschildert werden, weder mit der geographischen Lage (rund vierzehn Kilometer vom Hellespont entfernt) noch mit dem Gelände von Bunarbaschi in Einklang zu bringen.

Es ist aber zweifellos als ein Verdienst Schliemanns zu werten, daß er schon bei seinem ersten Streifzug durch die Troas nach Beweismaterial suchte. Auf dem Bali-Dagh-Plateau hob er rund dreißig Schächte aus, um zu beweisen, daß sich hier keine Burganlage befunden haben konnte. Was Hissarlik betraf, so mußte er, obzwar er den Hügel genau in Augenschein nahm, seine Grabungen auf einen späteren Zeitpunkt verschieben.

Nach Paris zurückgekehrt, begann er unverzüglich, die Aufzeichnungen über seinen Ausflug in die Antike zu einem Buch zu verarbeiten. Es kostete ihn drei Monate konzentrierter Arbeit. Noch immer strebte er vor allem nach literarischen Lorbeeren. Am 1. November 1868 schrieb er an seinen Sohn: »Ich arbeite Tag und Nacht an meinem archäologischen Werk, denn ich hoffe, mir mit diesem Buch ein wenig Ansehen als Autor zu verschaffen ... Wenn es Erfolg hat, werde ich zeitlebens Bücher schreiben, denn eine interessantere Laufbahn als die eines Autors seriöser Werke kann ich mir nicht vorstellen. Beim Schreiben ist man immer so glücklich, so zufrieden ... Und wenn man in Gesellschaft ist, hat man immer tausend interessante Dinge zu erzählen, die ... jedermann Vergnügen bereiten. Ein Autor ist immer begehrt und überall willkommen, und obwohl ich noch ein Neuling in diesem Metier bin, habe ich hier schon mindestens zehnmal mehr Freunde als ich mir wünsche ...«[22]

Eine recht merkwürdige Großtuerei für einen so einsamen Menschen. Möglich, daß Schliemann seiner Familie in Petersburg etwas vorspiegeln und erreichen wollte, daß Sergej auf den abwesenden Vater stolz war und ihn als Vorbild betrachtete. Von unbändigem Selbstvertrauen und hochgespannten Erwartungen erfüllt, ließ er die Mühsal der schriftstellerischen Tätigkeit außer acht. Mit der gleichen Überschwenglichkeit nahm er später seine archäologischen Forschungen in Angriff.

Was die Aufnahme seines Buches betrifft, so machten sich die wenigen Rezensenten, die sich damit beschäftigten, über die naive Homergläubigkeit und die vorschnellen Schlüsse des Verfassers lustig. Zu schriftstellerischen Ehren verhalf es Schliemann jedenfalls nicht. Aber es legte die Grundlage für seinen künftigen Beruf.

Rechtzeitig zum russischen Weihnachtsfest 1868 traf er, mit Geschenken für die Kinder beladen, unerwartet in Petersburg ein, aber seine Familie war verreist. Nach der Rückkehr zeigte ihm seine Frau die kalte Schulter und behandelte ihn nach seinen eigenen Worten wie einen »tatarischen Eindringling«, worauf er schleunigst den Rückzug antrat und sein russisches Zuhause für immer verließ. Endlich hatte er eingesehen, daß eine Aussöhnung mit Ekaterina unmöglich war.

Die Insel des Odysseus - Ithaka

Aus *Ithaka, der Peloponnes und Troja*

Endlich war es mir möglich, den Traum meines Lebens zu verwirklichen, den Schauplatz der Ereignisse, die für mich ein so tiefes Interesse gehabt, zu besuchen.[1] So brach ich im April 1868 auf und ging über Rom und Neapel nach Korfu, Kephalonia und Ithaka, und besuchte nacheinander die Gegenden, in welchen noch so lebendige poetische Erinnerungen an das Altertum vorhanden sind . . .

Den 6. Juli, 6 Uhr morgens, kam ich in Korfu, der Hauptstadt der gleichnamigen Insel, an und verweilte daselbst zwei Tage, um das Land zu besichtigen.

Nach dem einstimmigen Zeugnis des Altertums ist Korfu die Insel Scheria oder das Phäakenland des Homer . . . Die Tradition bezeichnet einen großen Bach, »Kressida-Quell« genannt, welcher sich von Westen her in den See Kalichiopulos ergießt, als den Fluß, an dessen Ufer Nausikaa mit ihren Mägden die Wäsche wusch, und wo sie den Odysseus empfing.

Die Tochter des Königs Alkinoos ist einer der edelsten Charaktere, welche uns Homer gezeichnet hat. Die Einfachheit ihrer Sitten hat immer einen außerordentlichen Zauber auf mich ausgeübt; und ich war kaum in Korfu ans Land gestiegen, so eilte ich, um den Ort zu besichtigen, welcher der Schauplatz einer der rührendsten Szenen der *Odyssee* gewesen ist.

Mein Führer geleitete mich zu einer an einem kleinen Fluß, 1 Kilometer von seiner Mündung erbauten Mühle; von da bin ich gezwungen zu Fuß zu gehen. Aber kaum habe ich hundert Schritte getan, so stoße ich auf Hindernisse. Rechts und links vom Flusse hat man für die Bedürfnisse der Bewässerung Kanäle gegraben, welche zu breit sind, um hinüberspringen zu können. Außerdem sind die Felder teilweise unter Wasser gesetzt. Aber diese Schwierigkeiten steigern nur mein Verlangen, vorwärts zu gehen. Ich entkleide mich bis aufs Hemde und lasse meine Kleider unter der Obhut meines Führers. So gehe ich immer den kleinen Fluß entlang, oft bis an die Brust im Wasser und im Schlamm der Kanäle und überschwemmten Felder. Endlich, nach einer halben Stunde beschwerlichen Marsches, sehe ich zwei große, plump behauene Steine, welche die Tradition als den Waschplatz der Einwohner der alten Stadt Korcyra bezeichnet, und als den Ort, wo Nausikaa mit ihren Dienerinnen die Wäsche gewaschen und den Odysseus empfangen hat. Die örtliche Lage entspricht vollkommen der Beschreibung Homers; denn Odysseus landet an der Mündung des Flusses. Nausikaa kommt mit ihren Mägden zu den Waschgruben am Fluß ... Diese Waschgruben mußten sich notwendig dicht am Meere befinden; denn nachdem Nausikaa und ihre Dienerinnen die Wäsche gewaschen haben, breiten sie dieselbe auf den Kieselboden längs des Meeresufers, um sie zu trocknen ... Darauf baden sie, salben sich, speisen, und alsdann spielen sie Ball. Die Fürstin, welche den Ball nach einer ihrer Dienerinnen wirft, verfehlt ihr Ziel; der Ball fällt in die Strömung des Flusses, die jungen Mädchen erheben ein lautes Geschrei, worüber Odysseus erwacht.

Hieraus folgt, daß die Stelle, wo Odysseus im Gebüsch neben der Mündung des Flusses sich gelagert hatte, ganz dicht bei den Waschgruben und dem Ufer war, wo die Mädchen Ball spielten.

Über die Identität dieses Flusses mit dem Homerischen kann kein Zweifel obwalten, denn er ist der einzige Fluß in der Umgegend der alten Stadt. In der Tat gibt es auf der ganzen Insel nur noch einen andern Fluß; aber dieser befindet sich 12 Kilometer vom alten Korcyra. Ohne Zweifel führte im Altertum ein Fahrweg von der alten Stadt zu den Waschgruben; aber jetzt sind die Felder bebaut, und es ist keine Spur von diesem Wege mehr übrig ...

Ich mietete für 11 Franken eine Barke, um mich nach Ithaka übersetzen zu lassen; aber unglücklicherweise war der Wind konträr, so daß wir fortwährend gezwungen waren zu lavieren, und so brauchten wir 6 Stunden zu einer Fahrt, welche man bei günstigerem Winde mit Leichtigkeit in einer Stunde zurücklegt. Endlich stiegen wir, 11 Uhr abends, in dem kleinen Hafen St.-Spiridon, auf der Südseite des Berges Aëtos, ans Land und betraten das alte Königreich des Odysseus.

Ich gestehe, daß ich trotz Ermüdung und Hunger eine unendliche Freude empfand, mich im Vaterlande des Helden zu befinden, dessen Abenteuer ich mit der lebhaftesten Begeisterung gelesen und wieder gelesen habe.

Ich war so glücklich, beim Aussteigen den Müller Panagis Asproieraka anzutreffen, welcher mir für 4 Franken einen Esel vermietete, um mein Reisegepäck zu tragen, während er selbst mir als Führer und Cicerone bis zur Hauptstadt Vathy diente. Als er gehört hatte, daß ich nach Ithaka gekommen wäre, um archäologische Forschungen anzustellen, sprach er sich mit lebhaftem Beifall über mein Vorhaben aus und erzählte mir unterwegs alle Abenteuer des Odysseus von Anfang bis Ende. Die Geläufigkeit, mit welcher er sie hersagte, bewies mir deutlich, daß er dieselbe Geschichte schon tausendmal erzählt hatte. Sein Eifer, mich über die glorreichen Taten des Königs von Ithaka zu unterrichten, war so groß, daß er keine Unterbrechung duldete. Vergebens fragte ich ihn: Ist dies der Berg Aëtos? Ist dies der Phorkys-Hafen? Auf welcher Seite befindet sich die Grotte der Nymphen? Wo ist das Feld des Laertes ...? Alle meine Fragen blieben ohne Antwort. Der Weg war lang, aber des Müllers Geschichte war auch lang, und als wir endlich, halb ein Uhr nachts, die Schwelle seiner Haustür in Vathy überschritten, war er grade in der Unterwelt mit den Seelen der Freier unter dem Geleite des Merkur angelangt.

Ich beglückwünschte ihn lebhaft, daß er die Gedichte Homers gelesen und sie so gut im Gedächtnis behalten habe, daß er mit so großer Leichtigkeit in neugriechischer Sprache die Hauptbegebenheiten der 24 Gesänge der *Odyssee* erzählen könne. Zu meinem großen Erstaunen antwortete er mir, daß er nicht nur der alten Sprache unkundig sei, sondern auch das Neugriechische weder lesen noch schreiben könne: die Abenteuer des Odysseus wären ihm nur aus der Tradition bekannt. Auf meine Frage, ob diese Tradition unter der Bevölkerung von Ithaka allgemein verbreitet, oder ob sie seiner Familie eigentümlich wäre, erwiderte er, daß in der Tat seine Familie die Bewahrerin derselben sei, daß niemand auf der Insel die Geschichte des großen Königs so gut kenne, wie er, und alle andern nur eine unklare Vorstellung davon hätten ...

In der Hauptstadt Ithakas gibt es keinen Gasthof; ich fand aber ohne Mühe ein gutes Zimmer im Hause der jungen und liebenswürdigen Fräulein Helene und Aspasia Triantafyllides, deren Vater, ein Gelehrter, vor einigen Jahren gestorben ist.

Die Stadt, welche ungefähr 2500 Einwohner zählt, umgibt mit einer Reihe weißer Häuser das Südende des langen und engen, Vathy (tief) genannten Hafens, von welchem sie den Namen führt, und der selbst nur ein Teil des Meerbusens von Molo ist. Der Hafen ist einer der besten der Welt, weil er von Gebirgen umgeben und sein Wasser, selbst schon 1 Meter vom Ufer, so tief ist, daß die Schiffe vor den Häusern der Reeder Anker werfen können ...

Fast alle Archäologen, welche die Insel bereist haben, erkennen die Identität derselben mit dem Homerischen Ithaka an.[2] ... Die Insel besteht aus einer Kette von Kalksteinfelsen. Der Golf von Molo teilt sie in zwei fast gleiche Teile, welche durch einen engen, 800 Meter breiten Isthmus verbunden werden. Auf diesem Isthmus befinden sich umfangreiche Ruinen mit dem Namen »Altes Schloß«, welche die Tradition als Reste vom Schlosse des Odysseus bezeichnet ...

Ungeachtet der drückenden Sommerhitze ist das Klima der Insel sehr gesund und verdient das Lob Homers »ausgezeichnet für die Erziehung und Pflege tüchtiger Männer«.

Mit Recht wird behauptet, daß an keinem Orte auf der Welt die Erinnerung an das klassische Altertum so lebendig und rein erhalten ist als auf der Insel Ithaka ... Alle unsere Erinnerungen knüpfen sich hier an das heroische Zeitalter: jeder Hügel, jeder Felsen, jede Quelle, jedes Olivenwäldchen mahnt uns an Homer und die *Odyssee,* und mit einem einzigen Sprunge fühlen wir uns über hundert Generationen hinweg in die glänzendste Epoche griechischen Rittertums und griechischer Dichtkunst versetzt.

Sobald ich in meiner neuen Wohnung eingerichtet war, mietete ich einen Führer und ein Pferd und ließ mich nach dem kleinen Hafen Dexia bringen, welcher sich ebenfalls am Fuße des Berges Neion befindet und auch ein Teil des großen Meerbusens von Molo ist. Das ist der »Phorkys-Hafen«, in welchem die Phäaken den fest eingeschlafenen Odysseus ausschifften und mit seinen Schätzen zuerst am Ufer, darauf unter einem Ölbaum, abseits vom Wege niederlegten ...

Die Örtlichkeit ist in der *Odyssee* so genau beschrieben, daß man sich gar nicht irren kann; denn man sieht vor dem kleinen Golf zwei kleine steile Felsen, dem Eingange zugeneigt, und dicht daneben, auf dem Abhange des Berges

Neion, 50 Meter über dem Meeresspiegel, die Grotte der Nymphen. Wirklich befindet sich auch in derselben auf der nordwestlichen Seite eine Art natürlicher Eingang von zwei Meter Höhe und vierzig Zentimeter Breite, durch welchen man bequem in die Grotte gelangen kann, und auf der Südseite eine runde Öffnung von 82 Zentimeter im Durchmesser, die den Eingang der Götter bildet: denn an dieser Stelle hat die Höhle eine Tiefe von 17 Meter, so daß der Mensch auf diesem Wege sie nicht wohl betreten kann.

Das Innere ist vollkommen dunkel; aber mein Führer machte mit Gesträuch ein großes Feuer an, so daß ich die Grotte in ihren Einzelheiten untersuchen konnte. Sie ist fast rund und hat 17 Meter im Durchmesser. Vom Eingang bis auf den Grund steigt man 3 Meter 30 Zentimeter hinab, und entdeckt dort Überreste von in den Felsen gehauenen Stufen; auf der entgegengesetzten Seite erblickt man einen sehr verstümmelten Altar. Von der Decke hängen Massen von Tropfsteinen in bizarren Formen herunter, und mit nur einiger Einbildungskraft erkennt man darin Urnen, Krüge und die Webstühle, auf welchen die Nymphen purpurfarbene Gewänder webten. In dieser Grotte verbarg Odysseus auf den Rat und mit dem Beistand der Minerva die von den Phäaken erhaltenen Schätze.

Wir stiegen wieder zum Golf oder Phorkys-Hafen hinab und setzten unsern Weg bis an den Fuß des Berges Aëtos fort, welcher 150 Meter Höhe hat, und im Süden vom Berge Neion durch ein sehr fruchtbares Tal getrennt wird, das ungefähr 100 Meter breit ist und den kleinen Isthmus durchschneidet ...

Die Besteigung des Aëtos ist für einen Fremden, besonders während der großen Sommerhitze, mit vielen Schwierigkeiten und Beschwerden verbunden, weil er, in Winkeln von 45 bis 50 Grad sich erhebend, mit Steinen wie besät ist, und man in Ermangelung eines Weges sich oft auf allen vieren weiterhelfen muß. Aber die Eingeborenen besteigen den Aëtos ohne die geringste Beschwerde und bebauen sogar den ganzen Berg bis zum Gipfel, wo sich nur Erde zwischen den Steinen zeigt ...

Wir bestiegen den Aëtos von Westen, weil der Abhang hier sanfter ist, als auf den andern Seiten; man sieht hier zahlreiche Spuren eines alten Weges, welcher jedenfalls vom Palaste des Odysseus nach dem kleinen Hafen führte, der jetzt St.-Spiridon genannt wird und gleichfalls im Westen der Insel, zwischen Aëtos und Neïon liegt.

Ich gebrauchte eine halbe Stunde, um auf den südlichen Gipfel zu gelangen; hier befinden sich die Ruinen eines Turmes aus plump behauenen Steinen von 1 Meter bis 1 Meter 66 Zentimeter Länge bei 1 Meter bis 1 Meter 35 Zentimeter Breite, die ohne Zement übereinandergeschichtet sind ... In der Mitte ist jedenfalls ein unterirdisches Behältnis, vielleicht eine Zisterne, weil alle Steine des Gebäudes nach dem Mittelpunkt geneigt sind und daselbst eine Art Wölbung bilden ...

Zehn Meter niedriger ist eine dicke Umwallungsmauer von ähnlicher Bauart, während zwei andere, mit Verteidigungstürmen versehene zyklopische Mauern sich gegen Südwest und Südost herabziehen, deren großartige Trümmer sich auf dem Abhange des Berges bis zu einer Entfernung von 60 Meter vom Gipfel ausdehnen.[3]... Der Gipfel erweitert sich zu einer vollkommen ebenen Fläche und dehnt sich bei einer Breite von 27 Meter und einer Länge von 37 Meter bis zum Nordrande aus.

Auf diesem Raume befand sich der Palast des Odysseus; leider sieht man nur noch die Ruinen von zwei parallelen Einschließungsmauern, und eine kleine, runde, in den Felsen gehauene Zisterne für den Hausgebrauch ... Der königliche Palast war groß ... denn Odysseus sagt zu Eumaios: »Ohne Zweifel ist dies das prächtige Haus des Odysseus; es ist leicht zu erkennen selbst zwischen den Häusern ... und niemand würde es erstürmen können.« Der Palast war mit hohen Säulen geschmückt; um die Tafel im großen Saal saßen die 108 Freier ... Wir lesen auch, daß Penelope die hohe Treppe im Palaste hinaufstieg, den Schlüssel nahm und sich mit ihren Dienerinnen in ein abgelegenes Gemach begab. Es ist also nicht zu bezweifeln, daß der Palast den ganzen geebneten Raum des Gipfels einnahm und der Hof zwischen den parallelen, 30 Meter voneinander entfernten Umwallungsmauern lag. Auf diesem Hofe stand der Altar des Zeus.

Der Gipfel des Aëtos ist mit großen, waagerecht liegenden Steinen besät; doch sah ich hie und da einige Meter mit Gesträuch und Stauden bedeckt, welche mir anzeigten, daß hier auch Erde vorhanden sei. Sofort entschloß ich mich, überall, wo die Beschaffenheit des Bodens es erlauben würde, Ausgrabungen anzustellen. Da ich aber keine Werkzeuge bei mir hatte, so mußte ich meine Nachforschungen bis auf den folgenden Tag verschieben.

Die Hitze war drückend ... ich fühlte brennenden Durst und hatte weder Wasser noch Wein bei mir. Aber die Begeisterung, welche ich in mir fühlte, da ich mich mitten unter den Ruinen vom Palaste des Odysseus befand, war so groß, daß ich Hitze und Durst vergaß. Bald untersuchte ich die Örtlichkeit, bald las ich in der *Odyssee* die Beschreibung der rührenden Szenen, deren Schauplatz dieser Ort gewesen ist; bald bewunderte ich die herrliche Rundsicht, welche sich auf allen Seiten vor meinen Augen entrollte ...

Im Norden sah ich die Insel Santa Maura oder Leucadia mit dem Kap Dukato, hoch gefeiert im Altertum wegen des berühmten Felsens, Sappho-Sprung genannt, von wo aus die unglücklich Liebenden sich ins Meer stürzten, in der Überzeugung, daß dieser kühne Sprung sie vor ihrer Leidenschaft heilen werde. Unter den vorzüglichsten Opfern dieses Wahnes nennt man die berühmte Dichterin Sappho, den Dichter Nikostratus, Deucalion, Artemisia, die Königin von Karien ...

Nach Strabo hatten die Leukadier die Gewohnheit, jährlich am Feste des Apollo einen Verbrecher von diesem Felsen ins Meer zu stürzen, als Sühneopfer für alle Verbrechen des Volkes. Man band ihm Federn und lebende Vögel an, um ihm das Hinabstürzen zu erleichtern[4], und unten hielten sich im Kreise aneinandergereihte Fischerbarken bereit, ihn womöglich zu retten.

Auf der Südseite sah ich die herrlichen Berge des Peloponnes; im Osten die grandiosen Spitzberge Akarnaniens;

im Westen zu meinen Füßen die prächtige Meerenge, jenseits deren sich die schönen Berge von Kephalonia schroff und fast senkrecht erheben.

Endlich stieg ich auf der Ostseite hinunter und entdeckte ungefähr 38 Meter vom Gipfel die Spuren eines Weges ... Hie und da am Abhange des Berges fand ich auch Ruinen von kleinen Häusern, deren zyklopische Bauart ein hohes Altertum offenbart.

Als ich am Fuße des Berges angekommen war, trat ein Bauer an mich heran und bot mir eine Vase von Ton und eine schöne silberne korinthische Münze mit einem Minerva-Kopf auf der einen und einem Pferd auf der andern Seite, zum Verkauf an. Er hatte diese Gegenstände eben erst in einem plump in den Felsen gehauenen Grabe, ohne eine Spur von menschlichen Gebeinen, entdeckt. Ich kaufte sie ihm für 6 Franken ab.

Nach Vathy zurückgekehrt, engagierte ich vier Arbeiter, um auf dem Aëtos Ausgrabungen zu veranstalten, ferner einen Burschen und ein Mädchen, um Wasser und Wein auf den Berg zu tragen; ich mietete ein Pferd für mich, einen Esel für die Werkzeuge.

Am 10. Juli, nachdem ich im Meere gebadet und eine Tasse schwarzen Kaffee getrunken hatte, machte ich mich um 5 Uhr morgens mit meinen Arbeitern auf den Weg. Von Schweiß durchnäßt, langten wir um 7 Uhr auf dem Gipfel des Aëtos an.

Zuerst ließ ich durch die vier Männer das Gesträuch mit der Wurzel ausreißen, dann den nordöstlichen Winkel aufgraben, wo nach meiner Vermutung sich der herrliche Ölbaum befunden haben mußte, aus welchem Odysseus sein Hochzeitsbett verfertigte und um dessen Standort er sein Schlafzimmer baute ... Indes wir fanden nichts als Trümmer von Ziegeln und Töpferwaren, und in einer Tiefe von 66 Zentimeter legten wir den Felsen bloß. In diesem Felsen waren allerdings viele Spalten, in welche die Wurzeln des Ölbaumes hätten eindringen können; aber es war jede Hoffnung für mich verschwunden, hier archäologische Gegenstände zu finden ...

Während meine Arbeiter mit dieser Ausgrabung beschäftigt waren, untersuchte ich die ganze Baustelle des Palastes mit der größten Aufmerksamkeit, und als ich einen dicken Stein gefunden hatte, dessen Ende eine kleine Kurvenlinie zu beschreiben schien ... löste ich mit dem Messer die Erde vom Steine ab und sah, daß dieser einen Halbkreis bildete. Als ich mit dem Messer zu graben fortfuhr, bemerkte ich bald, daß man den Kreis auf der andern Seite durch kleine übereinandergeschichtete Steine vervollständigt hatte, die sozusagen eine Mauer im kleinen bildeten. Ich wollte anfänglich diesen Kreis mit dem Messer aushöhlen, konnte aber meinen Zweck nicht erreichen, weil die Erde mit einer weißen Substanz, welche ich als die Asche kalzinierter Knochen erkannte, gemischt und fast so hart wie der Stein selbst war. Ich machte mich also daran, mit der Hacke zu graben; aber kaum war ich 10 Zentimeter tief eingedrungen, so zerbrach ich eine schöne, aber ganz kleine, mit menschlicher Asche angefüllte Vase. Ich fuhr mit der größten Vorsicht zu graben fort und fand ungefähr 20 ganz verschiedene Vasen von bizarrer Form. Einige lagen, andere standen. Leider zerbrach ich die meisten derselben beim Herausnehmen wegen der Härte der Erde und aus Mangel an guten Werkzeugen, und konnte nur fünf in unversehrtem Zustande fortbringen ... Zwei von diesen Vasen hatten recht hübsche Malereien, als ich sie aus der Erde zog. Sie wurden aber fast unkenntlich, sobald ich sie der Sonne aussetzte; ich hoffe aber, durch Reiben mit Alkohol und Wasser sie wieder deutlich zum Vorschein zu bringen ... Alle diese Vasen sind mit der Asche verbrannter menschlicher Gebeine angefüllt.

Außerdem fand ich in diesem kleinen Familien-Kirchhofe die gekrümmte Klinge eines Opfermessers, 13 Zentimeter lang, stark mit Rost überzogen, aber sonst ziemlich gut erhalten; ein Götzenbild von Ton, welches eine Göttin mit zwei Flöten im Munde darstellt; dann die Trümmer eines eisernen Degens, einen Eberzahn, mehrere kleine Tierknochen und endlich eine Handhabe aus ineinandergeschlungenen Bronzefäden. Fünf Jahre meines Lebens hätte ich für eine Inschrift hingegeben, aber leider! war keine vorhanden.

Obgleich das Alter dieser Gegenstände schwer zu bestimmen ist, so scheint es mir doch gewiß, daß die Vasen weit älter sind als die ältesten Vasen von Cumae im Museum zu Neapel, und es ist wohl möglich, daß ich in meinen 5 kleinen Urnen die Asche des Odysseus und der Penelope oder ihrer Nachkommen bewahre ...

Am folgenden Tage, den 11. Juli, stand ich um vier Uhr morgens auf und bestieg abermals mit den vier Arbeitern den Berg Aëtos, auf dessen südlichem Abhange, ungefähr 20 Meter über dem Meeresspiegel, man mir eine große Anzahl alter, in den Felsen gehauener Gräber zeigte, welche in den Jahren 1811 und 1814 der Hauptmann Guitara aufgrub, wobei eine Menge goldener Armbänder, Fingerringe, Ohrringe usw. zum Vorschein kamen.

Aber diese Gräber können nicht sehr alt sein; denn aus Homer wissen wir, daß man die Leichname im heroischen Zeitalter verbrannte[5], und da man in den Gräbern auf Ithaka und Korfu nicht selten Scarabäen mit ägyptischen Hieroglyphen und phönizische Götterbilder neben griechischen Münzen und Tränenkrügen findet, so darf man wohl mit Sicherheit annehmen, daß der Brauch, die Toten zu begraben, erst mehrere Jahrhunderte nach Homer, durch Ägypter und Phönizier auf den ionischen Inseln eingeführt worden ist ...

Die einzige interessante Entdeckung, welche ich an diesem Tage machte, war die Spur eines alten Weges, der sich vom Palast auf der Nordseite hinabzieht. Leider konnte ich des Dorngesträuchs und der bedeutenden Terrainschwierigkeiten wegen diese Spur nicht verfolgen; als ich aber durch meine Arbeiter erfuhr, daß sie ungefähr vier Kilometer nördlicher im Felsen die Spuren eines alten Weges gesehen hätten, so schloß ich sofort daraus, daß dies derselbe Weg sein müßte ...

Am folgenden Tage, dem 12. Juli, brach ich mit meinem Führer, wie gewöhnlich, um 5 Uhr morgens auf, zunächst um den alten Weg zu erforschen, dessen Spuren ich den

Tag vorher entdeckt hatte, und sodann den Norden der Insel zu besuchen ... Da ich zu Pferde nicht dorthin gelangen konnte und erfuhr, daß der Weg beim Dorfe St. Johann nach Weinbergen am Meeresufer führt, welche die Tradition als »Feld des Laertes« bezeichnet, so schickte ich meinen Führer mit dem Pferde dorthin und ließ mich von einem anderen Manne nach dem alten Wege zum Landgut von Odysseus' Vater bringen ...

Bald kam ich auf dem Felde des Laërtes an, wo ich mich niedersetzte, um auszuruhen und den 24. Gesang der *Odyssee* zu lesen. Die Ankunft eines Fremden ist schon in der Hauptstadt Ithaka ein Ereignis, wieviel mehr noch auf dem Lande. Kaum hatte ich mich gesetzt, so drängten sich die Dorfbewohner um mich und überhäuften mich mit Fragen. Ich hielt es für das klügste, ihnen den 24. Gesang der *Odyssee* vom 205. bis 412. Verse laut vorzulesen und Wort für Wort in ihren Dialekt zu übersetzen. Grenzenlos war ihre Begeisterung, als sie in der wohlklingenden Sprache Homers, in der Sprache ihrer glorreichen Vorfahren vor dreitausend Jahren, die schrecklichen Leiden erzählen hörten, welche der alte König Laërtes gerade an der Stelle erduldet hatte, wo wir versammelt waren, und bei der Schilderung seiner hohen Freude, als er an demselben Orte nach zwanzigjähriger Trennung seinen geliebten Sohn Odysseus, den er für tot gehalten hatte, wiederfand. Aller Augen schwammen in Tränen, und als ich meine Vorlesung beendet hatte, kamen Männer, Frauen und Kinder, alle an mich heran und umarmten mich mit den Worten: »Du hast uns eine große Freude gemacht, wir danken dir tausendmal.« Man trug mich im Triumph ins Dorf, wo alle miteinander wetteiferten, mir ihre Gastfreundschaft in reichstem Maße zuteil werden zu lassen, ohne die geringste Entschädigung dafür annehmen zu wollen. Man wollte mich nicht eher abreisen lassen, als bis ich einen zweiten Besuch im Dorfe versprochen hatte ...

In jedem Bauernhause auf der Insel Ithaka sieht man das klassische Alterum wieder aufleben, und unwillkürlich wird man an die Beschreibung erinnert, welche Homer vom Gehöfte des göttlichen Sauhirten Eumaios gibt ... Sooft ich mich diesen auf den Feldern einzeln liegenden Wohnungen näherte, um Weintrauben zu kaufen oder Wasser zu trinken, wurde ich von Hunden angefallen. Bisher war es mir immer gelungen, sie in ehrerbietiger Entfernung zu halten, indem ich Steine nach ihnen warf oder nur tat, als wollte ich sie werfen. Als ich aber an diesem Tage in einen Bauernhof im Süden der Insel eintreten wollte, stürzten mit aller Wut vier Hunde auf mich los und ließen sich weder durch Steine noch durch Drohungen einschüchtern. Ich rief laut um Hilfe; aber mein Führer war zurückgeblieben, und es schien, als wenn kein Mensch im Hause wäre. In dieser schrecklichen Lage fiel mir zum Glück ein, was Odysseus in einer ähnlichen Gefahr gemacht hatte: »Sobald die bellenden Hunde den Odysseus sahen, kamen sie heulend herbeigelaufen; Odysseus aber setzte sich klugerweise auf die Erde und ließ seinen Stab aus der Hand fallen.«

Ich folgte also dem Beispiele des weisen Königs, indem ich mich getrost auf die Erde setzte und mich ganz still verhielt. Sogleich schlossen die vier Hunde, die mich soeben noch hatten verschlingen wollen, einen Kreis um mich und fuhren fort zu bellen, rührten mich aber nicht an. Bei der geringsten Bewegung würden sie mich gebissen haben; aber dadurch, daß ich mich vor ihnen demütig zeigte, besänftigte ich ihre Wildheit ...

Mein Führer, welcher meine verzweifelte Lage sah, brachte durch lautes Rufen den Hausherrn herbei, der nicht weit von seiner Wohnung in einem Weinberg beschäftigt war. Sofort rief er die Hunde und befreite mich aus meiner Lage. Er war ein siebzigjähriger Greis mit sanften Zügen, großen, intelligenten Augen und einer Adlernase; sein schneeweißes Haupthaar bildete einen sonderbaren Kontrast zu seiner von der Sonnenglut geschwärzten Gesichtsfarbe. Nach der Gewohnheit der Bauern ging er barfuß und trug die weiße, baumwollene *Fustanella,* welche über dem Bauch befestigt wird und in unzähligen Falten bis auf die Knie herabreicht ...

Ich machte dem alten Manne heftige Vorwürfe wegen der Wildheit seiner Hunde, die mich zerrissen oder wenigstens grausam gebissen haben würden, wenn ich mich im Augenblicke der drohenden Gefahr nicht des Mittels erinnert hätte, das der große König von Ithaka unter ähnlichen Umständen anwandte.

Er bat mich tausendmal um Entschuldigung und sagte, seine Hunde kennen die Bewohner der Umgegend ganz genau und bellten kaum, wenn dieselben näher kämen; so lange er denken könne, sei niemals ein Fremder an seine mitten in den Feldern, fast am Ende der Insel liegende Wohnung gekommen, und er habe daher eine solche Gefahr gar nicht voraussehen können.

Auf meine Frage, warum er trotz seiner sichtlichen Armut vier Hunde hielte, die wenigstens ebenso viel wie zwei Menschen verbrauchen müßten, antwortete er fast zornig: sein Vater, sein Großvater und alle seine Ahnen bis auf Telemach, Odysseus und Penelope hätten ebenso viele Hunde gehalten, und er werde sich lieber Entbehrungen unterwerfen, als sich von einem seiner treuen Wächter trennen.

Ich konnte den Gründen des biedern Greises nichts entgegenhalten, den im Übermaße seines Patriotismus und Nationalstolzes schon der Gedanke empörte, in seinem Hause weniger Hunde zu halten als seine glorreichen Vorfahren zur Zeit des Trojanischen Krieges. Nachdem er mich, wie er glaubte, durch seine Erklärungen zufriedengestellt hatte, brachte er einen Korb voll Pfirsiche und Weintrauben, und, ein abermaliger Beweis seines Stolzes und seiner Eigenliebe, er weigerte sich entschieden, irgendeine Belohnung dafür anzunehmen ... Da ich ihn aber um jeden Preis für seine Gastfreiheit zu entschädigen wünschte, so las ich ihm die 113 ersten Verse des vierzehnten Gesanges der *Odyssee* in der alten Sprache vor und übersetzte sie in seinen Dialekt. Er hörte mir mit großer Aufmerksamkeit zu, und als ich nach Beendigung meines Vortrags gehen wollte, bestand er darauf, daß ich ihm auch etwas aus der *Iliade* erzählen sollte, von der er nur eine unklare Vorstellung habe. Ich glaubte indes meine Schuld hinreichend abgetragen zu haben und ließ mich nicht zurückhalten. Die Neugierde des Greises war aber zu sehr wach geworden, als daß er die Gelegenheit hätte vorübergehen lassen sollen, die Ereignisse des Trojanischen Krieges zu erfahren; er begleitete mich daher den ganzen übrigen Teil des Tages zu Fuß und ließ mir keinen Augenblick Ruhe, bis er den Hauptinhalt der vierundzwanzig Gesänge der *Iliade* gehört hatte.

Wir durchwanderten den südlichen und südöstlichen Teil der Insel und fanden auf zwei kleinen Hochflächen an dem steilen Meeresufer die Ruinen mehrerer Gebäude aus Backsteinen, Kiesel und Zement, welche, nach ihrer Bauart zu schließen, recht wohl bis ans Ende der römischen Republik oder bis zum Anfang des Kaiserreichs hinaufreichen mögen; aber trotz allen Suchens fand ich keinen einzigen Stein zyklopischer Bauart . . .

Mit lebhafter Rührung verließ ich Ithaka; ich hatte die Insel schon lange aus dem Gesicht verloren, als meine Augen noch immer in der Richtung nach ihr ausschauten. Nie in meinem Leben werde ich die neun glücklichen Tage vergessen, welche ich unter diesem biedern, liebenswürdigen und tugendhaften Volke verlebt habe.

Ägäische Zitadellen – Von Argos nach Ilion

Aus *Ithaka, der Peloponnes und Troja*

Endlich kamen wir 6 Uhr abends in Korinth an, von wo ich mein Gepäck, mit Ausnahme eines Reisesacks, nach Athen beförderte.

Das heutige Korinth besteht erst seit 1859, in welchem Jahre ein Erdbeben die damals bestehende Stadt, die auf den Ruinen des alten Korinth erbaut war, von Grund aus zerstörte. Diese Ortslage ist aber der ungesunden Luft und der ansteckenden Fieber wegen, von denen die Einwohner während der heißen Jahreszeit fortwährend zu leiden hatten, verlassen worden, und man hat die neue Stadt 7 Kilometer nordöstlich an einer Stelle gegründet, wo die Landenge verhältnismäßig flach ist und ein starker Luftstrom zwischen den beiden Meeren die Luft gesund erhält.

Ich verweilte drei Stunden auf der Stätte des alten Korinth, um die wenigen Ruinen, welche davon übrig sind, zu untersuchen. Man zeigte mir zuerst ein Amphitheater von ovaler Form, ganz in Felsen ausgehauen, von 97 Meter Länge und 64 Meter Breite, mit einem unterirdischen Eingange für die Gladiatoren und wilden Tiere. Wahrscheinlich fällt die Erbauung dieses Amphitheaters in die Zeit nach Pausanias [zweites Jahrhundert n. Chr.], weil dieser es nicht erwähnt. Ferner besichtigte ich die berühmten *sieben dorischen Säulen,* welche, wie man behauptet, zu dem von Pausanias beschriebenen Tempel der Athene Chalinitis gehört haben. Sie tragen das Gepräge eines sehr hohen Altertums und scheinen sogar weit älter zu sein als die im siebenten Jahrhundert v. Chr. erbauten Tempel von Pästum.

In unmittelbarer Nähe dieser Säulen befindet sich ein einstöckiges Haus. Es ist ganz in den Stein gehauen und zwar so, daß man den Fels ringsum weggebrochen und der Mauer nur eine Stärke von 33 Zentimeter gegeben hat. Das Haus steht ganz einzeln, und da es mit dem Felsen, auf dem es sich befindet und dem es ausgehauen ist, ein Ganzes bildet, so ist es ohne Widerspruch eines der merkwürdigsten Denkmäler des frühesten Altertums.[1]

Ringsum auf der Stelle der alten Stadt bemerkte ich künstliche Hügel, und da Korinth nach der Beschreibung des Pausanias eine bedeutende Zahl von Tempeln und andern großartigen und prachtvollen Denkmälern gehabt haben soll, so zweifle ich gar nicht, daß gut geleitete Ausgrabungen wichtige archäologische Entdeckungen zur Folge haben würden. Aber zum Nachteil der Wissenschaft werden solche Ausgrabungen leider nicht vorgenommen, weil es in Griechenland an Geld fehlt. Es ist kaum glaublich, daß man bis jetzt weder in Korinth noch in der Umgegend einen Rest der Säulenordnung gefunden hat, die nach diesem Orte benannt ist, und selbst der so charakteristische Akanthas [Akanthus] ist aus der Flora des Isthmus verschwunden.

Obgleich die korinthischen Bauern bei ihren Feldarbeiten den Boden nur oberflächlich aufgraben, so finden sie doch sehr häufig Gräber mit schönen Urnen von gebrannter Erde. Man trifft hier Antiquitäten von solcher Menge, daß ich sechs prachtvolle Vasen für 3 Franken 25 Centimes habe kaufen können. Darnach kann man die Resultate beurteilen, welche in großem Maßstabe und mit ausreichenden Mitteln unternommene Ausgrabungen ergeben würden ...

Ich bestieg hierauf die berühmte Festung *Akro-Korinth,* welche auf einem senkrechten Felsen von 629 Meter Höhe liegt, der sich schroff in seiner ganzen, einsamen Größe erhebt, so daß weder die furchtbare Festung von Aden, noch die von Gibraltar mit dieser riesenhaften Zitadelle verglichen werden können ...

Da ich den Pausanias bei mir hatte, so las ich auf dem Gipfel von Akro-Korinth seine Beschreibung des alten Korinth, und konnte kaum glauben, daß in der Ebene, 627 Meter unter meinen Füßen, welche nur den Anblick der Verwüstung und Verödung darbot, einst eine große, mächtige und berühmte Stadt gelegen habe, der Stolz Griechenlands und der Stapelplatz seines Handels; eine Stadt, deren Reichtum, Pracht und Luxus zum Sprichwort geworden war; eine Stadt, welche zahlreiche Kolonien, unter andern das mächtige und herrliche Syrakus, gründete; eine Stadt, welche lange dem Ehrgeiz Roms widerstand und nur durch Verrat i. J. 146 v. Chr. in Mummius' Hände kam.

Am Abend kehrte ich nach Neu-Korinth zurück, wo der Lieutenant der kleinen Garnison die außerordentliche Liebenswürdigkeit hatte, mir eine Eskorte von zwei Soldaten zu geben, um mich [am nächsten Morgen] nach Argos zu begleiten.

Da es in Neu-Korinth kein Hotel gibt, so mußte ich die Nacht auf einer hölzernen Bank in einem elenden Wirtshause zubringen. Obgleich ich von Anstrengung ermüdet war, so konnte ich doch kein Auge schließen, weil die Mücken mich nicht einen Augenblick in Ruhe ließen. Vergebens suchte ich mich gegen sie zu schützen, indem ich das Gesicht mit einem Tuche bedeckte; sie stachen mich durch die Kleider hindurch. Voll Verzweiflung lief ich nach der Tür, aber sie war verschlossen. Der Wirt war ausgegangen und hatte die Schlüssel mitgenommen. Statt der Fenster hatte die Wohnung viereckige, durch eiserne Stangen verschlossene Öffnungen. Nach langer und beschwerlicher Arbeit gelang es mir, zwei dieser Stangen herauszureißen, und auf die Gefahr hin, von den Nachtwächtern für einen Dieb gehalten zu werden, sprang ich auf die Straße und bettete mich auf den Sand am Meeresufer, wo es glücklicherweise keine Mücken gab. Ich schlief sofort ein und erfreute mich wenigstens drei Stunden lang der angenehmsten Ruhe.

Um vier Uhr morgens stand ich auf, schwamm eine halbe Stunde im Meere und kehrte zur großen Verwunderung des Wirtes in sein Haus zurück. Er war eben dabei, seine Sachen zu untersuchen; denn als er bemerkte, daß ich mich davongemacht hatte, nahm er an, ich hätte ihn bestohlen. Alles klärte sich bald auf, und ich brauchte nicht, um meinen Wirt zu begütigen, ihm aus dem Homer vorzulesen. Er war zufrieden, als ich ihm ein Zweifrankenstück für den an den eisernen Stangen angerichteten Schaden gab.

Um 5 Uhr setzten wir unsere Reise fort, die beiden Soldaten und mein Führer zu Fuß, ich auf einem schlechten Pferde, einer wahren Rosinante. Trotz aller Bemühungen hatte ich weder Zügel noch Sattel noch Steigbügel bekommen können, denn dergleichen sind in Korinth als reine Luxusartikel gar nicht vorhanden ...

Der Weg, den man nur einen Fußsteig nennen kann, geht durch eine sehr gebirgige Gegend. Nachdem wir vier Stunden lang unaufhörlich bald bergan, bald bergab gestiegen waren, kamen wir an die Ruinen der alten Stadt Kleonä und ließen uns an einer reichlich fließenden Quelle nieder, um ein frugales Frühstück zu uns zu nehmen, welches aus trocknem Brot, Wasser und Wein bestand. Mein Führer und die Eskorte ruhten eine Stunde lang aus, während ich die Ruinen von Kleonä durchforschte. Leider aber ist nichts zu sehen als einige Säulen und Fundamente alter Gebäude. Neben diesen Ruinen ist ein Sumpf, dessen Ausdünstungen die Luft verpesten und gefährliche Fieber erzeugen, mit denen fast alle Einwohner der Umgegend behaftet waren.

Halb 1 Uhr kamen wir in dem schmutzigen und elenden Dorfe Charvati an, das auf einem Teile der Baustelle der alten Stadt Mykenä liegt, welche früher die Hauptstadt des Königs Agamemnon und wegen ihrer ungeheuren Reichtümer berühmt war. Mein Führer und die beiden Soldaten, welche den ganzen Weg von Korinth zu Fuß gemacht hatten, waren so ermüdet, daß sie mir nicht bis zu der Zitadelle, welche sich drei Kilometer von Charvati befindet, folgen konnten. Ich erlaubte ihnen, bis zu meiner Rückkehr im Dorfe auszuruhen, um so mehr, als wir über die Gebirge hinaus waren und ich von Räubern nichts mehr zu fürchten hatte. Außerdem kannten sie Mykenä nicht einmal dem Namen nach, wußten nichts von den Helden, denen diese Stadt ihren Ruhm verdankt, und hätten mir also auch nichts nützen können, weder um mir Monumente zu zeigen noch um meine Begeisterung für die Archäologie anzuspornen. Ich nahm daher nur einen Bauernburschen mit mir, welcher die Zitadelle unter dem Namen »Festung Agamemnons« und die Schatzkammer als »Grabmal des Agamemnon« kannte.[2]

Mykenäs Berühmtheit gehört ausschließlich dem heroischen Zeitalter an, denn die Stadt verlor ihre Bedeutung nach der Rückkehr der Herakliden und der Besitznahme von Argos durch die Dorier; aber sie behauptete ihre Unabhängigkeit und nahm an dem Nationalkriege gegen die Perser teil ...

Als ein halbes Jahrhundert später Thukydides die Stadt besuchte, fand er sie in Trümmern. Strabo sagt: »Mykenä ist jetzt nicht mehr vorhanden«; aber er scheint nicht dort gewesen zu sein, denn sonst würde er ihre Ruinen und die Zitadelle erwähnt haben. Als fast fünf und einhalb Jahrhunderte nach Thukydides Pausanias Mykenä besuchte, sah er einen Teil der Zitadelle, das Tor mit den beiden Löwen, die Schatzkammern des Atreus und seiner Söhne, die Gräber des Atreus, der von Ägisthus ermordeten Gefährten Agamemnons, der Kassandra, des Agamemnon, des Wagenlenkers Eurymedon, der Söhne der Kassandra, der Elektra, des Ägisthus und der Klytämnestra.

Da diese beiden letzteren Gräber »ein wenig entfernt von der Mauer lagen, denn sie (Ägisthus und Klytämnestra) wurden für unwürdig gehalten, im Innern begraben zu werden, wo Agamemnon und die mit ihm Ermordeten ruhten«, so darf man daraus schließen, daß Pausanias alle Mausoleen in der Festung selbst gesehen hat und daß die des Ägisthus und der Klytämnestra außerhalb der Umfangsmauern der Zitadelle lagen.

Von allen diesen Grabdenkmälern ist jetzt keine Spur mehr vorhanden; aber man würde sie durch Nachgrabungen ohne Zweifel wieder auffinden können. Die Festung dagegen ist gut erhalten und jedenfalls noch heute in einem weit besseren Zustande, als man nach der Äußerung des Pausanias schließen dürfte: »Es sind indes noch Reste der Zitadelle vorhanden, unter andern das Tor, über welchem sich die Löwen befinden.« In der Tat sind alle Umfangsmauern der Zitadelle noch heute zu sehen. Sie haben an vielen Stellen eine Dicke von 5 bis 7 Metern und je nach den Hebungen und Senkungen des Bodens eine Höhe von 5 bis 12 Metern. An mehreren Stellen sind diese Mauern aus ungeheuren Steinblöcken von unregelmäßiger Form erbaut, zwischen welchen sich Lücken befinden, die mit kleinen Steinen ausgefüllt sind ...

Die ganze Bodenfläche innerhalb der Zitadelle ist mit Stücken von Ziegeln und Töpferwaren bedeckt. Wie ich in einer von einem Bauern zu einem mir unbekannten Zwecke gegrabenen Grube sah, findet man dergleichen Bruchstücke bis zu einer Tiefe von 6 Metern. Mit Recht schließt man wohl daraus, daß die ganze Festung im Altertum bewohnt gewesen ist und darf mit Rücksicht auf ihre imponierende Lage und große Ausdehnung annehmen, daß sie die Paläste der Familie des Atreus enthalten hat. Daß Sophokles derselben Ansicht war, ergibt sich aus seiner *Elektra*.

Von hier begab ich mich nach der Schatzkammer Agamemnons, welche sich 1 Kilometer weit von der Festung befindet. Sie ist einer Schlucht gegenüber in den Abhang eines Hügels gegraben. Ein Gang von 50 Meter Länge und 9 Meter Breite führt zu dem großen Eingangstore ... In dem großen Eingange sieht man die Löcher für die Riegel und Türangeln. In gleicher Linie befindet sich eine Reihe kleiner runder Löcher von etwa 5 Zentimeter im Durchmesser und ungefähr 2 Zentimeter Tiefe, auf deren Grunde man zwei ganz kleine Löcher erkennt, in denen jedenfalls bronzene Nägel gesteckt haben, von denen noch Reste vorhanden sind ...

Die Schatzkammer besteht aus zwei Zimmern, von denen das erste kegelförmig ist und 16 Meter im Durchmesser und 16 Meter 67 Zentimeter Höhe hat; es steht durch eine Tür mit einem weiter hinein befindlichen, nur 7 Meter 66 Zentimeter langem und breitem Zimmer in Verbindung, welches plump in den Felsen gehauen ist.[3] Dieses letztere war vollkommen dunkel, und zum Unglück hatte ich keine Streichhölzer mitgenommen. Ich sagte dem Jungen, der mich von Charvati begleitet hatte, er solle welche holen; aber er versicherte mir, es gäbe im ganzen Dorfe keine. Da ich indes vom Gegenteil überzeugt war, so versprach ich ihm für drei Streichhölzer eine halbe Drachme (ungefähr 40 Centimes). Der Junge war ganz verblüfft über meine Freigebigkeit und wollte es nicht glauben. Dreimal fragte er mich, ob ich ihm wirklich 50 Lepta geben würde, wenn er Streichhölzer brächte.[4] Zweimal sagte ich ja, das dritte Mal schwur ich bei Agamemnons und Klytämnestras Asche.

Kaum hatte ich diesen Schwur getan, so lief der Junge eilends nach Charvati, das über zwei Kilometer von der Schatzkammer des Agamemnon entfernt ist, und kam bald wieder, in einer Hand ein Bündel Strauchwerk, in der anderen zehn Streichhölzer. Als ich ihn fragte, warum er dreimal mehr Streichhölzer gebracht hätte, als ich verlangte, gab er anfänglich ausweichende Antworten; aber durch wiederholte Fragen gedrängt, gestand er endlich, er hätte gefürchtet, ein oder das andere Streichhölzchen möchte nicht fangen, und um ganz sicherzugehen und den versprochenen Lohn auf jeden Fall zu erhalten, habe er zehn statt drei gebracht. Nun zündete er in dem inneren Zimmer ein großes Feuer an, bei dessen Schein die unzähligen Fledermäuse, welche hier ihren Wohnsitz aufgeschlagen hatten, mit schwirrendem Flügelschlag aufflogen und zu entkommen suchten. Aber geblendet von dem Scheine des Feuers konnten sie den Ausweg nicht finden, flatterten von einer Seite des Zimmers zur andern und belästigten uns sehr, da sie uns ins Gesicht flogen und sich an unsere Kleider anklammerten. Diese Szene erinnerte mich lebhaft an die schönen Verse Homers, in welchen er schildert, wie Merkur die Seelen der Freier der Penelope in die Unterwelt führt und sie ihm schwirrend folgen: »Wie drinnen in einer göttlichen Höhle die Fledermäuse flattern und ein schwirrendes Geräusch machen . . .«

In der Nähe der Zitadelle sieht man die Ruinen zweier anderer Schatzkammern von geringeren Dimensionen, die aber in demselben Stil wie die eben beschriebene erbaut sind. In beiden sind die Gewölbe eingestürzt, die Mauern hingegen gut erhalten. Als ich die Steine dieser Bauwerke aufmerksam untersuchte, fand ich auch die Spuren bronzener Nägel, ein deutlicher Beweis, daß das Innere ebenfalls mit kupfernen Platten bekleidet gewesen ist. Die ganze Baustelle der alten Stadt Mykenä ist mit Trümmern von Ziegeln und Töpferwaren bedeckt, und selbst, wenn man von der Festung und den Schatzkammern absieht und nur den Erdboden betrachtet, so sieht man, daß hier eine große Stadt gestanden haben muß.

Als ich 4 Uhr nachmittags nach Charvati zurückkehrte, fand ich meine Eskorte und den Führer fest eingeschlafen, und ich konnte sie nicht anders wach machen, als indem ich ihnen Wasser ins Gesicht spritzte. Als sie munter geworden waren, wollten sie mich überreden, die Nacht über im Dorfe zu bleiben, weil es schon zu spät wäre, um Argos noch erreichen zu können. Ich hatte indes wenig Lust, die Nacht in diesem Dorfe zuzubringen, dem schmutzigsten und elendsten, das ich bis jetzt in Griechenland gesehen habe, wo sich keine Quelle, kein Brot, kein Obst, sondern nur wenig brackiges Regenwasser vorfand, und gab daher Befehl zur Abreise. Da aber meine Leute neue Einwendungen machten, entließ ich die beiden Soldaten mit einem Geschenk und bestieg meine Rosinante. Mit Peitsche und Sporen gelang es mir endlich, sie fast in Galopp zu bringen, und so ging es vorwärts in der Richtung nach Argos. Unter solchen Umständen sah sich mein Führer, dem das Pferd gehörte, gezwungen, mir nachzukommen ...

Am Morgen stieg ich, nachdem ich in einem Wirtshause von Argos gefrühstückt hatte, zu der Festung hinauf, die auf einem kegelförmigen, 334 Meter hohen Felsen liegt. Zwei Straßenjungen boten mir, gegen eine Entschädigung von 10 Lepta für jeden, ihre Dienste als Führer an.

Diese Zitadelle hieß im Altertum auf pelasgisch *Larissa* oder auch wegen ihrer runden Form *Aspis*, d. h. Schild. Doch bemerkt man an ihren Mauern nur wenig Reste zyklopischer Bauart, und selbst von hellenischer Arbeit ist wenig mehr vorhanden; fast alle Mauern rühren von den Venezianern oder Türken her. Jetzt ist die Zitadelle verlassen und verfällt mehr und mehr. Die Fernsicht von oben ist prachtvoll ...

Eine Stunde lang verweilte ich auf dem höchsten Punkte der Festung, überschaute die Ebene von Argos und vergegenwärtigte mir die Hauptereignisse, deren Schauplatz sie gewesen ist. Hier ließ sich im Jahre 1856 v. Chr. Inachus und 1500 v. Chr. Danaus mit ägyptischen Kolonisten nieder. Hier herrschten Pelops, von dem die Halbinsel ihren Namen erhielt, und seine Nachkommen Atreus und Agamemnon, Adrastos, Eurystheus und Diomedes; hier wurde Herkules geboren, der den Löwen in der Höhle von Nemea und die Hydra im lernäischen Sumpfe tötete ...

Argos, eine der größten und mächtigsten Städte Altgriechenlands, war durch die Liebe ihrer Einwohner für die schönen Künste, besonders für die Musik, berühmt. Nach Pausanias hatte die Stadt dreißig herrliche Tempel, prachtvolle Gräber, ein Stadion, ein Gymnasium und manch andere prächtige Denkmäler; jetzt sind nur noch wenige Ruinen davon übrig.

Kaum war ich mit meinen zwei kleinen Führern von der Zitadelle herabgestiegen, als ungefähr zwanzig andere Jungen sich mir anschlossen, und soviel Mühe ich mir auch gab, diesen lärmenden Haufen loszuwerden, es wollte mir nicht gelingen. Unter solcher Begleitung besichtigte ich die Reste der alten Stadtmauern, dann das alte Theater ... Neben dem Theater sind die Ruinen mehrerer Tempel; in einem derselben kaufte ich von einem Bauern für 30 Drachmen oder ungefähr 2 Francs 60 Centimes eine kleine marmorne Büste des Jupiter, welche er angeblich beim Pflügen gefunden hatte.

Da keine Altertümer mehr vorhanden waren, so kehrte ich in die Stadt zurück, als die zwanzig Jungen, die mich gegen meinen Willen begleitet hatten, mit lautem Geschrei Bezahlung verlangten, weil jeder behauptete, mein Führer gewesen zu sein. Um sie loszuwerden, gab ich jedem 10 Lepta, womit sie sich zufriedengaben ...

Gegen 2 Uhr nachmittags bestieg ich einen der nach Nauplia fahrenden öffentlichen Wagen. Sieben Kilometer von Argos und 3,5 Kilometer von Nauplia stieg ich bei der Zitadelle von Tiryns ab, welche auf dem Plateau eines kleinen Hügels liegt und von 8 bis 12 Meter hohen und 8 bis 9 Meter dicken Mauern umgeben ist. Diese Mauern sind aus grobbehauenen, 2 bis 4 Meter langen, 1 Meter 33 Zentimeter breiten und ebenso hohen Steinen erbaut. Pausanias berichtet, daß der Heros Tiryns, von dem die Stadt ihren Namen hat, ein Sohn des Argus und Enkel des Jupiter war; daß von den Ruinen nichts weiter übrig ist als eine von den Zyklopen erbaute Mauer, deren Steine eine so enorme Größe haben, daß ein Gespann von zwei Maultieren nicht einmal den kleinsten von der Stelle bewegen könnte ...[5]

Man hat diese Mauern im ganzen Altertum für ein Wunderwerk angesehen ... Pausanias stellt sie als Wunderwerke den ägyptischen Pyramiden gleich. Auf jeden Fall reicht ihr Bau in die älteste Sagenzeit Griechenlands hinauf, und die Tradition erzählt, Proitos [der König, für den diese Mauern erbaut wurden] habe Tiryns an Perseus abgetreten und dieser es dem Elektryon überlassen, dessen Tochter Alkmene, die Mutter des Herkules, den Amphytrion heiratete ... Herkules eroberte Tiryns und hatte lange Zeit hier seinen Wohnsitz, weshalb er häufig der Tiryntier genannt wird ... Homer nennt Tiryns »Das mit Mauern umgebene Tiryns«. Da er das Adjektiv »mit Mauern umgeben« von anderen Städten nicht gebraucht, so hat er ohne Zweifel damit sagen wollen, daß die Mauern von Tiryns mit ganz besonderem Rechte diesen Namen verdienten ...

Ich setzte meine Reise allein und zu Fuß in der Richtung von Nauplia fort und kam in einer Stunde vor dem Stadttore an, über welchem man noch jetzt den Löwen von St. Marcus sieht. Auf meinem Wege nach dem Gasthofe kam ich an mehreren Springbrunnen mit türkischen Inschriften vorbei, aus welchen sich ergibt, daß die Brunnen im zwölften Jahrhundert der Hedschra angelegt sind.

Das Dampfboot war eben nach dem Piräus abgefahren, und ich mußte eine Woche lang auf die nächste Fahrt warten. [Statt zu warten besuchte Schliemann die Inseln Hydra, Poros und Ägina. Hier charterte er ein Boot, fuhr zum Piräus und hielt sich acht Tage in Athen auf, bevor er zu den Dardanellen reiste.]

Am 6. August 1 Uhr morgens fuhr ich mit dem *Nil*, einem Dampfboote der Messageries impériales, vom Piräus nach den Dardanellen ab. Unglücklicherweise kamen wir dort am folgenden Tage 10 Uhr abends an, und da man nach türkischem Gesetz nach Sonnenuntergang nicht an Land steigen darf, so mußte ich meine Reise auf demselben Dampfboote bis Konstantinopel fortsetzen ...

Am 8. August 10 Uhr morgens kamen wir dort an. Ich

ließ mein Gepäck im Hôtel d'Angleterre und reiste noch denselben Tag mit dem Dampfboote *Simoïs* nach den Dardanellen zurück, wo ich am folgenden Tage 7 Uhr morgens ankam. Sofort wandte ich mich an den russischen Konsul, Hrn. Fonton, dem ich meinen Wunsch kundgab, die Ebene von Troja besuchen zu wollen. Er unterstützte mich durch seine vortrefflichen Ratschläge und mietete für mich einen Führer und zwei Pferde für 90 Piaster (20 Fr.). Ohne längeren Aufenthalt machten wir uns nach Bunarbaschi auf den Weg, wo wir 6 Uhr abends ankamen.

Mit wenigen Ausnahmen ist das ganze Land, welches wir durchreisten, unbebaut und mit Fichten und Eichen bedeckt. Die letzteren gehören zu der Gattung Quercus ägilops und liefern die Knoppern, welche in den europäischen Gerbereien verwendet werden und sozusagen der einzige Ausfuhrartikel dieses Landes sind. Der Weg ist ziemlich gut. Von Zeit zu Zeit finden sich Quellen mit gutem Trinkwasser.

Bunarbaschi, von dem man annimmt, daß es auf der Stätte des alten Troja liegt, ist ein schmutziges und elendes Dorf mit 23 Häusern, von denen 15 von Türken und 8 von Albanesen bewohnt sind. Auf jedem der fast flachen Dächer der Häuser befinden sich Storchnester in großer Menge; ich habe auf einigen bis an zwölf gezählt. Diese Vögel sind hier von großem Nutzen, weil sie die Schlangen und Frösche vertilgen, von denen die benachbarten Sümpfe wimmeln.

Nachdem mich mein Führer in das Haus eines Albanesen, der etwas Griechisch sprach, gebracht hatte, bezahlte und entließ ich ihn. Aber sofort nach Eintritt in das Haus sah ich ein, daß ich hier unmöglich wohnen konnte, denn die Wände, die hölzerne Bank, auf der ich schlafen sollte, alles wimmelte von Wanzen, und überall sah ich die abscheulichste Unsauberkeit. Als ich eingetreten war, bat ich um Milch. Man brachte sie mir in einer Schale, die, wie es schien, in zehn Jahren nicht ausgespült worden war. Lieber wäre ich vor Durst umgekommen, als daß ich sie angerührt hätte.

Ich sah mich also gezwungen, die Nächte auf freiem Felde zuzubringen und traf mit dem Albanesen das Übereinkommen, daß er für 5 Franken täglich mir meinen Reisesack aufbewahren und jeden Morgen ein Gerstenbrot liefern sollte. Auf diese Weise brauchte ich doch nicht zu sehen, welche Hände und wie sie es bereiteten.

Meine nächste Sorge war nun, mir für den folgenden Tag ein Pferd und einen Führer zu suchen, der etwas Griechisch spräche. Mit großer Mühe fand ich einen, welcher täglich 45 Piaster oder 10 Franken verlangte. Vergeblich aber suchte ich nach einem Zaum und Sattel; man schien dergleichen nicht einmal dem Namen nach zu kennen ...

Ich gestehe, daß ich meine Rührung kaum bewältigen konnte, als ich die ungeheure Ebene von Troja vor mir sah, deren Bild mir schon in den Träumen meiner ersten Kindheit vorgeschwebt hatte. Nur schien sie mir beim ersten Blicke zu lang zu sein und Troja viel zu entfernt vom Meere zu liegen, wenn Bunarbaschi wirklich innerhalb des Bezirks der alten Stadt erbaut ist, wie fast alle Archäologen, welche den Ort besucht haben, behaupten. Als ich aber den Boden näher betrachtete und nirgends die geringsten Trümmer von Ziegeln oder Töpferwaren entdeckte, so gelangte ich zu der Ansicht, daß man sich über die Lage Trojas getäuscht habe, und meine Zweifel mehrten sich, als ich in Gesellschaft meines Wirts, des Albanesen, die Quellen am Fuße des Hügels, auf welchem Bunarbaschi liegt, besuchte. Man hat diese Quellen immer für die beiden Quellen gehalten, von denen Homer spricht: »Sie kamen an die beiden Brunnen, aus denen die beiden Quellen des wirbelreichen Skamandros hervorsprudeln. Aus der einen fließt lauwarmes Wasser, und Rauch steigt empor wie von brennendem Feuer; die andere fließt im Sommer ähnlich dem Hagel oder dem kalten Schnee oder dem gefrornen Wasser. Dort in der Nähe sind breite und schöne Becken von Stein, wo die Frauen der Trojaner und ihre schönen Töchter die prächtigen Kleider wuschen, einstmals zur Zeit des Friedens, ehe die Söhne der Achäer kamen.«

Aber Homers Beschreibung paßt nicht auf die von mir besuchten Quellen ... Da alle diese Quellen, außer einer, nebeneinander am Fuße zweier Felsen entspringen, so kann zwischen ihrer Temperatur niemals ein merklicher Unterschied gewesen sein. Auch würde Homer, wenn er diese Quellen hätte bezeichnen wollen, nicht bloß von zweien gesprochen haben, wenn es auf einem ganz kleinen Raume 34 oder 40 gab ...

Die Archäologen, welche nur von zwei Quellen sprechen und über die 32 oder 38 anderen schweigen, sehen in dem Quellenbach den Skamander, und in dem großen Flusse Mendere, welcher die trojanische Ebene durchströmt, den Simoïs. Dies ist jedoch ein großer Irrtum; denn der kleine Bach entspricht in keiner Weise der speziellen Beschreibung, welche uns Homer über den Skamander als Hauptfluß der Gegend gibt ...

Wir kehrten nach Bunarbaschi zurück. Mein Wirt gab mir das ausbedungene Brot, und da mein Führer mit dem Pferde zur Hand war, machte ich mich sogleich auf, um in ihrer ganzen Ausdehnung die Gegend zu durchforschen, welche man mit Unrecht für die Stelle des alten Troja hält. Ich glaubte meinen Zweck nicht besser erreichen zu können, als wenn ich denselben Weg einschlüge, auf welchem Achilles und Hektor nach Homers Angabe dreimal um die Stadt gelaufen sind. Wenn die Quellen am Fuße des Hügels von Bunarbaschi wirklich diejenigen wären, von welchen Homer spricht, was ich indes nicht zugeben kann, so wäre es sehr leicht, den Umfang Trojas und den Weg, den beide Helden nahmen, zu finden ...

Zuerst begab ich mich an den Skamander, als dem Hauptfluß, von wo ich, längs des Bunarbaschi-Hügels, in gerader Richtung bis zu den Quellen ging, indem ich immer in westlicher Richtung denselben Weg verfolgte, den Achilles notwendigerweise durchlaufen mußte, um Hektor vor dem skäischen Tore zu treffen. An den Quellen angekommen, wandte ich mich nach Südosten, indem ich einer Erdspalte folgte, die sich zwischen Bunarbaschi und dem anstoßenden Felsen hinzieht ... Nach einem einstündigen, sehr beschwerlichen Marsche kam ich auf der Südwestseite des Hügels ... an einen jähen Abhang von ungefähr 150 Meter Höhe, welchen die beiden Helden hinabsteigen mußten, um zum Skamander zu gelangen und die Runde um die Stadt zu machen. Ich ließ meinen Führer und das Pferd auf der Höhe und stieg den Abgrund hinunter, welcher anfangs unter einem Winkel von ungefähr 45 Grad und weiterhin 65 Grad abfällt, so daß ich gezwungen war, auf allen vieren rückwärts zu kriechen. Ich gebrauchte fast eine Viertelstunde, um hinunterzukommen, und habe dadurch die Überzeugung gewonnen, daß kein sterbliches Wesen, nicht einmal eine Ziege, in eilendem Laufe einen Abhang hat hinunterkommen können, der unter einem Winkel von 65 Grad abfällt, und daß Homer, der in seiner Ortsbestimmung so genau ist, gar nicht daran gedacht hat, daß Hektor und Achilles bei ihrem Rundlaufe um die Stadt dreimal diesen Abhang hinuntergelaufen seien, was absolut unmöglich ist.

Ich ging nun am Ufer des Skamander, des jetzigen Mendere, weiter, indem ich immer demselben Weg folgte, welchen die Helden dreimal hätten durchlaufen müssen ... Nach einem dreiviertelstündigen Marsche längs des Flusses kam ich wieder an die Stelle, von wo ich ausgegangen war und von wo notwendigerweise Achilles ausgehen mußte, wenn er geradeaus längs der Mauern von Troja nach dem skäischen Tore hin lief. Ich hatte im ganzen zwei Stunden gebraucht, um den Platz im Kreise zu umgehen den man dem alten Troja anweist.

Nun nahm ich meine Richtung wiederum nach Ballidagh hin (so wird der südöstliche Teil der Höhen von Bunarbaschi genannt), indem ich die Troja angewiesene Stelle von Norden nach Süden durchwanderte. Obwohl ich aufmerksam nach allen Seiten blickte, ob sich nicht ein behauener Stein, eine Scherbe oder irgendein Anzeichen finde, das auf eine frühere Stadt hinweise, war doch alle meine Mühe umsonst – nicht die geringste Spur menschlicher Tätigkeit ...

Da indes die Ansicht von der Lage Trojas auf den Höhen

von Bunarbaschi neue und immer wieder neue Verteidiger findet, welche blind daran wie an ein Dogma glauben und mit voller Zuversicht davon sprechen, so hielt ich es im Interesse der Wissenschaft für meine Pflicht, an einigen Stellen Ausgrabungen zu veranstalten ...

Wenn die angeführten Beweise noch immer nicht genügen sollten, um zu zeigen, daß Troja niemals auf den Höhen von Bunarbaschi gestanden haben kann, so will ich noch anführen, daß man weder von der Zitadelle noch von irgendeinem andern Orte der Stelle, welche man der alten Stadt anweist, den Ida sehen kann, was mit Homer in Widerspruch steht, wo Jupiter vom Gipfel des Ida die Stadt Troja überschaut ...

Tags darauf begannen wir unsere Ausgrabungen im Südosten von Bunarbaschi. Nachdem wir, die fünf Arbeiter, mein Führer und ich, uns in einer Linie von ungefähr hundert Metern staffelförmig aufgestellt hatten, untersuchten wir den Grund und Boden, indem wir Löcher gruben, um Gräben zu ziehen, falls wir Ruinen alter Gebäude oder auch nur Scherben finden sollten.

Gewöhnlich veranstaltet man Ausgrabungen an solchen Stellen, welche die Aussicht auf Altertümer versprechen. Obwohl ich nun die vollste und festeste Überzeugung hatte, daß hier sicherlich nichts Derartiges zu finden sei, so übernahm ich doch gern die Kosten und ertrug mit Freuden die unsäglichen Beschwerden, welche mit den Ausgrabungen verbunden sind, und wahrlich, ich hätte nicht eifriger sein können, wenn mich die Gewißheit, archäologische Schätze zu finden, angetrieben hätte. Ich hatte nur das uneigennützige Ziel im Auge, den törichten und irrtümlichen Glauben mit der Wurzel auszurotten, daß Troja auf den Höhen von Bunarbaschi gelegen habe. Eine Schaufel nebst Hacke und Korb hatte ich für mich bestimmt und arbeitete trotz der drückenden Hitze mit demselben Eifer wie der beste meiner Arbeiter.

Fast überall drangen wir bei einer Tiefe von 60 Zentimeter bis 1 Meter in den Felsen ein; aber nirgends zeigten sich auch nur die kleinsten Spuren von Ziegeln oder Töpferwaren, nirgends das geringste Anzeichen, daß der Ort jemals von Menschen bewohnt gewesen sei. Trotzdem arbeiteten wir rüstig in östlicher Richtung bis zum Skamander weiter und setzten unsere Ausgrabungen auch noch während des ganzen folgenden Tages fort, indem wir uns nach Norden bis zu den Felsen von Ballidagh wandten, aber ohne jeglichen Erfolg, und ich kann jetzt mit einem Eide bekräftigen, daß hier niemals eine Stadt existiert hat ...

Es ist in der Tat unbegreiflich, wie man jemals die Höhen von Bunarbaschi hat für die Stelle Trojas halten können. Man kann es nicht anders als mit der Annahme erklären, daß die Reisenden mit vorgefaßten Meinungen, welche sie sozusagen blind machen, hierherkommen; denn bei klarem und uneingenommenem Blicke würden sie sofort erkennen, daß es rein unmöglich ist, die Lage dieser Höhen mit den Angaben der *Iliade* in Übereinstimmung zu bringen ...

Am folgenden Tage, dem 14. August, brach ich um 5 Uhr morgens mit meinem Führer und den Arbeitern auf. Wir nahmen unsere Richtung zuerst gegen Osten nach dem Skamander zu und dann gegen Norden im sandigen Bett dieses Flusses. Die Hitze hatte den Boden so trocken und locker gemacht, daß mich mein Pferd nicht tragen konnte. Ich gab es daher meinem Führer mit dem Auftrage, es über die Felder nach Hissarlik (Neu-Ilium) zu führen, während ich mit den fünf Arbeitern zu Fuß den Weg fortsetzte.

Nach einstündigem beschwerlichem Marsche im Sande gelangten wir zu der Stelle, wo der kleine Fluß Kimar-Su, der alte Thymbrius, welcher von den Callicalone genannten Hügeln herabkommt, sich in den Skamander ergießt. Die Ufer dieses Flüßchens sind so dicht mit Bäumen bedeckt, daß man ihn kaum sieht ... Das Klima ist sehr ungesund, denn während der großen Hitze dünsten die Sümpfe pestilenzialische Miasmen aus, welche gefährliche Fieber erzeugen ... Indes geht aus den alten Schriftstellern hervor, daß hier immer Sümpfe gewesen sind, selbst zu der Zeit, als die Bevölkerung zahlreich und mächtiger war.

Selbst unmittelbar an den Mauern Trojas war ein Sumpf, denn Odysseus sagt zu Eumaios: »Als wir zur Stadt gelangten, und zu der hohen Mauer, lagerten wir uns in voller Waffenrüstung vor der Zitadelle, mitten unter dichtem Gesträuch, in den Binsen eines Sumpfes.«

Gegen zehn Uhr morgens kamen wir auf ein weitausgedehntes, hochliegendes Terrain, welches mit Scherben und Trümmern von bearbeiteten Marmorblöcken bedeckt war. Vier einzelnstehende, zur Hälfte im Boden vergrabene marmorne Säulen zeigten die Stelle eines großen Tempels an. Die weite Ausdehnung des mit Trümmern besäten Feldes ließ uns nicht bezweifeln, daß wir auf dem Umkreise einer großen, einst blühenden Stadt standen, und wirklich befanden wir uns auf den Ruinen von Neu-Ilium, jetzt Hissarlik genannt, welches Wort Palast bedeutet.

Nachdem wir eine halbe Stunde lang auf diesem Terrain weitergegangen waren, kamen wir zu einem Hügel von ungefähr 40 Meter Höhe, welcher im Norden fast senkrecht in die Ebene abfällt und ungefähr 20 Meter höher ist als der Rücken der Bergkette, deren letzten Ausläufer er bildet.

Alle Zweifel hinsichtlich der Identität von Hissarlik mit Neu-Ilium schwinden beim Anblick dieser Bergkette, welche durchaus den Worten Strabos entspricht: »Fortlaufender Bergrücken.«

Der Gipfel des genannten Hügels bildet ein viereckiges, ebenes Plateau von 233 Meter Länge bei gleicher Breite. Der geistreiche Frank Calvert hat durch Nachforschungen in dem Hügel gefunden, daß er zum großen Teil künstlich aus den Ruinen und Trümmern der Tempel und Paläste aufgeworfen ist, welche lange Jahrhunderte hindurch nacheinander auf diesem Boden gestanden haben.[6] Bei einer Ausgrabung auf dem Gipfel im Osten legte er einen Teil eines großen Gebäudes, eines Palastes oder Tempels, aus großen, ohne Zement übereinandergeschichteten Quadersteinen bloß. Aus den wenngleich nur dürftigen Resten des Gebäudes ersieht man, daß es eine große Ausdehnung hatte und mit vollendeter Kunst ausgeführt war.

Nachdem ich zweimal die ganze Ebene von Troja aufmerksam untersucht habe, teile ich vollkommen die Überzeugung Calverts, daß die Hochfläche von Hissarlik die Stelle des alten Troja bezeichnet und daß auf dem genannten Hügel seine Burg Pergamus gelegen hat ...

Um zu den Ruinen der Paläste des Priamus und seiner Söhne sowie zu denen der Tempel der Minerva und des Apollo zu gelangen, wird man den ganzen künstlichen Teil dieses Hügels fortschaffen müssen. Alsdann wird sich sicherlich ergeben, daß die Zitadelle von Troja sich noch eine bedeutende Strecke über das anstoßende Plateau ausdehnte; denn die Ruinen vom Palaste des Odysseus [auf Ithaka], von Tiryns und von der Zitadelle in Mykenä sowie die große, noch unberührte Schatzkammer Agamemnons beweisen deutlich, daß die Bauwerke des heroischen Zeitalters große Ausdehnungen hatten ...

Die Stelle von Neu-Ilium, 5 Kilometer im Umfange, wird durch die Ringmauern, von denen man an manchen Stellen die Ruinen noch heute sieht, gut markiert. Die Abhänge, welche man auf- und absteigen muß, wenn man die Runde um die Stadt macht, sind so sanft, daß man im Laufschritt über sie hinweggehen kann, ohne der Gefahr, zu fallen, ausgesetzt zu sein. Als Hektor und Achilles dreimal um die Stadt liefen, legten sie also 15 Kilometer zurück, und ein solcher Lauf hat nichts Außerordentliches ...

Obgleich ich hinlänglich dargetan zu haben glaube, daß Hissarlik in jeder Beziehung in vollständiger Übereinstimmung mit allen Angaben steht, welche uns Homer über Ilium liefert, so will ich doch noch hinzufügen, daß man, sowie man den Fuß auf die trojanische Ebene setzt, sofort beim Anblick des schönen Hügels von Hissarlik von Erstaunen ergriffen wird, der von der Natur dazu bestimmt zu sein scheint, eine große Stadt mit ihrer Zitadelle zu tragen. In der Tat würde diese Stellung, wenn sie gut befestigt wäre, die ganze Ebene von Troja beherrschen, und in der ganzen Landschaft ist kein Punkt, der mit diesem verglichen werden kann.

Von Hissarlik aus sieht man auch den Ida, von dessen Gipfel Jupiter die Stadt Troja überschaute ...

[Von Hissarlik aus] begab ich mich nach der Stadt Yenitscheri [Jeni Schehr] auf dem Vorgebirge Sigeum, dessen Plateau sich ungefähr 80 Meter über den Meeresspiegel erhebt. Von hier genießt man eine herrliche Aussicht über die ganze trojanische Ebene. Als ich mit der *Iliade* in der Hand auf dem Dache eines Hauses stand und hinausschaute, war mir, als sähe ich unter mir die Flotte, das Lager und die Versammlungen der Griechen, Troja und die Feste Pergamus auf dem Plateau von Hissarlik, die Märsche und Gegenmärsche, und die Kämpfe der Truppen in der Ebene zwischen der Stadt und dem Lager.

Zwei Stunden hindurch ließ ich so die Hauptbegebenheiten der *Iliade* an mir vorübergehen, bis die Dunkelheit und heftiger Hunger mich zwangen hinabzusteigen.

Ich ging in ein Kaffeehaus und entließ die fünf Arbeiter; gegen meine Erwartung hatte ich keine Gelegenheit gehabt, sie in Hissarlik zu gebrauchen; denn ohne auch nur Ausgrabungen zu versuchen, hatte ich die volle Überzeugung gewonnen, daß hier das alte Troja gestanden; auch war für große Ausgrabungen die Jahreszeit nicht günstig, weil im August das Klima in der Ebene pestilenzialisch und der Boden zu trocken ist. April und Mai sind die beste Zeit ...

VII

Unternehmen Hissarlik
1870–1872

Die Probegrabungen auf Ithaka und in der Troas hatten Schliemann zu weiteren archäologischen Forschungen angespornt: Er begann Pläne für Grabungen in Hissarlik und Mykene zu machen. Ende Dezember schrieb er aus Paris an Frank Calvert, um ihn von der bevorstehenden Veröffentlichung seines Buches zu unterrichten und ihm für die wertvollen Informationen zu danken, die er beigesteuert hatte.[1] »Zu meiner Freude kann ich Ihnen mitteilen, daß ich jetzt wirklich *entschlossen* bin, den gesamten künstlichen Hügel [sic!] von Hissarlik abzutragen.«[2] Und da er nur zu gut wußte, daß er mit der Grabungstechnik ebensowenig vertraut war wie mit der allgemeinen Situation in Hissarlik, appellierte er an Calverts Erfahrung und stellte ihm rundheraus eine ganze Reihe von Fragen:

»Wann ist es am günstigsten, mit der Arbeit zu beginnen? Wäre es nicht ratsam, möglichst zeitig im Frühling anzufangen?
Ich bin sehr anfällig für Fieber; läuft man im Frühjahr große Gefahr, davon befallen zu werden?
Welche Medikamente soll ich mitnehmen?
Muß ich einen Diener mitbringen? Oder kann ich einen sehr vertrauenswürdigen in Athen bekommen? Wäre es nicht vielleicht besser, einen loyalen Griechen zu engagieren, der Türkisch spricht? ...
Soll ich aus Marseille ein Zelt und eine eiserne Bettstatt und Kissen mitbringen? Weil doch alle Häuser in der Ebene von Troja von Ungeziefer wimmeln.
Bitte senden Sie mir *genaue* Angaben über *sämtliche* Gerätschaften und *alle notwendigen Dinge,* die ich Ihrer Erfahrung nach mitnehmen soll.
Benötige ich Pistolen, Dolch und Gewehr?
Kann ich genug Arbeiter bekommen – wo und für welchen Lohn? ...
Wie lange wird es Ihrer Meinung nach dauern, bis ich den künstlichen Hügel abgetragen habe?
Und wieviel wird das kosten? ...
Wie sind Sie zu der Überzeugung gelangt, daß es ein künstlicher Hügel ist?

Wie hoch ist der künstliche Hügel, der abgetragen werden muß?« ...[3]

Schon wenige Tage später sandte ihm Calvert eine numerierte Liste mit ausführlichen Antworten auf alle Fragen - ein deutlicher Beweis für seinen Sachverstand und seine Selbstlosigkeit. Und ein Vorzeichen dafür, wie wertvoll die Ratschläge Calverts für Schliemanns Unternehmen Hissarlik sein würden. Andrerseits steht zu vermuten, daß Calvert, hätte er die finanziellen Mittel - und die Homerbegeisterung Schliemanns - besessen, sorgfältiger als dieser zu Werke gegangen wäre und weniger zerstört hätte.[4]

Schliemann ging nicht sofort nach Erhalt dieser Informationen an die Verwirklichung seines Planes. Die Weihnachtsfeiertage kamen dazwischen, andere Probleme beschäftigten ihn, und Troja schien in den Hintergrund zu treten. Im April 1869 informierte er Calvert endlich über die Gründe für diese Verzögerung: »Mit den Grabungen in Hissarlik müssen wir, glaube ich, bis zum nächsten Frühjahr warten, da ich fürchten muß, daß meine Scheidung hier nicht vor Anfang Juni ausgesprochen wird ... und die schreckliche Hitze, das pestilenzialische Fieber und die Trockenheit des Bodens machen die Arbeit in den Sommermonaten nahezu unmöglich.«[5]

Diesen Brief schrieb er, so erstaunlich es klingen mag, im amerikanischen Mittelwesten - in Indianapolis.

1869 war für Schliemann ein entscheidendes Jahr, auch wenn er mit seinen archäologischen Plänen nicht vorankam. Es hatte zwar mit dem für ihn so enttäuschenden Besuch bei seiner Familie in Petersburg begonnen, aber als wenig später sein Buch *Ithaka* erschien, sah er guten Mutes in die Zukunft, weil er überzeugt war, ein Betätigungsfeld gefunden zu haben, auf dem er sich als Außenseiter, Unternehmer und ambitionierter Forscher bewähren konnte.

Er glaubte, sich den Zugang zur Welt der Literatur und Wissenschaft verdient zu haben. Im Grunde unsicher wie die meisten draufgängerischen und nach außen hin erfolgreichen Menschen, trachtete er jetzt, da seine Wandlung vom Kaufmann zum Schriftsteller und Gelehrten begonnen hatte, um so mehr nach öffentlicher Anerkennung. Auf Anraten und mit der aktiven Unterstützung eines Vetters, der Jurist war, bewarb er sich bei der philosophischen Fakultät der Rostocker Universität um die Verleihung der Doktorwürde.[6] Zu diesem Zweck reichte er seine beiden Publikationen und - an Stelle einer Dissertation - einen Lebenslauf ein, den er in einer altgriechischen und einer lateinischen Fassung vorlegte.[7] Mit dieser recht ungewöhnlichen Methode, zu akademischen Ehren zu gelangen, hatte er, wie so oft bei dergleichen Manipulationen, Erfolg. Noch im selben Jahr verlieh ihm die Universität seiner mecklenburgischen Heimat den Doktortitel. Und von nun an legte er großen Wert darauf, als Dr. Heinrich (oder Dr. Henry) Schliemann adressiert zu werden.

Vermutlich unter dem Eindruck jenes deprimierenden weihnachtlichen Besuches in Petersburg beschloß er nun, in seinem Privatleben reinen Tisch zu machen, bevor er an die Verwirklichung seines Planes ging, das Troja Homers auszugraben. Er wollte die Scheidung seiner zerrütteten Ehe durchsetzen. Da Scheidungsprozesse in den Vereinigten Staaten rascher abgewickelt wurden, überquerte er im März 1869 wieder einmal den Atlantik. Um die Klage einreichen zu können, mußte er zunächst die amerikanische Staatsbürgerschaft erwerben. Da er bereits 1851, während seines ersten Aufenthalts in den USA, dafür optiert hatte, war jetzt nur noch der Nachweis erforderlich, daß er hier fünf Jahre lang seinen Wohnsitz gehabt hatte. New Yorker Freunde waren bereit, ihm das zu bestätigen, und so konnte Schliemann sich drei Tage nach seiner Ankunft rühmen, Bürger der Vereinigten Staaten zu sein - und diesmal mit Fug und Recht.

Aber dann stellte sich heraus, daß es in New York keineswegs so einfach war, eine Scheidung durchzusetzen. Im Staat Indiana, so erfuhr er, würde er damit am wenigsten Schwierigkeiten haben.[8] Und so verlegte er am 1. April 1869 seinen Wohnsitz nach Indianapolis. Doch auch hier gab es unerwartete Komplikationen, zumal die Legislative von Indiana gerade eine Novellierung des allzu weitmaschigen Scheidungsgesetzes vorbereitete. Trotz seiner Versicherungen, sich streng an die Gesetze halten zu wollen (obzwar er erst kurz zuvor auf Grund falscher Aussagen von Freunden die amerikanische Staatsbürgerschaft erhalten hatte), scheute sich Schliemann, der sich rühmte, fünf Anwälte engagiert zu haben, keineswegs, seinen »Einfluß« spielen zu lassen, um die ehrenwerten Legislatoren umzustimmen. Am 30. Juni wurde seine Ehe geschieden, und am 14. Juli wurde das Urteil rechtskräftig. Von seinen Anwälten erhielt er prompt eine Honorarforderung von 1500 Dollar. Man kann Mutmaßungen darüber anstellen, in wessen Taschen der größte Teil dieses Betrages floß. Jedenfalls trugen Schliemanns taktische Manöver dazu bei, daß das novellierte Scheidungsgesetz erst 1873 in Kraft trat.

Auch sonst blieb er während der drei Monate, die bis zum Abschluß des Scheidungsprozesses verstrichen, nicht untätig. Um zu demonstrieren, daß er ein treuer Bürger der Stadt Indianapolis (»unserer Stadt«) bleiben werde, erwarb er zunächst ein Wohnhaus und einen Anteil an einer Stärkemehlfabrik.[9] Begeistert sang er das Lob der vierzigtausend Einwohner zählenden Stadt, von deren ungeheuer raschen Entwicklung zu einem Handels- und Industriezentrum des Mittelwestens man sich in Europa »nicht den entferntesten Begriff« machen könne. ». . . durch diese kleine Stadt [gehen] 12 mächtige Eisenbahnen und ihre Zahl wächst noch vor Ende dieses Jahres auf 15.«[10] Außerdem interessierte er sich lebhaft für die farbigen Dienstboten, die seinen Haushalt besorgten. Er berichtete, seine Köchin – halb Negerin, halb Indianerin – lese täglich drei Zeitungen und sei bestens bewandert in der Politik, Geschichte und Geographie des Landes, was um so erstaunlicher sei, als es »bis jetzt im Staate Indiana noch nicht eine einzige Schule für farbige Leute (Abkömmlinge von Negern)« gebe.[11] Nach wie vor behielt er die wirtschaftliche Entwicklung der USA im Auge; von den Südstaaten, »die noch vor 3 Jahren in Blut und Anarchie versanken«, wußte er zu berichten, sie »florierten« jetzt wieder.[12]

Während seines Aufenthalts in Indianapolis las er viel und schrieb zahlreiche Briefe an Freunde und Verwandte in Europa. Selbst Ernest Renan versuchte er mit Schilderungen von Eigentümlichkeiten des amerikanischen Lebens zu ergötzen. Der Firma Schröder, London, sandte er einen Bericht über Handel und Wandel in den USA und über die Wirtschaftslage Kubas, das, wie er von neuem betonte, nur der Aufnahme in die Vereinigten Staaten bedürfe, um sich in »einen großen und schönen Garten« zu verwandeln, »durch den ertragreiche Eisenbahnen in alle Richtungen fahren«.[13] Außerdem interessierte er sich jetzt brennend für die Polarforschung und die Nordwestpassage und stellte sogar in Aussicht, daß er künftige Expeditionen mitfinanzieren werde. Daneben fand er auch noch Zeit, sich erneut dem Studium der arabischen Sprache und Literatur zu widmen und eine Abhandlung über *Tausendundeine Nacht* zu verfassen, in der er die These, die Märchen seien chinesischen Ursprungs, verwarf. Und in einem Diskussionsbeitrag zum amerikanischen Philologenkongreß in Poughkeepsie, N. Y., faßte er seine Ansichten über den Fremdsprachenunterricht in höheren Lehranstalten zusammen. Zu Beginn zitierte er einen Ausspruch Karls V.: »Jede Sprache, die man erlernt, bedeutet ein neues Leben.«[14]

Schon während des Scheidungsprozesses zog Schliemann eine baldige Wiederverheiratung in Betracht. Bereits im Februar 1869, also vor Einreichung der Scheidungsklage, hatte er von Paris aus seinen Freund und einstigen Lehrer Theokletos Vimpos, den in Athen ansässigen Erzbischof von Mantineia und Kynouria, gebeten, sich unter den dunkelhaarigen griechischen Schönheiten nach einer geeigneten Lebensgefährtin für ihn umzusehen. Diesem Schreiben hatte er zwei broschierte Exemplare seines neuen Buches und eine großzügige »Spende für die Armen« beigelegt. (Später ließ er dem Erzbischof auf dessen Bitte weitere Beträge zur Begleichung von Schulden zukommen.)

Seine künftige Frau sollte unbedingt eine Griechin sein.

Er erklärte zwar, es gebe genug geistreiche und schöne Pariserinnen, die nur zu gern bereit wären, seine »Wunden zu heilen«, zog aber die Moral der Französinnen in Zweifel. Von seiner Zukünftigen erwartete er, daß sie von ebenso »engelhaftem Charakter« sei wie die - leider bereits verehelichte - Schwester Vimpos'. Er war bereit, einem Mädchen ohne jede Mitgift den Vorzug zu geben, vorausgesetzt, daß es intelligent war und eine gute Schulbildung hatte. Vor allem aber sollte sie »für den Homer . . . begeistert sein und für die Wiedergeburt meines geliebten Griechenlands«.[15]

Über diesen schwierigen Auftrag anscheinend nicht im geringsten verblüfft, machte sich Vimpos unverzüglich auf Brautschau. Bereits Anfang Mai war Schliemann im Besitz von Fotografien mehrerer griechischer Heiratskandidatinnen. Ein Mädchen namens Polyxanna lehnte er wegen ihres italienischen Familiennamens ab, ganz zu schweigen davon, daß ihre Physiognomie ein herrschsüchtiges, mürrisches Wesen zu verraten schien. Ganz anders reagierte er auf das Porträt einer blutjungen Schülerin namens Sophia Engastromenos, die, wie sich herausstellte, die Tochter (das jüngste von sieben Kindern) der Lieblingscousine des Bischofs war, deren Familie aus Kreta stammte.[16] Der Vater des Mädchens, der sich im griechischen Freiheitskampf ausgezeichnet hatte, war ein Tuchhändler mit recht bescheidenem Einkommen.

Dem Heiratskandidaten Schliemann erschien Sophia (ein dunkelhaariger, sinnlicher, mediterraner Typ) nicht nur ungewöhnlich schön, sondern auch in jeder anderen Hinsicht perfekt. Nur daß sie leider viel zu jung für ihn war. Er überlegte sich, ob es nicht ratsamer wäre, eine lebenserfahrene Witwe zu heiraten statt eines frühreifen, jungen Mädchens, das vermutlich der körperlichen Beziehung der Ehepartner zu viel Bedeutung beimaß. Ihm selbst, der, wie er zugab, ein heißblütiger, sinnlicher Mensch gewesen war, ging es jetzt in erster Linie um Geistesverwandtschaft. Seine zukünftige Lebensgefährtin sollte seine archäologischen Interessen teilen, seine Schülerin und Gehilfin sein und ihn auf seinen Reisen begleiten. Er war tatsächlich von der Idee besessen, sich in platonischer Liebe der Weiterbildung eines jungen Menschen zu widmen. Dieses Thema taucht in Zusammenhang mit seiner Wiederverheiratung immer wieder in seinen Briefen auf. Es scheint fast, als habe er gehofft, daß seine zweite Frau die Stelle seiner von ihm getrennten Kinder einnehmen würde, deren Erziehung er so gern übernommen hätte und nach deren Zuneigung er sich sehnte.[17] In seinem Antwortschreiben auf Vimpos' Porträtauswahl richtete er erneut die dringende Bitte an den Bischof: »Versuchen Sie, eine Frau mit griechischem Namen und leidenschaftlichem Wissensdrang für mich zu finden.«[18]

Kaum hatte er diesen Brief in Indianapolis abgeschickt, da überlegte er sich's anders. Es vergingen keine vierundzwanzig Stunden, bis ein zweites Schreiben nach Athen unterwegs war. »Ich habe mich bereits in Sophia Engastromenos verliebt ... und ich schwöre Ihnen, daß sie die einzige Frau ist, die ich heiraten werde.«[19] Gleichzeitig nannte er aber auch Gründe, die einer Heirat im Weg stehen könnten: »Erstens bin ich mir noch nicht sicher, ob meine Scheidungsklage Erfolg haben wird; zweitens habe ich auf Grund meiner ehelichen Schwierigkeiten seit sechs Jahren keine Beziehung zu einer Frau gehabt.«[20] Doch kurz darauf versicherte er Vimpos, er sei »in jeder Hinsicht bestens geeignet, eine Griechin zu heiraten«.[21] Seinem alten Vater schrieb er:

> Der Erzbischof von Griechenland [eine der für Schliemann typischen Übertreibungen], mein früherer Lehrer, hat mir die Portraits mehrerer Athenienserinnen zur Auswahl geschickt; ich habe davon Sophia Engastromenos als die Liebenswürdigste ausgesucht und es scheint auch, daß der Erzbischof, ehe er in die höhere Geistlichkeit versetzt wurde und noch glaubte, Sünder zu bleiben, diese zu heiraten beabsichtigt hatte. Jedenfalls beabsichtige ich, falls Alles gutgeht, im Juli nach Athen zu gehen, um sie zu heiraten und mit ihr zu Euch zu kommen, denn da ich für die griechische Sprache schwärme, so glaube ich, ich kann nur mit einer Griechin glücklich werden. Ich

werde sie aber nur dann nehmen, wenn sie Sinn für Wissenschaft hat, denn ich glaube, ein junges schönes Mädchen kann nur in dem Falle einen alten Mann ehren und lieben, wenn sie für Wissenschaften schwärmt, in denen er viel weiter fortgeschritten ist als sie. Ich habe von Sophias Photographie 12 Kopien bestellt und schicke Euch eine davon heute oder morgen ...[22]

Jetzt verlor er keine Zeit mehr. Sobald die Scheidung rechtskräftig war, reiste er nach New York, wo er sich am 7. August nach Marseille einschiffte. Am 4. September traf er in Athen, »dem Vaterland von Göttern und Helden« ein.[23]

Ganz glatt verlief die Sache allerdings nicht: Die Engastromenos-Sippe war offenbar habgierig. Von Sophia aber war er sofort entzückt. Er wußte, daß er eine gute Wahl getroffen hatte, als er sie in einer Athener Eliteschule Homer rezitieren hörte und feststellen konnte, daß sie mit der Geschichte des Altertums vertraut war. Und er sah, mit welch natürlicher Grazie sie sich im Kreis ihrer Familie bewegte. Aber zu seinem Ärger wurde ihm bald klar, daß ihre Angehörigen einzig aus finanziellen Gründen an dieser Verbindung interessiert waren. Als er endlich Gelegenheit hatte, sich unter vier Augen mit Sophia zu unterhalten und sie zu fragen, warum sie ihn heiraten wolle, erwiderte sie zu seiner Bestürzung, es sei der Wunsch ihrer Eltern, daß sie sich mit einem reichen Mann vermähle. Das bedeutete beinahe das Ende dieser Brautwerbung. Schliemann erklärte, er werde abreisen. Zwischen dem Hôtel d'Angleterre und der Wohnung der Familie Engastromenos wurden Schreiben hin und her befördert. Zweifellos auf Betreiben ihrer Eltern sandte ihm Sophia versöhnliche Briefe, die schließlich das Eis brachen. Schliemann drängte auf rasche Heirat. Am 23. September vollzog der Erzbischof die Trauung. Doch die Familie der jungen Frau war nach wie vor nur auf den eigenen Vorteil bedacht. Ihre Geldgier verursachte Schliemann in den ersten Jahren seiner Ehe soviel Ärger, daß es beinahe zu einer zweiten Scheidung gekommen wäre.

Die Neuvermählten schifften sich am Abend des Hochzeitstages im Hafen von Piräus nach Messina ein, reisten von dort nach Neapel und schließlich nach Paris, das ihr ständiger Wohnsitz werden sollte. In den Kunstzentren, die sie auf dieser Reise besuchten, begann Schliemann, ohne viel Rücksicht auf Sophias eigene Wünsche und ihre nicht gerade kräftige Konstitution zu nehmen, mit der »wissenschaftlichen Erziehung« seiner jungen Frau. Stundenlang schleppte er sie durch berühmte Kunstgalerien und Museen. Endlich hatte er die »lebenslange Schülerin« gefunden, die er sich gewünscht hatte. Zugleich aber liebte er Sophia aufrichtig und leidenschaftlich. Noch während der Hochzeitsreise schrieb er seinen Verwandten in Deutschland: »Sophia ist ein herrliches Weib, das jeden Mann glücklich machen kann ... Sie liebt mich wie eine Griechin, mit ungeheurer Leidenschaft, und ich liebe sie nicht weniger. Ich spreche nur griechisch mit ihr, denn dies ist die schönste Sprache der Welt. Es ist die Sprache der Götter.«[24]

Weder für die luxuriöse Pariser Wohnung noch für das gesellschaftliche Leben und die elegante Garderobe konnte sich Sophia begeistern. Sie hatte Heimweh. Und daß sie von ihrem Mann ständig Fremdsprachen (Französisch und Deutsch) eingetrichtert bekam, fand sie schier unerträglich. Als die Nachricht eintraf, daß Schliemanns Tochter Natalia an einer seltenen Krankheit gestorben war, und er sich tief erschüttert von der Außenwelt abkapselte, begann Sophia unter Weinkrämpfen zu leiden.[25] Schließlich mußte er sie auf Drängen des Arztes nach Athen zurückbringen, wo er von nun an seinen Hauptwohnsitz hatte. Der Schock über Sophias Zustand brachte ihn zur Vernunft und lehrte ihn, mehr Rücksicht auf seine junge Frau zu nehmen und sich nicht länger wie ein preußischer Schulmeister zu gebärden.

Sophia wuchs in die Rolle einer perfekten Ehefrau und Arbeitsgefährtin hinein. Sie schenkte Schliemann zwei Kinder (Andromache und Agamemnon), beteiligte sich aktiv an seinen Forschungen, leistete wertvolle Mitarbeit bei seinen Grabungskampagnen und verstand es, mit diplomatischem Geschick manche kritische Situation auszubügeln, die ihr ungeduldiger, hitzköpfiger Mann bei seinen Verhandlungen mit Behörden heraufbeschwor. Als die beiden Jahre später Ankershagen in Mecklenburg besuchten, äußerte Schliemanns Jugendliebe Minna, daß Sophia der größte Schatz sei, den der weltberühmte Archäologe jemals entdeckt habe. In einem bewegenden Brief schrieb Schliemann wenige Wochen vor seinem Tod folgende Zeilen - natürlich in klassischem Griechisch - an Sophia:

> Zu unserem Hochzeitstag möchten die Götter, das ist mein Wunsch, uns vergönnen, diesen Tag nicht nur im kommenden Jahr, sondern von heute an weitere 21 Jahre hindurch alljährlich zusammen zu feiern in Gesundheit und Wohlbefinden. Heute blicke ich zurück auf die lange Zeit, die mir im Zusammenleben mit Dir verging, und sehe, daß die Parzen uns viel bitteres Leid, aber auch viel süße Freude zugesponnen haben ... Mir fehlen die Worte, unsere Ehe zu preisen. Du warst mir alle Zeit eine liebevolle Gattin, ein guter Kamerad und zuverlässiger Steuermann in schwierigen Lagen, außerdem ein lieber Weggefährte und eine Mutter, wie es kaum eine zweite gibt. Ich habe mich gefreut, wenn ich Dich so im Schmuck Deiner Tugenden sah. Darum verspreche ich Dir heute schon die Ehe auch für das künftige Leben.[26]

Knapp vier Monate nach der Hochzeit konzentrierte sich Schliemanns Interesse wieder auf Troja. Auf der Reise von Marseille zum Piräus schrieb er am 17. Februar 1870 an Bord des Dampfers *Niemen* einen Eilbrief an Frank Calvert. Darin bat er den amerikanischen Konsul, ihm »bei erster Gelegenheit« mitzuteilen, ob er inzwischen den Ferman (Grabungserlaubnis der türkischen Regierung) erhalten habe, »... in diesem Fall möchte ich sofort mit den Grabungen in Hissarlik beginnen«.[27] Er wußte damals noch nicht, wie langsam im Orient die Mühlen der Bürokratie mahlten. Weder mit Wutausbrüchen, Drohungen und Nötigung noch mit Schmeicheleien, gutem Zureden oder Bestechung war da viel auszurichten. Der diplomatische Kampf um Troja hatte gerade erst begonnen.

Während Sophia sich bei ihren Eltern erholte, unternahm Schliemann eine Reise (die mehrmals mit Schiffbruch zu enden drohte) zu den Kykladen, jenen ägäischen Inseln, die in der griechischen Mythologie, Geschichte und Kunst eine so wichtige Rolle spielen. Er besuchte Syros (Syra), die Insel mit der größten Einwohnerzahl; Naxos, die Insel des Dionysos; Paros, berühmt für ihren Marmor; und schließlich die Vulkaninsel Thera (Santorin), wo man bei Grabungen unter der Lavaschicht herrliche Vasen entdeckt hatte, die älter waren als alle Fundobjekte aus dem klassischen Altertum.[28] Schliemann, der einige dieser Vasen erwarb, schätzte ihr Alter auf mindestens viertausend Jahre.

Bei der Rückkehr nach Athen fand er keinerlei Nachricht aus Konstantinopel vor. Um die Zeit zu nützen, unternahm er gemeinsam mit Sophia kurze Abstecher nach Delphi, Marathon und Eleusis. (Reisen in diese Gegenden galten damals als gefährlich, weil dort Straßenräuber ihr Unwesen trieben.) Schließlich hatte er es satt, auf Bescheid von der türkischen Regierung zu warten. Ferman hin, Ferman her - ihm war König Priamos wichtiger. Wenige Tage später war er unterwegs zur Ebene von Troja. Sophia hatte sich geweigert, ihn zu begleiten.

Vom 9. bis zum 21. April grub er an verschiedenen Stellen des Hügels Hissarlik, aber die Ergebnisse waren nicht überwältigend. Neben einigen Mauerresten förderte er zahlreiche Topfscherben, Speerspitzen aus Feuerstein, Bronzenägel und wahre Abfallhaufen von Speiseresten zutage. Seine Begeisterung wuchs jedoch, als eine Vase ans Licht kam, deren Inhalt er sofort als »menschliche Asche« identifizierte. Und er zögerte auch nicht, eine Terrakottabüste, die einer seiner Arbeiter ausgrub, als Abbild der schönen Helena zu bezeichnen. In Briefen wie auch in ausführlichen Artikeln, die er an das »Institut de France« und die *Augsburger Allgemeine Zeitung* sandte, behauptete er, die Mauern, auf die er bei seinen Grabungen gestoßen sei, gehörten zum Palast des Priamos. Und daß eines der silbernen Fundobjekte, obzwar es aus spätrömischer Zeit stammte, die griechische Inschrift »Hektor von Troja« trug, war natürlich eine Botschaft der Götter, die den frischgebackenen Ausgräber in Hochstimmung versetzte.

Aber dann geriet er in die Klemme. Die dort ansässigen türkischen Bauern erhoben Einspruch gegen seine illegalen Grabungen auf ihrem Grund und Boden. Seine Erklärung, er habe eine wissenschaftliche Aufgabe zu erfüllen, beeindruckte sie nicht im geringsten. Als er damit einverstanden war, daß sie einige Steinblöcke der freigelegten Mauerreste zur eigenen Verwendung abtransportierten, gaben sie sich zunächst zufrieden. Aber wenige Tage später protestierten sie von neuem und stellten unverhältnismäßig hohe Forderungen. Vergeblich erbot sich Schliemann, ihnen das Land abzukaufen. Und da er überdies damit rechnen mußte, daß die türkischen Behörden, falls sie von seiner Eigenmächtigkeit erfuhren, kurzen Prozeß machen würden, entließ er, enttäuscht und verbittert, seine Arbeiter und kehrte nach Athen zurück. Von nun an wollte er versuchen, sein Ziel mit legalen Mitteln zu erreichen. Um die Wartezeit zu nützen, hätte er sein Betätigungsfeld gern nach Mykene verlegt, aber die griechische Regierung machte ihm einen Strich durch die Rechnung. Ihre Absage begründete sie mit der Verunsicherung der Gegend durch Wegelagerer.

Unterdessen war die Nachricht von Schliemanns Beutezug in Hissarlik nach Konstantinopel gelangt, wozu sicher auch seine eigene Redseligkeit beigetragen hatte. Calvert und der an der Hohen Pforte akkreditierte Gesandte der Vereinigten Staaten, Wayne MacVeagh, der sich ebenfalls für Schliemanns Projekt eingesetzt hatte, waren bestürzt. »Ich kann nicht verhehlen«, schrieb ihm Calvert, »für wie unklug ich es halte, daß Sie sich dessen, was Sie taten, gerühmt haben - und wir müssen die Konsequenzen tragen und den Ferman beschaffen, wenn die Regierung bei besserer Laune ist.«[29] *Fair play* und *understatement,* Eigenschaften des wohlerzogenen Angelsachsen, gehörten nicht zu Schliemanns Tugenden. Für den Charakter eines Frank Calvert fehlte ihm jedes Verständnis.

Daß er die Grabungserlaubnis schließlich doch erhielt, grenzt an ein Wunder. Denn seine unterwürfigen Schreiben an türkische Beamte, seine häufigen »Demarchen« in Konstantinopel und seine überschwenglichen Beteuerungen, er werde künftig alle Fundobjekte aus Edelmetall den Behörden übergeben, dürften seiner Sache ebensowenig gedient haben wie die Art und Weise, in der er ausländische Diplomaten bedrängte, nicht zuletzt Frank Calvert, dem er einmal eine »ausgezeichnete Provision« versprach, falls er ihm zum Erwerb des Areals verhelfen würde.

Die Monate, in denen er weder Troja noch Mykene in Angriff nehmen konnte, waren mit anderen Aktivitäten ausgefüllt. Er reiste mehrmals nach Paris, machte (kurz vor Ausbruch des deutsch-französischen Krieges, in dem er die Partei Frankreichs ergriff) mit seiner Frau Urlaub in Boulogne-sur-Mer, und unternahm eine zweimonatige Rundreise durch England und Schottland. Als Paris von den deutschen Truppen belagert wurde, versetzte ihn das Gerücht von der Zerstörung der Stadt in große Aufregung. Er fürchtete um das beträchtliche Einkommen, das ihm seine Pariser Mietshäuser einbrachten. Aber sein Gesuch, in die belagerte Stadt einreisen zu dürfen, wurde von Preußens hohen Herren, einschließlich Bismarcks, abschlägig beschieden. Woraufhin Schliemann wieder einmal bewies, daß er sich nicht so leicht entmutigen ließ und immer Mittel und Wege fand, Vorschriften zu umgehen: Für fünf Francs beschaffte er sich den Passierschein und die Uniform des Postmeisters Charles Klein aus Lagny. Die Altersangabe auf dem Passierschein lautete »dreißig«, Schliemann aber war fünfzig und sah obendrein älter aus. Wie er später einem Freund berichtete, konnte er der Arretierung – und der vermutlichen Erschießung – durch die Deutschen dreimal entgehen, nur weil er sich deren Titelsucht zunutze machte. »Ich redete jeden Leutnant mit ›Herr General‹ und jeden gewöhnlichen Soldaten mit ›Herr Oberst‹ an, und konnte auf diese Weise alle Hindernisse überwinden.«[30]

Sein gesamter Besitz in Paris war unbeschädigt geblieben. Nach eigener Aussage vergoß Schliemann Freudentränen, als er in seiner Wohnung an der Place Saint-Michel alles so vorfand, wie er es verlassen hatte. »Ich gab meinen Büchern so viele Küsse wie ich einem dem Tod entrissenen Kind gegeben hätte.«[31]

Am 18. Mai 1871, kurz nach seiner Rückkehr nach Athen, wurde seine Frau von einer Tochter entbunden. Und am 12. August, als er sich gerade in London aufhielt, erhielt er endlich - dank der Bemühungen der amerikanischen Gesandtschaft in Konstantinopel - die Grabungserlaubnis. Da aber inzwischen der Umzug seiner Familie in ein eigenes Haus in die Wege geleitet worden war, konnten er und Sophia Athen nicht sofort verlassen. Und als sie schließlich Ende September in Hissarlik eintrafen, mußten sie weitere bürokratische Verzögerungen und Schikanen in Kauf nehmen, bis endlich am 11. Oktober die Arbeit beginnen konnte.

Der Ferman enthielt drei wichtige Bedingungen: 1. Die Hälfte der Fundobjekte war dem neuen archäologischen Museum der Türkei zu übergeben, die andere Hälfte durfte Schliemann behalten. 2. Ausgegrabene Mauerreste mußten in dem Zustand, in dem sie freigelegt worden waren, belassen werden. 3. Alle mit der Grabungsarbeit verbundenen Kosten mußte Schliemann tragen. Außerdem wurde verfügt, daß ein türkischer Beamter die Grabungen überwachen sollte. Solche Aufpasser waren Schliemann stets ein Dorn im Auge, und häufig ließ er seinen Unwillen an ihnen aus, obwohl sie nur ihre Pflicht taten.

Da der Winter vor der Tür stand, dauerte diese erste Grabungskampagne nur sechs Wochen (vom 11. Oktober bis zum 24. November 1871), und die Ergebnisse waren nicht gerade vielversprechend. Sophia kehrte bald zu ihrer kleinen Tochter nach Athen zurück, und Schliemann setzte seine Grabungen ziemlich planlos fort. (Von manchem Fachgelehrten wurden sie rundweg als Raubzug bezeichnet.) Dem Problem der Stratigraphie und Datierung stand er hilflos gegenüber. Die meisten Fundobjekte - ob es sich nun um Artefakte in Form von »feuerspeienden Bergen« und »Brummkreiseln« oder um schlichte Spinnwirtel handelte – waren für ihn (wie damals für fast jeden) etwas völlig Neues. Und seine Arbeitsweise war noch amateurhaft unmethodisch. Häufig standen seine Arbeiter einander im Weg, während er gereizt und atemlos auf dem Hügel herumrannte, um sie zum Hacken und Graben anzutreiben.

Der sonst so selbstsichere Mann sah sich ungeahnten Schwierigkeiten gegenüber und hatte manchmal das Gefühl, hilflos im dunkeln zu tappen. Er bat andere um Rat und appellierte in einem seiner Grabungsberichte an die Experten: »Ich halte es daher für nötig, alles so umständlich als möglich darzustellen, hoffend, daß der eine oder andere meiner geehrten Kollegen imstande sein wird, über die mir dunklen Punkte Aufklärung zu geben.«[32]

Dennoch neigte er auch jetzt dazu, voreilige Schlüsse zu ziehen, die er dann mit geradezu religiösem Eifer verfocht. Überzeugt davon, daß die Troer der Pallas Athene gehuldigt hatten, glaubte er, das der Göttin zugeschriebene Eulengesicht auf Vasen, Urnen und Tonscherben zu erkennen – genau wie er später überzeugt war, unter den Keramikfunden von Mykene und Tiryns Nachbildungen der Göttin Hera entdeckt zu haben. Ebenso unbeirrbar blieb er im Verlauf der verschiedenen Grabungskampagnen von der absoluten Zuverlässigkeit der Schilderungen Homers überzeugt (an den er »wie an das Evangelium« glaubte). Von Homer ließ er sich bei der – in sich selbst widersprüchlichen – Planung der Grabungsarbeiten leiten. Er stützte sich dabei auf Schlußfolgerungen, die er aus der *Ilias* gezogen hatte: daß der trojanische Tempel der Pallas Athene auf dem höchsten Punkt des Hügels gestanden haben mußte, während die (nach der Sage von Apollon und Poseidon erbaute) Ringmauer sowie Priams Feste ganz unten lagen. Sein Plan zielte darauf ab, gleichzeitig den Standort des Tempels (den er nie entdeckte) ausfindig zu machen und zu dem rund fünfzehn Meter tiefer gelegenen Urboden vorzudringen, wo, wie sich später erwies, das Troja Homers nicht zu entdecken war. Kein Wunder, daß dieses Vorgehen verheerende Folgen hatte. Für die ebenso simple wie rücksichtslose Methode, einen breiten, den gesamten Hügel von Norden nach Süden durchschneidenden Graben ziehen zu lassen, wobei nahezu alles, was unter diesen Erdschichten begraben lag, zerstört wurde, fanden selbst die größten Bewunderer Schliemanns nur sehr lahme Entschuldigungen. Sein späterer Mitarbeiter und Freund Wilhelm Dörpfeld sah sich in den Berichten über seine eigenen Grabungen immer wieder zu dem Hinweis gezwungen, daß Gebäudeteile, von denen keine Spur mehr zu finden sei - vermutlich auch solche, die zu jenem Troja gehörten, nach dem Schliemann suchte -, von diesem selbst zerstört worden waren.

Während der Grabungsperiode 1871 zerbrach sich Schliemann vor allem über Gerätschaften aus der »Steinperiode« den Kopf. Daß sie genau wie die Überreste aus der hellenistischen und römischen Zeit in den oberen Erdschichten gefunden wurden, erschien ihm rätselhaft. Wie sollte er jemals das der Bronze- oder Eisenzeit zugerechnete Troja Homers entdecken, wenn er schon dicht unter der Erdoberfläche auf eine vermutlich viel ältere neolithische Kultur stieß? Seine Hochstimmung schlug in Verzweiflung um. Am 1. November schrieb er in sein Tagebuch: »Ich glaube jetzt nicht mehr, jemals Troja hier zu finden.«[33] Aber dann schöpfte er neuen Mut, nicht zuletzt weil Frank Calvert und seine archäologisch gleichermaßen versierten Brüder - namentlich James Calvert - ihm plausibel machten, warum in den oberen Siedlungsschichten auch steinzeitliche Relikte zu finden waren. Als er weitergrub, stieß er wieder auf Metallgegenstände und Töpferwaren einer höherentwickelten Kultur. Jetzt leuchtete die Homerische Verheißung wieder vor ihm auf, und guten Mutes konnte er die kurze Grabungsperiode 1871 abschließen.

Als die kalte Jahreszeit mit heftigen Regenfällen und scharfem Nordwind einsetzte, konnte er nicht sofort nach Athen zurückkehren: Auf Samos mußte er elf Tage in Quarantäne verbringen, bevor er endlich heimreisen, seine kleine Tochter wiedersehen und sich in archäologische und philologische Werke vergraben konnte, um Fragen zu klären, die ihm bei seinen Grabungen Kopfzerbrechen gemacht hatten.

Sein besonderes Interesse galt den Hakenkreuzen, die – eingeritzt oder aufgemalt – auf einigen Fundobjekten zu sehen waren. Dieses Symbol faszinierte ihn. Wie die »Eulenkopfvasen« (die er während der Grabungsperiode 1872 in immer größerer Zahl zutage förderte) ihm als sicheres Zeichen dafür erschienen, daß Hissarlik die Stätte des Homerischen Troja war, so maß er auch den Hakenkreuzen entscheidende Bedeutung bei: Er neigte dazu, sie mit den alten indogermanischen »Rassen« Baktriens und Indiens in Zusammenhang zu bringen. Sobald er seine eigene Idee entwickelt hatte, versuchte er, eine fachwissenschaftliche Bestätigung dafür zu finden.[34] In diesem Fall brauchte er keine so weit hergeholte Theorie aufzustellen wie bei den einfach geformten, anthropomorphen Gefäßen, die er als Abbilder der Pallas Athene »identifizierte«. Nun konnte er sich bei Fachgelehrten Rat holen, die mit seiner Theorie übereinstimmten – mit dem für ihn höchst erfreulichen Ergebnis, daß er die arische Abstammung der Troer, also ihre enge Verwandtschaft mit den Griechen (und den Mecklenburgern) als erwiesen betrachten konnte. Stets geneigt, vorschnelle Schlüsse zu ziehen, nahm er sich vor, ein großes Werk über Hakenkreuze als »religiöse Symbole von größter Heiligkeit bei unseren arischen Urvätern« zu verfassen, das ihm vermutlich bei jenen, die später die Überlegenheit der nordischen Rasse propagierten, hohes Lob eingebracht hätte.[35]

Zum Glück zog er es dann aber doch vor, praktizierender Archäologe zu bleiben. Dazu kam, daß seine Korrespondenz immer umfangreicher wurde und daß er seine Aufzeichnungen zu Zeitungsartikeln verarbeitete. Außerdem wollte er, um die ungewöhnlichen Artefakte, die er bei den Grabungen in der Troas zutage gefördert hatte, besser beurteilen zu können, prähistorische Sammlungen in verschiedenen Museen besuchen und persönlichen Kontakt mit Kollegen in Westeuropa aufnehmen – für ihn ein willkommener Anlaß, sich wieder auf Reisen zu begeben. In Paris suchte er Ernest Renan auf, der bezüglich Trojas skeptisch blieb. Dann reiste er weiter nach London, wo er William Gladstone vorgestellt wurde, der wenige Jahre zuvor seine erste Amtsperiode als Premierminister angetreten hatte. »Zu meiner Verwunderung und Freude«, schrieb Schliemann an seine Frau, »stellte ich fest, daß er meine Arbeit mit regem Interesse verfolgt hat. Obwohl wir in vieler Hinsicht verschiedener Meinung sind, scheint er im allgemeinen überzeugt, daß ich von der richtigen Voraussetzung ausgehe.«[36]

Mit der Kampagne 1872 begann Schliemann bereits im April. Hatten ihn gegen Ende der Grabungen im Vorjahr gewisse Zweifel befallen, so widmete er sich jetzt wieder mit überschäumender Energie seiner großen Aufgabe. Daß er wenige Monate zuvor ein etwas bescheideneres Ziel ins Auge gefaßt hatte (». . . würde ich doch überaus zufrieden sein, wenn es mir nur gelänge, durch meine Arbeiten bis in das tiefste Dunkel der vorhistorischen Zeit vorzudringen«)[37], scheint darauf hinzudeuten, daß er sich inzwischen zu der behutsam abwägenden Haltung und methodischen Arbeitsweise des wissenschaftlichen Forschers bekehrt hatte. Tatsächlich aber warf er alle Bedenken über Bord, sobald irgend etwas darauf hinzuweisen schien, daß er den Homerischen Stätten auf der Spur war. Sein leidenschaftlicher Wunsch, daran zu glauben, siegte fast immer über die damit nicht in Einklang zu bringende Realität. Es ließe sich natürlich ins Feld führen, daß manche großen Erkenntnisse genau auf diese Weise gewonnen wurden. Aber das Pendel kann ebensogut nach der anderen Seite ausschlagen. Schliemann jedenfalls geriet, sobald er auf Gegenbeweise stieß, rasch in Verwirrung, ja in Resignation.

Seine Arbeitsplanung (und die Voraussetzung, von der er ausging) blieb während der Grabungsperiode 1872 grundsätzlich dieselbe wie 1871. Um zum Urboden vorzudringen, auf dem – der *Ilias* zufolge – Priams Feste gestanden hatte, war es nach Schliemanns Überzeugung notwendig, quer durch alle Strata des Hügels Hissarlik zu graben. Dabei entwickelte er sich zum Abriß-Experten – auf Kosten des archäologischen Verantwortungsgefühls.

Seine Arbeitstechnik war diesmal viel rationeller. Für sein großangelegtes Projekt engagierte er einen Eisenbahningenieur, der ihm auch beim Kartenzeichnen half. (Den Gedanken, Ausgräber einzuladen, die in Pompeji oder in Rom Erfahrungen gesammelt hatten, ließ er rasch wieder fallen.) Seine »verehrten Freunde, die Herren John Henry Schröder & Co. in London«, hatten ihm »eine genügende Anzahl der besten englischen Schiebkarren, Spitzhauen und Spaten verschafft«.[38] Zur Spezialausrüstung gehörten auch Rammböcke (!), Wagenheber, Eisenketten und Winden. Im Verlauf der Grabungen wurden gewaltige Erdmassen und zahlreiche Steinblöcke weggeschafft. Immer wieder notierte Schliemann, wieviel hunderttausend Kubikmeter Erde er schätzungsweise abgetragen hatte. Kein Wunder, daß diese drastischen Methoden zu äußerst gefährlichen Bodeneinbrüchen und Felsstürzen führten. Trotzdem machte er weiter.

Gelegentlich erkundigte er sich bei Fachgelehrten – selbst bei so kritischen Archäologen wie Ernst Curtius und Alexander Conze – nach ihrer Meinung über bestimmte literarische und kulturgeschichtliche Fragen. (»Mir fehlt ... manchmal der gute Rat eines Mannes wie Sie und wenn Sie mir denselben von Zeit zu Zeit erteilen wollen, so würden Sie mich gewaltig verbinden.«[39]) Aber daß es ihm bezüglich sorgfältiger Grabungsmethoden an Erfahrung mangelte, schien ihn wenig zu kümmern. Vergeblich versuchte Frank Calvert ihn davon zu überzeugen, daß es zweckdienlicher sei, ein »Gitter« kleinerer Gräben anzulegen als »Plattformen« auszuheben. Und der französische Archäologe Emile Burnouf sah sich veranlaßt, ihn zu ermahnen, für jedes ausgegrabene Objekt die genaue Fundstelle anzugeben *(»Tenez bien compte de cela!«)*, da nur sie einen verläßlichen »Hinweis auf die Epoche« geben könne.[40] Aber solche Erkenntnisse beherzigte Schliemann, auch wenn er sie in seinen Schriften nachbetete, bei der praktischen Arbeit nur selten.

Auch die Grabungsperiode 1872 brachte ihm manchen Ärger. Irritiert war er vor allem über das Verhalten seiner griechischen Arbeiter, denen ganz offensichtlich der kapitalistische Antrieb fehlte, dank dessen er, der norddeutsche Pfarrerssohn, den Aufstieg in die Petersburger Großhändlersgilde geschafft hatte. Außerdem störten ihn die Schreie der Eulen (er befahl den Arbeitern, auf den heiligen Vogel der Pallas Athene zu schießen) und das Quaken der Frösche, ganz zu schweigen von den Giftschlangen und den zahlreichen Insekten. Im Hochsommer erkrankten er und der größte Teil seines Teams an »Sumpffieber«, so daß am 14. August die Arbeiten eingestellt werden mußten.

Unterdessen hatten die Grabungen - vor allem was die ausgehobenen Erdmassen betraf - an mehreren Stellen des Hügels beachtliche Fortschritte gemacht. Wie üblich ließ Schliemann mehrere Arbeitstrupps gleichzeitig an verschiedenen Stellen graben. Zeitweise waren hundertfünfzig Arbeiter am Werk. Neben dem Ingenieur hatte er drei Aufseher eingestellt. Und Sophia, die allerdings nicht während der ganzen Grabungsperiode zugegen war, führte ihr eigenes Kommando. Gleichwohl wurden viele Wochen lang keine wirklich spektakulären Entdeckungen gemacht. Anfang Mai sah sich Schliemann genötigt, einem griechischen Sprachverein in Konstantinopel einzugestehen: »Es scheint, daß die Götter des Olymps für alle Zeit die vorgeschichtlichen Spuren in der Troas vor den Augen der Menschen verborgen halten wollten.«[41] Ziemlich entmutigt spielte er mit dem Gedanken, Calverts ursprünglichen Vorschlag zu beherzigen und die Durchführung der Arbeiten samt der ihm erteilten Grabungserlaubnis einer wissenschaftlichen Gesellschaft oder Institution zu überlassen. Die hohen Kosten des Unternehmens, die in keinem Verhältnis zu der Ausbeute standen, beunruhigten ihn immer mehr. Er ließ durchblicken, daß er sich in Zukunft wohl auf so vielversprechende griechische Grabungsstätten wie Delphi, Mykene, Olympia oder Delos beschränken werde.

Würde er die trojanische Frage jemals lösen? Der Beweis für die Existenz des Homerischen Troja konnte nur erbracht werden, wenn es gelang, trojanische Inschriften oder die kyklopischen Mauerreste einer auf dem Urboden erbauten Königsburg zu entdecken. Wenige Tage nachdem Schliemann sich gegenüber dem griechischen Sprachverein so wenig hoffnungsvoll geäußert hatte, teilte er Burnouf mit, er sei jetzt bis zum Urboden vorgedrungen. Ob das zutraf, ist zweifelhaft, aber jedenfalls stieß er - vermutlich dicht über dem Urboden - auf ausreichende Beweise für die Existenz einer archaischen Hochkultur, darunter auf Töpferwaren, die er für Musterbeispiele des von Homer beschriebenen *dépas amphikýpellon* (eines länglichen, zweihenkligen Trinkgefäßes) hielt.

Zu diesem Zeitpunkt hatte er im östlichen Teil des Hügels (der zum Grundbesitz Frank Calverts gehörte) ebenfalls einen breiten Graben ausheben lassen und war dabei auf das schöne Fragment eines wahrscheinlich aus hellenistischer Zeit stammenden Reliefs gestoßen, das allem Anschein nach einen Tempelfries geschmückt hatte. Dieses Fragment zählte später zu Schliemanns kostbarsten Trophäen. Nachdem er Calvert, der Anspruch auf die Hälfte der Funde erheben konnte, entsprechend entschädigt hatte, wollte er das Fragment unbedingt nach Griechenland schaffen - entgegen den türkischen Gesetzen und den in seinem Ferman enthaltenen Bestimmungen. Was sich jetzt abspielte, war gewissermaßen die Hauptprobe für seinen späteren Plan, eine noch wertvollere Beute aus dem Land zu schmuggeln. Da das Relieffragment in seiner ursprünglichen Form schwer zu befördern war, beschloß er, an beiden Seiten ein Stück abzusägen (was seiner Meinung nach die künstlerische Qualität nicht gemindert sondern erhöht hätte), aber zum Glück gelang es Calvert, ihm diesen Vandalismus auszureden. Sodann wurde das Fragment auf einen griechischen Kaik verladen, nach Piräus gebracht und in Schliemanns Athener Garten aufgestellt. Gipskopien dieses Fundes sandte er nach Rostock, an Museen in Berlin, München und Wien sowie an das Britische

Museum. Das Original schenkte er später dem Berliner Völkerkundemuseum.

Schliemanns Homerbegeisterung erhielt neuen Auftrieb, als er in Hissarlik eine uralte Mauer und ein Bauwerk freilegte, das er als den »großen Turm von Ilion« bezeichnete, das aber wenige Jahre später als Teil der doppelten Ringmauer identifiziert wurde, die sich um die prähistorische Stadt der zweiten Siedlungsschicht gezogen hatte. Obwohl dieses Bauwerk kein Turm und auch nicht auf dem Urboden errichtet worden war, gelangte Schliemann rasch zu der Überzeugung, es handle sich um ein historisch höchst bedeutsames Wahrzeichen. Das Troja Homers, so verkündete er, sei endlich entdeckt. Im festen Glauben, die in der *Ilias* beschriebene Feste des Priamos gefunden zu haben, gab er bekannt, daß er jetzt dem Hügel Hissarlik den geheiligten Namen wiedergebe, den Lechevalier und seine skeptischen Vorläufer und Nachfolger dieser Stätte so engstirnig abgesprochen hätten.[42] Von nun an lautete die Ortsangabe in Schliemanns Aufzeichnungen und Bulletins: »Pergamos von Troja« oder »Pergamos von Ilion«.

Die Entdeckung dieser Bauwerke war für ihn also der »endgültige« Beweis dafür, daß er das Troja der *Ilias* gefunden hatte. Von dieser Überzeugung wich er niemals ab. Die gewaltige Mauer und der »Turm«, die Keramikfunde und einige wenige Gegenstände aus Edelmetall beeindruckten ihn derart, daß er später sogar bereit war, von seiner fanatischen Überzeugung, daß das Troja Homers nur auf dem Urboden gestanden haben konnte, abzurücken. Während der Grabungsperiode 1872 hatte er allerdings noch sehr vage Vorstellungen von der Reihenfolge der Siedlungsschichten des Hügels Hissarlik. Erst allmählich lernte er, vier Schichten (für ihn gleichbedeutend mit vier »Völkern«) zu unterscheiden, die siedlungsgeschichtlich vor dem im siebten vorchristlichen Jahrhundert entstandenen »Äolischen Ilion«, der griechischen Kolonie des klassischen Altertums, anzusetzen waren. Was den »Turm« betrifft, so war es ein Glück, daß Schliemann, als er ihn 1872 entdeckte, der festen Meinung war, dieses Bauwerk gehöre zur untersten Siedlungsschicht. Andernfalls hätte er es, wie seinem Bericht zu entnehmen ist, vermutlich ebenfalls abreißen lassen.

Während der Grabungsperioden 1871 und 1872 wie auch im Verlauf der dritten Kampagne (1873) sandte Schliemann regelmäßig Berichte an die *Augsburger Allgemeine Zeitung* und die Londoner *Times*. Die Welt war über den Fortschritt seiner Grabungen gut informiert. Später faßte er diese Berichte in seinem dritten Buch *Trojanische Alterthümer* (Leipzig 1874) zusammen. Dabei ging er ähnlich planlos vor wie bei seinen Grabungen. Auch in der redigierten Fassung läßt das Werk den inneren Zusammenhang vermissen, wenngleich es oft große Lebendigkeit ausstrahlt. Schliemanns Interpretationen und Theorien ändern sich häufig, oft sogar von einem Bericht zum andern. In der Vorrede erklärt er freimütig: »Wenn meine Aufsätze hin und wieder Widersprüche enthalten, so hoffe ich, daß man mir dieses zugute halten wird, wenn man berücksichtigt, daß ich hier eine neue Welt für die Archäologie aufgedeckt, daß man bis jetzt noch nie oder nur höchst wenige solcher Sachen gefunden, wie ich sie zu Tausenden ans Licht gebracht, daß mir daher alles fremd und rätselhaft erschien ...«[43]

Die Kampagne beginnt

Aus *Trojanische Alterthümer*

Auf dem Berge Hissarlik (in der Ebene von Troja),
18. Oktober 1871

... Die Baustelle Iliums ist auf einem durchschnittlich 24 Meter über der Ebene erhabenen Plateau, welches nach Norden sehr steil abfällt. Seine Nordwestecke wird durch einen noch um 8 Meter höheren Hügel gebildet, welcher 215 Meter breit und 300 Meter lang ist und sich durch seine imposante Lage und natürlichen Befestigungen ganz besonders zur Akropolis der Stadt zu eignen scheint; auch habe ich seit meinem ersten Besuch nie daran gezweifelt, in den Tiefen dieses Berges die Pergamos des Priamos zu finden. In einer Ausgrabung, die ich an der Nordwestecke desselben im April 1870 machte, fand ich unter anderm in 5 Meter Tiefe Mauern von 2 Meter Dicke, die, wie sich jetzt herausgestellt hat, zu einem Bollwerk aus der Zeit des Lysimachus gehören.[1] Ich konnte jene Ausgrabungen leider damals nicht fortsetzen, weil die Eigentümer des bezüglichen Feldes, zwei Türken in Kum-Kalé, welche auf demselben ihre Schafhürden hatten, mir die Erlaubnis, weiterzugraben, nur unter der Bedingung geben wollten, daß ich ihnen sogleich eine Entschädigung von 12000 Piastern zahle und mich außerdem gerichtlich verpflichte, nach Beendigung meiner Ausgrabungen alles sorgfältig wieder zu verschütten. Da mir dies natürlich nicht passend erschien und die beiden Besitzer mir das Feld zu keinem Preise verkaufen wollten, so wandte ich mich an Se. Exz. Safvet-Pascha, den Minister für Volksaufklärung, der es auf meine Bitten im Interesse der Wissenschaft durchsetzte, daß vom Ministerium des Innern dem Statthalter der Hohen Pforte im Archipelagus und in den Dardanellen, Achmed-Pascha, der Befehl erteilt wurde, das Feld durch Sachkundige abschätzen zu lassen und die Eigentümer zu zwingen, dasselbe zum Taxpreis an die Regierung zu verkaufen, die es somit für 3000 Piaster erstand.

Behufs Erlangung des zur Fortsetzung meiner Ausgrabungen nötigen Fermans stieß ich aber auf neue große Schwierigkeiten, indem die türkische Regierung für ihr neuerdings in Konstantinopel errichtetes Museum alte Kunstschätze sammeln läßt, infolgedessen kaiserliche Erlaubnisse für Ausgrabungen nicht mehr erteilt werden. Was ich aber trotz dreimaliger Reisen nach Konstantinopel nicht erreichen konnte, erreichte ich endlich auf Verwendung meines geehrten Freundes, des interimistischen Geschäftsträgers der Vereinigten Staaten von Amerika bei der Hohen Pforte, Herrn John P. Brown, des Verfassers des ausgezeichneten Werkes *Ancient and Modern Constantinople* [London 1868].

Am 27. v. M. [September 1871] kam ich mit meinem Ferman in den Dardanellen an, stieß aber dort wiederum auf Schwierigkeiten, und diesmal von seiten des vorerwähnten Achmed-Pascha, der die Lage des von mir zu erforschenden Feldes nicht genau genug in jenem Dokument bezeichnet zu finden glaubte, und nicht eher seine Erlaubnis zu den Ausgrabungen erteilen wollte, als bis er vom Großvezier nähere Aufklärung erhalten haben würde. Wegen des inzwischen eingetretenen Ministerwechsels würde wahrscheinlich eine lange Zeit darüber hingegangen sein, ehe diese Sache in Ordnung gekommen wäre, hätte Herr Brown nicht die glückliche Idee gehabt, sich an Se. Exz. Kiamil-Pascha, den neuen Minister für Volksaufklärung, zu wenden, welcher ein lebhaftes Interesse für die Wissenschaft hegt, und auf dessen Verwendung beim Großvezier an Achmed-Pascha sogleich der verlangte Aufschluß gegeben wurde.

Darüber waren aber wieder 13 Tage vergangen, und erst am 10. Oktober abends konnte ich mit meiner Frau von den Dardanellen nach der acht Stunden davon entfernten Ebene von Troja abreisen. Da ich laut des Fermans von einem türkischen Beamten überwacht werden muß, dessen Gehalt ich während der Zeit meiner Ausgrabungen zu entrichten habe, so wurde mir von Achmed-Pascha der zweite Sekretär seiner Justizkanzlei, ein Armenier namens Georgios Sarkis, mitgegeben, dem ich täglich 23 Piaster bezahle.

Ich fing endlich am Mittwoch, 11. d. M., meine Ausgrabungen mit 8 Arbeitern wieder an, konnte aber deren Zahl schon am folgenden Tage auf 35 und am 13. d. M. auf 74 Mann erhöhen, deren jeder täglich 9 Piaster (1 Fr. 80 Cent.) erhält. Da ich leider nur acht Schubkarren von Frankreich mitgebracht habe und dieselben hier nicht zu haben sind, in der ganzen Umgegend auch nicht gemacht werden können, so muß ich zur Fortschaffung des Schuttes 52 Körbe zur Hilfe nehmen. Diese Arbeit geht aber, da der Schutt eine weite Strecke geschleppt werden muß, nur langsam vor sich und ist sehr ermüdend. Ich wende daher auch vier Karren an, die von Ochsen gezogen werden und deren jeder täglich 20 Piaster kostet. Ich arbeite mit großer Energie und scheue keine Kosten, um womöglich noch vor den Winterregen, die jeden Augenblick eintreten können, auf den Urboden zu kommen, und somit endlich das große Rätsel zu lösen, ob, wie ich gerade bestimmt glaube, der Berg Hissarlik die Burg von Troja ist.

Wenn es Tatsache ist, daß Berge, die aus bloßer Erde bestehen und beackert werden, allmählich ganz verschwinden, und wenn so z. B. der Wartsberg bei dem Dorfe Ankershagen in Mecklenburg, den ich einst als Kind für den höchsten Berg der Welt hielt, in 40 Jahren ganz zugrunde gegangen ist, so ist es ebensowohl Tatsache, daß Hügel, auf denen im Laufe von Jahrtausenden fortwährend neue Gebäude auf den Trümmern der frühern Bauten errichtet werden, sehr bedeutend an Umfang und Höhe gewinnen.[2] Dafür liefert der Berg Hissarlik den schlagendsten Beweis ... Außer der imposanten Lage dieses Berges innnerhalb des Stadtbezirks scheint auch sein jetziger [aus dem Arabischen ins Türkische übergegangene] Name Hissarlik (Festung oder Akropolis) zur Genüge zu beweisen, daß dies Iliums Pergamos, und daß es daher nach Herodot hier war, wo Xerxes (im Jahre 480 v. Chr.) der ilischen Minerva 1000 Rinder opferte, daß es hier war, wo Alexander der Große seine Waffenrüstung im Tempel der Göttin aufhing, dagegen einige vom Trojanischen Krieg her in demselben geweihte Waffen mitnahm und ebenfalls der ilischen Minerva opferte ... Ich vermutete, daß der Tempel, der Stolz der Ilier, auf dem höchsten Punkte des Berges gestanden haben muß, und entschloß mich daher, diese Stelle bis zum Urboden auszugraben.

Um nun gleichzeitig die urältesten Festungsmauern der Pergamos zum Vorschein zu bringen und auch genau bestimmen zu können, um wieviel der Berg seit Errichtung jener Mauern durch den hinuntergeworfenen Schutt an Breite zugenommen hat, legte ich, 20 Meter von meinen vorjährigen Arbeiten entfernt, von der steilen Nordseite genau nach Süden und bis über die höchste Bergfläche hinausgehend, einen ungeheuern Einschnitt an, welcher so breit ist, daß er das ganze Gebäude umfaßt, dessen Fundamente von großen behauenen Steinen, nur 1 bis 3 Fuß unter der Erde, ich schon im vorigen Jahre bloßgelegt hatte. Ich habe natürlich alle diese Fundamente wegräumen lassen, da sie innerhalb meines Einschnitts von keinem Nutzen sind und nur hindern würden.

Die Schwierigkeiten der Ausgrabungen in einer Wildnis wie dieser, wo es an allem gebricht, sind ungeheuer, und dieselben wachsen mit jedem Tage, da wegen des Bergabhangs der Einschnitt um so länger wird, je tiefer ich grabe, und daher die Fortschaffung des Schutts an Schwierigkeit zunimmt; letzterer kann auch nicht vom Abhang geradeaus geworfen werden, denn er wäre dann ja fortwährend von neuem wieder wegzuräumen, und muß daher in einiger Entfernung rechts und links von der Mündung des Einschnitts auf die schroffe Bergseite geschüttet werden. Auch macht das Herausholen und Fortschaffen der Massen ungeheurer Steinblöcke, die uns fortwährend in den Weg kommen, große Mühe und verursacht gar viel Zeitverlust, da in dem Augenblick, wo ein großer Steinblock bis an den Rand des Abhangs gewälzt ist, immer alle meine Leute ihre Arbeiten verlassen und hineilen, um Augenzeugen zu sein, wie die gewaltigen Lasten mit donnerndem Getöse den steilen Pfad hinunterrollen und sich erst in einiger Entfernung in der Ebene festlegen. Auch ich bin, da ich allein allem vorstehe, in der absoluten Unmöglichkeit, jedem meiner Arbeiter die richtige Beschäftigung zu geben und zu überwachen, daß jeder seine Schuldigkeit tut . . .

Ungeachtet aller dieser Hindernisse aber schreitet die Arbeit doch rasch vorwärts, und ich würde, wenn ich nur einen Monat ununterbrochen fortarbeiten könnte, trotz der ungeheuren Breite des Einschnitts, schon bestimmt eine Tiefe von 10 Meter erreichen.

Die bis jetzt aufgefundenen Medaillen sind sämtlich von Kupfer und meistenteils von Alexandria-Troas; dann auch von Ilium aus den ersten Jahrhunderten vor und nach Chr.

Meine liebe Frau, eine Athenienserin, die für Homer schwärmt und die *Ilias* fast ganz auswendig weiß, wohnt den Ausgrabungen von früh bis spät bei. Von unserer Lebensweise in dieser Einöde, wo es an allem fehlt und wo wir als Vorbeugung gegen die pestilenzialen Sumpffieber alle Morgen vier Gran Chinin einnehmen müssen, will ich gar nicht sprechen. Meine Arbeiter sind alle Griechen vom benachbarten Dorfe Renkoï; nur am Sonntag, wo die Griechen nicht arbeiten, nehme ich türkische Arbeiter. Mein Diener Nikolaos Zaphyros von Renkoï, dem ich täglich 30 Piaster zahlen muß, ist mir unentbehrlich zur Zahlung des Tagelohns, da er jeden Arbeiter kennt und ehrlich ist[3]; leider aber leistet er mir bei den Arbeiten keine Hilfe, indem er weder die Gabe des Kommandos noch die geringste Sachkenntnis hat.

Begreiflich fehlt es mir hier ganz an Zeit und ist es mir nur möglich gewesen, Vorstehendes zu schreiben, weil es heute stark regnet und daher nicht gearbeitet werden kann. Bei nächstem Regenwetter werde ich über den Fortgang meiner Ausgrabungen weiterberichten.

Auf dem Berge Hissarlik, 26. Oktober 1871

Seit meinem Berichte vom 18. d. habe ich die Ausgrabungen mit durchschnittlich 80 Arbeitern mit allergrößter Energie fortgesetzt und heute eine mittlere Tiefe von 4 Meter erreicht. In 2 Meter Tiefe fand ich einen mit einem sehr großen Stein verdeckten und mit Schutt gefüllten Brunnen, dessen Tiefe ich noch nicht habe ermitteln können und der aus römischer Zeit stammt, wie aus dem Zement hervorgeht, mit welchem die Steine zusammengefügt sind. Trümmer von Gebäuden, die aus behauenen, mit oder ohne Zement zusammengefügten Steinen bestehen, finde ich nur bis 2 Meter Tiefe. In den Schuttschichten zwischen 2 und 4 Meter Tiefe finde ich fast gar keine Steine, und die großen Steinblöcke kommen zu meiner Freude gar nicht mehr vor. Medaillen von Ilium vom 1. und 2. Jahrhundert vor und nach Christo, sowie Münzen von Alexandria-Troas und Sigeion, deren Alter ich nicht anzugeben weiß, fand ich fast nur dicht an der Oberfläche und nur in einzelnen Fällen in einer Tiefe von 1 Meter . . .

In der jetzt erreichten Tiefe finde ich auch sehr viele jener zierlichen runden Knöchel, die das Rückgrat des Haifisches bilden und von denen man bekanntlich Spazierstöcke macht. Das Vorhandensein dieser Knöchel scheint zu beweisen, daß es im hohen Altertum in diesen Meeren Haifische gab, die jetzt hier nicht mehr vorkommen. Auch fand ich heute, auf einem Bruchstück grober Tonarbeit, einen Menschenkopf mit großen hervorstehenden Augen, langer Nase und ganz kleinem Munde dargestellt, der entschieden phönizischer Arbeit zu sein scheint.

Fortwährend kommt dabei eine ungeheure Menge Muscheln zum Vorschein, und es scheint fast, daß die alten Bewohner von Ilium große Liebhaber dieser Schalentiere gewesen sind. Bis zu der jetzt erreichten Tiefe scheinen alle Gebäude, die im Laufe von Jahrtausenden auf dem Berge gestanden haben und deren jedes durch eine Schicht kalzinierter Trümmer angegeben ist, durch Feuersbrünste zerstört worden zu sein ...

Auf dem Berge Hissarlik, 3. November 1871

Meine letzten Mitteilungen waren vom 26. v. M., und ich habe seitdem, durchschnittlich mit 80 Arbeitern, eifrig fortgearbeitet. Leider aber gingen mir drei Tage verloren, denn am Sonntag, an dem die Griechen nicht arbeiten, konnte ich keine türkischen Arbeiter bekommen, weil die Türken jetzt ihre Saaten bestellen, und zwei Tage wurde ich durch starkes Regenwetter abgehalten.

Zu meinem allergrößten Erstaunen kam ich Montag, 30. v. M., plötzlich in eine Schicht Schutt, in der ich eine ungeheure Menge Werkzeuge von sehr hartem schwarzem Stein (Diorit), aber ganz primitiver Form, fand. Am folgenden Tage dagegen wurde nicht ein einziges steinernes Instrument gefunden, anstatt dessen ein kleines Stück gedrehten Silberdrahts und viel zerbrochenes Töpfergeschirr zierlicher Arbeit, unter anderm das Bruchstück eines Bechers mit einem Eulenkopf. Ich dachte daher schon, ich sei wieder in die Trümmerschicht eines zivilisierten Volks gekommen, und die steinernen Werkzeuge des vorigen Tags rührten von der Invasion eines Barbarenvolkes her, dessen Herrschaft nur von kurzer Dauer gewesen. Ich hatte mich aber geirrt, denn am Mittwoch kam die Steinperiode in noch viel vollerm Maße wieder zum Vorschein und dauerte auch gestern den ganzen Tag fort. Heute kann leider, eines starken Gewitterregens wegen, nicht gearbeitet werden.

Vieles mir ganz Unerklärliche finde ich in dieser Steinperiode ...

Erstens erstaune ich, daß ich hier auf der höchsten Stelle des Berges, wo doch nach allem Vermuten die vornehmsten Gebäude gestanden haben müssen, schon in 4,5 Meter Tiefe auf die Steinperiode stieß ... Dann weiß ich mir auch nicht zu erklären, wie es möglich ist, daß ich Sachen finde, die doch augenscheinlich im Gebrauche der rohen Menschen der Steinperiode gewesen sein müssen, die aber mit den ihnen zu Gebote stehenden groben steinernen Werkzeugen nie angefertigt werden konnten. Dahin gehören vornehmlich die in großen Massen vorkommenden irdenen Gefäße, die zwar ohne alle Verzierungen, auch nicht fein, doch aber ausgezeichnet gearbeitet sind. Keins dieser Gefäße ist auf dem Töpferrade gedreht, und dennoch scheint es mir, daß man sie nicht anfertigen konnte, ohne eine Art von Maschinen zu benutzen, diese waren aber mit den groben steinernen Werkzeugen der Epoche nicht herzustellen. Dann erstaune ich über die in dieser Steinperiode mehr als je zuvor vorkommenden runden Stücke mit einem Loch in der Mitte, die bald die Form von Brummkreiseln oder Karusselln, bald die von feuerspeienden Bergen haben ...

Dann finde ich zu meinem Erstaunen mehrfach den Priapus; bald ist derselbe ganz der Natur getreu von Stein oder Terrakotta gemacht, bald in der Form der oben abgerundeten Säule (ganz wie ich ihn in den Tempeln in Indien sah, aber hier nur 10 Zentimeter lang) dargestellt ...

Außer [einem kleinen Stück] Silberdraht und zwei kupfernen Nägeln habe ich bis jetzt in den Schichten der Steinperiode keine Spur von Metall gefunden.

I
Schliemanns Geburtshaus in Neubukow (Mecklenburg)

:hliemann als erfolgreicher
ınger Kaufmann in
:. Petersburg [links]

:hliemann am Wendepunkt
iner Karriere (Ende der 60er
hre des 19. Jahrhunderts)
echts]

astor Ernst Schliemann, der
ater Heinrich Schliemanns
echts unten]

5
Schliemann und seine zweite Frau, Sophia Engastromenou, an ihrem Hochzeitstag (September 1869) [unten]
6
Der Hügel Hissarlik, die vermutliche Stätte des antiken Troja [rechts oben]
7
Der große Graben, den Schliemann auf dem Hügel Hissarlik ausheben ließ [rechts unten]

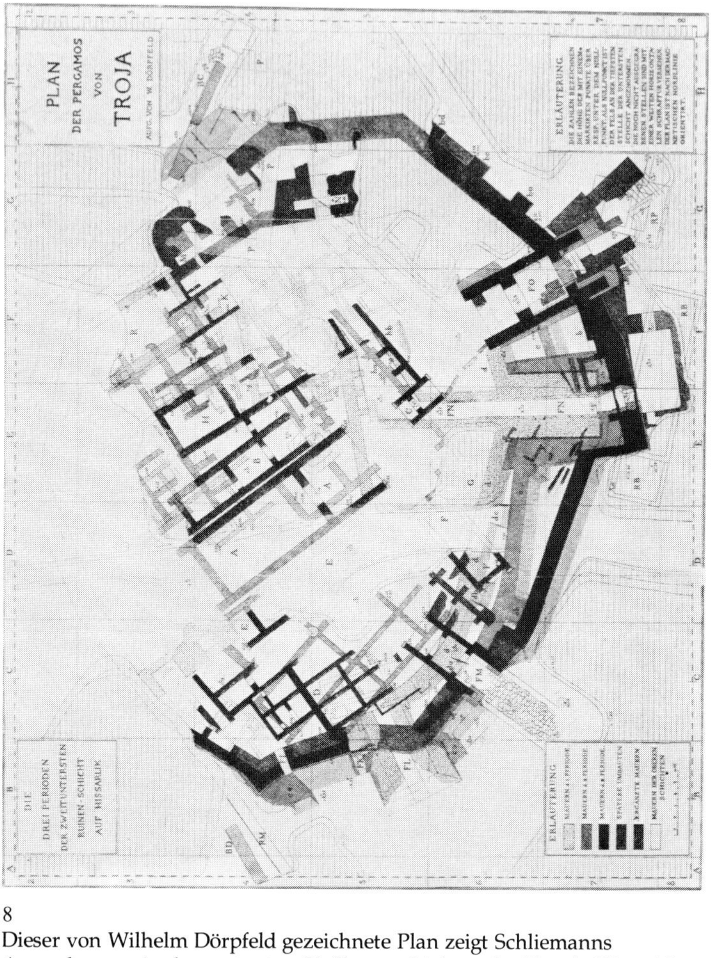

8
Dieser von Wilhelm Dörpfeld gezeichnete Plan zeigt Schliemanns Ausgrabungen in den untersten Siedlungsschichten des Hügels Hissarlik

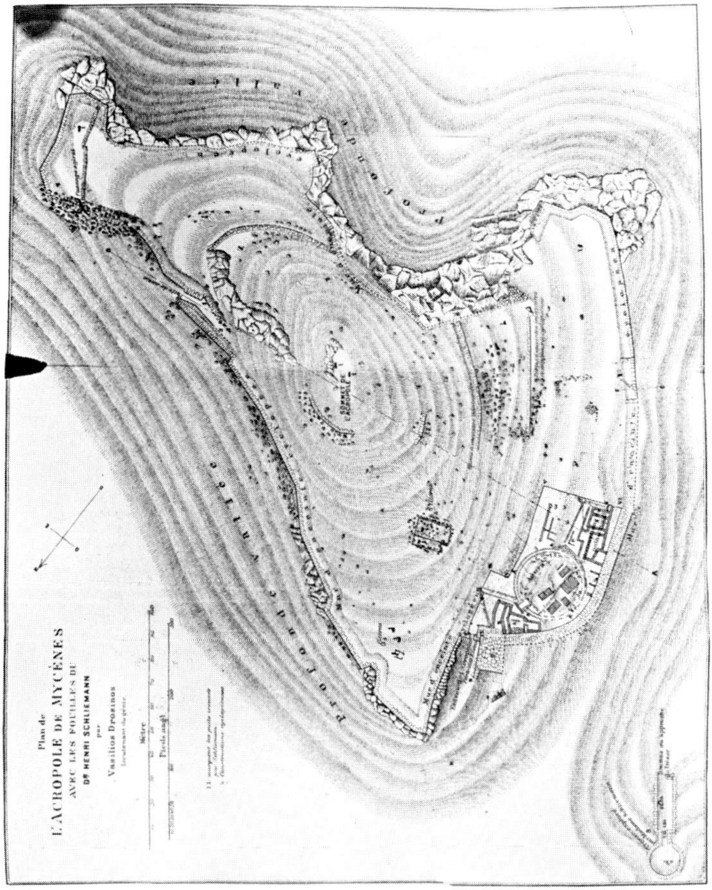

9
Ein Plan von Mykene, auf dem der berühmte Gräberring und die fünf von Schliemann freigelegten Schachtgräber eingezeichnet sind. Links unten ein »Schatzhaus«, dessen Ausgrabung von Sophia Schliemann beaufsichtigt wurde

10
Eine Gruppe von Altertumskundlern vor dem Löwentor von Mykene. Oben auf dem Tor Schliemann, in der Mauernische Dörpfeld, unten rechts (mit weißem Hut) Sophia Schliemann

11
Neuere Photographie des Gräberrings von Mykene, mit Blick auf die Argolis [oben]

12
Zeitgenössische Zeichnung des »Großen Schatzes«, den Schliemann 1873 in Troja fand

13
Sophia Schliemann mit goldenem Diadem und Halsschmuck aus dem »Großen Schatz«

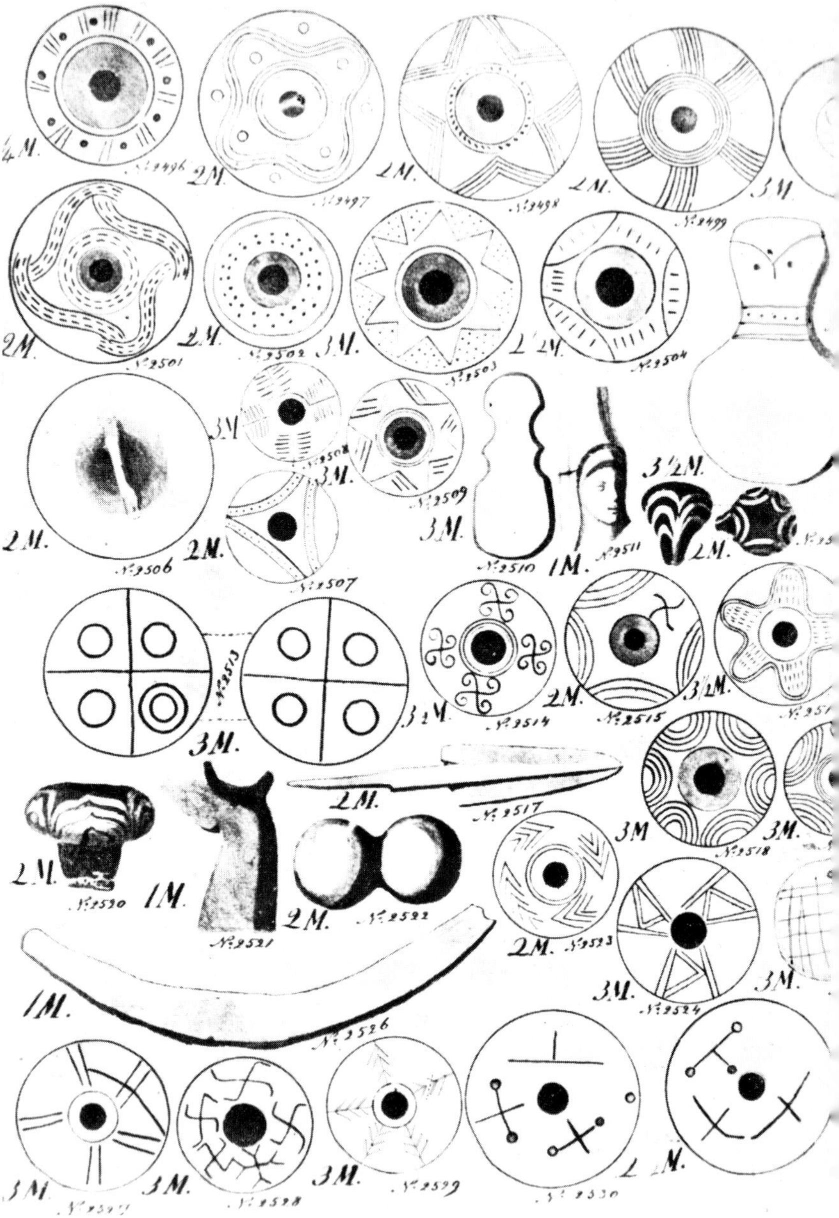

14
Eine Seite aus dem Tagebuch, das Schliemann über seine erste große Grabungskampagne in Hissarlik geführt hat: Ornamente der dort gefundenen Töpferware

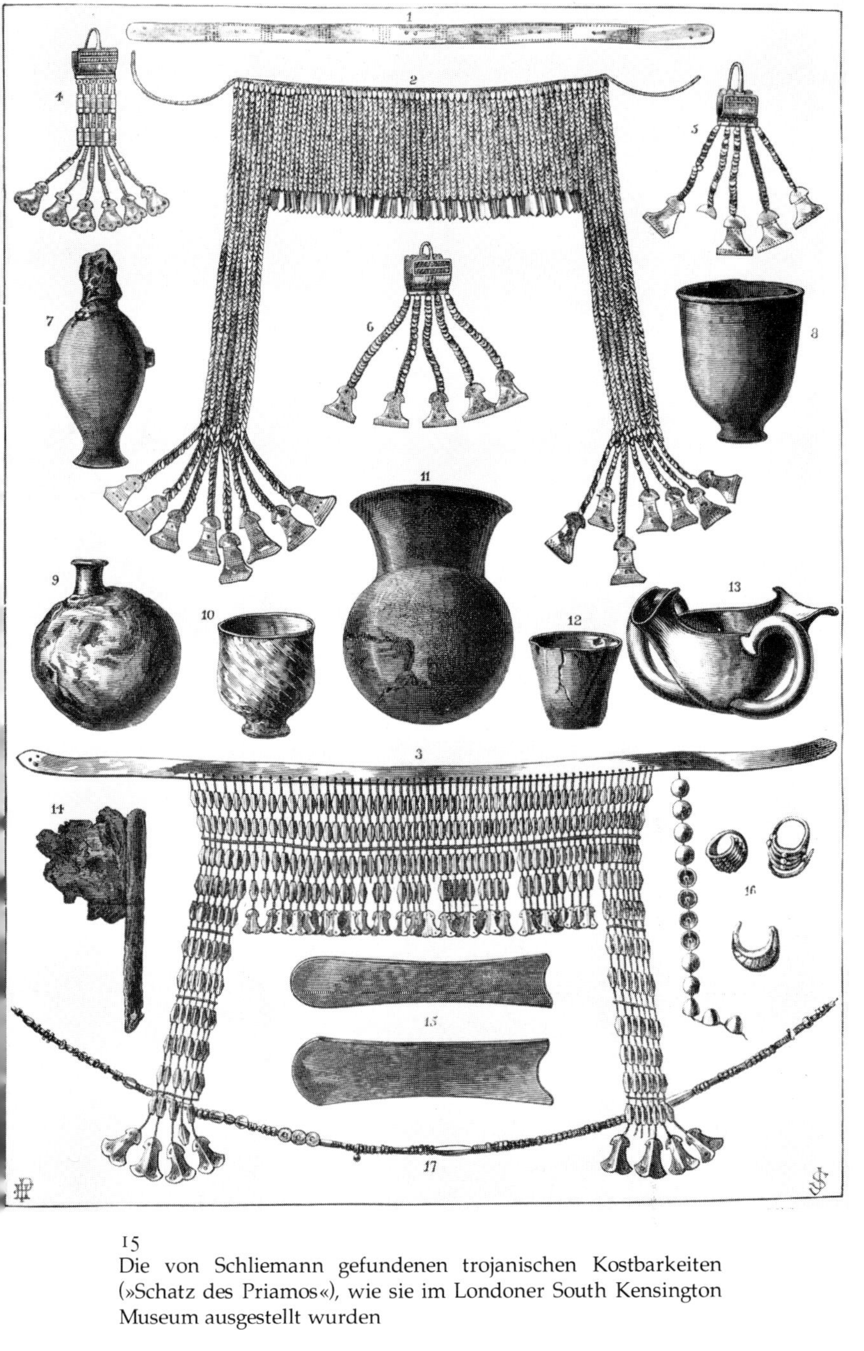

15
Die von Schliemann gefundenen trojanischen Kostbarkeiten (»Schatz des Priamos«), wie sie im Londoner South Kensington Museum ausgestellt wurden

16/17
Einige der kostbarsten Artefakte, die Schliemann in Mykene ausgegraben hat. Links oben ein goldenes Diadem aus dem dritten Grab, links unten die »Maske Agamemnons« aus dem fünften Grab, rechts oben ein reichverziertes goldenes Trinkgefäß aus dem fünften Grab, rechts unten Fragmente der berühmten Kriegervase, die in der Nähe des Löwentors in einer Ruine entdeckt wurde, am Bildrand ein Dolch aus dem vierten Grab mit kunstvoller Einlegearbeit, die drei Löwen zeigt

8
chliemann im Alter von
echzig Jahren, auf dem
Höhepunkt seines Ruhms
inks oben]

9
ophia Schliemann mit ihren
indern Andromache und
gamemnon (um 1880)
inks unten]

0
er im italienischen Palazzostil
rbaute Athener Wohnsitz der
amilie Schliemann [oben]

21
Zeitgenössische deutsche Karikatur (aus dem ›Kladderadatsch‹): »Nachdem Herr Schliemann auf Grund seiner Homerstudien den trojanischen Schatz gefunden hat, liest er zufällig die Nibelungensage und macht sich flugs mitsamt seiner Frau und deren Schürze auf die Suche nach dem Rheingold.« [unten]

22
Schliemann während eines Vortrags über seine Entdeckungen in Mykene, den er 1877 vor der Society of Antiquarians im Londoner Burlington House hielt (aus ›Illustr. London News‹) [rechts]

3
oldene Gefäße aus dem
Großen Schatz«; unten die
erühmte zweihenklige
Saucière« [links]

4
usgrabung des »Homeri-
hen« Troja [oben]

25
Ausgrabungsarbeiten in Troja [unten]
26
Querschnitt einer mykenischen Schatzkammer [rechts oben]
27
Eingang zum »Schatzhaus des Atreus« [rechts unten]

2
Folgende Doppelseite: Ansicht der Ruine von Mykene im frühen 19. Jahrhunde [links obe
2
Schliemanns Ausgrabung des Gräberring von Mykene [links unte
3
Das »Schatzhaus des Atreus« in Mykene [recht

31
Rekonstruiertes Wandgemälde aus dem Palast von Tiryns: zwei Frauengestalten auf einem Streitwagen [oben]

32
Wilhelm Dörpfelds Kartenskizze der Zitadelle von Tiryns mit dem Grundriß der von Schliemann freigelegten Palastanlage [rechts oben]

33
Moderne Luftaufnahme von Tiryns [rechts unten]

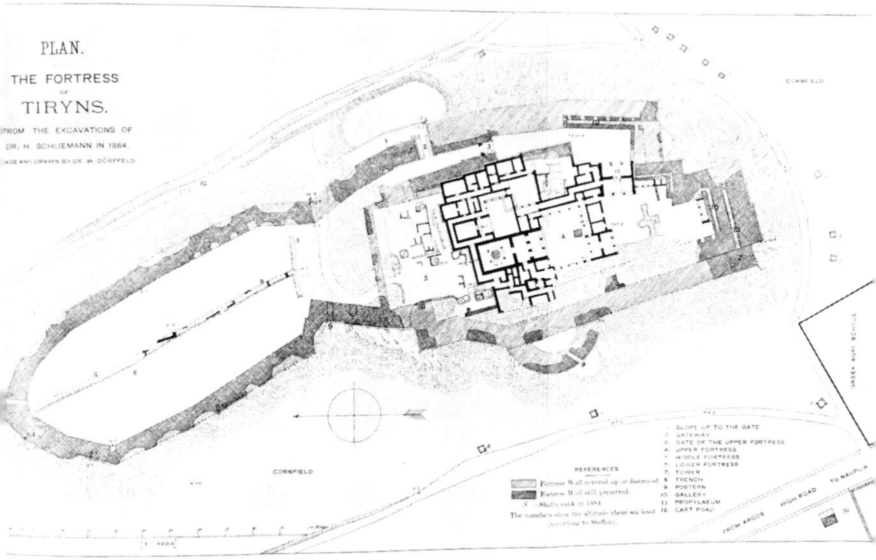
PLAN.
THE FORTRESS
OF
TIRYNS.
FROM THE EXCAVATIONS OF
DR. H. SCHLIEMANN IN 1884.
MADE AND DRAWN BY DR. W. DÖRPFELD
CORNFIELD
CORNFIELD
GREEK AGRI SCHOOL
REFERENCES
Fortress Wall covered up or destroyed
Fortress Wall still preserved.
The numbers show the altitude above sea level
1. SLOPE UP TO THE GATE
2. GATEWAY
3. GATE OF THE UPPER FORTRESS
4. UPPER FORTRESS
5. MIDDLE FORTRESS
6. LOWER FORTRESS
7. TOWER
8. TRENCH
9. POSTERN
10. GALLERY
11. PROPYLAEUM
12. CART ROAD
FROM ARGOS HIGH ROAD TO NAUPLIA

34
Rekonstruiertes Wandgemälde
aus dem Palast von Tiryns:
Jagdszene mit einem von
Hunden gehetzten Eber [oben]
35
Gang mit charakteristischem
Kragsteingewölbe, ein Teil der
mächtigen Befestigungsanlagen
von Tiryns [rechts oben]
36
Die zur oberen Plattform der
Zitadelle von Tiryns führende
Nordwestrampe mit ihren aus
rohbehauenen Steinen
errichteten kyklopischen
Mauern [rechts unten]

37

Diesen Anblick bot die Nordwestseite des Hügels Hissarlik während Schliemanns letzter Grabungskampagne (1889–1890). Nach starken Erosionserscheinungen erkennt man deutlich, daß im Verlauf der Ausgrabungsarbeiten große Teile des Trümmerhügels abgetragen worden sind [oben]

38

Trojakonferenz 1889; zweiter von links Bötticher, in der Mitte (sitzend) Schliemann, rechts hinter ihm Dörpfeld [rechts oben]

39

Schliemann und Major Bernhard Steffen bei der Besichtigung des Grabungsgeländes anläßlich der Trojakonferenz 1889 [rechts unten]

40

Folgende Doppelseite: Ausgrabung der östlichen Befestigungsanlagen Trojas, begonnen von Schliemann, fortgeführt von Dörpfeld. Vermutlich stammen die hier freigelegten Mauern aus Homerischer Zeit [links]

41

Der nordöstliche Turm der sechsten Siedlungsschicht von Troja. Dörpfeld hielt dieses gewaltige Bauwerk für einen Teil der von Homer beschriebenen Zitadelle [rechts oben]

42

Die Mauern von Troja II (auf dem Eisenbahngleis wurden die Schuttmassen abtransportiert) [rechts unten]

TROJA

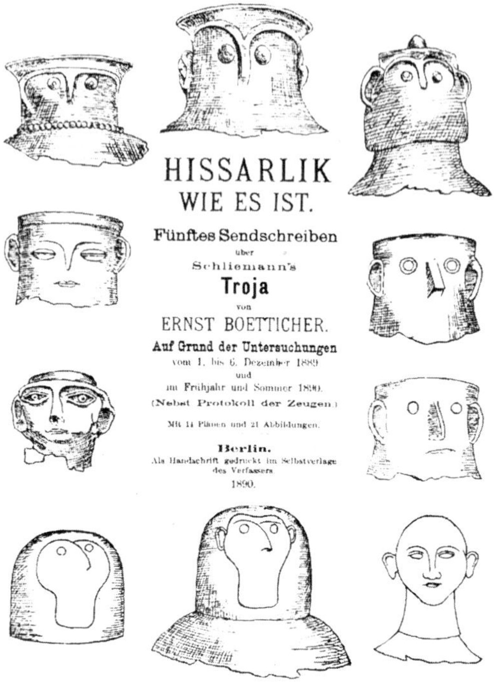

HISSARLIK
WIE ES IST.
Fünftes Sendschreiben
über
Schliemann's
Troja
von
ERNST BOETTICHER.
Auf Grund der Untersuchungen
vom 1. bis 6. Dezember 1889
und
im Frühjahr und Sommer 1890.
(Nebst Protokoll der Zeugen.)
Mit 14 Plänen und 21 Abbildungen.
Berlin.
Als Handschrift gedruckt im Selbstverlage
des Verfassers.
1890.

43
Titelblatt einer der zahlreichen Streitschriften, mit denen Hauptmann Ernst Bötticher die Ergebnisse von Schliemanns Ausgrabungsarbeit in Troja anfocht [oben]

44
Rudolf Virchow (1821–1902) [rechts oben]

45
Wilhelm Dörpfeld (1853–1940) [rechts unten]

46
Folgende Seite: Schliemann kurz vor seinem Tod im Jahre 1890 [oben]

47
Schliemanns Mausoleum in Athen. Auf den Friesen unter- und oberhalb der Schliemannbüste sind das Ehepaar Schliemann mit mehreren Arbeitern bei Ausgrabungen in Troja dargestellt [unten]

Gleichwie in den obern Schichten finde ich auch in jenen der Steinperiode viele Eberzähne, die ohne Ausnahme in letzterer alle zugespitzt sind und als Werkzeug gedient haben. Unbegreiflich ist es mir, wie die Männer der Steinperiode mit ihren unvollkommenen Waffen wilde Schweine zu erlegen imstande waren. Ihre Lanzen sind zwar – gleich fast allen anderen Waffen und Werkzeugen – aus sehr hartem schwarzen oder grünen Stein, aber doch so stumpf, daß eine wahre Riesenkraft dazu gehören mußte, um damit einen Eber zu töten ...

Meine Ansprüche sind höchst bescheiden; plastische Kunstwerke zu finden hoffe ich nicht. Der einzige Zweck meiner Ausgrabungen war ja von Anfang nur, Troja aufzufinden, über dessen Baustelle von hundert Gelehrten hundert Werke geschrieben worden sind, die aber noch niemals jemand versucht hat, durch Ausgrabungen ans Licht zu bringen. Wenn mir nun dies nicht gelingen sollte, dann würde ich doch überaus zufrieden sein, wenn es mir nur gelänge, durch meine Arbeiten bis in das tiefste Dunkel der vorhistorischen Zeit vorzudringen und die Wissenschaft zu bereichern durch die Aufdeckung einiger interessanter Seiten aus der urältesten Geschichte des großen hellenischen Volks. Die Auffindung der Steinperiode, anstatt mich zu entmutigen, hat mich daher nur noch begieriger gemacht, bis zu der Stelle vorzudringen, die von den ersten hierher gekommenen Menschen betreten worden ist, und ich will bis dahin gelangen, sollte ich selbst noch 15 Meter zu graben haben.

Auf dem Berge Hissarlik, 18. November 1871

Seit meinem Bericht vom 3. d. M. habe ich meine Ausgrabungen mit dem größten Eifer fortgesetzt, und obwohl dieselben bald durch Regen, bald durch griechische Festtage unterbrochen wurden, habe ich, ungeachtet der fortwährend wachsenden Schwierigkeiten im Fortschaffen des Schuttes, jetzt eine durchschnittliche Tiefe von 10 Meter erreicht. Vieles mir Unerklärliche ist mir seitdem klargeworden, und ich muß vor allen Dingen den in meinem letzten Bericht begangenen Irrtum berichtigen, als sei ich in die Steinperiode gekommen. Ich war irregeleitet durch die kolossale Masse von steinernen Werkzeugen aller Art, die täglich ausgegraben wurden, und durch die Abwesenheit jeder Spur von Metall, außer zwei kupfernen Nägeln, von denen ich glaubte, daß sie auf irgendeine Weise von einer obern in die tiefere Schicht der Steinperiode gekommen sein müßten. Aber schon seit dem 6 d. M. kommen nicht nur viele Nägel, sondern auch Messer, Lanzen und Streitäxte von Kupfer zum Vorschein, die so zierlich gearbeitet sind, daß nur ein zivilisiertes Volk sie hat machen können. Ich muß daher nicht nur widerrufen, daß ich schon auf die Steinperiode geraten sei, sondern ich kann nicht einmal zugeben, daß ich die Bronzeperiode erreicht habe, denn die Werkzeuge und Waffen, die ich finde, sind zu schön gearbeitet. Übrigens muß ich auf die Tatsache aufmerksam machen, daß ich, je tiefer ich von 7 Meter abwärts grabe, desto mehr Spuren höherer Zivilisation finde . . .

Wie ich zur Zeit der Abfassung meines letzten Aufsatzes steinerne und nur steinerne Werkzeuge und Waffen herauskommen sah und somit glauben mußte, ich sei in die Schuttschichten der Völker der Steinperiode vorgedrungen, da fürchtete ich wirklich schon, daß der eigentliche Zweck meiner Ausgrabungen, hier die Pergamos des Priamos zu finden, verfehlt sei, daß ich schon in die Epoche lange vor dem Trojanischen Kriege vorgedrungen, und daß die riesenmäßigen Grabhügel der Ebene von Troja vielleicht Jahrtausende älter seien als die Taten des Achilles. Da ich aber mehr und immer mehr Spuren von Zivilisation finde, je tiefer ich grabe, so bin ich jetzt vollkommen überzeugt, daß ich noch nicht bis zum Zeitalter des Trojanischen Kriegs vorgedrungen bin, und ich bin jetzt hoffnungsreicher als je zuvor, bei tieferem Graben hier die Stätte von Troja zu finden; denn wenn es jemals ein Troja gab – und mein Glaube daran steht fest – so kann es nur hier auf der Baustelle von Ilium gewesen sein . . .

Am 21. November

Der Platzregen, den wir gestern und vorgestern, auch heute morgen noch hatten, macht die Absendung dieses Berichts erst diesen Abend möglich; denn ich lebe hier in der Wildnis und acht Stunden vom nächsten Postbüro (von den Dardanellen). Hoffentlich wird der Boden bis morgen früh hinlänglich ausgetrocknet sein, um weiterarbeiten zu können. Ich beabsichtige, die Ausgrabungen jedenfalls bis zum Eintritt des Winters fortzusetzen und sie Anfang April wieder zu beginnen.

Die fortwährend warme und feuchte Witterung erzeugt viel bösartiges Fieber, und es werden täglich meine Dienste als Arzt in Anspruch genommen. Glücklicherweise habe ich einen großen Vorrat von Chinin bei mir und kann somit allen helfen ... Auch werde ich täglich belästigt, nicht nur an Menschen, sondern auch an Kamelen, Eseln und Pferden Wunden auszuheilen, und es ist mir dies bis jetzt noch in allen Fällen durch Arnikatinktur gelungen. Auch habe ich bisher noch alle Fieberkranken, die sich an mich wandten, geheilt. Bedankt aber hat sich bis heute noch niemand bei mir. In der Tat scheint die Dankbarkeit nicht zu den Tugenden der jetzigen Trojaner zu gehören ...

Auf dem Berge Hissarlik, 24. November 1871

Wie furchtbar die Schwierigkeiten der Ausgrabungen bei solchen Steinmassen sind, davon kann sich nur der einen Begriff machen, welcher der Sache mit beigewohnt und mit angesehen hat, wie lange es dauert und wie mühsam es ist - besonders bei jetzigem Regenwetter - erst um einen der vielen ungeheuern Blöcke herum die kleinern Steine herauszunehmen, darauf den Block zu untergraben, den »Bock« darunterzubringen, ihn in die Höhe zu winden und durch den Schlamm des Ausgangskanals bis an den steilen Abhang zu wälzen!

Aber die Schwierigkeiten vermehren nur mein Verlangen, das jetzt - nach so vielen Täuschungen - endlich vor mir liegende große Ziel zu erreichen und zu beweisen, daß die *Ilias* auf Tatsachen beruht und daß der großen griechischen Nation diese Krone ihres Ruhmes nicht genommen werden darf. Keine Mühe will ich sparen, keine Kosten will ich scheuen, dahin zu kommen ...

Auf dem Berge Hissarlik, 5. April 1872

Mein letzter Bericht war vom 24. November v. J., und habe ich in Gesellschaft meiner Frau am 1. d. M. 6 Uhr morgens, bei herrlichem Wetter mit 100 griechischen Arbeitern aus den benachbarten Dörfern Renkoï, Kalifatli und Jenischehir [Jeni Schehr] die Ausgrabungen fortgesetzt.[4] Herr John Latham aus Folkestone, der Direktor der vom Piräus nach Athen führenden Eisenbahn, welche unter seiner ausgezeichneten Verwaltung den Aktionären eine jährliche Dividende von 30 Prozent gibt, hatte die Güte, mir als Unteraufseher seine beiden besten Arbeiter, Theodoros Makrys aus Mitylene und Spiridion Demetrios aus Athen mitzugeben[5] ... Außerdem hatte Herr Piat, der den Bau der Eisenbahn vom Piräus nach Lamia übernommen hat, die Güte, mir seinen Ingenieur Adolphe Laurent auf einen Monat zu überlassen ... Um nun auf all und jeden Fall die trojanische Frage in diesem Jahre gründlich zu lösen, lasse ich auf der unter einem Winkel von 40 Grad schroff aufsteigenden Nordseite dieses Berges, welcher 32 Meter senkrechte Höhe hat und sich 40 Meter über dem Meere erhebt, ganz genau in einer senkrechten Tiefe von 14 Metern eine ungeheure, horizontal durch den ganzen Berg laufende Plattform graben, welche eine Breite von 70 Metern oder 233 engl. Fuß hat und meinen im vorigen Jahr gemachten Einschnitt mit einschließt. Herr Laurent berechnet die abzugrabende Schuttmasse auf 78545 Kubikmeter; dieselbe wird geringer, wenn ich den Urboden in weniger als 14 Metern Tiefe finden sollte, und sie wird größer, wenn ich die Plattform noch tiefer anlegen müßte, um ihn zu finden. Vor allen Dingen muß ich diesen Urboden erreichen, um genaue Forschungen anstellen zu können ...

Bei aller Vorsicht bin ich jedoch nicht imstande, meine Arbeiter noch mich selbst gegen die beim Abhacken der steilen Wand fortwährend herunterrollenden Steine zu schützen, und keiner von uns allen ist ohne mehrere Wunden an den Füßen.

In den ersten drei Tagen der Ausgrabungen kam beim Abgraben des Bergabhangs eine ungeheure Menge giftiger Schlangen zum Vorschein, und unter denselben besonders viele jener kleinen braunen, Antelion genannten Schlangen, die kaum dicker sind als Regenwürmer, und die ihren Namen davon haben, daß der von ihnen Gebissene nur bis zum Sonnenuntergang lebt . . .

Auf dem Berge Hissarlik, 25. April 1872

Seit meinem Bericht vom 5. d. M. habe ich die Ausgrabungen, mit durchschnittlich 120 Arbeitern, aufs eifrigste fortgesetzt. Leider aber gingen mir von diesen 20 Tagen sieben Tage durch Regenwetter und Feste und ein Tag durch Aufruhr meiner Leute verloren.

Da ich nämlich bemerkt hatte, daß die Zigaretten das Arbeiten erschweren, verbot ich das Rauchen. Es gelang mir indessen nicht, die Sache sogleich durchzusetzen, und sah ich immer noch, daß heimlich geraucht wurde. Ich wollte jedoch nicht nachgeben und ließ ausrufen, daß ich die Übertreter sofort entfernen und nie wieder annehmen würde. Darüber erzürnt, schrien die Arbeiter vom Dorfe Renkoï – ungefähr 70 an Zahl –, sie würden nicht weiterarbeiten, wenn es nicht jedem freigestellt wäre, soviel zu rauchen, als er wolle, und verließen die Plattform, indem sie die Arbeiter aus den übrigen Dörfern durch Steinwürfe hinderten, weiterzuarbeiten. Die guten Leute hatten sich nämlich eingebildet, daß ich sofort nachgeben würde, da ich gar nicht ohne sie fertig werden und außer ihnen nicht hinreichend Arbeiter erhalten könne; daß ich überdies bei dem schönen Wetter unmöglich den ganzen Tag stillsitzen würde. Sie hatten sich aber geirrt, denn ich schickte sofort meine Aufseher in die übrigen umliegenden Dörfer, und es gelang mir, zum Entsetzen der 70 Renkoïten, die die ganze Nacht vor meiner Tür gewartet hatten, ohne sie für den nächsten Morgen 120 Arbeiter zusammenzubringen.

Mein energisches Verfahren hat nun endlich die Renkoïten, von deren Frechheit ich hier bei meinen vorjährigen Ausgrabungen so viel zu leiden hatte, aufs tiefste gedemütigt und auch auf alle meine jetzigen Arbeiter einen segensreichen Einfluß gehabt, so daß es mir möglich geworden ist, nach dem Aufruhr nicht nur das Nichtrauchen streng einzuführen, sondern auch die Arbeitszeit täglich um eine Stunde zu verlängern; denn anstatt wie früher von 5.30 Uhr morgens bis 5.30 Uhr abends lasse ich jetzt stets von 5 Uhr morgens bis 6 Uhr abends arbeiten. Ich gebe aber, wie früher, um 9 Uhr morgens eine halbe und um 13.30 Uhr nachmittags eine Stunde zum Essen und Rauchen.

Nach genauer Berechnung des Ingenieurs Herrn A. Laurent habe ich in den 17 Tagen, an welchen seit dem 1. d. M. gearbeitet wurde, 8500 Kubikmeter Schutt fortgeschafft; es kommen somit 500 Kubikmeter auf jeden Tag und etwas über 4 Kubikmeter täglich auf jeden Arbeiter.

Die Plattform ist bereits 15 Meter in den Berg vorgerückt, aber zu meinem allergrößten Erstaunen habe ich bis jetzt den Urboden noch nicht erreicht ... Von 3 Meter unter der Oberfläche in allen Tiefen bis zu 10 Meter Tiefe kommen viele platte Götzenbilder von sehr feinem Marmor vor; auf vielen derselben ist ein Eulengesicht und ein Frauengürtel mit Punkten; auf einem sind außerdem noch zwei Frauenbrüste eingraviert. Die auffallende Ähnlichkeit dieser Eulengesichter mit den auf vielen Bechern und Vasen befindlichen und mit einer Art von Helm bedeckten Eulenköpfen bringt mich zur festen Überzeugung, daß alle Idole und alle behelmten Eulenköpfe auf den Bechern und Vasen eine Göttin, und zwar ein und dieselbe Göttin vorstellen müssen, um so mehr als ja sämtliche Eulengesichtsvasen zwei Frauenbrüste und einen Bauchnabel, meistenteils auch zwei emporgehobene Arme haben – einmal sieht man auf dem Bauchnabel ein Kreuz mit vier Nägeln dargestellt. Die Becher mit Eulenköpfen haben dagegen nie Brüste oder Bauchnabel; jedoch ist an einigen derselben auf der Rückseite das lange Lockenhaar einer Frau zu sehen.

Die wichtige Frage drängt sich nun auf, welche die Göttin sei, die hier so vielfältig, aber ganz allein auf den Idolen, Trinkbechern und Vasen vorkommt? Die Antwort ist: sie muß notwendigerweise die *Schutzgöttin von Troja*, sie muß die *ilische Minerva* sein, und dies stimmt ja vollkommen mit der Angabe Homers, welcher sie fortwährend die Göttin Athene mit dem Eulengesicht nennt.[6]

Von Töpferwaren kam in den letzten Wochen viel vor, aber leider mehr als die Hälfte in zerbrochenem Zustande. Von Malerei auf Terrakotten noch immer keine Spur; die meisten Gefäße haben eine einfache glänzend schwarze, gelbe, braune und die ganz großen Gefäße gewöhnlich gar keine Farbe . . .

Zu meinem Bedauern verläßt mich morgen früh der ausgezeichnete Ingenieur Adolphe Laurent, denn sein Monat ist um und er muß jetzt den Bau der Eisenbahn vom Piräus nach Lamia anfangen. Er hat mir aber einen guten Plan dieses Berges gemacht. Ich habe jedoch demselben hinzuzufügen, daß sich die Pergamos des Priamos nicht, wie aus dem Plan hervorzugehen scheint, auf diesen meistenteils künstlichen Hügel beschränkt haben kann, sondern daß sich dieselbe, wie ich schon vor vier Jahren in meinem Werke über Troja darzutun versucht habe, notwendigerweise noch eine weite Strecke nach Süden hin übers hohe Plateau ausgedehnt haben muß. Aber selbst wenn die Pergamos sich auf diesen Berg beschränkt haben sollte, so ist sie dennoch größer gewesen als die Akropolis von Athen . . .

Das auf dem Plan angegebene Haus mit drei Zimmern sowie das Magazin mit Küche habe ich erst jetzt bauen lassen, und kostet alles, inklusive Bedeckung mit wasserdichtem Filz, nur 1000 Francs, denn das Holz hier ist billig, und kauft man das Brett von 3 Meter Länge, 25 Zentimeter Breite und 1 Zoll Dicke für 2 Piaster oder 40 Centimes . . .

Morgen fängt das griechische Osterfest an, welches leider sechs Tage dauert, wo nicht gearbeitet wird. Somit kann ich die Ausgrabungen erst am 1. Mai fortsetzen . . .

Auf dem Berge Hissarlik, 23. Mai 1872

Wir hatten, heute mitgerechnet, leider wieder drei große und zwei kleine griechische Festtage, und ich habe somit eigentlich nur sieben ordentliche Arbeitstage in diesen 12 Tagen gehabt. So arm die Leute sind und so gerne sie arbeiten wollen, so sind sie doch nicht zu überreden, an den Feiertagen selbst der unbedeutendsten Heiligen zu arbeiten.

Zur Beschleunigung der Arbeiten habe ich nun 5 und 6 Meter über der großen Plattform, am Ost- und am Westende derselben, Terrassen machen und behufs Fortschaffung des Schuttes in dieser Höhe Mauern von großen Steinblöcken errichten und den Zwischenraum mit Schutt füllen lassen. Die kleinere Mauer schien mir nicht stark genug, und ich hielt die Arbeiter ferne davon; sie hielt auch den Druck nicht aus und stürzte ein, als sie kaum fertig war. Auf die größere höhere Mauer war sehr viel Mühe verwandt, sie war ausschließlich aus großen, meistenteils behauenen Steinen erbaut, und alle ... meinten, sie könne Jahrhunderte halten. Dennoch wollte ich am folgenden Tage einen Stützpfeiler von großen Steinblöcken errichten, um das Fallen der Mauer unmöglich zu machen, und es waren sechs Mann damit beschäftigt, als sie plötzlich mit donnerndem Krachen einstürzte. Mein Schreck war entsetzlich, unbeschreiblich, denn ich glaubte, die sechs Menschen wären unter der Steinmasse begraben; zu meiner übergroßen Freude aber hörte ich sogleich, daß, wie durch ein Wunder, alle gerettet waren.

Bei aller Vorsicht sind und bleiben Ausgrabungen, wo man es mit Erdwänden von 16,5 Metern senkrechter Tiefe zu tun hat, immer sehr gefährlich. Das Schreien: »Guarda, guarda!« nützt nicht immer, weil diese Worte fortwährend auf verschiedenen Seiten gerufen werden; viele Steine rollen auch von den steilen Erdwänden herab, ohne daß die Gräber es bemerken, und wenn ich den ganzen Tag lang die furchtbare Gefahr sehe, der wir alle ausgesetzt sind, so kann ich, wenn ich des Abends nach Hause komme, nicht umhin, Gott inbrünstig zu danken für den großen Segen, daß wieder ein Tag ohne Unglück hingegangen ist. Ich kann auch noch immer nicht ohne Entsetzen daran denken, was aus der Aufdeckung Iliums und was aus mir geworden wäre, wenn die sechs Mann von der fallenden Mauer zermalmt worden wären; kein Geld und keine Versprechungen hätten mich dann retten können; die armen Witwen hätten mich in ihrer Verzweiflung zerrissen, denn das haben die trojanischen Frauen mit allen Griechinnen gemeinsam, daß der Mann, mag er alt oder jung, reich oder arm sein, alles bei ihnen ist und Himmel und Erde nur von sekundärem Interesse für sie sind.

Auf der neuangelegten westlichen Terrasse, unmittelbar neben meiner vorjährigen Ausgrabung, haben wir einen Teil eines großen Gebäudes bloßgelegt, dessen Wände eine Dicke von 1 Meter 90 Zentimeter haben und aus mit Lehm verbundenen, größtenteils behauenen Muschelsteinen bestehen, die so geschickt zusammengelegt sind, daß die Wand eine glatte Fläche bildet. Ein großes Interesse gewährt es mir, von der großen Plattform aus, also in einer senkrechten Höhe von 10,5 bis 13,5 Metern dies uralte Gebäude, welches 1000 Jahre vor Christus errichtet sein mag, gleichsam in der Luft schweben zu sehen. Aber zu meinem Leidwesen muß es auf jeden Fall weggebrochen werden, um tiefer graben zu können ...

Auf dem Berge Hissarlik, 18. Juni 1872

Seit meinem Berichte vom 23. v. M. habe ich mit Einwilligung meines geehrten Freundes, des Herrn Frank Calvert, und unter der Bedingung, die zu findenden Gegenstände mit ihm zu teilen, auf dessen Hälfte dieses Berges unmittelbar neben meiner großen Plattform in 12 Metern senkrechter Tiefe unter der Bergfläche eine 31 Meter breite dritte Plattform mit einer 34 Meter breiten oberen Terrasse angelegt und lasse dort 70 Arbeiter graben ...

Kaum war diese meine dritte Plattform waagrecht in den Berg vorgerückt, so fand ich einen 2 Meter langen, 86 Zentimeter hohen und auf einer Seite 35, auf der anderen 36 Zentimeter dicken Triglyphenblock von parischem Marmor, der in der Mitte eine 88 Zentimeter lange, 82 Zentimeter hohe Skulptur in Hautrelief hat, welche den Phoebus Apollo darstellt, der in langem, mit einem Gürtel versehenen Frauengewande auf vier unsterbliche, das Weltall durcheilende Rennpferde gelehnt ist. Von einem Wagen sieht man nichts. Über dem herrlichen, wallenden, ungetrennten, aber nicht langen Haupthaar des Gottes sieht man den Rand von ungefähr zwei Drittel der Sonnenscheibe mit zehn Strahlen von 6 Zentimeter und zehn von 9 Zentimeter Länge. Das Gesicht des Gottes ist sehr ausdrucksvoll, und die Falten seines langen Gewandes sind so ausgezeichnet gearbeitet, daß sie lebhaft an die Meisterwerke im Tempel der Nike ápteros in der Akropolis von Athen erinnern. Was aber besonders meine Bewunderung erregt, sind die vier Hengste, die wild vor sich hinblickend mit unendlicher Kraft das Weltall durchschnauben und deren Anatomie so genau beobachtet ist, daß ich aufrichtig bekenne, noch nie ein solches Meisterwerk gesehen zu haben ...

Daß ich nun das Kunstwerk auf dem steilen Abhange des Berges fand, während es doch notwendigerweise auf der entgegengesetzten Seite, über dem Eingang zum Tempel, gestanden haben muß, ist nur dadurch erklärlich, daß die Türken, welche hier Grabsäulen suchten, diese Skulptur verschmähten, weil sie lebendige Geschöpfe darstellt, deren Nachahmung sehr streng im Koran verboten ist ...

Auf dem Berge Hissarlik, 13. Juli 1872

... Da ich bei der Größe meiner Ausgrabungen gar nicht imstande bin, mit weniger als 120 Mann zu arbeiten, so habe ich, der Erntezeit wegen, schon seit dem 1. Juni den Tagelohn auf 12 Piaster erhöhen müssen, und würde selbst dadurch nicht imstande gewesen sein, die nötige Zahl von Leuten zusammenzubringen, hätte nicht Herr Max Müller, der würdige deutsche Konsul in Gallipoli, die Güte gehabt, mir 40 Arbeiter von dort zu schicken.

Infolgedessen habe ich selbst in der schwersten Erntezeit immer 120 bis 130 Arbeiter gehabt, und jetzt, wo die Ernte beendigt ist, habe ich beständig 150... Außer Böcken, Ketten und Winden bestehen meine Werkzeuge aus 24 großen eisernen Hebeln, 108 Spaten und 103 Hacken, alle besten englischen Fabrikats. Es wird von Sonnenaufgang bis Sonnenuntergang eifrig gearbeitet, denn ich habe drei tüchtige Aufseher, und meine Frau und ich sind stets bei den Arbeiten.

Dennoch kann ich nicht rechnen, daß ich jetzt mehr als 300 Kubikmeter Schutt täglich fortschaffe, denn die Entfernung wird immer größer und übersteigt an mehreren Stellen schon 80 Meter, und außerdem ist auch der beständige Nordsturm, der uns den Staub fortwährend in die Augen treibt und uns blendet, bei den Arbeiten äußerst hinderlich. Dieser immerwährende Sturm erklärt sich vielleicht dadurch, daß zunächst das Meer von Marmara und dann das Schwarze Meer durch eine so verhältnismäßig enge Wasserstraße mit dem Ägäischen Meere verbunden sind. Da man aber solche fortwährenden Stürme sonst nirgends in der Welt kennt, so muß Homer in der Ebene von Troja gelebt haben, denn sonst könnte er seiner Ilios nicht das treffende Beiwort »das windige« oder »stürmische« geben, welches er sonst keinem anderen Orte gibt ...

Da in den der dunklen Nacht vorgriechischer Zeit angehörigen Trümmern jeder Gegenstand, der Spuren menschlichen Kunstsinns trägt, eine Seite der Geschichte für mich ist, so muß ich vor allen Dingen dafür sorgen, daß mir nichts entgeht, ich bezahle daher meinen Arbeitern ein Trinkgeld von 10 Para (5 Centimes) für jeden Gegenstand, der den geringsten Wert für mich hat, also auch für jedes runde Stück Terrakotta mit religiösen Symbolen. Und, wer sollte es glauben, ungeachtet der ungeheuren Masse derartiger vorkommender Stücke versuchen meine Arbeiter manchmal auf den unverzierten Stücken Verzierungen zu machen, um den Preis zu verdienen, und ist besonders die Sonne mit ihren Strahlen der Gegenstand ihres Kunstfleißes. Ich erkenne natürlich die gefälschten Symbole auf der Stelle, bestrafe auch die Fälscher immer mit einem Abzug von 2 Piastern vom Tagelohn, aber bei dem fortwährenden Wechsel der Arbeiter wird die Fälschung doch noch immer von Zeit zu Zeit versucht.

Da ich bei meinen vielen Arbeitern nicht die Namen aller meiner Arbeiter im Gedächtnis behalten kann, so nenne ich sie je nach ihrem mehr oder weniger gottesfürchtigen, militärischen oder gelehrten Aussehen: Derwisch, Mönch, Pilgrim, Korporal, Doktor, Schulmeister usw., und kaum habe ich einen solchen Namen gegeben, so wird der gute Mann von allen bei demselben genannt, solange er bei mir ist. Auf diese Weise habe ich viele Doktoren, von denen keiner lesen oder schreiben kann ...

Nächst dem unaufhörlichen, unerträglichen Sturm ist die hiesige ungeheure Menge von Insekten und Ungeziefer aller Art unsere größte Plage; besondere Angst aber haben wir vor den Skorpionen und den sogenannten Vierzigfüßlern (sarantopódia), die oft von der Decke des Zimmers auf uns oder neben uns niederfallen und deren Biß tödlich sein soll ...

Pergamos von Troja, 4. August 1872

... Auf der Südseite des Berges, wo ich wegen der Geringfügigkeit der natürlichen Senkung meinen großen Kanal mit einer Inklination von 14 Grad machen mußte, entdeckte ich in einer Entfernung von 60 Metern vom Bergabhange einen 12 Meter oder 40 Fuß dicken Turm, der mir ebenfalls den Weg versperrt und sehr lang zu sein scheint, und ich bin eifrig damit beschäftigt, rechts und links davon große Ausgrabungen zu machen, um ihn ganz ans Licht zu bringen ...

Ich glaube, daß der Turm einst an der westlichen Kante der Akropolis gestanden hat, wo seine Lage höchst interessant und imposant war und man von ihm nicht nur die ganze trojanische Ebene, sondern auch das Meer mit den Inseln Tenedos, Imbros und Samothrake überschauen konnte. Es gab und gibt auf Trojas Baustelle keine erhabenere Lage als diese, und ich vermute daher, daß er Iliums großer Turm war, auf welchen Andromache stieg, »weil sie gehört hatte, die Trojaner seien bedrängt und gewaltig sei der Achäer Obmacht«.

Nachdem dieser Turm 31 Jahrhunderte lang tief unter dem Schutt begraben war und jahrtausendelang ein Volk nach dem anderen seine Häuser und Paläste hoch über seinem Gipfel erbaut hatte, ist er jetzt wieder ans Licht gekommen und übersieht, wenn auch nicht die ganze Ebene, doch wenigstens den nördlichen Teil derselben und den Hellespont. Möge dies heilige, erhabene Denkmal von Griechenlands Heldenruhm fortan auf ewige Zeiten die Blicke der durch den Hellespont Fahrenden fesseln, möge es ein Wallfahrtsort werden für die wißbegierige Jugend aller künftigen Generationen und sie begeistern für die Wissenschaft, besonders für die herrliche griechische Sprache und Literatur; möge es die Veranlassung werden zur baldigen vollständigen Aufdeckung von Trojas Ringmauern, die notwendigerweise mit diesem Turme, höchstwahrscheinlich auch mit der auf der Nordseite von mir bloßgelegten Mauer in Verbindung stehen müssen und deren Aufdeckung jetzt sehr leicht ist.

Die Kosten von Iliums Ausgrabung sind aber zu groß für Privatvermögen, und ich hoffe, es wird sich später eine Gesellschaft bilden oder eine Regierung beschließen, meine Exkavationen fortzusetzen, damit ich zur Ausgrabung der Akropolis von Mykenä schreiten kann. Fürs erste setze ich die Ausgrabungen auf eigene Kosten fort, werde mich aber künftighin auf die allmähliche Bloßlegung der großen Ringmauern beschränken, welche jedenfalls in großer Tiefe unter der von Lysimachos erbauten Stadtmauer mehr oder weniger gut erhalten sind . . .

Schließlich schmeichle ich mir mit der Hoffnung, daß als Belohnung für meine riesenmäßigen Kosten und alle meine Entbehrungen, Drangsale und Leiden in dieser Wildnis, vor allem aber für meine wichtigen Entdeckungen die zivilisierte Welt mir das Recht zuerkennt, diese heilige Stätte umzutaufen, und im Namen des göttlichen Homer taufe ich sie mit jenen Namen unsterblichen Ruhmes, welche das Herz eines jeden mit Freude und Enthusiasmus erfüllen; ich taufe sie mit den Namen »Troja« und »Ilium«, und ich nenne »Pergamos von Troja« die Akropolis, wo ich diese Zeilen schreibe.

Pergamos von Troja, 14. August 1872

Seit meinem Bericht vom 4. d. M. habe ich die Exkavationen mit aller Energie fortgesetzt, bin nun aber gezwungen, heute abend die Arbeiten einzustellen, denn meine drei Aufseher und mein Bedienter, der auch mein Kassierer ist, haben das bösartige Sumpffieber, und meine Frau und ich sind so leidend, daß wir nicht imstande sind, den ganzen Tag in der furchtbaren Sonnenglut allein das Kommando zu führen. Wir lassen daher unsere beiden hölzernen Häuser und alle unsere Maschinen und Werkzeuge hier unter der Aufsicht eines Wächters und kehren morgen nach Athen zurück.

Wie die Bewunderer Homers bei ihrem Besuch in der Pergamos von Troja finden werden, habe ich den Turm auf der Südseite nicht nur auf die ganze Breite meines Kanals, bis auf den Felsen, auf dem er in 14 Metern Tiefe steht, freigelegt, sondern ihn auch durch meine Ausgrabungen nach Osten und Westen bedeutend weiter aufgedeckt, ohne ein Ende zu finden ...

Indem ich die Ausgrabungen für dieses Jahr einstelle, kann ich beim Rückblick auf die furchtbare Gefahr, der wir seit dem 1. April zwischen den riesigen Trümmerschichten fortwährend ausgesetzt waren, nicht umhin, Gott inbrünstig für die große Gnade zu danken, daß nicht nur niemand ums Leben gekommen, sondern daß sogar keiner von uns gefährlich verletzt worden ist.

Was nun das Resultat meiner Ausgrabungen betrifft, so wird mir jeder zugestehen, daß ich ein großes historisches Problem gelöst habe, und daß ich es gelöst habe durch die Entdeckung hoher Zivilisation und Riesenbauten auf dem Urboden, in den Tiefen einer alten Stadt, welche im ganzen Altertum Ilium hieß und sich für die Nachfolgerin Trojas ausgab und deren Baustelle von der ganzen damaligen zivilisierten Welt als identisch mit der Baustelle des homerischen Ilium angesehen wurde. Die Lage dieser Stadt entspricht nicht nur in jeder Hinsicht vollkommen allen Angaben der *Ilias,* sondern auch allen jenen der uns durch spätere Autoren bekannten Traditionen ...

VIII

Der »Schatz des Priamos«

1873

Der im Verlauf der Grabungsperiode 1872 von Schliemann wiederholt geäußerte Wunsch, eine archäologische Gesellschaft möge die kostspieligen Grabungen in Hissarlik übernehmen, löste zwar Diskussionen aus, aber niemand unterbreitete ein Angebot. Ernst Curtius bekundete im Namen der deutschen Regierung Interesse an dem Vorschlag[1], Schliemann versäumte es jedoch, die notwendigen Schritte einzuleiten, obwohl er darauf brannte, andere untergegangene Städte auszugraben. Nachdem er im ungesunden Klima der Troas, »dieser pestilenzialischen Wüste«[2], unter verschiedenen Krankheiten gelitten hatte, wurde er jetzt oft von Todesahnungen befallen. Es erging ihm in Troja ähnlich wie vor Jahren in Sacramento: Um zu überleben, wollte er es verlassen. Schließlich warteten noch viele andere Aufgaben auf ihn. Aber die Überzeugung, endlich das Troja Homers entdeckt zu haben, bewog ihn dann doch, in Hissarlik weiterzugraben.

Er tat es mit hochgespannten Erwartungen. Während der vorausgegangenen Grabungskampagne hatte er neben einem Skelett, das er als eine bei lebendigem Leib verbrannte »trojanische Frau« identifizierte, einige wertvolle Metallgegenstände entdeckt - vielleicht ein Vorzeichen dafür, daß hier noch größere Kostbarkeiten vergraben waren. Er und Sophia hatten jedenfalls das Gefühl, dicht vor einer großen Entdeckung zu stehen. Jetzt war Schliemann fester denn je überzeugt, auf der richtigen Spur zu sein. Bald würde er den Beweis dafür erbringen, daß Priamos, der - wie er sarkastisch schrieb - »mythische König einer mythischen Stadt des mythischen heroischen Zeitalters«[3] tatsächlich gelebt hatte. Dafür nahm er gern eine weitere Grabungskampagne in Hissarlik auf sich. Es war seine erklärte Absicht, den »Großen Turm« und die Ringmauer von Priams Feste völlig freizulegen.

Aber schon bahnte sich eine neue Krise an. Offenbar auf Betreiben des Direktors des Kaiserlichen Museums in Konstantinopel drohten die Behörden, Schliemann die Grabungserlaubnis zu entziehen.[4] Er sah darin natürlich einen weiteren Beweis für die Niedertracht der Türken und war keineswegs bereit, sich von ihnen schikanieren zu lassen. Kurzerhand wies er die Beschuldigung, er habe den größten Teil der Fundobjekte außer Landes geschafft, zurück, obzwar zu vermuten stand, daß die türkischen Behörden vom Abtransport der Apollotriglyphe Wind bekommen hatten und wütend waren. Aber jetzt spielte Schliemann den Beleidigten: Ständig wurde *ihm* von rachsüchtigen Beamten das Leben schwergemacht. *Er* hatte nie etwas getan, das sie gegen ihn aufbringen konnte – im Gegenteil, sie waren ihm zu Dank verpflichtet! Denn die Kunde von seinen grandiosen archäologischen Entdekkungen würde die Türkei zum Reiseziel vieler Touristen machen.

Er gab klar und deutlich zu verstehen, daß nichts ihn davon abhalten könnte, seine Mission in Troja zu erfüllen, das er mit dem Recht des Entdeckers für sich beanspruchte und das ihn im Interesse der Wissenschaft nötig habe. Unverzüglich ließ er seine Beziehungen zu wichtigen Leuten in Konstantinopel spielen und brachte eine diplomatische Kabale in Gang, die zum Erfolg führte: Zwar wurde sein Ferman nicht verlängert, aber die türkische Regierung gab ihm zu verstehen, daß er die Grabungen fortsetzen dürfe. Wie sich später erwies, war damit die Angelegenheit aber keineswegs erledigt.

Schon vor Beginn der neuen Kampagne hatten die Berichte über wichtige archäologische Funde in der Troas verschiedene Wissenschaftler zum Besuch der Grabungsstätte bewogen – eine Vorhut gewissermaßen, der eine ständig wachsende Zahl von Fachgelehrten folgte.[5] Curtius, um den sich Schliemann sehr bemühte, hatte sich bereits im Vorjahr in Hissarlik eingefunden, hielt aber nach wie vor Bunarbaschi für die Stätte des alten Troja. Schliemann bedauerte, daß Curtius nicht zugegen war, als Sir John Lubbock, der englische Bankier und Archäologe, dessen Laufbahn manche Ähnlichkeit mit seiner eigenen hatte, den geheimnisvollen Hügel besuchte und auf eigene Faust einen in der Nähe gelegenen Tumulus ausgrub. Ein weiterer Besucher war der junge Erbprinz von Sachsen-

Meiningen, der eng mit dem deutschen Kaiserhaus verwandt war und später ein guter Freund Schliemanns wurde. Anfang 1873 fanden sich Graf Ludolf, der österreichische Gesandte in Konstantinopel, und die Professoren Alexander Conze und Georg Niemann aus Wien in Hissarlik ein. Aber mit seiner bombastischen Voraussage, seine Entdeckungen würden in der gesamten zivilisierten Welt soviel Aufsehen erregen, daß Hunderttausende von Homerbewunderern zu den Überresten Trojas pilgern würden, sollte Schliemann - auch nachdem sensationelle Nachrichten über Troja bekannt wurden - nicht recht behalten.

Da er seine Ungeduld nicht bezähmen konnte, war er gemeinsam mit Sophia bereits am 31. Januar 1873 in Hissarlik eingetroffen, als von Thrakien her noch der eisige Boreas über die Dardanellen peitschte. Die Temperatur sank unter den Gefrierpunkt. Doch zum Glück wurde es nach knapp einer Woche wärmer. Schwärme von Kranichen und Störchen kündeten den Frühling an. (Die Storchennester auf den türkischen Häusern machten Schliemann jedes Frühjahr besondere Freude.) Anfang März waren auf dem Grabungsgelände hundertsechzig Arbeiter tätig. Aber noch waren das Wetter und die Stimmung der Ausgräber starken Schwankungen unterworfen. Die höchst unterschiedlichen Gegenstände, die er an ein und derselben Fundstelle entdeckte, gaben Schliemann nach wie vor Rätsel auf: Spinnwirtel, Münzen, Eulenkopfvasen, aus Stein gefertigte Waffen, Kupfergerät und andere Dinge, die unmöglich aus derselben Kulturepoche stammen konnten.

Wie stets ließ er seine Arbeiter gleichzeitig an verschiedenen Stellen graben. In seinen Berichten finden sich ziemlich verwirrende Hinweise auf die nordwestliche Ecke, den Nordabhang, den südlichen Teil, die östliche Hälfte, diese und jene Plattform, diesen und jenen Graben usw. usw. Kaum etwas spricht dafür, daß er sich in diesem Wirrwarr von Schichten und Ablagerungen, Gräben und Bodensenkungen zurecht fand, ganz zu schweigen von den bunt zusammengewürfelten Artefakten und dem Labyrinth von Mauern und Gebäudefundamenten. Es scheint eher, daß er sein Teil zu diesem Durcheinander beitrug. War er eben noch mit dem griechischen Athene-Tempel beschäftigt, so nahm er sich im nächsten Moment die Mauern des Lysimachos vor, nur um sich kurz darauf den Fragmenten der »Homerischen« Mauer zu widmen oder sich irgendwo weiter oben oder unten mit einer anderen Siedlungsschicht zu befassen. Über die Reihenfolge der Schichten war er sich noch immer nicht klar. Er verzettelte seine Hilfskräfte und seine eigene Arbeitskraft. Weil er zuviel auf einmal tun wollte, entging ihm vieles - zum Beispiel, daß seine Arbeiter wertvolle Gegenstände ausgegraben und fortgeschafft hatten. Und er glaubte noch immer, das Troja der *Ilias* sei identisch mit der ältesten, auf dem Urboden errichteten Siedlung.

Im weiteren Verlauf der Kampagne machte er erstaunliche Funde. Seiner Überzeugung nach waren fast alle dem Troja der Homerischen Helden zuzuordnen - insbesondere freigelegte Teile uralter Ringmauern, ein dem Athenekult zugeschriebener Opferaltar, eine gepflasterte Straße (Rampe), die - wie Schliemann richtig vermutete - zu einem Stadttor führte (das natürlich nur das »Skäische Tor« sein konnte!), sowie ein nicht sonderlich eindrucksvolles Haus mit nur wenigen kleinen Räumen, das er trotzdem sofort als den Palast des Priamos bezeichnete.

Beim Ausgraben der Rampe ergriff Schliemann eine höchst ungewöhnliche Vorsichtsmaßnahme: Da er befürchtete, die Dorfbewohner würden dieses gut erhaltene Bauwerk zerstören, um die Pflastersteine zur eigenen Verwendung fortzuschaffen, erklärte er, Jesus Christus sei diesen Weg hinaufgestiegen, als er König Priamos einen Besuch abstattete. Und um mögliche Plünderer, ob griechisch-orthodoxen oder islamischen Glaubens, abzuschrecken, brachte er auf der Rampe ein Christusbild an.

Angesichts dieser Fülle von wertvollen Überresten aus der Homerischen Epoche hielt er seine Mission für nahezu erfüllt. In einem Brief an seinen Sohn Sergej zog er am

30. Mai 1873 die Bilanz seiner dreijährigen Arbeit: »... die Hälfte der uralten Stadt und die meisten, wenn nicht alle, Denkmäler unsterblichen Ruhms haben wir aufgedeckt, 250000 Kubikmeter Schutt haben wir weggeschleppt und ein schönes Museum von höchst merkwürdigen, noch nie gesehenen Altertümern haben wir uns in den Tiefen Iliums gesammelt. Jetzt sind wir aber müde, und da wir unser Ziel erreicht und die große Idee unseres Lebens realisiert haben, so stellen wir die Ausgrabungen hier in Troja am 15. Juni für immer ein ...«[6]

Schon seit einiger Zeit hatte sich Schliemann mit dem Gedanken getragen, ein Buch zu schreiben, in dem er der Welt von seinen Ideen berichten und die Anstrengungen schildern wollte, die es gekostet hatte, das Troja der *Ilias* zu entdecken. Er hatte bereits mit dem Verlag Brockhaus in Leipzig Kontakt aufgenommen, der sich bereit erklärte, das Buch herauszubringen. Es sollte zahlreiche Illustrationen (Stiche und Holzschnitte) von Artefakten enthalten, basierend auf einer Sammlung von über zehntausend Bildern, die ein Berufsfotograf aufgenommen hatte. Außerdem sollte es durch einen Bildatlas ergänzt werden. Ein Vorausexemplar seines Manuskripts hatte Schliemann bereits von Athen aus nach Leipzig gesandt. Im März 1873 teilte er dem Verleger von Troja aus mit, daß es ihm zwar nicht an Themen, leider aber an Zeit mangle, um das Manuskript zu vervollständigen. Gleichzeitig versicherte er ihm (vermutlich um sich für die Uneinheitlichkeit des Werkes, die Brockhaus beanstandet hatte, zu entschuldigen): »Ich habe keine literarischen Pläne, mein einziger Wunsch ist, daß die Sache allgemein bekannt wird, die falschen Theorien zerstört und allgemeinen Enthusiasmus für Ilium hervorruft.«[7] Außerdem berichtete er dem Verleger über den freigelegten hellenistisch-römischen Athene-Tempel und die darin entdeckten griechischen Inschriften. Im Verlauf der Grabungskampagne schrieb er weitere Briefe an Brockhaus, in denen er ihn von neuen wichtigen Funden in Kenntnis setzte. Und im Frühsommer konnte er ihm von einem unerwarteten Glücksfall berichten, der seine trojanische Saga um ein dramatisches Kapitel bereichern sollte und geeignet war, dem Verleger den Mund wässerig zu machen. Im Mai hatte sich Sophia, die nach Athen zu ihrem im Sterben liegenden Vater gereist war, auf die dringende Bitte ihres Mannes schleunigst wieder in Hissarlik eingefunden - genau im richtigen Moment.

Bis heute war es nicht möglich, das genaue Datum zu ermitteln, an dem die goldenen Kostbarkeiten ans Licht kamen, die Schliemann als »Schatz« (oft auch als »Schatz des Priamos«) zu bezeichnen pflegte. Auch die genaue Fundstelle ist bisher nicht bekannt.[8] Die zahlreichen Berichte Schliemanns geben darüber keine eindeutige Auskunft. In seinem 1884 erschienenen Buch *Troja* distanzierte er sich sogar von den Angaben, die er in *Trojanische Alterthümer* zu diesem Punkt gemacht hatte. Auch daß er für Datenangaben sowohl den westlichen als auch östliche Kalender benützte, trägt zur allgemeinen Verwirrung bei. Es gilt jedoch als ziemlich sicher, daß er die große Entdeckung Ende Mai oder Anfang Juni, zwischen acht und neun Uhr morgens, machte - also wenige Tage vor dem geplanten Abschluß der Grabungskampagne 1873. Die Fundstelle lag nordwestlich des »Skäischen Tores«, an oder nahe der großen Ringmauer (möglicherweise in einer Mauernische), vielleicht aber auch innerhalb des »Königspalastes«. Es ist durchaus denkbar, daß Schliemann sie nicht genau bezeichnen wollte, um für den Fall, daß dort weitere Kostbarkeiten begraben lagen, der einzige zu sein, der die Stelle kannte. Auf der in *Ilios* (1881) enthaltenen Landkarte Emile Burnoufs markiert ein Dreieck den vermutlichen Fundort.

Für Schliemann war dieser fabelhafte Schatz der endgültige Beweis: Ein derart kostbarer Fund konnte nur aus König Priamos' Besitz stammen. Hier war die Bestätigung dafür, daß die trojanischen Goldschätze, von denen Homer berichtete, tatsächlich existiert hatten. Außerdem war Schliemann, wie er wiederholt erklärte, der festen Überzeugung, daß diese Kostbarkeiten einst hastig zusammengerafft worden waren (obwohl sie in Wirklichkeit eher von sorgfältiger Auswahl zeugen), woraus er schloß, daß ein

Mitglied oder ein treuer Diener der königlichen Familie versucht hatte, den Schatz aus der brennenden Stadt zu retten, aber auf der Flucht umgekommen war. Die schimmernden Kostbarkeiten - allein den Goldwert schätzte Schliemann auf über eine Million Francs - entsprachen den Beschreibungen, die Homer von trojanischen Schmuckstücken und Gebrauchsgegenständen gab.

Heute wissen wir, daß alle diese Gegenstände rund ein Jahrtausend älter sind als Schliemann glaubte, und daß sie, bei aller Kostbarkeit, die eher schlichte Formgebung und Handwerkskunst der frühen Bronzezeit aufweisen. Vergleichbare Einzelfunde (ja auch ganze Schätze) wurden später nicht nur in Troja, sondern auch auf anderen kleinasiatischen Grabungsstätten (etwa im nahe der Troas gelegenen Dorak) und auf ägäischen Inseln (Polióchni auf Lemnos, Thermi auf Lesbos) entdeckt.[9] Einige der Vasen und Trinkgefäße (beispielsweise die berühmte zweischnäblige »Saucière«) ähneln Artefakten aus der Kupfer- und Bronzezeit, die auf dem griechischen Festland ausgegraben wurden, und könnten von dort oder von den Inseln nach Troja gebracht worden sein. Andere Fundobjekte stehen allem Anschein nach in Beziehung zu Zentralanatolien (etwa zu Alaça Hüyük an der Biegung des Flusses Halys) und zu prähistorischen cyprischen Kulturen, deren kostbare Relikte vorwiegend in Gräbern gefunden wurden. Die beiden anmutigen Diademe und eine Filigranarbeit erinnern an Schmuckstücke aus Mesopotamien. Alles in allem deuten diese Fundobjekte darauf hin, daß bereits in dieser frühen Epoche viele verschiedene Kulturen auf den ostmediterranen Raum ausgestrahlt haben. Wo die Gegenstände angefertigt wurden, läßt sich nicht mit Sicherheit feststellen. Es scheint jedoch zweifelhaft, daß sie Handwerksarbeiten aus Troja selbst sind. Einige Fachwissenschaftler schließen die Möglichkeit nicht aus, daß es sich um »Piratenbeute« handelt.

Es wäre sicher ungerecht, wollte man Schliemann, der Pionierarbeit für die Archäologie leistete, als bloßen Goldsucher bezeichnen. Auch streng wissenschaftlich arbeitenden modernen Archäologen macht es Freude, kostbare, schöngearbeitete Gegenstände aus dunkler Vergangenheit ans Licht zu bringen. Aber es kann nicht bestritten werden, daß Schliemann über seinen Fund nicht nur hochbeglückt war, sondern auch dessen rein materiellen Wert zu schätzen wußte und sich (obwohl er und andere beteuerten, ihm habe jede Gewinnsucht ferngelegen) ernstlich mit dem Gedanken trug, den Schatz zu verkaufen. Zugleich muß aber auch gesagt werden, daß Experten und Laien sich verständlicherweise immer wieder in Bann ziehen lassen von uralten goldenen Fundobjekten und von den ästhetischen, sinnlichen und fast mystischen Assoziationen, die sie auslösen. Kostbare Gegenstände lassen uns den Kunstsinn wie auch die religiösen Gefühle alter Völker erahnen; von solchen Dingen fasziniert zu sein, ist ein Urelement der Kultur.

Schliemann hielt Artefakte aus Gold und anderen Edelmetallen sowie Juwelen offenbar für untrügliche Kennzeichen großer prähistorischer Kulturen. Kostbare Idole und Gebrauchsgegenstände waren für ihn der Inbegriff der Pracht und Herrlichkeit versunkener Epochen. Es war nicht zuletzt der Gedanke an Gold – wenn auch nicht unbedingt an dessen Eigenwert –, der ihn bewog, Grabungen in Mykene, Orchomenos und Tiryns durchzuführen und in späteren Jahren nach Troja zurückzukehren. Es ist sicher nicht falsch, zu behaupten, daß die Archäologie des neunzehnten Jahrhunderts solcher spektakulärer Funde bedurfte, um sich das Interesse und den Respekt einer breiten Öffentlichkeit zu sichern. Wären solche Funde nicht gemacht worden, hätten vermutlich sehr viel weniger Menschen Schliemanns Anspruch, der Entdecker der Paläste, Zitadellen, Gräber und Besitztümer der Homerischen Helden zu sein, ernstgenommen. Es gab allerdings eine ganze Reihe von Wissenschaftlern und praktizierenden Archäologen, die sich von dem Goldfund nicht blenden ließen. Vor allem in Deutschland blieben viele Experten skeptisch. Schliemann hielt das für blanken Neid. Auf sachliche Debatten ließ er sich nur selten ein.

Die Frage, ob er berechtigt war, diesen Goldschatz zu behalten, scheint ihn nie sonderlich gekümmert zu haben. Trotz der vertraglichen Verpflichtungen, die er eingegangen war, nahm er die Faustregel, daß die Beute dem gehört, der sie entdeckt, für sich in Anspruch. Hätte ihm jemand erklärt, auch dieser Fund gehöre zum nationalen Erbe des türkischen Volkes, so hätte er diese Auffassung für lachhaft gehalten - ungeachtet der Tatsache, daß das neugegründete Kaiserliche Museum in Konstantinopel sich die Bewahrung dieses Erbes zur Aufgabe gemacht hatte.[10] Ebensowenig scherte er sich darum, daß die Türken bereits über den illegalen Abtransport des Apolloreliefs erbost waren. Was die in seinem Ferman enthaltenen Bestimmungen betraf, so führte er alle möglichen Argumente ins Feld, um zu beweisen, daß nicht er, sondern die Türkei gegen das Gesetz verstoßen habe. Wenn er die Verfügungen dieser hinterhältigen Orientalen umging, so erwies er doch nur der Wissenschaft einen Dienst und trug dazu bei, wertvolle Gegenstände aus dem alten Troja für künftige Generationen zu bewahren! (Das häufig zugunsten Schliemanns vorgebrachte Argument: »Andere haben es genauso gemacht!« ist zwar historisch belegbar, aber moralisch untragbar.)

Das größte Problem, das er nach der großen Entdeckung zu bewältigen hatte, war also heikel, aber (für ihn) keineswegs neu: Der Schatz mußte außer Landes gebracht werden. Wie Schliemann das bewerkstelligte, ist nie genau bekannt geworden. Der wahrscheinlich erste Hinweis darauf, daß er einen fabelhaften Fund gemacht hatte, ist in einem vorsichtig formulierten Brief enthalten, den er, zusammen mit einigen Gepäckstücken, an Calverts Bruder Frederic nach Thymbria schickte, wo sich der Wohnsitz der Familie befand. Möglicherweise verfaßte er diesen Brief am Tag der großen Entdeckung: Aus der Datumsangabe geht hervor, daß seit dem Schreiben, in dem er seinen Sohn Sergej über den geplanten Abschluß der Grabungskampagne informiert hatte, nur ein Tag vergangen war (vorausgesetzt allerdings, daß er beide Briefe nach demselben Kalender datierte). »Ich muß Ihnen leider mitteilen«, schrieb er an Frederic Calvert, »daß ich scharf bewacht werde und damit rechne, daß der türkische Aufpasser, der aus unerfindlichen Gründen über mich erbost ist, morgen mein Haus durchsuchen wird. Ich erlaube mir daher, sechs Körbe und einen Beutel bei Ihnen zu deponieren, mit der Bitte, sie freundlicherweise einschließen zu wollen und den Türken unter keinen Umständen zu gestatten, sie anzurühren . . .«[11] Zweifellos enthielt die Sendung den Goldschatz, der sich schon wenige Tage später auf dem Weg nach Griechenland befand. Schliemann, mißtrauisch wie er war, informierte nicht einmal die Calverts über den Inhalt der Gepäckstücke.

Jetzt hatte es das Ehepaar Schliemann sehr eilig, nach Athen zurückzukehren. Es galt, dem Zorn der Türken rechtzeitig zu entkommen. An Schröder & Co. in London schrieb Schliemann kurz und bündig: »Meine Hoffnungen sind übertroffen, meine Mission ist erfüllt, und ich reise in acht Tagen für immer von Troja ab.«[12] Am 17. Juni verließen sie Hissarlik. Nach Schliemanns Überzeugung waren die Arbeiten dort beendet und alle wichtigen Probleme geklärt. Die mühsame dreijährige Kampagne war mit glänzendem Erfolg abgeschlossen worden.

Und dennoch – als er im Augenblick seines größten Triumphes über die Ergebnisse nachdachte, konnte er nicht umhin, in seinem abschließenden Grabungsbericht einzuräumen, daß das von ihm freigelegte Troja nicht ganz seinen Erwartungen entspreche. Nicht, daß er auch nur im geringsten daran gezweifelt hätte, das echte und einzige Troja entdeckt zu haben; aber er mußte sich, auch wenn es ihm schwerfiel, eingestehen, daß Homer eben doch kein Historiker, sondern ein Dichter war, der mindestens dreihundert Jahre nach dem Trojanischen Krieg gelebt hatte. Ihm, dem Rhapsoden, mußte man eben dichterische Freiheit und – als geistigem Ahnherrn Heinrich Schliemanns – das Recht auf Übertreibung zubilligen. Von den Kritikern, die Schliemann wegen ihrer Skepsis mit ätzendem Spott übergoß, hätte er das alles schon vorher erfahren können.

Sie hatten für diesen Sachverhalt eine weitaus prägnantere Formulierung gefunden, als sie erklärten, Homer habe wenig vom Homerischen Zeitalter gewußt.

Aber so weit wollte Schliemann natürlich nicht gehen. (Das wollen auch die meisten modernen Homerforscher nicht, die bis heute nicht aufgehört haben, die »Homerische Frage« zu diskutieren.) Er war sogar bereit, eine Kehrtwendung zu machen (was er später auch tat), sobald er auf irgend etwas stoßen würde, das es ihm ermöglichte, Troja wieder in der alten Pracht und Herrlichkeit erstehen zu lassen. Zunächst aber zog er es vor, die Widersprüchlichkeiten in seinen Aufzeichnungen lakonisch-freimütig damit zu erklären, daß er einige Ansichten, die er früher vertreten habe, aufgeben mußte. Aber seine Homergläubigkeit verlor er trotzdem nicht. Seine Ausgrabungen, so konstatierte er, hätten den Beweis für die Existenz Trojas erbracht und damit ihren Zweck erfüllt. Das Skäische Tor, der Große Turm und Priams Palast bewiesen, daß die großen Heldenepen auf historischen Ereignissen basierten. Er war stolz darauf, das »größte und wichtigste aller historischen Rätsel« gelöst zu haben.[13]

Ein bedeutsamer Fund

Aus *Trojanische Alterthümer* und *Ilios*

Pergamos von Troja, den 22. Februar 1873

Ich kehrte am 31. Januar mit meiner Frau hierher zurück, um die Ausgrabungen fortzusetzen, wurde aber bald durch griechische Festtage, bald durch furchtbare Gewitterregen, bald durch grimmige Kälte gestört und kann kaum rechnen, daß ich bis heute mehr als acht gute Arbeitstage gehabt habe.

Ich hatte mir hier neben meinen beiden hölzernen Häusern letzten Herbst aus Steinen alter trojanischer Bauten ein Haus mit 60 Zentimeter dicken Wänden bauen lassen, wurde aber gezwungen, dasselbe meinen Aufsehern zu überlassen, welche nicht hinlänglich mit Kleidern und Decken versorgt waren und daher bei der großen Kälte umgekommen sein würden. Meine arme Frau und ich haben infolgedessen viel leiden müssen, denn der eisige Nordwind blies mit Ungestüm durch die Fugen unserer Bretterwände, so daß wir nicht einmal imstande waren, des Abends Licht anzuzünden; und obgleich wir Feuer im Kamin hatten, so zeigte dennoch das Thermometer 4 Grad Réaumur Kälte in den Stuben, und das Wasser gefror zu Klumpen neben dem Kamin. Den Tag über konnten wir die Kälte noch einigermaßen ertragen, indem wir in den Ausgrabungen mitarbeiteten, des Abends aber hatten wir weiter nichts als unseren Enthusiasmus für das große Werk der Aufdeckung Trojas, um uns zu erwärmen. Glücklicherweise dauerte die große Kälte nur vom 16. bis 19. d. M., und haben wir seitdem herrliches Wetter . . .

Ich habe auch einen Maler mitgenommen, um die gefundenen Gegenstände immer sogleich mit chinesischer Tinte abzeichnen und die Zeichnungen in Athen durch Photographen vervielfältigen zu lassen. Auf diese Weise ist es mir aber nicht mehr möglich, wie früher die Gegenstände jeder Tiefe auf besondern Tafeln zu geben; die in den verschiedenen Tiefen gefundenen Sachen sind jetzt durcheinandergemischt, jedoch ist bei einer jeden außer der Nummer des Katalogs genau die Tiefe in Metern sowie das Größenverhältnis angegeben . . .[1]

Ich habe die Stelle auf der Nordseite des Berges . . . in einer Entfernung von 40 Meter vom Bergabhange, in einer Tiefe von $15^1/_2$ Meter . . . von zwei Seiten gleichzeitig in fünf Terrassen in Angriff genommen und lasse den Schutt mit mancarts und Schiebkarren fortschaffen. Dieser Schutt besteht in der nordöstlichen Ausgrabung, von der Oberfläche bis zu 3 Meter Tiefe, aus mit schwarzer Erde vermengten Marmorsplittern, und finde ich darin gar viele große, herrlich skulptierte Marmorblöcke, welche offenbar von dem auf der Stelle befindlichen Tempel aus der Zeit des Lysimachos herrühren, aber durchaus weiter keinen Wert für die Wissenschaft haben . . .

Die andere Ausgrabung, um die vermeinte Baustelle des uralten Minervatempels zu erreichen, geschieht am Ostende meiner großen Plattform, auf welche ich wiederum den größten Teil des dort jetzt abgegrabenen Schuttes werfen lasse, weil mir dessen Fortschaffung außerhalb derselben zu ungeheuere Schwierigkeiten machen würde. Ich habe dieser Ausgrabung nur vorläufig eine Breite von 13 Metern gegeben, beabsichtige aber sie zu erweitern, sobald ich darin irgendeinen Nutzen für die Wissenschaft sehe. In der untern Terrasse dieser Ausgrabung finde ich die Fortsetzung jener trojanischen Mauer der mehr östlichen Ausgrabung. Diese Mauer hat nur eine Höhe von 1 Meter, aber die unter ihr liegenden Steine scheinen keinen Zweifel übrig zu lassen, daß sie einst viel höher gewesen ist. Merkwürdigerweise erkenne ich, und erkennt jeder Besucher der Troade mit mir, die Fortsetzung dieser Mauer auch an beiden Seiten meines großen Durchstichs durch den ganzen Berg, links und rechts am Eingange desselben, in 12 Meter Tiefe ...

Unter den in dieser Ausgrabung entdeckten interessanten Gegenständen muß ich besonders hervorheben einen in 7 Meter Tiefe gefundenen glänzend roten Hippopotamos von Terrakotta; er ist hohl, hat eine Röhre an der linken Seite und mag daher als Gefäß gedient haben. Das Vorhandensein der Gestalt des Hippopotamos hier in 7 Meter Tiefe ist höchst merkwürdig, ja wunderbar, denn dieses Tier kommt bekanntlich nicht einmal in Oberägypten, und nur in den Flüssen des Innern von Afrika vor. Es ist jedoch wahrscheinlich, daß es im Altertume Hippopotamoi in Oberägypten gab, denn nach Herodot wurden sie in der ägyptischen Stadt Papremites als heilige Tiere verehrt. Jedenfalls muß daher Troja mit Ägypten in Handelsverbindung gestanden haben; aber selbst dann bleibt es ein Rätsel, wie das Tier hier so bekannt war, daß es in Ton, vollkommen der Natur getreu, nachgebildet werden konnte ...

Gleichzeitig mit diesen Ausgrabungen ließ ich auch 22 Arbeiter an der Südostecke der Akropolis in nordwestlicher Richtung graben, um zu versuchen, von dieser Seite den großen Turm weiter bloßzulegen, was mir von meinem großen Durchstich aus durchaus unmöglich geworden ist ...

Pergamos von Troja, 15. März 1873

Seit meinem Bericht vom 1. d. M. habe ich bei herrlichem Wetter und einem Überfluß an Arbeitern die Ausgrabungen mit großem Eifer fortgesetzt ... Die Blätter der Bäume fangen jetzt an hervorzubrechen, während die trojanische Ebene bereits mit Frühlingsblumen bedeckt ist ... Zu den Unannehmlichkeiten des Lebens in dieser Wildnis gehört das entsetzliche Geschrei der in den Löchern der Wände meiner Ausgrabungen nistenden unzähligen Eulen; dies Geschrei hat etwas Geheimnisvolles und Grauenhaftes und ist besonders in der Nacht unerträglich.

Auf der Baustelle des [griechischen oder makedonischen] Minervatempels habe ich die Ausgrabung mit größter Energie fortgesetzt ... Da sich der im vorigen Jahr teilweise von mir bloßgelegte große Turm in großer Tiefe gerade unter dem Tempel hinzieht und ich denselben auf jeden Fall in seiner ganzen Ausdehnung bloßzulegen wünsche, so lasse ich nur die Reste der nördlichen und südlichen Tempelmauern stehen und sonst alles wegbrechen ... Bis zu der jetzt erreichten Tiefe von 4½ Meter unterhalb der Oberfläche, somit 2½ bis 3 Meter unterhalb der Fundamente des Minervatempels, finde ich nichts als gelbe Holzasche und in derselben eine kolossale Menge ungeheuerer, 1 bis 2 Meter langer, unten spitz zulaufender irdener Behälter *(pithoi)*, die nicht nur als Wein- und Wasserbehälter, sondern auch als Keller zur Aufbewahrung von Speisen gedient haben müssen, da es keine gemauerten Keller gab ...

Kupferne Münzen von Ilium und Alexandria-Troas, und römische von Augustus bis zu Konstantin dem Großen, besonders von letzterm, finde ich sehr viele unmittelbar unter der Oberfläche und höchstens bis zu 1 Meter Tiefe. Eisen kommt gar nicht, nicht einmal im Tempel, vor, dagegen viele kupferne Nägel, von denen ich aber anfange zu glauben, daß sie gar nicht zum Einschlagen in Holz gebraucht sein können, denn dazu scheinen sie mir entschieden zu lang und dünn zu sein ...

Die vielen Tausende von Steinen, die ich aus den Tiefen Iliums wälze, haben den Bewohnern der umliegenden Dörfer zu Bauten Veranlassung gegeben, die für die Bewohner der Wildnis großartig zu nennen sind. So wird jetzt unter anderem mit meinen ilischen Steinen eine Moschee und ein Minarett im elenden türkischen Dorfe Tschiplak und ein Kirchturm im christlichen Dorfe Yenischehir [Jeni Schehr] gebaut. Eine Menge mit Ochsen bespannter zweiräderiger Karren steht immer bei meinen Ausgrabungen bereit, um die irgendwie brauchbaren Steine in Empfang zu nehmen, sobald ich sie auf die Bergfläche geschafft habe, aber die Frömmigkeit der guten Leute geht nicht so weit, mir bei dieser furchtbaren Arbeit zu helfen und mich somit zu verhindern, die großen, herrlich behauenen Blöcke zur bequemern Fortschaffung zu zerschlagen.

Obgleich der Frühling nur eben erst anfängt, so herrscht hier doch infolge des milden Winters schon viel bösartiges Fieber, und wird mein Vorrat von Chinin täglich von den armen Leuten der Umgebung stark in Anspruch genommen.

Den Tagelohn habe ich mich genötigt gesehen, schon vor acht Tagen auf 10 Piaster oder 2 Francs zu erhöhen ...

Pergamos von Troja, 29. März 1873

... Das Leben in dieser Wildnis ist nicht ohne Gefahr, und es hätte z. B. diese Nacht sehr wenig daran gefehlt, so wären meine Frau und ich, sowie der Aufseher Photidas, welcher im Nebenzimmer schläft, lebendig verbrannt. Wir hatten uns in der Schlafstube an der Nordseite des hölzernen Hauses, welches wir bewohnen, einen kleinen Kamin machen lassen und wegen der seit sechs Tagen wieder eingetretenen entsetzlichen Kälte täglich Feuer darin angezündet; aber die Steine des Kamins ruhten bloß auf den Brettern des Fußbodens, welcher, sei es durch einen Riß in dem die Steine zusammenhaltenden Lehm oder sonstwie, Feuer gefaßt hatte und auf einer Fläche von 2 Meter Länge und 1 Meter Breite brannte, als ich diesen Morgen um 3 Uhr zufällig aufwachte. Die Stube war mit dickem Qualm gefüllt und schon fing die nördliche Bretterwand an zu brennen; wenige Sekunden hätten hingereicht, ein Loch hineinzubrennen, und dann wäre das ganze Haus in weniger als einer Minute aufgebrannt, denn ein furchtbarer Nordsturm blies von dieser Seite. Trotz meines Schreckens verlor ich nicht die Geistesgegenwart, goß den Badeeimer auf die brennende Nordwand und tat somit dem Feuer in dieser Richtung augenblicklich Einhalt. Durch unser vereintes Geschrei wurde Photidas geweckt, welcher die übrigen Aufseher aus dem steinernen Haus herbeirief; in aller Eile wurden Schwerhämmer, eiserne Hebel und Hacken herbeigeholt; hier wurde der Fußboden zerschlagen, dort aufgebrochen und Massen von nasser Erde daraufgeworfen, um das Feuer zu löschen, denn Wasser fehlte gänzlich. Da aber die untern Balken an mehreren Stellen brannten, so dauerte es eine Viertelstunde, bis wir des Feuers Herr werden konnten und jede Gefahr vorbei war.

Pergamos von Troja, 5. April 1873

Bei einem für die Arbeiter günstigen, kalten aber herrlichen Frühlingswetter habe ich diese Woche mit durchschnittlich 150 Arbeitern die Ausgrabungen mit größtem Eifer und gutem Erfolge fortgesetzt.

Der interessanteste seit drei Jahren hier von mir entdeckte Gegenstand ist jedenfalls ein in dieser Woche in 7 und 8 Meter Tiefe auf dem großen Turm, gerade unterhalb des griechischen Minervatempels, ans Licht gebrachtes Haus, von dem bis jetzt acht Zimmer freigelegt sind. Die Wände desselben bestehen aus kleinen, mit Erde zusammengesetzten Steinen und scheinen verschiedenen Zeitabschnitten anzugehören ...

Auf der Ostseite des Hauses ist ein Opferaltar sehr primitiver Art, der nach Nordwest gewandt ist und aus einer 1 Meter 63 Zentimeter langen, 1 Meter 65 Zentimeter breiten Platte von Granitschiefer besteht, auf deren Ende ein 55 Zentimeter hoher, 53 Zentimeter breiter Stein gleicher Art gestellt ist, dessen oberer Teil in Gestalt eines Halbmondes ausgeschnitten ist, wahrscheinlich um die Opfertiere darauf zu schlachten. 1 Meter 20 Zentimeter unterhalb des Opferaltars sieht man einen aus grünen Schieferplatten gemachten Kanal, der wahrscheinlich zum Abfluß des Blutes gedient hat ... Ich lasse den Altar natürlich in situ, damit sich die Besucher der Troade durch die Beschaffenheit seines Piedestals und des Schuttes der Erdwand, neben welcher er steht, von der Richtigkeit aller dieser Angaben überzeugen können, die sonst zu fabelhaft klingen möchten. Die merkwürdige Unterlage dieses Opferaltars, der sonderbare Schutt, in welchem er begraben war, die Erhaltung des augenscheinlich ausgebrannten großen Hauses, dessen in verschiedenen Zeitabschnitten gebaute Wände, endlich die Füllung der Räume desselben mit so verschiedenartigem Schutt und mit kolossalen pithoi - alles dieses sind für mich Rätsel; ich beschränke mich daher nur darauf, die Tatsachen zu konstatieren und enthalte mich, irgendeine Vermutung auszusprechen ...

Pergamos von Troja, 16. April 1873

Seit meinem Bericht vom 5. d. M. habe ich durchschnittlich 160 Arbeiter gehabt und viele wunderbare Dinge ans Licht gebracht, unter welchen ich besonders hervorheben kann eine unmittelbar neben meinem Hause in 9 Meter 20 Zentimeter Tiefe im großen Turm entdeckte 5 Meter 20 Zentimeter breite Straße der Pergamos, welche mit dicken, 1 Meter 18 Zentimeter bis 1 Meter 50 Zentimeter langen und 89 Zentimeter bis 1 Meter 34 Zentimeter breiten Steinplatten gepflastert ist. Dieselbe läuft genau in südwestlicher Richtung sehr steil nach der Ebene ab; ich habe aber bis jetzt nur erst eine Strecke von 10 Meter oder $33^1/_3$ Fuß von ihr bloßlegen können. Sie führt ohne allen Zweifel zum Skäischen Tor, dessen Stelle durch ihre Richtung und durch die Bildung des Bodens genau an der Westseite am Fuße der Anhöhe bezeichnet zu sein scheint und nicht mehr als 150 Meter vom Turm entfernt sein kann ...

Diese herrlich gepflasterte Straße führt mich zur Vermutung, daß ein vornehmes Gebäude sich in geringer Entfernung oberhalb derselben, an der Nordostseite, befunden haben muß, und ich habe daher, als sie vor sieben Tagen entdeckt wurde, sofort 100 Mann angestellt, das nordöstlich vor derselben liegende Terrain bis 10 Meter Tiefe abzugraben ... Um aus dieser Ausgrabung den größtmöglichen Nutzen für die Wissenschaft ziehen zu können, lasse ich die Erdwände senkrecht machen, wie ich es übrigens auch in fast allen meinen übrigen Einschnitten getan habe. Da ich gleichzeitig von oben und von unten an der Fortschaffung dieses riesigen Erdklotzes arbeiten lasse, so hoffe ich bestimmt, in 20 Arbeitstagen damit fertig zu werden ...

Pergamos von Troja, den 10. Mai 1873

Seit meinem Bericht vom 16. v. M. habe ich viele Unterbrechungen gehabt, denn die griechischen Ostern dauerten sechs Tage, auch nahm mir der Feiertag des heiligen Georg und die Nachfeier desselben mehrere Tage weg, so daß ich in dieser ganzen Zeit nur vierzehn eigentliche Arbeitstage hatte, an welchen ich aber mit durchschnittlich 150 Mann mit großer Energie gearbeitet habe.

Bei dem anhaltend schönen Wetter schlafen meine Arbeiter schon seit Anfang April nicht mehr wie früher in den umliegenden Dörfern, sondern unter freiem Himmel in den Ausgrabungen selbst, was mir sehr zustatten kommt, da ich sie jetzt immer gleich zur Hand habe. Außerdem kommen mir jetzt die langen Tage sehr zu Hilfe und ich kann von dreiviertel 5 Uhr morgens bis viertel 8 Uhr abends arbeiten lassen ...

Ich habe die oberhalb der mit großen Steinplatten gepflasterten Turmstraße betriebenen Ausgrabungen heute beendigt. Dieselben haben zwei große Gebäude verschiedenen Alters ans Licht gefördert, wovon das neuere auf den

Ruinen des älteren gebaut ist. Beide sind durch furchtbare Feuersbrünste zerstört, wovon die Wände deutliche Spuren tragen; auch sind alle Räume beider Häuser mit schwarzer, roter und gelber Holzasche sowie mit verkohlten Trümmern gefüllt ...

Ich war fest überzeugt, daß diese herrliche, mit großen Steinplatten gepflasterte Straße von dem Hauptgebäude der Pergamos ausgehen mußte, und grub daher entschlossen weiter, um dies ans Licht zu bringen, bin jedoch zu meinem allergrößten Leidwesen gezwungen worden, zu diesem Zweck drei große Wände des neueren Hauses wegzubrechen. Meine Hoffnungen sind aber durch das Resultat weit übertroffen worden, denn ich fand nicht nur zwei große Tore, die 6 Meter 13 Zentimeter voneinander abstehen, sondern auch die beiden großen kupfernen Bolzen derselben ... Ich wage jetzt die bestimmte Behauptung, daß das von mir ans Licht gebrachte große doppelte Tor notwendigerweise das Skäische Tor sein muß ... [da] die von dem doppelten Tor und dem großen Turm schroff, unter einem Winkel von 65 Grad, in südwestlicher Richtung nach der Ebene ablaufende Straße unmöglich zu einem zweiten Tor geführt haben kann, und daß daher das von mir bloßgelegte doppelte Tor notwendigerweise das Skäische Tor gewesen sein muß; dasselbe ist ausgezeichnet erhalten, und es fehlt kein Stein daran.

Also neben diesem doppelten Tor, auf Iliums großem Turm, am Rande des sehr schroffen westlichen Bergabhanges der Pergamos saßen Priamos, die sieben Stadtältesten und Helene, und hier fällt die herrlichste Szene der *Ilias* vor; von hier aus überschaute die Gesellschaft die ganze Ebene und sah am Fuße der Pergamos die Heere der Trojaner und der Achäer nebeneinander, um den Vertrag abzuschließen, den Krieg durch einen Zweikampf zwischen Paris und Menelaos entscheiden zu lassen ...

Dieses Tor, sowie das große uralte Gebäude, stehen auf jenem bereits früher erwähnten, sich an die Nordseite des Turmes anlehnenden Wall, der hier mehr als 24 Meter Dicke zu haben scheint und aus dem Schutt gemacht ist, den man bei der Erbauung des Turmes vom Urboden abgehackt hat. Die Lage des Gebäudes unmittelbar oberhalb des Tores auf einer künstlichen Anhöhe, sowie die solide Bauart desselben lassen keinen Zweifel, daß es das vornehmste Gebäude Trojas, ja daß es das Haus des Priamos gewesen sein muß ... Von dem bloßgelegten Teile desselben lasse ich, so gut es gehen will, einen genauen Plan aufnehmen; ganz kann ich es jedoch nicht ans Licht bringen, denn dazu würde es nötig sein, mein steinernes und mein hölzernes Haus abzubrechen, unter welche es sich hin erstreckt, und selbst wenn ich dies täte, würde ich nicht imstande sein, einen vollständigen Plan des Hauses aufzunehmen, solange ich nicht das auf demselben stehende Gebäude fortschaffe, wozu ich mich vorläufig nicht entschließen kann ...

Es stellt sich jetzt heraus, daß das, was ich im vorigen Jahre als Trümmer einer zweiten Etage des großen Turmes angesehen hatte, nur Bänke von mit Erde vereinigten Steinen sind, deren man drei in Stufenform hintereinander sieht. Ich erkenne hieraus, sowie aus den Mauern des Turmes und jenen des Skäischen Tores, daß der Turm nie höher gewesen sein kann, als er jetzt ist.

Die Ausgrabungen auf der Nordseite von Herrn Frank Calverts Felde zur Auffindung von ferneren Skulpturen habe ich schon vor längerer Zeit eingestellt, da ich mich nicht mehr mit ihm einigen kann ...

Noch habe ich hinzuzufügen, daß ich jetzt meine früher ausgesprochene Meinung, als sei Ilium bis zum 9. Jahrhundert n. Chr. bewohnt gewesen, durchaus widerrufen und entschieden behaupten muß, daß seine Baustelle schon seit dem Ende des 4. Jahrhunderts ganz verlassen und unbewohnt geblieben ist ...

Troja, 17. Juni 1873

In der neuen, großen Exkavation an der Nordwestseite ... habe ich mich überzeugt, daß die im April 1870 von mir bloßgelegte herrliche Mauer von großen behauenen Steinen zu einem Turm gehört, dessen unterer hervortretender Teil aus der ersten Zeit der griechischen Kolonie stammen muß, während der obere Teil desselben aus der Zeit des Lysimachos zu sein scheint. Zu diesem Turm gehört sowohl die unmittelbar auf die Ringmauer des Lysimachos folgende Mauer, als auch die 15 Meter davon entfernte Mauer von gleichen Dimensionen, die ich ebenfalls durchbrochen habe. Hinter der letzteren legte ich in 8 bis 9 Meter Tiefe die vom Skäischen Tor weitergehende trojanische Ringmauer bloß und stieß beim Weitergraben auf dieser Mauer und unmittelbar neben dem Hause des Priamos auf einen großen kupfernen Gegenstand höchst merkwürdiger Form, der um so mehr meine Aufmerksamkeit auf sich zog, als ich hinter demselben Gold zu bemerken glaubte ...

Um den Schatz der Habsucht meiner Arbeiter zu entziehen und ihn für die Wissenschaft zu retten, war die allergrößte Eile nötig, und, obgleich es noch nicht Frühstückszeit war, so ließ ich doch sogleich »païdos« (ein ins Türkische übergegangenes Wort ungewisser Abkunft, welches hier anstatt Ruhezeit gebraucht wird) ausrufen.

Während meine Arbeiter aßen und ausruhten, schnitt ich den Schatz mit einem großen Messer heraus, was nicht ohne die allergrößte Kraftanstrengung und die furchtbarste Lebensgefahr möglich war, denn die große Festungsmauer, welche ich zu untergraben hatte, drohte jeden Augenblick auf mich einzustürzen. Aber der Anblick so vieler Gegenstände, von denen jeder einzelne einen unermeßlichen Wert für die Wissenschaft hat, machte mich tollkühn, und ich dachte an keine Gefahr. Die Fortschaffung des Schatzes wäre mir aber unmöglich geworden ohne die Hilfe meiner lieben Frau, die immer bereit stand, die von mir herausgeschnittenen Gegenstände in ihren Schal zu packen und fortzutragen.[2]

Der zuerst gefundene Gegenstand war ein großes kupfernes Schild *(aspis omphalóessa)* in Form eines ovalen Präsentiertellers, in dessen Mitte sich ein von einer Rinne *(aúlax)* umgebener Nabel befindet[3]; dieses Schild hat $50^1/_2$ Zentimeter Länge, ist ganz flach und von einem 4 Zentimeter hohen Rande umgeben; der Nabel *(omphalós)* ist 6 Zentimeter hoch und hat 11 Zentimeter im Durchmesser; die um denselben befindliche Rinne hat 18 Zentimeter im Durchmesser und ist 1 Zentimeter tief.

Der zweite Gegenstand, den ich herauszog, war ein kupferner Kessel mit zwei horizontalen Henkeln, welcher uns jedenfalls das Bild des homerischen *lébes* gibt; derselbe hat 42 Zentimeter im Durchmesser und 14 Zentimeter Höhe; der Boden ist flach und hat 20 Zentimeter im Durchmesser.

Der dritte Gegenstand war eine 1 Zentimeter dicke, 16 Zentimeter breite, 44 Zentimeter lange kupferne Platte, welche einen 2 Millimeter hohen Rand hat; an einem Ende derselben sieht man zwei unbewegliche Räder mit Achsen. Diese Platte ist an zwei Stellen stark gebogen; jedoch glaube ich, daß diese Biegungen durch die Glut geschehen sind, welcher der Gegenstand in der Feuersbrunst ausgesetzt gewesen ist; auf demselben ist eine silberne Vase von 12 Zentimeter Höhe und Breite festgeschmiedet, jedoch vermute ich, daß dies ebenfalls nur durch Zufall in der Feuersbrunst geschehen ist. Der vierte hervorgekommene Gegenstand war eine kupferne Vase von 14 Zentimeter Höhe und 11 Zentimeter im Durchmesser. Darauf folgte eine 15 Zentimeter hohe, 14 Zentimeter im Durchmesser haltende und 403 Gramm wiegende kugelrunde Flasche von reinstem Golde mit einer angefangenen, aber nicht vollendeten Zickzackverzierung am Halse; dann ein 9 Zentimeter hoher, $7^3/_4$ Zentimeter breiter, 226 Gramm schwerer Becher, ebenfalls von reinstem Golde.

Sodann ein 9 Zentimeter hoher, $18^3/_4$ Zentimeter langer, $18^1/_4$ Zentimeter breiter, genau 600 Gramm wiegender Becher von reinstem Golde in Form eines Schiffes mit zwei großen Henkeln; auf der einen Seite ist ein 7 Zentimeter, auf der andern ein 3 Zentimeter breiter Mund zum Trinken, und mag, wie mein geehrter Freund, der Professor Stephanos Kumanudes aus Athen bemerkt, derjenige, welcher den gefüllten Becher hinreichte, aus dem kleinen Munde vorgetrunken haben, um als Ehrenbezeugung den Gast aus dem großen Munde trinken zu lassen. Dies Gefäß hat einen nur um 2 Millimeter hervorstehenden, $3^{1}/_{2}$ Zentimeter langen, 2 Zentimeter breiten Fuß[4] und ist auf jeden Fall das homerische *dépas amphikýpellon.* Ich bleibe aber fest bei meiner Behauptung, daß auch alle jene hohen, glänzend roten Becher in Form von Champagnergläsern mit zwei gewaltigen Henkeln *dépa amphikýpella* sind, und es wird auch diese Form von Gold dagewesen sein. Noch muß ich die für die Geschichte der Kunst sehr wichtige Bemerkung machen, daß vorgesagtes goldenes *dépas amphikýpellon* gegossen ist und die großen, nicht massiven Henkel darangeschmiedet sind. Dagegen ist der vorerwähnte einfache goldene Becher, sowie die goldene Flasche mit dem Hammer getrieben.

Der Schatz enthält ferner einen kleinen, 70 Gramm wiegenden, 8 Zentimeter hohen, $6^{1}/_{2}$ Zentimeter breiten Becher aus mit 20% Silber versetztem Golde, dessen Fuß nur 2 Zentimeter hoch und $2^{1}/_{2}$ Zentimeter breit, außerdem nicht ganz gerade ist, so daß der Becher nur zum Hinstellen auf den Mund bestimmt zu sein scheint.

Ich fand dort ferner sechs mit dem Hammer getriebene Stücke allerreinsten Silbers in Form von großen Klingen, deren eines Ende abgerundet, das andere in Gestalt eines Halbmondes ausgeschnitten ist . . .

Teils auf, teils neben den goldenen und silbernen Sachen fand ich dreizehn kupferne Lanzen von $17^{1}/_{2}$, 21, $21^{1}/_{2}$, 23 und 32 Zentimeter Länge und 4 bis 6 Zentimeter Breite an der breitesten Stelle; in dem untern Ende derselben sieht man ein Loch, worin bei den meisten noch der Nagel oder Stift steckt, womit die Lanze in der hölzernen Stange befestigt war. Die trojanischen Lanzen waren somit ganz verschieden von den griechischen und römischen, denn bei diesen wurde der Lanzenschaft in die Lanze, bei jenen die Lanze in den Schaft gesteckt . . .

Da ich alle vorgenannten Gegenstände, einen viereckigen Haufen bildend, zusammen oder ineinanderverpackt auf der Ringmauer fand, so scheint es gewiß, daß sie in einer hölzernen Kiste *(phoriamós)* lagen, wie solche in der *Ilias* im Palast des Priamos erwähnt werden; dies scheint um so gewisser, als ich unmittelbar neben den Gegenständen einen $10^1/_2$ Zentimeter langen kupfernen Schlüssel fand, dessen 5 Zentimeter langer und breiter Bart die größte Ähnlichkeit hat mit den großen Kassenschlüsseln in den Banken.[5] Merkwürdigerweise hat dieser Schlüssel einen hölzernen Griff gehabt; das wie bei den Dolchmessern unter rechtem Winkel umgebogene Ende des Schlüsselstiels läßt keinen Zweifel darüber.

Vermutlich hat jemand aus der Familie des Priamos den Schatz in aller Eile in die Kiste gepackt, diese fortgetragen, ohne Zeit zu haben, den Schlüssel herauszuziehen, ist aber auf der Mauer von Feindeshand oder vom Feuer erreicht worden und hat die Kiste im Stich lassen müssen, die sogleich 1 Meter 50 oder 1 Meter 80 Zentimeter hoch mit der roten Asche und den Steinen des danebenstehenden königlichen Hauses überschüttet wurde.

Vielleicht gehörten dem Unglücklichen, welcher den Schatz zu retten versucht hat, die einige Tage früher in einem Raume des königlichen Hauses und unmittelbar neben dem Fundort des Schatzes entdeckten Gegenstände, nämlich ein Helm und eine 18 Zentimeter hohe, 14 Zentimeter breite dicke silberne Vase, in welcher ein eleganter, 11 Zentimeter hoher, 9 Zentimeter breiter Becher von Elektron steckte. Der Helm wurde zertrümmert, kann jedoch vielleicht wieder zusammengeleimt werden, da ich alle Stücke davon habe ...

Daß man den Schatz bei furchtbarer Lebensgefahr, in zitternder Angst zusammengepackt hat, davon zeugt unter anderem auch der Inhalt der größten silbernen Vase, in welcher ich ganz unten zwei prachtvolle goldene Diademe *(krédemna)*[6], ein Stirnband und vier herrliche, höchst kunstvoll gefertigte Ohrgehänge von Gold fand; darauf lagen 56 goldene Ohrringe höchst merkwürdiger Form und 8750 kleine goldene Ringe, durchbohrte Prismen und Würfel, goldene Knöpfe usw., die offenbar von anderen Schmucksachen herrühren; darauf folgten sechs goldene Armbänder, und ganz oben lagen die beiden kleineren goldenen Becher ...

Derjenige, welcher versucht hat, den Schatz zu retten,

hat glücklicherweise die Geistesgegenwart gehabt, die große silberne Vase mit den beschriebenen Kostbarkeiten aufrecht in die Kiste zu stellen, so daß nicht eine Perle herausgefallen und alles unversehrt geblieben ist ...

Da ich hoffte, hier weitere Schätze zu finden, auch wünschte, die trojanische Ringmauer, deren Bau Homer dem Neptun und dem Apollo zuschreibt, bis ans Skäische Tor ans Licht zu bringen, so habe ich die teilweise auf derselben lastende obere Mauer auf eine Strecke von 17,5 Meter ganz weggebrochen. Die Besucher der Troade erkennen dieselbe aber noch, dem Skäischen Tor gegenüber, in der nordwestlichen Erdwand. Auch habe ich noch den ungeheuern Erdklotz weggebrochen, welcher meinen westlichen und nordwestlichen Einschnitt vom großen Turm trennte, mußte aber zu diesem Zweck mein größeres hölzernes Haus wegbrechen, auch zur Fortschaffung des Schutts das Skäische Tor überbrücken. Das Resultat dieser neuen Ausgrabung ist für die Wissenschaft sehr lohnend gewesen, denn ich habe mehrere Wände, auch ein 6 Meter langes und breites Zimmer des königlichen Hauses aufdecken können, auf welchem keine Bauten aus späterer Zeit lasten.

Unter den dort gefundenen Gegenständen hebe ich nur hervor eine auf einem viereckigen, oben mit zwei nicht durchgehenden Löchern und einem herumgehenden Einschnitt versehenen Stück roten Schiefers befindliche, ausgezeichnet eingravierte Inschrift, von der aber weder mein gelehrter Freund Emile Burnouf, noch ich selbst zu sagen vermag, welcher Sprache sie angehört[7], ferner einige interessante Terrakottas, worunter ein Gefäß ganz in Form eines modernen Fasses und mit einer Röhre in der Mitte zum Eingießen und Ablaufen der Flüssigkeit. Auch fanden sich auf der trojanischen Ringmauer, $^1/_2$ Meter unterhalb der Stelle, wo der Schatz entdeckt war, drei silberne Schalen *(phiálai)*, wovon zwei beim Angraben des Schuttes zerschlagen wurden; dieselben können jedoch wieder zusammengesetzt werden, da ich alle Stücke davon habe. Diese Schalen scheinen jedenfalls zum Schatze gehört zu haben, und wenn derselbe sonst ganz von unseren Hackeisen verschont geblieben ist, so habe ich dies den erwähnten kupfernen Geräten zu verdanken, welche hervorstanden, so daß ich alles mit dem Messer aus dem harten Schutt herausschneiden konnte.

Wie ich jetzt sehe, war mein erwähnter, im April 1870 angelegter Einschnitt ganz an der richtigen Stelle gemacht, denn wenn ich ihn nur fortgesetzt hätte, so würde ich schon damals in einigen Wochen die merkwürdigsten Bauten Trojas, nämlich das Haus des Priamos, das Skäische Tor, die große Ringmauer und Iliums großen Turm ans Licht gebracht haben, während ich, weil ich später diesen Einschnitt vernachlässigte, riesige Einschnitte von Osten nach Westen und von Norden nach Süden durch den ganzen Berg zu machen hatte, um sie zu finden . . .

Aber Troja war nicht groß; ich habe im ganzen 20 Brunnen im Westen, Südwesten, Süden, Südosten und Osten der Pergamos, unmittelbar am Fuße derselben oder in einiger Entfernung davon, auf dem Plateau des Ilion der griechischen Kolonie bis zum Fels gegraben, und da ich in keinem derselben eine Spur, weder von trojanischen Topfscherben oder trojanischen Hausmauern, und nur hellenische Topfscherben und hellenische Hausmauern finde, da ferner der Berg der Pergamos auf der dem Hellespont zugewandten Nordwest-, Nord- und Nordostseite sehr steil nach der Ebene abfällt, so daß in keiner dieser Richtungen die Ausdehnung der Stadt möglich war, so erkläre ich jetzt aufs entschiedenste, daß sich unmöglich die Stadt des Priamos nach irgendeiner Seite hin über die uralte Bergfläche dieser Festung hinaus ausgedehnt haben kann, deren Umfang uns nach Süden und Südwesten durch den großen Turm und das Skäische Tor, nach Nordwesten, Nordosten und Osten durch die trojanische Ringmauer angedeutet ist. An der Nordseite bestand dieselbe, da die Stadt von dieser Seite so stark von der Natur befestigt war, nur aus jenen, einen großen Wall bildenden, lose aufeinandergelegten großen Steinblöcken, deren Fortschaffung mir im vorigen Jahre so ungeheuere Schwierigkeiten gemacht hat. Man erkennt diese Mauer aber auf den ersten Blick gleich rechts im nördlichen Eingang meines großen, durch den ganzen Berg führenden Einschnitts.

Es tut mir ungemein leid, einen so kleinen Plan von Troja geben zu müssen, ja ich hätte gewünscht, ihn tausendmal größer machen zu können; aber die Wahrheit geht mir über alles, und ich freue mich, durch meine dreijährigen Ausgrabungen, wenn auch nur in verkleinertem Maßstabe, das homerische Troja aufgedeckt und bewiesen zu haben, daß die *Ilias* auf wirklichen Tatsachen basiert.

Homer ist ein epischer Dichter, und kein Historiker, und es ist ganz natürlich, daß er alles mit dichterischer Freiheit übertreibt; überdies sind die Ereignisse, die er schildert, so wunderbar, daß gar viele Gelehrte seit langer Zeit die Existenz Trojas in Zweifel gezogen und diese Stadt als ein bloßes Phantasiebild des Poeten angesehen haben. Ich wage daher zu hoffen, daß die zivilisierte Welt nicht nur nicht darüber entrüstet sein wird, daß die Stadt des Priamos sich kaum ein Zwanzigstel so groß herausstellt, als nach den Angaben der *Ilias* zu erwarten wäre, sondern im Gegenteil, daß sie mit Wonnegefühl und Begeisterung die Gewißheit entgegennehmen wird, daß Ilium wirklich da war, daß es jetzt einem großen Teil nach ans Licht gebracht ist, und daß Homer, wenn er auch vergrößerte, doch wirklich stattgefundene Ereignisse besingt.

Überdies sollte man auch bedenken, daß die sich jetzt auf diesen kleinen Berg reduzierende Baustelle von Troja doch noch ebenso groß oder größer ist als die der Königsstadt Athen, welche auf die Akropolis beschränkt war ...

Aber das kleine Troja war für damalige Verhältnisse unermeßlich reich, denn ich finde hier einen Schatz von goldenen und silbernen Sachen, wie man ihn jetzt kaum in einem kaiserlichen Palast finden kann; und da die Stadt reich war, so war sie auch mächtig und herrschte über ein großes Gebiet.

Trojas Häuser waren, wie aus der Dicke der Mauern und der kolossalen Schuttaufhäufung hervorgeht, alle sehr hoch und hatten mehrere Etagen; aber nehmen wir selbst dreistöckige und dicht nebeneinanderstehende Häuser an, so kann die Stadt doch nicht mehr als 5000 Einwohner gehabt und nicht über 500 Soldaten gestellt haben, aber sie mochte immerhin aus ihren Untertanen ein ansehnliches Heer zusammenbringen, und da sie reich und mächtig war, so bekam sie Hilfstruppen von allen Seiten ...

Homer kann *nie* Iliums großen Turm, die Ringmauer des Neptun und Apollo, das Skäische Tor oder Priams Palast gesehen haben, denn alle diese Monumente waren tief im Schutt begraben, und er stellte keine Ausgrabungen an, um sie ans Licht zu bringen. Er kannte diese Denkmäler unsterblichen Ruhmes nur vom Hörensagen, denn des alten Troja tragisches Ende war noch in frischem Andenken, und bereits seit Jahrhunderten im Munde aller Sänger.

Tempel sind im Homer noch sehr selten, und wenngleich er hier einen Tempel der Minerva erwähnt, so ist, in Betracht der Kleinheit der Stadt, doch sehr zu bezweifeln, ob wirklich einer vorhanden war ...

Ich glaubte früher in jenem uraltesten Volk die Trojaner zu erkennen, weil ich bei ihm Bruchstücke des *dépas amphikýpellon* gefunden zu haben meinte, erkenne aber jetzt das Volk des Priamos in der darauffolgenden Nation ...

Infolge meiner früheren irrigen Idee, daß Troja nur auf dem Urboden und ganz nahe darüber zu suchen sei, ist leider 1871 und 1872 ein großer Teil der Stadt von mir zerstört worden, denn ich habe damals alle mir in den höhern Schuttschichten in den Weg kommenden Hauswände niedergebrochen. Sobald ich aber in diesem Jahre durch klare Beweise zur bestimmten Überzeugung gelangt war, daß Troja nicht auf dem Urboden, sondern in 7 bis 10 Meter Tiefe zu suchen ist, habe ich in diesen Schuttschichten keine Hauswand mehr niedergebrochen, und sind auf diese Weise in meinen diesjährigen Ausgrabungen eine Menge von trojanischen Häusern ans Licht gekommen, die noch jahrhundertelang stehen und die Besucher der Troade überzeugen können, daß die Steine der trojanischen Bauten nie zum Bau anderer Städte benutzt sein können, denn sie sind meistenteils noch in situ, überdies sind sie klein, und man findet solche Steine zu Millionen auf allen Feldern der hiesigen Gegend.

Wertvolle Steine, wie die großen Platten des vom Skäischen Tor zur Ebene führenden Weges, sowie die großen Steine der Ringmauer und des großen Turmes, sind nicht angerührt, und es fehlt am Skäischen Tor nicht ein einziger Stein ...

Indem ich heute die Ausgrabungen in Ilium auf immer einstelle, kann ich nicht umhin, Gott inbrünstig für den großen Segen zu danken, daß trotz der furchtbaren Gefahr, der wir hier in den dreijährigen riesigen Exkavationen, bei dem immerwährenden Sturm ausgesetzt gewesen sind, kein Unglück vorgefallen, niemand getötet, ja sogar keiner gefährlich verletzt worden ist ...

Im Dezember des nämlichen Jahres [1873] konfiszierte die türkische Polizeibehörde von Kum Kaleh bei zweien meiner Arbeiter eine Menge goldene Schmuckgegenstände, die sie im März, als sie in den Gräben von Hissarlik für mich gearbeitet, an drei verschiedenen Stellen in einer Tiefe von fast 10 Metern unter der Oberfläche des Berges gefunden hatten. Der größte Teil derselben war in einer Vase mit Eulenkopf enthalten gewesen ... Aber da die Angaben der Arbeiter, was die einzelnen in jedem Schatze enthaltenen Gegenstände betrifft, auseinandergehen, so kann ich dieselben hier nur gemeinschaftlich beschreiben. Die beiden Arbeiter hatten die drei Schätze gestohlen und unter sich geteilt, und wahrscheinlich würde ich nie Kenntnis davon erhalten haben, wäre es nicht durch folgenden glücklichen Umstand geschehen. Die Frau des Arbeiters aus Jeni Schehr, der seinen Anteil an der Beute und außerdem noch zwei weitere Gehänge erhalten, hatte die Kühnheit, eines Sonntags mit den Ohrringen und Gehängen zu paradieren. Dies erregte den Neid ihrer Genossinnen, und sie wurde der türkischen Behörde von Kum Kaleh angezeigt, die sie und ihren Mann ins Gefängnis warf. Auf die Drohung, daß man ihren Mann hängen werde, wenn sie die Schmucksachen nicht herausgäbe, verriet sie das Versteck, und so wurde dieser Teil des Schatzes wieder entdeckt und ist nun im Kaiserlichen Museum zu Konstantinopel ausgestellt. Das Ehepaar gab nun auch seinen Mitschuldigen in Kalifatli an, aber dort kamen die Behörden zu spät, weil dieser bereits seinen Anteil an dem Raube von einem Goldschmied in Ren Kioi hatte zusammenschmelzen lassen. Dieser hatte auf seinen Wunsch ein sehr großes, breites und schweres Halsband mit plumpen Blumenverzierungen nach türkischer Mode daraus verfertigt. So ging dieser Teil des Schatzes der Wissenschaft für immer verloren ... Da beide Diebe, und zwar jeder für sich allein, eidlich vor den Behörden von Kum Kaleh erklärten, daß die Eulenvase mit einem Teil des Goldes unmittelbar westlich vom Brunnen und zwei andere Schätze dicht dabei gefunden wurden, und da sie den Fundort genau angaben, so kann an der Richtigkeit desselben nicht gezweifelt werden ...

Alle diese Schmuckstücke, die trojanischen und die umgeschmolzenen, befinden sich jetzt in dem Kaiserlichen Museum zu Konstantinopel ... Die einzelnen Gegenstände des unversehrt gebliebenen Teils zeigen fast alle denselben Typus wie die des von mir entdeckten großen Schatzes; einen Typus nämlich, den man sonst noch nirgends gefunden hat ...

Der in großer Tiefe, in den Ruinen der für mythisch angesehenen Stadt Troja von mir entdeckte große Schatz des für mythisch gehaltenen Königs Priamos aus dem mythischen heroischen Zeitalter, ist jedenfalls eine in der Archäologie einzig dastehende Entdeckung großen Reichtums, großer Zivilisation und großen Kunstsinns in einer der Erfindung der Bronze vorhergehenden Zeit, in einer Zeit, wo man Waffen und Werkzeuge von reinem Kupfer gleichzeitig mit gewaltigen Massen steinerner Waffen und Werkzeuge anwandte. Dieser Schatz läßt auch keinen Zweifel, daß Homer wirklich dergleichen goldene und silberne Sachen gesehen haben muß, wie er fortwährend beschreibt; in jeder Beziehung ist er von unermeßlichem

Wert für die Wissenschaft und wird jahrhundertelang der Gegenstand eingehender Forschung bleiben ...

Da ich von den türkischen Zeitungen auf eine so schmähliche Weise angegriffen werde, daß ich wider den Wortlaut des mir gegebenen »Ferman« gehandelt und anstatt den Schatz mit der türkischen Regierung zu teilen, ihn für mich behalten habe, so sehe ich mich genötigt, hier in kurzen Worten auseinanderzusetzen, wie ich das vollste Recht dazu habe.

Nur um Safvet Pascha, den früheren Minister für Volksaufklärung, zu schonen, gab ich in meinem ersten Aufsatz an, er habe es auf meine Bitten, im Interesse der Wissenschaft, durchgesetzt, daß der den beiden Türken in Kum Kaleh gehörige Teil von Hissarlik von der Regierung angekauft wurde. Der Wahrheit gemäß verhält sich aber die Sache wie folgt. Seit meinen Ausgrabungen hier im Anfang April 1870 war ich unablässig bemüht, dies Feld zu kaufen, und gelang es mir endlich, nachdem ich dreimal eigens dazu nach Kum Kaleh gereist war, die beiden Eigentümer auf 1000 Francs herabzustimmen. Ich ging alsdann im Dezember 1870 zu Safvet Pascha nach Konstantinopel, sagte ihm, daß es mir nach achtmonatigen vergeblichen Bemühungen endlich gelungen wäre, die Hauptstelle von Troja zu 1000 Francs zu behandeln, und ich den Ankauf abschließen würde, sobald er mir die Erlaubnis erteilen würde, das Feld auszugraben. Er wußte nichts von Troja oder Homer; ich setzte es ihm aber in der Kürze auseinander und sagte, daß ich dort Altertümer von unermeßlichem Wert für die Wissenschaft zu finden hoffte. Er meinte aber, ich würde dort viel Gold finden, ließ sich daher alle Details von mir geben und ersuchte mich, nach acht Tagen wiederzukommen. Als ich aber wiederkam, hörte ich zu meinem Schrecken von ihm, daß er bereits die beiden Eigentümer gezwungen habe, ihm das Feld zu 600 Francs zu verkaufen, daß ich daher graben könne, aber alles, was ich fände, an ihn abgeben müsse. Ich setzte ihm daher in den derbsten Worten das Gehässige und Erbärmliche seiner Handlungsweise auseinander und erklärte, daß ich infolgedessen nichts mit ihm zu tun haben und gar nicht graben wolle.

Er ließ mir aber darauf durch den damaligen amerikanischen Gesandten Herrn Wyne Mac Veagh [Wayne MacVeagh] wiederholt anbieten, die Exkavationen zu machen und ihm nur die Hälfte der gefundenen Sachen zu geben[8], und ging ich, auf Zureden des letzteren, darauf ein, aber nur unter der Bedingung, daß ich das Recht habe, meine Hälfte von der Türkei auszuführen. Dies mir zuerkannte Recht wurde aber im April 1872 durch ein ministerielles Dekret widerrufen, worin gesagt war, daß ich nichts von meiner Hälfte der gefundenen Altertümer ausführen dürfe, wohl aber das Recht habe, dieselben in der Türkei zu verkaufen.[9] Durch diese neue Verfügung hatte aber die türkische Regierung unser schriftliches Übereinkommen im vollsten Sinne des Wortes gebrochen und mich jeglicher Verpflichtung entbunden. Ich habe mich infolgedessen auch nicht im geringsten mehr an das ohne meine Schuld aufgehobene Übereinkommen gekehrt, habe alles Wertvolle, was ich fand, für mich behalten und somit für die Wissenschaft gerettet, und wird mir die ganze gebildete Welt Beifall klatschen, daß ich es so gemacht habe. Die gefundenen trojanischen Altertümer, und namentlich der Schatz, übersteigen bei weitem meine sanguinsten Erwartungen und geben mir volle Entschädigung für den mir von Safvet Pascha gespielten erbärmlichen Streich, sowie für die fortwährende unangenehme Gegenwart eines türkischen Wächters bei meinen Ausgrabungen, dem ich gezwungen war, täglich $4^3/_4$ Francs zu zahlen.

Durchaus nicht, weil ich es als meine Pflicht ansah, sondern lediglich um mein freundliches Entgegenkommen zu zeigen, habe ich dem Museum in Konstantinopel sieben große, $1^1/_2$ bis 2 Meter hohe trojanische Vasen und vier Säcke mit steinernen Werkzeugen geschickt, und bin somit der einzige Wohltäter geworden, den dies Museum je gehabt hat; denn zwar werden sämtliche »Fermane« mit der ausdrücklichen Bedingung erteilt, die Hälfte der zu findenden Altertümer ans Museum zu geben, aber noch niemals hat letzteres von irgend jemand irgend etwas davon erhalten; denn da es nichts weniger als öffentlich ist und selbst gar oft dem Direktor desselben von der Schildwache der Eintritt verweigert wird, so weiß jeder, daß die dahin geschickten Altertümer auf ewig für die Wissenschaft verlorengehen ...

IX

Das Gold von Mykene
1874–1876

Den Schatz des Priamos zu besitzen, bedeutete für Schliemann keine reine Freude. Wieder einmal zeigte sich, daß Reichtum ein Fluch sein kann. Der Goldfund machte Schliemann reicher, quälte ihn aber auch. Ständig verfolgte ihn die Sorge, ob der Schatz sicher genug aufbewahrt sei. Die Angst vor Einbrechern bereitete ihm schlaflose Nächte. Er wagte kaum mehr, sein Athener Haus zu verlassen, geschweige denn zu verreisen. Zugleich aber erfüllte ihn der Besitz dieses Schatzes mit Genugtuung. Ihm, Heinrich Schliemann, war es als einzigem gelungen, den goldenen Gral zu finden. Seine abenteuerliche Suche danach und sein Triumph würden in die Geschichte eingehen. Stolzgeschwellt schrieb er seinen Schwestern, durch seine Entdeckung habe »der Name Schliemann einen großen Ruhm erlangt«.[1]

Nach der Rückkehr aus Hissarlik berichtete er in einer wahren Flut von Briefen und Artikeln über seinen bisher größten Erfolg. Sich lange in Verschwiegenheit zu üben, entsprach nicht seiner Natur. Jetzt, da er wieder in Athen war, konnte er einfach nicht anders, als die Welt an seiner Begeisterung teilhaben zu lassen. Auch jetzt sorgte er selbst für seine Publizität. An Freunde und Verwandte sandte er eine Porträtaufnahme, die seine junge Frau im Schmuck eines trojanischen Diadems und anderer Kostbarkeiten aus dem Goldschatz zeigte. Auf diese Weise verbreiteten sich die neuesten Nachrichten aus Troja natürlich wie ein Lauffeuer weit über die Grenzen Griechenlands hinaus. Das Haus der Schliemanns wurde von Neugierigen belagert, die den Schatz des Priamos sehen wollten. Mehrere Städte im Ausland bemühten sich darum, eine Ausstellung der Fundobjekte zu veranstalten. Schliemann hatte keine ruhige Minute mehr. Die Arbeit an seinem neuen Buch verzögerte sich. In den europäischen und amerikanischen Kulturzentren sprach man von Schliemann und Troja. Er war mit einem Schlag eine Berühmtheit geworden.

Aber wie nicht anders zu erwarten, war die Türkei keineswegs bereit, den neuesten Coup des abenteuerlichen Ausgräbers schweigend hinzunehmen. Anfangs wiegte sich Schliemann in dem Glauben, die Türken wollten und könnten nichts gegen ihn unternehmen. Er hatte ja gelernt, wie man mit ihnen umgehen mußte! Und zudem war er überzeugt, daß ausländische Justizbehörden sich nicht in diese Angelegenheit einmischen würden. Aber er hatte sich getäuscht.

Einen Vorgeschmack von der Unnachgiebigkeit der Türken bekam er, als Amin Effendi (Efendi), der im Auftrag der türkischen Regierung die Grabungen in Troja überwacht hatte, der Pflichtverletzung beschuldigt und verhaftet wurde. Schliemann, im Grund ein gutherziger, mitfühlender Mensch, war tief betroffen darüber, daß man seinetwegen den Aufsichtsbeamten zur Verantwortung zog. Er schrieb an den Generalgouverneur der Dardanellen und bat ihn, »im Namen der Menschlichkeit« keinen Unschuldigen zu bestrafen.

> Wenn er mich nicht gut überwacht hat, dann nur, weil wir immer an 5 verschiedenen Stellen gleichzeitig gruben, und es gibt, weiß Gott, noch keinen Sterblichen, der imstande wäre, gleichzeitig fünf Grabungen zu überwachen ... Wenn Sie gesehen hätten, wie verzweifelt der Arme war, als er später von den Arbeitern hörte, daß ich einen Schatz entdeckt und an mich genommen hatte, wenn Sie gesehen hätten, in welcher Rage er in mein Zimmer stürmte und mich anschrie, ich solle im Namen des Sultans meine sämtlichen Kisten und Schränke öffnen, woraufhin ich ihn einfach hinauswarf – Sie würden Mitleid mit ihm haben ... Die *einzige Schuld* von Amin Efendi besteht darin, daß er kein Archäologe ist, und man braucht 5 Archäologen, um 5 Grabungen zu überwachen ...[2]

Als Schliemann ein »Friedensangebot« von Dr. P. A. Déthier, dem Direktor des Kaiserlichen Museums in Konstantinopel, erhielt, der ihm vorschlug, zum Zeichen seines Entgegenkommens einige »Eulenkopf-Vasen« und einen versöhnlichen Brief zu übersenden, informierte er seinen Verbindungsmann, den amerikanischen Gesandten George H. Boker, er sei nicht auf dieses Ansinnen eingegangen. Statt dessen schlage er vor, »die Ausgrabungen in Troja auf meine Kosten 3 Monate lang in seiner, Herrn Déthiers, Gesellschaft fortzusetzen, wobei ich mich feierlich verpflichte, ihm alle eventuellen Funde zu überlassen ...«[3] Der Museumsdirektor ignorierte diesen Vorschlag.

Nun übte die Türkei politischen Druck auf die griechische Regierung aus, die daraufhin die Beschlagnahmung des Goldschatzes verfügte. Aber Schliemann hatte die etikettierten Einzelstücke bereits verschiedenen Verwandten Sophias zur sicheren Aufbewahrung übergeben. Und so wurde der Schatz des Priamos von neuem vergraben - diesmal in Ställen und Privatgärten in verschiedenen Regionen Griechenlands und Kretas. Niemand schrieb auf, wo die Gegenstände versteckt waren, denn solche Notizen hätten leicht in »Feindeshand« geraten können. Seine zur Kur in Ischia weilende Frau ließ Schliemann durch einen Kurier mündlich über die verschiedenen Verstecke informieren. Unterdessen wurde er unablässig von den griechischen Behörden in die Zange genommen. Beim Verhör verweigerte er die Aussage. Eine Zeitlang stand er praktisch unter Hausarrest. Seine Konten wurden gesperrt. Während einer späteren Auslandsreise mußte er feststellen, daß sein Hotelzimmer durchsucht worden war - vermutlich von türkischen Agenten.

Im April 1874 begann in Athen der Prozeß, und im April des folgenden Jahres entschied das Gericht gegen Schliemann.[4] Er wurde verurteilt, der türkischen Regierung eine Entschädigungssumme von 10000 Francs zu zahlen, die dem Kaiserlichen Museum zugute kommen sollte. Daraufhin zeigte er sich großzügig: Er überwies das Fünffache dieses Betrags und schickte obendrein eine ganze Ladung (nicht besonders wertvoller) trojanischer Fundobjekte nach Konstantinopel. Der Schatz des Priamos war jetzt endgültig sein Eigentum. Um ihn bis auf weiteres in sicherer Obhut zu wissen, deponierte er ihn im Tresorraum der griechischen Nationalbank. Und nachdem er den Türken eine so edelmütige Schenkung gemacht hatte, drang er auf rasche Erneuerung seiner Grabungserlaubnis. Wann immer er einer Regierung oder Institution etwas zukommen ließ, erwartete er, daß sie sich erkenntlich zeigte. Solche Transaktionen waren für ihn eher Tauschgeschäfte als Schenkungen.

Von Anfang an maß er dem trojanischen Goldschatz nicht nur archäologische Bedeutung und materiellen Wert bei, sondern betrachtete ihn auch als »Waffe«, deren er sich bei seinen Verhandlungen mit dieser und jener Regierung bedienen konnte. Zu einem früheren Zeitpunkt hatte er bereits das Apollorelief zu einem politischen Schachzug benützt. Seine Taktik war einfach: Als Gegenleistung für das Versprechen, daß die kostbaren Fundobjekte nach seinem Tod in griechischen Nationalbesitz übergehen würden, erwartete er die Zusage, ihm freie Hand bei Grabungen in Mykene und Olympia zu lassen. Gelegentlich erwähnte er auch andere antike Stätten, etwa Delphi und Delos. Immer wieder erklärte er in Zeitungsartikeln, Briefen und auch in seinem Buch über Troja, er wolle Griechenland seine Sammlung vermachen, privat jedoch äußerte er, ein solches Versprechen bedeute noch keine endgültige Entscheidung.[6] In der Folgezeit wurden die trojanischen Kostbarkeiten - manchmal sogar zum selben Zeitpunkt - dem Britischen Museum, dem Louvre, dem Nationalmuseum in Neapel, ja sogar der Petersburger Eremitage zum Ankauf angeboten. Erbost darüber, daß man in Griechenland nicht gerade begeistert auf seine Pläne reagierte, ließ Schliemann bereits 1873 durch den renommierten Archäologen Giuseppe Fiorelli eruieren, ob man ihm die Ausgrabung einer prähistorischen Stadt in Italien oder Sizilien gestatten würde.[7] Er war bereit, als Gegenleistung ein »Schliemann-Museum« zu errichten, in dem seine trojanischen Funde ausgestellt werden sollten. Außerdem ließ er durchblicken, daß er im Falle einer Zustimmung seinen Wohnsitz nach Neapel oder Palermo verlegen und sich dort ein Haus bauen werde.

Unterdessen hatte er die Arbeit an seinem Buch *Trojanische Alterthümer* abgeschlossen, das im Frühjahr 1874 in Deutschland und Frankreich und im folgenden Jahr in englischer Fassung erschien. Aber der große Erfolg, den sich Autor und Verleger erhofft hatten, blieb aus. Viele Kritiker bemängelten die unwissenschaftliche Darstellung, das Fehlen eines klaren Aufbaus und gründlicher Analysen sowie die vorschnellen Schlußfolgerungen Schliemanns. Der beigefügte »Atlas« stieß auf noch schärfere Kritik. Die Illustrationen wurden als technisch mangelhaft und schlecht angeordnet, die Bildunterschriften als ungenügend bezeichnet. Daß Schliemann Hissarlik mit der Stätte Trojas identifizierte, löste im großen und ganzen wenig Widerspruch aus, um so heftiger aber wurde seine kühne Behauptung angefochten, bei einigen freigelegten Ruinen handle es sich um Bauwerke, die Homer in der *Ilias* beschrieben hatte (das Skäische Tor, der Palast des Priamos u. a.). Bei deutschen Altertumskundlern löste dies einen wahren Proteststurm aus. Die Presse mokierte sich über Schliemann. Das beliebte politisch-satirische Witzblatt *Kladderadatsch* machte sich über seine Troja-Manie lustig.

Für ihn bezeugte diese Kritik vor allem die Engstirnigkeit akademischer Pedanten. Kaum je befaßte er sich ernsthaft mit Thesen, die seine Opponenten vertraten. Er bombardierte Zeitungen und Zeitschriften mit heftigen Entgegnungen, die wegen des Mangels an plausiblen Argumenten seiner Sache eher schadeten. Nur wenige Fachgelehrte, unter ihnen Max Müller und Ernst Curtius, wurden von ihm nicht sofort verteufelt, wenn sie Einwände gegen diese oder jene seiner phantastischen Hypothesen vorbrachten. In Briefen an Dritte bezeichnete er allerdings auch die Ansichten dieser Wissenschaftler als grundfalsch. Gelegentlich war er aber auch bereit, die Lückenhaftigkeit seines archäologischen Fachwissens einzugestehen: ». . . es war eine ganz neue Welt für mich; alles hatte ich aus mir selbst zu lernen, und nur nach und nach konnte ich zu richtiger Einsicht gelangen.«[8] Aber es fiel ihm schwer, zu begreifen, daß Wissenschaftler verschiedener Meinung sein, miteinander debattieren und Zugeständnisse machen können, ohne persönliche Animosität zu empfinden, und daß neue Erkenntnisse nur durch freimütige Diskussion gewonnen werden.[9]

Von allen Ausgrabungsstätten, die er ins Auge gefaßt hatte, war ihm, abgesehen von Troja, Mykene stets am wichtigsten gewesen. Bereits im Frühjahr 1870 hatten sich die griechischen Behörden zustimmend zu seinem Plan geäußert, dort Grabungen durchzuführen. Und als Schliemann während der Kampagne 1873 zu der Überzeugung gelangt war, in Troja sein Ziel erreicht zu haben, trat er erneut an die griechische Regierung heran.

Er ersuchte sie um die Genehmigung, auf eigene Kosten in Olympia und Mykene graben zu dürfen, unter der Bedingung, daß alle Einzelfunde bis zu seinem Tod in seinem Besitz bleiben und danach der griechischen Nation gehören sollten. Er versprach, einen Betrag von mindestens 200000 Francs für die Errichtung eines Museums bereitzustellen, das seine Sammlung beherbergen und seinen Namen tragen sollte. In einem Brief, den er im Januar 1873 an den griechischen Kultusminister schrieb, unterstrich er seine Forderung mit folgendem Hinweis: »Ich habe mich in Athen niedergelassen, eine Griechin geheiratet und arbeite ohne Unterlaß für den Ruhm Griechenlands ... da ich das Glück hatte, den wirklichen Punkt von Ilion zu finden und wunderbare Ruinen zu entdecken, so habe ich eine Menge Gegenstände von archäologischem Wert gefunden, aus denen ich eine einzigartige prähistorische Sammlung zusammenstellte, wie jeder sehen kann, der mein Haus besucht, wo ich alles aufgestellt habe ... Alles, was ich noch finden werde, bringe ich nach Athen ...«[10]

Trotz der zunächst positiven Reaktion des Parlaments, lehnte die griechische Regierung – vermutlich auf Anraten der Archäologischen Gesellschaft – Schliemanns Vorschlag ab. Als Hauptgrund führte sie an, daß nach dem Gesetz jeder archäologische Fund, der auf griechischem Hoheitsgebiet gemacht werde, unveräußerlicher Besitz der Nation sei und daher von keiner Privatperson beansprucht werden könne. Daraufhin drohte Schliemann erneut, das Land zu verlassen (*... la vie à Athènes nous dégoute et nous reviendrons habiter à Paris*)[11], suchte aber gleichzeitig nach Mitteln und Wegen, wie er das griechische Parlament – ähnlich wie vor Jahren die Legislative des US-Staates Indiana – dazu bewegen könnte, das Gesetz zugunsten Dr. Heinrich Schliemanns zu ändern.

Sein Ärger über die griechischen Behörden schlug in Wut um, als er erfuhr, daß man dem Deutschen Reich die Grabungserlaubnis für Olympia erteilt hatte. Umgehend informierte er seine Freunde, daß er jetzt fest entschlossen sei, in der italienischen Campagna nach Städten des »heroischen Zeitalters« zu suchen. Trotzdem bewarb er sich beim griechischen Kultusminister nochmals um die Grabungserlaubnis für Mykene. Eine wahrlich erstaunliche Mischung aus Starrsinn und Wendigkeit, Arroganz und Servilität, Unentschlossenheit und Tatkraft, Unsicherheit und Dogmatismus! Jetzt versteifte er sich jedenfalls auf Mykene. Das Problem war nur, daß die Grabungserlaubnis auf sich warten ließ.

In Mykene, der »Stadt« des achäischen Fürsten Agamemnon, die Homer »goldreich« genannt hatte, archäologische Forschungen zu betreiben, hatte Schliemann seit seinem Besuch der antiken Stätten Griechenlands im Jahre 1868 vorgeschwebt. Ausgehend von einer Textstelle im Reisebericht des Pausanias, hatte er damals die neuartige Theorie aufgestellt, daß die Königsgräber der Atriden innerhalb des kyklopischen Burgwalles lagen und nicht, wie die meisten Fachgelehrten aus dieser Textstelle geschlossen hatten, innerhalb der Ringmauer der unteren Stadt. Wie bei seinen Forschungen in der Ebene von Troja brannte Schliemann auch jetzt darauf, seine umstrittene Theorie zu beweisen – durch keine geringere Entdeckung als die der Gräber Agamemnons, Kassandras und der Gefährten, die mit ihnen zusammen bei der Rückkehr aus dem zerstörten und ausgeplünderten Troja von Klytämnestra und ihrem Geliebten Ägisth heimtückisch ermordet wurden.

Mykene war genau das Richtige für ihn. Der weitläufige Hügel von Hissarlik, dessen Oberflächenstruktur kaum Anhaltspunkte bot, war mit seinen ungeheuren Schuttmassen und seiner komplizierten Schichtenfolge gewissermaßen archäologischer Treibsand. In Mykene dagegen brauchte man sich wegen der Identifizierung der Siedlungsschichten nicht viel Sorgen zu machen. Dort konnte man damit rechnen, bereits in ein bis zwei Meter Tiefe auf den Urboden zu stoßen. Mit seiner in Hissarlik bevorzugten Methode, quer durch die Schichten zu graben, konnte Schliemann in Mykene also relativ wenig Schaden anrichten. Und die Literatur - von Homer über die großen Dramatiker des klassischen Altertums bis hin zu den Geographen und Historikern der hellenistischen Zeit, namentlich Strabo und Pausanias - hatte zahlreiche Anhaltspunkte zu bieten.

Überdies hatte es niemals den geringsten Zweifel daran gegeben, daß diese gewaltigen Ruinen die Überreste von Mykene waren. Nicht nur der Name hatte die Jahrtausende überdauert. Die aus riesigen Steinblöcken errichteten Mauern waren, obwohl für jedermann sichtbar, dem Zugriff von Plünderern viel weniger ausgesetzt als die Überreste Trojas, die nach ihrer Freilegung von den Bewohnern dieser Gegend nur zu gern als Baumaterial verwandt wurden. (Schliemann selbst hatte für den Bau seines kleinen Hauses auf dem Hügel Hissarlik Steine aus dem freigelegten Mauerwerk benützt und sich zumeist - fast etwas amüsiert - damit abgefunden, daß die Dorfbewohner Steine abtransportierten.)

Ohne die griechischen Behörden zu informieren, reiste er Ende Februar 1874 nach Mykene, angeblich um sich einen Überblick zu verschaffen, in Wirklichkeit aber um dort zu graben. 1870 hatte er in Hissarlik die gleiche »Kriegslist« angewandt, und sie hatte ihm nichts als Schwierigkeiten eingebracht. Daß er jetzt, nachdem er die Türken gegen sich aufgebracht und das Mißtrauen der Griechen erregt hatte, wieder so vorging, mutet wie blanke Narretei an. Allem Anschein nach versuchte er sogar, gegenüber den Behörden seine wahren Absichten zu verschleiern, indem er Vorbereitungen für eine Auslandsreise traf. Bei seiner Ankunft in der Argolis gab er vor, bereits im Besitz der Grabungserlaubnis zu sein. Später schrieb er im autobiographischen Kapitel seines Buches *Ilios:*

»Nachdem ich von der griechischen Regierung die Erlaubnis zu Ausgrabungen in Mykene erlangt hatte, begann ich im Februar 1874 meine Tätigkeit dort ...«[12] Die Ereignisse der folgenden Tage bewiesen rasch das Gegenteil.

Entgegen seiner Absicht, neun Tage lang in Mykene zu arbeiten, führte Schliemann mit rund zwanzig Helfern nur fünf Tage lang Grabungen durch. Außer Sophia waren auch sein Freund Emile Burnouf und dessen künstlerisch begabte Tochter zugegen, die Zeichnungen der Fundobjekte anfertigen sollte. Schliemann ließ vierunddreißig kleine Gräben ausheben, vornehmlich in dem von Schutt bedeckten Bereich der Zitadelle (»Akropolis«), und förderte mehrere Idole aus Terrakotta, Töpferware sowie eine schmucklose Stele zutage. Die Idole hielt er für Abbilder der Göttin Hera und betrachtete sie als Bestätigung seiner These, daß Homers Hera *Boopis,* eine Schutzgöttin Mykenes (und der gesamten Argolis), nach ursprünglicher Auffassung kuhäugig war - eine ähnliche Schlußfolgerung, wie er sie im Fall der eulengesichtigen oder eulenäugigen Athene Trojas gezogen hatte. Weitere Beweise dafür fand er in dem nicht weit entfernten Heraion (Tempel der Hera). Jedenfalls überzeugte ihn dieser kurze Aufenthalt davon, daß es sich lohnen würde, die Grabungen in Mykene mit aller Energie zu betreiben. Möglicherweise versprach er sich schon zu diesem Zeitpunkt die besten Ergebnisse von Grabungen auf der kreisförmigen Terrasse südöstlich des Löwentores. Schon kurz nach Beginn seiner archäologischen Laufbahn war er zu der Überzeugung gelangt, daß dort, wo sich auf einem Grabungsgelände die meisten Topfscherben und besonders viel Schutt angesammelt hatten, die reichste Ausbeute zu erwarten sei. Wo keine oder nur geringfügige Ablagerungen dieser Art vorhanden waren, machte er sich in der Regel nicht die Mühe, den Spaten anzusetzen.

Seine Probegrabungen fanden ein jähes Ende, als die zuständige Polizeibehörde Anweisung erhielt, einzuschreiten. Ein Korb, in dem sich Schliemanns Fundobjekte befanden, wurde konfisziert. Da man die Artefakte jedoch für wertlos hielt, gab man sie dem Polizeipräfekten von Nauplia zurück, was wiederum das Mißfallen der Athener Behörden erregte. Es kam zu einem Depeschenwechsel, und schließlich blieb Schliemann nichts anderes übrig, als nach Athen zurückzukehren.

Trotz seines Raubzuges grollte ihm die griechische Regierung nicht lange: Am 29. März 1874 erhielt er die Genehmigung, seine Forschungen in Mykene fortzusetzen. Da aber kurz darauf das von der Türkei gegen ihn angestrengte Gerichtsverfahren begann, war er gezwungen, in Athen zu bleiben. Im Juli zog die griechische Regierung die Grabungserlaubnis zurück. Mykene mußte vorläufig warten.

Von den Mißhelligkeiten, die ihm die folgenden Monate brachten, erholte sich Schliemann während der Gerichtsferien auf einer Reise durch Mittelgriechenland und den Peloponnes. Im alten Böotien erkundete er – ohne zu graben – das Gelände rings um Orchomenos, jene einst mächtige Stadt, die nach Homers Schilderung nicht weniger goldreich war als Troja und Mykene. In Orchomenos hatte sich in vorklassischer Zeit das sogenannte Schatzhaus des Minyas befunden, ein unterirdisches Gewölbe, ähnlich den bienenkorbförmigen Gräbern oder »Schatzhäusern« Mykenes. Schliemanns wichtigstes Reiseziel auf dem Peloponnes war Olympia, das ihm seine deutschen Landsleute »weggeschnappt« hatten. Einen kurzen Abstecher machte er zum Wasserfall des Baches Styx.

Um seine Liebe zu Griechenland und seinem antiken Erbe erneut unter Beweis zu stellen, erbot er sich, auf eigene Kosten den (venezianischen) »Frankenturm« auf der Athener Akropolis abreißen zu lassen, ein monströses, im vierzehnten Jahrhundert über den Propyläen errichtetes Bauwerk, das einen Teil des Parthenon verdeckte. Das Angebot wurde angenommen. Schliemann kaufte Holz für ein Gerüst, aber dann ließen die griechischen Behörden die Abbrucharbeiten in eigener Regie durchführen und Schliemann die Rechnung – 10000 Francs – bezahlen.

Empört beschwerte er sich in einem Brief an König

Georg über die schäbige Behandlung, die er sich von der griechischen Regierung gefallen lassen müsse. In wehleidigem Ton - und offenbar um Gerüchten entgegenzutreten - versicherte er dem Monarchen, er habe sein »ehrlich verdientes Vermögen« nach Griechenland mitgebracht, um es in den Dienst der Wissenschaft zu stellen. Wenn er kein Entgegenkommen fände, würde er jedoch das Land für immer verlassen.

Als im April 1875 die gerichtliche Auseinandersetzung mit der Türkei beendet war, konnte er endlich wieder Pläne machen. Er wollte reisen, seine Kontakte zu Kollegen in Westeuropa auffrischen und sich dort dem Studium von Artefakten alter Kulturen widmen. Zunächst fuhr er nach Paris, wo er in der Societé Géographique einen Vortrag über seine Trojaforschungen hielt. Aber die Zuhörer ließen sich von seinen Erfolgsmeldungen nicht beeindrucken und zeigten ihm die kalte Schulter. In England wurde er viel freundlicher aufgenommen. Die Briten schlossen Schliemann in ihr Herz, und bald war er eine allgemein bekannte Persönlichkeit. In keinem anderen Land fanden seine Theorien soviel Anklang und seine Erfolge soviel öffentliche Anerkennung. Daß man ihn, den Großkaufmann und Abenteurer, den Außenseiter ohne Fachausbildung, in wissenschaftlichen Kreisen und in der guten Gesellschaft Englands so herzlich willkommen hieß, erklärt sich vermutlich auch daraus, daß man dort längst an archäologische Pionierleistungen gebildeter Amateure gewöhnt war - angefangen bei John Aubrey und William Stukeley bis hin zu so berühmten Amateurforschern des neunzehnten Jahrhunderts wie Austen Layard, John Evans und John Lubbock. Außerdem hatte es Schliemann sicher auch der britischen Fairneß zu verdanken, daß er hier nicht mit der Arroganz akademischer Kreise konfrontiert wurde. Seine Laufbahn bot den Stoff, aus dem viktorianische Helden gemacht sind. Der große Staatsmann Gladstone, der selbst Homerstudien betrieb, zollte den Leistungen Schliemanns Anerkennung. Der Vortrag, den dieser im Juni 1875 in der Londoner Antiquarian Society hielt (die ihn 1876 zum Ehrenmitglied ernannte) und dem eine kurze Ansprache Gladstones folgte, war ein triumphaler Erfolg. In den höchsten Gesellschaftskreisen riß man sich darum, Schliemann zu Gast zu haben. »In London«, schrieb er später, »[hat man mich] aufgenommen, als ob ich einen neuen Weltteil für England erobert hätte.«[13]

Seine nächste Station war Den Haag, wo er Gast der niederländischen Königin Sophie war, die der Altertumsforschung großes Interesse entgegenbrachte. Zum Zeichen seiner Verehrung sandte er ihr später aus Griechenland einige Tanagrafiguren, die er sich – mit dem Auftrag, irgend etwas »Hübsches und sehr Preiswertes« zu kaufen – von seinem Schwager besorgen ließ und dann, da die Ausfuhr von Antiquitäten verboten war, außer Landes schmuggelte, und zwar mit Wissen der Empfängerin.[14]

In Holland war er tief beeindruckt von der prähistorischen und der ägyptischen Sammlung der Leidener Universität. Im weiteren Verlauf dieser Reise besichtigte er in Kopenhagen, Stockholm, Danzig und anderen Städten Sammlungen von archäologischen Funden aus der Frühzeit Europas. Im August hielt er an der Rostocker Universität einen Vortrag über seine Trojaforschungen. Damals lernte er – auf Empfehlung Gladstones – Professor Rudolf Virchow kennen, den berühmten Berliner Pathologen und Anthropologen. Virchow, den später eine enge Freundschaft mit Schliemann verband, hatte im ostdeutschen Raum archäologische Forschungen betrieben und Keramikfunde gemacht, die den in Hissarlik ausgegrabenen gesichtsförmigen und figurativ gestalteten Vasen auffallend ähnlich waren.

Gegen Ende seiner Europareise spielte Schliemann erneut mit dem Gedanken, seine archäologischen Aktivitäten nach Italien zu verlegen: Er hielt es für möglich, daß im südlichen Teil der Halbinsel und auf Sizilien archaische Siedlungen existiert hatten, die mit Troja und Mykene zu vergleichen waren. Innerhalb weniger Wochen besuchte er eine erstaunlich große Zahl italienischer Orte, sah aber seine Erwartungen nirgends bestätigt. Daraufhin gab er diesen Plan auf und beschloß, wie er im Dezember 1875 aus Neapel an Burnouf schrieb, »beim prähistorischen Zeitalter zu bleiben und die Ausgrabungen in Kleinasien fortzusetzen«.[15] Er werde alles tun, was in seiner Macht stehe, um von den Türken einen neuen Ferman zu erhalten.

In Neapel schiffte er sich nach Konstantinopel ein, um die Verhandlungen aufzunehmen. Er hielt sich zwei Monate dort auf und konnte die Regierung bewegen, ihm die Fortsetzung der Grabungen in Hissarlik zu genehmigen. Aber obwohl er jetzt einen zwei Jahre gültigen Ferman besaß, legte ihm Ibrahim Pascha, der starrsinnige Generalgouverneur der Dardanellen, unüberwindliche Hindernisse in den Weg. Nach mehreren vergeblichen Versuchen, sich mit ihm zu einigen, mußte Schliemann darauf verzichten, in Troja weiterzugraben. Nun trat er von neuem an die griechische Regierung heran, die ihm schließlich die Grabungserlaubnis für Mykene erteilte. Auf der Reise dorthin machte er einige Tage Station in Tiryns.

Die griechischen Behörden hatten ihm die gleichen Bedingungen gestellt wie im Jahre 1874: Alle Fundobjekte gehörten dem griechischen Volk und mußten von Schliemann abgeliefert werden. Für sämtliche Kosten mußte er persönlich aufkommen. Man gestand ihm allerdings das Recht auf die Erstveröffentlichung seiner Forschungsergebnisse zu. Da die Behörden nur zu gut wußten, wie Schliemann vorzugehen pflegte, forderten sie mit besonderem Nachdruck, daß vorhandene Mauerreste nicht zerstört werden dürften. Um das Unternehmen in vernünftigen Grenzen zu halten, sollte sowohl die Zahl der Arbeiter als auch die der gleichzeitig durchgeführten Grabungen beschränkt werden. Was die jeweilige Grabungsstätte und die Arbeitsmethoden betraf, so wurde Schliemann die Auflage gemacht, im Verlauf der Kampagne gemeinsam mit Delegierten der griechischen Archäologischen Gesellschaft genaue Pläne auszuarbeiten. Als ihren Vertrauensmann *(ephor)* sandte die Gesellschaft Panagiotes Stamatakis nach Mykene, der von Aufsehern unterstützt werden sollte.

Stamatakis' Anwesenheit war Schliemann von Anfang an ein Dorn im Auge. Er behandelte ihn ausgesprochen geringschätzig. In seinem Buch über die Ausgrabungen in Mykene erwähnt er ihn nur selten, und auch dann nur als einen bürokratischen Ignoranten, als »Regierungsangestellten«, der nur darauf ausgewesen sei, den Fortgang der bahnbrechenden Forschungen zu hemmen, die er, Schliemann, zum Ruhme Griechenlands betrieben habe. Das entsprach keineswegs der Wahrheit. Stamatakis, selbst ein bedeutender Archäologe, leistete wertvolle Mitarbeit und wird heute zu den Wegbereitern der Mykeneforschung gezählt.[16]

Wie aus seinen Aufzeichnungen hervorgeht, dachte Schliemann gar nicht daran, sich an die strengen Regeln der Archäologischen Gesellschaft zu halten, sondern wandte jede List an, um seinen Willen durchzusetzen. Gelang ihm das nicht, so geriet er in Rage, drohte, das Land zu verlassen und appellierte über Stamatakis' Kopf hinweg an die Athener Behörden. In der Folgezeit kam es zwischen den beiden so verschieden veranlagten Männern immer wieder zu scharfen Auseinandersetzungen, die fast grotesk anmuteten. Eine Flut von Briefen und Depeschen ergoß sich von Athen nach Mykene (oder richtiger gesagt in das Postamt von Nauplia) und *vice versa*. Mit dem Auftrag, Beschwerde gegen Stamatakis zu führen, reiste Frau Schliemann nach Athen, andrerseits bemühte sie sich aber auch, ihren Mann zu beschwichtigen.

In einem Schreiben an die Archäologische Gesellschaft schilderte Stamatakis die unerquickliche Situation:

> ... Vor einigen Tagen fand er eine Mauer über einer anderen Mauer liegend und wollte die obere abreißen; ich habe es ihm verboten, und er hat aufgehört. Am nächsten Morgen, als ich nicht da war, ließ er die Mauer abreißen und die untere freilegen. Dann ließ er seine Frau dort die Grabungen beaufsichtigen, er selbst ging auf die Akropolis, um mir nicht zu begegnen. Als ich dann Frau Schliemann um Auskunft fragte, sagte sie, ich hätte kein Recht, ihrem Manne Vorschriften zu machen. Er sei ein Gelehrter, diese Mauer sei römisch und

störe die weiteren Grabungen, ich aber sei kein Gelehrter und sollte keine Bemerkungen machen, da Herr Schliemann sehr leicht erregbar sei und die Grabungen einstelle, wenn er böse werde ... Auf der Akropolis traf ich ihn, sagte ihm aber nichts. Sie müssen wissen, er reißt gern alles Römische und Griechische ein, damit die pelasgischen Mauern frei werden.[17] Wenn wir griechische oder römische Vasen finden, sieht er sie mit Abscheu an, und wenn ihm eine solche Scherbe in die Hände kommt, läßt er sie fallen ... Er behandelt mich, als wäre ich ein Barbar ... Ist das Ministerium mit mir nicht zufrieden, so bitte ich mich abzuberufen; ich bleibe hier nur auf Kosten meiner Gesundheit ...[18]

Was den bedauernswerten Stamatakis und die griechischen Behörden letztlich zum Schweigen brachte, waren Schliemanns blendende Erfolge. Mit einer ständig wachsenden Zahl von Arbeitern grub er an drei verschiedenen Stellen inner- und außerhalb der kyklopischen Mauern. Sophia beaufsichtigte die Ausgrabung des großen Tholos (»Schatzhaus«) in der Nähe des Löwentores. Die Arbeiten innerhalb des Burgbereiches konzentrierten sich auf das Tor, die »kyklopischen« Häuser und die angrenzende kreisförmige Plattform. Daß schon in den ersten Wochen zwei mit Basreliefs geschmückte Stelen – möglicherweise Grabstelen – gefunden wurden, konnte Schliemann, so unglaublich es klingt, nicht davon abhalten, seine Arbeitskraft zu verzetteln. Offenbar erwartete er sich vor allem von Sophias Grabungsabschnitt kostbare Funde, wie sie Berichten zufolge schon früher in solchen bienenkorbförmigen Bauwerken entdeckt worden waren. (Von einigen dieser Funde hatte bereits 1808 der Moslem Veli Pascha berichtet.)

Eindrucksvolle Artefakte wurden in den Überresten der kyklopischen Häuser nahe des Tores ausgegraben, darunter Fragmente der berühmten »Kriegervase« (in dem heute nach ihr benannten Haus), auf der in den Kampf ziehende Krieger der späten Bronzezeit mit großer Anschaulichkeit dargestellt sind.

Im großen und ganzen aber war die bisherige Ausbeute

enttäuschend. Schliemann war nahe daran, die Grabungen an diesen drei Stellen, wenn nicht sogar die ganze Kampagne, abzubrechen, als plötzlich – genau wie im dritten Jahr seiner Trojaforschungen – eine dramatische Wende eintrat. Was folgte, war eine Sternstunde in der Geschichte der Archäologie. Gemeinsam mit Sophia, die, auf dem Boden kniend, die Aufgabe übernommen hatte, zerbrechliche Fundobjekte mit dem Taschenmesser ans Licht zu holen, entdeckte Schliemann zum zweitenmal einen Schatz. Wieder einmal hatte er mit seiner im Widerspruch zum Wissensstand der zeitgenössischen Altertumsforschung stehenden Voraussage recht behalten.

Der gleißende Schatz, den er zutage förderte, war so reichhaltig, daß uns Schliemanns Bericht darüber (»Ich fand ferner . . .«, »Weitergrabend fand ich . . .«, »Daneben entdeckten wir . . .«) noch heute in Staunen setzt – diese schier endlose Aufzählung goldener Diademe, goldener Trinkgefäße, goldener Gürtel, goldener Siegelringe, goldener Brustpanzer, goldener Masken, feinziselierter Schmuckstücke usw. usw. Allein die Gegenstände aus Gold wogen über dreißig Pfund. Doch in den fünf Schachtgräbern, die Schliemann freilegte, kam noch viel mehr zum Vorschein: exquisite Keramikarbeiten, Gerätschaften aus Bronze und Kupfer, Waffen (insbesondere niellierte Dolchklingen, die in ungesäubertem Zustand von Schliemann nicht als solche erkannt wurden) und die Überreste von mindestens fünfzehn menschlichen Körpern.[20] Offensichtlich waren diese Toten königlichen Geblüts, zumindest aber vornehmer Herkunft gewesen. Schliemann war felsenfest überzeugt, daß es sich um die sterblichen Überreste der unglückseligen Atriden handelte und daß alle Einzelheiten sowohl der Homerischen Überlieferung wie auch der Schilderung des Pausanias entsprachen. Der Anblick des relativ gut erhaltenen Gesichtes eines Toten im ersten Grab (das er als letztes erforschte) bewog ihn, in einer Depesche an den griechischen Kultusminister zu erklären, es entspräche seiner *Vorstellung* von den Gesichtszügen Agamemnons. Und das hielt er allen Ernstes für einen schlüssigen Beweis. Überglücklich küßte er die Goldmaske des fürstlichen Toten.

Wieder einmal hatte er es sehr eilig, seine Entdeckungen bekanntzugeben. Er bat seinen Freund Gladstone (der damals vorübergehend aus dem Amt des Premierministers ausgeschieden war), das Vorwort zu *Mykenae. Bericht über meine Forschungen und Entdeckungen in Mykenae und Tiryns* zu schreiben.[21] Gladstone zögerte zunächst, ließ sich dann aber von Schliemanns Begeisterung anstecken und glaubte ebenfalls, dieser habe die Gräber Agamemnons und Kassandras entdeckt. Die englische Ausgabe des Buches widmete Schliemann Dom Pedro II., dem Kaiser von Brasilien, den er auf Einladung der türkischen Regierung in die Troas begleitet hatte. Während der Grabungskampagne in Mykene hatte er den Kaiser durch die Ruinen geführt und die Gelegenheit wahrgenommen, ihn und sein Gefolge bei Fackelschein in »Agamemnons Grab« zu bewirten.

Schliemanns Buch *Mykenae* basiert auf sechs in englischer Sprache verfaßten Berichten an die Londoner *Times* (die diese Artikelserie in acht Fortsetzungen veröffentlichte). Gut ein Jahr später erschienen die deutsche und die englische Buchausgabe, und wenig später wurde die französische Fassung veröffentlicht.

Wie Schliemanns Buch über die Ausgrabungen in Hissarlik ist auch *Mykenae* im wesentlichen ein Tagebuchbericht, der ähnliche Mängel aufweist. Bedauerlicherweise enthält das Werk zu wenige präzise Hinweise auf die Fundstellen der einzelnen Artefakte. Und wie in *Trojanische Alterthümer* ändert der Autor im Verlauf der Berichterstattung des öfteren seine Meinung. Bei der Überarbeitung seiner Aufzeichnungen fügte er zwar häufig das fachmännische Urteil befreundeter Wissenschaftler ein, unternahm aber nur selten den Versuch, es in Beziehung zu seinen Theorien zu setzen und zu einer Synthese zu gelangen.

Obzwar er sich in seinen unveröffentlichten Tagebüchern zu der Einsicht durchrang, daß die Gräber keinesfalls dieselben sein konnten, die Pausanias gesehen und als die der Atriden bezeichnet hatte, ließ er sich später von seinen Funden so betören, daß er in seinen publizierten Berichten alle Bedenken über Bord warf und sich einredete, er habe die sterblichen Überreste des größten aller mykenischen Könige tatsächlich mit eigenen Augen gesehen. Wie in Troja zog er - diesmal gegen besseres Wissen - Schlußfolgerungen, die geeignet waren, Aufsehen zu erregen. Und so kam es, daß die Version, die er zuletzt präsentierte, keineswegs die plausibelste, sondern häufig die unkritischste war. Schliemann, der Gegentyp des gelehrten Forschers, war nicht bereit, seinen naiven Glauben durch irgendwelche Zweifel aushöhlen zu lassen. Aus dem gleichen Grund ignorierte er später ein brillantes Forschungsergebnis, zu dem sein Freund Charles T. Newton (Direktor des Britischen Museums und selbst ein angesehener Archäologe) gelangt war: daß auf Rhodos gefundene Vasen mit den gleichen »mykenischen« Stilmerkmalen anhand einer ägyptischen Gemme in die Zeit um 1400 v. Chr. datiert werden konnten, also zweihundert Jahre vor dem Trojanischen Krieg, der nach der Überlieferung um 1180 v. Chr. stattfand.

Viele Theorien, die Schliemann so apodiktisch verkündete, haben sich als unhaltbar erwiesen. Einige wurden nicht nur von seinen Gegnern, sondern auch von Zeitgenossen, die ihm wohlgesinnt waren, für offenkundig falsch gehalten. Carl Schuchhardt, Mitarbeiter Schliemanns und von diesem autorisiert, ein - 1889 erschienenes - ausführliches Buch über seine Ausgrabungen zu schreiben, bestritt zu Recht die von Pausanias vertretene Meinung, daß die *tholoi* keine Gräber (wie seit der Antike allgemein angenommen), sondern Vorrats- und Schatzhäuser gewesen seien. Daß die Herrscher von Mykene ihre Schätze in Gewölben außerhalb der gutbewachten Burgmauern aufbewahrten, ist tatsächlich höchst unwahrscheinlich. Zudem war der kleinere Raum im »Schatzhaus des Atreus« ganz offensichtlich eine Grabkammer. Und noch zu Lebzeiten Schliemanns wurde in Menidi, nicht weit von Athen, ein völlig unbeschädigter Tholos geöffnet, in dem sich die Überreste von Bestatteten sowie Grabbeigaben befanden.

Schliemanns Behauptung, alle Schachtgräber seien zur gleichen Zeit und außerdem in großer Eile erbaut worden - eine auf die Schilderung der heimtückischen Ermordung Agamemnons zugeschnittene Theorie - entbehrte jeder sachlichen Grundlage. Die Ausstattung der Gräber sprach ebenso dagegen wie die Verschiedenartigkeit der in ein und demselben Schachtgrab stattgefundenen Beisetzungen - eine Tatsache, über die sich Dörpfeld bereits klar wurde, als er Schliemanns Bericht überprüfte. Andere Archäologen, namentlich Stamatakis, der 1877 das sechste Grab entdeckte, erkannten rasch, daß die Schachtgräber verschiedenen Perioden zuzuordnen waren.

Desgleichen behauptete Schliemann viel zu voreilig, die Leichen seien verbrannt worden - weil es nun einmal zu den Homerischen Riten gehörte, die toten Helden dem Feuer zu übergeben. Hätte es sich tatsächlich um verbrannte Leichen gehandelt, so wäre im Verlauf von dreieinhalb Jahrtausenden bestimmt nicht so viel Knochensubstanz erhalten geblieben. Daß man in den Gräbern Asche und Spuren von Feuer entdeckte, deutet wahrscheinlich auf Brandopfer, die zum Bestattungsritual gehörten. Jedenfalls sprach manches für eine Mumifizierung oder Einbalsamierung der Leichen, woraus man auf Beziehungen zwischen Mykene und Ägypten schließen könnte - eine Vorstellung, die sich mit der bestechenden, wenn auch höchst anfechtbaren Hypothese in Einklang bringen ließe, daß das mykenische Gold, über dessen Herkunft so viel gerätselt worden ist, aus Ägypten stammte: Mykenische Söldner (verwandt mit den in der kanaanäischen Küstenebene angesiedelten Philistern?) hatten den Ägyptern bei der Vertreibung der asiatischen Hyksos geholfen.

Was die rund um die Schachtgräber verlaufende Doppelmauer betrifft, so glaubte Schliemann zunächst, bei den senkrecht stehenden Steinplatten handle es sich um Grabstelen; im weiteren Verlauf der Kampagne wurde ihm klar, daß sie eine dichtgefügte Einfriedung bildeten, die mit waagrecht liegenden Steinplatten abgedeckt war. Daraus schloß er, daß die Mauer als Sitzbank gedient habe und die gesamte Plattform eine Agora gewesen sei, die wegen der darunter befindlichen Königsgräber als heilige Stätte gegolten habe. Aber auch diese ausgeklügelte, durch Zitate aus der Literatur des klassischen Altertums untermauerte Theorie fand nur wenige Anhänger. Das gleiche galt allerdings auch für Pausanias' These, oder richtiger gesagt für deren Interpretation durch Schliemann. Sie ist zumindest als Anachronismus zu bezeichnen, denn das Löwentor und die angrenzenden Mauern sind – wie der Architekt und Archäologe Friedrich Adler wenig später darlegte – jüngeren Datums (nämlich hundertfünfzig bis zweihundert Jahre jünger) als die Schachtgräber, die ursprünglich außerhalb des Burgwalls lagen. Lediglich ein später errichteter Maueranbau zog sich um das Bestattungsareal[23], doch auch außerhalb dieser Mauer wurden von Schliemanns Nachfolgern Gräber entdeckt. Die niedrige Mauer rund um die Plattform ist ebenfalls ein Bauwerk jüngeren Datums.

Einer Berichtigung bedarf auch die (von Charles T. Newton und Arthur Evans geteilte) Meinung Schliemanns, die »Schatzhäuser« seien älter als die Schachtgräber. Tatsächlich ist es umgekehrt, auch wenn die Entstehungszeiten der verschiedenen Schachtgräber wie auch der neun vergleichbaren Bauwerke, die bisher in Mykene und der näheren Umgebung entdeckt wurden, um einige Jahrhunderte differieren, und Entwurf und Bauweise der Grabstätten eine deutliche Weiterentwicklung zeigen.[24] Wo die Atriden – falls sie nicht doch nur mythologische Gestalten waren – tatsächlich bestattet wurden, konnte bis heute noch nicht glaubwürdig nachgewiesen werden, obzwar manches dafür spricht, daß die Überlieferung, die sie mit den »Schatzhäusern« in Verbindung bringt, recht hat und mit dem zeitlichen Ablauf einigermaßen vereinbar ist.

Wie dem auch sei – die hartnäckige Homergläubigkeit Schliemanns führte also nach wie vor zu bedeutsamen Entdeckungen. Und was er alles ins Licht gebracht hatte! Die Funde in den mykenischen Königsgräbern stellten den Schatz des Priamos in den Schatten. Es war eine ebenso unerwartete und sensationelle Entdeckung wie die des

Grabes Tut-ench Amuns ein halbes Jahrhundert später. Der materielle Wert des kostbaren Fundes verblaßte vor der künstlerischen Vollkommenheit der Grabbeigaben, die einen entscheidenden Beitrag zur Erforschung eines noch nahezu unbekannten Zeitraumes in der Entwicklung der Kunst- und Kulturgeschichte der Antike leisteten. Hier, in dieser öden, felsigen Vorgebirgslandschaft, grub der deutsch-amerikanische Amateurarchäologe im Laufe von vier Monaten Zeugnisse einer vordorischen Epoche aus, die so gut wie unerforscht war. Das wenige, das man darüber wußte, war noch nicht zum festen Bestandteil der Altertumswissenschaft geworden.

Wie die Kostbarkeiten Trojas, aber auf einer viel höheren Entwicklungsstufe, zeugten die Schätze Mykenes von den Wechselbeziehungen der Kunst. Glaswaren, ein Straußenei und Alabastergefäße stammten höchstwahrscheinlich aus Ägypten. Elfenbeinarbeiten zeigten, obzwar sie vermutlich in Mykene angefertigt worden waren, ähnliche Motive, wie man sie aus dem Nahen Osten kannte. Und sogar Bernstein von der Ostseeküste, seiner eigenen Heimat, fand Schliemann in Mykene. Die Keramikfunde wiesen einen Stil auf, der in Griechenland weit verbreitet war, inzwischen aber auch in Süditalien und Ägypten (wo Flinders Petrie ihn zunächst als »ägäisch« bezeichnete) nachgewiesen werden konnte. Schon vor Schliemanns Zeit war ähnliche Töpferware auf Thera, Rhodos und Cypern ausgegraben worden. Daß zwischen der mykenischen Kultur und der minoischen Kultur Kretas eine enge Verwandtschaft bestand, vermutete damals noch kaum jemand.

Schliemann glaubte, einen weiteren Beweis für die historische Grundlage der Homerischen Epen erbracht zu haben, tatsächlich aber gab er der Welt Kunde von einer versunkenen Kultur, die bereits rund vier Jahrhunderte vor den von Homer geschilderten Ereignissen existiert hatte. Dank Schliemanns Intuition spricht die Geschichtsforschung heute vom »mykenischen Zeitalter« (um 1600–1150 v. Chr.) – der Epoche, in der auf dem europäischen Festland zum erstenmal eine Kultur zu voller Entfaltung gelangte.[25] Endlich war Licht in das vorhistorische Dunkel gefallen, aus dem das klassische Griechenland phönixgleich aufgestiegen schien.

Schliemanns Entdeckungen bildeten die Grundlage für einen völlig neuen Zweig der archäologischen und historischen Forschung, der bis heute entscheidend zum Fortschritt der Altertumswissenschaft beigetragen hat. Seine Funde führten zu anderen Sternstunden in der Geschichte der Archäologie: zur Erforschung der noch älteren kretischen Kultur; zur Entdeckung und Entzifferung des minoisch-mykenischen Schriftsystems Linear B (die Sprache wurde als eine Frühform des Griechischen identifiziert)[26]; und zum radikalen Wandel unserer Vorstellungen von der prähistorischen Vergangenheit des Mittelmeerraumes und Europas.

Die Grabungen in Mykene rückten, mehr noch als die in Troja, den unscheinbaren Exkaufmann in den Blickpunkt der Öffentlichkeit. Die Kunde von seinen neuesten Triumphen hielt mehrere Kontinente in Atem. Es gab zwar nach wie vor Wissenschaftler, die seine Deutungen der Funde in Zweifel zogen und seine Grabungsmethoden kritisierten, aber auch sie konnten nicht umhin, die großartigen Ergebnisse seiner Arbeit anzuerkennen. Andere aber wurden begeisterte Anhänger Schliemanns. Je größer sein Ruhm wurde, desto eifriger wob man an der Schliemann-Legende.

Die Suche nach Agamemnon

Aus *Mykenae*

Mykenae, 19. August 1876

Ich kam hier am 7. d. M. an, auf demselben Wege, den Pausanias beschreibt ... Die Lage von Mykenae ist ausgezeichnet beschrieben von Homer durch »im äußersten Winkel des rossenährenden Argos«, denn es liegt in der Nordecke der Ebene von Argos, in einer Nische zwischen den beiden erhabenen Kuppen des Berges Euboea, von wo es den obern Teil der großen Ebene und den wichtigen Engpaß beherrschte, durch welchen die Straße nach Phlius, Kleonae und Korinth führte. Die Akropolis lag auf einer mächtigen Felshöhe, welche vom Fuße des hinter ihr befindlichen Berges in Gestalt eines unregelmäßigen Dreiecks nach Westen hervortritt. Die Felshöhe hängt über einer tiefen Schlucht, welche die ganze Südseite der Akropolis beschützt. Durch die Schlucht schlängelt sich ein Strombett, welches gewöhnlich beinahe trocken ist, da es kein anderes Wasser hat als das der 800 Schritt nordöstlich von der Akropolis gelegenen reichlichen Quelle Perseia ... Die Felshöhe der Zitadelle ist auch an der Ost- und Westseite mehr oder weniger steil und bildet dort sechs natürliche oder künstliche Terrassen.

Die Akropolis hat eine 13-35 Fuß hohe und durchschnittlich 16 Fuß dicke zyklopische Ringmauer, die noch in ihrem ganzen Umfange vorhanden, aber einst viel höher gewesen ist; sie besteht aus schöner, harter Breccia, welche man in den umliegenden Bergen im Überfluß findet; sie folgt den Wendungen des Felsens und zeigt drei verschiedene Arten von Architektur. Bei weitem der größere Teil zeigt ganz dieselbe Bauart wie die Mauern von Tiryns, ist aber weniger massiv; diese Bauart sieht man allgemein als die älteste an.

Ungeachtet des hohen Altertums von Mykenae sind seine Ruinen viel besser erhalten als die irgendeiner anderen Stadt in Griechenland, die Pausanias (ungefähr 170 n. Chr.) in blühendem Zustande sah, und ... wegen seiner abgelegenen und abgeschlossenen Lage und der Plumpheit, Größe und Festigkeit der Ruinen ist es kaum denkbar, daß seit der Zeit jenes Reisenden in dem allgemeinen Anblick von Mykenae irgendeine Veränderung stattgehabt haben sollte.

In der nordwestlichen Ecke der Ringmauer ist das große Löwentor aus herrlicher harter Breccie ... Das große Tor steht unter rechtem Winkel mit der daranstoßenden Mauer der Zitadelle. Der Zugang zu dem Tore besteht in einer

50 Fuß langen, 30 Fuß breiten Galerie, gebildet von der erwähnten und einer andern äußern Mauer, die beinahe parallel mit jener läuft und zu einem der Verteidigung des Eingangs dienenden großen viereckigen Turm gehört. Zwischen diesen Mauern konnte der Feind nur mit einer geringen Front von vielleicht sieben Mann vorrücken und war den Pfeilen und Steinwürfen von drei Seiten ausgesetzt. Ein im Zickzack angelegter, auf gewaltigem zyklopischen Unterbau ruhender Weg, der jetzt mit großen, von der Mauer gefallenen Steinen bedeckt ist, führte zum Eingang der Galerie des Tores ...

Ungefähr eine viertel deutsche Meile weit nach Westen, Südwesten und Süden von dieser Akropolis, und zwar genau zwischen den oben erwähnten beiden tiefen Schluchten, erstreckte sich die untere Stadt, deren Baustelle deutlich bezeichnet ist durch zahlreiche Trümmer zyklopischer Unterbauten von Häusern, durch eine zyklopische Brücke, durch fünf Schatzhäuser und endlich durch die Bruchstücke ausgezeichneter bemalter archaischer Töpferware, womit der Boden überstreut ist ...

Aber noch viel interessanter als alle Gebäude der Vorstadt sind die Schatzhäuser, die wegen ihrer Ähnlichkeit mit Backöfen jetzt von den Dorfleuten *phournoi* genannt werden. Das eine derselben ist gleich außerhalb der Stadtmauer, auf dem Abhange des Hügels, nahe bei dem Löwentor; die Tür ist sichtbar, liegt aber beinahe ganz unter der Erde; der Eingang ist 18 Fuß lang, 7 Fuß und 9 Zoll breit und von drei großen, dicken Steinplatten überdacht; von dem domförmigen Gebäude ist jetzt nur ein kleiner Teil der untern kreisförmigen Mauer sichtbar; der obere Teil ist wahrscheinlich schon vor Jahrhunderten eingestürzt ...

Auf der Baustelle der ummauerten Stadt sind die beiden größten Schatzhäuser: das eine ist das berühmte Schatzhaus, welches die Tradition dem Atreus zuschreibt; das andere, in unmittelbarer Nähe des Löwentores, scheint ganz mit Erde bedeckt und daher in historischer Zeit unbekannt gewesen zu sein. Der obere Teil des Doms dieses Schatzhauses ist eingestürzt, aber es ist mir nicht gelungen mit Gewißheit zu erfahren, ob, wie einige der Bewohner der Argolis behaupten, dies zufällig geschehen oder ob es, wie andere sagen, das frevelhafte Werk von Veli Pascha, dem Sohne des berüchtigten Ali Pascha ist, der gegen Ende des Jahres 1820 den Versuch gemacht haben soll, auf diesem Wege in das Schatzhaus zu gelangen, aber, wie behauptet wird, durch den Ausbruch der griechischen Revolution verhindert wurde fortzufahren.

Das »Schatzhaus« des Atreus, welches ungefähr 400 Schritt südlicher liegt, war ganz unterirdisch; es war unter dem östlichen Abhang des Bergrückens gebaut, welcher die Stadt durchschnitt, und der Schlucht desselben Strombettes zugewandt, das an der Südseite des Burgfelsens vorbeigeht ...

Die Baustelle von Mykenae war zu Pausanias Zeit gerade dieselbe kahle Wildnis von steinigem Weideland, untermengt mit Bergabhängen und steilen Felshöhen, die sie jetzt ist; dort kann keine Veränderung eingetreten sein, und die Reste der unteren Stadtmauer waren zu seiner Zeit jedenfalls ebenso geringfügig wie jetzt. Ja, so unbedeutend sind sie, daß bis jetzt nur die Spuren des Mauerarms auf dem Bergrücken von Reisenden bemerkt sind und daß vor mir niemand die Trümmer des am Ufer des Strombettes in der Schlucht entlanglaufenden andern Arms der Stadtmauer gesehen zu haben scheint ...

Ich fing das große Werk am 7. August 1876 mit 63 Arbeitern an, welche ich in drei Haufen teilte: 12 Mann stellte ich an das Löwentor, um den Eingang in die Akropolis freizugraben, 43 Mann ließ ich in einer Entfernung von 40 Fuß vom Tor einen 113 Fuß langen, 113 Fuß breiten Einschnitt machen, und stellte die übrigen 8 Mann an der Südseite des in der unteren Stadt nahe beim Löwentor gelegenen Schatzhauses auf, um einen Einschnitt zu machen und den Eingang zu finden. Aber der Boden neben dem Schatzhaus war hart wie Stein und enthielt so viele große Blöcke, daß 14 Tage vergingen, um bis zu der Spitze der über der Tür befindlichen dreieckigen Nische vorzudringen, nach welcher ich berechnen konnte, daß ich noch 33 Fuß tiefer zu graben haben würde, um bis zur Türschwelle zu gelangen.

Ich fand ebenfalls die größten Schwierigkeiten bei dem Löwentor, wegen der großen Blöcke, mit denen der Eingang versperrt war und die von den darangrenzenden Mauern auf die Angreifer geworfen zu sein scheinen, als die Akropolis 468 v. Chr. von den Argivern erobert wurde. Die Versperrung des Eingangs muß aus jener Zeit stammen, denn der Schutt, in welchem die Blöcke liegen, ist nicht von einer Reihe aufeinanderfolgender Haushaltungen gebildet, sondern augenscheinlich nach und nach von den höheren Terrassen heruntergewaschen worden.

Beim Eintritt in das Tor, gleich links, brachte ich ein kleines Zimmer ans Licht, welches ohne Zweifel des vorhistorischen Torwächters Wohnung gewesen ist und dessen Decke von einer einzigen großen, dicken Steinplatte gebildet wird. Das Zimmer ist nur $4^1/_2$ Fuß hoch und würde nicht nach dem Geschmack unserer jetzigen Torwächter sein, aber im heroischen Zeitalter war Komfort unbekannt, besonders bei den Sklaven, und da er unbekannt war, wurde er nicht vermißt ...

Am Nordende meines Einschnitts habe ich einen Teil einer zyklopischen Wasserleitung ans Licht gebracht ... Unmittelbar neben der zyklopischen Wasserleitung sind 12 grabförmige Behälter, bestehend aus großen Platten von hartem Kalkstein, die mit kleineren Platten zugedeckt sind; nach meiner Überzeugung können dieselben aber unmöglich etwas anderes sein als kleine Zisternen. Wenige Schritte südlich von diesen Behältern habe ich zwei Grabstelen ans Licht gebracht, die in gerader Linie von Norden nach Süden stehen und mit Basreliefs von höchstem Interesse geschmückt sind. Die nördlichste dieser beiden Stelen ist leider von weichem Kalkstein, infolgedessen sie mehrfach zerbrochen und ihr oberer Teil nicht mehr erhalten ist ... Sie hat nur eine einzige ungeteilte Bildfläche, die unten sowohl wie seitwärts von einer breiten, in einfachster Weise mehrfach gegliederten Randung eingeschlossen ist, und stellt eine Jagdszene dar. Auf einem von einem Pferde gezogenen Streitwagen steht der Jäger, der in der linken Hand die Zügel, in der rechten ein langes, breites Schwert hält. Von dem Wagen selbst ist, wegen der Brüche des Steins, der obere Teil nicht deutlich sichtbar, sehr wohl aber das Rad mit seinen vier Speichen, welche ein Kreuz bilden. Die langgestreckten Vorder- und Hinterfüße des Pferdes scheinen seinen schnellen Lauf andeuten zu sollen ...

Nur einen Fuß weit von diesem Grabstein entfernt und in gleicher Linie mit ihm ist der andere; er besteht aus viel härterem Kalkstein und ist daher besser erhalten ... Der untere Teil der Bildfläche stellt einen von linksher anstürmenden Wagenkämpfer dar; dieser scheint mehr zu sitzen als zu stehen, denn der untere Teil seines Leibes ist nicht sichtbar ... Der Streitwagen wird von einem Hengst gezogen, dessen langgestreckte Füße die Schnelligkeit seines Laufes anzudeuten scheinen. Der Schwanz des Pferdes steht aufrecht und nur sein Ende bildet einen Halbkreis ... Gerade vor dem Pferde steht ein scheinbar nackter Kämpfer, welcher mit der rechten Hand des Tieres Kopf ergreift und in der emporgehobenen Linken ein zweischneidiges Schwert hält; er scheint von Schrecken ergriffen zu sein; sein Kopf ist im Profil, der ganze übrige Körper dagegen ohne jede perspektivische Verkürzung dargestellt ...

Mykenae, 9. September 1876

Seit dem 19. August habe ich die Ausgrabungen mit durchschnittlich 125 Arbeitern und vier Schuttkarren fortgesetzt und guten Fortschritt gemacht ... Die Leute arbeiten hier viel besser und sind viel ehrlicher als die Arbeiter in der Landschaft Troas.

In dem Einschnitt am Löwentor habe ich die Arbeit einstweilen einstellen müssen, da die Archäologische Gesellschaft in Athen versprochen hat, einen Ingenieur herzuschicken, der die zyklopische Mauer oberhalb und neben dem Tor ausbessern und das Basrelief der Löwen mit eisernen Klammern befestigen soll, um es gegen ein Erdbeben zu schützen.

In dem großen zweiten Einschnitt habe ich eine zweite Mauer von kleineren Steinen ans Licht gebracht; sie ist 12 Fuß hoch, läuft parallel mit der großen Ringmauer und bildet somit eine Krümmung von ungefähr dem dritten Teil eines Kreises ...

Auf dieser Mauer sind zwei parallele Reihen großer, dicht aneinander schließender Platten von kalkartigem Stein, welche ganz dieselbe Richtung haben wie die Mauer und mit dem im angrenzenden Felde enthaltenen Teil einen vollen Kreis zu bilden scheinen ... Der Raum zwischen den beiden schrägen Reihen von Steinplatten war mit Schutt gefüllt, der mit unzähligen Bruchstücken von archaischer Töpferware und einer Menge Hera-Idole gemischt war, aber Knochen fehlten dort durchaus. Innerhalb der Krümmung und ganz nahe bei der doppelten, parallelen Reihe von Steinplatten brachte ich noch zwei skulptierte Grabmonumente von hartem Kalkstein ans Licht, deren eines in derselben Reihe mit den bereits beschriebenen Grabsteinen und nur 1 Fuß 5 Zoll südlich davon steht ... Die neuentdeckte dritte Grabstele hat, gleich den beiden übrigen, auf der Westseite eine Skulptur in Basrelief, welche von zwei parallelen Leisten umfaßt und durch eine horizontale Leiste in zwei Abteilungen geteilt ist ...

Die insgesamt vier Grabsteine mit den Basreliefs und die fünf ohne Skulptur bezeichnen ohne Zweifel tief in den Felsen gehauene Gräber, deren Ausgrabung ich jedoch ebenfalls aufschieben muß, bis ich alle Ausgrabungen auf der Nordseite der Akropolis beendet habe.

Das Vorhandensein dieser Gräber nahe beim Löwentor, also an der imposantesten Stelle der ganzen Akropolis, auf einem Platze, wo man erwartet hätte, den königlichen Palast zu finden, ist von guter Vorbedeutung, um so mehr als die Platten der beiden parallelen Reihen vollkommen denen der fünf unskulptierten Grabsteine ähnlich sind ...[1]

In der Tat zögere ich keinen Augenblick zu verkünden,

daß ich hier die Gräber gefunden habe, welche Pausanias, der Tradition folgend, dem Atreus, dem »Könige der Männer« Agamemnon, seinem Wagenlenker Eurymedon, der Kassandra und ihren Gefährten zuschreibt. Es ist jedoch durchaus unmöglich, daß Pausanias diese Grabstelen gesehen haben kann, denn als er – ungefähr 170 n. Chr. – Mykenae besuchte, waren seit einer langen Reihe von Jahrhunderten alle Grabsteine mit einer 8–10 Fuß dicken Schuttschicht vorhistorischer Häuser bedeckt gewesen, auf welche eine hellenische Stadt gebaut und bereits circa 400 Jahre vor seiner Zeit wieder verlassen worden war, nachdem sie das auf den Grabstelen lastende Stratum älterer Trümmer mit einer neuen Schuttschicht von 3 Fuß Dicke vermehrt hatte. Somit konnte Pausanias die Existenz dieser Gräber einzig und allein aus der Tradition kennen ...

Meine Frau und ich stehen den Ausgrabungen vom frühen Morgen bis zum Sonnenuntergang vor und leiden gar sehr von der furchtbaren Sonnenhitze und dem fortwährenden Sturm, der uns unaufhörlich den Staub in die Augen peitscht und sie entzündet, aber trotz dieser Qualen können wir uns nichts Interessanteres denken als die Ausgrabung einer vorhistorischen Stadt von unsterblichem Ruhm, wo fast jeder Gegenstand bis zur Topfscherbe eine neue Seite der Geschichte aufdeckt.

Mykenae, 30. September 1876

... Meine Vermutung, daß die doppelte, parallele Reihe großer Steinplatten einen ganzen Kreis bilden, hat sich als richtig erwiesen; die eine Hälfte davon ruht auf der Mauer, welche dazu diente, sie in dem niedrigeren Teil der Akropolis zu tragen, die andere Hälfte steht auf dem höheren, platten Fels und berührt den Fuß der vorerwähnten zyklopischen Mauer; der Eingang ist von der Nordseite.

Ich dachte zuerst, der Raum zwischen den beiden Reihen möge zu Trank- oder Blumenopfern zu Ehren der hohen Verstorbenen gedient haben, bin aber hiervon zurückgekommen, denn die doppelte Reihe von Steinplatten ist einst mit Querplatten bedeckt gewesen, von denen sechs noch in situ sind; sie sind sehr gut eingepaßt und befestigt durch breite Einschnitte ...

Mykenae, 30. Oktober 1876

... Ich mache hier ganz besonders darauf aufmerksam, daß ich zu meinem allergrößten Bedauern, aber auf das dringende Verlangen der Archäologischen Gesellschaft in Athen, gezwungen worden bin, in der Akropolis, rechts und links vom Löwentor, eine große Schuttmasse unangerührt stehenzulassen. Die Archäologische Gesellschaft hat nämlich noch keinen Ingenieur zur Befestigung der Skulptur mit den beiden Löwen über dem Tor und zur Ausbesserung der zyklopischen Mauern rechts und links davon geschickt, beabsichtigt aber, diese Arbeit früher oder später machen zu lassen und glaubt, daß die Schuttmassen zum Heben und Einsetzen der großen Blöcke nötig sind ... Ich bemerke dies, da jeder Besucher natürlich die Zurücklassung jener beiden Schuttmassen meiner Nachlässigkeit zuschreiben wird.

Gestern und heute haben meine Ausgrabungen die Ehre gehabt, von Sr. Maj. dem Kaiser Dom Pedro II. von Brasilien besucht zu werden. Von Korinth kommend ritt Se. Maj. direkt zur Akropolis hinauf und blieb zwei Stunden lang in meinen Ausgrabungen, welche er mehrfach aufmerksam besichtigte ...

Mykenae, 6. Dezember 1876

Nachdem die vier Grabsteine mit den Basreliefs ausgehoben und nach dem Dorfe Charvati gebracht waren, um nach Athen gesandt zu werden, explorierte ich die Stelle, wo die Stelen mit den die Krieger und die Jagdszene darstellenden Skulpturen gestanden hatten, und fand dort ein 21 Fuß 5 Zoll langes, 10 Fuß 4 Zoll breites, in den Fels gehauenes viereckiges Grab ...

Als ich tiefer grub, fand ich von Zeit zu Zeit etwas schwarze Asche und darin häufig sehr sonderbare Gegenstände: entweder einen hölzernen Knopf, bedeckt mit einem goldenen Plättchen mit sehr schönem Intaglio, oder einen aus Elfenbein geschnittenen Gegenstand in Form eines Widderhorns mit einer flachen, zwei kleine Löcher enthaltenden Seite, mittels deren er an irgend etwas anderes geheftet war; ferner andere Schmucksachen von Knochen oder kleine Goldblättchen. Ich sammelte auf diese Weise, außer vielen anderen merkwürdigen Gegenständen, 12 mit Goldplättchen überzogene Knöpfe, deren einer so groß ist wie ein Fünffrankenstück ...

Als ich bis zu einer Tiefe von $10^1/_2$ Fuß vorgedrungen war, wurde ich durch heftigen Regen aufgehalten, der die weiche Erde im Grabe in Schlamm verwandelte. Ich nahm daher die beiden unskulptierten Grabsteine der zweiten Reihe heraus, welche genau 20 Fuß östlich von den drei Stelen mit den Basreliefs standen. Indem ich an der Stelle, wo sie gestanden hatten, nachgrub, fand ich ein zweites Grab in den Fels geschnitten ... In einer Tiefe von 2–$2^1/_2$ Fuß unterhalb der Grabsteine fand ich große Bruchstücke von zwei, dem Anscheine nach älteren, unskulptierten Stelen. In einer Tiefe von 15 Fuß unter der Felsfläche, somit in einer Tiefe von 25 Fuß unterhalb des Bodens, wie ich ihn zu Anfang meiner Ausgrabungen fand, kam ich zu einer Schicht Kieselsteine, unter welcher ich, in Zwischenräumen von 3 Fuß voneinander, drei Menschengerippe fand; alle lagen mit dem Kopf nach Osten und den Füßen nach Westen gekehrt und waren nur durch eine zweite Schicht Kieselsteine, auf welcher sie ruhten, vom geebneten Felsgrunde getrennt.

Augenscheinlich sind alle drei an derselben Stelle, wo sie lagen, gleichzeitig verbrannt; die Massen von Asche von den Gewändern, die sie bedeckt, und dem Holze, welches ganz oder teilweise ihr Fleisch verbrannt hatte, ferner die Farbe der unteren Steinschicht und die Merkmale des Feuers und Rauchs an der steinernen Mauer, welche auf dem Grunde des Grabes alle vier Seiten desselben bekleidete, können in dieser Hinsicht keinen Zweifel übriglassen; ja es fanden sich dort die unverkennbarsten Beweise von drei verschiedenen Scheiterhaufen ... Diese letzteren waren allem Anscheine nach nicht groß und bezweckten nur, die Gewänder und ganz oder teilweise das Fleisch der Verstorbenen zu verbrennen, aber nicht mehr, denn die Knochen und sogar die Schädel waren erhalten; diese letzteren hatten indessen so sehr unter der Feuchtigkeit gelitten, daß es nicht gelang, einen einzigen davon zu retten.

Auf jedem der drei Skelette fand ich fünf Diademe. Sie sind von sehr dünnem Gold, jedes $19^1/_2$ Zoll und in der Mitte 4 Zoll breit; alle laufen in spitze Enden aus. Die Ränder aller Diademe waren um kupferne Drähte gebogen, um ihnen mehr Festigkeit zu geben. Viele Bruchstücke jener Drähte fanden sich. Alle 15 Diademe zeigen ganz dieselbe Ornamentation von Repoussé-Arbeit, bestehend auf beiden Seiten aus einem Rande von zwei Linien, zwischen denen wir eine Reihe von dreifachen konzentrischen Kreisen sehen, die nach Verhältnis der Breite des Diadems an Breite ab- oder zunehmen ... der größte Kreis gerade auf der Mitte der Stirn ...

Auch fand ich bei den Gerippen eine Menge sonderbarer Gegenstände, wie z. B. kleine, $1^1/_2$ Zoll lange Zylinder mit durchgehender Röhre ... eine Menge kleiner Messer von Obsidian und viele Bruchstücke einer großen silbernen Vase mit einer mit Kupfer plattierten Öffnung, die dick vergoldet und herrlich mit Intaglio-Arbeit geziert ist. Unglücklicherweise hat sie zu sehr vom Feuer des Scheiterhaufens gelitten, um photographiert zu werden. Es scheint, daß die mykenischen Goldschmiede es nicht verstanden, Silber zu vergolden, daher erst das zu vergoldende Silber mit Kupfer plattierten ...

Die vier Wände des Dritten Grabes waren der Länge nach besetzt mit Stücken Schist von unregelmäßiger Größe, welche mit Lehm verbunden waren und eine 5 Fuß hohe, 2 Fuß 3 Zoll breite, schräge Mauer bildeten.

Ich fand in diesem Grabe die irdischen Überreste von drei Personen, die nach der Kleinheit der Knochen, besonders der Zähne, und nach den Massen von Frauenschmuck, die hier gefunden wurden, Frauen gewesen sein müssen; die Zähne des einen Körpers waren, obwohl alle erhalten, sehr abgenutzt und unregelmäßig und scheinen einer sehr alten Frau gehört zu haben. Alle drei Frauen lagen mit dem Kopf nach Osten und den Füßen nach Westen. Wie in dem Zweiten Grabe lagen die Gerippe 3 Fuß voneinander entfernt; sie waren mit einer Schicht Kieselsteine bedeckt und lagen auf einer Schicht gleicher Steine, auf welcher die Scheiterhaufen errichtet waren ... Diese Körper waren buchstäblich mit Juwelen von Gold überladen, welche alle mehr oder weniger in die Augen fallende Merkmale des Feuers und Rauches zeigten, dem sie auf dem Scheiterhaufen ausgesetzt waren.

Unter den am meisten vorkommenden Schmuckstücken nenne ich die großen, mit schöner Repoussé-Arbeit gezierten runden, dicken, goldenen Blätter, deren ich 701 sammelte. Ich fand sie sowohl unter als über den Gerippen und um dieselben herum, es leidet daher keinen Zweifel, daß ein Teil derselben schon vor Errichtung der Scheiterhaufen auf den Grund des Grabes geworfen und der Rest vor Anzündung der Holzstöße auf die Leichen gelegt wurde ...

Auf dem Kopfe des einen der drei Gerippe wurde die prachtvolle goldene Krone gefunden, welche eines der kostbarsten und interessantesten Kleinode ist, die ich in Mykenae fand; sie ist 2 Fuß 1 Zoll lang und ganz bedeckt mit schildartigen Ornamenten; da es Repoussé-Arbeit ist, so stehen letztere hervor, erscheinen als Basreliefs und dies gibt der Krone ein unbeschreiblich prachtvolles Aussehen, welches noch vermehrt wird durch die daran befestigten, auf ähnliche Weise geschmückten 36 großen goldenen Blätter. Ich muß jedoch erwähnen, daß die Krone auf solche Weise um den Kopf gebunden wurde, daß ihr breitester Teil auf die Mitte der Stirn zu liegen kam und die Blätter natürlich um den Kopf herum emporstanden, denn wenn es nicht so gewesen wäre, so würden sie die Augen und den größern Teil des Gesichts bedeckt haben. Neben jedem Ende sieht man ein Loch, durch das ein dünner Golddraht zur Befestigung der Krone gezogen war ...

Mykenae, 6. Dezember 1876

Durch meinen Erfolg ermutigt, beschloß ich den ganzen übrigen Raum innerhalb der vom großen, doppelten parallelen Kreise von Steinplatten umschlossenen Agora auszugraben, und richtete meine Aufmerksamkeit besonders auf die unmittelbar westlich von dem zuletzt geöffneten Grabe gelegene Stelle, obgleich dieselbe von keinem Grabstein bezeichnet war. Aber im Gegensatze zu der Farbe des Bodens anderswo fand ich hier nur schwarze Erde, die schon in einer Tiefe von 15 Fuß nur mit Bruchstücken aus freier Hand gefertigter oder sehr alter, auf der Töpferscheibe gedrehter Terrakotten vermengt war; ich schloß hieraus, daß die Stelle seit einem hohen Altertum nicht aufgewühlt worden sei, und dies bestärkte mich in meiner Hoffnung, hier eine interessante Entdeckung zu machen.

In einer Tiefe von 20 Fuß unter der früheren Oberfläche des Berges kam ich auf ein beinahe kreisförmiges zyklopisches Mauerwerk mit einer großen runden Öffnung in Form eines Brunnens ... Ich erkannte in diesem sonderbaren Monumente sogleich einen uralten Altar zur Totenfeier, und wurde in diesem Glauben bestärkt durch zwei Steintafeln in Form von Grabsteinen und eine kurze Säule, die horizontal unter dem Altar lagen und nach meiner Meinung einst hier aufgestellt gewesen sein müssen, um die Stelle eines Grabes zu bezeichnen. Bruchstücke schöner, aus freier Hand gemachter oder sehr archaischer, auf der Töpferscheibe gedrehter Töpferware sowie Messer von Obsidian waren fortwährend die einzigen Gegenstände menschlicher Industrie, welche ich fand.

Endlich, in einer Tiefe von $26^1/_2$ Fuß und in einer Entfernung von nur 4 Fuß 7 Zoll vom letztbeschriebenen Grabe, fand ich ein 24 Fuß langes, $18^1/_2$ Fuß breites Grab, welches an der Westseite 6 Fuß ... tief in den Felsen gehauen und dessen Boden genau 33 Fuß unter der früheren Oberfläche war.

Es ist besonders bemerkenswert, daß der Totenaltar genau über dem Mittelpunkt dieses Grabes stand, ohne Zweifel ist er daher zu Ehren der Personen errichtet, deren irdische Überreste darin ruhten . . . Genau wie in allen übrigen Gräbern war der Grund des Grabes mit einer Schicht Kieselsteine bedeckt, auf welcher, ungefähr in gleicher Entfernung voneinander, die Gerippe von 5 Menschen lagen, drei mit dem Kopf nach Osten und den Füßen nach Westen, die beiden anderen mit dem Kopf nach Norden und den Füßen nach Süden. Augenscheinlich waren die Leichname an derselben Stelle, wo jeder von ihnen lag, verbrannt; dafür zeugten sowohl die Massen von Asche auf und um die Körper, als auch die deutlichsten Merkmale des Feuers an den Kieselsteinen und der Mauer . . .

Die fünf Körper dieses Vierten Grabes waren buchstäblich mit Juwelen überladen, welche alle - wie die in den anderen Gräbern - unverkennbare Merkmale der Leichenfeuer an sich trugen. . .

Indem ich die Ausgrabung der unteren Schichten dieses Grabes von der Südseite anfing, stieß ich sogleich auf fünf große kupferne Kessel, in deren einem genau 100 sehr große und kleinere hölzerne, mit Gold plattierte Knöpfe enthalten waren, alle geschmückt mit Spiralen und anderer Ornamentation in schöner Intaglio-Arbeit . . .

Wir sehen kupferne Gefäße *(lébētes)* fortwährend in der *Ilias,* zusammen mit Tripoden, als Kampfpreise und Geschenke gebraucht . . .

Unmittelbar neben dem kupfernen Gefäß mit den goldenen Knöpfen fand ich einen silbernen Kuhkopf mit zwei langen goldenen Hörnern . . . Er hat eine schön verzierte goldene Sonne von $2^1/_2$ Zoll im Durchmesser auf der Stirn; in der Mitte des Kopfes ist ein rundes Loch, welches zum Einstecken von Blumen gedient haben mag. Ich bemerke hier, daß der ägyptische Apis mit einer Sonne zwischen den Hörnern dargestellt wird . . . Ohne Zweifel sollte dieser Kuhkopf die Göttin Hera Boopis, die Schutzgöttin von Mykenae darstellen . . .

Indem ich von Osten nach Westen weitergrub, stieß ich auf einen Haufen von mehr als 20 Schwertern und mehreren Lanzen von Bronze; die meisten der ersteren haben hölzerne Scheiden und mit Holz eingelegte Griffe gehabt, von denen eine Masse von Bruchstücken übrig war. Neben und in dem Haufen Schwerter fand ich eine große Menge von runden, mit herrlicher Intaglio-Arbeit gezierten Goldplättchen mit Überbleibseln von flachen, runden Stückchen Holz, die einst in ununterbrochenen Reihen beide Seiten der Holzscheiden geschmückt hatten; die größte Goldscheibe war am breitesten Ende der Scheide, die kleinste am entgegengesetzten; selbst die hölzernen Griffe mehrerer Schwerter waren mit großen runden Goldplatten mit reicher Intaglio-Arbeit geziert; der übrige Raum war mit goldenen Stiften geschmückt, und goldene Nägel sieht man an den großen Schwertgriffknaufen von Alabaster oder Holz. Auf und neben den Schwertern und den Trümmern der Scheiden sah man eine Masse feinen Goldstaubs, der beweist, daß die Griffe und Scheiden auch vergoldet waren.

Einige der Lanzenschäfte schienen wohlerhalten, aber sie zerfielen, als sie der Luft ausgesetzt wurden. Leider waren die Schädel der fünf Personen so sehr beschädigt, daß keiner derselben gerettet werden konnte. Die beiden Leichname, deren Kopf nach Norden gewandt war, hatten das Gesicht mit großen goldenen Masken von Repoussé-Arbeit bedeckt; die eine derselben ist leider auf dem Scheiterhaufen und durch das Gewicht des Schuttes und der Steine so sehr beschädigt, und die Asche sitzt so fest darauf, daß es unmöglich wäre, eine gute Photographie davon zu nehmen. Wenn man dieselbe aber einige Minuten lang betrachtet, so erkennt man die Gesichtszüge ziemlich gut. Die Maske stellt ein großes ovales junges Gesicht mit hoher Stirn, langer hellenischer Nase und kleinem Munde mit dünnen Lippen dar; die Augen sind geschlossen und die Haare der Augenwimpern und Augenbrauen sind gut angegeben.

Eine ganz verschiedene Physiognomie sieht man in der zweiten Maske. Es ist ein rundes Gesicht mit vollen Backen und kleiner Stirn, von welcher die Nase nicht, wie auf der anderen Maske, in gerader Linie fortläuft; der Mund ist klein, die Lippen dick, die Augen geschlossen und die Augenwimpern sowohl als die Augenbrauen, die vereinigt sind, gut angegeben.

Eine dritte Maske von viel dickerem Goldblech bedeckte das Gesicht eines der mit dem Kopf nach Osten gewandten Gerippe. Diese Maske ... zeigt wiederum eine durchaus verschiedene Physiognomie; die Runzeln rechts und links oberhalb des Mundes und der Ausdruck des sehr großen Mundes mit dünnen Lippen lassen keinen Zweifel, daß wir hier das Porträt eines Mannes von vorgerückterem Alter haben; sehr groß ist die Stirn und ebenso die Augen, die offen sind und bei denen sowohl die Wimpern als die Brauen fehlen; unglücklicherweise ist die Nase etwas von den Steinen zerdrückt und verbogen. In dieser Maske ist ein Teil vom Schädel des Mannes bewahrt, dessen Gesicht sie bedeckte.

Die in diesen drei Masken dargestellten Gesichtszüge sind so sehr voneinander verschieden und so ganz und gar verschieden von den idealen Typen von Göttern und Helden, daß ohne allen Zweifel eine jede derselben das Bild des Verstorbenen darstellen muß, dessen Gesicht sie bedeckte, andernfalls würden alle Masken einen und denselben idealen Typus haben.

Eine vierte, sehr schwere goldene Maske wurde neben dem Haupt einer anderen der mit dem Kopf nach Osten gewandten Leichen gefunden. Dieser Gegenstand war doppelt zusammengebogen und sah so wenig einer Maske ähnlich, daß ich glaubte, es sei ein Helm ... Nachdem ich ihn aber entfaltet habe, sehe ich, daß er durchaus nicht bestimmt war, auf den Kopf gesetzt zu werden, und daß er nur als Maske zur Bedeckung des Gesichts gedient haben kann ... Bei näherer Betrachtung sieht man, daß sie einen Löwenkopf darstellt, dessen Ohren und Augen sehr deutlich zu sehen sind. Unglücklicherweise ist diese Maske aus reinstem Golde und daher so weich, daß mehrere Stücke ... abgebrochen sind ...

Ich fand ferner bei den drei mit dem Kopf nach Osten liegenden Gerippen zwei große Siegelringe und ein großes goldenes Armband. Die Oberflächen beider Siegel sind etwas konvex; das eine stellt in sehr archaischem Intaglio einen Jäger mit seinem Wagenlenker auf einem von zwei Hengsten gezogenen Wagen dar; die acht Füße der Tiere sind in der Luft und paralleler Linie mit dem Boden, um die Schnelligkeit anzudeuten, mit der sie forteilen; ihre dicken, vollen Schwänze sind in die Höhe gehoben, dieselben sind sehr naturgetreu und so auch der Rest der Leiber mit Ausnahme der Köpfe, die mehr Kamelköpfen als Pferdeköpfen ähnlich sind ... Die beiden Männer sind nackt und tragen nur einen Gürtel um die Lenden; ihre unbedeckten Köpfe zeigen dickes aber nicht langes Haar; beide tragen Ohrringe ...

Noch interessanter ist die Schlachtszene auf dem zweiten Siegel. Wir sehen dort vier Krieger, von denen der eine jedenfalls die anderen drei besiegt hat; einer der letzteren, der verwundet ist, sitzt zur Rechten des Siegers auf dem Boden, auf den er sich mit den Händen stützt; er hat nur einen kleinen Helm auf dem Kopfe und ist sonst ganz nackt; sehr gut ist sein Bart dargestellt, und der mykenische Goldschmied hat sich viel Mühe gegeben, die Anatomie des Körpers darzustellen; obwohl die Figur sitzt und die Füße seitwärts vom Beschauer ausgestreckt sind, so sehen wir doch den ganzen oberen Körper in Vorderansicht ohne irgendeine Modifikation der Perspektive ...

Als ich diese wunderbaren Ringe ans Licht brachte, rief ich unwillkürlich aus: »Der Verfasser der Ilias und der Odyssee muß jedenfalls in einer Zivilisation wie dieser, die solche Kunstsachen hervorbringen konnte, geboren und erzogen sein; nur ein Dichter, der Kunstsachen wie diese beständig vor Augen hatte, konnte die göttlichen Gedichte verfassen.« ...

Ferner wurden bei den fünf Gerippen dieses Grabes neun goldene Gefäße gefunden ... Ein sehr großer, massiv goldener Becher hat zwei Henkel, ist daher ein *dépas amphikýpellon;* er wiegt fast vier Pfund. Er ist einer der prachtvollsten Juwelen der mykenischen Schätze, aber unglücklicherweise unter der Last des Schuttes und der Steine zerdrückt und der Bauch so sehr auf den Fuß gepreßt, daß der Beschauer im Bilde nicht ganz die Pracht dieses königlichen Bechers erkennen kann . . .

Der Bauch dieses herrlichen Bechers ist, zwischen einem oberen Streifen von drei und einem untern von zwei Linien, mit einer Reihe von 14 prachtvollen Rosetten umgeben, der Fuß von einer Reihe großer, hervorstehender halbkugelförmiger Punkte. Nicht nur die flachen Seiten, sondern auch die Kanten der Henkel sind ornamentiert. Hier sehen wir ebenfalls die Köpfe der goldenen Nägel, mit welchen die Henkel an den Rand und den Bauch befestigt sind . . .

Ein anderer schöner massiv goldener Becher ist ebenfalls entstellt und besonders nach der linken Seite vom Beschauer hin verbogen; er hat zwei horizontale Henkel, bestehend aus zwei dicken Goldplatten, die durch einen kleinen Zylinder miteinander verbunden sind . . . Auf jede obere Platte der beiden Henkel ist eine kleine, hübsche, goldene Taube anscheinend gegossener Arbeit gelötet, deren Schnabel nach dem Becher gerichtet ist, so daß die beiden Tauben einander ansehen. Dieser Becher erinnert uns lebhaft an Nestors Becher.

Homers Beschreibung des Nestorschen Bechers stimmt ganz mit dem vor uns stehenden Becher überein, ausgenommen daß ersterer viel größer ist und vier Henkel, jeden mit zwei Tauben hat . . .

Das ganze ungeheure Grab war mit kleinen Goldplättchen bestreut, von denen ich ungefähr 200 Gramm sammelte; eine Masse davon fand ich sogar unterhalb der Leichname und schließe daraus, daß diese Goldplättchen vor Errichtung der Scheiterhaufen im Grabe ausgestreut wurden . . .

Vielleicht die merkwürdigsten aller in diesem Grab gefundenen Gegenstände sind drei kleine Gebäude von Gold in Repoussé-Arbeit . . . Dieselben sind für Wohnhäuser zu klein und ich vermute daher, daß sie kleine Tempel darstellen sollen. In dieser Vermutung werde ich bestärkt sowohl durch die vier Hörner, womit der Turm verziert ist, als durch die beiden Tauben mit aufgehobenen Flügeln, welche an den Seiten sitzen, ferner durch die Säulen mit Kapitäl, die wir in jeder der drei türartigen Nischen sehen; ich weise ganz besonders hin auf die Ähnlichkeit dieser Säulen mit derjenigen, die zwischen den beiden Löwen oberhalb des Löwentores steht ...

Von den Knochen der fünf Leichen dieses Grabes sowie von denen der übrigen Gräber sammelte ich alle nicht zu sehr beschädigten, sie werden zusammen mit den Schätzen im Nationalmuseum zu Athen ausgestellt; natürlich wird der Inhalt eines jeden Grabes getrennt gehalten ...

Mykenae, 6. Dezember 1876

Zum ersten Mal seit ihrer Eroberung durch die Argiver im Jahre 468 v. Chr., also zum ersten Mal seit 2344 Jahren, hat die Akropolis von Mykenae wieder eine Garnison, deren Wachtfeuer bei Nachtzeit in der ganzen Ebene von Argos sichtbar sind, uns an jene Wachtposten erinnernd, die unterhalten wurden, um Agamemnons Rückkehr von Troja zu verkünden, und an jenes Signal, welches Klytämnestra und ihren Geliebten vor seinem Herannahen warnte. Diesmal aber ist der Zweck der Besatzung friedlicher Natur, denn dieselbe soll nur dazu dienen, den Landleuten Scheu einzuflößen und sie zu verhindern, heimlich Ausgrabungen in den Gräbern zu machen oder zu nahe heranzutreten, wenn wir darin beschäftigt sind.

Schon während der Ausgrabung des großen Vierten Grabes, deren Resultat ich beschrieben habe, untersuchte ich das Fünfte und letzte Grab, welches unmittelbar nordwestlich von demselben liegt und durch die große Grabstele mit dem zwei Schlangen darstellenden Mäanderrelief, sowie durch einen Grabstein ohne Skulptur bezeichnet war; diese letztern lagen 11 Fuß 8 Zoll unter der Oberfläche des Berges, wie dieselbe vor Anfang der Ausgrabungen war ... Im Gegensatz zu den übrigen Gräbern waren die vier inneren Seiten dieses Grabes nicht mit Mauern bekleidet, sondern einfach mit großen Stücken Schist, die in schräger Richtung an die niedrige Kante des Grabes gelehnt und nicht mit Lehm verbunden waren.

Wie gewöhnlich war der Grund des Grabes mit einer Schicht Kieselsteine bedeckt, auf der ich die irdischen Überreste nur einer, mit dem Kopfe nach Osten gewandten Person fand, die wie alle übrigen Leichen an der Stelle, wo sie lag, verbrannt war ...

Da der durch vorhergegangenen Regen erzeugte Schlamm in dem durch die drei skulptierten Stelen bezeichneten Ersten Grabe bei schönem Wetter wieder aufgetrocknet war, so setzte ich dort die Ausgrabung fort und erreichte endlich den Grund des Grabes ...

Die in diesem Grabe enthaltenen drei Körper lagen ungefähr einen Meter voneinander entfernt und waren auf der Stelle, wo ich sie fand, verbrannt worden ... Nur bei dem in der Mitte gelegenen Gerippe war es anders, hier war die Holzasche entschieden umgewühlt worden, der Lehm, womit die beiden anderen Körper und ihre Schmucksachen bedeckt waren, sowie die Schicht Kieselsteine, welche die Lehmschicht bedeckte, waren hier verschwunden. Da das Gerippe außerdem beinahe ohne jeglichen Goldschmuck gefunden wurde, so ist es augenscheinlich, daß es beraubt worden ist ...

Die drei Körper dieses Grabes lagen mit den Köpfen nach Osten und den Füßen nach Westen gewandt; alle drei waren ungewöhnlich groß ... Die fast unverletzten Beinknochen sind außergewöhnlich lang. Obwohl der Kopf des ersten Gerippes, von der Südseite gerechnet, mit einer massiv goldenen Maske bedeckt war, so zerfiel doch der Schädel, als er der Luft ausgesetzt wurde, und außer den Beinknochen konnten nur wenige Knochen gerettet werden. Dasselbe war mit dem bereits im Altertum geplünderten zweiten Körper der Fall.

Aber von dem dritten, am Nordende des Grabes gelegenen Körper war das runde Gesicht mit allem Fleisch wunderbar unter der schweren goldenen Maske erhalten; man sah keine Spur von Haar, jedoch waren beide Augen deutlich sichtbar, ebenso der Mund, der unter der auf ihn drückenden großen Last weit geöffnet war und alle seine 32 schönen Zähne zeigte.

Aus diesen schlossen die Ärzte, die gekommen waren, den Körper zu sehen, daß der Mann im frühen Alter von 35 Jahren verstorben sei. Die Nase war ganz verschwunden. Da der Körper für den Raum zwischen den beiden inneren Wänden zu lang gewesen, so war der Kopf so auf die Brust gepreßt worden, daß der obere Teil der Schultern beinahe in horizontaler Linie mit dem Scheitel des Kopfes lag. Ungeachtet der großen goldenen Brustplatte war so wenig von der Brust erhalten, daß die innere Seite des Rückgrats an vielen Stellen sichtbar war ...

Die Farbe des Körpers ist der einer ägyptischen Mumie sehr ähnlich. Die Stirn des Mannes war mit einem einfachen runden Goldblatte geziert, und ein noch größeres Blatt lag auf dem rechten Auge; außerdem bemerkte ich ein großes und ein kleines rundes Goldblatt auf der Brust unterhalb der großen Brustplatte und ein anderes oberhalb der rechten Lende.

Die Nachricht, daß der ziemlich gut erhaltene Körper eines Mannes aus dem mythischen, heroischen Zeitalter, mit goldenen Schmucksachen bedeckt, gefunden worden sei, verbreitete sich mit Blitzesschnelle in der ganzen Argolis, und Tausende kamen von Argos, Nauplia und den Dörfern, um dies Wunder zu sehen. Da jedoch niemand imstande war, mir Rat zu erteilen, wie der Körper erhalten werden könnte, so ließ ich einen Maler kommen, um wenigstens ein Ölgemälde davon machen zu lassen, denn ich war besorgt, er möchte zerfallen. Somit bin ich imstande, ein treues Bild des Körpers zu geben, wie er aussah, als alle goldenen Schmucksachen davon abgenommen waren. Jedoch hielt er sich zu meiner großen Freude zwei Tage lang, als ein Drogist aus Argos, namens Spiridon Nikolaou, ihn durch Aufgießen von Alkohol, worin Sandarak aufgelöst war, hart und fest machte. Da unter dem Körper keine Kieselsteine gesehen wurden, so dachte man, er könnte durch Unterschieben einer eisernen Platte gehoben werden; dies war jedoch ein Irrtum, denn man fand gar bald heraus, daß die gewöhnliche Schicht Kieselsteine darunter vorhanden war. Da nun diese durch das starke Gewicht, welches seit Jahrtausenden darauf gelastet hatte, mehr oder weniger in den weichen Felsen eingedrungen waren, so waren alle Versuche vergeblich, die eiserne Platte unterhalb der Kieselsteine hineinzuschieben und diese mit dem Körper zu heben. Es blieb daher nichts anderes übrig, als rings um den Körper einen kleinen Graben in den Fels zu hauen und dann einen horizontalen Einschnitt zu machen, eine 2 Zoll dicke Felsplatte abzulösen, diese mit den Kieselsteinen und dem Körper zu heben, auf ein Brett zu legen, um dieses eine solide Kiste zu machen und letztere nach dem Dorfe Charvati zu senden, von wo sie nach Athen transportiert werden wird, sobald die Archäologische Gesellschaft ein passendes Lokal für die mykenischen Altertümer gefunden haben wird. Bei den hiesigen elenden Werkzeugen war es eine schwere Arbeit, die große Steinplatte horizontal vom Felsen abzutrennen, aber es war noch viel schwerer, diese in der hölzernen Kiste an die Oberfläche und auf Menschenschultern mehr als eine Meile weit nach dem Dorfe Charvati zu schaffen. Jedoch steht all diese Mühe und Arbeit in keinem Verhältnis zum großen Interesse, welches dieser Körper aus dem fernen heroischen Zeitalter für die Wissenschaft hat.

Der jetzt fast mumifizierte Körper war mit einem 4 Fuß langen, $1^1/_3$ Zoll breiten goldenen Schultergürtel geschmückt, der aus dem einen oder andern Grunde nicht an seiner Stelle war, sondern über den Lenden des Körpers lag und sich in gerader Linie nach rechts hin ausdehnte; in der Mitte des Schultergürtels hängt das Bruchstück eines zweischneidigen bronzenen Schwertes und an dieses war zufällig ein kleiner, schön geschliffener, durchbohrter Gegenstand von Bergkristall in Form einer Amphora *(pithos)* mit zwei kleinen silbernen Henkeln geklebt. Die innere Röhre sieht man in ihrer ganzen Länge durch einen dicken silbernen Stift ausgefüllt . . .

Beim Anblick dieses Schultergürtels überzeugt sich ein jeder, daß er viel zu dünn und zerbrechlich ist, um von lebenden Menschen getragen zu werden. Außerdem glaube ich, daß kein lebendiger Krieger je in die Schlacht gegangen ist mit Schwertern in hölzernen Scheiden, geschmückt mit Reihen von Goldplatten, die nur auf das Holz geleimt sind. Wir können daher mit Gewißheit annehmen, daß ein großer Teil der goldenen Schmucksachen eigens für das Leichenbegängnis angefertigt war. Noch wurde neben dem Schultergürtel ein Gegenstand aus Alabaster gefunden, der als Fußgestell von Vasen gedient haben muß ...

Dagegen ist die massiv goldene Maske des Körpers am Südende des Grabes vollkommen gut erhalten; dieselbe stellt durchaus rein hellenische Gesichtszüge dar, und ich mache besonders aufmerksam auf die lange, dünne Nase, die in gerader Linie von der nur kleinen Stirn abläuft; die geschlossenen Augen sind groß und durch Augenbrauen gut bezeichnet; sehr charakteristisch ist auch der große Mund mit seinen verhältnismäßig schön dargestellten Lippen. Ziemlich gut ist auch der Bart dargestellt, besonders der Schnurrbart, dessen Enden halbmondförmig aufwärts gebogen sind. Dieser Umstand scheint zu beweisen, daß die alten Mykenier Öl oder eine Art Pomade bei ihrem Haarputz gebrauchten. Beide Masken sind von getriebener Arbeit, und gewiß wird niemand auch nur einen Augenblick daran zweifeln, daß sie die Porträts der Verstorbenen darstellen, deren Gesichter sie seit Jahrtausenden bedecken. Man wirft sich unwillkürlich die Frage auf: sind sie zu Lebzeiten oder nach dem Tode ihrer Eigentümer gemacht? Wahrscheinlich nach deren Ableben; dann aber wundern wir uns wiederum, wie es möglich war, die Masken so schnell herzustellen, denn hier, wie in allen heißen Klimaten, werden die Toten innerhalb 24 Stunden nach ihrem Ableben begraben, und diese Gewohnheit muß zu allen Zeiten bestanden haben ...

Jedenfalls aber zeigt die Geschicklichkeit der mykenischen Goldschmiede eine lange Praxis und Erfahrung in ähnlichen Arbeiten, und es kann keinem Zweifel unterliegen, daß sie zu einer Künstlerschule gehörten, die Jahrhunderte lang blühte, ehe sie solche Arbeiten liefern konnte ...

Nachdem ich nun die fünf großen Gräber und die darin enthaltenen Schätze beschrieben habe, will ich jetzt die Frage erörtern, ob es möglich ist, erstere mit den Mausoleen zu identifizieren, die Pausanias, der Tradition gemäß, dem Agamemnon, der Kassandra, dem Eurymedon und ihren Gefährten zuschreibt ... Was mich betrifft, so habe ich immer fest an den trojanischen Krieg geglaubt; mein fester Glaube an Homer und die Tradition ist nie von der modernen Kritik erschüttert worden, und diesem Glauben verdanke ich die Entdeckung Trojas und seiner Schätze ...

Mein fester Glaube an die Tradition veranlaßte mich, die Ausgrabungen in der Akropolis [von Mykene] zu machen und führte zur Entdeckung der fünf Gräber mit ihren ungeheuern Schätzen. Obwohl ich in diesen Gräbern in technischer Hinsicht eine sehr hohe Zivilisation erkannte, so fand ich hier doch, wie in Ilium, nur mit der Hand gemachte oder uralte auf dem Töpferrade gedrehte Vasen und kein Eisen ...

Ich habe nicht das allergeringste Bedenken zuzugeben, daß die Tradition, welche die Gräber in der Akropolis dem Agamemnon und seinen Gefährten zuschreibt, die bei ihrer Rückkehr von Ilium durch Klytemnaestra oder ihren Buhlen Aegisthus meuchlerisch umgebracht wurden, vollkommen richtig und wahr sein mag. Ich muß dies um so mehr annehmen, als wir die Gewißheit haben, daß, um nicht mehr zu sagen, alle Leichen eines jeden Grabes von gleichzeitig Gestorbenen herrühren. Die kalzinierten Kieselsteine unter jeder Leiche, die Merkmale des Feuers rechts und links an den inneren Wänden der Gräber, der unberührte Zustand der Asche und des verkohlten Holzes auf den Gerippen und um sie herum geben uns in dieser Beziehung die bestimmtesten Beweise. Wegen der ungeheuren Tiefe dieser Gräber und der Lage der Körper unmittelbar nebeneinander ist es unmöglich, daß drei oder gar fünf Scheiterhaufen zu verschiedenen Zeiten in einem und demselben Grabe errichtet seien. Die Gleichheit der Begräbnisweise, die vollkommene Ähnlichkeit aller Gräber, ihre sehr große Nähe aneinander, die Unmöglichkeit anzunehmen, daß drei oder fünf unermeßlich reiche königliche Personen, die in langen Zwischenräumen verstorben waren, in einem und demselben Grabe zusammengeworfen seien, endlich die große Ähnlichkeit aller Schmucksachen, die sämtlich denselben Kunststil und dieselbe Epoche beurkunden, all diese Tatsachen sind ebenso viele Beweise, daß die 12 Männer, 3 Frauen und vielleicht 2 Kinder gleichzeitig ermordet und gleichzeitig verbrannt worden sind. Die Wahrheit der Tradition scheint ferner durch die tiefe Verehrung, welche die Mykenier, ja in der Tat die Bewohner der ganzen Argolis, immer diesen fünf Gräbern bewiesen haben, bestätigt zu werden . . .

Obwohl tief unter der neuen Stadt begraben, blieb dennoch die genaue Stelle eines jeden Grabes den Bewohnern der Argolis in frischer Erinnerung. Nach einer Existenz von 200 Jahren wurde aus der einen oder andern Ursache die neue Stadt wiederum verlassen und ihre Baustelle blieb unbewohnt, dennoch aber erhielt sich die Tradition so frisch, daß beinahe 400 Jahre nach der Zerstörung der neuen Stadt die genaue Stelle eines jeden Grabes dem Pausanias gezeigt wurde . . .

Die fünf Gräber von Mykenae oder wenigstens drei derselben enthalten so riesige Schätze, daß sie nur Mitgliedern der königlichen Familie angehört haben können. Aber die Zeit der Könige gehört in Mykenae einem sehr hohen Altertum an. Das Königtum hörte dort auf mit der dorischen Invasion, deren Zeitpunkt immer in das Jahr 1104 v. Chr. gesetzt worden ist . . .

Athen, 1. März 1877

Mein Ingenieur Vasilios Drosinos aus Nauplia war in Gesellschaft des Malers D. Tuntopulos am 20. Januar nach Mykenae gegangen, denn letzterer hatte für mich eine Ichnographie [Grundriß] der fünf großen Gräber und der sie umgebenden großen kreisförmigen Agora anzufertigen. Drosinos benutzte die Zeit, um die von ihm gemachten Pläne zu prüfen, und erkannte bei dieser Gelegenheit genau südlich von der Agora die Form eines Grabes . . .[2]

Da aber das Grab unmittelbar östlich von dem großen zyklopischen Hause liegt, von welchem ich mehrere Zimmer bis zum Felsen ausgegraben hatte, ohne etwas besonderes zu finden, so hatte ich das Grab als ein zum Hause gehöriges Zimmer betrachtet und es unterlassen, den geringen Schutt auszugraben, der noch seinen Grund bedeckte.

Aber mein ausgezeichneter Ingenieur war scharfsichtiger; ihm fiel das Aussehen der Mauern auf, die viel roher und unregelmäßiger als das zyklopische Haus gebaut sind, er erkannte sogleich die vollkommene Gleichartigkeit des Mauerwerkes mit dem in den großen Gräbern, und da er die nördliche Mauer teilweise und die südliche ganz und gar an den Felsen gelehnt sah, so überzeugte er sich, daß es ein Grab sei. Bei seiner Rückkehr nach Nauplia teilte er daher seine wichtige Entdeckung einem Regierungsbeamten namens Stamatakes mit, der am selben Tage vom Generaldirektor der Altertümer, Herrn Panagiotes Eustratiades, nach Nauplia geschickt war, um in der Akropolis von Mykenae eine Stelle zur Errichtung einer hölzernen Hütte für die Wächter auszuwählen. Drosinos zeigte ihm auf meinen Plänen genau die Stelle des Grabes und gab ihm in Rücksicht darauf die genauesten Details, so daß der Beamte sogleich die Stelle fand und einen Arbeiter annahm, bei dessen erstem oder zweitem Schlage mit der Hacke ein goldenes Gefäß ans Licht kam. In weniger als einer halben Stunde hatte man die nachstehenden Gegenstände gesammelt: vier große goldene Becher. Alle diese vier Becher haben ganz genau dieselbe Form und sind beinahe von gleicher Größe; alle haben zwei Henkel ... In diesem Grabe fand sich außerdem ein goldener Siegelring gleicher Form wie die von mir im Vierten Grab entdeckten ... Er ist ganz mit Intaglio-Arbeit bedeckt ...

Zum Schluß möchte ich darauf hinweisen, daß, infolge der nach meiner Abreise gemachten Entdeckung eines sechsten Grabes in der Agora von Mykenae, versucht worden ist, die Identität dieser Gräber mit jenen zu bestreiten, welche Pausanias nach der Tradition als die

Gräber von Agamemnon, Kassandra, Eurymedon und ihren Gefährten bezeichnet.[3] Aber man braucht nur die berühmte Stelle im Pausanias nachzulesen, um zu sehen, daß dort die Gesamtzahl der Gräber nicht genau angegeben ist. Es ist zwar von sechs Gräbern die Rede, aber man darf, ohne Pausanias' Text Gewalt anzutun, in Betracht ziehen, daß es sogar mehr als sechs waren ...

X

Und wieder vor Ilions Mauern
1878–1879

Mykene bildete den Höhepunkt der archäologischen Laufbahn Schliemanns. Während der letzten eineinhalb Jahrzehnte seines Lebens war er zwar so aktiv wie eh und je und machte sich weiterhin um die Altertumsforschung verdient, aber nach Mykene bedeutete alles andere eine Antiklimax. Vielleicht war es einem wachsenden Verantwortungsgefühl zuzuschreiben, daß er sich der Notwendigkeit bewußt wurde, sorgfältigere Methoden anzuwenden und seinen Unternehmungsgeist zu zügeln. Jedenfalls berücksichtigte er fortan bei seinen Grabungskampagnen immer häufiger das Urteil von Fachleuten und erlegte sich eine gewisse Zurückhaltung auf, obzwar sein Hauptinteresse nach wie vor spektakulären Fundobjekten galt. Seinen Entdeckungen haftete jetzt aber nichts mehr von jener erregenden Goldgräberatmosphäre an. Sein Glaube an Homer jedoch - und wohl auch an Pallas Athene - geriet kaum je ins Wanken. Aus diesem Grund konnte er sich weder für ein Angebot, in Yucatán zu graben, noch für eine Fortsetzung der kurzen Probegrabungen erwärmen, die er in Italien, Sizilien und an der Marmaraküste durchgeführt hatte. Die Worte, die er, gewissermaßen als sein eigenes »Und sie bewegt sich doch!«-Bekenntnis an Gladstone schrieb - »Homer schildert keine Mythen, sondern historische Ereignisse und greifbare Wirklichkeit« -, zeigen deutlich genug, daß Homer für ihn auch jetzt noch sowohl Dichter als auch Historiker war.[1] Mochte das »Beweismaterial« noch so verwirrend und widersprüchlich sein, irgendwie mußte es in Einklang mit Homer gebracht werden.

Für Schliemann war Mykene ein unwiderlegbarer Beweis dafür, daß er mit seiner Homergläubigkeit recht behalten hatte. Als er - nach nur achtwöchiger Schreibtischarbeit - sein Buch über die Ausgrabungen vollendet hatte, schien ihm der Zeitpunkt gekommen, eine Pause einzulegen und Bilanz zu ziehen. Von guten Freunden, unter ihnen Charles T. Newton vom Britischen Museum und Emile Burnouf, wurde er mit Glückwünschen überschüttet. Max Müller bezweifelte zwar, »daß einer Ihrer Schätze jemals von Helena berührt wurde«, fügte aber hinzu, er erwarte sich davon »noch viel Information über die verschiedenen Kulturen jenes interessanten Teiles der Welt, den Sie bisher so erfolgreich erforscht haben«.[2]

Jetzt begannen auch die Deutschen die Verdienste ihres mecklenburgischen Landsmanns zu würdigen. 1877 ernannte ihn die Deutsche Anthropologische Gesellschaft – zweifellos auf Betreiben ihres Gründers Virchow – zum Ehrenmitglied. Auf der in verschnörkeltem Latein verfaßten Ernennungsurkunde wurde ihm bescheinigt, er habe »die Herrschersitze des Priamos und des Agamemnon ans Licht gebracht«.[3]

Aber nicht alle Fachgelehrten waren bereit, Schliemanns romantische Interpretationen der Mykene-Funde ohne weiteres zu akzeptieren. Während dieser und jene deutsche Professor die goldenen Grabbeigaben als keltisch bezeichnete oder sie der hellenistischen Zeit, wenn nicht sogar dem Mittelalter zuordnete, behauptete ein (deutschstämmiger) Russe, die Schätze Trojas und Mykenes gehörten rechtmäßig dem Zaren, weil gotische (oder keltische) Eindringlinge sie aus der russischen Steppe dorthin mitgebracht hätten. Schliemann mag ein Phantast gewesen sein, aber manche seiner Widersacher stellten nicht weniger kühne Behauptungen auf.

Im Gegensatz zu seinen früheren Büchern wurde *Mykenae* (1878) ein Verkaufserfolg – fast so etwas wie ein archäologischer Bestseller. Der New Yorker Verlag Scribner, Armstrong & Co., der die amerikanische Ausgabe herausbrachte, konnte dem Autor mitteilen: »Ihr *Mykenae* wird von Presse und Publikum äußerst beifällig aufgenommen. Es ist die führende Publikation des Jahres und wird dies aller Voraussicht nach auch bleiben.«[4]

Im Februar 1877 war Schliemann wieder in London. Er traf sich mit Freunden und Ratgebern, führte Verhandlungen mit seinem Verleger John Murray und dinierte mit Gladstone, der von einer Fotografie Sophias und Andromaches so entzückt war, daß er sie heimlich einsteckte. In England wurde Schliemann jetzt noch begeisterter gefeiert als ein Jahr zuvor. »Die Londoner überschütteten mich mit Artigkeiten«, schrieb er an seine Frau, die wegen einer Erkrankung in Athen geblieben war. »Zehn Gesellschaften wünschen Vorträge, ich habe nur drei übernommen ... Ich bin auch weiter der Löwe der Saison ... Täglich bin ich bei den Lords und Dukes eingeladen.«[5] Als man ihm mitteilte, daß er und seine Frau die Ehrenmedaille der Royal Archaeological Society erhalten sollten, drängte er Sophia, unverzüglich nach London zu kommen. Bei der Verleihungszeremonie berichtete sie in einer mit begeistertem Beifall aufgenommenen Rede von ihrer mühseligen Arbeit in den Schuttmassen des Gräberrings von Mykene. Sie erwartete damals ihr zweites Kind – einen Sohn, der Agamemnon heißen sollte. Als sechs Monate nach dem Besuch in London die Taufe stattfand, tauchte der besorgte Vater zum Entsetzen des griechisch-orthodoxen Geistlichen ein Thermometer ins Taufbecken, um die Wassertemperatur zu messen. Vor der Taufzeremonie hatte er dem Säugling eine Ausgabe der *Ilias* auf die Stirn gelegt, um ihn mit dem Geist Homers zu erfüllen. Der Sohn geriet jedoch nicht dem griechenlandbegeisterten Archäologen, sondern dem Finanzier Schliemann nach.

In Mykene weiterzugraben, reizte Schliemann jetzt nicht mehr: Sein Interesse konzentrierte sich wieder auf Troja. Nur die Auseinandersetzungen mit dem Generalgouverneur der Dardanellen und seinen Handlangern in Hissarlik hatten ihn daran gehindert, dort bereits 1876 die Grabungen fortzusetzen. Jetzt aber mußte er sich zunächst einen neuen Ferman beschaffen, sich also wieder auf das hochbrisante Gebiet byzantinischer Hintertreppenpolitik begeben. Zum Glück konnte er fortan auf die Unterstützung einer ganzen Batterie ausländischer Diplomaten in Konstantinopel zählen. Der Protektion des amerikanischen und russischen Gesandten war er ohnehin sicher. Aber auch von den deutschen Diplomaten konnte er Hilfe erwarten, und hier brachte er natürlich die guten Beziehungen ins Spiel, die er zu Virchow, dem Erbprinzen von Sachsen-Meiningen, und später auch zu Bismarck unterhielt. Gelegentlich spannte er auch französische, österreichische, italienische und sogar spanische Würdenträger für seine Zwecke ein. Und wie stets konnte er sich der Mittlerdienste der Brüder Calvert und verschiedener an den Dardanellen stationierter ausländischer Konsulatsbeamter bedienen.[6] Die herzliche Sympathie, die er bei den Engländern genoß, erwies sich jetzt als äußerst nützlich. Gladstone konnte er notfalls dazu bewegen, mittels diplomatischer Kanäle einen entsprechenden Wink zu geben. Und ein glücklicher Zufall wollte es, daß damals Sir Austen Layard britischer Botschafter an der Hohen Pforte war. Layard hatte sich um die Jahrhundertmitte mit Ausgrabungen in Mesopotamien (Nimrud und Ninive) archäologischen Ruhm erworben. Aber soviel Unterstützung Schliemann auch fand - die türkischen Mühlen mahlten so langsam wie eh und je.

Die lange Wartezeit stellte ihn auf eine harte Probe. Im Juli 1878 führte er auf Ithaka, das er seit seiner Pilgerreise im Jahre 1868 nicht mehr besucht hatte, Geländeuntersuchungen durch - wiederum auf der Suche nach Homer und seinen Helden. Seine in dem Frühwerk *Ithaka* erläuterten Theorien bezüglich Trojas und Mykenes hatten reiche Frucht getragen, aber der Burg des Odysseus kam er auch diesmal nicht auf die Spur. Obwohl er sich drei Wochen auf der Insel aufhielt, konnte er zu seiner Enttäuschung nirgends größere Ablagerungen aus prähistorischer Zeit entdecken. Auf dem Gipfel des Aetos, der ihm früher die reichste archäologische Ausbeute zu versprechen schien, war durch Erosion längst alles abgetragen worden, was vielleicht einmal Zeugnis von einer großen Vergangenheit abgelegt hatte. Allerdings entdeckte er an einem Abhang die Überreste von 190 kyklopischen Häusern sowie sehr alte Topfscherben. Nach wie vor glaubte er, aus bestimmten Merkmalen schließen zu können, daß sich die Ställe des Eumaios nahe der Küste befunden hatten. Probegrabungen in den größeren Ortschaften der Insel, namentlich in Vathi und Polis (Polys), erbrachten keine besonderen Ergebnisse, und selbst die legendäre Nymphengrotte, in der Odysseus seine Schätze verbarg, hatte ihren Zauber verloren. Der auf der Südseite gelegene »Eingang für die unsterblichen Götter« war eben doch nur ein Abzugloch für den »Rauch der Opferfeuer« (Lagerfeuer?) gewesen. Als Schliemann die Bilanz seiner Ithaka-Forschungen zog, erklärte er lakonisch: »Leider kann hier von systematisch vorzunehmenden Ausgrabungen für archäologische Zwecke keine Rede sein.«[7]

Als im September 1878 der Weg nach Troja endlich frei war, machte sich Schliemann auf die Reise. Sophia begleitete ihn diesmal nicht, denn Agamemnon II. bedurfte der mütterlichen Pflege. Der relativ kurze Aufenthalt in Hissarlik (von Ende September bis Ende November 1878) wird meist als Schliemanns vierte (reguläre) Grabungsperiode und als das erste Jahr seiner zweiten großen (zweijährigen) Grabungskampagne in Troja bezeichnet. Das tägliche Arbeitspensum von vierzehn Stunden stellte an die Durchhaltekraft der schlechtbezahlten Arbeiter die gleichen Anforderungen wie an Schliemann selbst. Die Ausbeute war ziemlich bescheiden und erbrachte so gut wie keine neuen Forschungsergebnisse. Schliemann hatte es zu Beginn der Grabungen als sein wichtigstes Ziel bezeichnet, das große Haus nordwestlich des »Skäischen Tores« und die Ringmauer auf beiden Seiten so weit wie möglich freizulegen. Vermutlich hoffte er von Anfang an, in den Überresten des Hauses weitere Kostbarkeiten zu finden. Seine Erwartungen wurden nicht enttäuscht, auch wenn mit der Zeit das Ausgraben von Schätzen für ihn schon fast zur Routine wurde. Während der Kampagne 1878/79 entdeckte er innerhalb und außerhalb der »Palastmauern« neun oder zehn weitere Verstecke von Schmuckstücken – zumeist in Metall- oder Terrakottakrügen.[8] Verglichen mit dem »Schatz des Priamos« waren diese Fundobjekte zwar weniger kostbar und mannigfaltig, aber die Zahl der Schmuckstücke aus Gold, Silber und Elektron war beachtlich: Ohrringe, Armreife, Halsketten, Ringe, Schmucknadeln, zahlreiche einzelne Perlen und sogar unbearbeitete Goldklumpen. Daß so viele Preziosen an dicht nebeneinander liegenden Stellen entdeckt wurden, bestärkte Schliemann in dem Glauben, daß die Fundstätte ein Königspalast gewesen sein mußte. Aus dem gleichen Grund hielt er an der Überzeugung fest, daß die Schmuckstücke von Bewohnern, die vergeblich versucht hatten, aus der brennenden Stadt zu fliehen, hastig zusammengerafft und versteckt worden waren. Es konnte sich also seiner Meinung nach bei diesem Gebäude nur um den Palast des letzten Königs von Troja handeln. »Jetzt behaupte ich diese Identität noch bestimmter als früher«, schrieb er in seinem Grabungsbericht.[9]

Obzwar er noch immer zu apodiktischen Erklärungen neigte, ließ er jetzt doch eine ungewohnte Vorsicht erkennen. Von nun an vermied er es grundsätzlich, so symbolträchtige Bezeichnungen wie »Priams Palast«, »Skäisches Tor« und »Schatz des Priamos« zu verwenden und bediente sich lieber neutraler Begriffe: »Haus des Stadtoberhauptes«, »königlicher Wohnsitz«, »das Tor« und dergleichen mehr. Die Spötteleien seiner Kritiker zwangen ihn dazu, sich dieser prosaischen Terminologie zu bedienen, obwohl er noch immer überzeugt war, den Palast des Priamos entdeckt zu haben, des Herrschers jener Stadt, die im Trojanischen Krieg in Flammen aufgegangen war – genau wie Homer es geschildert hatte.

Daß Schliemann sich hinsichtlich seines Beweismaterials jetzt mehr Zurückhaltung auferlegte, zeigte sich noch deutlicher im zweiten Abschnitt dieser Grabungskampagne, der von Ende Februar bis Anfang Juli 1879 dauerte. In erster Linie war das auf die Anwesenheit zweier hervorragender Wissenschaftler zurückzuführen: seines langjährigen Freundes Emile Burnouf und seines neuen Intimus Virchow. Egozentrisch wie stets, bescheinigte er ihnen in seinem Grabungsbericht: »Beide Freunde unterstützten mich nach besten Kräften in meinen Arbeiten.«[10] In Wirklichkeit waren sie weniger seine »Helfer« als seine Lehrer.

Emile Louis Burnouf (1821–1907) war nicht nur ein renommierter Archäologe, sondern auch gelernter Ingenieur, Geologe, ein ausgezeichneter Kartograph und begabter

Maler, außerdem Schriftsteller und Fachmann für östliche Religionen und Sanskrit. Schon früher hatte er Schliemann auf bewährte archäologische Prinzipien hingewiesen. Überdies hatte er (wie gelegentlich auch seine Tochter) Zeichnungen von Schliemanns Funden angefertigt und manchmal auch als dessen inoffizieller Verbindungsmann zu französischen Fachwissenschaftlern fungiert. Vor kurzem hatte er in einer französischen Zeitschrift einen begeisterten Bericht über die Entdeckungen in Mykene veröffentlicht.

Er traf im Frühjahr 1879 in Hissarlik ein, wo es seine Hauptaufgabe war, Kartenskizzen für Schliemanns Buch *Ilios* anzufertigen. Einige der darin enthaltenen pittoresken Darstellungen des Hügels und auch verschiedene Zeichnungen von Artefakten stammen ebenfalls von ihm. Bei den Grabungen galt sein besonderes Interesse der Suche nach weiteren Überresten der Ringmauer. Ihm ist auch die Ermittlung von sieben aufeinanderfolgenden Siedlungsschichten zuzuschreiben (Schicht 8 und 9 wurden später von Dörpfeld nachgewiesen), ein für Schliemanns weitere Arbeit maßgebliches Forschungsergebnis.

Rudolf Virchow (1821–1902), international anerkannter Pathologe, hatte sich auch auf archäologischem Gebiet Verdienste erworben. Dieser renommierte Vertreter der biologischen Anthropologie, der sich allerdings hartnäckig weigerte, paläontologische Beweise für die Abstammung des Menschen von Hominiden oder Primaten anzuerkennen, zählte auch zu den Begründern der deutschen Kulturanthropologie. Auf den gleichaltrigen Schliemann übte er zweifellos nicht nur als einflußreiche, berühmte Persönlichkeit starke Anziehungskraft aus, sondern auch als Mensch, der sich, ähnlich wie Schliemann, aus eigener Kraft emporgearbeitet hatte. Er war in der akademischen Welt zu hohen Ehren gelangt, verkehrte mit den Mächtigen und Hochgeborenen wie mit seinesgleichen, verfocht aber als Mitglied des Deutschen Reichstags liberale Ideen und übte Kritik an Bismarcks Politik. Vermutlich war er der einzige wirklich vertraute Freund, den Schliemann in seinen letzten Lebensjahren hatte, wenngleich die beiden gelegentlich infolge der Halsstarrigkeit und Egozentrik Schliemanns aneinandergerieten.

Virchow, auch als Autor seinem Freund überlegen, ging nüchtern und mit der Fähigkeit, analytisch zu denken, an die Trojaforschungen heran. Im Gegensatz zu Schliemann war er sich selbst gegenüber absolut ehrlich, frei von Eitelkeit und souverän genug, um Erfolg nicht überzubewerten. Zum Glück hörte Schliemann auf seinen Rat. In *Ilios* veröffentlichte er sogar Auszüge aus einem Vortrag, den Virchow in Berlin gehalten und in dem er zwar die mühevolle Arbeit und den Enthusiasmus Schliemanns gelobt, aber auch Kritik an seinen Grabungsmethoden bei den früheren Hissarlik-Forschungen geübt hatte.

Der günstige Einfluß Virchows machte sich in jeder Phase der neuen Grabungsperiode bemerkbar. Ihm war es zu verdanken, daß Schliemann sich über die Bedeutung klar wurde, die das gesamte Terrain für seine Forschungen besaß. Bisher war sein Interesse daran vorwiegend emotionaler Natur gewesen. Um ihm zu beweisen, wie aufschlußreich solche Studien sein konnten, befaßte sich Virchow mit der Flora, Fauna und Topographie der gesamten Troas. Die Ergebnisse dieser Studien veröffentlichte er später in *Beiträge zur Landeskunde der Troas.* Obwohl sich der vielbeschäftigte Wissenschaftler nur einige Wochen dort aufhalten konnte, bewältigte er ein Arbeitspensum, das um so erstaunlicher anmutet, als er auch die ärztliche Behandlung erkrankter Einheimischer übernahm. (Ein anschaulicher Bericht über Virchows ärztliche Tätigkeit in der Troas findet sich im Anhang von *Ilios.*)

Burnouf und Virchow trugen dazu bei, Ordnung in das Durcheinander zu bringen, das Schliemann geschaffen hatte. Ihre geologischen Untersuchungen widerlegten ein für allemal die seit der Antike immer wieder verfochtene These, daß die Ebene, die sich von Hissarlik bis zum Meer erstreckt, Schwemmland aus der Zeit nach dem Trojanischen Krieg sei und Hissarlik demnach nicht als Stätte des Homerischen Troja in Frage komme: Eine Ebene wie jene, auf der die Achäer ihr Feldlager aufschlugen, habe damals noch gar nicht existiert. Wie die Bohrungen bewiesen, war dieser Landstrich aber keineswegs Schwemmland jüngeren Datums, sondern wahrscheinlich sogar älter als die Dardanellen selbst.

Virchow und Burnouf beteiligten sich auch an der Erforschung der wichtigsten Tumuli (Grabhügel) im Skamandertal. Unter Frank Calverts Leitung wurde die von Schliemann finanzierte Ausgrabung des Hanai Tepe (Hanaï Tepeh) durchgeführt. Obwohl Calvert in diesem Grabhügel Funde machte, die auf Bestattungen hinwiesen, war Schliemann überzeugt, daß es sich hier um einen Ausnahmefall handelte, der einer fremden Kultur zuzuordnen sei. Er hielt die Tumuli der Troas für Gedenkstätten und zog es vor, sie nicht als Gräber, sondern als Kenotaphe zu bezeichnen.

Zusammen mit Virchow unternahm er einen fünftägigen Streifzug durch die Troas. Sie besichtigten die Ruinen auf dem Bali Dagh und andere antike Stätten, vorwiegend aus hellenistischer und römischer Zeit. Bei der Besteigung des Ida-Massivs wurden sie durch heftigen Regen daran gehindert, den höchsten Gipfel zu erklimmen. Diese Wanderungen trugen zur Festigung ihrer Freundschaft bei. Virchow nützte diese Gelegenheit zu dem Versuch, Schliemann mit Deutschland zu versöhnen. Er wußte sehr wohl, daß dieser es sich strikt versagt hatte, patriotische Gefühle für das Land zu hegen, aus dem er als Zweiundzwanzigjähriger tief enttäuscht ausgewandert war, und daß die Geringschätzung, mit der ihn deutsche Gelehrte behandelten, ihn noch mehr verbittert hatte. Seiner engeren Heimat Mecklenburg aber hatte er nie abgeschworen. Das war der Punkt, an dem Virchow ansetzte: Als die beiden auf einer Bergwiese Rast machten, pflückte er einen blühenden Schlehdornzweig und überreichte ihn seinem Freund: »Ein Strauß aus Ankershagen.«[11]

Damit hatte er ins Schwarze getroffen. Es schien, als hätte es nur dieser Worte bedurft, um der unterdrückten Vaterlandsliebe Schliemanns zum Durchbruch zu verhelfen. Als Virchow einige Tage später abreiste, hatte er seinem Freund das Versprechen abgenommen, den trojanischen Schatz dem Deutschen Reich zu vermachen. Zu diesem Zeitpunkt wurden die Schmuckstücke im South Kensington Museum ausgestellt, dem Schliemann sie zum Zeichen seiner Dankbarkeit gegenüber England als Leihgabe übersandt hatte. Die Zusage, die er Virchow machte, war allerdings recht vage und bedeutete vermutlich noch keine endgültige Entscheidung. In *Ilios* findet sich die orakelhafte Bemerkung, die trojanischen Funde sollten später »derjenigen Nation zufallen, die ich am meisten liebe und schätze«.[12] Da Schliemann sich einmal dieser, einmal jener Nation verpflichtet fühlte, muten seine Worte wie die eines orientalischen Potentaten an, der seine Söhne im unklaren darüber lassen will, welcher von ihnen seinem Herzen am nächsten steht und einst sein Königreich erben wird.

Seinen Mitarbeitern bei den Trojaforschungen des Jahres 1879 verdankte Schliemann auch wesentliche Beiträge zu *Ilios*. Die englische Ausgabe (Originalfassung) war Sir Austen Layard, die amerikanische William Gladstone und die deutsche Rudolf Virchow gewidmet. Dieser schrieb eine Vorrede, die mit den Worten schloß: »Jetzt ist aus dem Schatzgräber ein gelehrter Mann geworden, der seine Erfahrungen in langem und ernstem Studium mit den Aufzeichnungen der Historiker und Geographen, mit den sagenhaften Überlieferungen der Dichter und Mythologen verglichen hat.«[13]

Für Schliemann bedeutete *Ilios* tatsächlich einen Wendepunkt. In dem fast neunhundert Seiten umfassenden Werk bemühte er sich zielstrebig, den unsystematischen Aufbau seiner aus lose aneinandergereihten Tagebuchaufzeichnungen bestehenden früheren Bücher wettzumachen. Von wenigen Ausnahmen abgesehen, finden sich in *Ilios* keine Widersprüchlichkeiten und von Kapitel zu Kapitel wechselnde Ansichten. Nach Art und Herkunft vergleichbares Material wird zusammengefaßt. Eine starke persönliche Note erhält das Buch allerdings durch die autobiographische Einleitung, die Virchow seinem Freund auszureden versuchte. Im übrigen aber ist die Darstellung systematisch und sachlich. Archäologische Funde werden sorgfältig analysiert und beschrieben. Offensichtlich gab sich Schliemann alle Mühe, eine seriöse wissenschaftliche Publikation vorzulegen. Am damaligen Stand der Drucktechnik gemessen, war sowohl die typographische Gestaltung als auch die Qualität der Landkarten und der (rund 1600) Illustrationen hervorragend.

Nach einem Überblick über die Topographie der Troas in Vergangenheit und Gegenwart befaßt sich Schliemann mit ethnologischen und historischen Aspekten dieser Landschaft sowie mit dem weit in die Vergangenheit zurückreichenden Meinungsstreit über die »wahre Lage von Homers Ilion«. In den folgenden Kapiteln beschreibt er die archäologischen Funde aus den sieben Siedlungsschichten, über deren Reihenfolge er sich im Verlauf der Kampagne 1878/79 einigermaßen klargeworden war. Das Namen- und Sachregister umfaßt allein schon fünfzig Seiten. Der Anhang enthält Aufsätze von Fachwissenschaftlern, die mit Schliemann befreundet waren. In zwei Beiträgen berichtet Virchow über die Landschaft, über Skelettfunde und über seine ärztliche Tätigkeit in der Troas. Der Dubliner Altertumskundler J. P. Mahaffy befaßt sich mit dem Verhältnis von Novum Ilium zu dem Ilion Homers. Eine wahre Büchse der Pandora öffnet A. H. Sayce, Orientalist in Oxford, mit seinen Deutungen vorklassischer »Inschriften«, die in Hissarlik entdeckt wurden.[14] Frank Calvert berichtet über seine Ausgrabung des Tumulus Hanai Tepe, und der aus Deutschland stammende Ägyptologe Heinrich Brugsch-Bey befaßt sich mit der Hera Boopis-Theorie sowie mit möglichen Verbindungen zwischen Troja und Ägypten. Es folgen ein (zum Teil auf der Sammlung Virchows basierendes) »Verzeichnis der bis jetzt aus der Troas bekannten Pflanzen« sowie ein kurzer Beitrag von A. J. Duffield über die »verlorene Kunst der Kupfererhärtung«. Eine Abhandlung Max Müllers über das links- und rechtsschenklige Hakenkreuzsymbol wurde in den Hauptteil des Buches aufgenommen.

Schliemann ersuchte mehrere Freunde und Mitarbeiter, insbesondere Burnouf, Virchow und Sayce, Quellen und Daten zu überprüfen, Verbesserungsvorschläge zu machen und die Korrekturfahnen zu lesen. Einige seiner Helfer erhielten ein angemessenes Honorar. Später beklagte er sich darüber, daß Burnouf keinerlei konstruktive Vorschläge für Textkorrekturen gemacht habe, während Sayce ein erstklassiger Mitarbeiter gewesen sei.

Wie nicht anders zu erwarten, nahm Schliemann das volle Verdienst für sich in Anspruch, tatsächlich aber ist *Ilios* eine Gemeinschaftsarbeit - eine Art Symposium über Troja. Es läßt sich daher nicht feststellen, wie viel das Werk in inhaltlicher Hinsicht - vom Stil und der redaktionellen Überarbeitung ganz zu schweigen - anderen zu verdanken hat. Allerdings konnte es trotz seines wissenschaftlichen Apparates und der detaillierten Berichterstattung wenig zur Klärung der trojanischen Frage beisteuern. Die verschiedenartigen Beiträge blähen das Buch auf, ohne zum Kernproblem vorzudringen. Der Wissensvielfalt wurde die thematische Einheit und Klarheit geopfert. Manchmal erweckt das Buch den Eindruck, als wollte es ein feierliches Begräbnis des ausgeplünderten Hügels zelebrieren. Und im Verlauf der Lektüre kann man sich des Gefühls nicht erwehren, daß Schliemann darauf versessen war, das akademische Räderwerk in Gang zu setzen.

Er arbeitete eineinhalb Jahre an seinem Hauptwerk, das, wie er erklärte, alles enthalte, was man über das Troja der *Ilias* wisse und jemals wissen werde. Er habe die Homerische Stadt zu sieben Achteln ausgegraben und ihr in seinem Buch ein bleibendes Denkmal gesetzt. Als er dem amerikanischen Verleger Ed. Harper, New York, das Manuskript zur Veröffentlichung anbot, schrieb er selbstbewußt: »Es gibt kein anderes Troja auszugraben. Ich habe in Hissarlik-Troja die ganze antike Stadt, die dritte über dem Urboden, mit allen ihren Mauern ans Licht gebracht. Deshalb wird dieses mein neues Buch begehrt sein, solange es in der Welt Bewunderer Homers geben, nein, solange diese Welt von Menschen bewohnt sein wird.«[15]

Hier sprach wieder der alte, von nüchterner Wissenschaftlichkeit weit entfernte Schliemann. Aber seine Siegerpose konnte nicht darüber hinwegtäuschen, daß ihm immer wieder Zweifel kamen. Während der Grabungskampagne 1878/79 hatte sich bereits herausgestellt, daß der »Große Turm« lediglich ein Teil der doppelten Ringmauer war. Und noch so manche andere Idee hatte Schliemann begraben müssen. Konnte er wirklich noch glauben, daß »Priams Palast« ans Licht gekommen war? Hatte der Hügel Hissarlik wirklich alle seine Geheimnisse preisgegeben? Und wie stand es mit der ersten Stadt und ihrem merkwürdigen, fischgrätenartig angeordneten Mauerwerk, zu dessen sorgfältiger Untersuchung ihm Müller und Virchow dringend geraten hatten? Und die Überreste aus hellenistischer und römischer Zeit, denen er bisher noch kaum Beachtung geschenkt hatte? Wie kam es, daß zwischen dem Troja des Priamos und dem Mykene des Agamemnon, die angeblich zur selben Zeit existiert hatten, ein himmelweiter Unterschied bestand?

Abweichend von dem in *Ilios* vorherrschenden siegessicheren Ton, gab Schliemann sein Unbehagen mit folgenden Worten zu erkennen: »Ich wünschte, ich hätte beweisen können, daß Homer ein Augenzeuge des Trojanischen Krieges gewesen ist. Leider kann ich das nicht.«[16] Noch enthüllender war, was er im November 1879 an Brockhaus schrieb: »Jetzt ist die einzige Frage, ob Troja nur in der Phantasie des Dichters oder in Wirklichkeit existiert hat. Akzeptiert man letzteres, so muß und wird Hissarlik allgemein als die Stätte Trojas anerkannt werden.«[17] Der Hügel von Troja barg tatsächlich noch viele Geheimnisse.

Die zweite Kampagne in Troja

Aus *Ilios*

Mit einer großen Zahl von Arbeitern und mehreren Pferdekarren nahm ich gegen Ende September 1878 meine Ausgrabungen in Troja wieder auf. Vorher schon hatte ich hölzerne, filzgedeckte Baracken bauen lassen, deren neun Zimmer für mich, meine Aufseher und Diener und zur Aufnahme von Besuchern bestimmt waren. Auch baute ich eine Holzbaracke, die zur Aufbewahrung wertloser Altertümer und als kleiner Speisesaal diente, ferner einen hölzernen Schuppen, dessen Schlüssel der türkische Beamte in Verwahrung hatte und welcher zur Aufbewahrung derjenigen Altertumsfunde diente, die zwischen dem kaiserlich türkischen Museum und mir geteilt werden sollten; auch einen Schuppen zur Aufbewahrung meiner Werkzeuge sowie der Schiebkarren, Handwagen und der verschiedenen, bei den Ausgrabungen nötigen Maschinen; außerdem ein kleines, aus Steinen erbautes Haus mit Küche und Bedienstetenstube, ein hölzernes Haus für meine zehn Gendarmen und einen Pferdestall. Ich ließ alle diese Gebäude auf dem Nordwestabhang von Hissarlik, der hier unter einem Winkel von 75° zur Ebene abfällt, errichten . . .

Die zehn Gendarmen, sämtlich rumelische Flüchtlinge[1], erhielten von mir monatlich 410 Mark; dafür waren sie mir aber auch von größtem Nutzen, indem sie mich nicht nur gegen die Räuber, damals eine Plage der Troas, beschützten, sondern auch ein wachsames Auge auf meine Arbeiter hatten und diese dadurch zur Ehrlichkeit zwangen.

Wie notwendig der Schutz der Gendarmen für mich war, wurde am besten durch ein Gefecht bewiesen, das kurz nach meiner Abreise zwischen den Einwohnern des etwa 20 Minuten von Hissarlik gelegenen Dorfes Kalifatli und einer großen Schar bewaffneter Tscherkessen stattfand. Bei Nacht griffen die letzteren das Haus eines Dorfbewohners an, der in dem Ruf stand, 10000 Frs. zu besitzen. Es gelang dem Angegriffenen, das platte Dach seines Hauses zu ersteigen und von hier aus seine Nachbarn zu Hilfe zu rufen. Mit ihren Flinten bewaffnet, eilten sie herbei, aber in dem nun folgenden Kampfe wurden nicht nur zwei von den Räubern getötet, auch zwei Einwohner, der Schwager und der Schwiegersohn des Demarchen von Kalifatli, verloren das Leben ...

Meine Arbeiten galten jetzt vornehmlich der Aufdekkung des großen, westlich und nordwestlich von dem Tore gelegenen Gebäudes, sowie der nordöstlichen Verlängerung des Torweges. Wie bereits erwähnt, hatte ich das große Gebäude immer für identisch mit dem Hause des letzten Königs oder Oberhauptes von Troja gehalten, weil in und dicht neben ihm nicht nur der große, von mir entdeckte Schatz, sondern auch die drei kleineren, von meinen Arbeitern unterschlagenen und dann von der türkischen Behörde konfiszierten Schätze, außerdem auch eine große Menge trojanischer Tongefäße aufgefunden worden waren; jetzt aber behaupte ich diese Identität noch bestimmter als früher; denn wieder habe ich in dem Hause und in seiner nächsten Umgebung drei kleinere und einen großen Schatz von goldenen Schmucksachen entdeckt. Der erste derselben wurde am 21. Oktober ... in einem Gemach des nordöstlichen Teils des Hauses in einer Tiefe von 26 Fuß 5 Zoll unter der Oberfläche des Hügels aufgefunden. Er war in einem zerbrochenen, mit der Hand gemachten Terrakottagefäß enthalten, das in schräger Lage etwa 3 Fuß über dem Boden zwischen dem Schutt lag und aus einem oberen Stockwerk herabgefallen sein mußte ...

Die längste Mauer des Hauses des Stadtoberhauptes läuft mit der großen äußeren Stadtmauer parallel und ist 53 Fuß 4 Zoll lang und 4 Fuß 4 Zoll hoch; sie besteht aus kleineren und größeren, mit Lehm zusammengefügten Steinen. Unweit des nordwestlichen Endes dieser Mauer, genau 3 Fuß über dem Boden, fand ich in einer Schicht grauer Holzasche noch zwei kleine Schätze, die beide in zerbrochenen, mit der Hand gemachten Terrakottavasen enthalten waren. Der eine derselben befand sich in schräger, der andere in horizontaler Lage, und ich schließe aus diesem Umstande, daß beide aus einem oberen Teil des Hauses herabgefallen sein müssen; die Öffnungen der Vasen lagen so dicht aneinander, daß sie sich fast berührten. Nur 3 Fuß von diesem Funde entfernt, aber auf der Hausmauer selbst und in einer Tiefe von 26 Fuß unter der Oberfläche des Bodens, entdeckten wir noch einen größeren Schatz von Bronzewaffen und goldenen Schmucksachen ...

Auch an der Stelle meiner früheren großen Plattform auf der Nordseite des Hügels setzte ich die Ausgrabungen fort, bis mich der Eintritt des Winterregens zwang, mit dem 26. November die Arbeiten für das Jahr 1878 abzuschließen. Den Bestimmungen meines Fermans gemäß mußte ich zwei Drittel aller gefundenen Altertümer dem kaiserlich türkischen Museum überlassen, nur ein Drittel durfte ich für mich behalten.

Nach längerem Aufenthalt in Europa kehrte ich gegen Ende Februar 1879 nach den Dardanellen zurück, mietete hier zunächst wieder 10 Gendarmen (Zaptjeh) und 150 Arbeiter und begann die Ausgrabungen am 1. März. Bis um die Mitte des März hatte ich unter dem heftigen Nordwind viel zu leiden; derselbe war so eiskalt, daß man in den hölzernen Baracken weder lesen noch schreiben und sich nur durch angestrengte Tätigkeit bei den Grabungen warmerhalten konnte. Um Erkältungen möglichst zu entgehen, ritt ich, wie ich schon früher stets getan, jeden Morgen ganz früh nach dem kleinen, Karanlik genannten Hafen im Hellespont, wo ich ein Seebad nahm; war aber noch vor Sonnenaufgang und vor dem Beginn der Arbeit regelmäßig wieder in Hissarlik. Zwei meiner Gendarmen begleiteten mich als Schutzwache sowohl bei diesen Badeexkursionen als auch bei jedesmaligem Verlassen Hissarliks. Diese Ritte im nächtlichen Dunkel blieben nicht ganz ohne Unfälle. Reisende, die heute nach der Troas kommen, werden bemerken, daß an dem Nordrand der Brücke von Kum Kioi ein großer Steinblock fehlt. Dieser Stein aber brach eines

Morgens aus, als ich im Dunkeln etwas zu nahe am Rande entlang ritt, und so stürzte ich samt meinem Pferde von der Brücke hinab in das Gestrüpp. Bei dem Falle kam das Pferd so auf mich zu liegen, daß ich mich nicht unter ihm hervorarbeiten konnte. Die Gendarmen waren vorausgegangen und konnten mein Rufen nicht mehr vernehmen. Eine ganze Stunde mußte ich in dieser verzweifelten Lage zubringen, bis endlich die Gendarmen, die mich nicht an meinem gewöhnlichen Badeplatz in Karanlik eintreffen sahen, umkehrten und mich befreiten. Seit jenem Erlebnis steige ich vor jeder türkischen Brücke vom Pferde und führe mein Tier am Zügel hinüber.

Das kalte Wetter hielt nicht länger als 14 Tage an, danach hatten wir dauernd schöne Witterung. Die Störche kehrten in den ersten Tagen des Monats zurück.

Gegen Ende des März trafen meine Freunde Professor Rudolf Virchow aus Berlin und Emile Burnouf aus Paris, Ehrendirektor der École française in Athen, als meine Mitarbeiter in Hissarlik ein ...

Mein Hauptstreben richtete sich diesmal darauf, die Mauern in ihrem ganzen Umfang aufzudecken. So ließ ich östlich und südwestlich von dem Tore ... sowie nordwestlich und nördlich von dem Hause des Stadtoberhauptes und östlich von meinem großen nördlichen Graben die neuen Ausgrabungen vornehmen. Da es von besonderer Wichtigkeit war, daß die Häuser der verbrannten Stadt erhalten blieben, grub ich die Ruinen der drei oberen Städte horizontal und Schicht für Schicht allmählich ab, bis ich auf den leicht erkennbaren kalzimierten Trümmerschutt der dritten Stadt stieß. Nachdem nun das ganze Terrain, das ich erforschen wollte, auf gleiche Höhe abgegraben war, begann ich an dem äußersten Ende der Fläche ein Haus nach dem anderen auszugraben und auf diese Weise allmählich nach dem nördlichen Abhange vorzugehen, wo der Schutt hinuntergeworfen werden mußte. So konnte ich alle Häuser der dritten Stadt ausgraben, ohne ihre Mauern zu beschädigen. Aber natürlich konnte ich nichts anderes von ihnen mehr aufdecken als die 3–10 Fuß hohen Unterbaue oder Erdgeschosse, die aus mit Lehm zusammengefügten Steinen gebaut waren. Die große Anzahl von Krügen, die sie enthalten, läßt es unzweifelhaft erscheinen, daß diese Räume einst als Keller gedient haben; doch ist der Mangel an Türen, deren der Beschauer nur wenige sehen wird, auf den ersten Blick schwer zu erklären ...

Professor Virchow macht darauf aufmerksam, daß die Beschaffenheit dieser dritten Stadt in architektonischer Beziehung das genaue Urbild derjenigen Bauart darstellt, die heute noch für die Dörfer der Troas charakteristisch ist. Er war, wie er sagt, erst imstande, einige schwierige Punkte zu verstehen, nachdem ihn seine ärztliche Praxis in das Innere der heutigen Häuser geführt hatte. »Die Haupteigentümlichkeit dieser Architektur besteht darin, daß in den meisten Fällen der untere Teil der Häuser keinen Eingang hat und von einer Steinmauer umgeben ist. Das obere Geschoß, das aus viereckigen, an der Sonne getrockneten Ziegeln gebaut ist, dient als Wohnung für die Familie, das untere, in welches man auf Stiegen oder Leitern von oben hineingelangt, als Vorratsraum. Hat das Erdgeschoß eine Tür, so wird es häufig auch als Viehstall benutzt. Wenn, was auch heute vorkommt, moderne Häuser dieser Bauart in Trümmer fallen, so bieten ihre Ruinen genau denselben Anblick dar wie die der dritten, der verbrannten Stadt von Hissarlik ... Die von diesen trojanischen Häusermauern umschlossenen Räume enthalten jene riesenhaften Terrakottakrüge, die, oft in langen Reihen nebeneinanderstehend, ein nicht unbedeutendes Vermögen in ihrer mächtigen Größe repräsentieren; sie sind so groß, daß ein Mann in jedem von ihnen aufrecht stehen kann.« ...

Weitere Ausgrabungen wurden auch auf der östlichen und südöstlichen Seite des »Großen Turmes« vorgenommen, wo ich mehrere von den Hausmauern dicht neben dem im Jahre 1873 entdeckten Magazin mit den neun großen Krügen zerstören mußte, um die Stadtmauer und ihre Verbindung mit den beiden ungeheuren Mauern aufzudecken, die ich den »Großen Turm« benannt hatte. Alle diese Arbeiten sind glücklich ausgeführt worden.

Durch meine Ausgrabungen südlich, südwestlich, nordwestlich und nördlich von den Toren habe ich die Stadtmauer nach allen diesen Richtungen hin freigelegt; so ist sie jetzt bis auf die Stellen, an denen ich sie mit meinem großen Graben durchschneiden mußte, in ihrem ganzen Umkreise aufgedeckt. Bei diesen Nachgrabungen fand ich auf dem Abhange des nordwestlichen Teils des Walles, in unmittelbarer Nähe der Stelle, wo der große Schatz gefunden wurde, in Gegenwart von Prof. Virchow und Burnouf noch einen Schatz von goldenen Schmuckstücken ...

Ich gebe im folgenden einen Auszug aus einem Vortrag, den Professor Virchow nach seiner Rückkehr aus der Troas am 20. Juni 1879 in der Berliner Gesellschaft für Anthropologie, Ethnologie und Urgeschichte gehalten hat:

»Der Teil des Burgberges von Hissarlik, in welchem die Trümmerstätte der ›gebrannten Stadt‹ gefunden wurde, war zur Zeit meiner Abreise aus der Troas an einer beträchtlichen Zahl von Stellen bis auf den Urboden geleert; wir waren an einer Stelle bis auf den Felsen selbst gekommen, auf dem die ältesten ›Städte‹ aufgebaut sind. – Mitten in der großen Grube hat Schliemann einen mächtigen Block stehenlassen, der, solange er eben halten wird, das ursprüngliche Niveau der Fläche den Reisenden zeigen wird ...

Wie lange der erwähnte Block den Einflüssen der Witterung wird Widerstand leisten können, wage ich nicht zu sagen; jedenfalls wird er lange Zeit nicht bloß Zeugnis geben von der ungeheuren Höhe dieser Trümmermassen, sondern, wie ich meine, auch von der unglaublichen Energie des Mannes, der mit Privatmitteln es zustande gebracht hat, so gewaltige Massen von Erde zu bewegen. Wenn Sie sähen, welche Berge (im wahrsten Sinne des Wortes) von Erde weggeschafft haben werden müssen, um eine Übersicht der tiefen Lagen zu bekommen, so würden Sie in der Tat kaum glauben, daß ein einziger Mann im Laufe von wenigen Jahren dieses große Werk hat vollenden können. Dabei möchte ich an dieser Stelle Schliemann in Schutz nehmen gegen den Vorwurf, der an sich berechtigt ist, der aber bei genauerer Betrachtung in nichts zerfällt, den Vorwurf, daß er nicht Schicht für Schicht von oben her abgetragen hat, um für jede einzelne Periode die Totalität des Plans zu gewinnen.

Es ist kein Zweifel, daß die Art, wie er gegraben hat, indem er sofort einen großen Durchschnitt durch den ganzen Hügel machte, im höchsten Grade zerstörend gewirkt hat auf die oberen Schichten. In diesen oberflächlichen Schichten fanden sich Tempelreste aus griechischer Zeit, Säulen, Triglyphen und allerlei andere Stücke von Marmor, freilich schon in zusammengeworfenem Zustande, indessen wäre es doch vielleicht möglich gewesen, bei so großer Sorgfalt wie in Olympia, den Tempel wenigstens teilweise zu rekonstruieren. Indessen Herr Schliemann hatte kein Interesse für einen Tempel, der einer für ihn viel zu jungen Zeit angehörte, und ich kann sagen, nachdem ich einen großen Teil der Stücke noch gesehen habe: ich bezweifle, wenn sie zusammengebracht worden wären, ob für die Kunstgeschichte oder die Wissenschaft ein wesentlicher Gewinn dadurch erreicht wäre. Ich gestehe zu, es ist das eine Art von Sacrilegium gewesen; Herr Schliemann hat den Tempel mitten durchgeschnitten, die Baustücke sind auf die Seite geworfen und zum Teil wieder verschüttet worden, und es wird nicht leicht jemand in die Lage kommen, auch mit den größten Aufwendungen sie wieder zusammenzubringen. Aber unzweifelhaft, wenn Herr Schliemann in der Weise vorgegangen wäre, daß er von oben her Schicht um Schicht abgeräumt hätte, würde er bei der Größe der Aufgabe heute noch nicht auf den Schichten sein, in denen die Hauptsachen gefunden worden sind. Er hat sie nur erreicht, indem er aus dem großen Hügel gewissermaßen den Kern ausgeschält hat ...«[2]

Ich schließe mit dem Ausdruck der festen Hoffnung, daß die geschichtliche Forschung mit Spitzhacke und Spaten, welche in unseren Tagen die Aufmerksamkeit der Gelehrten in Anspruch nimmt und mehr Wißbegierde erregt und ein größeres Auseinandergehen der Meinungen herbeiführt als irgendeine andere Form der Forschung, sich mehr und mehr entwickeln und schließlich über die dunkeln vorgeschichtlichen Zeiten des großen Hellenenstammes helles Tageslicht verbreiten möge. Möge diese Forschung mit Spitzhacke und Spaten mehr und mehr beweisen, daß die in den göttlichen Homerischen Gedichten geschilderten Ereignisse keine mythischen Erzählungen sind, sondern auf wirklichen Tatsachen beruhen, und möge sie dadurch, daß sie dies beweist, die Liebe aller zu dem edlen Studium der herrlichen griechischen Klassiker und besonders Homers, der strahlenden Sonne aller Literatur, vermehren und kräftigen!

Ich bringe nun diesen Bericht über meine uneigennützigen Arbeiten in aller Bescheidenheit vor den Richterstuhl der gebildeten Welt. Es wäre für mich die höchste Genugtuung und ich würde es als den schönsten Lohn ansehen, nach welchem mein Ehrgeiz streben könnte, wenn es allgemein anerkannt würde, daß ich zur Erreichung dieses meines großen Lebenszieles wirksam beigetragen habe.

Da ich auf meiner letzten Reise nach England und Deutschland zu wiederholten Malen der Meinung begegnet bin, ich verschwende, vom Ehrgeiz getrieben, zum Schaden meiner Kinder ... die ich dereinst mittellos zurücklassen würde, mein ganzes Vermögen an meine archäologischen Forschungen: so halte ich es für nötig, dem Leser hiermit zu versichern, daß, obgleich ich mich jetzt, um meiner wissenschaftlichen Bestrebungen willen von allen Spekulationen fernhalten und mich mit einem mäßigen Zinsertrag meines Kapitals begnügen muß, doch mein jährliches Einkommen sich noch auf 200000 Mark beläuft (wovon 80000 Mark den Reinertrag aus den Mieten meiner vier Häuser in Paris, 120000 Mark aber die Zinsen meiner Fonds repräsentieren), während meine Jahresausgaben, einschließlich der Kosten für die Ausgrabungen, nicht mehr als 100000 Mark betragen, und daß ich somit imstande bin, jährlich noch 100000 Mark zum Kapital zu schlagen. So hoffe ich denn, jedem meiner Kinder ein Vermögen hinterlassen zu können, das ihnen erlauben soll, ihres Vaters wissenschaftliche Untersuchungen fortzuführen, ohne dabei jemals ihr Kapital anzugreifen.

Ich benutze gerne diese Gelegenheit, um meinen Lesern zugleich die Versicherung zu geben, daß ich die Wissenschaft, die ich um ihrer selbst willen liebe und verehre, niemals als Geschäft betreiben werde. Meine großen Sammlungen trojanischer Altertümer haben einen unschätzbaren Wert, doch sollen sie nie verkauft werden. Wenn ich sie nicht noch bei meinen Lebzeiten verschenke, so sollen sie kraft letztwilliger Bestimmung nach meinem Tode dem Museum derjenigen Nation zufallen, die ich am meisten liebe und schätze.

XI

Rückkehr nach Kleinasien
1882

In den Atempausen zwischen seiner strapaziösen Tätigkeit als Ausgräber und seinen schriftstellerischen Aktivitäten gestattete sich Schliemann nur selten, sich auf seinen Lorbeeren auszuruhen. Auch wenn ihn die Arbeit an *Ilios*, diesem voluminösen Werk, immer wieder für längere Zeit an den Schreibtisch fesselte (meist benutzte er, wie früher als Ladengehilfe, ein Stehpult), machte es sich der fast Sechzigjährige zur Regel, sich Bewegung zu verschaffen. Hielt er sich in Athen auf, so ritt er, oft in Begleitung von Frau und Tochter, um vier oder fünf Uhr morgens zum Strand von Phaleron, um zu schwimmen. Von jeher ein Gesundheitsfanatiker, glaubte er noch immer fest daran, daß Baden im Salzwasser die beste Garantie für körperliches Wohlbefinden und Langlebigkeit sei. Und nach seinen eigenen Worten war er nur nach einem zweistündigen Ritt imstande, den ganzen Tag ohne die geringste Ermüdung zu arbeiten.

Es ist nahezu unmöglich - und wohl auch wenig sinnvoll - Schliemanns hektische Reisen kreuz und quer durch Europa genau aufzuzeichnen: die häufigen Besuche in London, wo er immer auf Abwechslung und gelehrte Gesprächspartner zählen konnte (die englischen Sonntage waren ihm freilich ein Greuel!); die regelmäßigen Besprechungen mit dem Verwalter seiner Pariser Mietshäuser; die Besichtigungen prähistorischer Sammlungen; und die zahlreichen Aufenthalte in Bädern und Kurorten, wo seine an Nervenschwäche leidende Frau Heilung suchte und auch er gelegentlich mehr oder weniger widerliches Mineralwasser trank. (Allein in den Monaten nach der zweiten Kampagne in Hissarlik besuchte er Bad Kissingen, Karlsbad, Boulogne-sur-Mer, Thun und Biarritz.)

Auch Berlin übte jetzt eine magische Anziehungskraft auf ihn aus. Am 5. August 1880 hielt er dort anläßlich des 11. Kongresses der Deutschen Anthropologischen Gesellschaft, deren Ehrenmitglied er seit 1877 war, einen Vortrag über seine Ausgrabungen in Troja, der zu den Höhepunkten der Tagung zählte. Den Ovationen der Wissenschaftler schlossen sich auch der Kronprinz und andere prominente Persönlichkeiten an. Mit der Aufnahme in diese Gesellschaft hatte Schliemann eine geistige Heimat gefunden. Jetzt fühlte er sich den deutschen Akademikern ebenbürtig.

Unmittelbar nach Abschluß der zweiten Kampagne in Troja waren die Schliemanns auf Empfehlung Virchows, der sie häufig ärztlich beriet, nach Bad Kissingen gereist. Dort speisten sie an einem Julitag mit Bismarck zu Mittag. Schliemann war der aggressiven Militärpolitik des Eisernen Kanzlers bisher skeptisch gegenübergestanden, aber als er, der Mann von einfacher Herkunft, diesen mächtigen Staatsmann fürstlichen Geblüts persönlich kennenlernte, schmolzen seine Bedenken dahin, zumal ihn das Verständnis, das Bismarck der archäologischen Forschung entgegenbrachte, tief beeindruckte. Diese Beziehung zu pflegen, konnte ihm nur von Nutzen sein, nicht zuletzt im Hinblick auf Konstantinopel. Wenig später war Bismarck an den langwierigen Verhandlungen im Zusammenhang mit der Schenkung der Trojafunde beteiligt.

Im folgenden Jahr hielt sich Schliemann drei Monate in Leipzig auf, um in engem Kontakt mit Brockhaus die Arbeit an *Ilios* fortzusetzen. Er holte den Rat befreundeter Gelehrter ein, warb Mitarbeiter für die englische und die deutsche Ausgabe an und stand in Verbindung mit Prähistorikern aus den verschiedensten Ländern – von Dänemark bis Ungarn –, um Informationen über Keramikfunde zu sammeln und mit der in Hissarlik ausgegrabenen Töpferware zu vergleichen. Außerdem befaßte er sich gründlich mit der Geschichte und Folklore seines Heimatortes Ankershagen, dem er und seine Frau im Anschluß an den Aufenthalt in Bad Kissingen einen kurzen Besuch abgestattet hatten. Vor allem frischte er seine Erinnerung an die Geistergeschichten und sagenumwobenen Stätten auf, von denen er als Kind so fasziniert war.[1] Er wollte dieses Material in seiner autobiographischen Einleitung zu *Ilios* verwenden, um die Öffentlichkeit darauf hinzuweisen, wie tief sein späteres Leben im Dienst der Archäologie in seiner mecklenburgischen Kindheit verwurzelt war.

Im gleichen Stil schmückte er die Geschichte seiner Jugendliebe zu Minna aus. Virchow fand die Darstellung dieser Romanze psychologisch unglaubwürdig. Und Minna selbst - inzwischen eine behäbige, spießbürgerliche Witwe - war über die ihr angedichtete Rolle keineswegs glücklich. Um sie zu beschwichtigen, prophezeite ihr Schliemann, sein Buch werde ihren Namen zu einem festen Begriff machen, nicht nur in Deutschland, sondern auch in Frankreich, den französischen Kolonien und überall, wo *Ilios* Verbreitung finden werde. »Wie sich die Umstände gestaltet haben, können Dir ja alle meine Ausführungen nur zur allerhöchsten Ehre gereichen und alle deutschen Frauen möchten auf ähnliche Weise unsterblich gemacht werden.«[2] Gleichzeitig lud er Minna zu sich nach Athen ein, wobei er allen Ernstes auf Kleopatras Besuch bei Cäsar in Rom anspielte.

Zweifellos bewirkte die intensive Beschäftigung mit seinen Jugendjahren in Mecklenburg, daß Schliemann sich seiner Heimat jetzt enger denn je verbunden fühlte. In diesen Empfindungen schwang aber sicher auch der Stolz des Dorfjungen mit, der es zu etwas gebracht hat. Wie dem auch sei - er erinnerte sich plötzlich wieder an Menschen, die er damals gekannt hatte, nahm Kontakt mit ihnen auf, wechselte Briefe mit alten Schulkameraden und erkundigte sich nach ihren Familien. Er beschaffte sich die neue Adresse jenes Müllerssohnes, dessen Homer-Rezitationen ihn damals in dem Fürstenberger Gemischtwarenladen so beeindruckt hatten und der sich inzwischen vom Nichtsnutz und Saufbruder zum honorigen Bürger gemausert hatte. »Geehrter Herr Niederhöffer«, schrieb er ihm, »ich erinnere mich noch sehr wohl, daß Sie am Morgen nach jenem Abend, wo Sie mich mit homerischen Versen bezaubert hatten, nochmals zu uns in den Laden kamen und einen hübschen hellblauen Rock mit blanken Knöpfen trugen, der nicht weniger als Ihr hübsches Gesicht von uns angestaunt wurde.«[3] Und er ließ mehreren Bedürftigen finanzielle Unterstützung zukommen, auch seinem alten Lehrer Carl Andres, der völlig auf den Hund gekommen war. Der symbolische Blütenzweig vom Berg Ida hatte also reiche Frucht getragen.

Die kluge Taktik Virchows erwies sich auch in anderer Hinsicht als erfolgreich. Er selbst jedoch machte die Erfahrung, daß man sich an einem Schlehdornzweig auch stechen kann. Vermutlich gab es Momente, in denen er bereute, Schliemann zu dem Versprechen bewogen zu haben, seine Funde dem Deutschen Reich zu vermachen. Offenbar beabsichtigte Schliemann zunächst, die Sammlung selbst zu behalten und ihr in der neuen Villa, die er sich in Athen bauen ließ, eine Heimstatt zu geben. Aber dann faßte er auch andere Möglichkeiten ins Auge.

Der Zufall wollte es, daß sein Ärger über das South Kensington Museum damals den Siedepunkt erreichte. Seit zwei Jahren wurde dort der trojanische Schatz ausgestellt, aber die Kuratoren hatten es unterlassen, die Einzelstücke sachgerecht zu beschriften und zu katalogisieren. Ferner bemängelte Schliemann, daß er niemals eine offizielle Empfangsbestätigung erhalten habe. Fest entschlossen, die kostbare Sammlung nicht länger in diesem Museum zu lassen, zog er Angebote für Ausstellungen in Edinburgh und Paris in Betracht und erkundigte sich bei Virchow nach entsprechenden Möglichkeiten in Berlin. Zu diesem Zeitpunkt traf er bereits Vorbereitungen, andere trojanische Fundobjekte, die noch an den Dardanellen aufbewahrt wurden, an Berliner Museen zu übergeben. Darunter befanden sich auch Artefakte und Skelettreste (an denen Virchow besonders interessiert war) aus dem von Frank Calvert ausgegrabenen Hanai-Tepe-Tumulus. Allerdings gab es jetzt gewisse Anzeichen dafür, daß Deutschland auch alle anderen Funde erhalten würde. Ob Schliemann sich schon damals zu einer Schenkung entschlossen hatte, die seine gesamte Sammlung enthalten sollte, ist schwer zu sagen, aber allem Anschein nach war er überwältigt von dem Beifall, den seine Arbeit jetzt auch in Deutschland erntete. Und Virchow wollte natürlich das Eisen schmieden, solange es heiß war.

Im März 1880 kam es zu einer Unstimmigkeit, die Virchows Pläne beinahe ins Wasser fallen ließ. Schliemann hatte zufällig erfahren, daß Virchow eine Abhandlung über Skelettfunde in der Troas veröffentlichen wollte. In seinen Augen war das ein Verrat - ein flagranter Verstoß gegen die Abmachungen. Er hatte Virchows Reise finanziert, und dieser war in der Troas sein Gast gewesen; folglich stand ihm, Schliemann, das Recht zu, als erster über die kostspielige Kampagne zu berichten. Schon als er Virchow (der keineswegs darauf erpicht gewesen war) zu dieser Reise einlud, hatte er durchblicken lassen, daß sein geplantes Werk über Ilion Vorrang vor allen anderen Publikationen über neue Forschungsergebnisse habe.[4]

Was Virchows Abhandlung betraf, so war sie nur für einen kleinen Kreis von Fachwissenschaftlern interessant, während Schliemann mit *Ilios* ein breiteres Publikum ansprechen wollte. Virchow ging es lediglich darum, die notwendigen Erläuterungen zu dem bereits in Berlin befindlichen anatomischen Material zu geben, doch Schliemann, dem er einen erklärenden Brief nach dem andern schickte, ließ dieses Argument nicht gelten. »Nichts über Hanai-Tepe veröffentlichen«, telegraphierte er Virchow. »Sonst Freundschaft ruiniert und Liebe zu Deutschland.«[5] Das war ein klares Ultimatum. So leicht also konnten sich Schliemanns Gefühle für Deutschland wandeln, wenn man seinem Geltungsbedürfnis nicht entgegenkam. Um zu verhindern, daß die trojanischen Funde Deutschland verlorengingen, erklärte sich Virchow bereit, die Veröffentlichung seiner Abhandlung (die er bereits einer wissenschaftlichen Gesellschaft übersandt hatte) auf später zu verschieben. Worauf Schliemann ihm erleichtert antwortete: »Nun bleiben wir Freunde.«[6]

Virchow setzte daraufhin die Verhandlungen bezüglich der Schliemann-Sammlung fort. Der Generaldirektor der Berliner Museen (Richard Schöne), der preußische Kultusminister (Robert von Puttkamer), verschiedene deutsche Fürstlichkeiten und auch Bismarck höchstpersönlich wurden eingeschaltet. Obwohl Virchow ein politischer Gegner des Kanzlers war, brachte er es über sich, ihn um

Unterstützung in dieser Angelegenheit zu bitten und zwei Stunden auf eine Audienz zu warten. Daß der Reichstag und die Regierung, die Museumsdirektoren, die preußischen und die nichtpreußischen Verwaltungsbeamten ihre Kompetenzen gegeneinander ausspielten, wirkte sich erschwerend – und zuweilen geradezu grotesk – auf die Verhandlungen aus, ganz zu schweigen davon, daß Schliemann immer mehr Bedingungen stellte. Besonders nachdrücklich bestand er darauf, daß seine Trophäensammlung in speziell dafür geeigneten Ausstellungsräumen untergebracht, stets separat gezeigt werden und für immer seinen Namen tragen sollte. Unermüdlich beteuerte er Virchow, welch großes Opfer er mit dieser Schenkung bringe, durch die er sich England und die Vereinigten Staaten, jene Länder, in denen er die größte Anerkennung und Sympathie gefunden habe, unweigerlich zu Feinden mache. Von Griechenland sprach er nicht, aber Sophia war bereits in Harnisch geraten: Sie betrachtete den Plan ihres Mannes als eine Beleidigung ihrer Landsleute, die als Nachfahren Priamos' und Agamemnons Anspruch auf den trojanischen Schatz erheben könnten. Der Ehefrieden der Schliemanns war in Gefahr. Erst als ihr treuer Freund, der Erbprinz von Sachsen-Meiningen, sich einschaltete, gab Sophia nach, und schließlich war sie sogar bereit, ihr Teil zur Aussöhnung ihres Mannes mit seinem Geburtsland beizutragen, zumal sie sich sagte, daß es seiner künftigen Arbeit nur nützen konnte, wenn er Deutschland auf seiner Seite hatte.

Virchow versuchte äußerst taktvoll und diplomatisch, eine Vereinbarung zu erzielen, sah sich aber durch immer neue Forderungen Schliemanns vor eine schier unlösbare Aufgabe gestellt. Jawohl, die Sammlung würde in den Besitz des Deutschen Reiches übergehen und von Preußen lediglich verwaltet werden. Jawohl, sobald das neue Völkerkundemuseum fertig sei, würde man der Sammlung Schliemann eine eigene Abteilung einräumen. Jawohl, er sei berechtigt, die Aufstellung der Exponate persönlich vorzunehmen ... Aber Schliemann bestand auch darauf, Ehrenbürger der Stadt Berlin zu werden – eine seltene Auszeichnung, deren sich seit der Reichsgründung nur Bismarck und Generalfeldmarschall Helmuth von Moltke rühmen konnten.[7] »Ihre Idee mit dem Ehrenbürgerrecht ist vortrefflich«, schrieb ihm Virchow. »Die Sache läßt sich nur nicht so eilig machen ... Vergessen Sie auch nicht, daß Magistrat und Stadtverordnete etwas schwerfällige Körper sind, bei denen solche Hauptaktionen etwas Zeit kosten. Ehrenbürger macht man nicht alle Jahre, und ich würde doch gern etwas Zeit haben, um die Gemüter warm zu machen und alles vorzubereiten ...«[8]

Aber obendrein wollte Schliemann auch noch mit dem preußischen *Pour le mérite* ausgezeichnet werden. Den konnte ihm Virchow allerdings nicht in Aussicht stellen (»Das ist nun freilich eine Art von Würfelspiel«[9]), weil nicht nur die Gesamtzahl der Ordensträger begrenzt war, sondern auch die Zahl derer, die für bestimmte Leistungen ausgezeichnet wurden. Des weiteren reflektierte Schliemann auf einen Orden für Sophia, »meine langjährige Mitarbeiterin«. Außerdem schwebte ihm die Mitgliedschaft in der Preußischen Akademie der Wissenschaften vor, einer ungemein exklusiven Institution, die Außenseitern so gut wie versperrt war. Jetzt konnte auch Virchow seine Ungeduld nicht mehr verbergen: »Sie haben doch Ihre Sammlungen nicht nach Berlin gegeben, um Ehrenbezeigungen zu empfangen.«[10]

Als endlich alles geregelt war, reiste Schliemann im Winter nach London, um die Verpackung seiner Trophäen zu überwachen. Wenig später trafen die vierzig Kisten in Berlin ein. Im Februar 1881 wurde im Reichsanzeiger der Erhalt der Schenkung bekanntgegeben – »zu ewigem Besitze und ungetrennter Aufbewahrung in der Reichshauptstadt als Geschenk«.[11] In einem persönlichen Schreiben sicherte Kaiser Wilhelm I. dem Stifter die Erfüllung aller Bedingungen bezüglich der Aufbewahrung der Sammlung zu und dankte ihm »für diese von warmer Anhänglichkeit an das Vaterland zeugende Schenkung einer für die Wissenschaft so hoch bedeutenden Sammlung«.[12]

Im Frühjahr 1881 bereiteten Schliemann und seine Frau die Ausstellung der Sammlung vor, die einstweilen im Berliner Kunstgewerbemuseum bleiben sollte. Und am 7. Juli erlebte der kleine Mann aus Mecklenburg, der fern von Deutschland zu Reichtum und Ruhm gelangt war, den Triumph, zum Ehrenbürger Berlins ernannt zu werden. Die Zeremonie fand in Anwesenheit vieler prominenter Persönlichkeiten im Rathaus statt. Kronprinz Wilhelm gab Sophia Schliemann das Ehrengeleit. Und Virchow hielt die Laudatio auf den neuen Ehrenbürger.

Bevor es zum Abschluß dieser langwierigen Angelegenheit kam, hatte Schliemann seine Arbeit im Gelände wiederaufgenommen. Mit Erlaubnis der griechischen Regierung führte er Grabungen in Orchomenos durch. Diese böotische Ruinenstätte nordwestlich von Theben lag - ähnlich wie Mykene - auf einem kargen, von Bergen umgebenen Felsplateau. Nach Homers Schilderung war Orchomenos einst eine mächtige Stadt gewesen.[13] Da sie neben Mykene und Troja die einzige war, der er das Epitheton »goldreich« zuerkannt hatte, stand zu erwarten, daß Schliemann hier früher oder später sein Glück versuchen würde - falls ihm kein anderer zuvorkam. Sein Hauptinteresse galt dem in Pausanias' Reisebericht erwähnten »Schatzhaus des Minyas«, das Karl Baedeker als eines der größten archäologischen Wunder Griechenlands bezeichnet hatte. Minyas war ein legendärer König aus dunkler Vorzeit.[14] Sein sogenanntes Schatzhaus hatte große Ähnlichkeit mit den Tholosgräbern in anderen Zentren der mykenischen Kultur, insbesondere mit dem »Schatzhaus des Atreus« in Mykene. (Die Ähnlichkeit war so frappierend, daß sie Dörpfeld, der Schliemann während der Grabungskampagne 1881 besuchte, zu der Bemerkung bewog, beide Bauwerke müßten wohl vom selben Architekten stammen.) Leider war der Tholos stark verfallen und der ins Innere führende Gang *(dromos)* durch Steinbrocken blockiert. Anfang des neunzehnten Jahrhunderts hatte Lord Elgin bei einem seiner Freibeuterunternehmen vergeblich versucht, in den Tholos vorzudringen.

Schliemann kam in Begleitung seiner Frau nach Orchomenos. Anscheinend betrachtete er ihre Anwesenheit als gutes Omen für eine reiche archäologische Ausbeute. Zu der Frage, ob er sich hier einen ähnlichen Glücksfall wie in Mykene und Troja erhoffte, äußerte er sich nicht. Später erklärte er zwar, er habe nie mit dieser Möglichkeit gerechnet, aber es ist wohl kaum zu bezweifeln, daß ihn Homers Beschreibung der Stadt schon lange verlockt hatte, hier zu graben. Zusammen mit den Schliemanns waren auch der Orientalist A. H. Sayce (der allerdings nur zwölf Tage blieb) und Professor Ernst Ziller nach Orchomenos gekommen. Der in Athen ansässige österreichische Architekt Ziller, der die in Bau befindliche Villa Schliemanns entworfen hatte (und später auch sein Mausoleum entwarf), hatte bereits an einigen kleineren Ausgrabungsprojekten in Kleinasien und Griechenland teilgenommen. Auch ein führendes Mitglied der Griechischen Archäologischen Gesellschaft war zugegen, vermutlich weil man es für möglich hielt, daß wertvolle Objekte ans Licht kommen würden. Schliemann und seine Begleiter blieben von Anfang November bis Anfang Dezember 1880 in Orchomenos.

Wie üblich heuerte Schliemann einen großen Arbeitstrupp an (darunter auch Frauen, die weniger Lohn erhielten) und ließ innerhalb und außerhalb der alten Burganlage Schächte ausheben und große Gräben ziehen. Aber kein einziges Königsgrab wurde entdeckt. Sophia beaufsichtigte auch diesmal die Ausgrabung des »Schatzhauses«. Auch wenn keine spektakulären Funde gemacht wurden – dieses Schatzhaus freizulegen, lohnte die Mühe. Vor allem seinetwegen wurde im Jahr 1881 weitergegraben, von Ende März bis Mitte April. (Gemeinsam mit Dörpfeld hielt sich Schliemann 1886 nochmals kurz in Orchomenos auf.) Offenbar war Sophia die erste, die in der kleinen Nebenkammer – von Schliemann *thalamos* genannt – jene herrlichen Fragmente der mit Reliefarbeit verzierten grünen Schieferplatten entdeckte, mit denen, wie sich herausstellte, die erst wenige Jahre zuvor eingestürzte Decke verkleidet gewesen war. Das geometrische Muster des Flachreliefs bestand aus kunstvoll ineinandergreifenden Spiralen, Blättern und Rosetten. Es erinnerte Sayce an die Ornamentik assyrischer Skulpturen und Ziller an orientalische Teppichmuster. Später erkannte man den unzweifelhaft mykenischen Stil dieses Deckenreliefs und die große Ähnlichkeit mit Friesen und Stukkaturen in Mykene und Tiryns. Es handelte sich also um ein wahres Juwel mykenischer Handwerkskunst. In mühevoller Arbeit setzten Schliemann und seine Frau die Fragmente zusammen, damit Zeichnungen und Fotografien des Reliefmusters gemacht werden konnten. (Eine Nachbildung wurde später nach Berlin geschickt.) Wie zuvor in Mykene beharrte Schliemann auch diesmal auf der Meinung, daß der Tholos ein Schatzhaus gewesen sei.

Von mindestens ebenso großer Bedeutung für die archäologische Forschung war die in Orchomenos ausgegrabene einfarbige (zumeist graue) polierte Töpferware, die auf einer Töpferscheibe gedreht worden war. Schliemann, der sie zunächst für einzigartig hielt, bezeichnete sie als »graue minyische Topfware«. Das hat sich als falsch erwiesen, denn seither wurden ähnliche Keramikfunde fast überall in Griechenland sowie auf den ägäischen Inseln und im westlichen und mittleren Teil Kleinasiens gemacht – auch in Troja VI. Neuere Archäologen, die ihre Verbreitung erforscht und zeitlich fixiert haben, bringen diese Töpferware in Verbindung mit den indoeuropäischen Eindringlingen, die um 1900 v. Chr. nach Griechenland kamen. Daraus folgt, daß sie von größter Bedeutung für den Schichtungsbefund der griechischen Siedlungsstätten im östlichen Mittelmeerraum ist. Wo immer Keramikfunde dieser Art ans Licht kommen, scheint sich dereinst ein kultureller und ethnischer Umbruch vollzogen zu haben. Sie könnten sogar ein Zeichen für das Erscheinen der Griechen – und vielleicht auch des Pferdes und des Streitwagens – in diesem Siedlungsraum sein.

Kurz vor Beginn der zweiten Grabungsperiode in Orchomenos besuchte Schliemann gemeinsam mit seiner Frau Olympia. Da er allmählich einsah, wie wichtig die systematische Planung der Grabungsarbeiten war, fand er die Leistung des deutschen Expertenteams bewundernswert (»wahrlich meisterhaft« nannte er sie).[16] Virchow und Burnouf hatten ihn gelehrt, daß es absolut notwendig war, Fachleute als Mitarbeiter zu gewinnen, und hier in Olympia wurde ihm demonstriert, was Spezialisten in gemeinsamer Arbeit erreichen können. Das Ehepaar Schliemann wurde von einem jungen Mitglied des deutschen Teams, dem siebenundzwanzigjährigen Architekten Dr. Wilhelm Dörpfeld, auf dem Grabungsgelände herumgeführt. Diese Begegnung sollte Geschichte machen.

Nach Abschluß der Grabungskampagne in Orchomenos (über die er kein ausführliches Buch veröffentlichte) gönnte sich Schliemann eine kurze Atempause. Sein neuer Athener Wohnsitz an der Universitätsstraße (heute auch Venizelosstraße genannt), eine palastartige Villa in quasitoskanischem Renaissancestil, war jetzt fast fertig. Dieses Projekt hatte ihn jahrelang beschäftigt. Er gab enorme Beträge dafür aus, hatte ständig neue exzentrische Einfälle und trug auf seinen Reisen durch Europa alle möglichen kostbaren Dinge für die Ausstattung der Villa zusammen. Diese Residenz, die so geräumig war, daß später ein ganzer Gerichtshof darin untergebracht werden konnte, nannte er »Iliou Melathron«, die »Hütte« von Ilion (das griechische *melathron* bedeutet allerdings auch »Palast«) – zur Erinnerung an die Holzbaracke auf dem Hügel von Hissarlik, in der er und Sophia gewohnt hatten. In griechischen Majuskeln gemeißelt, schmückte dieser Name die Fassade des Hauses.

Nach Schliemanns Plänen sollte die Villa seinen eklektischen Kunstgeschmack widerspiegeln und natürlich auch ein Statussymbol sein; ob seine Familie hier ein behagliches Heim finden würde, war ihm weniger wichtig. Für die Installationsarbeiten und die Innenausstattung ließ er Handwerker aus Italien, England und Deutschland kommen. Die marmorverkleideten Wände, die zahlreichen Fresken, Statuen und Inschriften gaben den Räumen ein fast pompejanisches Gepräge. Von den Loggien aus konnte man die ganze Akropolis sehen. Vierundzwanzig Statuen griechischer Götter säumten das flache Dach. (Nach Schliemanns Tod mußten sie entfernt werden, da sie ein Sicherheitsrisiko für die Passanten waren.) Überall verwiesen Bilder und Ornamente auf das dramatisch bewegte Leben des Hausherrn: Wandgemälde mit Stadtansichten von Indianapolis und New York, Mosaiken mit Nachbildungen von Fundobjekten aus Mykene und Troja, Putten mit den Gesichtszügen Schliemanns (mitsamt der Brille) und seiner Kinder, außerdem (auf dem eisernen Eingangstor) mehrere Hakenkreuzsymbole zu Ehren der arischen Vorfahren des Hausherrn. Im Erdgeschoß befanden sich außer den Dienstbotenzimmern mehrere Säle, in denen ein Großteil seiner archäologischen Sammlung ausgestellt war. Die Wohn- und Schlafräume der Familie sowie Schliemanns Bibliothek und Arbeitszimmer nahmen das erste Stockwerk ein. Da es der Hausherr mit der Gepflogenheit der alten Griechen (und der Japaner) hielt, möglichst wenig Mobiliar zu verwenden, wirkte diese Residenz ausgesprochen unwohnlich. Sophia dürfte sich hier kaum behaglicher gefühlt haben als die Gemahlin Ludwigs XIV. in den zugigen Sälen von Versailles. Die Schliemann-Villa paßt gut zu den Bauten im sterilen Stil des bayerischen Klassizismus, auf die man in Athen häufig stößt.

Das Haus lockte einen Strom ausländischer Besucher an, die von zwei Dienern (die Schliemann »Bellerophon« und »Telamon« nannte) in Empfang genommen wurden. Konnte sich der Hausherr mit den Gästen nicht in deren Muttersprache unterhalten, so begrüßte er sie in klassischem Griechisch, oder richtiger gesagt in jener Version der »Sprache der Götter«, die er sich im Lauf der Jahre erarbeitet hatte.

Im Mai 1881 kehrte Schliemann in die Türkei zurück, wo er in Çanakkale, dem von ihm bevorzugten Ausgangspunkt für die Reise nach Hissarlik, von Bord ging. Diesmal wollte er die gesamte Troas in seine Forschungen einbeziehen, insbesondere die Region, die er 1879 auf der fünftägigen Wanderung mit Virchow durchstreift hatte.[18]

Fünfzehn Tage lang ritt er allein kreuz und quer durch die antike Landschaft; nur gelegentlich nahm er sich einen ortsansässigen Fremdenführer. Er hatte sich vorgenommen, die zahlreichen Ruinenstätten und verlassenen Dörfer, die zum großen Teil unerforscht oder noch nicht mit Sicherheit identifiziert waren, nochmals genau zu erkunden, sie kulturgeschichtlich einzuordnen und einige von anderen Archäologen aufgestellte Hypothesen anzufechten. Da er unter Virchows Anleitung einen schärferen Blick für landschaftliche Eigenheiten bekommen hatte, achtete er (ein gutes Beispiel für Feldarchäologie) sorgfältig auf die Bodenbeschaffenheit, die Vegetation und auf ethnologische und kulturelle Aspekte dieser Region. Insgeheim hoffte er, archäologische Funde zu machen, die die Ergebnisse seiner Trojaforschung erhärten würden. Anscheinend rechnete er damit, die Überreste einer weiteren vorgeschichtlichen Siedlung freilegen zu können. Vor allem aber ging es ihm um den Nachweis, daß die Troas tatsächlich die Landschaft Homers war.

Seinen fünfzigseitigen Bericht *Reise in der Troas* (1881) leitete er denn auch mit der Feststellung ein, die Ergebnisse seiner Geländeerkundung könnten zur Klärung vieler dunkler Punkte der Homerischen Geographie beitragen und möglicherweise einige seit Jahrtausenden existierende, bisher nie angefochtene Theorien umstoßen. Im Bericht selbst ist allerdings wenig zu finden, das diese kühne Behauptung rechtfertigen könnte. Aber Schliemann fühlte sich eben immer, wenn er sich mit einer antiken Stätte befaßte, unweigerlich dazu berufen, den Wissensstand seiner Zeitgenossen zu »revolutionieren«. Tatsächlich erbrachten diese Streifzüge durch die Troas nichts, was sich auch nur annähernd mit seiner unorthodoxen Auslegung der Pausanias-Textstelle bezüglich der Atridengräber hätte messen können, ganz zu schweigen davon, daß er kein zweites Troja entdeckte.

Wo immer er Geländeuntersuchungen durchführte, ging er davon aus, daß größere Anhäufungen von Schutt und Topfscherben der einzig verläßliche Hinweis auf verschüttete Mauerreste seien. Doch wie in Italien und Sizilien stieß er auch in der Troas höchst selten auf solche Ablagerungen. Über diese Tatsache tröstete er sich mit der Erklärung hinweg, sie könne das allgemeine Interesse an Hissarlik nur erhöhen. Als Ausnahmefälle bezeichnete er die Grabhügel Hanai Tepe und Besika Tepe, die er schon früher nach prähistorischen Objekten durchsucht hatte. Am Ende seines Berichts zog er das enttäuschende Fazit, daß - abgesehen von Assos (das bereits von amerikanischen Archäologen aus Boston erforscht wurde) - nirgends in der Troas interessante Altertumsfunde gemacht werden könnten, außer vielleicht an dieser oder jener Stelle in Alexandria-Troas. Aber dort Zeit mit Ausgrabungen zu verlieren, könne er keinem Archäologen raten.

Obwohl er anderen so entschieden von Forschungen in der Troas abriet, plante er selbst schon einige Monate später, gemeinsam mit Virchow dorthin zurückzukehren. Seine wiederholt geäußerte Absicht, die Geländeuntersuchungen und Probegrabungen wiederaufzunehmen, verwirklichte er 1882 während der dritten großen Kampagne in Hissarlik. Aber es blieb Archäologen des zwanzigsten Jahrhunderts vorbehalten, in dieser (noch keineswegs gänzlich erforschten) antiken Landschaft Stätten auszugraben, die ebenso alt und fast so reich an archäologischen Funden sind wie Troja II, und sogar einige noch ältere, zum Beispiel Kum Kale im äußersten Nordwesten der Troas.[19]

Den Höhepunkt von Schliemanns Exkursion bildete die Besteigung des Ida-Massivs bis zum höchsten Gipfel - dem legendären Wohnsitz des Zeus -, den er auf seiner Wanderung mit Virchow nicht erklommen hatte. Rasch begeistert wie stets, glaubte er, eine Steinplatte vom Heiligtum des Gottes gefunden zu haben - fast genau an der Stelle, an der er nach Homers Schilderung den Altar vermutet hatte.

Für Schliemanns unermüdliche Forschungsarbeit in Griechenland und in der Troas bedeutete die dritte Grabungskampagne in Hissarlik (März bis Juli 1882) einen gewaltigen Schritt vorwärts. Aber obzwar die Öffentlichkeit bereits von Virchow darauf hingewiesen worden war, daß Schliemann sich jetzt endgültig zu wissenschaftlichen Arbeitsmethoden bekehrt habe, zeigten sich nach wie vor nur wenige Kritiker sonderlich beeindruckt von den in *Ilios* enthaltenen Deutungen der Trojafunde. Schon kurz nach Erscheinen des Buches, in dem er die Homerische Frage wieder einmal für endgültig gelöst erklärt hatte, waren Schliemann Bedenken gekommen. Er konnte sich, so schwer es ihm fiel, über einige grundsätzliche Einwände, die gegen seine Schlußfolgerungen erhoben wurden, nicht einfach hinwegsetzen. Aber statt seinen Standpunkt zu revidieren, nahm er diese Einwände zum Anlaß, sich von den ketzerischen Zweifeln zu befreien, die ihm an Homer, der »Sonne aller Literatur« gekommen waren.

Er wußte sehr wohl – und wurde von der Kritik oft genug darauf hingewiesen –, daß das von ihm entdeckte Troja wenig mit der in der *Ilias* beschriebenen prächtigen Königsfeste gemeinsam hatte. Da er aber nicht bereit war, die Möglichkeit, daß die freigelegten Ruinen eben doch nicht die des Homerischen Troja waren, ernsthaft in Betracht zu ziehen, geriet er in ein fast unlösbares Dilemma: Wenn man für die Diskrepanz zwischen Überlieferung und Wirklichkeit die dichterische Phantasie Homers verantwortlich machte (wozu Schliemann zu seinem Kummer bereits selbst geneigt hatte), dann wäre dem Zweifel Tür und Tor geöffnet und der Zeitpunkt nahe, an dem die gesamte *Ilias* als reine Erfindung gelten würde. Die Homerische Festung drohte einzustürzen, und mit ihr würde Schliemanns Lebenswerk in Trümmer sinken.

Wieder einmal war er zutiefst deprimiert, aber es entsprach nicht seiner Natur, sich lange in Verzweiflung zu üben. Irgendwie fand er immer wieder Boden unter den Füßen. Ganz gleich, wie es weiterging – Homer würde für ihn die höchste Instanz bleiben. In diesem kritischen Moment war er fester denn je überzeugt, daß Homer die historische Wahrheit berichtet hatte – nur: wie sollte er das nachweisen? Irgendwann mußte ihm bei seinen Forschungen ein Fehler unterlaufen sein. Aber was durch den Spaten durcheinandergebracht worden war, konnte mit Hilfe des Spatens auch wieder zurechtgerückt werden. Vielleicht war Troja (obzwar er diese Möglichkeit in *Ilios* strikt verneint hatte) wirklich nur eine Zitadelle (»priamus«) gewesen, während das gemeine Volk außerhalb des Burgwalls auf der Ebene gewohnt hatte. Davon war er ursprünglich ausgegangen, bis er auf »Fakten« gestoßen war, die diese Theorie zu widerlegen schienen. Jetzt faßte er diese Möglichkeit von neuem ins Auge, und sofort war er überzeugt, daß es gar nicht anders sein konnte und daß der Grabungsbefund dafür sprach.

Zur nüchtern abwägenden Einstellung des echten Wissenschaftlers rang sich Schliemann also bis zuletzt nicht durch, obwohl er sich über die technischen Fehler klargeworden war, die er bei seinen früheren Ausgrabungen begangen hatte. Was die Grabungsmethoden betraf, so bedeutete seine Kampagne 1882 tatsächlich einen Wendepunkt. Jetzt war er bereit, sich der Mittel und Wege systematischer wissenschaftlicher Forschung zu bedienen - in der Hoffnung, mit ihrer Hilfe jeden Zweifel an Homer zu überwinden. Dank der Bemühungen erfahrener Mitarbeiter erreichte er sein Ziel. Sie präsentierten der Welt ein praktisch neues Troja, das zwar vielen bisherigen Anhängern Schliemanns mißfiel, ihn aber in die Lage versetzte, entschiedener denn je auf die historische Glaubwürdigkeit der Epen Homers zu pochen.

Seiner Rückkehr nach Hissarlik (am 1. März 1882) war das übliche Gerangel mit den türkischen Behörden vorausgegangen, wobei er diesmal allerdings seine inzwischen zementierten guten Beziehungen zum Deutschen Reich ins Spiel bringen konnte. Niemand durfte vergessen, daß er auf Grund seiner großzügigen Schenkung ein Recht auf die Schützenhilfe einflußreicher Persönlichkeiten Deutschlands hatte. Er appellierte (zumeist über Virchow) an den Erbprinzen von Sachsen-Meiningen, an Bismarck, Richard Schöne und die zuständigen deutschen Diplomaten. Reagierten sie nicht prompt und zu seiner Zufriedenheit, so bekamen sie seinen Zorn zu spüren und wurden mit einer Aufzählung all dessen konfrontiert, was Heinrich Schliemann geleistet und was das Deutsche Reich ihm zu verdanken hatte. Aus Athen, Konstantinopel, Biarritz und anderen Orten sandte er eine Unzahl von Briefen und Depeschen. Wenn alles andere nichts fruchtete, verlangte er, daß man den Kaiser oder den Kronprinzen zu einer persönlichen Intervention bei der türkischen Regierung bewegen sollte. Unentwegt wies er darauf hin, daß er sich in einem »pestilenzialischen Klima« unter Verzicht auf jeden persönlichen Komfort - und mit einem täglichen Kostenaufwand von 400 Francs - abgerackert habe, um eine epochale Entdeckung zu machen, die anderen zwei Jahrtausende lang entgangen sei.[20] Was er vollbracht habe, mehre den Ruhm des Deutschen Reiches. Seine Berliner »Mitbürger« erinnerte er gern daran, daß seine kostbare Sammlung die Anziehungskraft der Reichshauptstadt erhöht habe und diese zu einem Mekka für Pilger aus aller Welt machen werde, die den Kronschatz des Priamos bestaunen wollten.

Gelegentlich gab er Bismarck unverblümt zu verstehen, daß er mit Gladstones oder Lord Dufferins Unterstützung die Grabungserlaubnis zweifellos schon längst erhalten hätte.[21] Virchow und Schöne mußten sich ähnliche Seitenhiebe gefallen lassen. Wenn er, so bekamen sie zu hören, nicht zur Aussöhnung mit Deutschland bereit gewesen wäre, hätten die führenden Vertreter jener Staaten, die er sich durch sein patriotisches Handeln zu Todfeinden gemacht habe, liebend gern und ohne kostbare Zeit zu verlieren, für die Regelung seiner Schwierigkeiten gesorgt. »Da mich jetzt aber das Vaterland wieder anerkennt«, schrieb er im Januar 1882 an Bismarck, »und ich demselben das Kostbarste, was ich besaß, zum Opfer dargebracht habe . . . so kann und darf ich mich fortan nur an die Deutsche Botschaft in Konstantinopel wenden.«[22] An den deutschen Nationalstolz appellierte er auch, als er durchblicken ließ, wie nachgiebig das mächtige Deutsche Reich sich gegenüber einer zweitrangigen Macht wie der Türkei zeige.

Wie erkläre es sich denn, daß Großbritannien für sämtliche Ausgrabungen in Mesopotamien *carte blanche* gegeben habe, während er selbst, ein hochangesehener Vertreter der Weltmacht Deutschland, noch immer auf seinen Ferman warten müsse? Immer wenn er mit seiner Geduld am Ende war, deutete er an, es würde schlimme Folgen für sein Geburtsland haben, wenn er sich gezwungen sähe, ehemalige Freunde, sei es in England, sei es in Italien, um Hilfe zu bitten. Sogar seinen treuen Freund, den Erbprinzen von Sachsen-Meiningen, vergrämte er: Zur gleichen Zeit, als der Prinz in Schliemanns Auftrag bei seinen kaiserlichen Verwandten vorstellig wurde, prahlte Schliemann in aller Öffentlichkeit damit, daß die Angelegenheit von Bismarck persönlich in Konstantinopel geregelt werde.

Im Verlauf dieser zähen Verhandlungen fand er Geschmack an der Politik und versuchte sich bald auch auf diesem Gebiet. Ohne viel Federlesens empfahl er, andere deutsche Diplomaten nach Konstantinopel zu entsenden.[23] Er präsentierte sogar einen eigenen Kandidaten, nämlich den Grafen von Radowitz, der ihm bereits in Athen von Nutzen gewesen war. Daß dieser wenig später tatsächlich den Posten in Konstantinopel erhielt, dürfte allerdings reiner Zufall gewesen sein. Immer wieder bezweifelte Schliemann, daß das Auswärtige Amt (das er auch in seinen deutschsprachigen Briefen als »Foreign Office« bezeichnete) seinen Aufgaben gewachsen sei. In einem Brief an Virchow empfahl er einen absurden Handel mit Frankreich, das auf diese Weise Elsaß-Lothringen zurückerhalten sollte. Auch Richard Schöne versuchte er in seine politischen Schachzüge zu verwickeln: Er bat ihn, sich dafür einzusetzen, daß die deutsche Regierung Druck auf die Türkei ausübe, damit diese dem Deutschen Reich die berühmte Bronzesäule aus drei Schlangenleibern überlasse, die Sparta einst dem Orakel von Delphi weihte und die sich bereits seit rund sechzehnhundert Jahren in Konstantinopel befand. Nach Schliemanns Vorstellungen sollte sie in einem Berliner Museum aufgestellt werden. »Denken Sie sich«, schrieb er an Virchow, »welche Freude die Aufstellung dieses Monuments in Berlin und der ganzen Welt hervorrufen würde!«[24]

Mit neuerwachtem Nationalstolz erklärte Schliemann plötzlich Bismarck zu seinem Helden und zögerte nicht zu verkünden, daß ihn die Politik Gladstones mit Abscheu erfülle. Mit einemmal fühlte er sich dem »nationalen Schicksal« seines Vaterlandes so eng verbunden, daß er, als Bismarck mit dem imperialistischen Abenteuer zu liebäugeln begann, Kolonien für Deutschland zu erwerben, den liberal eingestellten Virchow kurzerhand aufforderte, nicht länger gegen die Politik des Kanzlers zu opponieren. Bei der Diskussion der Kolonialfrage bediente er sich auch des abgedroschenen Hinweises auf die Millionen von Deutschen, die beim Aufbau der Vereinigten Staaten ihre nationale Identität verloren hätten. Das klang recht merkwürdig aus dem Mund eines quasi-amerikanischen Emigranten, der auch Rußland schon einmal zu seiner Wahlheimat gemacht, seine Kinder zu russischen Staatsbürgern erzogen, in späteren Jahren eine Griechin geheiratet und sodann einen Agamemnon und eine Andromache aufgezogen hatte.

Die Grabungserlaubnis wurde im Oktober 1881 erteilt, Schliemann aber erst im Januar 1882 zugestellt. Für ihn war dieser Ferman eine herbe Enttäuschung, da er strikt auf den Hügel Hissarlik beschränkt war, während Schliemann auch in der Ebene von Troja und in der gesamten Troas graben wollte. Wieder kam es zu Protesten und Auseinandersetzungen, die schließlich im März beigelegt wurden - wenige Tage nach Beginn der neuen Grabungskampagne.

Nachdem er sich, ernüchtert durch die Skepsis seiner Kritiker, mit Freunden und Mitarbeitern beraten hatte, ging Schliemann diesmal mit einem ziemlich präzisen Arbeitsprogramm nach Hissarlik. Er wollte auf dem Hügel, insbesondere dem noch wenig erforschten östlichen Teil, »Schicht um Schicht« bis zum untersten Stratum abtragen, jede einzelne genau untersuchen und die Ergebnisse sorgfältig aufzeichnen. Außerdem hatte er sich vorgenommen, diesmal auch Mauerresten aus der griechischen Antike, der hellenistischen und der römischen Zeit mehr Aufmerksamkeit zu widmen und nach Skulpturen Ausschau zu halten. Aus diesem Grund forschte er zu einem späteren Zeitpunkt der Kampagne noch einmal in den Schuttmassen nach, die er bei früheren Grabungen so achtlos hatte wegräumen lassen. Ja selbst in türkischen Friedhöfen rings um Hissarlik suchte er nach möglicherweise entwendeten Skulpturen. Um die Ausdehnung der im östlichen »Randbezirk« vermuteten prähistorischen Stadt festzustellen, wollte er einen achtzig Meter langen Graben ziehen lassen. Und da man ihm mangelndes Interesse an dem aus römischer Zeit stammenden Theater vorgeworfen hatte, wollte er sich auch mit diesem Bauwerk etwas näher befassen. Als wichtigste Aufgabe aber betrachtete er die Grabungen im Zentrum von Troja II, die dann tatsächlich zur Entdeckung einer bedeutenden Siedlungsanlage führten.

Wie Müller und Virchow ihm schon früher dringend empfohlen hatten, wollte er sich diesmal auch eingehender mit Troja I, der ältesten Siedlung auf dem Felsplateau von Hissarlik, beschäftigen. Des weiteren plante er, in der Ebene Schächte ausheben zu lassen (er dachte an etwa zweihundertfünfzig), um dort vielleicht doch noch auf die eigentliche Stadt des trojanischen Volkes zu stoßen. Ein weiterer wichtiger Programmpunkt war die Suche nach der Nekropole des vorgeschichtlichen Troja.[25] Aus gewissen Ähnlichkeiten mit anderen Ruinenstätten schloß er, daß Grabungen entlang der alten Landstraßen, die von Hissarlik aus durch die Ebene führten, ihm zur Entdeckung des Bestattungsareals verhelfen würden. Außerdem wollte er seine Forschungen auf die gesamte Troas ausdehnen, Ruinenstätten wie die auf dem Bali Dagh, dem Kurschunluh Tepe und dem Chali Dagh nochmals genau untersuchen und jene Tumuli, die er noch nicht erforscht hatte, in Angriff nehmen.

Worum es Schliemann ging, war klar: Er hoffte, in der Umgebung von Hissarlik ein größeres, der Schilderung Homers besser entsprechendes Troja zu entdecken. Und darüber hinaus wollte er mit der Erforschung der Troas und des am anderen Ufer des Hellespont in Thrakien gelegenen Tumulus des Protesilaos den Wissensstand über die prähistorische Vergangenheit der gesamten Region erweitern.

So verschiedenartig wie die Ziele der Hissarlik-Kampagne 1882 waren auch die Teilnehmer. Schliemanns Buch *Troja* enthält eine sehr anschauliche Schilderung seines aus Personen verschiedenster Herkunft zusammengesetzten Arbeitsteams: des neuen Hauspersonals aus Griechenland (das unweigerlich nach Gestalten der griechischen Mythologie benannt wurde); des tüchtigen »Haushofmeisters« Nikolaos (den Schliemann so sehr schätzte, daß er ihn nicht umtaufte); der Wasserträger, Leibwächter, Vorarbeiter und türkischen Aufsichtsbeamten. Wie stets betrachtete Schliemann die Anwesenheit dieser Kontrolleure als persönliche Beleidigung, obwohl sie ihn längst nicht so in Rage brachten, wie während der vorausgegangenen Hissarlik-Kampagne jener »rohe, unwissende Kadri Bey ... dessen einzige Beschäftigung stets gewesen ist, mich in meinen Forschungen zu hindern«.[26] Als er einen neuen Ferman beantragte, hatte er ausdrücklich erklärt, er werde jeden Aufsichtsbeamten, ausgenommen Kadri Bey, akzeptieren.

Zu dem neuen Arbeitsteam gehörten – neben einem polnischen Ingenieur und einem griechischen Berufsfotografen – auch Wilhelm Dörpfeld und Joseph Höfler, die von führenden Berliner und Wiener Archäologen wärmstens empfohlen worden waren. Zu Dörpfeld, der gerade seine Berufung an das Deutsche Archäologische Institut in Athen erhalten hatte (dessen Direktor er später wurde), hatte Schliemann bei seinem Besuch in Olympia und bei späteren Begegnungen in Berlin Vertrauen gefaßt. In Olympia, wo 1881 die vierjährige deutsche Grabungskampagne abgeschlossen worden war, hatte sich der junge Architekt bei der Freilegung des Heratempels großartig bewährt. Wenn schon die Erforschung einer antiken Stätte wie Olympia, das relativ wenige Schichten aufzuweisen hatte, einem Architekten so viel verdankte, um wieviel mehr konnte er dann zur Erforschung des vielschichtigen Labyrinths von Hissarlik beitragen! Die Freunde Schliemanns bedurften keiner großen Überredungskunst, um ihm klarzumachen, daß bei seinen künftigen großen Ausgrabungsprojekten die Mitarbeit eines Architekten unerläßlich war.[27]

Fest entschlossen, ihn für die Kampagne in Hissarlik zu gewinnen, trat Schliemann an Dörpfeld heran, aber die Verhandlungen scheiterten zunächst, weil der kurz vor der Heirat stehende Architekt nur an einer festen Verpflichtung für drei Jahre interessiert war und eine Gehaltsforderung stellte, die Schliemann vermutlich viel zu hoch erschien. Er engagierte daraufhin den angesehenen Wiener Architekten Höfler, der ebenfalls archäologische Erfahrung besaß. Als Dörpfeld seiner Berufung nach Athen sicher war, erklärte er sich zur Mitarbeit in Hissarlik bereit, wurde sofort engagiert und traf Mitte März dort ein.

Schliemann bereute nie, daß er diese Wahl getroffen hatte. Und wie richtig diese Entscheidung war, räumten auch andere Archäologen ein, die später etwas boshaft erklärten, Dörpfeld sei »Schliemanns größte Entdeckung«.[28] Jedenfalls entwickelte sich zwischen ihm und dem über dreißig Jahre jüngeren Dörpfeld eine ungemein fruchtbare und offenbar auch herzliche Partnerschaft, die bis zu Schliemanns Tod bestehen blieb. Bei den großen Ausgrabungsprojekten übte Dörpfeld von nun an einen entscheidenden Einfluß aus. Schliemann verließ sich, obzwar nicht immer ohne Murren, mehr und mehr auf Dörpfelds fundiertes Wissen und umsichtige Grabungstechnik. Aber er war nicht bereit, in seinen Publikationen den Leistungen seines jungen Mitarbeiters volle Anerkennung zu zollen. Letztlich war eben immer er selbst derjenige, der die ganz großen Entdeckungen gemacht hatte: die Megara von Troja II und den Palast von Tiryns. Andrerseits zögerte er nicht, Burnouf dafür verantwortlich zu machen, daß man bei den Grabungen im Jahre 1879 Troja III den Vorzug vor Troja II gegeben hatte.

In einem Brief, den er Gladstone am 3. Mai 1882 schrieb, gab er allerdings zu, wie entscheidend sich dank des

Scharfblicks seiner Architekten das Bild des Homerischen Troja verändert hatte:

> Für die diesjährigen Forschungen in Troja habe ich zwei der allerbesten deutschen Architekten engagiert, die ich finden konnte ... Sie haben festgestellt und mir bewiesen, daß auf die *erste* Stadt, deren Ruinen 23 Fuß tief liegen, eine *große* Stadt folgte, für welche Hissarlik lediglich die Stätte ihrer Akropolis, ihres heiligen Tempelbezirkes sowie der Wohnsitz ihrer Könige und deren Familien war.[29] Sie haben in dieser Stadt die Ruinen zweier sehr großer Häuser freigelegt, die beide rund 33 Fuß breit und 100 Fuß lang waren ... Teile einer Ziegelmauer, die wir in *Ilios* irrtümlich als Überreste der Stadtmauer bezeichneten, gehören zu diesen Häusern ... Die zehn von mir gefundenen Schätze gehörten bis auf einen zu dieser 2. Stadt ... Es gibt außerdem deutliche Anzeichen dafür, daß sich die Mauern bis zu dem Plateau erstreckten, auf dem die Unterstadt gestanden haben muß. Der Pergamus und zweifellos auch die Unterstadt wurden von einer furchtbaren Feuersbrunst zerstört ... Ich bedaure, daß ich nicht von Anfang an solche Architekten bei mir hatte, aber auch jetzt ist es noch nicht zu spät ...[30]

Noch überzeugter äußerte er sich in einem Brief, den er fast gleichzeitig an Schöne schrieb – natürlich in griechischer Sprache: »Die große zweite Stadt, die eine Unterstadt hat und eine Burg mit zwei prächtigen Tempeln und zwei oder vier anderen richtigen Gebäuden, sprechen wir jetzt unbedenklich für das berühmte Ilion an, da sie vollständig dem Ilion Homers gleicht.«[31] Daß dies reines Wunschdenken war, braucht wohl nicht betont zu werden.

In seiner Begeisterung schoß Schliemann zweifellos übers Ziel hinaus. Von der Unterstadt konnte außer beträchtlichen Ablagerungen von Topfscherben nichts entdeckt werden, das sich der Mühe gelohnt hätte. Ergebnislos blieb auch die Suche nach der Nekropole. Aber daß während dieser Kampagne ausgezeichnete Arbeit geleistet wurde, ist unbestreitbar. Schliemanns Architekten gelang es erstaunlich rasch, sich in dem anscheinend hoffnungslosen Durcheinander von Mauerwerk, Steinblöcken,

Gräben und Schuttmassen zurechtzufinden. Nach sorgfältiger Untersuchung ordneten sie scheinbar zum selben Stratum gehörendes Mauerwerk verschiedenen Siedlungsschichten zu und konnten auf diese Weise die einzelnen Gebäude in zeitliche und räumliche Beziehung zueinander setzen. Sie maßen die Fundamente und zeichneten die Ergebnisse in einen Grundriß ein. So ergab sich allmählich ein sinnvolles und einigermaßen detailliertes Bild, ja eine ganze Folge von Bildern. Zu den wichtigsten Entdekkungen zählten drei aneinandergrenzende Gebäude im Zentrum von Troja II (leider war dieser Komplex durch den von Schliemann gezogenen Nord-Süd-Graben teilweise zerstört worden), deren Grundform - ein Megaron, bestehend aus einer großen rechteckigen Halle (*cella* oder *naos* genannt) mit Vorsaal und Vorhalle (*pronaos*) - große Ähnlichkeit mit der des klassischen griechischen Tempels hatte. Dies war, wie sich später erwies, auch die Grundform der mykenischen Paläste.[32] Dörpfeld stellte als erster fest, daß sie der Schilderung entsprach, die in der *Ilias* vom Palast des Paris gegeben wird. Unter dem Einfluß seiner beiden Architekten neigte Schliemann zu der Ansicht, daß diese Gebäude einen - vermutlich der Pallas Athene geweihten - Tempelbezirk darstellten. Doch Funde, die anderswo gemacht wurden, belehrten ihn und Dörpfeld bald eines Besseren.

Auf Grund des von den Architekten ermittelten Schichtungsbefundes wurde nun wieder Troja II mit der »gebrannten Stadt« Homers identifiziert. Was Schliemann als »dritte Stadt« bezeichnet hatte, erwies sich, zum mindesten teilweise, als eine späte Unterschicht der zweiten Stadt. Ein Teil des Gebäudes, das er fälschlicherweise als »Haus des Stadtoberhauptes« identifiziert hatte, lag, wie sich herausstellte, über einem älteren, größeren Gebäude, das aus derselben Periode stammte wie die Langhäuser im Zentrum und das Schliemann fortan als Königspalast zu bezeichnen pflegte. Die Mehrzahl der Schätze, die bei früheren Grabungen entdeckt worden waren, hatten sich innerhalb oder in der Nähe dieses Gebäudes befunden. (Im

Verlauf der neuen Kampagne kamen keine Schätze, sondern nur minder wertvolle Metallobjekte ans Licht.)

Große Bedeutung kam auch der Freilegung weiterer Teile der Festungsmauer zu; es war jetzt sogar möglich, verschiedene Bauabschnitte aus der Zeit von Troja II zu unterscheiden.[33] Außerdem wurden zwei weitere Tore freigelegt. Dank der sorgfältigen Arbeit seiner Architekten hatte Schliemann jetzt zum erstenmal eine klare Vorstellung von der Anlage einer prähistorischen Zitadelle mit ihren weitläufigen Gebäuden und gewaltigen Festungsmauern. Was die Stratigraphie der gesamten Grabungsstätte Hissarlik betrifft, so wies Dörpfeld später neun Hauptschichten nach – ein System, das bis heute Gültigkeit behielt, wenngleich in den dreißiger Jahren des zwanzigsten Jahrhunderts amerikanische Archäologen nicht weniger als sechsundvierzig verschiedene Ablagerungsschichten identifizierten.

Andere Zeugen der Vergangenheit, deren Erforschung sich Schliemann in der Troas widmen wollte, waren die in diesem Teil Kleinasiens weitverbreiteten Tumuli. Nach alter Überlieferung sollen Homerische Helden in solchen Grabhügeln bestattet worden sein. Da Schliemann auch diesmal nichts entdeckte, was diese Überlieferung bestätigt hätte, äußerte er erneut die Meinung, daß die meisten Tumuli keine Grabstätten gewesen seien. Die interessantesten Funde machte er erstaunlicherweise in dem jenseits der Troas gelegenen »Tumulus des Protesilaos«. Nur hier grub er Artefakte aus, die nach Alter und Stil den in der ältesten trojanischen Ansiedlung gefundenen entsprachen – woraus einige Zeitgenossen (unter ihnen der Journalist Karl Blind) voreilig schlossen, daß die Wurzeln der trojanischen Kultur oder zumindest des trojanischen Volkes nicht in Asien, sondern in Europa zu suchen seien.[34] Die Erforschung dieses Tumulus mußte Schliemann jedoch auf strikte Anweisung des Kommandanten des nahen türkischen Forts bereits nach zwei Tagen abbrechen. Sein Vorschlag, die Türken sollten auf seine Kosten die Grabungen fortsetzen, wurde abgelehnt.

Die Angst der Türken vor Spionen war zuweilen geradezu krankhaft. Sie hielten jeden Archäologen für einen geschickt getarnten ausländischen Geheimagenten. Einem Beobachter der Ausgrabungen in Troja gelang es, einem hohen Offizier der türkischen Armee einzureden, daß Schliemann und seine Mitarbeiter beauftragt seien, die türkischen Festungsanlagen entlang der Küste auszuspionieren, woraufhin die Behörden den Ausgräbern untersagten, Messungen vorzunehmen, Zeichnungen anzufertigen und sich Notizen zu machen. Unter diesen Umständen sahen sich Schliemanns Architekten außerstande, gute Arbeit zu leisten und die nötigen Kartenskizzen zu erstellen. Der berüchtigte Beder Eddin Effendi drohte sogar, er werde die Architekten beim geringsten Verstoß gegen dieses Verbot verhaften, fesseln und in die türkische Hauptstadt bringen lassen. Obwohl Schliemann empört protestierte und seine Gönner verzweifelt um politische Intervention bat, wurde die Verfügung nicht rückgängig gemacht. Erst nach Abschluß der Grabungen gelang es dem neuen deutschen Botschafter, J. M. von Radowitz, den Sultan persönlich zu bewegen, das Verbot aufzuheben. Ende November 1882, als die kalte Jahreszeit mit Sturm und Regen eingesetzt hatte, fertigte Dörpfeld gemeinsam mit einem neuengagierten jungen Architekten, Otto Puchstein, in aller Eile einen Grundriß an.[35] Die Erstellung weiterer Planskizzen mußte auf April 1883 verschoben werden.

Auch die dritte Kampagne in Hissarlik war also stürmisch verlaufen, und als sie endlich einigermaßen zufriedenstellend abgeschlossen werden konnte, erlitt Schliemann einen Malariaanfall, den er vergeblich mit starkem Kaffee und viel Chinin zu bekämpfen versuchte. Noch Monate später machte ihm diese Erkrankung zu schaffen, obwohl er sich in Begleitung seiner Frau einer Kur in Marienbad unterzogen hatte.

Aber wie üblich stürzte er sich sofort in die Arbeit an einer neuen Publikation: *Troja. Ergebnisse meiner neuesten Ausgrabungen auf der Baustelle von Troja, in den Heldengräbern,*

Bunarbaschi und anderen Orten der Troas im Jahre 1882. Er verfaßte den Bericht auf englisch und fertigte die deutsche Übersetzung, die 1884 bei Brockhaus erschien, selbst an. In England und Amerika wurde das Buch im selben Jahr veröffentlicht. Auf die Einarbeitung des gesamten Berichts in die französische Ausgabe von *Ilios* verwandte Schliemann viel Zeit.[36]

Formal lehnt sich *Troja* eng an *Ilios* an. Einem Überblick über die Grabungsperiode 1882 folgen Abhandlungen über die sechs inzwischen in Hissarlik ermittelten prähistorischen Siedlungsschichten. Weitere Kapitel behandeln die Erforschung der Tumuli und der Troas im allgemeinen. Ein ausführlicher Anmerkungsteil befaßt sich mit so unterschiedlichen Themen wie »Eindringen des Meeres in die Küsten des Hellespont«, »Demetrios von Skepsis«, »Zeugnis des Plato für die Baustelle von Troja« usw. Der Anhang enthält neben einem Bericht über meteorologische Beobachtungen in Hissarlik und Aufsätzen von Virchow und Mahaffy auch eine Abhandlung von Karl Blind (einem deutsch-englischen Publizisten, der sich eifrig - und sicher nicht ohne Entgelt - darum bemüht hatte, Schliemann in England bekanntzumachen) über das Thema »Der Troer und Thraker germanische Verwandtschaft«. Die Vorrede verfaßte A. H. Sayce. Sowohl die deutsche als auch die englische Ausgabe widmete Schliemann der deutschen Kronprinzessin Auguste Viktoria, die amerikanische dedizierte er »all denen, die die Dichtungen Homers lieben, und all denen, die danach trachten, die Vergangenheit im Lichte der archäologischen Wissenschaft zu sehen«. Besser hätte er das Ziel, dem er selbst so leidenschaftlich und unermüdlich nachstrebte, wohl kaum definieren können.

Troja, Troas, Tumuli

Aus *Troja*

Durch meine im Verein mit meinen verehrten Freunden, Professor Rudolf Virchow aus Berlin und Emile Burnouf aus Paris, im Jahre 1879 auf dem Hügel von Hissarlik unternommenen Ausgrabungen hatte ich geglaubt, die trojanische Frage für immer gelöst und bewiesen zu haben, daß die kleine Stadt, die dritte über dem Urboden ... notwendig die durch Homer unsterblich gewordene Ilios der Sage sein müsse. Diese Theorie habe ich denn auch in meinem Ende 1880 herausgegebenen Werke *Ilios* verfochten. Nach der Veröffentlichung desselben stiegen indessen Bedenken in mir auf ... und meine Zweifel sind mit der Zeit immer größer geworden. Ich fand es bald ganz unmöglich, mir vorzustellen, daß der göttliche Dichter ... uns Ilios als eine große, anmutige, blühende, wohlbewohnte, gutgebaute Stadt mit breiten Straßen hätte schildern können, wenn sie in Wirklichkeit nur ein ganz kleines Städtchen war ... Nein, wäre Troja nichts weiter als ein kleiner befestigter Burgflecken von der Art gewesen, wie sie die Ruinen der dritten Stadt andeuten, so hätten ihn wenige hundert Mann in ein paar Tagen mit Leichtigkeit einnehmen können, und der ganze Trojanische Krieg mit seiner zehnjährigen Belagerung wäre entweder völlig erfunden oder hätte nur eine winzig geringe Grundlage gehabt.

Ich konnte keinen dieser beiden Fälle akzeptieren, denn es schien mir unmöglich, anzunehmen, daß, während es so viele große Städte an der Küste Asiens gab, die Katastrophe eines kleinen Burgfleckens auf einmal von den Dichtern sollte aufgegriffen worden sein ...

Ich entschloß mich deshalb, die Ausgrabungen zu Hissarlik während weiterer fünf Monate fortzusetzen, um das Geheimnis aufzuklären und um die wichtige trojanische Frage endgültig zu erledigen ...

Glücklicherweise hatte ich im Juni 1879 zur Bewachung

meiner Holzbaracken und des Magazins, in welchem alle meine Gerätschaften und Werkzeuge für die Ausgrabungen untergebracht waren, einen türkischen Wächter in Hissarlik zurückgelassen. So fand ich jetzt [im März 1882] alles in bester Ordnung und brauchte nur meine Häuser neu mit wasserdichtem Filz zu decken. Da sie alle in einer ununterbrochenen Linie erbaut waren, so war die Feuersgefahr groß. Ich trennte sie deshalb voneinander und stellte sie an verschiedenen Stellen von neuem auf, so daß, falls eine der Baracken Feuer fing, auch beim heftigsten Sturm keine der übrigen von den Flammen erreicht werden konnte. Nur die Baracke, in welcher ich selbst mit meinen Dienern lebte, hatte fünf Zimmer, von denen ich zwei bewohnte; eine andere hatte zwei, eine dritte drei und eine vierte vier Schlafzimmer. So hatten wir reichlich Platz und konnten sogar noch sieben Gästen genügende Unterkunft geben. Eine Baracke mit nur einem Raum diente als Speisesaal und führte auch diesen stolzen Namen, obgleich sie nur aus rohen Planken bestand, durch deren Ritzen der Wind unablässig hindurchblies, so daß es oft unmöglich war, dort eine Lampe zu brennen oder ein Wachslicht anzuzünden. Eine andere geräumige Baracke diente als Magazin für die Altertümer, die zwischen dem kaiserlichen Museum in Konstantinopel und mir zu teilen waren.

Meine geehrten Freunde, die Herren J. Henry Schröder & Co. in London, hatten mir gütigst eine bedeutende Menge Konservenbüchsen mit Rindfleisch aus Chicago, Pfirsichen, bestem englischen Käse und Ochsenzungen, ferner auch 240 Flaschen des besten englischen Pale Ale übersandt. Ich war der einzige Konsument dieser 240 Flaschen Pale Ale, mit welchen ich fünf Monate hindurch auskam. Ich bediente mich ihrer als Medizin gegen Verstopfung, an der ich über dreißig Jahre gelitten hatte. Alle anderen Heilmittel, besonders das Karlsbader Mineralwasser, hatten sie nur verschlimmert. Diese Pale-Ale-Kur hat mich von dem Übel völlig befreit ...

Ich hörte, daß Landstreicher und Wegelagerer die Gegend unsicher machten; auch ließen mich die wiederholten Räubereien in Makedonien, wo eine Anzahl reicher Leute von den Briganten in das Gebirge geschleppt und nur gegen schweres Lösegeld freigelassen worden war, ein ähnliches Schicksal in Hissarlik befürchten. Ich brauchte deshalb für mich eine Leibwache von mindestens elf Gendarmen ... Sie wurden aus den stärksten und zuverlässigsten Türken der Dardanellen für mich ausgewählt ...

Die Arbeiter waren meistens Griechen aus den benachbarten Dörfern Kalifatli, Jeni Schehr und Ren Kioi; einige waren von den Inseln Imbros und Tenedos oder vom thrakischen Chersones. Von türkischen Arbeitern hatte ich durchschnittlich nur fünfundzwanzig; ich würde gern mehr von ihnen genommen haben, wenn es möglich gewesen wäre, mehr zu erlangen, denn sie arbeiten viel besser als die asiatischen Griechen, sind viel redlicher als diese, und ich hatte bei ihnen außerdem den großen Vorteil, daß sie sonntags und an den zahlreichen Feiertagen der Heiligen arbeiteten, an denen kein Grieche zu irgendwelchem Preise arbeitet. Da ich außerdem immer gewiß sein konnte, daß sie mit unablässigem Eifer arbeiten würden und nie nötig hatten angespornt zu werden, so konnte ich ihnen die Abteufung aller Schächte überlassen und ihnen andere Arbeiten anweisen, bei denen meinerseits keine Aufsicht möglich war. Aus allen diesen Gründen bewilligte ich den türkischen Arbeitern immer verhältnismäßig höheren Lohn als den Griechen. Dann und wann hatte ich auch jüdische Arbeiter, die ebenfalls viel besser arbeiteten als die Griechen.

Bei dieser Gelegenheit kann ich erwähnen, daß alle Juden in der Levante Abkömmlinge der spanischen Juden sind, die, zum Verderben Spaniens, unter Ferdinand und Isabella im März 1492 aus jenem Lande vertrieben wurden. Höchst sonderbar ist es, daß sie, trotz ihrer langen Wanderungen und trotz der Wechselfälle ihrer Geschicke, die spanische Sprache nicht vergessen haben, sondern dieselbe noch jetzt unter sich sprechen; ja selbst der gemeine jüdische Arbeiter spricht dieselbe viel geläufiger als türkisch.

Wenn einer dieser Juden jetzt nach Spanien zurückkehrte, so würde sein Vokabularium allerdings viel Heiterkeit erregen, denn es wimmelt von veralteten spanischen Wörtern, wie wir sie im *Don Quixote* finden, und es enthält außerdem viele türkische Wörter ...

Ich hatte zwei türkische Aufseher bei mir, wovon einer, Moharrem Effendi, mir von der Lokalbehörde zugesellt wurde; ich mußte ihm ein Zimmer geben und monatlich 150 Mark Lohn zahlen. Der andere Aufseher, Beder Eddin Effendi, wurde mir vom Ministerium für Volksaufklärung in Konstantinopel, welches ihn honorierte, zugesandt, und ich hatte ihm nur ein Zimmer zu geben.

Viele Jahre lang habe ich archäologische Forschungen in der Türkei gemacht, aber noch nie hatte ich bis dahin das Unglück gehabt, ein Ungeheuer von Aufseher wie Beder Eddin Effendi zu haben, dessen Vermessenheit und Eigendünkel nur seine totale Unwissenheit gleichkam, und der es als sein alleiniges und einziges Amt ansah, mir alle nur erdenklichen Schwierigkeiten und Hindernisse in den Weg zu legen. Da er im Regierungsdienst war, so hatte er den Telegraphen von Kum Kaleh nach der Dardanellenstadt zu seiner Verfügung, und er benutzte denselben auf die schamloseste Weise, um meine Architekten und mich bei der Lokalbehörde anzuklagen. Anfänglich glaubte ihm der Zivilgouverneur und schickte zuverlässige Leute zu uns, um seine Klagen zu untersuchen; nachdem er sich aber wiederholt überzeugt, daß uns der Mensch auf erbärmliche Weise verleumdet hatte, achtete er nicht mehr auf ihn. Der Türke haßt stets den Christen, wie gut er es auch bei ihm hat, und wie hoch auch sein Lohn bei ihm sein mag, und somit wurde es dem Beder Eddin Effendi nicht schwer, alle meine elf Gendarmen auf seine Seite zu bringen und sie zu seinen Spionen zu machen ...

Mit Ausnahme der drei ersten Tage im März, wo wir Südwind hatten, herrschte den ganzen März und April hindurch, und somit 58 Tage lang, unaufhörlich starker Nordwind, der wenigstens viermal wöchentlich in heftigen Sturm ausartete, uns den Staub in die Augen peitschte, uns blendete und uns in den Ausgrabungen sehr hinderlich war. Nur wenige meiner Arbeiter hatten Staubbrillen; alle, welche nicht damit versehen waren, mußten den Kopf in ein Tuch hüllen, und die Schar meiner verschleierten Arbeiter glich somit sehr den vermummten Leuten, welche in Italien bei den Leichenbegängnissen verwendet werden. Gleichzeitig war das Wetter sehr kalt ... Der Berg Saoke auf Samothrake blieb ungefähr bis Ende März, das Idagebirge ungefähr bis zum 20. März ganz mit Schnee bedeckt. Später sah man nur Schnee auf den höheren Bergspitzen; aber derselbe verschwand allmählich, und Ende Mai war nur noch auf und neben den höchsten Gipfeln des Ida etwas Schnee sichtbar ...

Die Ebene von Troja ist im April und Mai gewöhnlich mit roten und gelben Blumen und hohem Grase bedeckt; aber in diesem Jahre waren dort wegen Mangels an Feuchtigkeit keine Blumen und fast gar kein Gras, so daß die armen Leute beinahe gar nichts für ihre Herden zu fressen hatten. Wir konnten uns daher auch in diesem Jahre nicht wie früher darüber beklagen, von dem monotonen Gequake von Millionen von Fröschen belästigt zu sein, denn da die Sümpfe im untern Simoeistale ausgetrocknet waren, so gab es gar keine Frösche, ausgenommen einige im Bette des Kalifatli Asmak. Die Heuschrecken erschienen in diesem Jahre später als gewöhnlich, nämlich gegen Ende Juni, als beinahe schon alles Getreide eingeerntet war, und sie richteten daher nur wenig Schaden an. Die ersten Schwärme von Kranichen passierten die Ebene von Troja am 14. März; die ersten Störche kamen am 17. März an. Die Kraniche nisten hier nicht; sie halten sich nur einige Stunden auf, um zu fressen, und setzen ihren Flug nach nördlicheren Regionen fort.

Am 1. April um 5 Uhr 15 und 30 Sekunden abends verspürten wir ein schwaches Erdbeben.

Eine unserer ersten Arbeiten bestand darin, in dem bis dahin noch unerforschten Teile von Hissarlik alle Fundamente von griechischen oder römischen Bauten freizulegen, und die zu denselben gehörigen skulptierten Blöcke zu sammeln, sowie andere, deren Fundamente nicht mehr nachgewiesen werden können ...

Eine meiner größeren Arbeiten war ein 80 m langer, 7 m breiter Graben, den ich im März und April quer durch den bis zu jener Zeit noch nicht explorierten östlichen Teil der Akropolis zog, um zu konstatieren, wie weit sich die Zitadelle der ersten vorhistorischen Städte nach dieser Richtung ausdehnt. Dies war eine äußerst schwierige Arbeit, sowohl wegen der kolossalen Massen kleiner Steine und großer Blöcke, die wir fortzuschaffen, als wegen der Tiefe von 12 m, bis zu welcher wir zu graben hatten, um den Fels zu erreichen. Der Graben wurde gleichzeitig in seiner ganzen Länge abgeteuft, und der Schutt mit Schiebkarren sowohl als mit großen von Menschen oder Pferden gezogenen Karren fortgeschafft. Aber je tiefer wir vordrangen, desto schwieriger und ermüdender wurde die Arbeit, denn wir waren gezwungen, den Schutt in Körben auf im Zickzack angelegten Fußsteigen heraufzuschaffen, welche letztere mit der zunehmenden Tiefe immer steiler wurden. Als wir eine Tiefe von 10–12 m erreicht hatten, mußten die für die Fußsteige reservierten Erdblöcke abgegraben und aller Schutt in den großen von den Arbeitern gezogenen und geschobenen Karren fortgeschafft und auf den Bergabhang geworfen werden. Diese beschwerliche Arbeit hat indes für die Topographie der Akropolis interessante Resultate geliefert, denn sie hat es uns ermöglicht, zu ermitteln, daß dieser ganze östliche Teil des Burgberges erst eine nach Zerstörung der vierten Stadt entstandene Erweiterung der ursprünglichen Pergamos ist ...

Sehr bemerkenswert ist es, daß unterhalb der hellenischen Trümmerschicht ... nur lydische Terrakotten gefunden wurden[1] ... sowie Topfwaren der fünften und vierten vorhistorischen Ansiedelungen, aber durchaus keine Topfware der drei untersten Städte ...

Ich zog ferner einen 40 m langen Graben an der Nordwestseite von und unmittelbar neben der Akropolis, wo ich die Fortsetzung der großen Mauer der zweiten Stadt zu finden hoffte. In der Tat fand ich dort, genau an der Stelle, wo sie nach aller Vermutung gewesen sein muß, den Fels künstlich geebnet; sie hat daher ohne allen Zweifel einst dort gestanden, aber kein Stein davon ist an seiner Stelle geblieben ...

Meine Architekten haben mir bewiesen, daß Herr Burnouf, mein Mitarbeiter im Jahre 1879, und ich die Trümmer der beiden folgenden Ansiedelungen, nämlich der zweiten und dritten, nicht richtig auseinandergehalten, daß wir zwar die circa $2^1/_2$ m tiefen Mauern aus großen Blöcken ganz richtig als Fundamente der zweiten Stadt angesehen, aber nicht die unmittelbar darauf ruhende und dazugehörende Schicht verbrannter Trümmer dazugerechnet, und diese der dritten Stadt, die nichts damit zu tun hat, zugeteilt hatten. Wir waren aber durch die kolossalen Massen von Schutt gebrannter, oder besser gesagt verbrannter Ziegeln der zweiten Stadt irregeleitet worden, die an gar vielen Stellen nicht von den dritten Ansiedlern weggeräumt waren und auf gleichem Niveau mit ihren Häuserfundamenten, ja oft noch viel höher lagen. Dieser gebrannte Ziegelschutt stammt zum Teil von in einer furchtbaren Feuersbrunst zerstörten Häusern, zum Teil sind es aber Trümmer von Ziegelmauern, die erst, nachdem sie aus rohen Lehmkuchen aufgebaut waren, behufs größerer Festigkeit durch gleichzeitig an beiden Seiten angezündete große Feuer künstlich gebrannt wurden. Die eigentliche verbrannte Stadt ist daher nicht die dritte, sondern die zweite Stadt, deren Schuttschicht jedoch, da die dritte Ansiedelung unmittelbar darauf hingebaut ist, an einigen Stellen nur sehr geringfügig, sogar nur 20 cm tief ist. Da die Hausfundamente der dritten Ansiedler nur einfach in den verbrannten Schutt der zweiten Stadt gelegt waren, so schrieben wir diesen letztern irrtümlich der zweiten Ansiedelung zu, die nichts damit zu tun hat ...

Ich kann hier hinzufügen, daß die Mauer des Homerischen Troja ebenfalls zahlreiche Türme hatte. Mit einer einzigen Ausnahme fand ich auf allen Mauern der zweiten

Stadt noch den mehr oder weniger erhaltenen Oberbau aus gebrannten Ziegeln, und wir glauben mit Bestimmtheit annehmen zu dürfen, daß der letztere der zweiten Stadt angehört und von den dritten Ansiedlern ... nur ausgebessert worden ist. Ja, dies ist um so gewisser, als die Ziegelmauer der zweiten Stadt auf der Ostseite erstaunlich wohlerhalten ist ... Die dritten Ansiedler brauchten deshalb an einigen Stellen nur die Oberteile der zerstörten Akropolismauer zu ergänzen, um die Mauer wiederum benutzen zu können. Aus diesem Grunde können wir auch mit Bestimmtheit annehmen, daß der von mir Ende Mai 1873 ... gefundene große Schatz im Ziegelschutt der zweiten Stadt enthalten war, um so mehr als, wie sich jetzt durch die völlige Freilegung des Unterbaus der Mauer herausgestellt hat, gerade an dieser Stelle ein Turm der zweiten Stadt war. Möglicherweise war der Ziegelschutt sogar wirkliche Ziegelmauer, innerhalb welcher der Schatz eingeschlossen war ...

Aber einen noch viel schlagenderen Beweis dafür, daß alle Schätze nicht der dritten, sondern der zweiten, der verbrannten Stadt angehören, finden wir in der Beschaffenheit der mehr als 10000 Gegenstände, aus denen sie bestehen, denn jeder derselben, und selbst die kleinste Goldperle, trägt die allerdeutlichsten Spuren der furchtbaren Glut, welcher er ausgesetzt gewesen ist. Diese Brandspuren sind indes bei den bronzenen Waffen noch viel mehr in die Augen fallend als bei den Goldschmucksachen ...

Als die ganze Akropolismauer noch erhalten und auf ihrem riesigen Unterbau noch die gewaltige, mit vielen Türmen versehene Ziegelmauer stand, muß sie, besonders an der dem Hellespont zugewandten steilen Nordseite, ein erhabenes Aussehen gehabt und deshalb die Trojaner veranlaßt haben, ihren Bau dem Poseidon, oder dem Poseidon und Apollo, zuzuschreiben.

Die Legende vom Mauerbau durch Poseidon mag jedoch einen viel tieferen Sinn gehabt haben, denn, wie Herr Gladstone sehr geistreich nachgewiesen hat, weist eine Konnexion mit Poseidon häufig auf phönikische Verbindungen hin; ferner ist Herakles der Repräsentant der Phönikier, und die Tradition von seinem Zuge gegen Ilion mag auf eine einst stattgefundene Eroberung und Zerstörung der Stadt durch die Phönikier hinweisen, ebenso wie die Legende vom Bau der Mauern Trojas durch Poseidon auf ihre Konstruktion durch die Phönikier.

Diese zweite Niederlassung auf dem Hügel Hissarlik bildete indes nur die Akropolis, an die sich östlich, südlich und südwestlich eine untere Stadt anschloß ...

Unter den von mir in meinen Ausgrabungen in Troja im Jahre 1882 gesammelten zweihenkeligen Bechern sind einige von außerordentlicher Größe. Der allergrößte davon ... kann 10 Flaschen Wein aufnehmen; er würde somit, wenn er gefüllt wäre, für eine Gesellschaft von 40 Gästen hinreichen, wenn wir annehmen, daß jeder derselben eine Viertelflasche tränke ...

Nur mit wenigen Ausnahmen sind alle doppelhenkeligen Becher dieser Art auf der Töpferscheibe gedreht. Auch sind alle unpolierten Teller auf dem Töpferrade gefertigt; sonst aber sind hier auf der Scheibe gedrehte Terrakotten ungemein selten, da fast sämtliche Topfware aus der Hand gemacht ist.

Eine meiner interessantesten Entdeckungen in den Ausgrabungen von 1882 war ein kleiner Schatz von Gegenständen aus Kupfer und Bronze, der im Schutt der zweiten Ansiedelung gefunden wurde, [dort] wo ich am 21. Oktober 1878 einen Goldschatz entdeckt hatte; derselbe bestand aus zwei viereckigen Nägeln, aber ohne Scheiben; sechs wohlerhaltenen, aber sehr einfachen Armbändern, wovon zwei dreifach sind; und drei kleinen Streitäxten ... Ich mache hier darauf aufmerksam, daß das Britische Museum sechs Streitäxte ähnlicher Form enthält, die auf der Insel Thermia im griechischen Archipelagos entdeckt, und wovon drei auf gleiche Weise durchbohrt sind.

Ich nenne ferner eine große, 23 cm lange Streitaxt ... und den unteren Teil einer andern; auch einen sonderbaren kupfernen Gegenstand in Form eines Siegels, auf dem jedoch kein eingraviertes Zeichen sichtbar ist ...

Der interessanteste Gegenstand des Kleinen Schatzes war ein Idol höchst primitiver Form aus Bronze oder Kupfer ... Es hat einen Eulenkopf und runde hervorstehende Augen, zwischen denen der Schnabel hervortritt; in jedem Ohr ist ein Loch, welches jedoch nicht durchgeht und daher nicht dazu gedient haben kann, die Figur aufzuhängen; der Hals ist unverhältnismäßig lang, ja reichlich doppelt so lang, als eine Menschenfigur dieser Größe sein würde; Brüste sind nicht angegeben; der rechte Arm ist durch einen formlosen Auswuchs bezeichnet, der umgedreht ist, so daß sein Ende, wo die Hand zu denken ist, auf der Stelle ruht, wo die rechte Brust sein sollte; dieser Umstand kann kaum einen Zweifel übriglassen, daß man ein weibliches Idol darstellen wollte. Der linke Arm ist abgebrochen; jedoch ist der davon übriggebliebene Stummel viel zu sehr horizontal ausgestreckt, als daß man vermuten könnte, dieser Arm hätte eine ähnliche Stellung gehabt wie der rechte Arm; wir glauben eher, daß er in gerader Linie ausgestreckt war, und dies ist wahrscheinlich auch der Grund, daß er beim Fallen des Idols abgebrochen ist. Eine Vulva oder ein Delta ist nicht angegeben. Die Beine sind getrennt; wahrscheinlich um sie mehr zu befestigen, ist auf der Hinterseite ein formloses Stück Bronze oder Kupfer darangelötet, welches 12 mm unterhalb der Füße hervorsteht; dasselbe darf nicht irrigerweise als eine Stütze aufgefaßt werden, denn es kann nie als eine solche gedient haben, aus dem einfachen Grunde, weil es länger als die Füße und fast parallel mit diesen befestigt ist ...

Die Figur ist 155 mm lang und wiegt 440 Gramm. Ich halte es für wahrscheinlich, daß es eine Kopie oder Nachahmung des berühmten Palladiums ist, welches, wie die Legende ging, vom Himmel gefallen, und das wahrscheinlich von Holz und viel größer war. Glücklicherweise war es ... in drei Stücke zerbrochen, und ich habe es diesem Umstande zu verdanken, daß ich es in der Teilung mit der türkischen Regierung erhielt, denn die drei Stücke waren mit Kupferoxyd und Schmutz bedeckt und für ein ungeübtes Auge durchaus unkenntlich ...

Von höchstem Interesse war auch meine Exploration von acht weiteren jener, Heroentumuli genannten, kegelförmigen Erdhügel. Ich fing an mit der Ausgrabung der beiden am Fuße des Cap Sigeion gelegenen Tumuli, von denen die Tradition des ganzen Altertums den größern dem Achilleus, den kleinern vielleicht seinem Freunde Patroklos zuschrieb ... Ich entdeckte, daß eine der großen massiven Windmühlen südöstlich von Sigeion gerade auf dem Gipfel eines alten kegelförmigen Tumulus errichtet ist, welcher die von Strabo erwähnte Dreizahl voll macht. Betreffs des auf dem vorragenden Gestade befindlichen kegelförmigen Erdhügels kann kein Zweifel obwalten, daß dies der Tumulus ist, den die Tradition einstimmig als das Grab des Achilleus bezeichnete; dagegen haben wir durchaus keinen Anhaltspunkt dafür, welcher der beiden übrigen Tumuli im Altertum dem Antilochos und welcher dem Patroklos zugeschrieben wurde, denn der Name »Grab des Patroklos«, welchen der kleinere freistehende Tumulus jetzt trägt, scheint noch nicht ein Jahrhundert alt und demselben von Lechevalier oder Choiseul-Gouffier[2] zugeteilt zu sein, und der andere große Tumulus, auf dem die Windmühle steht, ist vor mir von keinem Reisenden der Neuzeit erkannt oder bemerkt worden und daher auf keiner Karte eingezeichnet ...

Daß der große Tumulus auf dem vorragenden Gestade in historischer Zeit als das Grab des Achilleus angesehen wurde, wird durch Strabo, Arrianos, Plinius, Lukianos, Quintus Smyrnaeus, Dio Cassius und andere bewiesen. Er lag innerhalb der befestigten Stadt Achilleion, welche sich bis zur kleinen türkischen Stadt Kum Kaleh erstreckt und deren Baustelle mit eingeschlossen zu haben scheint, denn Bruchstücke von marmornen Säulen und andern Architekturblöcken, die man dort nahe an der Oberfläche findet, weisen darauf hin, daß auf jener Stelle eine alte Stadt gestanden hat. Die Existenz einer alten Ansiedelung, südlich und östlich vom Tumulus, wird durch die Massen von alter Topfware bewiesen, womit der Boden bedeckt ist.

Der Tumulus des Patroklos ist etwa 350 Schritt südöstlich vom Achilleusgrabe, und der dritte Tumulus, auf dem die Windmühle steht, ist ungefähr 1000 Schritt südlich von diesem.

Das Grab des Achilleus ... liegt unmittelbar nordöstlich von Cap Sigeion, auf niedrigerer Höhe, am Rande des hochvorragenden Gestades, welches steil abfällt und etwa 250 Schritt vom Hellespont entfernt ist. Wegen seiner hohen Lage ist dieser Tumulus in großer Entfernung von der See sichtbar, und er entspricht daher sehr wohl den Angaben Homers:

»Drüber sodann ein großes bewundrungswürdiges Grabmal
Häuften wir heiliges Heer der Danaer, fertig im Speerwurf,
Am vorlaufenden Strande des breiten Hellespontos:
Daß es fernsichtbar aus der Meerflut wäre den Männern,
Allen, die jetzt mitleben, und die sein werden in Zukunft.«

Im Frühjahr 1879 verlangten die Eigentümer dieser Tumuli 100 Pfund Sterling für die Erlaubnis, das Grab des Achilleus auszugraben, und ebensoviel für das des Patroklos; jetzt aber hatten sie ihre Forderungen bedeutend modifiziert und verlangten nur 20 Pfund Sterling für jedes, während ich nur ein Pfund bot. Glücklicherweise kam der Zivilgouverneur der Dardanellen, Hamid Pascha, im April nach Troja, um meine Ausgrabungen zu besichtigen, und ich benutzte die Gelegenheit, ihm die Sache auseinanderzusetzen und ihn zu überzeugen, daß die Forderung der Eigentümer exorbitant und lächerlich sei. Er entschied daher, ich solle sofort mit oder ohne die Erlaubnis der Eigentümer die Untersuchung der beiden Tumuli anfangen, und falls sie nicht mit 2 oder höchstens 3 Pfund Sterling zufrieden wären, wollte er nach beendigter Ausgrabung einen Sachverständigen zu mir senden, um den Schaden zu schätzen und festzustellen, zu welcher Entschädigung die Eigentümer berechtigt wären. Da die guten Leute nun befürchteten, daß sie, wenn sie länger warteten, den kürzeren ziehen würden, so nahmen sie begierig 3 Pfund Sterling zur Erledigung ihrer Forderung an. Da sie aber nach türkischem Gesetz das Recht auf den dritten Teil aller

Schätze hatten, die entdeckt werden könnten, so beobachteten sie aufmerksam den Fortgang der Ausgrabung und verließen dieselbe nie auf eine Minute. Sie waren jedoch gewaltig in ihren Hoffnungen getäuscht, nicht aber ich; da ich nämlich in den früher von mir ausgegrabenen sechs Tumuli kein Gold oder Silber gefunden hatte, so hatte ich auch nicht die geringste Hoffnung, jetzt Schätze zu entdecken. Alles, was ich zu finden hoffte, war Topfware, und diese fand ich in reichlichem Maße.

Ich stellte bei jedem der beiden Tumuli einen Gendarmen und vier meiner besten türkischen Arbeiter an, von denen ich sicher war, daß sie ebenso fleißig ohne als mit Aufseher arbeiten würden. Dem Gendarmen legte ich die Pflicht auf, genau darauf zu achten, daß alle, und selbst die kleinsten Topfscherben sorgfältig gesammelt und daß nichts davon weggeworfen würde . . .

[Der Tumulus des Achilleus] wurde im Jahre 1786 von einem Juden untersucht im Auftrag und für die Rechnung des Grafen Choiseul-Gouffier, der damals französischer Gesandter in Konstantinopel war . . . Der Jude gab vor, in der Aushöhlung eine große Menge Holzkohlen gefunden zu haben, ferner mit Fettigkeit imprägnierte Asche, mehrere sehr kennbare Knochen, unter andern den oberen Teil einer Tibia, und ein Stück eines Hirnschädels; die Bruchstücke eines Degens sowie eine an einem mit Pferden bespannten Streitwagen sitzende bronzene Figur; eine große Menge Bruchstücke irdener Vasen, völlig den etruskischen ähnlich, wovon mehrere sehr verbrannt und verglast, während die bemalten Tongefäße unbeschädigt waren. Da jedoch kein sachkundiger oder vertrauenswerter Mann bei dieser wichtigen Exploration zugegen gewesen war, so scheinen die Gelehrten der Erzählung von Anfang an mißtraut und geglaubt zu haben, der Jude habe, um eine große Belohnung zu erhalten, sich im voraus alle Gegenstände verschafft und vorbereitet, die er im Grund des Grabes gefunden zu haben vorgab . . .

Gleichwie in allen andern von mir in den Jahren 1873 und 1879 ausgegrabenen trojanischen Tumuli, fand ich auch im Tumulus des Achilleus keine Spur von Knochen, Asche oder Holzkohlen – in der Tat keine Spur eines Leichenbegängnisses ... Von zerbrochener Topfware wurden große Mengen gesammelt, worunter sich zwei oder drei Scherben jener aus der Hand gemachten glänzend schwarzen Terrakotten befinden, die der ersten und ältesten Ansiedelung auf Hissarlik eigen sind. Jedoch müssen diese Scherben auf dem Boden gelegen haben, als der Tumulus errichtet wurde ...

Der in der *Odyssee* als das Grab des Achilleus beschriebene Tumulus, auf dem hohen, vorragenden Gestade des Hellespont, kann kein anderer sein als dieser, und es unterliegt keinem Zweifel, daß der Dichter denselben ebenfalls im Auge hatte, wenn er den Achilleus befehlen läßt, das Grab des Patroklos zu errichten:

»Doch nicht rat ich das Grab sehr groß zu erheben mit Arbeit,
Sondern nur so schicklich; in Zukunft mögt ihr es immer
Weit und hoch aufhäufen, ihr Danaer, die ihr mich etwas
Überlebt, nachbleibend in viel geruderten Schiffen.«

In der Tat scheint diese Stelle zu beweisen, daß nach Homers Meinung nur ein einziger Tumulus für Patroklos und Achilleus errichtet worden ist. Jedoch ist es höchst wahrscheinlich, daß die beiden nahe dabei gelegenen Tumuli auch schon zu Homers Zeit existierten, oder wenigstens der jetzt dem Patroklos zugeschriebene. Dieser letztere ist im Jahre 1855 von Herrn Frank Calvert in Gemeinschaft mit einigen Offizieren der britischen Flotte ausgegraben worden. Sie teuften einen Graben darin ab und gruben bis zum Fels hinunter, ohne etwas Bemerkenswertes zu finden. Zu jener Zeit aber ließen die Archäologen die Bruchstücke alter Topfware noch ganz unbeachtet ...

Bestimmt überzeugt, auch im Patroklosgrabe Topfware zu finden, war ich sehr begierig, dasselbe von neuem auszugraben ... Ich fand in diesem Tumulus genau dieselbe archaische Topfware wie im Tumulus des Achilleus, obwohl in viel geringerer Menge; ferner ein langes Bruchstück einer Flöte von Topfstein, dem *Lapis ollaris* des Plinius, woraus auch die von mir in Ithaka und Mykenae gefundenen Flöten bestehen. Auch hier fand ich weder Menschenknochen noch Asche, noch Holzkohlen oder irgendeine Spur einer Leichenbestattung. Wir müssen daher die Tumuli des Achilleus und des Patroklos den sechs übrigen Tumuli beigesellen, die sich durch meine frühere Exploration als *Kenotaphia* oder Ehrendenkmäler erwiesen haben ...

Noch viel interessanter als irgendein anderer der von mir untersuchten Tumuli der Troas ist der Tumulus, welcher von der Tradition des ganzen Altertums dem Heros Protesilaos zugeschrieben wurde. Dieser Held führte die Krieger von Phylake in Thessalien gegen Troja und war der erste, der bei der Ankunft an Land sprang, aber auch der erste, der ... getötet wurde ...

Der Tumulus des Protesilaos liegt beinahe am äußersten Ende des kleinen, aber äußerst fruchtbaren Tals, welches sich zwischen Seddul Bahr und Elaeous ausdehnt. Dieses Grab ... ist jetzt 10 m hoch; da es jedoch bepflanzt und wahrscheinlich seit Jahrtausenden beackert ist, so muß es einst viel höher gewesen sein. Um den Anbau auf demselben zu erleichtern, sind seine West-, Süd- und Ostseiten in drei von Mauern gestützten Terrassen umgestaltet, welche mit Wein, Mandelbäumen und Granatapfelbäumen bepflanzt sind; der Gipfel und der nördliche Abhang sind mit Gerste besät und auch mit Wein, Olivenbäumen, Granatapfelbäumen und einigen schönen Ulmen bepflanzt, welche letztere mir lebhaft die Unterhaltung des Philostratus zwischen dem Weingärtner und dem phönikischen Schiffskapitän ins Gedächtnis zurückriefen. Der Weingärtner nämlich sagt, daß die Ulmen von den Nymphen um das Grab gepflanzt seien und daß die nach Troja gewendeten Äste zeitiger blühten, aber auch eher ihre Blätter verlören und dahinwelkten. Es ging auch die Sage, daß, wenn die Ulmen so hoch gewachsen wären, daß sie Troja sähen, sie verdorrten, aber von unten wieder frisch ausschlügen ...

Dieser Tumulus wird jetzt Kara Agatsch Tepeh genannt, was »ein mit schwarzen Bäumen bepflanzter Hügel« bedeutet. Ich besuchte denselben in Begleitung meines türkischen Delegierten, Moharrem Effendi, eines Dieners, zwei Gendarmen und vier starker Arbeiter, und ritt bis Kum Kaleh, von wo wir in einem Boote nach Seddul Bahr übersetzten; den Rest des Weges machten wir zu Fuß. Höchst erstaunt war ich, nicht nur den Tumulus, sondern die um denselben gelegenen Gärten mit Bruchstücken dicker glänzendschwarzer Topfware bedeckt zu finden; von Schüsseln mit langen horizontalen Röhren zum Aufhängen an beiden Seiten des Randes ... sowie von Vasen mit doppelten vertikalen Röhren zum Aufhängen an den Seiten; ferner von glänzendschwarzen Schüsseln mit einer eingeschnittenen Verzierung, die mit Kalk gefüllt war, um in die Augen zu fallen ... Diese Topfware kommt in Troja nur in der ersten Stadt vor und ist bei weitem die älteste, die ich je gesehen habe. Es ist mir daher ganz unbegreiflich, wie sie, nachdem sie hier vielleicht 4000 Jahre lang Frost und Hitze, Regen und Sonnenschein ausgesetzt gewesen ist, noch so frisch aussehen kann; aber noch gar viel unbegreiflicher ist es, wie der Kalk, womit die Verzierung gefüllt war, so viele Jahrhunderte lang den Wechseln der Jahreszeiten widerstehen konnte. Auch fand ich dort viele Füße von Dreifußvasen aus Terrakotta, Handmühlen aus Trachyt, wie in Troja, mehrere rohe Hämmer aus schwarzem Diorit, kleine Sägen und Messer aus Silex oder Chalcedon; auch ein schönes Exemplar eines durchbohrten Instruments aus schwarzem Diorit, dessen eine Seite als Hammer, die andere als Axt gedient hat; ferner ein hübsches Instrument aus grauem Diorit, bei welchem das eine Ende ebenfalls als Axt, das andere als Hammer gedient hat; es hat an jeder Seite eine Vertiefung, was beweist, daß die Operation der Lochbohrung begonnen, aber wieder aufgegeben worden ist ...

Da ich erfahren hatte, daß der Eigentümer des Tumulus, ein Türke in Seddul Bahr, wegen Pferdediebstahls im Gefängnis saß, und ich überzeugt war, daß ich mich wegen des Schadenersatzes später leicht durch Vermittlung des freundlichen Zivilgouverneurs Hamid Pascha in den Dardanellen einigen könnte; da ich außerdem befürchtete, der stets argwöhnische und neidische Militärgouverneur Djemal Pascha in den Dardanellen möchte mir Hindernisse in den Weg legen, so verlor ich keinen Augenblick meiner kostbaren Zeit, und da ich Spitzhauen, Schaufeln, Körbe usw. mitgebracht hatte, so ließ ich die Arbeiter sofort genau in der Mitte des Gipfels des Tumulus einen 3 m langen und breiten Schacht abteufen ... [Als die mißtrauischen Türken zwei Tage später die Grabungen untersagten,] hatten meine Arbeiter glücklicherweise den Schacht in jenen zwei Tagen bis zu einer Tiefe von 2,5 m abgeteuft, und große Massen uralter Topfware gefunden, welche den in der ersten und zweiten Ansiedelung in Hissarlik vorkommenden Terrakotten vollkommen ähnlich sind; auch mehrere durchbohrte Kugeln aus Serpentin, mehrere schöne Äxte aus Diorit, sehr viele rohe Steinhämmer, Kornquetscher, Handmühlen aus Trachyt und andere interessante Sachen, darunter ein Messer aus Bronze ...

Die Topfware, womit der Tumulus und die umliegenden Gärten bestreut sind und welche auch unter den im Tumulus enthaltenen Terrakotten vorherrschend ist, ist ganz bestimmt identisch mit der Topfware der ersten Stadt von Troja, und sie beweist mit Gewißheit, daß hier auf dem thrakischen Chersones, in einer fernen vorhistorischen Zeit, ein Volk lebte, welches von derselben Rasse war, dieselben Gewohnheiten hatte und auf derselben Kulturstufe stand wie die ersten Ansiedler auf dem Hügel Hissarlik. Mit dem Schutt dieser alten Ansiedlung, und wahrscheinlich lange nachdem diese aufgehört hatte zu existieren, wurde der Tumulus des Protesilaos errichtet, zu dessen wahrscheinlichem Alter wir den Schlüssel in der in diesem Grabe enthaltenen spätesten Topfware finden. Da ich nun unter der Topfware eine große Masse von gleichem Typus und gleicher Anfertigungsweise finde wie die Topfware der zweiten, der verbrannten, Stadt von Troja, und keine spätere, so können wir diesen Tumulus mit der größten Wahrscheinlichkeit der Zeit der großen Katastrophe zuschreiben, welche die unmittelbare Veranlassung zur Legende vom Trojanischen Krieg wurde . . .

Da die jüngste im Tumulus Kara Agatsch Tepeh enthaltene Topfware mit der der zweiten Ansiedelung in Troja identisch ist, so finden wir nichts, was der Tradition widerspräche, daß dieser Tumulus genau der Zeit des Trojanischen Krieges angehört. Und warum sollten wir denn nicht der Legende Glauben schenken, daß er das Grab des ersten Griechen bezeichnet, der bei der Ankunft der Flotte ans trojanische Ufer sprang?

Wenn ich nun die Resultate meiner fünfmonatigen trojanischen Kampagne von 1882 rekapituliere, *so habe ich bewiesen, daß es im fernen Altertum in der Ebene von Troja eine große Stadt gab, die einst in einer furchtbaren Katastrophe zerstört wurde; daß diese Stadt auf dem Hügel Hissarlik nur ihre Akropolis mit den Tempeln und wenigen andern großen Gebäuden hatte, während sich ihre Unterstadt in östlicher, südlicher und westlicher Richtung auf der Baustelle des späteren Ilion ausdehnte, und daß diese Stadt folglich vollkommen der Homerischen Beschreibung der heiligen Ilios entspricht . . .*

Meine Arbeit in Troja ist jetzt für immer beendet; sie hat mehr als *zehn Jahre* gedauert - eine Zeitperiode, die mit der Legende der Stadt in einem gewissen Verhältnis steht. Wie viele Jahrzehnte lang ein neuer Streit darüber hin wüten mag, überlasse ich den Kritikern; *das* ist ihr Werk; das *meinige* ist vollendet . . . Ich überlasse es den redlichen Lesern und Gelehrten zu beurteilen, wie ich es vollbracht habe . . .

XII

Tiryns
1884–1885

Als Schliemann mit der Grabungskampagne 1882 seine Arbeit in Troja »für immer beendet« hatte, schmiedete er sofort neue Pläne. In seinen Briefen erwähnte er eine ganze Reihe antiker Stätten: Samos, Delphi, Asine (in der Argolis), Lamadeia (in Böotien), Marathon, Pylos, Sparta, Tiryns und einige andere. Virchow bat er um seine Meinung über die unterägyptische Landschaft Gosen. Sayce empfahl ihm Sardis, die alte Hauptstadt Lydiens, während ihm andere britische Kollegen Boghazköy (Hattusas) in Mittelanatolien, das Zentrum der hethitischen Kultur, vorschlugen. Max Müller riet ihm, in Indien zu graben. Später zog Schliemann Kadesch am Orontes (Syrien) ernsthaft in Betracht, gab aber, als dort eine Seuche ausbrach, diesen Plan auf. Die Erkenntnis, daß – wie die von ihm entdeckten Artefakte bezeugten – die Welt Homers in enger Beziehung zum Orient stand, faszinierte ihn immer stärker und bewog ihn, sein Interesse auf den ostmediterranen Raum zu konzentrieren. Kreta lockte ihn mehr und mehr. Seine Aufmerksamkeit war offenbar zuerst durch Berichte befreundeter Altertumskundler auf diese Insel gelenkt worden, vor allem wohl durch Arthur Milchhöfer, einem Experten für griechische Kunst und Architektur, der Mitarbeiter des Deutschen Archäologischen Instituts in Athen war, und durch Ernst Fabricius, der gemeinsam mit Federico Halbherr in Gortyn[1] geforscht und von Grabungen berichtet hatte, die ein Kreter mit dem passenden Namen Minos Kalokairinos auf einem Hügel bei Herakleion durchführte, um hier, wo man das alte Knossos vermutete, nach König Minos' Palast zu suchen. Optimistisch wie stets kündete Schliemann an, er werde dort im Sommer 1883 mit archäologischen Forschungen beginnen. Unverzüglich nahm er Verbindung mit dem deutschen Botschafter in Konstantinopel, von Radowitz, und mit J. Photiades Pascha auf, dem Gouverneur der unter türkischem Regime stehenden Insel, der während seiner Amtszeit als türkischer Gesandter in Athen die Auseinandersetzungen wegen der trojanischen Schätze zu einem guten Abschluß gebracht hatte und jetzt zu Schliemanns Freunden zählte.

Wie stets nach einer abgeschlossenen Grabungskampagne steckte Schliemann bis zu den Ohren in Arbeit. Seine Briefe aus den Jahren 1882 und 1883 sind eine wahre Jeremiade über seine zermürbende schriftstellerische Tätigkeit. Sie hielt ihn auch in Atem, wenn er auf Reisen war, ob er sich nun in Frankfurt aufhielt (wo er im August 1882 anläßlich der Jahresversammlung der Deutschen Anthropologischen Gesellschaft über seine neuesten Trojafunde berichtete) oder in Marienbad, Paris und Boulogne-sur-Mer. Sendungen von Druckereien und Verlagen wurden ihm überallhin nachgeschickt. Und so blieb ihm nichts anderes übrig, als seine praktische Forschungsarbeit auf weniger spektakuläre Schauplätze zu beschränken. In Athen wurde ihm im Winter 1882 (unter der Voraussetzung, daß die betreffenden Grundstückseigentümer zustimmten) die Genehmigung für Probegrabungen entlang der Straße erteilt, die zu der jenseits des Dipylon(-Tores) gelegenen alten Akademie führt, wo nach Pausanias' Bericht einige berühmte Persönlichkeiten des alten Athen, darunter auch Perikles, bestattet wurden. Der größte Teil des Areals war bebaut, und da die Besitzer der Häuser und Gärten Schliemann den Zutritt verweigerten, mußte er seinen Plan fallenlassen. Wenig später, im Januar 1883, machte er sich bei den Thermopylen auf die Suche nach der Begräbnisstätte (Polyandreion) der dreihundert spartanischen Krieger, die 480 v. Chr. im Kampf gegen die Perser gefallen waren. Da er, wie bei den Nachforschungen, die er bereits 1874 dort angestellt hatte, nichts entdecken konnte, kabelte er an Virchow, dem er die Hälfte der erhofften Skelettfunde zugesagt hatte, die Gräber seien »unauffindbar«.

Angeregt durch die Ausgrabungen trojanischer Tumuli, interessierte er sich jetzt für Grabhügel auf dem griechischen Festland. Wenige Monate nach dem erfolglosen Abstecher zu den Thermopylen unterbrach er von neuem seine Schreibtischarbeit, um den berühmten Soros bei Marathon zu erforschen. Nach der Überlieferung waren in diesem Grabhügel die griechischen Krieger (darunter auch 192 Athener) bestattet worden, die 490 v. Chr. im siegreichen Kampf gegen die Perser gefallen waren. Schliemann, auch diesmal von Sophia begleitet, hob tiefe Gräben aus, wurde aber, ganz gegen seine Gewohnheit, schon nach wenigen Tagen von Zweifeln befallen und gelangte zu der Überzeugung, daß hier nichts auf Bestattungen hinwies. Daß dies ein Irrtum war, stellte sich bei späteren Grabungen des griechischen Archäologen P. Stamatakis heraus.[2] Für die Archäologie gilt zwar, wie Schliemanns Erfolge beweisen, daß der Glaube nicht nur Berge versetzen, sondern auch zur Aufdeckung der darin verborgenen Geheimnisse führen kann, aber manchmal bewirkt er genau das Gegenteil. Schliemann glaubte von vornherein, daß die Tumuli des Altertums in der Regel Kenotaphe gewesen seien, und offenbar waren seine olympischen Götter nicht geneigt, ihm die Entdeckung von Gegenbeweisen zu gewähren.

1883 wollte Schliemann eine längere Ruhepause einlegen, aber die Erinnyen verfolgten ihn in Gestalt von Manuskripten und Korrekturfahnen für drei neue Bücher. Diese Plackerei überschattete den fünfwöchigen Aufenthalt der ganzen Familie in Ankershagen, wo Schliemann das einstige Pfarrhaus seines Vaters gemietet hatte. Alte Freunde, darunter auch Minna, fanden sich ein, und er kam mit seiner Arbeit nicht recht voran. Unmittelbar vor dieser Heimkehr nach Mecklenburg war er nach Oxford gereist, wo er am 13. Juni 1883 gemeinsam mit dem König der Niederlande einen Ehrendoktortitel erhielt. Gleichzeitig wurde er vom altehrwürdigen Queen's College zum Ehrenmitglied ernannt. Von Ankershagen aus fuhr er zur Kur nach Bad Wildungen und danach führte er in Paris Besprechungen mit seinem Grundstücksverwalter.

Kurz bevor sein Buch *Troja* in Druck gehen sollte, fühlte er sich durch erneute Kritik an seiner Arbeit in Troja und Mykene zunehmend irritiert. Damals wurde er zum ersten Mal auf die unsinnigen Behauptungen aufmerksam, die ein gewisser Ernst Bötticher lautstark propagierte. Der pensionierte Artilleriehauptmann vertrat die Meinung, der Hügel Hissarlik (den er noch nie mit eigenen Augen gesehen hatte) sei niemals besiedelt, sondern eine »Feuernekropole« gewesen – eine Mischung aus Krematorium und Kolumbarium –, die wahrscheinlich assyrischen oder persischen Ursprungs sei.

Mehr Sorgen bereitete Schliemann zu diesem Zeitpunkt allerdings die scharfe Kritik, die der renommierte schottische Fachgelehrte R. C. Jebb, Professor in Glasgow (später in Oxford) an den Ergebnissen seiner Trojaforschung übte. Jebb stimmte hinsichtlich der verschiedenen Siedlungsschichten nicht mit Schliemann überein und bezweifelte, daß es sich bei den Keramikfunden von Troja VI tatsächlich um »lydische Topfware« handelte.

In Schliemanns Augen vertrat Jebb »wahnsinnige Theorien«. In einem Brief an Virchow versuchte er, diese Angriffe damit zu erklären, daß er sich durch die Schenkung der trojanischen Schätze an das deutsche Volk mehrere englische Gelehrte zu Feinden gemacht habe.[3] Ungeachtet der Ehrungen, die ihm kurz zuvor in Oxford zuteil geworden waren, wehrte er sich mit nationalistischen Argumenten gegen Jebbs Kritik, was um so absurder war, als er sich bisher von deutschen Kritikern am schändlichsten behandelt glaubte. Jetzt erklärte er plötzlich, seine Theorien seien »die eines jeden deutschen Archäologen«.[4] Dann drängte er Virchow, ihn gegen diesen »wütenden englischen Schmähschreiber Jebb« in Schutz zu nehmen und umgehend eine Gegendarstellung zu verfassen, die im Anhang von *Troja* veröffentlicht werden sollte. Virchow schrieb daraufhin eine ausgewogene Entgegnung, wie er es ähnlich bereits getan hatte, als der russische Wirrkopf L. Stephani die trojanischen Schätze als geraubte keltische Schmuckstücke bezeichnete, und wie er es immer wieder tat, wenn Schliemann sich an seiner Schulter ausweinte und ihn um Schützenhilfe bat. Im Fall Jebb hielt er sich an Schliemanns Ersuchen, diesem Widersacher nicht die Ehre anzutun, seinen Namen zu nennen. Um so heftiger zog Schliemann in *Troja* über Jebb her. Vor der Veröffentlichung der amerikanischen Ausgabe stellte der Verlag Harper and Brothers dem Autor die vertragliche Bedingung, sich jeder beleidigenden Äußerung zu enthalten. Diesem Beispiel folgte auch der Londoner Verleger Murray, und selbst seinem deutschen Verlag mußte Schliemann bezüglich seiner Umgangsformen einige Zugeständnisse machen.

Anfang 1884 sah Schliemann seine Hoffnung, bald mit den Grabungen in Knossos beginnen zu können, dahinschwinden; doch so sicher ihn der Weg von der Troas zu den Thermopylen und nach Marathon geführt hatte, so sicher führte ihn der Weg von Troja zu seinem nächsten Ziel: Tiryns. Auch dort sollte Dörpfeld seine rechte Hand sein. Diesmal erteilte die Griechische Archäologische Gesellschaft die Grabungserlaubnis sofort, und das Kultusministerium demonstrierte seine Bereitschaft zu freundschaftlicher Zusammenarbeit. Auch in Griechenland stand Schliemann jetzt in hohem Ansehen.

Seit er im Jahre 1868 auf dem Weg nach Troja die gewaltige Zitadelle von Tiryns zum ersten Mal besichtigt hatte, war er von ihrer großen Bedeutung für die archäologische Forschung überzeugt. Rund fünfzehn Kilometer südlich der einst mit ihr rivalisierenden Burg von Mykene stand die Zitadelle von Tiryns auf einem niedrigen Felsplateau in der Küstenebene von Argos. Sie galt als Wohnsitz des Herakles und war höchstwahrscheinlich älter als Mykene (Relikte aus dem Neolithikum und ein kreisrundes Bauwerk aus der frühen Bronzezeit wurden nach Schliemanns Tod entdeckt), soll aber der Überlieferung nach in Abhängigkeit von Mykene geraten sein. Innerhalb ihrer massiven Mauern, die ungefähr in Form einer Ellipse angelegt sind und mindestens drei Erweiterungsstadien erkennen lassen, befinden sich drei Plateaus, auf deren höchstem die eigentliche Burg stand. Pausanias nannte die kyklopischen Wehrmauern mit ihren Galerien - nach seiner Schilderung die einzigen Überreste der Zitadelle - das erhabenste Denkmal Griechenlands. Wie andere Zentren der mykenischen Kultur war auch Tiryns durch eine Feuersbrunst zerstört worden. Später, im klassischen Altertum, waren dort kleinere Siedlungen entstanden, und auf der Akropolis befanden sich, wie Schliemann bei seinem zweiten Besuch im Jahre 1876 festgestellt hatte, die Überreste einer byzantinischen Kirche. Schon damals hatte er vermutet, daß in Tiryns auch verschüttete Ruinen aus der türkischen Besatzungszeit vorhanden sein müßten.

Die wenigen Tage, die er Anfang August 1876 dort verbrachte, hatten genügt, um ihn mit hochgespannten Erwartungen zu erfüllen. Aber da er sich damals auf die große Kampagne in Mykene vorbereitete, konnte er lediglich einige Probegrabungen durchführen und auf dem höchsten Punkt der Burganlage einen »langen, breiten und tiefen Graben« ausheben lassen (wobei er wieder einmal alles zerstört hatte, was ihm im Weg war). Er legte damals einige »kyklopische« Mauerreste frei und brachte außerdem zahlreiche Terrakotta-Idole (»Hera-Idole«), Vasen, Spinnwirtel, Webstuhlwirtel und andere Objekte ans Licht. Bedauerlicherweise zeichnete er nicht auf, an welcher Stelle und wie tief unter der Erdoberfläche er diese Gegenstände gefunden hatte – ein Versäumnis, das er auch während der Grabungskampagne 1884 so häufig beging, daß die meisten Fundobjekte nicht mehr für Datierungszwecke zu verwenden sind.

1876 hatte er Tiryns in Begleitung seiner Frau und dreier Altertumskundler der Athener Universität besucht und für die Grabungen einundfünfzig Hilfskräfte engagiert. Da es aber seiner Schätzung nach erforderlich war, rund sechsunddreißigtausend Kubikmeter Schutt abzutragen, um die Festungsanlagen auf den drei Plateaus freizulegen, schob er dieses Unternehmen vorläufig auf. »Ich beabsichtige diese Arbeit später einmal zu machen; aber vor allen Dingen muß ich mich jetzt erst mit der sehr viel wichtigeren Ausgrabung in der Akropolis von Mykenae beschäftigen; auch werde ich dort das nahe beim Löwentor befindliche große Schatzhaus ausgraben und sofort ans Werk gehen.«[6] Die drei griechischen Freunde Schliemanns waren daraufhin nach Athen zurückgekehrt, während er und Sophia sich auf die Suche nach Agamemnon begeben hatten.

Ob Schliemann und Dörpfeld eine Vorstellung von dem

hatten, was sie in Tiryns erwartete, ist schwer zu sagen. In seinem Grabungsbericht deutete Schliemann an, er habe bei der Planung der Kampagne bereits mit solchen Ergebnissen gerechnet, während Dörpfeld nach der Ankunft in Tiryns seinem Schwiegervater und Mentor, Professor Friedrich Adler (der gemeinsam mit Ernst Curtius die Grabungen in Olympia geleitet hatte), lediglich von dem Plan schrieb, die Festungsmauern freizulegen. Jedenfalls hatte sich, nachdem die Tempel- oder Palastanlage von Troja II entdeckt und ein Grundriß angefertigt worden war, die zwingende Notwendigkeit ergeben, Vergleiche mit der Architektur einer (damals noch derselben Epoche zugeordneten) mykenischen Zitadelle anzustellen. Von der Anordnung der Bauten innerhalb der tiryntischen Wehrmauer hatte sich Schliemann 1876 noch kein Bild machen können. Es ist denkbar, daß er auf Grund der neuen Erkenntnisse, die er 1882 in Troja gewonnen hatte, mit der Existenz vergleichbarer Palastanlagen auf dem griechischen Festland rechnete. Der Gedanke, eine mykenische »Akropolis« - sei es in Mykene selbst, in Tiryns oder anderswo - gründlich zu erforschen, war naheliegend. Es entbehrt nicht einer gewissen Komik, daß Schliemann im Jahre 1876 den Überresten einiger tiryntischer Bauwerke nur deshalb keine Beachtung schenkte, weil sie entweder offen zutage oder relativ dicht unter der Erdoberfläche lagen und daher nach seiner Überzeugung noch nicht sehr alt sein konnten. Anscheinend hielt er sie für fränkischen Ursprungs. Es steht zu bezweifeln, ob er sich, wäre Dörpfeld nicht beteiligt gewesen, überhaupt für das oberste Plateau interessiert hätte - es sei denn, um es bis zum Felsboden abtragen zu lassen. Aber als dann dank Dörpfelds Sorgfalt die Überreste eines weitläufigen, kunstvoll angelegten Gebäudekomplexes ans Licht kamen, konnte Schliemann seine neuerworbenen Kenntnisse unter Beweis stellen.

In Tiryns erwies sich also, daß der Ausgräber Schliemann viel dazugelernt hatte. Dörpfeld einigermaßen freie Hand zu lassen, war eine wahrhaft kluge Entscheidung.

Die Erwartung, Schätze zu entdecken, wirkte sich, im Gegensatz zu früheren Kampagnen, in Tiryns kaum auf das Arbeitsprogramm aus (abgesehen davon, daß Schliemann darauf drang, im Bereich der Unterburg nach Gräbern zu suchen). Er war sich mit Dörpfeld darüber einig, daß in erster Linie die Baugeschichte der prähistorischen Zitadelle erforscht werden sollte, und ging deshalb mit mehr Bescheidenheit und klareren Vorstellungen ans Werk. Um die historischen Bezüge der Homerischen Epen wurde jetzt nicht mehr viel Wesens gemacht. Dörpfelds Aufgabe war es, die Fundamente der Palastanlage freizulegen, Schliemanns Aufgabe, die Arbeiter zu beaufsichtigen, neue Grabungsabschnitte auszuwählen und sich mit Einzelfunden wie Tongefäßen, Idolen, Speer- und Pfeilspitzen, Messerklingen aus Obsidian, Bronzestatuetten, Elfenbeinarbeiten, Glaswaren, Spinnwirteln und Waffen zu befassen. Gegenstände aus Gold wurden – mit Ausnahme eines winzigen »Ornaments« – nicht gefunden.

Für den Grabungsbericht *Tiryns,* dessen Untertitel *Der prähistorische Palast der Könige von Tiryns* lautet, verfaßte Wilhelm Dörpfeld die Beiträge über die freigelegten Bauwerke. Daß Schliemann seinen Mitarbeiter diesmal nicht erst im Anhang zu Wort kommen ließ, dürfte ein Zeichen dafür sein, daß er zu einem ausgewogeneren Urteil und zu größerer innerer Distanz gefunden hatte. Dennoch fiel es ihm nicht leicht, dieses Zugeständnis zu machen: Er war erst dazu bereit, als sein Verleger ihn davon überzeugt hatte, daß ein Thema von so zentraler Bedeutung nicht erst im Anhang des Buches abgehandelt werden dürfe. Mit der Zeit setzte Schliemann so großes Vertrauen in seinen jungen Mitarbeiter, daß er während der Grabungsperiode 1884 (die von Mitte März bis Anfang Juni dauerte) Tiryns für einige Wochen verließ, um sich in seiner Athener Villa einem Gast von Rang und Namen zu widmen. Bei den Grabungen im folgenden Jahr (Mitte April bis Mitte Juni 1885) trug Dörpfeld die volle Verantwortung, während Schliemann nur zu kurzen Besuchen in Tiryns erschien.[7] In diesem Sommer reiste er wieder nach London, diesmal, um von Königin Viktoria die Goldmedaille des »British Institute of Architects« in Empfang zu nehmen.

Als Vorrede zu *Tiryns* verfaßte Professor Friedrich Adler einen - berühmt gewordenen - Aufsatz über prähistorische Baukunst. Er äußerte darin Zweifel an der auch von Schliemann und Dörpfeld verfochtenen These, die mykenischen Zitadellen seien von den Phönikern errichtet worden. Ferner vertrat er die Meinung, die Tholoi seien keine Schatzkammern, sondern Gräber. In einem Nachwort zu dieser Vorrede wandte sich Schliemann mit aller Entschiedenheit gegen Adlers Ansicht, daß es sich bei den Schachtgräbern von Mykene um eine Nekropole handle, die nach und nach für verschiedene Bestattungen erbaut worden sei.[8]

Merkwürdigerweise wird Schliemanns kurzer Grabungsbericht der Bedeutung dessen, was in Tiryns entdeckt wurde, nicht gerecht. Was dort in aller Deutlichkeit ans Licht kam, war die bislang unbekannte Palastarchitektur der mykenischen Kulturepoche. Hatten die Gräber nahe des Löwentores von Mykene enthüllt, wie die Hochgeborenen jener versunkenen Zeit bestattet wurden, so enthüllten die Bauwerke der Zitadelle von Tiryns bis in Einzelheiten, in welcher Umgebung die mykenischen Fürsten gelebt hatten. Da gab es eine lange Rampe, die durch ein Portal hinaufführte zu dem mächtigen, einst scharf bewachten Haupttor an der Ostseite der Zitadelle. Von hier aus gelangte man durch ein Säulen-Propylon in einen großen, von Hallen und Wirtschaftsgebäuden umgebenen Hof. Hinter einem zweiten Propylon befand sich ein Innenhof mit herrlichen Säulengängen und einem Altar.[9] Ihm gegenüber lag der große Palast - ein Megaron, bestehend aus einem Portikus, einer Vorhalle und der Haupthalle.[10] Diese Halle, deren Mittelpunkt eine runde Herdstelle bildete, war zweifellos das Hauptgebäude der königlichen Residenz. Ihr Grundriß hatte große Ähnlichkeit mit dem der rechteckigen Bauten, die 1882 in Troja II freigelegt worden waren. An die Haupthalle grenzten mehrere kleinere Gebäude, darunter einige weitere Megara.[11] In einem

Badezimmer, dessen Eingang auf der linken Seite des Portikus lag, befanden sich die Überreste einer Terrakotta-Wanne, die auf einer großen, aus einem einzigen Kalksteinblock gefertigten, schätzungsweise sechshundert Zentner schweren Platte stand.

Das reiche Dekor der gesamten Palastanlage legte Zeugnis von einer Glanzleistung prähistorischer Baukunst ab, wie man ihr auf griechischem Boden bisher noch nie begegnet war. Die wenigen Innenraum-Ornamente, die in Mykene gefunden worden waren, und die Flachreliefdecke von Orchomenos waren nur ein Vorgeschmack gewesen. Ihre Motive und Muster aber wiederholten sich auf den tiryntischen Friesen und Bildwerken. Die mit Alabasterplatten verkleideten Palastwände waren mit eingelegten Mustern aus blauer Glaspaste verziert. Gut erhaltene Mosaiken und bemalte Fußböden kamen zum Vorschein. Die meisten Fresken zeigten farbenprächtige geometrische Muster. Besonders faszinierend aber waren die Fragmente von Wandmalereien, auf denen Fabeltiere, Schlachten- und Jagdszenen zu sehen waren – am eindrucksvollsten die Darstellung eines Knaben mit auffallend schlanker Taille, der auf den Rücken eines Stieres springt. Die Schönheit und Lebhaftigkeit dieser Kunstwerke erinnerte die Ausgräber unweigerlich an den Orient, und nun waren sie überzeugt, Arbeiten ägyptischer oder phönikischer Künstler vor sich zu haben. Daß die mykenische Kultur in viel engerer Beziehung zur (älteren) minoischen Kultur Kretas stand, vermutete damals noch kaum jemand. Dank seines geschulten Auges gelangte Dörpfeld später zu der Überzeugung, daß das weitläufige Megaron von Tiryns Zeugnis von der ununterbrochenen Weiterentwicklung der griechischen Baukunst ablege, von deren frühem Stadium er und Schliemann in Troja eine Vorstellung bekommen hatten und für deren spätere Leistungen der dorische Heratempel, den er in Olympia freigelegt hatte, ein Beispiel war. Ihren Höhepunkt hatte diese Entwicklung im Perikleischen Athen mit dem ionischen Tempel des Parthenon erreicht.

Es nimmt tatsächlich wunder, daß Schliemann in seinem Buch *Tiryns* darauf verzichtete, den naheliegenden und durchaus berechtigten Vergleich mit Homers Schilderungen von Palästen des heroischen Zeitalters anzustellen. Bis hin zu den Ornamenten aus blauem Glas finden sich bei Homer zahlreiche Parallelen. Der Grundriß des tiryntischen Palastes mit seinen Hallen und Säulengängen erinnert deutlich an den Palast des Königs der Phäaken, in dem Odysseus zu Gast war. In dessen eigenem Palast befand sich, genau wie im Megaron von Tiryns, eine kreisrunde Herdstelle. Homerische Helden nahmen (wie zum Beispiel Telemachos, als er König Nestor in Pylos besuchte) ein Bad, bevor sie die Halle ihres fürstlichen Gastgebers betraten.

Während Schliemann im Grabungsbericht über Tiryns das Feld weitgehend seinem nüchterner urteilenden Mitarbeiter überließ, übte er in seiner Korrespondenz viel weniger Zurückhaltung. Seine Briefe, Depeschen und Aufzeichnungen vermitteln beinahe den Eindruck, als sei es ihm wichtiger gewesen, für die Entdeckungen, die in Tiryns gemacht wurden, die Werbetrommel zu rühren, als sich persönlich daran zu beteiligen. Knapp vier Wochen nach Beginn der Grabungskampagne informierte er bereits Schöne, Virchow, Brockhaus und andere über den unverhofften Glücksfall, wobei er sich - anders als später im Grabungsbericht - als den Hauptakteur hinstellte. »Hoch lebe Pallas Athene«, schrieb er Virchow am 12. April 1884 aus Tiryns, »unter deren Schutz ich hier einen die ganze obere Burg einnehmenden, mit unzähligen dorischen Säulen geschmückten vorhistorischen Palast aufgedeckt habe, von dem sämtliche aus größeren Steinen mit Lehmmörtel aufgebauten Mauern bis zu einer Höhe von 50 Ctm bis 1 m erhalten sind; der obere Teil derselben bestand, gleich wie in Troja, aus rohen Ziegeln ... Höchst merkwürdig sind die in buntesten Farben aufgetragenen Malereien auf dem Wandputz aus Kalk; *es findet sich darunter auch das Muster der Thalamosdecke von Orchomenos.* Ich schreibe dies in größter Eile.«[12] Einige Tage zuvor hatte er dem Herausgeber einer in Athen erscheinenden Zeitschrift ein Telegramm geschickt, das ähnlich siegesbewußt klang wie die Erfolgsmeldung, die er König Georg aus Mykene depeschiert hatte. Auf diese Weise gelangte die erstaunliche Nachricht an die Öffentlichkeit. Im Mai bezeichnete er in einem Brief an einen prominenten Russen seine Entdeckung eines riesigen prähistorischen Palastes als »eine der merkwürdigsten Entdeckungen dieses Jahrhunderts«.[13] Seinen Freund Vulpiotis (Boulpiotes), den griechischen Minister für Volksbildung, beehrte Schliemann mit einer Epistel, die er in seiner eigenen bombastischen Variante des Altgriechischen verfaßte. »In meinem Buch über Tiryns werden Sie als Förderer dieses Unternehmens genannt werden. Mit stolzer Freude sehe ich, daß die Götter mir wiederum vergönnt haben, Griechenland durch eine der wichtigsten archäologischen Entdeckungen, die je gemacht wurden, zu bereichern. Bisher war uns nämlich der Grundriß des alten griechischen Hauses völlig unbekannt. Ich aber habe durch ein gütiges Geschick nicht ein gewöhnliches Wohnhaus, sondern den großen Palast der sagenhaften Könige von Tiryns ans Licht gebracht, so daß jetzt und in alle Zukunft [›bis zum jüngsten Gericht‹] kein Buch über alte Kunst je veröffentlicht werden kann, das nicht diesen meinen Plan vom Palast zu Tiryns enthält . . .«[14]

Obwohl jetzt zwischen Schliemann und den griechischen Behörden gutes Einvernehmen herrschte, kam es während der Grabungskampagne zu den üblichen Reibereien mit dem von der Regierung entsandten Archäologen, der die gleichen Erfahrungen machen mußte wie Stamatakis. Er erhob Einspruch gegen Schliemanns selbstherrliches Vorgehen, erstattete der Archäologischen Gesellschaft in Athen Bericht - und erreichte gar nichts. Auch er bat wiederholt, man möge ihn von dieser unerquicklichen Aufgabe entbinden. Aber da Schliemann jetzt *persona grata* war, empfahl man dem offiziellen Beobachter, sich mit seinen Marotten abzufinden.

Die hochbedeutsamen Entdeckungen, die Schliemann und Dörpfeld in Tiryns machten, erregten nicht das gleiche weltweite Aufsehen wie die spektakulären trojanischen und mykenischen Funde. Schliemanns Schuld war das ganz sicher nicht. Er tat alles, um das Interesse der Öffentlichkeit auf Tiryns zu lenken, und sorgte dafür, daß Artikel (zum Teil wohl von ihm bestellt und honoriert) in der Presse erschienen. Im Sommer 1884 und 1885 nahm er an der Jahresversammlung der Deutschen Anthropologischen Gesellschaft teil, um von den grandiosen Funden in Tiryns zu berichten. Er legte den Zuhörern Grundrisse und Skizzen vor, die Dörpfeld in aller Eile für ihn anfertigen mußte.

1884 wurden er und Virchow in Breslau von der ganzen Stadt gefeiert. Mit Hilfe von Öllampen ließ man die Namen der beiden am Nachthimmel aufleuchten. Daß sein Name zuerst verlosch, deprimierte Schliemann, der jetzt immer häufiger von Todesahnungen befallen wurde. Im folgenden Sommer fand der Kongreß in Karlsruhe statt, wo Schliemann aus unbekannten Gründen mit Virchow in Streit geriet. Daraufhin betrachtete er diese Freundschaft als ein für allemal beendet. Doch ein halbes Jahr später gelang es Sophia, Frieden zwischen den beiden zu stiften.

Wie die vorausgegangenen Publikationen Schliemanns wurde auch *Tiryns* teils kritisch, teils beifällig aufgenommen. In England meldeten sich wieder einmal Skeptiker zu Wort. W. J. Stillman, früher im diplomatischen Dienst der Vereinigten Staaten, jetzt Korrespondent der Londoner *Times*, vertrat die Meinung, die tiryntischen Bauten stammten nicht aus vorgeschichtlicher, sondern aus der byzantinischen Zeit. Zu dieser keineswegs seltenen Auffassung bekannte sich auch der Fachgelehrte F. C. Penrose, der durch die Vermessung griechischer Bauwerke des klassischen Altertums und durch Abhandlungen über planmäßige Asymmetrie und über die Entasis (Schwellung des Säulenschafts) bekannt geworden war. Als 1886 das seit langem umstrittene Thema in der Londoner »Society for Hellenic Studies« diskutiert wurde, waren Schliemann und Dörpfeld zugegen und konnten sich mit ihrer Auffassung durchsetzen. Auch Penrose sprach sich, nachdem er

Tiryns besucht hatte, entschieden gegen die Hypothese aus, daß es sich um byzantinische Bauwerke handle. Stillman war inzwischen nach Amerika versetzt worden und hatte eine neue Zielscheibe für seine Angriffe gefunden: Luigi P. Cesnola, den Direktor des New Yorker Metropolitan Museum, der früher Grabungen auf Cypern durchgeführt hatte.

Tiryns machte dem Autor, dem Mitautor und dem Verleger alle Ehre. Das Buch war in einem prägnanteren Stil geschrieben als alle früheren Publikationen Schliemanns und enthielt gute Illustrationen: die sorgfältigen Grundrisse und Kartenskizzen Dörpfelds, die von Georg Kawerau – einem an der Grabungskampagne 1885 beteiligten Berliner Architekten – stammenden anschaulichen Zeichnungen von Kragsteingewölben und Festungsmauern sowie vortreffliche Farblithographien von Wandmalereien und anderen ornamentalen Fragmenten.

Für die Vorbereitung der englischen Ausgabe, insbesondere für die Übersetzung der Beiträge Dörpfelds, hatte Schliemann diesmal Professor John P. Mahaffy als Mitarbeiter gewonnen. Mahaffy, der vermutlich ein Honorar erhielt, hatte ständig unter Schliemanns Nörgelei zu leiden. Außerdem wurde seine Übersetzungsarbeit durch Dörpfelds häufige Korrekturen erschwert und verzögert. Er war so verärgert, daß er als Wandspruch für Schliemanns Villa das Shakespeare-Zitat »Zu hastig und zu träge kommt gleich spät« empfahl. Angesichts dieser Mißhelligkeiten und der Tatsache, daß Schliemann ihm kurz und bündig erklärte, sein Name werde im Buch nicht erscheinen, bereute Mahaffy bitter, daß er sich diese Arbeit aufgeladen hatte.[15]

Kurz bevor das Buch im Oktober 1886 ausgeliefert wurde, sandte Schliemann dem Verleger eine Liste von Personen, denen Besprechungsexemplare zugestellt werden sollten. Gleichzeitig teilte er Brockhaus mit, er werde die Kosten für die Exemplare, die für Personen bestimmt seien, »deren Rezensionen Ihnen den Verkauf enorm erleichtern«, nicht übernehmen, weil er auch für die

Besprechungen »enorm« bezahle. Dazu gehöre vor allem Dr. Karl Blind (London), »dem ich nicht weniger als 50 Dollar für seine Dissertationen bezahlen kann«.[16]

Nach Erhalt des Buches beglückwünschte Sayce den Autor zu seinem neuen Opus. Es sei, so schrieb er, »der beste Schlußstein für alle Ihre großartigen Entdekkungen ... Niemand kann auch nur die geringsten Bedenken haben, es als den wichtigsten Beitrag zur Altertumswissenschaft zu bezeichnen, der in diesem Jahrhundert veröffentlicht wurde. Alle Ihre Feinde sind jetzt endgültig zum Schweigen gebracht ...«[17]

Die Zitadelle des Herakles

Aus *Tiryns*

Erst im März 1884 wurde es mir möglich, meinen lange gehegten Wunsch, Tiryns zu erforschen, zu verwirklichen. Die für diese Ausgrabungen nötige Erlaubnis wurde mir aufs bereitwilligste erteilt von Herrn Boulpiotes, dem gelehrten Minister für Volksaufklärung, welcher mir stets hilfreich zur Seite stand, um die fortwährend bei den Arbeiten auftretenden Schwierigkeiten zu beseitigen ...

Um die Gewißheit zu haben, daß keine Belehrung, die etwa aus antiken Architekturstücken gewonnen werden könnte, für die Wissenschaft verlorenginge, sicherte ich mir wiederum die Dienste des hervorragenden Architekten des kaiserl. deutschen Archäologischen Instituts in Athen, Dr. Wilhelm Dörpfeld aus Berlin, der auch im Jahre 1882 fünf Monate lang mein Mitarbeiter in Troja war ...

Die nötigen Werkzeuge und Arbeitsgeräte brachte ich von Athen mit, nämlich 40 beste englische Schiebkarren mit eisernen Rädern; 20 große eiserne Hebel; 2 Handwinden; eine große Winde; 50 große eiserne Schaufeln und ebenso viele Spitzhauen; 25 große Hacken, die im ganzen Orient mit dem Namen *tschapa* bezeichnet und in den Weinbergen gebraucht werden; dieselben waren mir auch diesmal wieder von größtem Nutzen, um den Schutt in die Körbe zu füllen. Die nötigen Körbe, die auch in Griechenland den türkischen Namen *senbil* haben, kaufte ich in Nauplia. Als Depot für diese Werkzeuge und Wohnung für die Aufseher hatte ich zu 50 Francs monatlicher Miete in dem Gebäude der unterhalb der Südmauer von Tiryns von Capo d'Istria [Kapodistrias][1] angelegten Musterwirtschaft, die zu einem kleinen, verfallenen Pachthofe herabgesunken ist, einige Zimmer gemietet und auch einen Stall für mein Reitpferd.

Für Herrn Dr. Dörpfeld und mich war das Haus zu schmutzig, und da es bei Tiryns nur *eine* passende Wohnung gab, wofür 2000 Francs Miete für 3 Monate verlangt wurde, zogen wir es vor, im Grand Hôtel des Etrangers in Nauplia zu wohnen, in welchem wir, zu 6 Francs täglich, ein paar reinliche Zimmer, auch ein Zimmer für [meinen Diener] Oedipus hatten und dessen außerordentlich dienstfertiger, freundlicher Wirt, Herr Georgios Moschas, alles Mögliche tat, um uns zufriedenzustellen.

Ich hatte die Gewohnheit, immer frühzeitig $3^3/_4$ Uhr aufzustehen, eine Dosis von 4 Gran Chinin zu schlucken, um mich gegen das Fieber zu schützen und darauf ein Bad zu nehmen; mein Bootsmann, der täglich 1 Franc dafür erhielt, erwartete mich pünktlich um 4 Uhr morgens im Hafen, um mich in die offene See zu fahren, wo ich hinaussprang und fünf oder zehn Minuten herumschwamm. Da der Mann keine Treppe hatte, mußte ich immer an dem Ruder emporklettern, um wieder ins Boot zu gelangen; lange Gewohnheit hatte mir aber Übung in dieser Operation gegeben, und dieselbe ging immer ohne Unfall vonstatten. Nach dem Bade trank ich in dem immer schon frühmorgens geöffneten Kaffeehause »Agamemnon« eine Tasse bitteren schwarzen Kaffee, die – während alles übrige enorm im Preise gestiegen – hier noch immer zum alten billigen Preise von 10 Lepta oder 8 Pfennigen feil ist. Ein gutes Reitpferd, wofür ich täglich 6 Francs bezahlte, stand schon beim Kaffeehause bereit, und ich konnte bequem in 25 Minuten nach Tiryns traben, wo ich immer schon vor Sonnenaufgang ankam und von wo ich den Gaul sogleich zurückschickte, um auch Herrn Dr. Dörpfeld holen zu lassen.

Unser Frühstück, welches wir regelmäßig während der ersten Ruhezeit unserer Arbeiter um 8 Uhr morgens, auf einer Säulenbasis im alten Palast auf Tiryns sitzend, zu uns nahmen, bestand aus Chicago corned beef, wovon meine geehrten Freunde, die Herren J. Henry Schröder & Co. in London, mir einen reichlichen Vorrat zugesandt hatten, aus Brot, frischem Schafkäse, ein paar Apfelsinen und mit Harz gemischtem weißem Wein *(Retsinato)*, der sich wegen seiner Bitterkeit gut mit dem Chinin verträgt und der bei der Hitze und angestrengten Arbeit auch besser zu vertragen ist als die viel schwereren roten Weine. Während der zweiten Ruhezeit der Arbeiter, die um 12 Uhr mittags stattfand und anfänglich nur eine Stunde dauerte, später aber, bei Eintritt der großen Hitze, auf $1^3/_4$ Stunden verlängert wurde, ruhten auch wir, und es dienten uns dabei zwei Steine der Tenne am Südende der Burg, unterhalb welcher wir später die byzantinische Kirche fanden, als Kopfkissen. Man ruht nie besser, als wenn man sich recht müde gearbeitet hat, und ich kann meinen Lesern versichern, daß wir nie einen erquickenderen Schlaf genossen haben als während der Mittagszeit in der Akropolis von Tiryns, trotz des harten Lagers und der glühenden Sonne, gegen die wir keinen anderen Schutz hatten als unsere indischen Hüte, die wir quer über unser Gesicht legten.

Unsere zweite und letzte Mahlzeit nahmen wir des Abends beim Nachhausekommen in der Garküche unseres Hotels ein. Da die Londoner Freunde auch Liebigs Fleischextrakt gesandt hatten, so hatten wir immer ausgezeichnete Bouillon, welche nebst in Olivenöl gebratenem Fisch oder Hammelfleisch, Käse, einer Orange und Retsinatowein unsere Speisekarte ausmachte. Fische und Gemüse, wie z. B. Kartoffeln, Saubohnen, Schminkbohnen, Erbsen und Artischocken, sind hier ausgezeichnet, sie werden aber mit so vielem Olivenöl so garstig zubereitet, daß sie für unseren Gaumen fast ungenießbar sind.

Obgleich mit Harz gemischter Wein, außer bei Dioskorides, bei keinem alten griechischen Schriftsteller vorkommt und sogar Athenaios keine Anspielung darauf macht, so kann man doch mit hoher Wahrscheinlichkeit annehmen, daß derselbe schon im Altertum in der griechischen Welt in allgemeinem Gebrauch war, denn der Fichtenzapfen war ja dem Dionysos geweiht, und das obere Ende des Thyrsos, eines mit Efeu und Weinranken umwundenen leichten Stabes, den die Geweihten des Bacchus bei feierlichen Aufzügen trugen, lief in einen Fichtenzapfen aus.[2] Außerdem führt Plinius unter den zur Weinbereitung dienenden Früchten auch die Fichtenzapfen an und sagt: daß diese in den Most getaucht und gepreßt wurden ...

Die Ebene von Argos war augenscheinlich in fernen vorhistorischen Zeiten eine tief ins Land eingreifende Bucht, welche durch die Ablagerungen der vielen von den sie umschließenden, jetzt kahlen und dürren, einst aber bewaldeten Felsbergen herabkommenden Wasserläufen allmählich ausgefüllt worden ist. Am höchsten und wildesten sind diese Gebirge im Westen ...

In der südöstlichen Ecke der Ebene von Argos auf der westlichen und zugleich niedrigsten und flachsten jener Felshöhen, welche dort eine Gruppe bilden und sich wie Inseln aus der sumpfigen Niederung erheben, nur 8 Stadien oder gegen 1500 m vom Golf von Argos entfernt, lag die uralte Zitadelle von Tiryns, jetzt Palaeocastron genannt.[3]

Sie stand in höchstem Ansehen als Geburtsort des Herakles und war berühmt durch ihre zyklopischen Mauern, die im ganzen Altertum als ein Wunderwerk betrachtet wurden[4]; ja, Pausanias stellt sie als Wunderwerk gleich mit den Pyramiden in Ägypten, indem er sagt: »Nun sind aber die Hellenen sehr stark in der Sucht, das Ausländische mehr zu bewundern als was sie in ihrem eigenen Lande haben, wie denn hervorragende Schriftsteller darauf verfallen sind, die ägyptischen Pyramiden aufs genaueste zu beschreiben, während sie das Schatzhaus des Minyas und die Mauern von Tiryns, die doch gleiche Bewunderung verdienen, mit keiner Silbe würdigen.«

Auch schon Homer drückt seine Bewunderung durch das Epitheton *teichióessa* aus, welches er Tiryns gibt: »Dann die Argos bewohnt und die festummauerte Tiryns.«

Pausanias sagt weiter über die Mauern von Tiryns: »Die Ringmauer, welche das einzige Überbleibsel (von Tiryns) ist, wurde von Zyklopen gebaut; sie besteht aus unbehauenen Steinen, deren jeder so groß ist, daß ein Gespann von zwei Maultieren nicht einmal den kleinsten von der Stelle bewegen könnte; die Zwischenräume sind mit kleinen Steinen ausgefüllt, um die großen Steine noch mehr in ihrer Lage zu befestigen.«

Die Steine der Ringmauer sind durchschnittlich etwa 2 m lang und 0,90 m dick, und nach den erhaltenen Resten zu urteilen, muß dieselbe eine Gesamthöhe von etwa 15 m gehabt haben. Bestände sie aus behauenen Blöcken, so wäre sie bestimmt schon vor Jahrhunderten verschwunden, denn die Steine würden dann zu Bauten in den Nachbarstädten Argos und Nauplia benutzt worden sein; aber die riesige Größe der Blöcke und ihr roher Zustand bewahrte die Mauer, denn die spätern Baumeister fanden es viel leichter und bequemer, sich das ihnen nötige Material am Fuße der Felsen abzuhauen, als die Mauer zu zerstören und die kolossalen Steine zu zerschlagen.

Den Steinbruch, aus welchem die Blöcke der Mauer von Tiryns geschlagen sind, erkennt man leicht am Fuße des zwischen Tiryns und Nauplia, unmittelbar neben der Landstraße gelegenen Felsens, auf dessen Gipfel eine Kapelle des Propheten Elias steht . . .

Die großen Türme von Tiryns, wovon einer an der Ostseite noch jetzt steht, mögen die Tirynthier in den Ruf gebracht haben, den Turmbau erfunden zu haben . . .[5]

Mit großer Wahrscheinlichkeit können wir . . . annehmen, daß die riesigen Mauern von Tiryns von phönikischen Kolonisten erbaut worden sind, und ein gleiches dürfte mit den großen prähistorischen Mauern auf vielen anderen Punkten in Griechenland der Fall sein . . .[6]

Der Mythus von Herakles' Geburt in Tiryns und den ihm von Eurystheus, dem König des benachbarten Mykenae, auferlegten zwölf Arbeiten, erklärt sich auch, wie ich glaube, durch seine doppelte Natur als phönikischer Sonnengott und als Heros. Es ist natürlich, daß ihn, den stärksten aller Helden, die Fabel zwischen den mächtigsten Mauern der Welt, welche als das Werk überirdischer Riesen angesehen wurden, geboren werden ließ; und als Sonnengott muß er viele Tempel in der Ebene von Argos und einen berühmten Kult in Tiryns gehabt haben, denn die dumpfige Niederung, von der letzteres umgeben ist, erzeugte im Altertum sowie jetzt pestilenzialische Fieber und konnte nur durch unausgesetzte Menschenarbeit und den wohltätigen Einfluß der Sonne bebaut werden.

So wird die Fabel ganz natürlich erscheinen, daß Herakles, als Sonnengott, für Eurystheus, den König von Mykenae, dem die ganze Ebene gehörte, die zwölf Arbeiten zu verrichten hatte, die nichts anderes sind als zwölf Zeichen des Tierkreises, welche die Sonne in dem alljährlichen Umlauf der Erdkugel zu passieren scheint.

Das Panorama, welches sich von der Höhe der Zitadelle von Tiryns nach allen Seiten darbietet, ist überaus prachtvoll. Indem mein Auge bald in nördlicher, bald in südlicher, bald in östlicher, bald in westlicher Richtung schwelgt, frage ich mich unwillkürlich, ob ich denn nicht schon – sei es vom Gipfel der Vorberge des Himalaja, sei es in der üppigen Tropenwelt auf den Sunda-Inseln oder den Antillen, sei es von den Zinnen der großen chinesischen Mauer, sei es in den herrlichen Tälern Japans, sei es im weltberühmten Yosemite-Tal in Kalifornien, sei es von der Höhe der Cordilleras de los Andes – etwas Schöneres gesehen habe. Aber immer muß ich mir eingestehen, daß der Anblick von der Zitadelle von Tiryns gar viel prachtvoller ist als alles, was ich von Naturschönheiten je gesehen habe. Ja, der Zauber, den man bei der Rundschau von Tiryns empfindet, wird überwältigend, wenn man im Geiste die

Großtaten rekapituliert, deren Schauplatz die Ebene von Argos und die sie umgebenden Berge waren . . .

Die Ausgrabungen begann ich am 17. März mit 60 Arbeitern, konnte aber diese bald auf 70 vermehren, und dies blieb auch die Durchschnittszahl meiner Tagelöhner während der zweieinhalbmonatigen tirynthischen Kampagne von 1884. Der Tagelohn meiner Arbeiter war anfänglich 3 Francs; derselbe stieg aber mit der Jahreszeit und betrug schon vor Ostern $3^1/_2$ Francs. Ich ließ auch Frauen arbeiten, die zum Füllen der Körbe ebenso geschickt sind wie die Männer und deren Tagelohn zuerst $1^1/_2$, später 2 Francs betrug. Bei Sonnenaufgang kamen die Arbeiter mit den aus dem Depot geholten Werkzeugen und Schiebkarren auf die Zitadelle, wo die Arbeit anfing, sobald ich ihre Namen aufgerufen hatte; dieselbe dauerte bis Sonnenuntergang, wo alle Werkzeuge und Schiebkarren wieder ins Depot abgeliefert wurden. Trotz dieser Vorsichtsmaßregeln wurden mir mehrere Werkzeuge und auch eine Schiebkarre gestohlen.

Für die Arbeit mit der Spitzhaue wählte ich, da sie die schwerste ist, die stärksten Arbeiter; die übrigen wurden für die Schiebkarren, zum Füllen des Schuttes in die Körbe, sowie zum Ausschütten dieser letzteren verwandt. Da ich meine Leute mit gutem Trinkwasser zu versorgen hatte, so stellte ich einen Arbeiter besonders dazu an, dasselbe in Fässern, die er auf einen Schiebkarren lud, vom nächsten Brunnen zu holen. Einen anderen Arbeiter, der etwas von Tischlerei verstand, verwandte ich zum Ausbessern der Schiebkarren und Werkzeuge. Ein dritter diente mir als Stallknecht. Leider konnte ich nicht die Freude haben, meinen alten Diener Nikolaos Zaphyros Giannakis anzustellen, der mir seit Anfang 1870 als Haushofmeister und Kassierer in allen meinen archäologischen Kampagnen gedient hatte, denn unglücklicherweise war derselbe im August 1883 im Skamander, an der Ostseite von Jeni Schehr, ertrunken. Ich mußte daher ohne ihn fertig werden.

Die Arbeiter waren meistens Albanesen aus den benachbarten Dörfern Kophinion, Kutsion, Laluka und Aria; ich hatte nur ungefähr 15 Griechen vom Dorfe Charvati, die auch vor acht Jahren in Mykenae bei mir gearbeitet hatten und sich durch ihren Fleiß vor den Albanesen auszeichneten ...

Unsere erste große Arbeit war die, den Schutt bis zu dem mosaikartig aus Kalkestrich und kleinen Steinchen hergestellten Fußboden abzugraben, der sich über das ganze hohe Plateau der Akropolis ausdehnt und nur mit einer 1–1$^{1}/_{2}$ m hohen Schuttdecke aus Ziegelschutt, eingestürztem Mauerwerk, aus mit Lehm verbundenen, meistenteils verkalkten Bruchsteinen und Humus bedeckt war. Es stellte sich dabei heraus, daß die von mir in den im Jahre 1876 abgeteuften Schächten gefundenen, aus großen Steinen ohne Bindemittel aufgeführten Mauern nur die Untermauern oder Fundamente eines riesigen, die ganze obere Burg einnehmenden Palastes waren, von dessen oberen Mauern der aus kleineren Steinen mit Lehm erbaute $^{1}/_{2}$–1 m hohe untere Teil, durch den darauf gefallenen und alle Räume des Gebäudes auffüllenden Schutt der aus rohen Lehmziegeln hergestellt gewesenen Obermauern und der wahrscheinlich aus Lehm bestandenen Dachterrassen, merkwürdig erhalten war. Teilweise verdanken wir diese Erhaltung des Palastes jedenfalls auch der Feuersbrunst, durch welche er zerstört worden ist, und deren Glut an allen Stellen, wo Holzbalken den Flammen Nahrung gaben, so heftig gewesen ist, daß die Steine zu Kalk, der sie verbindende Lehm aber zu wirklichen Ziegeln gebrannt war und beides zusammen eine so feste Masse bildete, daß unsere stärksten Arbeiter die allergrößte Mühe hatten, sie mit den Spitzhauen zu zerschlagen.

Viele dieser so gebrannten Mauern waren an der Oberfläche des Bodens sichtbar und haben die besten Archäologen irregeleitet[7], denn jeder hielt sie für Mauerwerk aus dem Mittelalter, und niemand konnte ahnen, daß sie wahrscheinlich um zwei Jahrtausende älter seien und dem Palaste der mythischen tirynthischen Könige angehören könnten. Wir finden daher auch in den Reiseführern für Griechenland die Meinung ausgesprochen, daß in Tiryns nichts Interessantes zu finden ist ...

Wegen der vielen, bis an die Oberfläche des Bodens reichenden steinharten Mauerreste, welche die Bauern nicht imstande waren zu zerschlagen, konnte das obere Plateau der Burg nie beackert werden, ein Umstand, der auch nicht wenig zur Erhaltung der Überbleibsel des Palastes beigetragen haben mag. Die zweite Terrasse aber sowie die untere Akropolis und der kleine von den Wegen eingeschlossene Landstrich um die Burg herum waren an einen Bauer im Dorfe Kophinion verpachtet, der sie mit Kümmel besät hatte und gerichtlich eine bedeutende Entschädigung für den durch meine Ausgrabungen angerichteten Schaden von mir verlangte. Aber durch die freundliche Intervention des ausgezeichneten Direktors der Finanzverwaltung, Herrn Jakob Mavrikos in Nauplia, wurde der verursachte Schaden von Sachkundigen genau abgeschätzt und auf nur 275 Francs festgesetzt, womit sich der Bauer begnügen mußte ...

Unsere zweite große Arbeit war die Abgrabung der mittleren Terrasse, wo nach Herrn Dr. Dörpfelds Meinung schlechter konstruierte Wirtschaftsgebäude gestanden haben müssen, die öfter zu erneuern gewesen waren, denn wir fanden dort in verschiedenen Höhen übereinander schmale Mauern aus Bruchsteinen und Lehm, deren Grundriß nicht mehr zu erkennen ist. Die Schuttaufhäufung beträgt dort bis zu 6 m.

Unsere dritte Arbeit war es, in der Unterburg einen großen Längs- und einen kleineren Quergraben bis auf den Fels abzuteufen, wodurch konstatiert wurde, daß auch dort Gebäude, wenigstens in ihren Fundamenten erhalten sind. Die Schuttaufhäufung beträgt hier bis zu 3 m Höhe, jedoch tritt der Fels an einigen Stellen bis an die Oberfläche heran.

Als vierte Arbeit nenne ich die Abgrabung und Reinigung der an der Ostseite der Burg zum Palaste hinaufführenden Rampe, die uns wegen der ungeheuren Masse der von den Mauern auf dieselbe gefallenen großen Blöcke, welche weggewälzt oder zerschlagen werden mußten, die allergrößte Mühe machte. Ferner reinigten wir einen Teil der großen Galerie an der Südostseite, deren oberer Teil einen Spitzbogen bildet, und fanden merkwürdigerweise darin einen aus Lehmestrich hergestellten Fußboden[8], auch reinigten wir eine der torförmigen Nischen oder Fensteröffnungen dieser Galerie und teilweise drei andere ähnliche Galerien.

Die von uns nach allen Richtungen unterhalb der Akropolis gegrabenen Schächte, in denen wir dieselben Topfwaren wie auf der Burg selbst und vielen verbrannten Ziegelschutt fanden, lassen keinen Zweifel, daß sich die Unterstadt rings um die Burg ausdehnte.

Alle während meiner Ausgrabungen verschütteten Teile der Mauern von Tiryns haben Dr. Dörpfeld und ich vor unserer Abreise von Tiryns sorgfältig vom Schutt gereinigt, und ich kann versichern, daß nicht zwei noch übereinanderliegende Steine des alten Mauerwerks verdeckt geblieben sind. Wir haben den von der Höhe der Burg hinuntergeworfenen Schutt nur an solchen Stellen liegengelassen, wo die Abhänge aus mit sporadischen Steinen bedecktem Erdreich oder aus naturwüchsigem Fels bestanden und wo folglich die Wegräumung der neu hinzugekommenen Trümmer zwecklos war.

XIII
Trojanisches Finale
1889–1890

»Beim Zeus, diese anstrengenden Arbeiten haben mich so stark mitgenommen, daß ich unbedingt längere Zeit ausspannen muß, sonst geht es in kurzer Zeit mit mir zu Ende.«[1] Das schrieb Schliemann im November 1885 an einen Freund, dem er in diesem - in griechischer Sprache verfaßten - Brief mitteilte, daß sein Buch *Tiryns* vor wenigen Tagen in Leipzig, Paris, London und New York erschienen sei. Sein jüngstes Werk - »wahrscheinlich auch das letzte meines Lebens« - in drei Sprachen und vier Ausgaben druckfertig zu machen, sei »eine alles Maß übersteigende Arbeit« gewesen.[2] Er hatte es stets als große Belastung empfunden, daß er, sobald er Spaten und Spitzhacke beiseite gelegt hatte, unter dem Zwang stand, seine Publikationen im Eiltempo fertigzustellen. Jetzt aber ließ er auch immer häufiger durchblicken, daß es um seine Gesundheit schlecht bestellt war und er das Gefühl hatte, nicht mehr lange zu leben. An dem sichtlich gealterten Mann stellte Dörpfeld immer deutlichere Anzeichen von Nervosität und Erschöpfung fest. Schliemann litt zunehmend unter Ohren- und Kopfschmerzen und schien allmählich das Gehör zu verlieren. Trotzdem schränkte er seine Aktivität nicht ein, sondern befaßte sich schon wieder mit mehreren neuen Projekten. Noch immer hielt es ihn nicht lange zu Hause in Athen, noch immer reiste er kreuz und quer durch Europa. Er bewegte sich in dem magischen Dreieck Paris-London-Berlin, hielt sich in Badeorten auf, nahm an Kongressen teil, verhandelte mit seinen Verlegern und besuchte Museen.

Anfang 1886 überquerte er noch einmal den Atlantik und verbrachte, ganz allein, einige Wochen in Kuba, St. Thomas, Santo Domingo und Puerto Rico. Keine Reise, so erklärte er, habe er seit seinem Ägyptenbesuch im Jahre 1859 so sehr genossen wie diese. Obzwar er in Kuba seine Eisenbahninvestitionen überprüfte und wieder Berichte über die wirtschaftliche Situation der Insel an die Firma Schröder sandte, betrachtete er das Ganze als Erholungsreise, die ihm, wie er später an Schöne schrieb, »wunderbar bekommen« sei und ihn, nachdem er »schon mit einem Fuß im Grabe« stand, wieder gekräftigt habe.[3] Auch in wirtschaftlicher Hinsicht blieb die Reise nicht ohne Folgen: Als Schliemann ein Jahr später erfuhr, daß der Direktor der Havanna-Eisenbahngesellschaft zurückgetreten war, veräußerte er unverzüglich seine Anteile und legte das Geld in Immobilien an, hauptsächlich in Berlin und Athen. Diese Transaktion und die Verwaltung der neuerworbenen Liegenschaften bedeuteten für ihn eine zusätzliche Arbeitsbelastung. In seinen letzten Lebensjahren ließ er mehrere Neubauten errichten, einige davon im Auftrag der Deutschen Botschaft und des Deutschen Archäologischen Instituts in Athen.

Sobald er im April 1886 nach Griechenland zurückgekehrt war, faßte er neue Ausgrabungsprojekte ins Auge. Zunächst interessierte er sich für Böotien, wo er gemeinsam mit Dörpfeld in Lebadeia vergeblich nach einem antiken Heiligtum (Trophoneion) suchte. Dann setzten die beiden ihre Forschungen in Orchomenos fort, entdeckten aber auch diesmal weder Königsgräber noch weitere »Schatzkammern«, ganz zu schweigen vom Palast der minyischen Könige. Zu diesem Zeitpunkt konzentrierte sich Schliemanns Interesse von neuem auf das Projekt, das, wie er hoffte, die Krönung seines archäologischen Lebenswerkes werden sollte: Kreta.

Die Insel des Minos hatte er zum erstenmal 1883 in Betracht gezogen, sich aber, als Schwierigkeiten auftauchten, für Tiryns entschieden. Aber nachdem er und Dörpfeld dort die Überreste einer unerwartet prächtig und kunstvoll ausgestatteten mykenischen Palastanlage freigelegt hatten, lockte es ihn um so mehr, außerhalb des griechischen Festlandes nach möglichen kulturellen Zusammenhängen zu suchen. Daß die mykenischen Zentren sich nicht isoliert von der Außenwelt entwickelt hatten, wurde nicht nur durch die Homerische Überlieferung bezeugt, sondern auch durch die Vielzahl der Ornamente, die ägyptischen und asiatischen Einfluß aufwiesen. Schliemann stellte diese Verbindungen zum Orient nur ganz selten in Frage. *Ex oriente lux* – von dieser Vorstellung gingen damals die meisten europäischen Prähistoriker aus. Jedenfalls sprach die Tatsache, daß man in den ans östliche Mittelmeer grenzenden Ländern dreier Erdteile Töpferware in mykenischem Stil gefunden hatte, für weitreichende Verbindungen, die es zu erforschen galt. Obzwar Schliemann die Auffassung vieler seiner Fachkollegen teilte, Kreta sei ursprünglich von den Phönikern besiedelt worden, war er überzeugt, daß Grabungen auf der im Einflußbereich Syriens, Ägyptens und des griechischen Festlands gelegenen Insel entscheidende Hinweise erbringen würden. In diesem Glauben wurde er dadurch bestärkt, daß hin und wieder über frappierende kretische Einzelfunde berichtet wurde.

Kreta, insbesondere der Hügel Kephalia Tselempe (bei Herakleion), wo man mit gutem Grund den verschütteten Palast des Königs Minos vermutete, wurde jetzt für Schliemann zur fixen Idee. In einem Brief an Gladstone bezeichnete er dieses Terrain als »Neuland für die Archäologie«.[4] Die Forschungen auf Kreta, so erklärte er, würden ihn für den Rest seines Lebens beschäftigen. Da er sich auf die griechische Vorgeschichte spezialisiert hatte, betrachtete er Knossos - genau wie Troja und sämtliche Stätten des griechischen Altertums - als für ihn bestimmtes Forschungsfeld.

»Meine Tage sind gezählt«, hatte er bereits im Dezember 1883 an Virchow geschrieben, »und ich möchte so gern noch Kreta explorieren, ehe es zu Ende geht.«[5] Daß er sich für Kreta entschieden hatte, fand bei seinen Freunden uneingeschränkte Zustimmung. »Ihr Plan nach Kreta hat meinen ganzen Beifall«, heißt es in Virchows Antwortschreiben. »Hätten Sie mich vorher um einen Vorschlag ersucht, so würde ich denselben gemacht haben. Nichts ist geeigneter, eine Zwischenstation zu finden zwischen Mykene und dem Osten.«[6] Max Müller empfahl ihm die Insel als »eine wahre Wiege der Völker« und fügte einen Satz hinzu, der sicher zu den scharfsichtigsten Voraussagen in der Geschichte der Archäologie zählt: »Wenn irgendwo, dann dürfte es dort gelingen, auf die ersten Versuche einer den Bedürfnissen des Westens angepaßten Schriftsprache zu stoßen.«[7]

Aber trotz der Unterstützung seitens des türkischen Gouverneurs von Kreta und des deutschen Botschafters in Konstantinopel, blieben Schliemanns hartnäckige Bemühungen um die Grabungserlaubnis erfolglos. Unglücklicherweise wurde dann auch noch der mit ihm befreundete Gouverneur abberufen. Kreta erwies sich als ein Wespennest politischer Intrigen und übler Vetternwirtschaft. Zwischen dem Gouverneur und der kretischen Volksvertretung gab es fast ständig Unstimmigkeiten. Und zudem hatte in diesem Fall auch die Archäologische Gesellschaft (»Syllogos«) in Herakleion ein gewichtiges Wort mitzureden. Schliemann war aber trotzdem der Meinung, in Kreta lasse sich »alles durchsetzen, wenn man nur die geeigneten Mittel ergreift«.[8]

Um sich einen Überblick zu verschaffen, reiste er anschließend an den Aufenthalt in Orchomenos am 15. Mai 1886 gemeinsam mit Dörpfeld nach Kreta. Sie sondierten vor allem das Gelände von Gortyn - dem Fundort der berühmten, in Stein gemeißelten griechischen (dorischen) Rechtskodifikation - und von Knossos. Daß es sich hier, genau wie in Hissarlik, um einen künstlichen, aus mehreren Siedlungsschichten bestehenden Hügel handelte, war offensichtlich. Die beträchtlichen Mauerreste, die Kalokairinos im Jahre 1877 freigelegt hatte, ließen keinen Zweifel daran, daß sich hier in vorgeschichtlicher Zeit eine weitläufige Palastanlage mit zahlreichen Gängen befunden hatte. Wie in Troja waren auch in Knossos große Pithoi entdeckt worden, die allerdings, wie Schliemann mit einem Seitenhieb auf Hauptmann Böttichers Feuernekropolen-Theorie bemerkte, lediglich Linsen und Bohnenkerne enthielten.[9] Als er im Juni 1886 nach Athen zurückgekehrt war, berichtete er Virchow (desgleichen Brockhaus und Schöne), er finde es merkwürdig, daß man in dem Gebäude »im übrigen nur Topfware mit tiryntischen und mykenischen Formen und Mustern« gefunden habe.[10] Interessant sei die Frage, »was man in den unteren Schichten dieses Hügels finden würde, wenn so uralte Terrakotten hier schon an der Oberfläche liegen«.[11]

Auf Kreta lernte Schliemann den Arzt Joseph Chatzidakis kennen, der sich auch politisch betätigte, das Museum in Herakleion gegründet hatte und Vorsitzender des Syllogos war.[12] Er versprach, sich dafür einzusetzen, daß Schliemann den Hügel von Knossos käuflich erwerben dürfe und die Grabungserlaubnis erhalten werde, woraufhin dieser fest damit rechnete, gemeinsam mit Dörpfeld im Oktober mit der Arbeit beginnen zu können. Was ihm gar nicht behagte, war die Verordnung, daß sämtliche Fundobjekte dem Museum in Herakleion übergeben werden mußten. Gegen Dörpfelds Rat versuchte er durchzusetzen, daß man ihm wenigstens einen bescheidenen Anteil zugestehen würde: Er betrachtete es jetzt als seine Aufgabe, die Berliner Museen zu »bereichern«. Dörpfeld war überzeugt, daß Schliemann zu gegebener Zeit Duplikate sowie Fundobjekte, die den kretischen Altertumskundlern wertlos erschienen, erhalten würde. Auch in Olympia hatte man den deutschen Ausgräbern dieses Zugeständnis gemacht, obwohl nach dem Gesetz alle Fundstücke Eigentum des griechischen Volkes waren.

Unterdessen hatte Chatzidakis den Eigentümer des Hügels aufgespürt, der den enormen Preis von 100000 Francs verlangte. Im Kaufpreis war auch ein angeblich sehr ertragreicher Olivenhain enthalten. Um die Kosten zu reduzieren, bat Schliemann Dr. Chatzidakis, einen Käufer für die Ölbäume zu finden. Er war bereit, so lange zu warten.

Diesmal genoß er es in vollen Zügen, keine dringenden Verpflichtungen zu haben. Er brauchte ausnahmsweise einmal kein Buch zu schreiben und keine Korrekturfahnen zu lesen. Sein Alternativplan, zusammen mit Dörpfeld die »Akropolis« (oder Burganlage) von Mykene auszugraben, war von der griechischen Regierung abgelehnt worden, die es vorzog, griechische Archäologen mit dieser Aufgabe zu betrauen. Schliemann war sicher, daß dieses Kollegenteam Schiffbruch erleiden und daß ihm früher oder später die Grabungserlaubnis für Mykene in den Schoß fallen würde.[13] Hocherfreut über die Arbeitspause, traf er Vorbereitungen für eine Ägyptenreise, die vom Dezember 1886 bis zum März 1887 dauern und ihn und Sophia nilaufwärts bis zum zweiten Katarakt bei Wadi Halfa führen sollte.

Er reiste pompös. Bei der Firma Thomas Cook & Son mietete er eine luxuriöse Dahabije mit zahlreichen Kajüten und einer zehnköpfigen Besatzung. Nachdem sich Sophia aus Angst, seekrank zu werden, im letzten Moment entschlossen hatte, zu Hause bei den Kindern zu bleiben, ging er in Kairo nur in Begleitung eines an Lungenschwindsucht leidenden Dieners (»Pelops«) an Bord, für den er sich vom ägyptischen Klima Heilung erhoffte. Aber der todkranke Mann mußte schon bald an Land gebracht werden. Vor Beginn der Nilfahrt hatte Schliemann das Museum in Bulak besucht[14], wo ihn vor allem die Mumien von Pharaonen des »Neuen Reiches«, wie Ramses II. und Sethos I., beeindruckten. Er monierte allerdings, daß viel zu wenig für ihre Konservierung getan werde.

Sein dritter Aufenthalt in Ägypten (das er zuletzt auf seiner Weltreise besucht hatte) bot ihm Gelegenheit zur Erholung, brachte ihm aber auch faszinierende Erlebnisse. Gelegentlich unterbrach er die geruhsame Nilfahrt, um die überwältigenden Denkmäler einer großen Vergangenheit zu besichtigen – einer Kultur, die schon alt war, als Rom, Athen und Jerusalem noch jung waren; und die bereits existiert hatte, als die Herrscher von Mykene und Troja Krieg führten. Schliemann war außer sich vor Begeisterung über die Kolossalreliefs in den Ramsestempeln von Abu Simbel – »die gewaltigsten Kunstwerke der Welt«.[15] Wenn er an Land ging, kümmerte er sich um die medizinische Betreuung der Einheimischen und sagte ihnen Passagen aus dem Koran auf. So negativ er das ägyptische Dienstpersonal beurteilte, so begeistert war er von den schwarzhäutigen Nubiern, deren Reinlichkeit und natürliche Würde er in den höchsten Tönen lobte. Für ihn zählten die nubischen Frauen trotz ihrer durch implantierten Schmuck verunstalteten Gesichter zu den schönsten der Welt. Bei seinen Landaufenthalten hielt er auch Ausschau nach ägyptischen

Antiquitäten, war sich aber weder über ihr Alter noch über ihren Wert im klaren. Er sammelte vor allem aus Stein gefertigte Gerätschaften sowie nubische und ägyptische Töpferware, die seiner Meinung nach in Europa so gut wie unbekannt war und unbedingt im Berliner »Schliemann-Museum« vertreten sein sollte. Die meiste Zeit aber verbrachte er in erholsamer Zurückgezogenheit auf dem Deck des Segelschiffes, wo er viel las (vornehmlich Homer und die griechischen Klassiker), ein Tagebuch führte, das 257 Seiten umfaßte und die verschiedensten Daten enthielt (zum Beispiel die tägliche Temperatur und die Wassertiefe), und eifrig griechische Inschriften und Hieroglyphen kopierte.

Nach Athen zurückgekehrt, plante er sofort seine nächste Ägyptenreise. Er wollte sie gemeinsam mit Virchow unternehmen, den es reizte, altägyptische Totenschädel zu untersuchen. Der Abreisetermin wurde zunächst auf Oktober festgesetzt, dann aber auf Februar 1888 verschoben.

Das Kreta-Projekt hatte während Schliemanns Ägyptenaufenthalt keine nennenswerten Fortschritte gemacht. Chatzidakis war es zwar gelungen, den Kaufpreis des Knossos-Areals auf rund 70000 Francs herunterzuhandeln, aber Schliemann war nicht gewillt, den gesamten Grund und Boden zu erwerben, zumal er erfahren hatte, daß auch wertloses Sumpfland und baufällige Häuser dazugehörten. Er konstatierte, ihm sei »aller Mut vergangen, das große Werk anzufangen«, und zitierte den Apostel Paulus: »Die Kreter sind allesamt Lügner.«[16] Sodann ersuchte er den griechischen Minister für Volksbildung, ihm und Dörpfeld die Genehmigung zur Ausgrabung des Apollon-Heiligtums in Delphi zu erteilen, mußte aber zugunsten französischer Archäologen darauf verzichten. Nun spielte er mit dem Gedanken, in Troja weiterzuforschen, aber da sein treues Faktotum Nikolaos gestorben war, konnte er sich nicht dazu entschließen.

Einen Teil der zweiten Ägyptenreise, die er innerhalb eines Jahres unternahm, verbrachte er mit archäologischen Forschungen. Er hatte geplant, vor dem Eintreffen Virchows im Februar 1888 eine Woche lang in Alexandria zu graben – in der hochgespannten Erwartung, das Mausoleum (Soma) Alexanders des Großen zu entdecken. Der ägyptische Premierminister Nubar Pascha, dem bereits der deutsche Botschafter in London Schliemanns Wunsch vorgetragen hatte, war gern bereit, dem berühmten Forscher Gelegenheit zu geben, seinen archäologischen Spürsinn unter Beweis zu stellen. Aber als Schliemann das Projekt in die Wege geleitet hatte, sprach der Alexandrinische Klerus, dem der Grund und Boden gehörte, auf dem Schliemann Paläste und Gräber der Ptolemäer vermutete, ein Machtwort. Nach Schliemanns Ansicht lag das Mausoleum mindestens teilweise unterhalb der Moschee des Propheten Daniel – und das war heiliger Boden, der nicht durch die Suche eines neugierigen Ungläubigen nach der Grabstätte eines heidnischen Eroberers entweiht werden durfte. Gewissermaßen als Trostpreis erhielt Schliemann daraufhin vom Premierminister die Erlaubnis, sein Glück am Stadtrand zu versuchen, wo sich vermutlich ein Teil der ptolemäischen Palastanlage befand. Um die Zeit bis zur Ankunft seines Freundes zu überbrücken, begann er in der Nähe eines Bahnhofs zu graben. Auf dem Grund eines zwölf Meter tiefen Schachtes fand er eine Marmorbüste aus der hellenistischen Epoche und war ziemlich sicher, daß sie Königin Kleopatra VII. darstellte. Wie er an Schöne schrieb, sei er von der Büste so entzückt, daß er sie am liebsten in seinem Arbeitszimmer aufstellen würde. Wenig später aber teilte er Bismarck mit, er werde dieses herrliche »Meisterwerk« dem Deutschen Reich schenken, worauf er zu seiner Genugtuung ein persönliches Dankschreiben des Kanzlers erhielt.

Virchow, der an seinem Plan festhielt, auf dieser Reise die Schädelform der einstigen und jetzigen Bewohner des Niltales zu studieren, befaßte sich zunächst mit den Mumien im Museum von Bulak. Um zu ermitteln, welche Rassen dominiert hatten, bezog er auch Statuen in seine anthropologischen Forschungen ein. (Die strenge Unterscheidung zwischen brachyzephalen und dolichozephalen, also rund- und langköpfigen Rassen war damals und noch geraume Zeit später das A und O der biologischen Anthropologie wie auch der im Anfangsstadium befindlichen rassenbezogenen Interpretation der Menschheitsgeschichte.)

Um Zeit zu gewinnen, fuhren die beiden Freunde per Postdampfer von Kairo nach Assuan. Kurz nachdem sie auf einem anderen Nilschiff den zweiten Katarakt passiert hatten, wurde die Reisegesellschaft von einer Horde fanatischer Derwische, den letzten Anhängern des »Mahdi«, angegriffen, kam aber dank des Eingreifens der dort stationierten Grenzposten und angloägyptischen Truppen mit heiler Haut davon. Für die Besichtigung von Abu Simbel war eine volle Woche vorgesehen. Hier faßten Schliemann und Virchow den Plan, Kadesch am Orontes auszugraben, wo Ramses II., wie die faszinierenden Reliefs von Abu Simbel zeigten, gegen die Hethiter gekämpft hatte.[17] Während ihres Aufenthalts in Oberägypten erhielten die Reisenden die Nachricht vom Tod Kaiser Wilhelms I.

Auf der Rückreise nach Kairo machten sie in Luxor nochmals eine Woche lang Station. Während Virchow unermüdlich Schädel sammelte, hielt Schliemann Ausschau nach bemalter Töpferware, Bronzewaffen und Glaswaren für das Berliner Völkerkundemuseum.[18] Gemeinsam mit dem Ethnographen Georg Schweinfurth machten sie einen Abstecher ins Faijum und nach Hawara, wo Flinders Petrie gerade das Innere einer Pyramide und das angrenzende Labyrinth freilegte. Sie bewunderten die bemalten Mumienmasken und die ptolemäisch-römischen Toteneffigien, die er ausgegraben hatte, und durften aus dem Beinhaus einige Schädel mitnehmen.

Virchow begleitete seinen Freund nach Athen, von wo aus die beiden Mykene und Tiryns besuchten. Danach mußte Schliemann einige Monate in Athen bleiben, um Bauarbeiten zu überwachen. Er konnte sich nicht einmal die Zeit nehmen, seine Familie in den Sommerurlaub zu begleiten, den sie im Engadin verbrachte. Das neue Gebäude des Deutschen Archäologischen Instituts (das wie Schliemanns Villa von Ernst Ziller entworfen worden war) ging der Vollendung entgegen. Schliemann war begeistert von der mit Darstellungen der Musen geschmückten Fassade und von den Skulpturen auf den Terrassen. Er hatte dafür gesorgt, daß auch die Räumlichkeiten im »pompejanischen« Stil ausgestattet wurden, und hatte Zitate aus Werken griechischer Klassiker als Wandinschriften ausgewählt. Was er über diese Dekorationen äußerte, klang deutlich nach Nietzsches »Bildungsphilister«: »Die Inschriften an den Wänden aller Zimmer haben etwas besonders Feierliches und werden viele Generationen von Gelehrten mit Ehrfurcht erfüllen.«[19] In einem anderen Brief schrieb er über das neue Gebäude: »Es ist ein des Instituts der größten Nation auf Erden würdiger Prachtbau.«[20]

Im Frühherbst konnte er endlich seine übliche Tour durch Westeuropa absolvieren. Anschließend unternahm er im Auftrag der griechischen Regierung eine Exkursion, die ihn zunächst auf den südlichen Peloponnes führte, wo er sich von Ende November bis Anfang Dezember 1888 aufhielt. Auf Kythera, der »Purpurinsel« Aphrodites, glaubte er, unter einer byzantinischen Kapelle das Heiligtum der Göttin entdeckt zu haben. In einem Telegramm an die Londoner *Times* bezeichnete er diese Entdeckung als ebenso bedeutsam wie seine mykenischen und trojanischen Funde. Dann suchte er vergeblich nach Pylos mit seinen Königsgräbern und nach Nestors Palast (mit dessen Ausgrabung Blegen im Jahre 1939 begann).[21] Was Sparta betraf, so glaubte Schliemann nicht, daß hier irgendwelche Überreste aus der Antike erhalten seien. Auf der Insel Sphakteria, wo während des Peloponnesischen Krieges spartanische Truppen eingeschlossen worden waren (425 v. Chr.) stieß er bei einer kurzen Exkursion auf altes polygonales Mauerwerk, das er »wegen der historischen Assoziationen und Reminiszenzen« für eines »der merkwürdigsten Denkmäler Griechenlands« hielt.[22]

Von Mitte März bis Mitte April unternahm er eine ähnliche Exkursion auf dem nördlichen Peloponnes. Nachdem er das Gelände von Mantinea, Megalopolis (dem Geburtsort des hellenistischen Historikers und Staatstheoretikers Polybios) und Lykosura erkundet hatte, besuchte er die westionischen Inseln. Sein besonderes Interesse galt dem Schauplatz der Seeschlacht von Aktium (31 v. Chr.), die mit Octavians Sieg über Antonius geendet hatte. Nach einem Streifzug durch römische Ruinenstätten im Küstengebiet kehrte Schliemann in die Welt Homers zurück: Er feierte Wiedersehen mit Ithaka.

Während dieser beiden Exkursionen schrieb er ausführliche Briefe an Virchow, die eine Fülle von literarischen Bezügen und gelehrten Kommentaren enthielten und ganz offensichtlich zur späteren Veröffentlichung bestimmt waren.

Das Kreta-Projekt beschäftigte Schliemann nach wie vor. Mit Chatzidakis korrespondierte er regelmäßig. Und an Virchow schrieb er jetzt fast das gleiche wie fünf Jahre zuvor: »Ich möchte die Arbeiten meines Lebens lieber mit einem großen Werke auf dem mir bekannten, in der homerischen Geographie gelegenen Felde der Wissenschaft abschließen, nämlich mit der Ausgrabung des prähistorischen Palastes der Könige von Knossos auf Kreta.«[23] Doch je mehr er über die Verhältnisse auf Kreta erfuhr, desto aussichtsloser erschien ihm sein Vorhaben. Bezüglich des antiken Erbes ihrer Insel waren die Kreter in zwei Parteien gespalten. Die eine war bereit, zugunsten der archäologischen Forschung alle Hindernisse unverzüglich aus dem Weg zu räumen. Die andere war stärker politisch orientiert und wollte, da sie fürchtete, alle wertvollen Fundobjekte würden in Konstantinopel landen oder bei einem Aufstand zerstört werden, so lange warten, bis die Insel griechisches Hoheitsgebiet sein würde – eine Entwicklung, mit der in naher Zukunft gerechnet wurde. Bis dahin sollten die verschütteten antiken Stätten unangetastet bleiben.

Im Januar 1889 erfuhr Schliemann, daß auf dem Knossos-Grundstück nicht 2500, sondern nur 888 Ölbäume standen. Wie ihm Chatzidakis mitteilte, bestand jetzt die Möglichkeit, sich mit dem Eigentümer (oder den Eigentümern?) über einen Kaufpreis von nur 40000 Francs zu einigen. Er riet Schliemann dringend, den Handel durch eine beträchtliche Vorauszahlung perfekt zu machen. Doch dieser Vorschlag mißfiel dem gewieften Exkaufmann, der überdies bezweifelte, daß die Sache mit den Ölbäumen stimmte. Als er kurz darauf an Ort und Stelle erschien, brachte er seinen Gärtner (»Priamos«) mit - vermutlich als Ölbaumexperten. Bei der Verhandlung mit dem Eigentümer stieg der Kaufpreis plötzlich wieder auf 100000 Francs - und darin war der Preis für den Olivenhain noch gar nicht enthalten. Es gab noch viel Hin und Her, aber eine Einigung wurde nicht erzielt.[24]

Schliemann verhandelte damals auch mit dem neuen Gouverneur, der auch den Vorsitz im Parlament führte. Eine feste Zusage erhielt er nicht, aber als er abreiste, hatte man ihm in Aussicht gestellt, daß ihm das kretische Parlament in der nächsten Legislaturperiode die Grabungserlaubnis für die gesamte Insel erteilen werde - vorausgesetzt, daß der Syllogos zustimmte und Schliemann sich verpflichtete, sämtliche Fundstücke dem Museum in Herakleion zu übergeben. In einem Brief an Virchow konstatierte er, daß er auf Kreta viel Ärger gehabt habe und zitierte erneut Paulus' negatives Urteil über die Kreter. Es spricht jedoch nichts dafür, daß Schliemann, wie oft behauptet wird, den Plan, auf Kreta zu graben, endgültig aufgab. Und bei objektiver Betrachtung kann auch die Behauptung, das Projekt sei an Schliemanns Pfennigfuchserei gescheitert, nicht aufrechterhalten werden. »Wahrlich aber von der Hoffnung lasse ich nicht«, erklärte er damals, »in Knossos oder anderswo auf Kreta zu graben.«[25] Es traten jedoch Ereignisse ein, die ihn daran hinderten. Erwartungsgemäß kam es auf Kreta zu politischen Unruhen, die eine Fortsetzung der Verhandlungen unmöglich machten. Und da Schliemann sich überdies mit anderen dringenden Problemen befassen mußte, trat die Suche nach König Minos vorläufig in den Hintergrund.

Wieder einmal machten ihm persönliche Anfeindungen schwer zu schaffen. Gewiß, der Yankee-Journalist hatte zu Hause ein neues Opfer gefunden; Jebb verhielt sich ruhig; Penrose hatte öffentlich zugegeben, daß er sich in allen

Punkten geirrt habe; Ernst Curtius hatte Schliemanns Leistungen längst anerkannt und war jetzt mit ihm befreundet; die deutschen Fachgelehrten hatten den Amateurarchäologen als ihresgleichen akzeptiert; und er war mit Orden und Ehrungen überhäuft worden und verkehrte mit Königen und Fürsten. Einer jedoch wurde nicht müde, Attacken gegen ihn zu reiten: der einstige Artillerieoffizier Ernst Bötticher. Ihm gelang es, Schliemann völlig zu entnerven, der, selbstgerecht und überempfindlich wie eh und je, nicht imstande war, sich über seinen Gegner erhaben zu fühlen.

Die Vorwürfe, die der Wirrkopf Bötticher gegen ihn erhob, waren Schliemann zuerst im Jahre 1883 zu Ohren gekommen, als er sich gerade für Kreta zu interessieren begann. So merkwürdig es klingen mag - nicht der Gedanke an Kreta, sondern der an Hauptmann Bötticher verfolgte ihn während seiner letzten Lebensjahre. Möglich, daß er sich über diesen monomanischen, einem Phantom nachjagenden Dilettanten deshalb so aufregte, weil er sich durch ihn daran erinnert fühlte, wie besessen er selbst von seinen phantastischen Ideen gewesen war. Seine heftige Reaktion erklärt sich zum Teil aber auch daraus, daß er sich für die von Bötticher verfochtene These mitverantwortlich, wenn nicht sogar als der eigentliche Initiator fühlte.

Böttichers Behauptung, Schliemann habe in Hissarlik (und anderswo) nicht Wohn-, sondern Begräbnisstätten freigelegt, gründete sich möglicherweise auf die Tatsache, daß Schliemann früher dazu geneigt hatte, die von ihm ausgegrabenen Vasen für Urnen zu halten und Aschenreste, ja sogar Ziegelstaub als menschliche Asche zu bezeichnen. Aber solche flagrante Irrtümer unterliefen ihm schon längst nicht mehr. Außerdem bewiesen die Bauwerke, die er freigelegt hatte - Ringmauern, Rampen, Wohnhäuser, Paläste - zur Genüge, daß Bötticher unrecht hatte. Nach Begräbnisstätten hatten Schliemann und seine Mitarbeiter in Hissarlik unermüdlich, aber vergebens gesucht. Doch den Hauptmann a. D. konnte das alles nicht überzeugen. Als die Fakten klar und deutlich gegen seine

Theorie sprachen, erklärte er kurzerhand, sie seien von Schliemann und Dörpfeld bewußt verfälscht worden. Später bezog er Virchow und alle anderen, die sich an Schliemanns Grabungskampagnen beteiligt hatten, in seine Beschuldigungen ein. Und er spielte - vielleicht nicht ganz zu Unrecht - darauf an, daß jene, die Schliemann öffentlich Anerkennung zollten, von diesem dafür bezahlt worden seien. Ferner warf er den Ausgräbern vor, sie hätten in Hissarlik, das er natürlich nicht für die Stätte des alten Troja hielt (dafür kam seiner Meinung nach viel eher die Skamanderebene in Frage), wie auch in Tiryns an bestimmten Stellen Mauern eingerissen und an anderen Stellen Mauerreste zusammengefügt, um den Eindruck zu vermitteln, hier hätten sich einst Wohnstätten befunden. Die Kartenskizzen, so behauptete er, seien entsprechend gefälscht worden. Bötticher, offensichtlich nicht nur ein böswilliger, sondern auch ein unzurechnungsfähiger Mensch, veröffentlichte ein Pamphlet nach dem anderen, sandte Artikel an Zeitungen und Zeitschriften und beglückte wissenschaftliche Versammlungen mit seiner Anwesenheit und weiteren Darlegungen seiner fatalen Nekropolen-Theorie. Erstaunlicherweise konnte er sich überall Gehör verschaffen. Er kam zum Entsetzen Schliemanns sogar in renommierten Publikationen zu Wort, deren Herausgeber dieser als seine eigenen Verbündeten betrachtete.

Im Lauf der Jahre versuchte Schliemann, seinen Widersacher durch verschiedene Schachzüge zum Schweigen zu bringen. Er beschwor seine Freunde, diesen Beschuldigungen entgegenzutreten, Artikel zu schreiben, die Angelegenheit bei Konferenzen zur Sprache zu bringen und eine Kampagne gegen Bötticher zu lancieren. Zeitweise war er von dieser Fehde ebenso besessen wie sein bornierter Gegner. Auf sein Ersuchen mußte Dörpfeld, der ohnehin genug zu tun hatte, in aller Eile eine Gegendarstellung für die Londoner *Times* verfassen. Virchow, geduldig und hilfsbereit wie stets, wenn auch mit den taktischen Manövern seines Freundes nicht ganz einverstanden, wurde ständig auf Trab gehalten: Er mußte auf Kongressen und Ortsversammlungen der Deutschen Anthropologischen Gesellschaft gegen Bötticher zu Felde ziehen und zahlreiche Zeitungsartikel schreiben. Im Januar 1884 teilte ihm Schliemann unmißverständlich mit, daß er keine trojanischen Fundstücke mehr nach Deutschland schicken würde, falls man dort Böttichers Theorie Glauben schenkte. »Andernfalls möchte ich gern den Schliemann-Saal [im Berliner Völkerkundemuseum] füllen und habe die ganze untere Etage meines Hauses dazu voll. Die schmählichen Aufsätze haben mich ganz krank gemacht, und ich bin gezwungen, Ihnen alles deutlich zu machen, da ich dadurch beruhigt werde ...«[26] Kurz darauf sandte ihm Virchow eine tröstliche Nachricht: »Letzten Sonnabend habe ich Hn. Bötticher in der anthropologischen Gesellschaft behandelt, ich hoffe, zu Ihrer Zufriedenheit. Sie haben also wieder Ihren Willen gehabt, u. ich bitte, damit Ihr tyrannisches Gemüt zu beruhigen.«[27]

Einige mit Schliemann befreundete Fachwissenschaftler - darunter Sayce, Ernst Fabricius, Schuchhardt und Johannes Ranke - lehnten es höflich ab, ihre kostbare Zeit mit Gegendarstellungen zu verschwenden, die ohnehin nur dazu beitragen würden, Böttichers fixe Idee allgemein bekanntzumachen. Sie beschworen Schliemann, diesen Scharlatan zu ignorieren und seine Kräfte für wichtigere Dinge aufzusparen. Aber er konnte genauso halsstarrig sein wie Bötticher - und genauso irrational. Wer ihn attakkierte, dem mußte mit gleicher Münze heimgezahlt werden. Als er im August 1889 am Internationalen Anthropologisch-Archäologischen Kongreß in Paris teilnahm, ließ Bötticher gerade seinen neuesten »Geniestreich« los: die Streitschrift *Le Troie de Schliemann, une nécropole à incinération (Schliemanns Troja, eine Feuernekropole).* Schliemann war außer sich, als der Franzose Salomon Reinach, ein namhafter junger Wissenschaftler, wohlwollend über dieses »Sendschreiben« seines Widersachers referierte. Um so erfreuter war er über den herzlichen Empfang, den ihm seine französischen Kollegen bereiteten. Gegen Bötticher führte er auf dem Kongreß ein Argument ins Feld, dessen er sich besonders gern bediente und das ihm ein Verwandter, der Naturwissenschaftler war, nahegelegt hatte: Wenn die Toten auf dem Hügel begraben wurden, wo hatten sich dann die Wohnstätten der Lebenden befunden? Wieso sollte es dann bisher nicht gelungen sein, diese Wohnstätten zu entdecken? War es nicht höchst unwahrscheinlich, daß sich die einstigen Bewohner in den fieberverseuchten Niederungen angesiedelt, ihre Toten aber auf den gesunden Höhen bestattet hatten? Wie vorauszusehen, ließ sich Bötticher auch von diesem Argument nicht beeindrucken. Schliemann war nach wie vor gereizt und fest entschlossen, seinen Opponenten zum Schweigen zu bringen.

Und dann kam Dörpfeld auf die Idee, Bötticher aufzufordern, gemeinsam mit ihm nach Hissarlik zu reisen. Schliemann war bereit, alle Kosten zu übernehmen. Aber Bötticher verhielt sich ausweichend. Am 13. September 1889 schrieb Schliemann an Virchow: »[Ich ließ] mit Jubel die Pallas Athene dreimal hochleben, als mir, beim Erwachen heute morgen um $3^1/_2$ Uhr, plötzlich das richtige Mittel einfiel, den Kerl auf ewig zum Schweigen zu bringen.« (In Wirklichkeit basierte sein Plan auf Dörpfelds Vorschlag.) »Dies Mittel besteht darin, sofort die Vorbereitungen zur Fortsetzung der Arbeiten in Troja anzufangen, dort 2 tramways zur Fortschaffung des Schuttes einzurichten, hölzerne Häuser, ganz so wie früher, zu bauen, mich mit einem Generalstab von Naturforschern, Architekten und Archäologen zu umgeben, und Bötticher als Kollaborator zur Teilnahme aufzufordern.«[28]

Den Arbeitsplan für die neue Kampagne hatte er bereits entworfen. Wie er Virchow mitteilte, sollte zunächst entlang der drei Straßen gegraben werden, die von den drei Toren des Pergamos in die »Unterstadt« führten. Dann wollte er weitere Teile des Mauerwerks der ersten Siedlung freilegen (die er 1872 entdeckt hatte). Außerdem sollte alles, was von der »Akropolis« erhalten war (insbesondere auf dem westlichen Abhang) Schicht für Schicht abgetragen werden. Virchows Anwesenheit sei »erwünscht und notwendig«.

Diesen Brief schrieb er in Paris, kurz bevor er auf dem Anthropologisch-Archäologischen Kongreß einen Vortrag über die trojanische, mykenische und tiryntische Kultur hielt. Es war das Jahr, in dem in Paris die vierte Weltausstellung und die Einweihung des Eiffelturms stattfanden – für Schliemann, der vom technischen Fortschritt begeistert war, ein überwältigendes Erlebnis. Um es auszukosten, blieb er einige Wochen länger als geplant in Paris, wo sich dann auch Virchow einfand, den das Spektakel ebenfalls faszinierte.

In Paris bereitete Schliemann die »Troja-Konferenz« vor. An Brockhaus schrieb er, zu seinem »allergrößten Schmerz« müsse er melden, daß er sich durch Böttichers neues Sendschreiben genötigt sehe, die Ausgrabungen in Hissarlik in Gesellschaft einer Kommission von Gelehrten wieder aufzunehmen, was »schreckliche Mühe und riesige Kosten« verursachen werde.[29] Der deutsche Botschafter in Konstantinopel beschaffte ihm unverzüglich die Grabungserlaubnis. Dann wurden zwei unparteiische Beobachter eingeladen: der deutsche Major Bernhard Steffen, der sich durch seine Karten von Mykene und der gesamten Argolis einen Namen gemacht, und Professor Georg Niemann von der Wiener Akademie der bildenden Künste, der sich als Architekt bei den Ausgrabungen in Samothrake ausgezeichnet hatte. Bötticher blieb nichts anderes übrig, als der Einladung zu folgen, zumal alle Teilnehmer auf Schliemanns Kosten reisten.

Die Konferenz begann am 1. Dezember 1889 und dauerte fünf Tage. Unter Aufsicht der beiden Unparteiischen wurde Bötticher von Dörpfeld auf dem Grabungsgelände herumgeführt. Angesichts des überwältigenden Beweismaterials räumte der Hauptmann a. D. zwar ein, daß er sich geirrt habe, verteidigte sich aber mit der Behauptung, seine Vorwürfe hätten nur dem Zweck gedient, die Diskussion zu beleben. Er hielt allerdings an der – nicht ganz unbegründeten – Überzeugung fest, daß eine »Unterstadt« nie existiert habe. Sich öffentlich für seine Verleumdungen zu entschuldigen, wie es Schliemann und Dörpfeld verlangten, lehnte er ab. Daraufhin war Schliemann zu keiner weiteren Verhandlung mit ihm bereit. Man teilte Bötticher mit, die Pferde seien gesattelt, und er könne Hissarlik sofort verlassen. Kaum war er in Konstantinopel eingetroffen, als er auch schon in einem Artikel, der im *Levant Herald* erschien, Schliemann erneut angriff.

Wie nicht anders zu erwarten, stimmten die beiden Beobachter, Steffen und Niemann, in keinem Punkt mit Bötticher überein und unterzeichneten ein entsprechendes Protokoll. Am 10. Dezember unterbrach Schliemann wegen des winterlichen Wetters die Grabungen, sah sich dann aber genötigt, für Ende März 1890 eine zweite Konferenz anzuberaumen.

Diesmal fand sich ein wahrhaft internationales Gremium in Troja zusammen. Zu den acht Delegierten gehörten auch Virchow, Calvert, O. Hamdy Bei, Generaldirektor des Kaiserlichen Museums in Konstantinopel, sowie – im Auftrag der »Smithsonian Institution« in Washington – Dr. Charles Waldstein (Walston), der Direktor der »American School of Classical Studies« in Athen. Für Schliemann war es sicher eine große Genugtuung, eine internationale Elite von Fachwissenschaftlern um sich versammelt zu sehen, die ihm zweifellos bescheinigen würden, daß seine Forschungsergebnisse die Theorien Böttichers als wirre Phantastereien auswiesen. Dieses großspurige Unternehmen hatte etwas von einer luxuriösen Party an sich, die ein aus bescheidenen Verhältnissen stammender Industriemagnat veranstaltet, um sich beim verarmten Hochadel gesellschaftliche Anerkennung zu verschaffen. Das Resultat dieser zweiten Konferenz war ebenso vorhersehbar wie das der ersten. Eine wirklich konstruktive Diskussion über Schliemanns Forschungsmethoden und Deutungen der Funde stand nicht auf dem Programm. In dem am 30. März 1890 unterzeichneten Protokoll wurden lediglich die absurden Behauptungen Böttichers zurückgewiesen und die Feststellungen Niemanns und Steffens bestätigt. Aber auch dieses Dokument brachte Schliemanns wirrköpfigen Widersacher nicht zum Schweigen.

Waren diese Konferenzen im Grund nicht viel mehr als eine Art kostspieliges und unnötiges Marionettentheater und ein Trostpflaster für Schliemanns verletztes Selbstgefühl, so zählten seine und Dörpfelds neue Ausgrabungen (insbesondere die vom 1. März bis zum 1. August 1890 dauernde zweite Grabungsperiode) zu den wichtigsten im Verlauf der langjährigen Erforschung des Hügels Hissarlik. Virchow wurde ihrer Bedeutung gerecht, als er erklärte, man müsse Bötticher dankbar dafür sein, daß er Schliemann dazu genötigt habe, nochmals eine Kampagne in Hissarlik zu beginnen.

Nach dem ursprünglichen Plan sollte vor allem die zweite Stadt genauer erforscht werden. Aber Schliemanns besonderes Interesse hatte von Anfang an der »Unterstadt« gegolten. In seinem Auftrag hatte Calvert in der Ebene von Troja gegraben und dort im Jahre 1889 einen römischen Friedhof entdeckt. Warum sollten dort nicht noch andere alte Begräbnisstätten ans Licht kommen?

Dank der neu installierten Eisenbahnen, mit denen der Schutt rasch weggeschafft werden konnte, kam man mit den an verschiedenen Stellen durchgeführten Grabungen gut voran. Dörpfeld wollte vor allem nachweisen, daß die zweite Siedlung - wie er bereits während der Kampagne 1882 vermutet hatte - tatsächlich drei Bauabschnitte aufwies. Diesmal gelang es ihm, drei verschiedene Mauerzüge zu identifizieren, die eindeutig zu Troja II gehörten und den Beweis erbrachten, daß diese Stadt nach und nach vergrößert worden war. Im Verlauf der Arbeit stieß er auf drei weitere Tore; das eine befand sich - genau wie die mächtigen Haupttore von Mykene und Tiryns - am Ende der Rampe. Die Bauwerke innerhalb der verschiedenen Mauerzüge ließen ebenfalls auf unterschiedliche Entstehungszeiten schließen. Diese wichtigen Forschungsergebnisse wurden aber noch übertroffen von den Entdeckungen, die außerhalb der Mauern von Troja II gemacht wurden.

Auf Betreiben Schliemanns war inzwischen auch die Erforschung der »Unterstadt« ins Programm aufgenommen worden. Relativ wenig erbrachten die Grabungen auf der Südseite, wo sich riesige Schuttmassen angesammelt hatten; sie systematisch abzutragen, hätte zu viel Zeit in Anspruch genommen. Um so vielversprechender ließen sich die Grabungen auf einem anderen Trümmerhügel außerhalb des Südosttores der zweiten Stadt an. Hier wollte Schliemann eine Großaktion durchführen - in der Hoffnung, die Nekropole der Könige des alten Troja zu entdecken. Da er davon ausging, daß sie sich - wie der mykenische Schachtgräberring - in der Nähe des Haupttores, vermutlich aber außerhalb der Mauern befunden hatte, ließ er in diesem noch völlig unerforschten Geviert graben. Es ging ihm dabei nicht nur darum, durch die Entdeckung prähistorischer Königsgräber seinen Widersacher Bötticher zu widerlegen: Er rechnete damit, kostbare Grabbeigaben zu finden. In seinen Briefen gab er das wiederholt zu erkennen. Vor Beginn dieser - seiner letzten - Grabungsperiode äußerte er in einem Schreiben an Dörpfeld ganz unverblümt die Erwartung, Schätze zu entdecken, die - das stand für ihn bereits fest - nicht dazu dienen sollten, »die Türken zu bereichern«, sondern »unsere Hauptstadt zu verschönern«.[30]

Er förderte dann zwar keine Goldschätze zutage, aber die Ergebnisse dieser Kampagne waren für die Altertumsforschung viel bedeutsamer als derlei Kostbarkeiten. Aus Schliemanns Briefen und Berichten spricht eine gewisse Ungeduld angesichts Dörpfelds streng systematischer Arbeitsweise. Es mußten große Schuttmassen abgetragen werden - für Dörpfeld eine willkommene Gelegenheit, innerhalb eines begrenzten Bereiches sämtliche Strata über der zweiten Siedlungsschicht, einschließlich aller Mauerreste und Artefakte, nochmals zu überprüfen. Schliemann war der Meinung, es ginge kostbare Zeit verloren, weil Dörpfeld darauf bestand, daß Überreste von Gebäuden aus den Schichten oberhalb des verbrannten Troja II erst abgetragen werden durften, wenn er sie sorgfältig gereinigt und fotografiert hatte.[31] Glücklicherweise sah Schliemann dann doch ein, daß sein jüngerer Mitarbeiter nach der richtigen Methode verfuhr. Später schilderte er in seinem Grabungsbericht diese »Schicht-für-Schicht«-Methode. (Er legte hier einen bemerkenswert ausgewogenen, unpathetischen Arbeitsbericht vor, in dem er erst nach der Zusammenfassung aller Forschungsergebnisse Homer die übliche Reverenz erwies.)

Die verblüffendste Entdeckung wurde gemacht, als die Arbeiter die Ruinen zweier großer Gebäude freilegten. Sie waren ungefähr bis zur Mitte der Anhöhe vorgedrungen, also zu der Schicht, die - von der Erdoberfläche aus gerechnet - die vierte und - vom Urboden aus gerechnet - die sechste war. Den Ausgräbern fiel sofort auf, daß sich diese Schicht von allen anderen unterschied. Sie entdeckten die Mauerreste zweier archetypischer Megara, die noch deutlicher als die Ruinen von Troja II an die Palastanlage von Tiryns erinnerten. Die ringsum verstreute Tonware bestand vorwiegend aus einfarbigen Gefäßen nach Art jener Töpferware, die Schliemann früher als »lydisch« bezeichnet hatte, und aus Topfscherben völlig anderer Prägung: die grazilen Formen, die bemalten Oberflächen und das Dekor (Spiralen, Kreise, Streifen, Pflanzen u. a.) entsprachen ohne jeden Zweifel dem mykenischen Stil. Und zu alledem gehörten zu diesen Keramikfunden auch Exemplare jener Steigbügelgefäße (Becher, Krüge, Kannen), die von späteren Archäologen geradezu als das »Leitgestein« der mykenischen Kulturschichten betrachtet wurden.[32] Bis heute wurde in keinem anderen Stratum des Hügels Hissarlik mykenische Töpferware dieser Art gefunden.

Weder Schliemann noch Dörpfeld wollten sich damals zu der Frage äußern, welche Schlüsse man aus dieser unerwarteten Entdeckung ziehen konnte. Beide ließen in ihren ersten Berichten offen, ob aus dem Vorkommen von Artefakten mykenischen Stils in dieser Siedlungsschicht abzuleiten sei, daß sie in die Zeit zu datieren waren, in der die mykenische Kultur auf dem griechischen Festland ihre Blüte erlebte. Die beiden Forscher hielten es für ratsam, mit einer Stellungnahme zu warten, bis sämtliche Keramikfunde genau untersucht und weitere Grabungen durchgeführt waren.[33] Dörpfeld erklärte lediglich, Steigbügelgefäße habe es zwar mit Sicherheit bereits im vierzehnten vorchristlichen Jahrhundert gegeben, es müsse aber dahingestellt bleiben, ob völlig gleichartige Gefäße nicht auch viel später, etwa noch im neunten oder achten Jahrhundert benützt und möglicherweise nach Troja eingeführt worden seien.

Er und Schliemann waren sich einig darüber, daß sie der Trojaforschung mindestens zwei weitere Grabungsperioden widmen müßten, und Schliemann kündete an, die Kampagne werde im Frühjahr 1891 fortgesetzt. Aus seinen schriftlichen Aussagen geht nicht klar hervor, ob er sich der vollen Bedeutung der neuen Funde bewußt war. Möglicherweise lag ihm mehr daran, weiter nach der Nekropole der Herrscher von Troja II zu suchen. Jedenfalls aber hatte ihn die Grabungsperiode 1890 der Erfüllung seines lebenslangen Traumes, das Ilion Homers zu erblicken und das trojanische Rätsel zu lösen, näher denn je gebracht.[34]

Aus Dörpfelds späteren Berichten wissen wir, daß die unerwarteten Funde in Troja VI auch viele ominöse Fragen aufwarfen. Es bestand die Möglichkeit, daß die Ausgräber auf Bauwerke gestoßen waren, die zu einer später errichteten, mächtigeren »Stadt« gehörten, deren Ringmauern sich um ein Areal gezogen hatten, das viel größer war als die zweite Siedlung. War es denkbar, daß ein Teil der Mauern, die man bisher für »griechischen« Ursprungs gehalten hatte, zu Troja VI gehörten? Traf das zu, dann mußte Troja II sehr viel älter sein als das von engen Beziehungen zur mykenischen Kultur zeugende Troja VI – und dann erhob sich unweigerlich die Frage, ob Troja II nicht vielleicht schon lange vor dem Trojanischen Krieg existiert hatte.[35]

Es blieb Dörpfeld vorbehalten, in den Jahren 1893 und 1894 jenes Troja VI freizulegen, dessen Alter und Kultur in engen Zusammenhang mit den mykenischen Zitadellen Griechenlands gebracht werden konnten. Ob es – wie Dörpfeld bis zu seinem Tod im Jahre 1940 glaubte – auch das Troja Homers war, oder ob dieser ehrwürdige Name – wie Carl Blegen und seine Kollegen in den dreißiger Jahren behaupteten – dem weniger eindrucksvollen Troja VIIa zukommt, ist bis heute nicht mit Sicherheit geklärt worden. (Gegenwärtig hat Blegens Theorie mehr Anhänger.) Jedenfalls mutet es wie eine Ironie des Schicksals an, daß Schliemann schon während seiner ersten Kampagne in Hissarlik auf Mauerwerk aus der mykenischen Kulturepoche stieß, es aber der hellenistischen Zeit zuordnete und überzeugt war, diese Mauern habe Lysimachos erbaut. Dörpfeld, fair wie stets, hatte für diesen Irrtum sofort eine Erklärung parat: Wenn die Römer den mittleren Teil des Plateaus von Hissarlik nicht eingeebnet hätten, um dort die »Akropolis« von Novum Ilium zu erbauen, hätte Schliemann wohl kaum am Troja der mykenischen oder Homerischen Zeit vorbeigegraben und sich auf eine kleine, primitive, prähistorische Siedlung konzentriert, die rund ein Jahrtausend älter war. Gegen dieses Argument spricht, daß Schliemann von Anfang an darauf erpicht war, bis zum Urboden vorzudringen: Da er die *Ilias* wörtlich nahm, hielt er die Troer tatsächlich für die ersten Ansiedler auf diesem Felsplateau, hätte also wohl kaum bei Troja VI haltgemacht. Zudem wußte er damals noch so gut wie nichts über die weite Ausstrahlung der mykenischen Kultur.

Während seiner letzten Grabungsperiode in Troja war Schliemann besonders beglückt über einen Fund, den er – mit gutem Grund – in seinem Bericht nicht erwähnte. Nur Dörpfeld und ein Arbeiter waren zugegen, als er kurz vor Abschluß der Kampagne einen weiteren Schatz entdeckte. Neben einer Anzahl kleiner goldner »Nadeln« und einigen anderen weniger kostbaren Metallobjekten kamen echte Trophäen ans Licht: vier makellos gemeißelte und polierte, dreiunddreißig Zentimeter lange Prunkbeile – drei davon aus grünem Nephrit, die vierte aus veilchenblauem Lapislazuli. Nach heutiger Auffassung sprechen Material und Handwerkskunst dafür, daß diese Beile in Bessarabien angefertigt wurden; gelegentlich wird behauptet, der Lapislazuli stamme aus Zentralasien.[36]

Eifrig bemüht, durch eine Glanzleistung den Fehlschlag des Knossos-Projekts zu kompensieren, zögerte Schliemann nicht, diese Fundstücke als die wertvollsten zu bezeichnen, die er je ausgegraben habe. Einige Monate später, am 9. Dezember 1890, berichtete er seinem Kollegen Alexander Conze allen Ernstes (und natürlich in klassischem Griechisch): ». . . So kam es denn, als ich Ende Juni[37] die Pallas vor mir stehen und in den Händen die Schätze halten sah, die weit mehr wert sind als die, welche ich in Mykene aufgedeckt habe, da geriet ich in heftige Erregung; ungewollt fiel ich vor ihr auf die Erde nieder. Ich weinte vor Freude, streichelte und küßte ihre Füße. Von Herzen sagte ich ihr Dank und bat sie eindringlich, daß sie mir fürderhin gewogen bleibe und mir immerdar gnädig sein möge.«[38] Wen die Götter vernichten wollen . . .

Zwei Wochen später war Schliemann tot.

Daß er aus dem letzten Schatz, den er in Troja entdeckte, ein Geheimnis machte, erklärt sich ganz einfach daraus, daß er ihn nicht den Türken aushändigen wollte.[39] Er hatte aus trüben Erfahrungen nichts gelernt. Nach wie vor verstieß er gegen das Gesetz, wenn es ihm opportun erschien, beklagte sich andrerseits aber ständig über die ungerechte Behandlung, die er sich gefallen lassen müsse. Daß die Regierungsbehörden trotzdem immer wieder bereit waren, seinen Versprechungen zu glauben, grenzt an ein Wunder. Seine letzte Gesetzesübertretung dürfte allerdings der Grund dafür gewesen sein, daß der deutsche Botschafter an der Hohen Pforte, J. M. von Radowitz, der sich jahrelang unermüdlich für ihn eingesetzt hatte, ihn jetzt merklich kühler behandelte. Schliemanns Absicht war klar: Der wertvolle Fund sollte nach Berlin geschafft werden. Wie er das anstellte, ist nicht bekannt – selbst jene Biographen, die ihm bescheinigen, er habe sich, als es um den »Schatz des Priamos« ging, »richtig« verhalten, schweigen sich in der Regel über seinen letzten großen Coup aus. Jedenfalls gelang es ihm, die Fundstücke nach Griechenland zu schmuggeln, wo er sie beim Zoll als ägyptische Antiquitäten deklarierte und so die Ausfuhrgenehmigung erhielt.

Es lag freilich nicht in seiner Natur, sich über diesen Glücksfall auszuschweigen. Am 15. Juli 1890, also noch während der Grabungskampagne in Troja, berichtete er Virchow unter dem Siegel der Verschwiegenheit: »... Ich glaubte ... daß ich nicht mehr der Glücksgöttin besonderer Günstling wäre. Als ich daher am 8. [Juli] zwischen den Fundamenten eines Gebäudes ... einen Schatz von unermeßlichem Werte fand, da warf ich mich voll tiefer Rührung aufs Antlitz ... Gold ist verhältnismäßig nicht viel dabei; der riesige Wert liegt in 4 *colossalen* Äxten ... Auch fanden sich 7 große Szepterknöpfe aus Bergkrystall und ca. 50 Hemisphären aus gleichem Material ... größte Verschwiegenheit ist zu beobachten ... Selbst meine Frau erfährt nichts ... Sollte ich aber die Königsgräber finden, bleiben wir bis Ende des Jahres hier.«[40] Sobald er nach Athen zurückgekehrt war, sandte er »Geheimberichte« an Schöne, an den preußischen Kultusminister und andere Adressaten. Sie alle wies er darauf hin, daß die Türken, falls sie von der Sache Wind bekämen, ihm verbieten würden, im nächsten Jahr nach Troja zurückzukehren – was unbedingt erforderlich sei, da »ich anders *nie* den wütenden Schmähschreiber Hauptmann a. D. Bötticher loswerde«.[42] In anderen Worten: Er war fest entschlossen, die Suche nach den trojanischen Königsgräbern fortzusetzen.

Aber die Glücksgöttin wachte nicht über die trojanischen Schätze, bei deren Rettung vor der »Habgier der Türken« sie den glücklichen Finder so großzügig unterstützt hatte: Nahezu alle im Berliner Völkerkundemuseum aufbewahrten kostbaren Einzelfunde, auch die Prunkbeile, verschwanden 1945 bei der Besetzung Berlins. Angeblich wurden sie von den Russen fortgeschafft; wo sie sich jetzt befinden, ist unbekannt. (Die in einem preußischen Schloß aufbewahrten Keramikfunde sollen Berichten zufolge mutwillig zerstört worden sein.)

Während der Grabungskampagne 1890 wurde Schliemanns Ohrenleiden immer schlimmer. Zeitweilig war er so gut wie taub. Er mußte nach Konstantinopel reisen, um einen Facharzt für Hals-, Nasen- und Ohrenkrankheiten zu konsultieren. Bei einem kurzen Ausflug zum Ida-Massiv, den er im April gemeinsam mit Virchow unternahm, war dieser entsetzt über den schlechten Gesundheitszustand seines Freundes. Er untersuchte ihn und stellte Verknöcherungen in den Gehörgängen fest. Daraufhin drängte er ihn, einen Spezialisten für Ohrenoperationen in Halle zu konsultieren, riet ihm aber, sich nur im äußersten Notfall einem chirurgischen Eingriff zu unterziehen. Als in den folgenden Monaten die Schmerzen immer unerträglicher wurden und das Gehör fast völlig versagte, beschloß Schliemann, nach Deutschland zu fahren, und zwar allein. Während er seine Garderobe für die Reise aussuchte, hörte ihn Sophia vor sich hinmurmeln: »Wer wird wohl diese Kleider tragen, wenn ich nicht mehr bin?« Trotzdem machte er auf sie einen recht hoffnungsvollen Eindruck. In sechs Wochen wollte er in Athen zurück sein. Am 12. November 1890 mußte er sich in Halle einer komplizierten beidseitigen Ohrenoperation unterziehen, die eindreiviertel Stunden dauerte. Sein Zustand besserte sich bald. Im Krankenhaus las Schliemann *Tausendundeine Nacht* im arabischen Original und arbeitete an den Korrekturfahnen seiner letzten Veröffentlichung, des Berichtes über die 1890 in Troja durchgeführten Grabungen, der zusammen mit Dörpfelds Bericht und dem Protokoll der internationalen Trojakonferenz bei Brockhaus erscheinen sollte.[42]

Da er das Weihnachtsfest bei seiner Familie in Athen verbringen wollte, reiste er - vorzeitig - am 12. Dezember aus Halle ab. Obwohl ihn der Chirurg vor einer Infektion warnte, machte er in Leipzig Station, um mit Brockhaus zu verhandeln, traf sich dann in Berlin mit dem Verwalter seiner Liegenschaften, inspizierte gemeinsam mit Virchow die Schliemann-Sammlung, speiste mit dem Freund und fuhr noch am selben Tag in einem zugigen Eisenbahnabteil nach Paris. Obzwar er dort einen Arzt aufsuchen mußte, schrieb er voller Optimismus an Virchow: »Hoch lebe Pallas Athene, ich höre wenigstens auf dem rechten Ohr wieder und hoffe, das linke wird sich auch erholen.«[43]

Sein nächstes Reiseziel war Neapel, wo er sich neue Exponate im Museum und die jüngsten Ausgrabungen in Pompeji ansehen wollte. Wegen heftiger Schmerzen mußte er auch hier einen Arzt konsultieren, der unvernünftig genug war, gemeinsam mit ihm eine Tagestour nach Pompeji zu unternehmen. Danach verschlechterte sich Schliemanns Zustand rapid. Zweimal kabelte er seiner Familie, er müsse die Heimreise verschieben, werde aber kurz vor Weihnachten eintreffen. Am ersten Weihnachtsfeiertag brach er - vermutlich auf dem Weg zum Arzt oder zum Postamt - auf der Piazza della Santa Carità zusammen. Halbseitig gelähmt und unfähig, sich verständlich zu machen, wurde er in ein Krankenhaus gebracht. Da er keine Ausweispapiere bei sich hatte, nahm man ihn nicht auf, sondern ließ ihn ins nächste Polizeirevier transportieren. Niemand wußte, wer er war. Schließlich wurde der Arzt geholt, dessen Rezept man bei ihm gefunden hatte. Im Hotelzimmer wurde an seinem linken Ohr ein chirurgischer Eingriff vorgenommen. Der Arzt stellte fest, daß die Entzündung bereits auf das Gehirn übergegriffen hatte.

Tags darauf, am 26. Dezember, als im Nebenzimmer gerade acht Ärzte konferierten und sich zur Operation entschlossen, starb Schliemann. Man sandte Depeschen nach Athen und Berlin, von wo aus die Todesnachricht in alle Erdteile gekabelt wurde. Wilhelm Dörpfeld und Sophias ältester Bruder reisten sofort nach Neapel, um den Toten nach Griechenland heimzuholen. Neun Tage später wurde der Sarg unter einer Homerbüste in Schliemanns Athener Villa aufgebahrt. Auf dem Sarg lagen Ausgaben der *Ilias* und der *Odyssee.* Der griechische König und der Kronprinz hielten die Totenwache. Berühmte Wissenschaftler und prominente Persönlichkeiten aus vielen Ländern erwiesen dem toten Helden die letzte Ehre. Der Botschafter der Vereinigten Staaten, Snowden, würdigte den amerikanischen Staatsbürger Schliemann als beispielhaft für den amerikanischen Pioniergeist. Dörpfeld sprach für alle, als er von seinem Mentor und Freund mit den Worten Abschied nahm: »Ruhe in Frieden, du hast genug getan.«

Erinnerungen an Schliemann

Das Zusammenleben mit einem so explosiven, zielstrebigen und unermüdlichen Menschen war für mich zunächst eine harte Prüfung ... Während meiner Mädchenjahre weckte er mich im Winter oft schon um fünf Uhr morgens zu einem Fünfmeilenritt nach Phaleron, wo wir im Meer schwammen. Er selbst tat das täglich. Er baute für uns einen wahren Palast, aber es gab dort kein einziges bequemes Möbelstück. Zum Arbeiten und Lesen benützte er ein Stehpult. Um ihm einen leisen Wink zu geben, schenkte ihm Mutter einen Sessel, aber den verbannte er in den Garten.

Er war ein Gesundheitsfanatiker. Als bei der Taufe meines jüngeren Bruders viele Gäste feierlich in der Kirche versammelt waren, zog er plötzlich ein Thermometer aus der Tasche und maß die Temperatur des Weihwassers. Es gab eine große Aufregung, und der Priester war empört. Erst als meine Mutter beschwichtigend eingriff, galt das Wasser wieder als geweiht.

Hinter Vaters anmaßendem Gebaren verbargen sich Warmherzigkeit und übertriebener Großmut. Auf seine Art war er sogar bescheiden ...

Andromache Schliemann Mélas

Whittaker, Herausgeber und Eigentümer des *Levant Herald,* hielt sich zufällig an den Dardanellen auf, als wir eintrafen, und erzählte uns von seiner ersten Begegnung mit Schliemann. Eines Morgens klopfte jemand an die Tür seines Büros, und es erschien ein kleiner Mann mit kugelrundem Kopf, sehr schütterem Haar und rötlichem Gesicht. »Sind Sie Mr. Whittaker?« »Ja.« »Ich habe gehört, daß Sie besser Türkisch sprechen als die meisten Ausländer hier in Konstantinopel. Wieviel Vokabeln stehen im türkischen Wörterbuch?« Obwohl er ziemlich verdutzt war, erwiderte Whittaker, er wolle sich zwar nicht auf eine genaue Zahl festlegen, aber seiner Meinung nach seien es so und soviel tausend. »Vielen Dank«, sagte der kleine Mann. »Wenn ich also täglich so und so viele Vokabeln lerne, kenne ich in sechs Wochen sämtliche Wörter der türkischen Sprache.« Dann verabschiedete er sich. Sechs Wochen später erschien der kleine Mann wieder in Whittakers Büro. »Ich bin Ihnen zu großem Dank verpflichtet, Mr. Whittaker. Sie haben richtig geschätzt, und ich beherrsche jetzt alle Vokabeln, die im türkischen Wörterbuch stehen. Hier ist meine Karte.« Es war Schliemann.

A. H. Sayce

Gobineau an Gräfin Mathilde-Marie de la Tour

Beim Anblick Trojas, 16. Oktober 1876

Wir befinden uns zur Zeit auf einem vom Kaiser [Dom Pedro II. von Brasilien] gemieteten Dampfboot. Es ist fünf Uhr morgens. Wir werden wieder an Land gehen und zu einem anderen Ort [Bunarbaschi] reiten, wo Troja gestanden haben könnte - nachdem wir gestern die Ausgrabungsstätte des großen Schliemann besichtigt haben, der nichts anderes ist als ein dreister Scharlatan und lügnerischer Schwachkopf. Das alles verdirbt mir die Troas ein wenig ...

[Folgende Zeilen fügte Gobineau nach der Rückkehr aus Bunarbaschi und Tenedos hinzu.] . . .Ich sende Ihnen einige Myrtenblätter vom Tumulus der Hekuba und ein hübsches weißes Blümchen von der Mauer Trojas. Unsere letzte Reiseetappe vollzog sich in einer Wolke von Pedanterie, denn wir hatten Dr. Schliemann zu unserer Rechten und einen anderen deutschen Professor [Dr. Carl Henning] zu unserer Linken. Zum Glück waren sie sich gegenseitig unsympathisch ... Gestern morgen mußte ich dem Kaiser mein Wort geben, den beiden nicht zu widersprechen. Ich habe Wort gehalten und ihnen in allem zugestimmt, wodurch sie sich bewogen fühlten, so unsinnige Dinge zu sagen, daß der Kaiser sich halbtot lachte. Aber welche Undankbarkeit! Er machte mir bittere Vorwürfe und erklärte, ihm sei Spötterei aus tiefster Seele zuwider. Das konnte mich aber nicht davon abhalten, ihm heute zu sagen, daß alle auf meiner Seite seien - auch er selbst.

[Folgende Zeilen schrieb Gobineau in Athen.] Ich war entzückt, Mykene wiederzusehen. Der abscheuliche Schliemann gräbt dort. Er hat Basreliefs gefunden, die, sollten sie tatsächlich echt sein (ich halte ihn der Unehrlichkeit fähig), hochinteressant und geeignet sind, unsere Ansichten über den Ursprung der Kunst zu ändern. Wir nahmen eine zauberhafte Mahlzeit in Agamemnons Grab ein, dessen Boden mit Lorbeerzweigen bestreut war . . .

Arthur de Gobineau

Ein besonderer Glücksfall hat es mir gestattet, einer der wenigen Augenzeugen der letzten Ausgrabungen [1879] auf Hissarlik zu sein und die »gebrannte« Stadt in ihrer ganzen Ausdehnung aus dem Schutt der Vorzeit hervortreten zu sehen . . . Es ist heute eine müßige Frage, ob Schliemann im Beginn seiner Untersuchungen von richtigen oder von unrichtigen Voraussetzungen ausging. Nicht nur der Erfolg hat für ihn entschieden, sondern auch die Methode seiner Untersuchung hat sich bewährt. Es mag sein, daß seine Voraussetzungen zu kühn, ja willkürlich waren, daß das bezaubernde Gemälde der unsterblichen Dichtung seine Phantasie zu sehr bestrickte, aber dieser Fehler des Gemüts, wenn man ihn so nennen darf, enthielt doch auch das Geheimnis seines Erfolgs. Wer würde so große, durch lange Jahre fortgesetzte Arbeiten unternommen, so gewaltige Mittel aus eigenem Besitz aufgewendet, durch eine fast endlos scheinende Reihe aufeinandergehäufter Trümmerschichten bis auf den in weiter Tiefe gelegenen Urboden durchgegraben haben, als ein Mann, der von einer sichern, ja schwärmerischen Überzeugung durchdrungen war? Noch heute würde die gebrannte Stadt in der Verborgenheit der Erde ruhen, wenn nicht die Phantasie den Spaten geleitet hätte.

Rudolf Virchow

Die Zwischenzeit zwischen seinen Untersuchungen pflegt Schliemann hauptsächlich in Athen zuzubringen, wo er an der Universitätsstraße das prächtigste Haus, einen wahren Palast, sich gebaut hat, dessen Einzelheiten auf Schritt und Tritt an die Welt gemahnen, in der sein Besitzer lebt und webt. In den Mosaikfußböden sind die wichtigsten Exemplare der trojanischen Vasen und Urnen dargestellt, an den Wänden laufen Friese entlang mit klassischen Landschaften und Bildern aus der griechischen Heldensage, untermischt mit Homer-Versen in verschwenderischer Zahl. Wenn man dort von dem Türhüter Bellerophon eingelassen ist und von dem Hausburschen Telamon zu dem Herrn geführt wird, findet man ihn gewöhnlich ein griechisches Trauerspiel oder dergleichen lesend und zwischendurch auf den erschrecklichen Haufen Kursberichte scheltend, die mit der Morgenpost von Paris, London und Berlin eingelaufen sind und auf dem Nebenstuhl aufgeschichtet in dieser Umgebung einen seltsamen Anblick gewähren. Schliemann treibt keine Handelsgeschäfte mehr, aber die Verwaltung seines großen Vermögens, der Besitz von mehreren Mietshäusern in Paris, Berlin, Athen erfordert jenen fortdauernden regen Verkehr mit der Geschäftswelt.

Schon bei einem flüchtigen Besuche, wie ihn reisende Engländer und Amerikaner der für sie ersten Sehenswürdigkeit in Athen abzustatten pflegen, hat man wohl Gelegenheit, auch in Schliemanns Familienleben einen Blick zu tun. Denn Schliemann macht es noch nicht wie der alte Goethe, der zuweilen nur hinter dem Gitter seines Vorplatzes flüchtig vorüberging: er hat die beneidenswerte Nervenstärke, täglich so und so oft mit immer gleicher

Höflichkeit die Leute in seinen Salon zu führen, wo dann auch Frau Schliemann, das echte Bild einer leise und weise waltenden Gattin, die von Jahr zu Jahr mehr der gute Engel des feurigen Schwärmers geworden ist, sowie die eben erwachsene Tochter Andromache und der jetzt elfjährige Sohn Agamemnon zu erscheinen pflegen. In diesem Kreise kann man erst erkennen, welch ein warmer, gemütvoller Zug durch Schliemanns Wesen geht, ein Zug, der sowohl sein lebhaftes Erfassen und gläubiges Festhalten der mythischen Überlieferung erklärt, wie zugleich die mit den Jahren mehr und mehr hervorgetretene Milde in der Beurteilung von gegnerischen Ansichten, welche von der gewöhnlichen Erscheinung, dem mit zunehmenden Alter immer schroffer werdenden Beharren auf dem eigenen Standpunkt, eine rühmliche Ausnahme macht.

Carl Schuchhardt

Eines der originellsten Häuser in Athen war damals das von Schliemann für die Aufstellung seiner trojanischen Altertümer und als prachtvolle Wohnstätte für sich und seine Familie errichtete Marmorgebäude. Wandgemälde und griechische Inschriften bedeckten die Wände, alles im Zusammenhang mit Homer, dem eigentlichen Schliemannschen Hausgotte. Wir [die deutschen Diplomaten] hatten jetzt mit dem sonderbaren Manne einen regen persönlichen Verkehr, seitdem er die bedeutende Schenkung der in Troja gefundenen Goldsachen und einer großen Menge Terrakotten, auch einiger schöner Marmorstücke an das »deutsche Volk« gemacht hatte. Ich hatte ihm für diese wertvolle Zuwendung, die im Berliner Museum ihre Aufstellung fand, einen gnädigen Dankerlaß des Kaisers zu übermitteln, was ihn in Begeisterung versetzte. Infolgedessen mußte ich die genaue Besichtigung von über tausend alten Töpfen aus Troja, die keinerlei künstlerisches, nur paläontologisches Interesse beanspruchen konnten, über mich ergehen lassen.

Aber eines besonderen Festes im Hause Schliemann in der ersten Märzwoche [1881] muß ich noch erwähnen. Er hatte, um dem neuen Hause eine offizielle Weihe zu geben, alle mit ihm bekannten fremden Gesandten und dazu eine Anzahl griechischer Politiker zum Essen eingeladen. Das Mahl schien in seinem kulinarischen Teile mehr dem Geschmacke, der im alten Troja geherrscht haben mag, angepaßt, als den Bedürfnissen des modernen Magens. Bei Tische erhob sich Schliemann und hielt eine Rede, indem er jeden der anwesenden Diplomaten einzeln apostrophierte. Dabei sprach er sich über die verschiedenen von ihnen vertretenen Länder aus, in einem merkwürdigen Französisch, mit noch viel merkwürdigeren Bemerkungen, die oft, wenn auch sicherlich nicht beabsichtigt, an Insulten streiften und auf den Antlitzen meiner Herren Kollegen alle Schattierungen von Verblüffung und Verlegenheit hervorriefen. Schliemann setzte sich aber befriedigt über seine Leistung nieder und gab der Gattin ein Zeichen, worauf nun diese sich erhob und von einem Papier gleichfalls eine Ansprache an die anwesenden Diplomaten ablas, aber diesmal kollektiv an ganz Europa gerichtet mit der Aufforderung, ohne Zeitverlust den edlen Hellenen, den Nachkommen des Perikles und Alexander, zu ihrem Rechte, d. h. zu möglichst ausgedehntem Landerwerb auf Kosten der barbarischen Türken zu verhelfen. Frau Schliemann, eine geborene Athenerin, war eine schöne Erscheinung, eine angenehme, hochgebildete Frau, mit der er sich auf dem Boden der gemeinsamen Altertumsinteressen zusammengefunden hatte. Man konnte ihren rhetorischen Überfall nicht unerwidert lassen, und diese Aufgabe fiel mir als dem Doyen des diplomatischen Korps zu. Ich entledigte mich dessen sofort durch eine möglichst schwungvolle Improvisation über die Vorzüge der in der Hausherrin so glänzend dargestellten hellenischen Frau - ein Thema, über das wir alle mehr einig, für das wir sämtlich gleichmäßiger begeistert wären, wie für irgendeine Frage der leidigen Politik. Unter allgemeinem Applaus schloß damit die Vorstellung, die für manche Anwesende, die nicht den nötigen Humor dafür mitbrachten, eine peinliche Wendung zu nehmen gedroht hatte. Nachher kam es auch in die Presse, aber glücklicherweise in abgeschwächter Version, sehr zur Beruhigung meiner Kollegen.

Joseph Maria von Radowitz

Im Januar [1888] traf Dr. H. Schliemann, der bekannte Altertumsforscher und Ausgräber, in einer jener alten Dahabijen, die so geräumig und bequem waren, in Assuan ein. Sein Sekretär oder Begleiter ging sofort an Land und schickte einige Bootsleute mit der Nachricht zu den örtlichen Behörden, daß sein großer Meister angekommen sei. Warum er das bekanntgab, wußte niemand. Da die britischen Militärbehörden keine Anweisung aus Kairo erhalten hatten, Dr. Schliemann mit einem offiziellen Empfang zu beehren, unternahmen sie nichts. Mr. Henry Wallis, der freundlicherweise zahlreiche Zeichnungen von den Gräbern in Assuan für mich angefertigt hatte, bestand darauf, daß sich jemand um Dr. Schliemann kümmern und ihn durch die Grabstätten führen müßte. Daraufhin wurden er, Major Plunkett und ich im Ruderboot zu der Dahabije gebracht. Der Butler empfing uns mit aller Höflichkeit und führte uns in den großen, im Achterschiff gelegenen Empfangssalon. Nach der üblichen Begrüßung mit Kaffee und Zigaretten übernahm Major Plunkett die Rolle des Wortführers. Er erklärte Dr. Schliemann, wir seien gekommen, um ihn, falls er die Gräber besichtigen wolle, unser Boot zur Verfügung zu stellen. Außerdem seien wir jederzeit bereit, ihn herumzuführen. Worauf Dr. Schliemann sehr formell erwiderte: »Das ist sehr liebenswürdig von Ihnen. Ich würde Ihnen gern meine archäologische Erfahrung zugute kommen lassen und Ihnen die Grabstätten genau erläutern, aber ich habe keine Zeit dazu, da ich unterwegs nach Halfah bin.« Dann griff er nach einer broschierten Teubner-Ausgabe der *Ilias* im griechischen Originaltext, die er, als wir eingetreten waren, aufgeschlagen auf ein Kissen gelegt hatte, und las weiter. Major Plunkett steckte sich eine Zigarette an und fragte betont höflich, ob wir uns zurückziehen dürften. Was wir dann auch so würdevoll, wie es unter diesen Umständen überhaupt möglich war, taten.

E. A. Wallis Budge

Anläßlich von Schliemanns und Virchows Besuch der Ausgrabungsstätte Petries im Faijum:

... Schliemann: klein, runder Kopf, rundes Gesicht, runder Hut, große runde Glotzaugen, ein ungemein munterer Typ, dogmatisch, aber stets bereit, dazuzulernen.

W. M. Flinders Petrie

In dem Werke, dem er sich hingab, erneuerte seine Begeisterung den alten Geist der Ritterlichkeit ... In den früheren Stadien seiner Arbeit trafen ihn Feindseligkeit und Schweigen; beide mußten zerfließen wie Nebel vor der Sonne, als Wucht und Wert seiner Entdeckungen sich erhoben. Die Geschichte seiner Kindheit und Jugend scheint nicht weniger seltsam als die seines späteren Lebens; sie gehören zusammen, sie verband ein Ziel. Solche Generosität ohne solche Energie, aber auch diese ohne jene hätte zu seinem Ruhme genügt; in ihrer Verbindung grenzen sie an das Wunderbare.

W. E. Gladstone

Aus der Rede, die Curtius am 1. März 1891 bei der Schliemann-Gedächtnisfeier im Berliner Rathaus hielt:

... Es gab eine Zeit der Büchergelehrsamkeit, welche sich im Studierzimmer abschloß, namentlich in Fragen der Altertumskunde. Aber das ist gerade das hohe Verdienst unseres Schliemann, daß er wesentlich dazu beigetragen hat, den Bann zu lösen. Man hört jetzt so häufig, das lebendige Interesse für das klassische Altertum, welches die Zeiten von Lessing, Winckelmann, Herder und Goethe beseelt hat, sei erloschen. Aber mit welcher Spannung ist die ganze gebildete Welt diesseits und jenseits des Ozeans den Schritten von Schliemann gefolgt! Haben wir nicht erlebt, daß, wenn in der *Times* ein Resultat seiner Entdeckungen angezweifelt wurde, ein Meeting in London anberaumt worden ist, um sofort in großer Versammlung die betreffende Frage zu verhandeln, als wenn es sich um eine brennende Frage der Tagespolitik handelte? Die Zahl der Jahrhunderte, welche zwischen uns und der Vergangenheit liegen, ist nicht maßgebend für die Bedeutung derselben in bezug auf unser geistiges Leben. Das Fernste kann uns das Nächste, Wichtigste, geistig Verwandteste sein ...

Ernst Curtius

Ich bin alt genug, um mich an die ersten authentischen Berichte erinnern zu können, die Schliemann an die *Times* sandte, und an das lebhafte Interesse, das sie erregten. Später hatte ich das Glück, ihn an den Stätten seines Ruhmes persönlich kennenzulernen; und ich erinnere mich auch noch an das Echo auf seine Besuche in England, wo er seine größten Triumphe erlebte ... Etwas von der Abenteuerlichkeit seiner frühen Jahre schien seiner Persönlichkeit noch immer anzuhaften. Mir selbst blieb eine fast unheimliche Erinnerung an diesen schmächtigen Mann mit dem bläßlichen Gesicht, der ziemlich dunkel gekleidet war und eine Brille ausländischer Machart trug, durch die er – wie ich mir einbildete – tief hinunter in die Erde blickte.

Arthur Evans

Als Kind, noch ehe ich lesen lernte, reichte ich ihm an meines Vaters Tische die Hand; zehn Jahre später stand ich vor den langen Glaskästen des Berliner Museums und sah das Gold aus Troja. So lernte ich die ersten Gedanken über Größe und Ruhm, über Sage, Dichtung und Forschung an jenen Namen knüpfen. Alles um ihn her war romantisch; die Könige, deren Schätze er ausgrub, andere, die ihn mit Schätzen begnadeten, und doch blieb meine Erinnerung an den guten, blauen Augen haften.

Emil Ludwig

Unter den gewandten, routinierten und skeptischen Wissenschaftlern Englands und Frankreichs, unter den deutschen Gelehrten – jeder auf seinem Fachgebiet allwissend und indifferent gegenüber allem, was nicht dazugehörte – wirkte Schliemann zutiefst menschlich: erfüllt von Ideen und Vorurteilen, von Liebe und Haß. Diese stark ausgeprägten persönlichen Empfindungen durchdrangen sein Lebenswerk; seine Entdeckungen waren gleichsam seine Kinder, und er war jederzeit bereit, für sie zu kämpfen wie eine Löwin für ihr Junges. Er betrachtete jede Kritik an seinen Ansichten als Verleumdung und Beleidigung und zog dagegen zu Felde wie ein Theologe gegen infame Ketzerei.

Percy Gardner

Als ich an jenem Abend [in der Halle des Hotels an der Piazza Umberto in Neapel] saß, wurde ein Sterbender ins Hotel gebracht. Mit vornübergesunkenem Kopf, geschlossenen Augen, schlaff herabhängenden Armen und aschfahlem Gesicht wurde er von vier Personen hereingetragen. Sie gingen mit ihrer traurigen Last dicht an meinem Stuhl vorbei, und nach einer Weile kam der Hoteldirektor zu mir herüber und fragte: »Signore, wissen Sie, wer dieser Kranke ist?« »Nein.« »Es ist der große

Schliemann!« Der arme »große Schliemann«! Er hatte Troja und Mykene ausgegraben, unsterblichen Ruhm erlangt – und jetzt lag er im Sterben . . .

Henryk Sienkiewicz

Kein Hellenist wird ohne tiefes Bedauern daran denken, daß . . . der unermüdliche Eifer und die grenzenlose Großmut des berühmten Kaufmanns und Enthusiasten uns keine neuen Entdeckungen mehr bescheren werden. Die Leistung, die er vollbracht hat, ist völlig unabhängig von seinem persönlichen Leben zu sehen: Er begründete die Archäologie der griechischen Vorgeschichte. In diesem Forschungsbereich war Dr. Schliemann tatsächlich »epochemachend«, und denen, die Epoche machen, ist es nicht beschieden, die Krönung und Vollendung ihres Werkes zu erleben. Dazu bedarf es der Anstrengungen mindestens *einer* weiteren Generation. Ein Mensch, der es schafft, die Welt mit einem völlig neuen Problem bekanntzumachen, kann die endgültige Lösung getrost denen überlassen, die nach ihm kommen.

Walter Leaf

Nachwort

Eine Bemerkung zu den im vorliegenden Buch enthaltenen Auszügen aus Schliemanns Schriften: In diesen Texten, die im Verlauf eines knappen halben Jahrhunderts entstanden, erscheinen Eigennamen häufig in unterschiedlicher Schreibweise, seien es nun deutsche Ortsnamen oder die Namen mythologischer Figuren und historischer Persönlichkeiten. Um nur einige Beispiele zu nennen: Schliemann benützte abwechselnd deutsche Umlaute (z. B. ä) und Diphthonge (ae); bei griechischen Eigennamen verwandte er oft statt der Endung -os die lateinische Endung -us; und statt der griechischen Götternamen benützte er zumeist die Namen der entsprechenden römischen Gottheiten. Eine Vereinheitlichung vorzunehmen, wäre nicht nur ein schier unmögliches Unterfangen gewesen, sondern hätte auch den Charakter der Schriften Schliemanns verfälscht. Auch wir sind ja in solchen Dingen nicht immer konsequent: Wir neigen dazu, Herkules statt Herakles zu sagen, Priam oder Priamus statt Priamos, Lysimachus statt Lysimachos; aber wir sagen Knossos und nicht Knossus, Orchomenos und nicht Orchomenus. Wo es sich in Schliemanns Schriften um geringfügige, fast unauffällige Diskrepanzen oder aber um sofort erkennbare Varianten handelt, habe ich von Erläuterungen abgesehen. Nur bei Eigennamen, die unklar oder in einer sehr ungewöhnlichen Schreibweise wiedergegeben werden, habe ich, wenn sie zum erstenmal im Text erscheinen, die gebräuchlichen Bezeichnungen in Klammern beigefügt. Falsch buchstabierte oder in fremdsprachlicher Form erscheinende Eigennamen habe ich bereits in Schliemanns Originaltext korrigiert bzw. übertragen. Wo unterschiedliche Bezeichnungen abwechselnd benützt werden (etwa der frühere und der heutige Name eines Ortes) habe ich den alten bzw. den neuen Namen in Klammern beigefügt und außerdem im Register angeführt. Der Name »Hissarlik« steht für die anatolische Grabungsstätte als solche, während die Bezeichnung »Troja« oder »Ilion« (Ilium) in der Regel nur im Zusammenhang mit Homer benützt wird. Ich habe mich selbstverständlich bemüht, die allgemein übliche Schreibweise von Personen- und Ortsnamen zu verwenden. Da es jedoch für türkische, fernöstliche und auch für etliche griechische Eigennamen drei oder mehr Varianten gibt (z. B. Ithaka, Ithaki, Thaki), habe ich darauf verzichtet, sämtliche Varianten anzuführen. Orientalische Ortsnamen haben sich im Lauf der Zeit so häufig und so drastisch verändert, daß selbst in den neuesten Nachschlagewerken nicht immer derselbe Name als der gebräuchlichste bezeichnet wird. Einige der von Schliemann angeführten Ortsnamen sind schwer zu verifizieren, da sie in lexikalischen Werken überhaupt nicht erscheinen.

Fremdsprachlichen Zitaten wurde eine Übersetzung beigefügt. Zitate in griechischer Sprache wurden nicht im Original wiedergegeben, da dies nur für einen relativ kleinen Leserkreis sinnvoll gewesen wäre.

Da die meisten hier wiedergegebenen Schliemann-Texte aus umfangreichen Publikationen stammen, erscheinen sie in stark verkürzter Fassung. Auf Kürzungen wird wie üblich durch drei Punkte hingewiesen. Ich habe aber nie in den Originaltext eingegriffen und außer den eingeklammerten Erläuterungen nichts hinzugefügt.

Für die englischsprachige Originalausgabe meines Buches habe ich einige Kapitel sowie die meisten Briefe, die Schliemann in deutscher oder französischer Sprache verfaßte, übersetzt. Für die deutschsprachige Ausgabe wurden jene Schriften Schliemanns, die bisher nur im englischen bzw. französischen Original vorliegen, von der Übersetzerin ins Deutsche übertragen. Eklatante orthographische Fehler und offensichtlich falsche Textwiedergaben, die sich in den in Deutschland veröffentlichten Sammlungen von Briefen Schliemanns finden (und vermutlich späteren Redakteuren und Setzern anzulasten sind), mußten berichtigt werden; aber auch hier habe ich meine Korrekturen auf jene Fehler beschränkt, die beim Leser zu Mißverständnissen führen könnten. Gelegentlich habe ich mir erlaubt, lange Abschnitte zu unterteilen und kurze um der Kontinuität willen zusammenzufügen. Die Mehrzahl der Kapitelüberschriften stammt von mir selbst.

Noch verwirrender als die wechselnde Schreibweise von Eigennamen sind die höchst unterschiedlichen Maß-, Gewichts-, Temperatur- und Währungseinheiten, auf die sich Schliemann bezog. Dazu kommt, daß er von Zahlen und unwesentlichen Details verschiedenster Art geradezu besessen war. Da seine Zahlenangaben ohnehin zumeist unzuverlässig sind, wäre es wohl kaum sinnvoll gewesen, sie in ein anderes System zu übertragen, zumal die Mehrzahl der in seinen Schriften erscheinenden Maß- und Währungseinheiten den meisten Lesern bekannt sein dürften. Lediglich bei so »exotischen« Maßeinheiten wie dem russischen Werst und Pud habe ich das Äquivalent beigefügt.

Auf den folgenden Seiten sind die Publikationen Schliemanns verzeichnet, aus denen zitiert wurde. Die im Text enthaltenen Passagen aus Schliemanns Briefen sowie die Zitate aus anderen Quellen werden im Anmerkungsteil ausgewiesen, in den zur Erläuterung bestimmter Textstellen weitere Aussagen Schliemanns und anderer Autoren aufgenommen wurden. Ferner hielt ich es für zweckdienlich, gelegentlich auf die Entwicklung der archäologischen Forschung nach Schliemanns Tod hinzuweisen. Ich habe jedoch davon abgesehen, die mykenische und ägäische Archäologie eingehend zu behandeln und mich in die Arena zu begeben, in der heute Kontroversen ausgefochten werden, die fast wie ein zweiter Trojanischer Krieg anmuten.

Während es sich bei den von mir zitierten Schliemann-Texten vorwiegend um Auszüge aus seinen Publikationen handelt, habe ich, um dem Leser ein ausgewogeneres und umfassenderes Bild von seinem Lebensweg zu vermitteln, in meinen Kommentaren ausführlich aus seinen Briefen zitiert, die in ihrer Spontaneität und Freimütigkeit weitere wertvolle Aufschlüsse geben. Bedauerlicherweise ist ein großer Teil seiner in der Athener Gennadeios-Bibliothek aufbewahrten persönlichen Aufzeichnungen noch unveröffentlicht und auch für jene schwer zugänglich, die in der glücklichen Lage sind, diese hervorragende Bibliothek benützen zu dürfen.

In all den Jahren, in denen ich die diversen Texte zusammentrug, auswählte, übersetzte und redigierte, und in denen ich mich mit zeitgeschichtlichen Hintergründen, der Entwicklung der Archäologie und der mykenisch-ägäischen Altertumsforschung im neunzehnten Jahrhundert befaßte, habe ich Quellenmaterial aus zahlreichen Ländern und aus so vielen Instituten und Bibliotheken ausgewertet, daß es mir unmöglich ist, alle einzeln zu nennen, denen ich Dank schulde. So sei hier allen, die mich bei diesem langwierigen und auch für sie mit vielen Strapazen verbundenen Projekt unermüdlich unterstützt haben, gemeinsam mein herzlicher Dank gesagt.

New York 1976 Leo Deuel

Quellenangaben zu den Auszügen aus Schliemanns Berichten

Genaue bibliographische Angaben über die hier angeführten Publikationen finden sich in der *Auswahlbibliographie.* Mit Ausnahme der in Teil I enthaltenen Briefzitate werden alle weiteren im Anmerkungsteil ausgewiesen.

I Homerische Stimmen 1822–1841

Kindheit in Mecklenburg

Ilios: S. 1–9; Shirley H. Weber, Hrsg.: *Schliemann's First Visit to America, 1850–1851:* S. 4.

II Selfmademan 1841–1850

Hamburg–Amsterdam–St. Petersburg

Ernst Meyer, Hrsg.: *Heinrich Schliemann Briefwechsel,* Bd. 1: S. 9–32 *passim* (Brief aus Amsterdam an Wilhelmine und Doris Schliemann vom 20. Februar 1842); *Ilios:* S. 9–12.

III Amerikanisches Zwischenspiel 1850–1852

Reise nach Kalifornien

Weber: S. 21–29, 52–54 *passim.*

Goldrausch

Weber: S. 54–58, 63–70, 72–75, 77–89, 98–100 *passim.*

IV Segen und Fluch des Reichtums 1852–1864

Geld macht nicht glücklich

Ilios: S. 15–22.

V In zwei Jahren um die Welt 1864–1866

La Chine et le Japon au temps présent: S. 3, 9–17, 30–31, 39, 41–47, 50, 52–57, 81–83, 87–89, 101–102, 106–108, 110–113, 125–129, 132–133, 136–139, 151, 154–156, 163, 165, 169 *passim.*

VI Pilgerfahrt nach Hellas 1868

Die Insel des Odysseus – Ithaka

Ithaka, der Peloponnes und Troja: S. XXVIII; *Ilios:* S. 22;
Ithaka: S. 1, 7–10, 14–32, 34–37, 39–41, 54–59, 78 *passim.*

Ägaische Zitadellen – Von Argos nach Ilion
Ithaka: S. 80–82, 85–91, 94–97, 101–109, 124–128, 134, 137–141, 143, 147, 149–152, 160–161, 163–166, 189–190, 201–202, 213 *passim.*

VII Unternehmen Hissarlik 1870–1872
Die Kampagne beginnt
Trojanische Alterthümer: S. 1–9, 11, 21–27, 28–29, 31–32, 35–36, 43, 45–47, 59–60, 64–65, 67, 70, 75, 86–89, 99–100, 102, 139–140, 149–150, 155, 158–162, 170–171, 175 *passim.*

VIII Der »Schatz des Priamos« 1873
Ein bedeutsamer Fund
Trojanische Alterthümer: S. 184–186, 188–189, 191, 211–212, 215, 217, 223, 241–245, 253–254, 268–274, 284–286, 289–297, 301–310, 318 *passim; Ilios:* S. 51, 541 *passim; Trojanische Alterthümer:* S. XX, LII–LV *passim.*

IX Das Gold von Mykene 1874–1876
Die Suche nach Agamemnon
Mykenae: S. 27, 31–33, 36, 39–40, 43, 45–47, 68–70, 89–90, 92–94, 98–100, 113–114, 132, 139–140, 167–168, 176–177, 180–185, 192–193, 214, 245–260, 262, 267, 270–273, 306–308, 327, 333–334, 337–346, 357–358, 382–385, 389–390, 399–403 *passim;* englische Ausgabe von *Mykenae:* S. 376.

X Und wieder vor Ilions Mauern 1878–1879
Die zweite Kampagne in Troja
Ilios: S. 63–65, 72–75, 76–78, 747 *passim.*

XI Rückkehr nach Kleinasien 1882
Troja, Troas, Tumuli
Troja: S. 1–2, 5–8, 12–14, 16–17, 19, 21–22, 24, 29, 59–60, 63–65, 68, 182–188, 271–278, 281–284, 286–290, 292–294, 313, 317 *passim.*

XII Tiryns 1884–1885
Die Zitadelle des Herakles
Tiryns: S. 2–7, 13, 17–19, 22, 32–34, 59 *passim.*

XIII Trojanisches Finale 1889–1890

Erinnerungen an Schliemann

Andromache Schliemann Mélas: »The Most Unforgettable Character I've Met«, in: *The Reader's Digest* (Juni 1950), S. 76.

A. H. Sayce: *Reminiscences.* Macmillan, London 1923, S. 166–167.

Arthur de Gobineau, in: Janine Buenzod: »Arthur de Gobineau, Lettres d'un voyage en Russie, en Asie Mineure et en Grèce, 1876«, *Études de Lettres* (Lausanne), Reihe II, Bd. 4, Nr. 4 (Okt.-Dez. 1961), S. 185–188.

Rudolf Virchow: Vorrede zu *Ilios,* S. IX–X.

Carl Schuchhardt: »Schliemanns Leben«, in: *Schliemanns Ausgrabungen,* S. 21–22.

Joseph Maria von Radowitz: *Aufzeichnungen und Erinnerungen aus dem Leben des Botschafters J. M. v. R.*, hrsg. v. Hajo Holborn. Deutsche Verlags-Anstalt, Stuttgart 1925, Bd. 2, S. 168–169.

E. A. Wallis Budge: *By Nile and Tigris.* John Murray, London 1920, Bd. 1, S. 108–109.

W. M. Flinders Petrie: *Seventy Years in Archaeology,* S. 83.

W. E. Gladstone: Kondolenzbrief an Schliemanns Witwe, in: Emil Ludwig: *Schliemann,* S. 15.

Ernst Curtius: Gedächtnisrede auf Heinrich Schliemann, gehalten am 1. März 1891. *Zeitschrift für Ethnologie,* Bd. 23 (1891), S. 59–60.

Arthur Evans: Aus dem Vorwort von E. Ludwig: *Schliemann* (Londoner Ausgabe); ebenfalls zitiert von Joan Evans in *Time and Chance,* S. 387.

Emil Ludwig: *Schliemann,* Vorwort, S. 9.

Percy Gardner: »Heinrich Schliemann«, in: *Macmillan's Magazine,* Nr. 378 (April 1891), S. 479.

Henryk Sienkiewicz: *Briefe aus Afrika* (polnische Originalausgabe 1901). Hier zitiert nach einem Auszug in *Archaeology,* Bd. 11, Nr. 3 (Sept. 1958), S. 218.

Walter Leaf: Aus der Einleitung zur englischen Ausgabe von Carl Schuchhardt: *Schliemanns Ausgrabungen (Schliemann's Excavations. An Archaeological and Historical Study.* Macmillan, London 1891. Neuausgabe: Benjamin Blom, New York 1974, Ares, Chicago 1974, S. XXI.).

Anmerkungen und Quellennachweise

Abkürzungen

B	Meyer, Ernst, Hrsg.: *Briefe von Heinrich Schliemann.*
BW I, BW II	*Heinrich Schliemann. Briefwechsel.* Bd. 1, 1842–1875. Bd. 2, 1876–1890.
Brückner	Brückner, Alfred: »Schliemann, H.«, *Allgemeine Deutsche Biographie.*
EL	Ludwig, Emil: *Schliemann. Die Geschichte der Entdeckung des alten Troja* (Neuausgabe von: *Schliemann. Die Geschichte eines Goldsuchers).*
EM	Meyer, Ernst: *Heinrich Schliemann, Kaufmann und Forscher.*
Ilios	Schliemann, H.: *Ilios, Stadt und Land der Trojaner.*
Ithaka	Schliemann, H.: *Ithaka, der Peloponnes und Troja.*
Lilly	Lilly, Eli, Hrsg.: *Schliemann in Indianapolis.*
Mykenae	Schliemann, H.: *Mykenae. Bericht über meine Forschungen . . .*
Schuchh.	Schuchhardt, Carl: *Schliemanns Ausgrabungen.*
Tiryns	Schliemann, H.: *Tiryns. Der prähistorische Palast der Könige von Tiryns.*
Troja	Schliemann, H.: *Troja. Ergebnisse meiner neuesten Ausgrabungen . . .*
TA	Schliemann, H.: *Trojanische Alterthümer.*
Weber	Weber, Shirley H., Hrsg.: *Schliemann's First Visit to America, 1850–1851.*

Motti

1. Brief vom 9. April 1863 an den Stiefbruder Ernst (BW I, S. 121).

2. Brief vom 19. Januar 1868 an den Stiefbruder Ernst (BW II, S. 30).

3. Brief vom 26. Juli 1873 an C. T. Newton (BW I, S.235).

Einleitung

1. So schreibt zum Beispiel Jacquetta Hawkes in der Einleitung zu *The World of the Past,* einer Anthologie von Ausgrabungsberichten: »Tatsächlich aber war kein anderer so wenig von dem

Streben nach Erfolg und Ruhm beherrscht. Viele von uns haben junge Männer gekannt, die fest entschlossen waren, viel Geld zu verdienen, um damit einen lange gehegten Plan zu verwirklichen. Aber wie wenigen ist das gelungen ... Schliemann blieb stets seinem Kindheitstraum treu.« ([Alfred A. Knopf, New York 1963], S. 56.)

2. Ernst Ludwig (eig. Cohn; 1881-1948) war der Verfasser vielgelesener Biographien, die bei Fachwissenschaftlern oft auf heftige Kritik stießen - vielleicht ein Grund dafür, daß er dem Amateur Schliemann so viel Verständnis entgegenbrachte.

3. In späteren Jahren bezeichnete sich Schliemann häufig selbst als Schatzgräber. Er war unentwegt auf der Suche nach »Königsgräbern«. Noch während seiner letzten Kampagne in Hissarlik im Jahre 1890 war er eifrig bemüht, die Grabstätten der prähistorischen Herrscher von Troja zu entdecken. Ähnlich kostbare Funde erhoffte er sich auch von Grabungen in Knossos. Gegen Ende seiner archäologischen Laufbahn war er bestrebt, dem Berliner Völkerkundemuseum möglichst viele Artefakte für die Schliemann-Sammlung zukommen zu lassen; das entsprach ganz der Einstellung früherer Archäologen, denen es hauptsächlich darum ging, Trophäen zu sammeln und auszustellen. Wilhelm Dörpfeld, Mitarbeiter Schliemanns bei dessen letzten Grabungskampagnen, beurteilte ihn allerdings anders: »Ein Goldsucher war er als Ausgräber nicht.« (Einleitung zu Ernst Meyer, Hrsg.: *Briefe von Heinrich Schliemann*, S. 8.)

4. Erhalten sind schätzungsweise sechzigtausend Schriftstücke aus seiner Korrespondenz, achtzehn Tagebücher über seine Reisen und Grabungskampagnen, rund 150 Notizhefte sowie Geschäftspapiere und ein Sammelsurium belangloser Aufzeichnungen. Sie werden in der Athener Gennadeios-Bibliothek aufbewahrt, wo sie in den dreißiger Jahren von Schliemanns Erben hinterlegt wurden.

5. BW I, S. 172-173. Schliemann nannte seinen Sohn abwechselnd Sergei, Sergej, Sergius oder Serge. Am häufigsten benützte er die Namensform Sergej.

6. BW I, S. 82; BW II, S. 14.

7. EL, S. 81.

8. BW I, S. 138.

9. BW I, S. 243.

10. Friedrich Schlie: »Das Leben Schliemanns«, in: *Neues Reich*, 34 (1876), S. 281.

11. BW I, S. 82.

12. BW II, S. 67.

13. EL, S. 69.

14. Schliemann lernte alle drei persönlich kennen: Layard während dessen Amtszeit (1877–1880) als britischer Botschafter in Konstantinopel; Burton im Jahre 1887 in Triest, wo dieser nach Beendigung seiner archäologischen Laufbahn als britischer Generalkonsul fungierte; und nach Victor von Hagens Bericht in *Maya Explorer* (University of Oklahoma Press, Norman 1947, S. 295–296) begegnete er Stephens während seiner ersten Amerikareise in Panama, wo dieser für die »Panama Railroad Company« tätig war. In Schliemanns eigenen Aufzeichnungen wird diese Begegnung nicht erwähnt.

15. Robert Payne: *The Gold of Troy*, S. 176. (Bei Matthew Arnold konnte ich dieses Zitat leider nicht finden.)

16. Müller schrieb einmal an Schliemann: »Ich kenne bis heute nur ein einziges Ilion, und das ist jenes, von dem Homer gesungen hat. Es ist unwahrscheinlich, daß man dieses Ilion in den Gräben von Hissarlik entdecken wird – viel eher wird man es unter den Musen auf dem Olymp finden« (BW I, S. 274).

17. Eine solche Ansiedlung – Wilios, Wilusija oder Wilusas – wird tatsächlich in den hethitischen Archiven von Boghazköy erwähnt, aber offenbar nicht als Ort in der Troas. Der Name Tarusija (Troia?) erscheint auch in einem geographischen Verzeichnis. In diesen alten Archiven finden sich Namen fremdländischer Herrscher, die allerdings keine schlüssigen Hinweise geben, z. B. Atarisijas (Atreus?) und Alaksandrus (Alexandros-Paris?). Außerdem ist ein Königreich Akhijawa (Achaia?) verzeichnet, das allerdings nach Meinung einiger Fachwissenschaftler eher auf Rhodos existiert haben dürfte.

18. Auch die Bibelarchäologie war lange darauf versessen, die Heilige Schrift wörtlich auszulegen und zu beweisen, daß die Bibel recht hat. Die in zahlreichen populären Büchern der letzten hundert Jahre überstrapazierte These, die Bibel berichte von historischen Ereignissen, ist – vornehmlich von der modernen Archäologie – gründlich widerlegt worden. Diese These verkennt die wahre Natur religiöser Schriften, deren Autoren es nicht um Tatsachenberichte geht. Die Bibelgläubigkeit wird nicht davon beeinflußt, ob die Bibel historisch glaubwürdig ist. Andrerseits kann uns die Bibel, genau wie die Epen Homers, gewisse Aufschlüsse über Institutionen, Gepflogenheiten und Gebrauchsgegenstände der vorklassischen Ära geben. Die Experten sind sich allerdings auch darüber nicht einig, auf welche Epoche die Schilderungen

Homers zu beziehen sind. Manche von ihnen – z. B. Denys L. Page in seiner brillanten Studie *History and the Homeric Iliad* (1959) – vertreten die Meinung, daß die Epen im wesentlichen die mykenische Kultur widerspiegeln und in dieser Epoche entstanden sein dürften. Andere Experten, etwa M. J. Finley, führen – obzwar sie nicht ableugnen, daß bei Homer gewisse Hinweise auf die mykenische Kultur zu finden sind – ebenso überzeugende Argumente für das primitivere »dunkle Zeitalter«, die frühe Eisenzeit, ins Feld. Unterschiedliche Meinungen vertreten Page und Finley auch bezüglich der historischen Bedeutung der ab 1870 in Hissarlik durchgeführten Ausgrabungen und bezüglich der Frage, ob die Archäologie zur Bestätigung der Homerischen Überlieferung beigetragen hat. Es braucht wohl nicht betont zu werden, daß Schliemann die meisten Artefakte, die er zutage förderte, mit den Schilderungen Homers in Verbindung brachte, insbesondere die Funde aus den Schachtgräbern von Mykene, die, wie wir heute wissen, schon mindestens dreihundert Jahre vor der Zeit des Trojanischen Krieges existiert hatten, während Troja II sogar ein volles Jahrtausend älter ist.

19. EL, S. 15.

20. Daniel: *A Hundred Years of Archaeology*, S. 165.

21. BW II, S. 81.

22. F. Duhn, in *Neue Heidelberger Jahrbücher I* (1891), S. 154.

23. Arthur Milchhöfer: »Erinnerungen an H. S.«, in: *Deutsche Rundschau* (Mai 1891), S. 280.

24. So zum Beispiel Wieland Schmied, der Schliemann in seinem Buch *Kein Troja ohne Homer* als den »Begründer der Archäologie« bezeichnet. Paul MacKendrick nennt ihn in *The Great Stones Speak* (S. 21) den »Begründer des neuen Wissenschaftsgebietes Archäologie«, als den ihn auch Alan E. Samuel (*The Mycenaeans in History*, S. 8) und viele andere würdigen.

I Homerische Stimmen 1822–1842

1. Der volle Titel des autobiographischen Kapitels lautet: *Einleitung. Autobiographie des Verfassers und Geschichte seiner Arbeiten in Troja* (S. 1–78).

2. Die auf Wunsch des englischen Verlags gestrichene Passage wurde auch in der amerikanischen, deutschen und französischen Ausgabe weggelassen.

3. *Ilios*, S. 1.

4. *Ilios*, S. 1.

5. Sie betraute Dr. Alfred Brückner mit dieser Aufgabe, der während Schliemanns letzter Grabungsperiode in Troja die Untersuchung der Keramikfunde durchgeführt hatte und 1893 dort für Dörpfeld arbeitete. Wie nicht anders zu erwarten, wurde in der Publikation nicht darauf hingewiesen, daß Brückner den größten Teil dieser erweiterten »Autobiographie« verfaßt hatte.

6. Das Buch wurde später ins Französische und Italienische übersetzt, erschien aber nie in einer englischen Ausgabe.

7. BW II, S. 114 (Dezember 1880). »Die Schilderung dieser Jugendliebe trug wohl am deutlichsten den Stempel der nachträglichen Ausgestaltung« (B, S. 34).

8. Um seine Zielstrebigkeit zu unterstreichen, ließ Schliemann schon Jahre vor der Veröffentlichung von *Ilios* zuweilen verlauten, er habe keine Schulbildung gehabt, als er seine Heimat verließ. »Ich konnte kaum in meiner Muttersprache lesen und schreiben«, behauptete er in einem Brief (11. Juni 1856) an einen griechischen Freund (BW I, S. 82). Und in der autobiographischen Einleitung zu seinem amerikanischen Reisetagebuch von 1850/51, die er offenbar im Hinblick auf russische Leser verfaßte, schrieb er, in Holland habe er »Unterricht in der deutschen Sprache genommen, die ich korrekt sprechen lernte« (Weber, S. 10).

Kindheit in Mecklenburg

1. Voller Name des Vaters: Ernst Johann Adolf Schliemann (1780–1870); Name der Mutter: Luise Therese Sophie geb. Bürger (1793–1831).

2. Der ebenfalls in Mecklenburg geborene Homerübersetzer Johann Heinrich Voß (1751–1826) war in diesem Schloß als Privatlehrer tätig gewesen. Schliemanns Vater las seinen Kindern aus der ungeheuer beliebten Voßschen Übersetzung der *Ilias* und der *Odyssee* vor.

3. Hier fügte Schliemann eine Fußnote bei: »Einer späteren Tradition nach sollte eines dieser aus der Erde gewachsenen Beine dicht vor dem Altar begraben worden sein. Seltsamerweise nun wurde, wie mir mein Vetter, Pastor Hans Becker, gegenwärtig Pfarrer von Ankershagen, mitteilt, bei einer vor wenigen Jahren vorgenommenen Ausbesserung der Kirche in geringer Tiefe unter dem Boden ... ein einzelner Beinknochen gefunden« (*Ilios*, S. 3).

4. In seinem Examenszeugnis, das erhalten ist, wurde Schliemanns Vater eine gründliche Kenntnis des Neuen Testaments »in der Originalsprache« (also im griechischen Urtext) bescheinigt. Bezeugt ist auch, daß er von seinem älteren Bruder Friedrich im

Griechischen unterwiesen wurde (EL, S. 88). Außerdem hatte er sich, zweifellos während des Theologiestudiums, gute Hebräischkenntnisse erworben (er übersetzte einmal »Heil dir im Siegerkranz« ins Hebräische). Und natürlich hatte er schon auf dem Gymnasium Latein gelernt.

5. Nach dem Tod seines Onkels Friedrich im Jahre 1861 blieb Schliemann mit dessen Witwe Magdalena in Verbindung. Sein fünf Jahre älterer Vetter Adolf stand ihm besonders nahe.

6. Hückstädt übernahm das Geschäft kurz nachdem Schliemann als Lehrling eingetreten war. In dem Überschreibungsvertrag wurde der junge Schliemann dem »Inventar« zugezählt, das der neue Besitzer übernahm. Schliemann trug ihm das nicht nach: Als er berühmt geworden war, trat er wieder mit Hückstädts Witwe in Verbindung und wurde der Pate einer ihrer Enkelinnen, die Nausikaa getauft wurde.

7. Dieser Vorfall ereignete sich 1837. Der Müller war damals vierundzwanzig Jahre alt. Auch mit ihm nahm Schliemann später wieder Kontakt auf. Niederhöffer, der inzwischen als Straßenzolleinnehmer ein solides Leben geführt hatte, rezitierte noch als Sechsundsechzigjähriger »mit der gleichen Begeisterung« Vergil und Homer.

8. Einige Schliemann-Biographen behaupten, der junge Müller habe gar nicht verstanden, was er da rezitierte. Das ist höchst unwahrscheinlich, denn als Gymnasiast hatte er natürlich auch Griechisch lernen und sich Passagen aus Homers Epen einprägen müssen.

II Selfmademan 1841–1850

1. Schliemanns Tochter Andromache (Mélas) hielt diesen langen Brief für eine bloße Stilübung. Seine Form, die Anrede und das Postskriptum sprechen jedoch gegen diese Ansicht.

2. BW I, S. 33.

3. B, S. 32 (Fußnote).

4. BW I, S. 32.

Hamburg–Amsterdam–St. Petersburg

1. Sein Vater, der die Dienstmagd (Fiekchen Schwarz), mit der er sich in Ankershagen einließ, nicht geheiratet hatte, lebte damals mit seiner zweiten Frau (Sophie, geb. Behnke) in Gehlsdorf bei Rostock.

2. Ein älterer Bruder, der zehn Wochen nach Schliemanns Geburt gestorben war und dessen Rufname (Heinrich) nach weitver-

breitetem Brauch auf Schliemann überging, obwohl er Julius (Johann Ludwig Heinrich Julius) getauft worden war. Schliemann war das fünfte von neun Kindern. Aus der zweiten Ehe seines Vaters hatte er zwei Stiefbrüder.

3. Diese Cousine war gleichaltrig mit Schliemann und scheint seine »andere« große Jugendliebe gewesen zu sein. Später spielte er mit dem Gedanken, ihr einen Heiratsantrag zu machen, aber eine seiner Schwestern riet ihm davon ab. Als Sophie mit neunundzwanzig Jahren unverheiratet starb, machte er sich bittere Vorwürfe.

4. Ein Freund von Schliemanns Eltern, der sich in Hamburg um ihn kümmerte.

5. Ein Schwager von Schliemanns Mutter.

6. Der Hamburger Schiffsmakler J. F. Wendt, ein Schulfreund von Schliemanns Mutter und allem Anschein nach ein Schüler seines Vaters (der Lehrer war, bevor er sich für die Theologie entschied), stand dem jungen Mann damals ebenfalls mit Rat und Tat zur Seite und half ihm auch nach dem Schiffbruch weiter. Anderen autobiographischen Zeugnissen Schliemanns zufolge, hatte ihm Wendt die Stellung in La Guayra und die Überfahrt als »Kajütenjunge« verschafft (siehe *Ilios*, S. 8).

7. In *Ilios* berichtet Schliemann, »ein kleiner Koffer, der einige Hemden und Strümpfe sowie mein Taschenbuch ... [enthielt]«, sei aus dem Wasser gezogen worden. Wegen dieses »sonderbaren Zufalls« hätten ihm die anderen Überlebenden den Beinamen »Jonas« gegeben (S. 10).

8. In *Ilios* gibt er die Namen der beiden Konsuln als »Sonderdorp« und »Ram« an (S. 10).

9. In *Ilios* schreibt Schliemann: »Ich lehnte es entschieden ab, wieder nach Deutschland zu gehen, wo ich namenlos unglücklich gewesen war, und erklärte ihnen, daß ich es für meine Bestimmung hielte, in Holland zu bleiben ...« (S. 10).

10. Im November 1847 heiratete Minna den fast zwanzig Jahre älteren Landwirt Friedrich Richers aus Friedland/Mecklenburg.

III Amerikanisches Zwischenspiel 1850–1852

1. EL, S. 62.
2. BW I, S. 34–35.
3. BW I, S. 35–37.
4. EL, S. 57.
5. BW I, S. 38.

6. Paul war danach in der Landwirtschaft tätig und beging 1852 Selbstmord.

7. BW I, S. 39, 41.

8. BW I, S. 45.

9. *Ilios*, S. 15.

10. Angeblich erfuhr Schliemann nach der Ankunft in den USA, daß sein Bruder rund 30000 Dollar hinterlassen, der Partner sich jedoch mit dem Geld davongemacht habe. Es ist nicht bekannt, ob es sich bei dem mutmaßlichen Betrüger um jenen Behrens handelte, mit dem sich Schliemann in New York zum Essen traf.

11. Shirley H. Weber, Hrsg.: *Schliemann's First Visit to America, 1850–51.*

Goldrausch

1. Neugranada umfaßte ungefähr das heutige Venezuela, Kolumbien und Ecuador.

2. Auch in der Einleitung zu seinem amerikanischen Reisetagebuch – und später in seinem Vorwort zu dem Buch über seine Griechenlandreise und zu dem Bericht über seine erste Grabungskampagne in Troja – bezeichnete Schliemann Ankershagen als seinen Geburtsort. Da ihn romantische Erinnerungen damit verbanden, schien ihm Ankershagen offenbar als Ausgangspunkt seines abenteuerlichen Lebens besser geeignet.

IV Segen und Fluch des Reichtums 1852–1864

1. BW II, S. 20.

2. BW II, S. 58 (Brief an den Vater, 1. April 1854).

3. BW I, S. 80.

4. EL, S. 65–66.

5. EL, S. 67.

6. Seine älteste Tochter Natalia (Natalja, Natascha) wurde 1858 geboren. Nadeschda (Nadja) kam 1861 zur Welt.

7. BW I, S. 67.

8. BW I, S. 60.

9. BW I, S. 101.

10. B, S. 39 (Fußnote), aus einem Brief an seinen Vetter Adolf (14. März 1871).

11. BW I, S. 88.

12. EM, S. 132.

Geld macht nicht glücklich

1. Altertumskundler aus Lausanne.

2. Diese in der Londoner und New Yorker Ausgabe von *Ilios* enthaltene Bemerkung zielt auf englischsprachige Leser ab. In einer Fußnote behauptet Schliemann, daß sich, da man in Rußland das Altgriechische genauso ausspreche wie in Griechenland, die Aussprache seit *mindestens* tausend Jahren, nämlich seit in Rußland der griechisch-orthodoxe Glaube eingeführt worden sei, nicht mehr verändert habe.

3. In der Vorrede zu *Ithaka,* die das Datum 31. Dezember 1868 trägt, spricht Schliemann lediglich von »Studien«, wenngleich er später die Archäologie als »die Wissenschaft, welche den größten Reiz für mich hat« bezeichnet.

V In zwei Jahren um die Welt 1864-1866

1. BW I, S. 124.

2. Selbst sein Freund Virchow mußte zugeben, daß Schliemann kein echtes Naturempfinden besaß.

3. In mindestens einem Fall scheint Schliemann den Besuch einer berühmten Sehenswürdigkeit nur vorgetäuscht zu haben: Obwohl seine Familie, Virchow und später auch Emil Ludwig davon überzeugt waren, daß er sich in Mekka aufgehalten hatte, dürfte dies - auch nach Meinung des Schliemann-Biographen Ernst Meyer - nicht den Tatsachen entsprechen. Jedenfalls läßt sich ein Mekkabesuch zeitlich in keine der von Schliemann unternommenen Nahostreisen einreihen. Möglich, daß Schliemann der Meinung war, es würde zu seinem Ruf als fließend arabisch sprechender und vor keinem Unternehmen zurückschreckender Forscher beitragen, wenn man glaubte, es sei ihm - wie einigen anderen europäischen Abenteurern des neunzehnten Jahrhunderts - gelungen, sich Zutritt zu den heiligen Stätten Mekkas zu verschaffen. Er ließ durchblicken, daß er diesen Besuch nur aus Furcht vor der Rache fanatischer Moslems geheimgehalten habe - eine Erklärung, die um so weniger glaubhaft ist, als er kaum je ein Geheimnis für sich behielt, schon gar nicht, wenn es ihn in einem romantisch-abenteuerlichen Licht erscheinen ließ. Hinzu kommt, daß Reisende, denen es gelungen war, verkleidet nach Mekka zu kommen, nach der Rückkehr niemals bedroht worden waren. Und sie hatten auch nie gezögert, über ihr Abenteuer zu berichten.

4. Auf einer Auktion in Schanghai kaufte er Tee für die Firma Schröder. Später, in Havanna, erwarb er große Aktienpakete.

5. Robert Payne: *The Gold of Troy*, S. 61.
6. EM, S. 224.
7. EM, S. 226.

Die Chinesische Mauer

1. Schliemann meint Mittelamerika (Nicaragua, Panama). Südamerika bereiste er nie.

Japan

1. Vermutlich eine Auswahl buddhistischer und schintoistischer Schriften.

VI Pilgerfahrt nach Hellas 1868

1. B, S. 110 (10. Februar 1866).
2. BW I, S. 128.
3. Da Schliemann später, als er in Indianapolis die Scheidungsklage einreichte, die Briefe seiner Frau als Beweismaterial vorlegte, liegt die Vermutung nahe, daß er ihr mit der »Aufforderung«, gemeinsam mit ihm und den Kindern nach Amerika zu übersiedeln, eine Falle stellen wollte. Diese Bitte war ohnehin absurd, denn seine Frau hatte es ja sogar abgelehnt, aus Rußland nach Dresden oder Paris zu übersiedeln.
4. BW I, S. 129.
5. BW I, S. 131.
6. BW I, S. 137.
7. BW I, S. 131.
8. BW I, S. 131.
9. BW I, S. 131.
10. EL, S. 108.
11. BW I, S. 133.
12. BW I, S. 130.
13. EL, S. 109.
14. Da Schliemann nach Bombay reisen wollte, meinte er offensichtlich nicht die Küste von Malakka, sondern von Malabar, zumal nicht Malaien, sondern Hindus als Arbeitskräfte in den karibischen Raum und die Guyanas gebracht wurden. Des weiteren schlug er den Schröders vor, Nordchinesen nach Kuba zu »verschiffen«.
15. BW I, S. 320.
16. Große Ähnlichkeit mit Schliemanns Bestrebungen hatten die des deutschen evangelischen Theologen Konstantin von Tischendorf (1815–1874), der sich, um die historische Glaubwürdig-

keit der Bibel zu beweisen, im Vorderen Orient auf die Suche nach alten Handschriften machte. Im Stile Schliemanns war er bestrebt, der »destruktiven« Kritik der Nachfolger von Friedrich August Wolf (1759-1824) entgegenzutreten, die das Neue und Alte Testament ebenso wie die Homerischen Epen als Sammlungen von Texten verschiedener Herkunft betrachteten, die relativ spät kompiliert worden seien und wenig über tatsächliche Ereignisse aussagten. Wie Schliemann machte Tischendorf sensationelle Entdeckungen, die ihn, auch wenn sie die Fachgelehrten nicht ganz überzeugen konnten, in seinem eigenen Glauben bestärkten und einen wertvollen Forschungsbeitrag darstellten. Vgl. mein Buch *Testaments of Time* (Alfred A. Knopf, New York 1965; Secker & Warburg, London 1966), S. 257-303.

17. BW I, S. 140. Auch seinen Vetter Adolf machte Schliemann »verantwortlich« dafür, daß er den Weg nach Troja eingeschlagen hatte: ». . . an allem diesen Unfug bist Du schuld, denn ohne die schönen homerischen Hexameter in 1832 von Dir gehört zu haben, die mir noch immer in den Ohren klingen, wäre ich wohl nie auf den Gedanken gekommen, Griechisch zu lernen . . .« (B, S. 115). Bei anderer Gelegenheit zollte er seinem einstigen Lehrer Carl Andres (Andreß) und vor allem dem jungen Müller, der in dem Fürstenberger Gemischtwarenladen aus der *Ilias* rezitiert hatte, Dank dafür.

18. *Ithaka*, S. XVIII.

19. Die deutsche Übersetzung stammte von seinem alten Lehrer Andres, dessen Name in dem Buch allerdings nicht genannt wurde. Schliemann, der mit dieser Übersetzung nicht zufrieden war, überarbeitete sie wahrscheinlich selbst.

20. Sein voreiliger und völlig unbegründeter Schluß, er habe menschliche Asche entdeckt (eine Behauptung, zu der er sich später auch in Hissarlik verleiten ließ), bereitete Schliemann noch viel Ärger.

21. EM, S. 239.

22. BW I, S. 139-140.

Die Insel des Odysseus – Ithaka

1. In *Ilios* verwandte Schliemann fast die gleiche Formulierung, fügte aber hinzu: ». . . und das Vaterland der Helden, deren Abenteuer meine Kindheit entzückt und getröstet hatten« (S. 22).

2. Tatsächlich aber waren sich die Altertumskundler darüber keineswegs einig. Wilhelm Dörpfeld, Schliemanns Mitarbeiter in Troja und Tiryns, vertrat später die Meinung, die Nachbarinsel

Leukas [Lefkas] und nicht das heutige Ithaki (Thaki) sei mit Homers Ithaka identisch.

3. Als »kyklopisch« pflegt man prähistorische, aus großen unbehauenen Steinblöcken errichtete Mauern zu bezeichnen, bei denen die Zwischenräume mit Kieselsteinen oder Lehm ausgefüllt wurden. Nach der griechischen Überlieferung hatten die Kyklopen, ein für seine Baumeister berühmter Volksstamm aus dem kleinasiatischen Lykien, so gewaltige Zitadellen wie Mykene und Tiryns erbaut, deren Mauern wie von Riesenhand aufgeschichtet schienen.

4. Dieser Brauch erinnert merkwürdigerweise an Riten, welche die Maya an ihren Opferbrunnen zelebrierten.

5. Auch hier beging Schliemann den Fehler, jede Schilderung Homers auf die Kulturepoche zu beziehen, in der nach der Überlieferung der Trojanische Krieg stattgefunden haben soll. Tatsächlich aber war es in dieser Kulturepoche, nämlich der spätmykenischen oder späthelladischen, keineswegs gebräuchlich, Leichen zu verbrennen.

Ägäische Zitadellen – Von Argos nach Ilion

1. Es handelte sich um das Quellhaus Pirene.

2. Trotz zahlreicher Gegenbeweise hielt Schliemann auch künftig mehr oder weniger hartnäckig an der Überzeugung fest, daß es sich bei Tholosgräbern wie dem sogenannten Grab des Agamemnon und den anderen mykenischen Kuppelgräbern um Vorrats- oder Schatzhäuser gehandelt habe.

3. In seinen späteren Publikationen bezeichnete Schliemann diesen Raum als *thalamos* (Kammer). Auch in diesem Fall bestritt er hartnäckig, daß es sich um eine unterirdische Grabstätte handelte.

4. 100 Lepta = 1 Drachme.

5. Während Schliemann sich hier auf Pausanias berief, wies Dörpfeld später darauf hin, daß diese Schilderung nicht auf alle »kyklopischen« Steinblöcke zutrifft (*Tiryns*, S. 361).

6. Calvert, gebürtiger Engländer und schon seit langem in der Türkei ansässig, war damals amerikanischer Vizekonsul für das Gebiet der Dardanellen. Er und seine Brüder besaßen große Ländereien in der Troas. Zu Frank Calverts Grundbesitz gehörte der östliche Teil des Hügels Hissarlik, wo er bereits einige Grabungen durchgeführt hatte. In seinem Haus an den Dardanellen hatte er viele gelehrte Besucher zu Gast, die seine ausgezeichnete Antiquitätensammlung besichtigten.

VII Unternehmen Hissarlik 1870–1872

1. In seinem Buch gibt Schliemann allerdings nicht klar und deutlich zu, daß er Calvert den entscheidenden Hinweis auf den Hügel Hissarlik zu verdanken hatte. Vermutlich wollte er dieses Versäumnis durch schmeichelhafte Bemerkungen in seinem Brief an Calvert wettmachen: »Sie werden feststellen, daß der Name des großen Gelehrten Frank Calvert, dem die Wissenschaft der Archäologie so viele wichtige Entdeckungen verdankt, in diesem Buch häufig erwähnt wird« (BW I, S. 141).

2. BW I, S. 141. Einen Monat zuvor hatte Calvert ihm versprochen, »alles zu tun, damit Sie Ihre Grabungen durchführen können ... Alle meine Ländereien stehen Ihnen zu Forschungen nach Ihrem Gutdünken zur Verfügung« (BW I, S. 140).

3. BW I, S. 141–142.

4. Bevor Schliemann auftauchte, soll Calvert versucht haben, das Britische Museum zur Ausgrabung des Hügels Hissarlik zu bewegen.

5. BW I, S. 147.

6. Dieser Vetter, Adolf Schliemann (1817–1872), der damals Justizrat in Schwerin war, wurde von Schliemann »Bruder« genannt. Bei seiner Familie in Kalkhorst hatte der junge Heinrich im Jahre 1832 gewohnt. Der erfolgreiche Jurist, der 1870 ans Reichsgericht in Leipzig berufen wurde, war auch Privatdozent an der Rostocker Universität. Schliemann half ihm, genau wie Theokletos Vimpos, bei der Begleichung von Spielschulden.

7. In Schliemanns »Autobiographie« ist in diesem Zusammenhang nur von seinem ersten archäologischen Buch *(Ithaka)* die Rede, aus dem Briefwechsel mit seinem Vetter geht jedoch hervor, daß er seine *beiden* Frühwerke in Rostock vorlegte. Bei der Beurteilung von *Ithaka* sprach sich ein Professor der Rostocker Universität lobend über die Gelehrsamkeit des Autors aus, enthielt sich aber einer Stellungnahme zu Schliemanns Schlußfolgerungen.

8. Auch in seiner Scheidungsangelegenheit ließ sich Schliemann von seinem Vetter Adolf beraten. Zu dem Entschluß, die Klage nicht in New York, sondern in Indianapolis einzureichen, gelangte er aber allem Anschein nach erst nach der Ankunft in New York.

9. Schliemann verließ Indianapolis sofort, nachdem er seinen Anteil an der Stärkefabrik verkauft hatte. Offenbar hatte er ihn nur erworben, um das Gericht glauben zu machen, daß er sich für

immer in Indianapolis niederlassen wolle. Sein Haus verkaufte er später, erwarb aber, um die amerikanische Staatsbürgerschaft behalten zu können, im Jahre 1879 erneut ein Haus in Indianapolis. Dieses Haus erbte seine Tochter Nadeschda, die sich später dort niederließ und dann in der Pariser Filiale eines in Indianapolis etablierten Bankhauses arbeitete.

10. BW I, S. 146. In einem anderen Brief spricht er nicht von fünfzehn, sondern von fünfundzwanzig Eisenbahnen.

11. BW I, S. 146.

12. BW I, S. 148.

13. BW I, S. 149.

14. BW I, S. 153.

15. EL, S. 126–127.

16. Der ursprüngliche Familienname Kastromenos wurde später wieder von sämtlichen Familienmitgliedern angenommen.

17. »Gib mir meinen Sohn«, flehte er Ekaterina sofort nach der Scheidung an. Aber seine Kinder aus erster Ehe standen auf seiten der Mutter und betrachteten die amerikanische Scheidung des Vaters als ungültig. In ihren Augen machte er sich durch seine zweite Heirat der Bigamie schuldig.

18. Lilly, S. 31.

19. Lilly, S. 33.

20. Lilly, S. 33.

21. Lilly, S. 48.

22. BW I, S. 149.

23. Lilly, S. 48.

24. EL, S. 132.

25. Am 23. September 1859, einen Tag vor seiner Wiederverheiratung, schrieb Schliemann seinen Verwandten in Deutschland: »Wenn daher Sophia jemals Ursache hat, auch nur eine Träne zu vergießen, dann habt Ihr das Recht zu sagen, daß ich ein Schurke bin und meiner ersten Ehe Unglück selbst verschuldet habe« (EL, S. 132). Vermutlich brachte der Egozentriker Schliemann seine junge Frau nicht nur während der ersten gemeinsamen Monate in Paris zum Weinen. Er war viel unterwegs und ließ sie allein zurück. Dazu kam, daß sie sich bei aller Loyalität gegenüber ihrem so viel älteren Ehemann auch ihrer Familie eng verbunden fühlte. Als sie ihr erstes Kind erwartete, ließ Schliemann sie eine Zeitlang allein in Paris, ohne ihr genug Geld für den täglichen Bedarf zur Verfügung zu stellen.

26. BW II, S. 382.

27. BW I, S. 161.

28. Interessante Ausgrabungen, die bereits auf Schliemanns und Evans' Entdeckung der mykenischen und der minoischen Kultur vorauswiesen, führte der Vulkanologe Ferdinand André Fouqué im Jahre 1862 auf Thera durch. Unter einer sechs Meter hohen Lavaschicht legte er mit Fresken geschmückte Mauern frei. Er datierte den Vulkanausbruch, durch den Thera von der Insel abgespalten wurde, die heute Therasia heißt, auf ca. 2000 v. Chr.

29. BW I, S. 173.

30. BW I, S. 181.

31. BW I, S. 182.

32. *TA*, S. 32.

33. EM, S. 262.

34. Die arische Ideologie, die sich damals zum Mythos entwikkelte und schließlich zur Manie wurde, erhielt starke Impulse durch die vergleichende Sprachwissenschaft. Schliemanns Freunde Emile Burnouf, vormals ehrenamtlicher Direktor des Französischen Archäologischen Instituts in Athen, und Professor Max Müller, der deutsch-englische Sanskritexperte, waren Anhänger dieser Ideologie. Das Hakenkreuzsymbol, und zwar das rechts- und das linksschenkelige, ist (als Sonnensymbol?) allerdings in nahezu allen Kulturkreisen zu finden, auch bei den präkolumbianischen Indianern, den Afrikanern und den Semiten. Schliemann selbst war jedoch, so sehr ihn die arische Ideologie ansprach, von dem starken Einfluß, den der Nahe Osten auf die ägäische Kultur ausübte, mindestens ebenso tief beeindruckt.

35. *TA*, S. 72.

36. Lynn und Gray Poole: *One Passion, Two Loves*, S. 97.

37. *TA*, S. 27.

38. *Ilios*, S. 26.

39. BW I, S. 202.

40. BW I, S. 209.

41. BW I, S. 336.

42. Jean Baptiste Lechevalier, auch Le Chevalier (1752–1836), hatte in *Voyage de la Troade* (Paris, 1794) die These verfochten, daß Bunarbaschi auf Grund seiner strategisch günstigen Lage der Stätte des von Homer geschilderten Troja besser entspreche.

43. *TA*, S. V.

Die Kampagne beginnt

1. Lysimachos (ca. 360–281 v. Chr.), makedonischer Offizier und Leibwächter Alexanders des Großen, regierte nach dessen

Tod als König über Makedonien, Thrakien und einen Teil Kleinasiens. Ihm wird der Wiederaufbau Trojas zugeschrieben. Die gut-erhaltenen Festungsmauern, die Schliemann dem Lysimachos zuschrieb, waren vermutlich viel älter und dürften zu Troja VI gehört haben.

2. Zu diesem Charakteristikum antiker Siedlungsstätten hatte sich Schliemann bereits im April 1859 in einem Brief geäußert, den er seinem Vater und seinen Schwestern aus Jerusalem schrieb: »Die Straßen, auf welchen unser Erlöser hier in Jerusalem wandelte, befinden sich 40 bis 50 Fuß unter den jetzigen, denn bei den 17 Zerstörungen der Stadt wurden jedesmal die neuen Fundamente auf die Ruinen der alten Häuser gelegt« (B, S. 107).

3. Obwohl Schliemann sich zuweilen über Zaphyros' Gewinnsucht und Ungeschicklichkeit bei den Grabungsarbeiten beklagte, wurde dieser für ihn zu einem unentbehrlichen Faktotum bei den Kampagnen in Hissarlik. Als Zaphyros später im Skamander ertrank, war Schliemann tief bekümmert.

4. Wie aus Schliemanns Tagebuch und Briefen hervorgeht, kam Sophia erst zu einem späteren Zeitpunkt nach Hissarlik.

5. Schliemann war Aktionär dieser florierenden Eisenbahngesellschaft.

6. Schliemann war überzeugt, daß das Homerische Ephitheton *glaukopis* von den Altphilologen fälschlicherweise mit »grauäugig« übersetzt wurde und daß es in Wirklichkeit »eulenäugig« bedeutete, da ja die Eule der Vogel der Athene war. Aus dieser philologisch wie archäologisch fadenscheinigen Hypothese entwickelte er anhand der in Hissarlik ausgegrabenen gesichtsförmigen Gefäße, Figurenvasen und anderer anthropomorpher und zoomorpher Töpferware eine regelrechte Ikonographie der Göttin Athene, wobei er sich unter anderem von dem Wunsch leiten ließ, eine Verwandtschaft zwischen den gleichermaßen der Athene huldigenden Athenern und Troern nachzuweisen.

VIII Der »Schatz des Priamos« 1873

1. Curtius glaubte, daß die Aussicht auf ähnliche Fundstücke wie das Apollonrelief die deutsche Regierung dazu bewegen würde, die Grabungen weiterzuführen. Darin verriet sich die Einstellung der etablierten Altertumswissenschaft in Deutschland, der es nicht in erster Linie um die Erforschung der vorgeschichtlichen Vergangenheit, sondern um die Ausgrabung von Kunst-

werken und Museumsstücken ging. Gleichwohl hat Curtius als Leiter der Ausgrabungen in Olympia (1875–1880) bahnbrechende Arbeit für die Entwicklung der wissenschaftlichen Archäologie geleistet.

2. BW I, S. 235.

3. BW I, S. 234 usw.

4. Der Direktor war damals Dr. P. A. Déthier, der aus Deutschland stammte.

5. Tatsächlich hatten Troja und die Troas seit mehr als zweitausend Jahren immer wieder Besucher angelockt. Schliemann war gewissermaßen nur einer von zahllosen Trojapilgern.

6. BW I, S. 231.

7. B, S. 129.

8. Dörpfeld schloß allerdings aus Gesprächen mit Schliemann, daß der große Schatz in Form eines kompakten Würfels in einer aus luftgetrockneten Ziegeln bestehenden Nische der Ringmauer gefunden wurde und mit rötlicher Asche und kalziniertem Schutt bedeckt war (*Troja und Ilion*, S. 8).

9. Im Lichte neuerer Forschungsergebnisse erscheint Troja II nicht mehr als prähistorische Ansiedlung von einzigartiger Bedeutung, sondern eher als eine »typische« Siedlungsstätte, die allerdings gründlicher als alle anderen erforscht wurde. Um mit Carl Blegen zu sprechen: »Wie aus sporadischen Funden und Gräbern zu schließen ist, dürften weitere Forschungen beweisen, daß die Kultur, die wir als trojanisch zu bezeichnen pflegen, in diesem Teil Anatoliens weit verbreitet war ...« (*Troja and the Trojans*, S. 57–58).

10. Übereifrigen Verteidigern Schliemanns muß entgegengehalten werden, daß der Gedanke, Antiquitäten im Ursprungsland – ja sogar möglichst nahe des Fundortes – zu belassen, den Zeitgenossen Schliemanns keineswegs fremd war. Die strengen Verordnungen, die diesbezüglich in Griechenland und anderswo erlassen wurden, sind ein ebenso deutlicher Beweis dafür wie die Gründung des Ägyptischen Museums in Bulak (später nach Kairo verlegt) und Auguste Mariettes unermüdlicher Kampf um diese Gründung. Die Bemühungen, sämtliche Überreste Pompejis – und nicht nur die Museumsstücke – für die Nachwelt zu bewahren, reichen ins frühe neunzehnte Jahrhundert zurück.

11. B, S. 132.

12. EM, S. 274.

13. BW I, S. 240.

1. Diese Angaben waren jedoch für andere Forscher von geringem Wert. Blegen konstatierte, es sei schwierig, die von Schliemann ausgegrabenen Objekte bestimmten Siedlungsschichten zuzuordnen, »weil sorgfältige Aufzeichnungen über die ersten Kampagnen, in deren Verlauf die meisten Artefakte ausgegraben wurden, selten und unvollständig sind. Die Töpferware und andere Artefakte aus Troja I konnten [auf Grund ihres unverkennbaren Charakters] zum größten Teil identifiziert werden. Dagegen war es Hubert Schmidt in seinem *Katalog der Berliner Sammlungen trojanischer Altertümer* nicht möglich, die Töpferware und die meisten anderen Fundobjekte aus den Schichten Troja II, III, IV und V mit Sicherheit voneinander zu unterscheiden, so daß alle Objekte in einer umfangreichen Gruppe, die für eine sehr lange Zeitspanne steht, zusammengefaßt werden mußten« (*Troja and the Trojans*, S. 36).

2. Nach Ernst Meyer schrieb Schliemann diesen Bericht erst, nachdem er aus Hissarlik nach Athen zurückgekehrt war; demnach müßte er ihn vordatiert haben.

3. Vermutlich kein Schild, sondern eine Kupferschale.

4. Gefäße dieses Typs, die, aus Ton wie auch aus Gold gefertigt, seit der Mitte des dritten vorchristlichen Jahrtausends auf den ägäischen Inseln und dem griechischen Festland verbreitet waren, werden in der Literatur meist als »Saucièren« bezeichnet. Welchem Zweck sie dienten, ist unbekannt; möglicherweise wurden sie für religiöse Trankopfer benützt. Schliemann setzte diesen Gefäßtyp nach eigenem Gutdünken mit dem von Homer beschriebenen *dépas amphikýpellon* (zweihenkliges Gefäß) gleich. Zudem wandte er dieselbe Bezeichnung auf ein doppelhenkliges, längliches Trinkgefäß anderen Stils an, das verschiedentlich an prähistorischen Stätten Anatoliens gefunden und für das die Schliemannsche Bezeichnung beibehalten wurde.

5. Nach Meinung Dörpfelds und anderer handelte es sich um einen kupfernen Meißel, der nicht zu dem Schatz gehörte.

6. Diese prächtigen Schmuckstücke trägt Sophia Schliemann auf der berühmten Fotografie.

7. Die Frage, ob in vorgriechischen Ansiedlungen Inschriften existiert hatten, bereitete Schliemann von Anfang an viel Kopfzerbrechen. Lange Zeit suchte er fieberhaft nach einer für das Homerische Troja zeugenden Inschrift, aber schließlich gab er diese Hoffnung auf. Kritzeleien auf Keramikfunden und dergleichen wurden im Lauf der Zeit von verschiedenen Gelehrten für phöni-

kische, assyrische, chinesische und einigen anderen Sprachen zugehörige Schriftzeichen gehalten, doch schlüssige Beweise dafür konnten nicht erbracht werden. Die Troer waren also allem Anschein nach Analphabeten.

8. In Wirklichkeit war MacVeagh Botschafter der Vereinigten Staaten.

9. Offenbar wurde die Genehmigung 1873 widerrufen. Am 4. März 1873 teilte Schliemann dem österreichischen Botschafter in Konstantinopel mit, man habe ihm angedroht, seinen Ferman zu annullieren (BW I, S. 224).

IX Das Gold von Mykene 1874-1876

1. B, S. 133.

2. BW I, S. 236-237. Auf ähnliche Weise setzte sich Schliemann während der Grabungsperiode 1876 in Mykene für einen fälschlich Beschuldigten ein. Der Kaiser von Brasilien hatte einem Polizeibeamten, der ihn bei seinem Besuch in Mykene bewacht hatte, ein schäbiges Trinkgeld zur Verteilung an seine Untergebenen überreicht. Daraufhin beschuldigte man den Beamten, er habe einen weit höheren Betrag für sich behalten, und entließ ihn. Schliemann, der fest von seiner Unschuld überzeugt war, sandte dem inzwischen nach Kairo gereisten Kaiser ein Telegramm und erreichte, daß der Polizeibeamte rehabilitiert wurde.

3. BW I, S. 237.

4. Kurz zuvor hatte Schliemann erklärt, er werde sich »mit der türkischen Regierung aussöhnen« (B, S. 145).

5. Zu einem früheren Zeitpunkt hatte Schliemann den materiellen Wert des Schatzes auf eine Million Francs geschätzt.

6. B, S. 138.

7. Vor seiner Ernennung zum Generaldirektor der staatlichen italienischen Museen und Ausgrabungen hatte Fiorelli die Grabungen in Pompeji geleitet.

8. B, S. 141.

9. Jahre später versuchte Dörpfeld, ihn zu einer objektiveren Einstellung zu bewegen: ». . . wissenschaftliche Fragen [lassen sich] nicht durch Schimpfen, sondern nur durch sachliche Beweise entscheiden« (EL, S. 238).

10. EL, S. 173.

11. BW I, S. 223.

12. *Ilios*, S. 52.

13. BW II, S. 44.

14. Am 2. März 1876 schrieb er an Königin Sophie: »Ich habe

die zehn besten Tanagrafiguren aus meiner eigenen [!] Sammlung für Eure Majestät ausgewählt ... Leider kann ich sie nicht direkt per Dampfschiff schicken, da in Griechenland die Ausfuhr von Antiquitäten streng verboten ist. Falls ich vorher keine andere Gelegenheit finde, so werde ich die Kiste in Troja am Hellespont abschicken ...« (BW II, S. 36-37).

15. BW I, S. 302.

16. Stamatakis wurde später zum Generaldirektor der Altertümer in Griechenland ernannt und leitete Ausgrabungen auf der Athener Akropolis. Schliemann, der ihn inzwischen gebührend respektierte, unterhielt in späteren Jahren offenbar freundschaftliche Beziehungen zu Stamatakis, dessen Ableben er in *Tiryns* bedauerte (S. LX).

17. Als »Pelasger« bezeichnete man im griechischen Altertum die nichtgriechischen Ureinwohner Griechenlands und seiner Inseln. Homer erwähnt pelasgische Verbündete Trojas. Nach der Überlieferung soll es im Altertum Restgruppen einer pelasgisch sprechenden Bevölkerung gegeben haben.

18. EL, S. 167-168.

19. Im Gegensatz zu den viel älteren Artefakten, die Schliemann später ausgrub, ist diese Vase ungefähr in die Zeit zu datieren, in der nach der Überlieferung der Trojanische Krieg stattfand (um 1200 v. Chr.).

20. Einigen Quellen zufolge sollen es achtzehn Leichname gewesen sein, darunter die zweier Kinder (eine Entdeckung, die unweigerlich den Gedanken an die beiden ermordeten Kinder der Kassandra heraufbeschwor). In dem von Stamatakis entdeckten sechsten Schachtgrab wurden zwei weitere männliche Leichen gefunden.

21. Die amerikanische Ausgabe widmete Schliemann Gladstone.

22. Die Arbeit in Mykene wurde wegen des kaiserlichen Besuches für zwei Wochen eingestellt.

23. Auch unter dem Löwentor wurden Gräber vermutet.

24. Inzwischen hat sich erwiesen, daß der von Schliemann entdeckte Gräberring (in der Literatur mit »A« bezeichnet) keineswegs einzigartig ist: In den fünfziger Jahren entdeckten griechische Archäologen einen weiteren Gräberring (»B«), der aus zwanzig Schachtgräbern besteht und fast ebenso reich ausgestattet war. Er liegt innerhalb der weniger imposanten Mauern der Unterstadt von Mykene und ist vermutlich älter als der Gräberring A, dessen sechstem, von Stamatakis entdecktem Grab er

zeitlich am nächsten stehen dürfte. In jüngster Zeit wurden mykenische Gräberringe auch im Südwesten des Peloponnes (Peristeria) und allem Anschein nach auch auf Leukas entdeckt.

25. »Mykenisch« wird dieses Zeitalter nach der Stätte genannt, an der die Wiederentdeckung seiner Kultur gelang, nicht aber, weil diese Kultur vorwiegend oder ausschließlich in jener peloponnesischen Zitadelle aus der Bronzezeit geblüht hätte (die allerdings in dieser Kulturepoche eine wichtige Rolle gespielt haben dürfte). Das mykenische Zeitalter ist im großen und ganzen mit dem Späthelladikum gleichzusetzen (um 1600–1200 v. Chr.), das in mehrere Perioden unterteilt wird.

26. Michael Ventris und John Chadwick widmeten ihre grundlegende Publikation *Documents in Mycenaean Greek* (Cambridge University Press, 1956) »dem Gedenken Heinrich Schliemanns, des Vaters der mykenischen Archäologie«.

Die Suche nach Agamemnon

1. Später wiesen griechische Archäologen nach, daß zur eigentlichen Zitadelle, die weiter östlich auf der obersten Plattform stand, auch die Palastanlage gehört hatte. Warum er die Königsresidenz weiter unten, nahe des Tores, vermutete, erläuterte Schliemann nicht näher. Glaubte er, eine Entsprechung zu Priams Troja, wie er es sich vorstellte, entdecken zu können? In diesem Zusammenhang sei erwähnt, daß der Königspalast von Mykene ebenso wie das Löwentor einige Jahrhunderte jünger ist als der Schachtgräberring.

2. Möglicherweise handelte es sich nicht um ein Grab, sondern um eine dicht bei der Mauer ausgehobene Grube, in der ein (geraubter?) Schatz versteckt worden war. Nicht zu verwechseln mit dem sechsten Schachtgrab, das noch im selben Jahr von Stamatakis entdeckt wurde und Leichname, eine Maske und Bestattungsmobiliar enthielt.

3. Es ist unklar, ob Schliemann hier das von Drosinos gefundene »Grab« bzw. Versteck oder das von Stamatakis entdeckte sechste Schachtgrab meint. Vermutlich bezieht sich diese Textstelle auf das erstere.

X Und wieder vor Ilions Mauern 1878–1879

1. BW II, S. 68.
2. BW II, S. 67.
3. BW II, S. 71.
4. BW II, S. 72.

5. EL, S. 198.

6. Diese Männer halfen ihm auch bei der Beschaffung von Arbeitskräften, dem Transport der Arbeitsgeräte und der Verschiffung der Fundobjekte. Um sich erkenntlich zu zeigen, ersuchte Schliemann seine deutschen Vertrauensleute, ihnen Orden zu verschaffen.

7. *Ilios*, S. 54.

8. Die Gesamtzahl der in Troja gefundenen Schätze soll sich auf neunzehn belaufen haben.

9. *Ilios*, S. 62.

10. *Ilios*, S. 63.

11. Diesen Vorfall schilderte Virchow in seinen 1891 in der *Gartenlaube* erschienenen Erinnerungen an Schliemann.

12. *Ilios*, S. 78.

13. *Ilios*, S. XIX.

14. Sayces abstruse Theorien fanden wenig Anklang. Bezüglich der zahlreichen in Hissarlik gefundenen Objekte, die angeblich mit Inschriften versehen waren, erklärte Carl Schuchhardt: »Es gibt indessen keins, auf dem etwas anderes zu sehen wäre als bloße Verzierungen« (*Schliemanns Ausgrabungen*, S. 90).

15. Wie von so mancher hochtönenden Phrase muß Schliemann auch von dieser fasziniert gewesen sein: Er benützte sie des öfteren, zum Beispiel als er wenige Jahre später dem New Yorker Verlag Scribner's sein Buch *Troja* vorlegte.

16. *Ilios*, S. 577.

17. B, S. 164.

Die zweite Kampagne in Troja

1. Einstiger Verwaltungsbezirk des Osmanischen Reiches, der den mittleren und östlichen Balkan umfaßte und dessen Hauptstadt Sofia war. In der zweiten Hälfte des neunzehnten Jahrhunderts kam es dort zu immer heftigeren Aufständen gegen die türkische Herrschaft.

2. Nämlich die wertvollen Überreste einer hellenistischen Ansiedlung, die einst über einen Hafen verfügt hatte und zweimal vom Apostel Paulus besucht worden war.

XI Rückkehr nach Kleinasien 1882

1. Zum Beispiel M. A. Niederhöffers vierbändige Sammlung *Mecklenburger Volkssagen* (1864). Pastor Niederhöffer war der Vater des »legendären« jungen Müllers aus Schliemanns auto-

biographischer Einleitung zu *Ilios*. Auf diese Sagensammlung und ähnliche Werke wurde Schliemann von Carl Andres hingewiesen.

2. BW II, S. 114.

3. EL, S. 263.

4. »Ihre Anwesenheit in Troja ist eine Notwendigkeit für die Wissenschaft und für mich von allerhöchstem Interesse; von selbst versteht es sich, daß ich die Kosten Ihrer Hin- und Rückreise bezahle. Nur möchte ich Sie bitten, alles was Sie über Troja publizieren wollen, meinem neuen, rein wissenschaftlich gehaltenen Werk über Ilium zu Gute kommen zu lassen« (B, S. 155).

5. EL, S. 231.

6. B, S. 166 (Fußnote); EL, S. 233.

7. Moltke, ein hervorragender Topograph, war ein Verfechter der Bunarbaschi-These, über die er ein Buch veröffentlichte.

8. EL, S. 259.

9. EL, S. 260.

10. EL, S. 261.

11. Brückner, Bd. 55, S. 179.

12. Brückner, Bd. 55, S. 180.

13. Wahrscheinlich hatte Orchomenos einst auch über Theben geherrscht.

14. Nach Schliemanns Tod konnte dank intensiver Forschungen ermittelt werden, daß Orchomenos, genau wie das benachbarte Gla, eine sehr alte Siedlungsstätte ist, deren Geschichte bis ins Neolithikum und die frühe Bronzezeit zurückreicht.

15. Auf Grund von neueren Forschungen neigt man allerdings dazu, das Erscheinen der ersten indoeuropäischen »Griechen« bereits in die Zeit zwischen 2200 und 2100 v. Chr. zu datieren. Außerdem ist heute strittig, ob man beim Vergleich dieser Keramikfunde und anderer Artefakte mit solchen aus den vorhergehenden Wohnschichten – insbesondere im anatolischen Siedlungsraum – tatsächlich von einem abrupten Stilwechsel sprechen kann. Zuweilen wird die minyische Hypothese überhaupt in Frage gestellt.

16. B, S. 186.

17. Das Haus wurde 1926 von der Familie Schliemann verkauft.

18. Als Virchow im selben Jahr an einem ethnologischen Kongreß im Kaukasus teilnahm und im Kubangebiet Grabungen durchführte, plante er, auf der Rückreise in der Troas Station zu machen, um gemeinsam mit Schliemann weitere Geländeerkun-

dungen vorzunehmen. Da jedoch sein Schwarzmeerdampfer verspätet abfuhr, mußten diese Pläne aufgeschoben werden.

19. Man vermutet, daß Kum Kale in der Jungsteinzeit von einem vorderasiatischen Volksstamm, der an der Küste landete, besiedelt wurde. Dieser Volksstamm könnte in der frühen Bronzezeit auf dem Urboden von Hissarlik die erste Siedlung errichtet haben.

20. Die Troas inspirierte ihn auch zu poetischen Schilderungen. Er nannte sie »die interessanteste Landschaft der Welt« (B, S. 182), und erklärte einmal, daß er nirgends so gern archäologische Forschungen betreibe wie in Kleinasien.

21. Frederick Blackwood, Lord Dufferin, von 1881 bis 1882 britischer Botschafter in Konstantinopel.

22. B, S. 192.

23. Ähnlich hatte er 1876 gegen Ibrahim Pascha, den Gouverneur der Dardanellen, agitiert.

24. B, S. 185.

25. Die bis heute nicht entdeckt wurde. (Blegen stieß auf ein Gräberfeld, das Troja VI zugeordnet wird.)

26. B, S. 181.

27. Wie wichtig die Mitarbeit von Architekten mit archäologischer Erfahrung war, hatten ihm deutsche Fachgelehrte schon früher erklärt, vornehmlich Alexander Conze, der ab 1873 Grabungen auf Samothrake durchführte.

28. Diese Äußerung wird verschiedenen Personen, zum Beispiel auch Sir Arthur Evans zugeschrieben. Nach Meinung des Dörpfeld-Biographen Peter Goessler stammt sie von einem geistreichen serbischen Diplomaten.

29. Was er hier als das Verdienst seiner »ausgezeichneten Architekten« würdigte, entsprach natürlich genau dem Ziel, das er sich für die Grabungsperiode 1882 gesetzt hatte.

30. BW II, S. 142–143.

31. B, S. 202.

32. Spätere Vorgeschichtsforscher haben entdeckt, daß es bereits in anatolischen Siedlungsstätten der Jungsteinzeit Megara gab. Dieser Haustyp findet sich auch in Troja I und seit dem ausgehenden Mittelhelladikum (um 1900–1800) auch auf dem griechischen Festland. Alle Anzeichen sprechen also gegen die einst so beliebte These, das Megaron sei europäischen Ursprungs.

33. Während Dörpfeld später drei Bauperioden von Troja II mit Sicherheit identifizieren konnte, gelang es Blegen, vier weitere zu ermitteln.

34. Allem Anschein nach vertrat Schliemann eine Zeitlang diese Meinung, wurde dann aber von Virchow eines Besseren belehrt. Noch heute sind heftige Debatten über den Ursprung der trojanischen Kultur (Töpferware, Architektur etc.) der frühen und mittleren Bronzezeit im Gang, wobei allerdings jene, die die Wurzeln dieser Kultur in Asien suchen, in der Mehrzahl sind.

35. Puchstein grub später in Baalbek.

36. *Ilios. Ville et pays des Troyennes* (Librairie Firmin Didot et Cie., Paris 1885).

Troja, Troas, Tumuli

1. Offenbar in den Ablagerungen, die Dörpfeld später als fünfte und sechste Wohnschicht über dem Urboden identifizierte.

2. Marie Gabriel Florent Auguste, Comte de Choiseul-Gouffier (1752–1817), Diplomat und Forschungsreisender, schrieb *Voyage pittoresque dans l'Empire Ottoman, en Grèce, dans la Troade, les isles de l'archipel et sur les côtes de l'Asie* (3 Bde., Paris 1780–1826).

XII Tiryns 1884–1885

1. Wo eine in Stein gemeißelte dorische Rechtskodifikation aus dem fünften vorchristlichen Jahrhundert entdeckt worden war. In der Nähe von Gortyn grub Halbherr später den minoischen Palast von Phaistos aus.

2. Schliemanns vielgeschmähter einstiger Widersacher Stamatakis führte erfolgreiche Grabungen auf dem Schauplatz der Schlacht von Plataä (479 v. Chr.) im südöstlichen Böotien durch.

3. B, S. 232. Sein englischer Verleger John Murray schrieb ihm später (im Mai 1886): »... Sie dürfen nicht glauben, daß wir Engländer neidisch auf Sie sind. Es ist das Schicksal aller Entdecker, von kleinen Geistern bekrittelt zu werden ...« (BW II, S. 245).

4. B, S. 232.

5. Vgl. Paul MacKendrick: *The Great Stones Speak*, S. 86.

6. *Mykenae*, S. 21.

7. Englische Freunde konnten Schliemann dazu bewegen, 1885 die Grabungen in Tiryns fortzusetzen, für die er jedoch nur begrenzte Mittel zur Verfügung stellte.

8. Ähnlich schroff kanzelte er Adolf Furtwängler ab, als dieser 1886 (gemeinsam mit Georg Löschke) seine bahnbrechende Studie über mykenische Keramikfunde *(Mykenische Vasen)* veröffentlichte.

9. Nach heutiger Auffassung jünger als die mykenischen Bauwerke.

10. Die Bezeichnung *megaron* stammt von Homer. Vermutlich bezog sie sich ursprünglich nur auf die Haupthalle und nicht auf das ganze Gebäude mit Säulenportal, Vorraum und zuweilen auch einem halbrunden Anbau (Vorratsraum?).

11. Das rechts vom großen Megaron gelegene wird häufig als Halle oder Wohnhaus der Frauen bezeichnet. Obwohl sich bei Homer gewisse Hinweise finden, gibt es für diese angebliche »Trennung der Geschlechter« keinen schlüssigen Beweis. Da nach heutiger Auffassung das angrenzende kleinere Megaron nicht zur gleichen Zeit wie das große gebaut wurde, erübrigen sich solche Spekulationen.

12. BW II, S. 187.

13. BW II, S. 189.

14. BW II, S. 192.

15. Er wurde nicht als Mitarbeiter genannt, obwohl Schliemann in *Tiryns* Auszüge aus einem umfangreichen Aufsatz verwandte, den Mahaffy unter dem Titel »On the Destruction of Mycenae by the Argives« (»Die Zerstörung Mykenes durch die Argiver«) im *Dublin University Journal* veröffentlicht hatte.

16. B, S. 249. Soviel man den unvollständigen Editionen seiner Briefe entnehmen kann, hat Schliemann einigen, wenn nicht sogar den meisten Verfassern von Beiträgen Honorar bezahlt, desgleichen seinen redaktionellen und wissenschaftlichen Mitarbeitern, zu denen renommierte Fachgelehrte zählten. Seine Biographen äußern sich darüber nicht.

17. BW II, S. 224 (Brief vom 7. November 1885).

Die Zitadelle des Herakles

1. Kapodistrias (1776–1831) war ein Held des griechischen Freiheitskampfes.

2. Schliemann bezieht sich hier auf Dioskurides Pedanios, einen griechischen Arzt aus dem ersten vorchristlichen Jahrhundert, der in der römischen Armee diente und eine berühmte Schrift über Arzneimittel verfaßte. Athenaios (Athenaeus), ebenfalls ein griechischer Arzt aus dem ersten Jahrhundert v. Chr., praktizierte in Rom und verfaßte Schriften über Medizin und Diätetik.

3. Ein in Griechenland ziemlich verbreiteter Name für verfallene Zitadellen. Er bedeutet »altes Kastell«.

4. Obwohl Herakles der Sage nach König von Tiryns war, werden auch mehrere andere Städte als sein Geburtsort bezeichnet, am häufigsten Mykene.

5. Als solche wurden sie von Aristoteles und Theophrast gerühmt.

6. Die These von den phönikischen Ursprüngen der griechischen Kultur gilt heute als endgültig widerlegt, aber da sie im neunzehnten Jahrhundert viele Anhänger hatte, verdient sie zum mindesten ideengeschichtliches Interesse. Sie völlig zu übergehen, verbietet sich allein schon wegen der zahlreichen Bezüge, die sich bei Homer und in der Mythologie finden, wegen der etymologischen Verwandtschaft vieler Ortsnamen, der späteren Einführung des phönikischen Alphabets und der Vermutung, daß im ägäischen Raum phönikische Ansiedlungen existierten. Es bestanden - wenn auch in einer späteren Epoche als Schliemann annahm - zweifellos vielfältige und enge Beziehungen zu Phönikien. Mehrere griechische Städte beriefen sich darauf, von Phönikern gegründet worden zu sein; phönikisch klingende Namen gab es, wie Schliemann ausführlich darzulegen versuchte, noch im neunzehnten Jahrhundert (und es gibt sie noch heute). Es ist durchaus denkbar, daß protophönikische (kanaanäische?) Bewohner des syrisch-palästinensischen Küstengebietes die Vorgänger der phönikischen Händler, Seefahrer, Handwerker, Kolonisten etc. waren. Trotzdem bezeichnen einige moderne Fachwissenschaftler Schliemanns Phönikienthese als »abwegig«, legen ihr gegenüber eine fast rassistische Animosität an den Tag und behaupten, Schliemann habe sie sich wider besseres Wissen von bestimmten Akademikern aufdrängen lassen. (Auch die Archäologie hat ihre Verschwörerlegenden!) Angeblich soll er sich dieser Theorie erst in späteren Lebensjahren verschrieben haben. In seinem Buch über die Wiederentdeckung der mykenischen und minoischen Kultur *(Progress Into the Past,* 1967) erklärt William A. McDonald, der sich in dieser strittigen Frage an Joseph Alsop *(From the Silent Earth,* 1964) zu orientieren scheint, mit sichtlicher Erleichterung, daß diese These »zum Glück von den führenden Wissenschaftlern, die Forschungen in Griechenland betrieben, entschieden zurückgewiesen wurde« (S. 72). Tatsächlich aber vertrat Dörpfeld, Griechenlandforscher *par excellence,* diese Theorie noch lange nachdem Evans die großen Entdeckungen auf Kreta gemacht hatte. Er schloß die Möglichkeit nicht aus, daß die gemeinsamen Wurzeln der mykenischen und der minoischen Kultur in der syrischen (»phönikischen«) lagen. Diese These könnte neuen Auftrieb erhalten, falls die heute noch sehr umstrittene Behauptung Cyrus Gordons, ihm sei die Entzifferung der kretischen Linear-A-Tafeln gelungen (nordsemitische In-

schriften?) eines Tages weithin Zustimmung fände. Auf Schliemanns Unschlüssigkeit in der phönikischen Frage hat McDonald zu Recht hingewiesen. Aber sie darf nicht als eine »Kapitulation« verstanden werden, sondern war ein Zeichen für jene Unsicherheit, die Schliemann häufig dazu bewog, seine Meinung zu ändern (er hatte sich ja auch eine Zeitlang der »arischen« Theorie verschrieben). Ich habe jedenfalls kein Anzeichen dafür gefunden, daß er sich »lange und hartnäckig« gegen diese Theorien gewehrt hat. Tatsächlich klingen sie bereits in *Ithaka*, seinem ersten archäologischen Buch, an. McDonalds Behauptung, Schliemann habe sie »in seinen offiziellen Publikationen nie vertreten«, ist nachweislich falsch.

7. Auch Schliemann gaben sie während der kurzen Grabungsperiode im Jahre 1876 Rätsel auf.

8. Kein echter sondern ein durch Kragsteine gestützter Bogen.

XIII Trojanisches Finale 1889–1890

1. B, S. 252.

2. B, S. 251. Fast gleichzeitig erschien die französische Ausgabe von *Ilios*, an der Schliemann nahezu fünf Jahre gearbeitet hatte.

3. B, S. 253. Die weitverbreitete Anekdote, Schliemann habe durch seinen Aufenthalt in Kuba den Kurswert der Eisenbahnaktien hochgetrieben, um seine eigenen Anteile mit enormem Gewinn verkaufen zu können, entspricht offenbar nicht den Tatsachen.

4. BW II, S. 166.

5. EM, S. 353.

6. BW II, S. 155.

7. BW II, S. 248.

8. B, S. 231.

9. Unlängst wurden allerdings bei der Erforschung von Gräbern in Yortan und Bobaköy (Nordwestanatolien, unweit der Troas) große Pithoi gefunden, in denen Tote bestattet worden waren. Die Ansiedlungen, zu denen diese Gräber gehört haben müssen, hat man bisher nicht entdeckt, während andrerseits in Troja I–V noch keine Grabstätten gefunden wurden.

10. Allem Anschein nach sein erster Brief an Virchow, seit er sich im August 1885 mit ihm überworfen hatte.

11. BW II, S. 247.

12. Chatzidakis war später Arthur Evans beim Ankauf des Trümmerhügels von Knossos behilflich. Schliemann scheint gegenüber Chatzidakis mißtrauisch gewesen zu sein.

13. Tatsächlich aber leisteten die griechischen Archäologen unter der Leitung von Chrestos Tsountas hervorragende Arbeit. Sie entdeckten die Palastanlage, die, genau wie die Königszitadelle von Tiryns, heute als Musterbeispiel eines mykenischen Fürstensitzes gilt.

14. Das ägyptische Nationalmuseum wurde später nach Kairo verlegt.

15. B, S. 260.

16. BW II, S. 269.

17. Mit sicherem Instinkt (vermutlich aber auch angeregt durch A. H. Sayce) wandte Schliemann sein Interesse den Hethitern zu, die einst über einen großen Teil Kleinasiens geherrscht hatten. Aber es war ihm nicht vergönnt, die Entdeckung und Entzifferung der Staatsarchive von Boghazköy mitzuerleben, die möglicherweise einen Hinweis auf »Ilion« enthalten. (In diesen Archiven befindet sich auch ein Bericht über die Schlacht von Kadesch, der vermuten läßt, daß Ramses II. entgegen seiner eigenen Behauptung den Hethitern unterlegen war.)

18. Die Berliner Museumsbeamten maßen den von Schliemann gesammelten ägyptischen Antiquitäten keinen besonderen Wert bei, brachten es aber nicht übers Herz, ihm das zu sagen.

19. B, S. 280–281.

20. BW II, S. 290.

21. Wo sich König Nestors Palast tatsächlich befand, ist seit langem eine Streitfrage, zumal es auf dem südwestlichen und westlichen Peloponnes mehrere Stätten namens Pylos gibt. 1939 entdeckte Blegen in Messenien oberhalb der Bucht von Navarino eine prächtige Palastsiedlung, die heute allgemein als das Homerische Pylos gilt. Von besonderer Bedeutung war Blegens Entdekkung wegen der zahlreichen in diesem Palast gefundenen Tontäfelchen mit Linear-B-Inschriften.

22. EM, S. 250.

23. EM, S. 355.

24. Diese komplizierten Verhandlungen zogen sich über mehrere Jahre hin. Die oft widersprüchlichen Angaben, die darüber in Schliemanns Korrespondenz zu finden sind, können hier nur in groben Zügen wiedergegeben werden.

25. BW II, S. 304.

26. BW II, S. 173.

27. BW II, S. 179.

28. B, S. 288.

29. B, S. 289.

30. B, S. 299.

31. B, S. 303: In einem Brief an Herbert von Bismarck, den Sohn des Reichskanzlers, schrieb Schliemann: »Auch geht viel kostbare Zeit verloren durch die Häuser der auf die 2., die verbrannte Stadt, gefolgten 5 Städte, denn wir können diese Gebäude nicht abbrechen, ehe sie nicht gereinigt und photographiert sind.«

32. Es handelt sich dabei um Gefäße mit steigbügelartigen Henkeln. (Auch bei präkolumbianischen Vasen ist diese Form zu finden.) Schliemann hatte in *Tiryns* darauf hingewiesen, daß dieser Gefäßtyp nicht nur in Mykene und Tiryns sondern auch auf den Inseln Salamis, Thera, Kreta, Cypern und Rhodos, ja sogar in Ägypten anzutreffen sei (S. 156–157). Der größte Teil der »mykenischen« Töpferware dieses Typs war bereits zutage gefördert worden, bevor Schliemann mit seinen Grabungen begann.

33. Die Untersuchung wurde von Dr. A. Brückner durchgeführt, der auch während der Grabungskampagne zugegen war. Im Eingangskapitel (»Geschichte der Ausgrabungen in Troja«) seines Buches *Troja und Ilion* (1902) deutet Dörpfeld an, er und Schliemann hätten die Möglichkeit erörtert, daß nicht Troja II, sondern Troja VI mit der »Homerischen« Stadt identisch sei. Dagegen ist weder in seinen noch in Schliemanns Ausgrabungsberichten von dieser Vermutung die Rede. Daß beide Forscher versuchten, für das Vorkommen mykenischer Töpferware in Siedlungsschichten, die jünger als Troja II waren, andere Erklärungen zu finden (z. B. daß es sich um später dort eingeführte Überbleibsel aus einer anderen Kulturepoche handeln könnte), läßt darauf schließen, daß sie noch nicht bereit waren, ihre Meinung so radikal zu ändern. Selbst Schuchhardt, der den Theorien Schliemanns meist weit voraus war, hielt daran fest, daß die Identität von Troja II mit dem Ilion Homers »unanfechtbar« sei. Wie fast immer, wenn die wissenschaftliche Forschung zu neuen Ergebnissen gelangt ist, erscheint uns auch der Wechsel von Troja II zu Troja VI im nachhinein ganz selbstverständlich. Führt man sich aber die zeitbedingten Probleme und Dogmen, die vorgefaßte Meinung und die Charaktereigenschaften der beteiligten Forscher vor Augen, dann begreift man, warum der richtige Weg nur in seltenen Fällen sofort gefunden wird.

34. Es ist durchaus denkbar, daß er das Rätsel für gelöst hielt. Ungeachtet dessen, was so mancher Schriftsteller später behauptet hat, scheint es mir ziemlich sicher, daß Schliemann in der festen Überzeugung starb, den endgültigen Beweis dafür erbracht zu haben, daß Troja II die Feste Priams war.

35. *Troja und Ilion*, S. 17.

36. Inzwischen wurden ähnliche Objekte in Bessarabien gefunden.

37. An Virchow schrieb Schliemann, der kostbare Fund sei am 8. Juli gemacht worden. Wie bei der Entdeckung des großen Schatzes herrscht also auch in diesem Fall Unklarheit über das Datum.

39. Ernst Meyer, der ein sehr schmeichelhaftes Schliemann-Bild zeichnet, behauptet, es sei eigentlich gar nicht nötig gewesen, diesen Fund geheimzuhalten, denn bei der zweiten Konferenz in Hissarlik habe Hamdy Bei (der Direktor des Kaiserlichen Museums in Konstantinopel) Schliemann »jede Art von zerbrochener Topfware und Steininstrumente« überlassen (BW II, Anmerkung 399, S. 462). Offensichtlich war Schliemann aber mit gutem Grund der Meinung, daß sich diese großzügige Geste nicht auf seinen kostbaren Fund bezog. Warum hätte er sonst befürchtet, daß man seinen Ferman nicht erneuern würde? Meyers Argument ist auch insofern nicht stichhaltig, als sich unter diesen Fundobjekten auch solche aus Gold und anderem Metall befanden.

40. BW II, S. 367–368.

41. BW II, S. 380.

42. Der Grabungsbericht erschien Anfang 1891 mit einem kurzen Vorwort von Sophia Schliemann.

43. B, S. 316.

Bildnachweise: Bild 1 und 18: ADN/Zentralbild. Bild 2, 4, 5, 6, 7, 10, 13, 19, 20, 46: Mrs. Gray Johnson Poole. Bild 11, 16 oben, 17 rechts: Alison Frantz – Art Reference Bureau. Bild 16 unten, 17 links (oben und unten), 31, 33, 34, 36, 37, 39, 40, 41, 42, 47: Deutsches Archäologisches Institut, Athen. Bild 35: Jan Lukas, Rapho-Photo Researchers. (Alle übrigen Bilder: Leo Deuel.)

Auswahlbibliographie

Meines Wissens liegt noch keine Schliemann-Bibliographie vor, die diese Bezeichnung wirklich verdient. Selbst die »Standardwerke« über Schliemann enthalten nur ziemlich spärliche Literaturangaben. Am nützlichsten dürften die verstreuten Hinweise in Ernst Meyers Biographie und den von ihm herausgegebenen Briefbänden sowie die Kartei in der Athener Gennadeios-Bibliothek sein. Obwohl es eine umfangreiche Schliemann-Literatur gibt, die sich ständig vergrößert, sind maßgebliche Publikationen noch immer dünn gesät. Das gleiche gilt übrigens für die Literatur über die Geschichte der Archäologie: Hier beherrschen die Populärschriftsteller das Feld, und die Fachleute schreiben »populärwissenschaftliche« Bücher.

Emil Ludwigs Buch, verlästert von den Verteidigern der Schliemann-Legende, war die erste ausführliche »Biographie« und ist nach wie vor die beste. Ganz abgesehen davon, daß sie gut geschrieben und eine reizvolle Lektüre ist, stellt sie eine verständnisvolle, auf Ludwigs sorgfältigen Recherchen und seiner persönlichen Bekanntschaft mit der Familie Schliemann basierende Charakterstudie dar. Besondere Erwähnung verdient Robert Paynes Schliemann-Buch als eloquente Lebensbeschreibung aus der Feder eines Griechenlandbewunderers. Neuere Biographien deutschsprachiger Autoren sind durch unkritische Ehrfurcht gegenüber Schliemann gekennzeichnet. Das trifft auch auf Ernst Meyers gewissenhaft recherchierte, aber schwerfällige Biographie zu (die das Ergebnis einer jahrzehntelangen Beschäftigung mit Schliemanns Selbstzeugnissen ist). Gleichwohl ist Meyers Forschungsarbeit von unschätzbarem Wert, und jeder, der sich ernsthaft mit Leben und Werk Schliemanns befaßt, ist ihm dafür Dank schuldig.

Sein wichtigster Beitrag zur Schliemann-Forschung sind die drei von ihm herausgegebenen Briefbände. Sie stellen allerdings eine ziemlich subjektive Auswahl dar, die durch die »rückhaltlose Bewunderung« bestimmt ist, die der Herausgeber nach eigener Aussage stets für Schliemann empfunden hat. Meyer gibt offen zu, daß er vieles ausschied, was Schliemann in Augenblicken heftiger Erregung geschrieben hatte und was nach seiner, Meyers, Auffassung »dem Wesen des Schreibers widerspricht«. Er vermied nach seinen eigenen Worten »die Gefahr ... durch Alltägliches und Allzumenschliches den bedeutenden Mann seiner Größe zu entkleiden«. Die Briefbände weisen daher beträchtliche Lücken auf, etwa hinsichtlich Schliemanns geschäftlicher Transaktionen und persönlicher Fehden sowie seines Privatlebens, insbesondere seiner beiden Ehen. Zudem war Meyer bei der Auswahl bestrebt, Schliemanns »Idealismus« in den Vordergrund zu stellen und zu zeigen, daß er »innerlich mit seiner Heimat und seinem Volkstum verbunden« blieb. (Kennzeichnenderweise warf er Emil Ludwig vor, daß ihm - auf Grund seiner »materialistischen« und unpatriotischen Einstellung - das Organ »für das Deutsche in Schliemann« fehle.) Glücklicherweise sorgt Ludwigs Biographie, in der ausführlich aus unveröffentlichten Tagebüchern und Briefen Schliemanns zitiert wird, für die nötige Korrektur. Weiteres wertvolles Material ist in Eli Lillys Studie *Schliemann in Indianapolis* enthalten. Lynn und Gray Poole konnten in *One Passion, Two Loves,* der Geschichte von Sophia und Heinrich Schliemanns Ehe und gemeinsamer Forschungsarbeit, auf bis dahin unveröffentlichte Briefe aus dem Besitz des Enkels Alexander Mélas zurückgreifen. Von diesem Lebensabschnitt Schliemanns handelt auch Irving Stones Roman *The Greek Treasure,* 1975 (deutsche Ausgabe: *Der griechische Schatz,* München 1976), der veröffentlicht wurde, als das Manuskript meines Buches bereits vollendet war.

Da sich das vorliegende Buch in erster Linie mit Schliemanns Leben und Werk befaßt, konnte aus der umfangreichen Literatur über die ägäische Vorgeschichte, die mykenische Archäologie und die Homerische Frage nur eine sehr begrenzte Zahl von Werken angeführt werden, die den Leser jedoch auf weitere wichtige Publikationen verweisen.

Diese faszinierenden Studien, die sich natürlich auch auf Schliemanns Arbeit beziehen, führen den Leser, obwohl sie längst vergangene Kulturepochen behandeln, in eines der erregendsten, ja brisantesten Forschungsgebiete der Gegenwart ein. Ich glaube, daß es wenige andere gibt, die den interessierten Laien auf so vielfältige Weise dazu anregen, seinen Horizont zu erweitern. Wie lohnend es ist, sich mit archäologischen Entdeckungen und Streitfragen zu beschäftigen, beweist Joseph Alsops Buch *From the Silent Earth.* Für den Archäologiestudenten gehören die ersten Bände der neuen (dritten) Auflage der *Cambridge Ancient History* mit ihren ausführlichen Literaturangaben zur Pflichtlektüre. Unter dem Titel *Nestor* veröffentlicht die University of Wisconsin in Madison in regelmäßigen Abständen eine Bibliographie zur Mykeneforschung. Eine gute Einführung geben die in der hervorragenden Reihe »Ancient Peoples and Places« erschienenen Bände über Troja und Mykene. Empfehlenswerte populärwissenschaftliche Darstellungen sind die unten aufgeführten Bücher von McDonald und Cottrell.

Dem interessierten Laien sind außerdem zwei ausgezeichnete Aufsätze zu empfehlen, die sich kritisch mit der Frage der historischen Belegbarkeit des Trojanischen Krieges befassen: »Lost: The Trojan War« von M. I. Finley, enthalten in *Aspects of Antiquity* (Chatto & Windus, London; Viking Press, New York 1968; Penguin Books - Pelican [U. K.], 1972, S. 31-42) und »The Fall of Troy« von Carl Nylander, enthalten in *The Deep Well* (George Allen & Unwin, London; St. Martin's Press, New York 1969; Penguin Books - Pelican [U. K.], 1971, S. 127-137). Sinclair Hood's *The Home of the Heroes* (Thames & Hudson, London; McGraw-Hill, New York 1967) ist vor allem wegen der abweichenden Ansichten interessant, die der Autor bezüglich der Frühzeit Griechenlands und Kretas wie auch hinsichtlich der Entschlüsselung der Linear-B-Schrift vertritt.

Einen guten, auch für Laien verständlichen Überblick über die Trojaforschung im Licht der heutigen wissenschaftlichen Erkenntnisse und über die Probleme, die sich beim Vergleich der Homerischen Epen mit den archäologischen Funden in Troja ergeben, bieten L. Sprague und Catherine C. de Camp in dem »Troy and the Nine Cities« betitelten vierten Kapitel von *Ancient Ruins and Archaeology* (Doubleday, New York 1964), als Taschenbuch unter dem Titel *Citadels of Mystery* erschienen (Ballantine, New York 1973, S. 67-94). Die Autoren berichten hier auch über das Schicksal der im Zweiten Weltkrieg in einem ostpreußischen Schloß aufbewahrten trojanischen Töpferware, die angeblich von Ortsansässigen mutwillig zerschlagen worden sein soll. (Das Schicksal der Berliner Schliemann-Sammlung wird auch in dem Buch von Lynn und Gray Poole erörtert.)

Alsop, Joseph: *From the Silent Earth. The Greek Bronze Age.* Harper & Row, New York 1964; Secker & Warburg, London 1965; Penguin Books - Pelikan (U. K.), 1970.

Blegen, Carl W.: *Troy and the Trojans.* Ancient Peoples and Places, Bd. 33. Thames & Hudson, London; Praeger, New York 1963.

Brückner, Alfred: *Allgemeine Deutsche Biographie,* unter »Schliemann, H.«, Bd. 55, Duncker & Humblot, Leipzig 1910, S. 171–184.

Brustgi, Franz G.: *Heinrich Schliemann.* Nymphenburger Verlagshandlung, München 1971.

Chadwick, John: *The Decipherment of Linear B.* Cambridge University Press, London-Cambridge und New York 1958; Penguin (U. K.), 1961; Random House-Vintage Books, 1966; deutsche Ausg.: – *Linear B. Die Entzifferung der Mykenischen Schrift.* Übers. von Hugo Mühlestein. Vandenhoeck & Rupprecht, Göttingen 1959.

Cottrell, Leonard: *The Lion Gate* (Amerik. Titel: *Realms of Gold). A Journey in Search of the Mycenaeans.* Evans Brothers, London; New York Graphic Society, Greenwich, Conn. 1963; Pan Books (U. K.), 1967.

Daniel, Glyn E.: *A Hundred Years of Archaeology.* Gerald Duckworth, London 1950, 1952.

Dörpfeld, Wilhelm: *Troja und Ilion. Ergebnisse der Ausgrabungen in den vorhistorischen und historischen Schichten von Ilion, 1870–94.* 2 Bde. Beck & Barth, Athen 1902.

Evans, Joan: *Time and Chance. The Story of Arthur Evans and His Forebears.* Longmans, Green & Co., London 1943.

Finley, Moses I.: *Early Greece, the Bronze and Archaic Ages.* Chatto & Windus, London; W. W. Norton, New York 1970.

– *The World of Odysseus.* Viking Press, New York 1954, 1965; Chatto & Windus, London 1956; Viking Press-Compass Books, 1965; Penguin (U. K.), 1967; deutsche Ausg.: – *Die Welt des Odysseus.* Übers. von Anna-Elisabeth Berve-Glauning. Wissenschaftliche Buchgesellschaft, Darmstadt 1968.

Goessler, Peter: *Wilhelm Dörpfeld.* W. Kohlhammer, Stuttgart 1951.

Gurney, O. R.: *The Hittites.* Penguin Books, Harmondsworth, Engl. 1952, 1961; deutsche Ausg.: – *Die Hethiter. Ein Überblick über Kunst, Errungenschaften und gesamten Aufbau eines großen Volkes in Kleinasien im 2. Jahrtausend vor unserer Zeitrechnung.* Übers. von Inez Bernhardt. Verlag der Kunst, Dresden 1969 (Fundus-Bücher 22/23).

Lilly, Eli, Hrsg.: *Schliemann in Indianapolis.* Indiana Historical Society, Indianapolis 1961.

Lloyd, Seton: *Early Anatolia.* Penguin Books, Harmondsworth, Engl. 1956.

– *Early Highland Peoples of Anatolia.* Thames & Hudson, London; McGraw-Hill, New York 1967.

Ludwig, Emil: *Schliemann. Die Geschichte eines Goldsuchers,* Paul Zsolnay Verlag, Berlin, Wien, Leipzig 1932; zitiert wurde aus dem Nachdruck: – *Schliemann. Die Geschichte der Entdeckungen des alten Troja.* Scherz Verlag, Bern 1952.

McDonald, William A.: *Progress Into the Past. The Rediscovery of Mycenaean Civilization.* Macmillan, New York; Collier-Macmillan, London 1967. Indiana University Press, 1969.

MacKendrick, Paul: *The Greek Stones Speak. The Story of Archaeology in Greek Lands.* Methuen, London; St. Martin's Press, New York 1962; New American Library, 1966; deutsche Ausg.: – *Hellas' steinernes Erbe. Archäologie der griechischen Welt.* Übers. von Gudrun Steigerwald. F. A. Brockhaus, Wiesbaden 1965.

Meyer, Ernst: *Heinrich Schliemann. Kaufmann und Forscher.* Musterschmidt Verlag, Göttingen 1969.

–, Hrsg.: *Briefe von Heinrich Schliemann.* Walter de Gruyter, Berlin, Leipzig 1936.

–, Hrsg.: *Heinrich Schliemann Briefwechsel.* Bd. I, 1842–1875; Bd. II, 1876–1890. Gebr. Mann, Berlin 1953–1958.

– »Schliemann's Letters to Max Müller in Oxford«, in: *The Journal of Hellenic Studies,* Bd. 82 (1962), S. 75–105.

Page, Denys L.: *History and the Homeric Iliad.* University of California Press, Berkeley und Los Angeles 1959.

Payne, Robert: *The Gold of Troy. The Story of Heinrich Schliemann and the Buried Cities of Ancient Greece.* Robert Hale, London; Funk and Wagnalls, New York 1959; Paperback Library, 1961; deutsche Ausg.: – *Das Gold von Troja.* Übers. von Leonore Schlaich. Deutsche Volksbücher, Stuttgart 1959.

Petrie, W. M. Flinders: *Seventy Years in Archaeology.* Sampson, Low, Marston, London 1931.

Poole, Lynn und Gray: *One Passion, Two Loves. The Story of Heinrich and Sophia Schliemann, Discoverers of Troy.* Thomas Y. Crowell, New York 1966; Gollancz, London 1967.

Samuel, Alan E.: *The Mycenaeans in History.* Prentice-Hall, Englewood Cliffs, N. J. 1966.

Schliemann, Heinrich (mit W. Dörpfeld): *Bericht über die Ausgrabungen in Troja im Jahre 1890.* F. A. Brockhaus, Leipzig 1891.

– *La Chine et le Japon au temps présent.* Librairies Centrale, Paris 1867.

– *Ilios. Stadt und Land der Trojaner.* F. A. Brockhaus, Leipzig 1881.

– *Ithaka, der Peloponnes und Troja.* Giesecke & Devrient, Leipzig 1869; zitiert wurde aus der Neuausgabe, hrsg. von Ernst Meyer: – Wissenschaftliche Buchgesellschaft, Darmstadt 1963.

– *Mykenae. Bericht über meine Forschungen und Entdeckungen in Mykenae und Tiryns.* F. A. Brockhaus, Leipzig 1878; zitiert wurde aus der Neuausgabe, hrsg. von Ernst Meyer: – Wissenschaftliche Buchgesellschaft, Darmstadt 1966.
– *Orchomenos. Bericht über meine Ausgrabungen.* F. A. Brockhaus, Leipzig 1881.
– *Reise in der Troas im Mai 1881.* F. A. Brockhaus, Leipzig 1881.
– *Selbstbiographie, bis zu seinem Tode vervollständigt* [von A. Brückner] 1. Aufl. (1892) von Sophie Schliemann. 10. Aufl. von Ernst Meyer: F. A. Brockhaus, Wiesbaden 1968.
– *Tiryns. Der prähistorische Palast der Könige von Tiryns.* F. A. Brockhaus, Leipzig 1886.
– *Troja. Ergebnisse meiner neuesten Ausgrabungen auf der Baustelle von Troja, in den Heldengräbern, Bunarbaschi und anderen Orten der Troas im Jahre 1882.* F. A. Brockhaus, Leipzig 1884.
– *Trojanische Alterthümer. Bericht über die Ausgrabungen in Troja.* 2. Bde. Bd. 2 Kartenbd. F. A. Brockhaus, Leipzig 1874.
Schmied, Wieland: *Kein Troja ohne Homer.* Christiana Verlag, Zürich 1960. Wilhelm Goldmann Verlag, München o. J. (Goldmanns Gelbe Taschenbücher).
Schuchhardt, Carl: *Schliemann's Ausgrabungen in Troja, Tiryns, Mykenä, Orchomenos, Ithaka.* F. A. Brockhaus, Leipzig 1890.
Scott, John A.: »Schliemann and Indianapolis«, in: *The Classical Journal,*, Bd. 17 (1921–1922), S. 404–406.
Stoll, Heinrich Alexander, Hrsg.: *Abenteuer meines Lebens. Heinrich Schliemann erzählt.* F. A. Brockhaus, Leipzig 1960.
Taylour, Lord William: *The Mycenaeans.* Ancient Peoples and Places, Bd. 39. Thames & Hudson, London; Praeger, New York 1964.
Vermeule, Emily: *Greece in the Bronze Age.* University of Chicago Press, Chicago and London 1964.
Wace, Alan J. B.: *Mycenae. An Archaeological and Historical Guide.* Princeton University Press, Princeton 1949. Neuaufl. Biblo & Tannen, New York 1964.
– and Frank H. Stubbings: *A Companion to Homer.* Macmillan, London; St. Martin's Press, New York 1962.
Weber, Shirley H., Hrsg.: *Schliemann's First Visit to America, 1850–51.* Gennadeion Monographs, Nr. 2. Harvard University Press for the American School of Classical Studies at Athens, Cambridge, Mass. 1942.

Register